1980 年郑天挺先生留影

郑天挺先生晚年讲课

1959 年郑天挺先生与著名历史学家吴晗亲切交谈

郑天挺先生著作照

南开百年史学名家文库

南开大学历史学科学术委员会　主编

郑 天 挺 文 集

孙卫国　编

南开大学出版社

天　津

图书在版编目(CIP)数据

郑天挺文集 / 孙卫国编. —天津：南开大学出版
社，2019.9
  (南开百年史学名家文库)
  ISBN 978-7-310-05844-0

Ⅰ.①郑… Ⅱ.①孙… Ⅲ.①中国历史－近代史－文
集②中国历史－现代史－文集 Ⅳ.①K250.7－53

中国版本图书馆 CIP 数据核字(2019)第 157624 号

版权所有　侵权必究

南开大学出版社出版发行
出版人：刘运峰
地址：天津市南开区卫津路 94 号　　邮政编码：300071
营销部电话：(022)23508339　23500755
营销部传真：(022)23508542　邮购部电话：(022)23502200
*
河北鹏润印刷有限公司印刷
全国各地新华书店经销
*
2019 年 9 月第 1 版　　2019 年 9 月第 1 次印刷
240×170 毫米　16 开本　37.75 印张　6 插页　663 千字
定价：158.00 元

如遇图书印装质量问题，请与本社营销部联系调换，电话：(022)23507125

"南开百年史学名家文库" 编委会名单

总　序

为庆祝南开大学建校一百周年，南开大学统筹策划一系列庆典活动和工作。其中，借机整理人文社会科学学科百年历程，特别将各学科著名学者文集的编辑和出版列为代表性成果之一予以确定。2017年底，时任南开大学副校长朱光磊教授主持部署此项工作，将历史学科相关著名学者的选择及成果汇集工作交予了历史学院。

2018年11月，历史学科学术委员会集体商定入选原则后，确定1923年建系以来已去世的、具有代表性的十位著名学者入选"南开百年史学名家文库"，他们是：1923年历史系创系主任蒋廷黻，20世纪20年代在文学院任教的范文澜，明清史专家郑天挺，世界上古史专家雷海宗，先秦史专家王玉哲，亚洲史暨日本史专家吴廷璆，唐元史专家杨志玖，美国史专家杨生茂，史学史与史学理论专家杨翼骧，北洋史、方志学家暨图书文献学专家来新夏。

随即，历史学科学术委员会委托江沛教授主持此事，并邀请退休和在岗的十位学者（依主持各卷顺序为：邓丽兰、王凛然、孙卫国、江沛、朱彦民、杨栋梁与郑昭辉、王晓欣、杨令侠、乔治忠、焦静宜）参与此项工作，分别主持一卷。此后，各位编辑者按照统一要求展开编辑工作，克服重重困难，并于2019年1月提交了各卷全部稿件。南开大学出版社莫建来等编辑，精心编校，使"文库"得以在百年校庆前印刷问世，这是对南开史学九十六年风雨历程的一个小结，是对南开史学学科建设的一个有益贡献，更是对南开大学百年校庆奉上的厚重贺礼。

十位入选学人，均为中国史、世界史学科的著名学者，创系系主任蒋廷黻，是中国近代外交史领域和世界史学科的开拓者之一；范文澜是中国较早的马克思主义史学家；郑天挺、雷海宗先生是南开史学公认的奠基人，是学界公认的史学大家，其影响力无远弗届；王玉哲（先秦史）、吴廷璆（亚洲史暨日本史）、杨志玖（唐元史）、杨生茂（美国史）、杨翼骧（史学史）、来新夏（北洋史、方志学、图书文献学）在各自学术领域辛勤耕耘、学识深厚、育人精良，誉满海内外。他们几十年前的论著，至今读来仍不过时，仍具有启示意义；他们所开创的领域仍是南开史学最为重要的学术方向，他们的学术成就及言传身教，引领了南开史学的持续辉煌，他们是南开史学的标志性人物。

学术传承，一要承继，二要创新。九十六年来，在这些史学大家引导下，逐渐凝聚出南开史学的重要特征：惟真惟新、求通致用。近四十年，已发展出"中国社会史""王权主义学派"等具有重要引导作用的学术方向。在当今历史学国际化、跨学科、复合型的发展潮流中，南开史学更是迎难而上，把发展方向定位在服务国家战略及社会需求上，定位在文理交叉、多方融合上，承旧纳新，必将带来南开史学新的辉煌。

值此"南开百年史学名家文库"即将付梓之际，特做此文，以为说明。

魏晋嵇康有诗曰："人生寿促，天地长久。百年之期，孰云其寿？"衷心祝福母校在第二个百年发展顺利、迈进世界一流大学的行列，恭迎南开史学百年盛典！

南开大学历史学科学术委员会主任：江沛

2019 年 8 月 26 日

目　录

明清史在中国历史上的地位及分期

一、封建社会的晚期

明清时代是中国封建社会的最后时期，在封建社会内部分期上叫做晚期。要弄清这个问题，首先要了解历史分期的必要和标准，同时要把它放在全部封建社会历史中去考察。人类社会的历史，要不要按照它的固有的发展阶段进行分期，这个问题在历史学工作者中有着严重的分歧，并在国际范围内展开了争论。50 年代在罗马召开的国际史学会上，就以此问题作为主要议题，随后在伦敦召开的会议也是如此。

我们认为，应当对历史进行分期。

人类社会的历史是向前发展的，虽然不是直线的上升，是曲折的，但总是沿着前进的道路发展着。科学的分期，可以正确地说明历史发展的进程，因而历史的分期是十分必要的。

正确地划分历史阶段，需要把握历史时代的特点，注意哪些历史进程在全部历史中占主导地位；要透过变化万端的历史现象，看清时代的主流、本质；还要根据时代的特点，找几件重大的历史事件做为分期的界标。时代特点是逐渐形成的，常常呈现跳跃曲折发展的状态。有时历史还会出现暂时地走回头路的现象，这都为人们正确划分历史阶段增加困难。划分了历史阶段，也不能像快刀斩乱麻一样把历史一刀两断，往往头一个历史时代的东西保留到下一个时代中来，而下一个时代的事物又是在上一个时代萌芽、产生的，如 1840 年的鸦片战争，把中国社会分为古代与近代两个不同的发展阶段。但是近代史开始时，英货滞销，中国的封建自然经济仍占统治地位，它并不能斩断历史的连续性。又如俄国十月革命是现代世界史的开端，在十月革命前列宁就领导革命斗争；缔造苏维埃国家后，继续领导社会主义革命和建设。不能因十月革命划分了不同的历史阶段，而忽视列宁毕生的革命活动的某个阶段。所以科学的历史分期，必须抓住时代的特点和主流；必须认识到分期的界限是有条件的、相对的、灵活的。为了正确地掌握分期的标准，特提出需要注意的几个问题。

（1）一定要从历史实际出发，而不能从抽象的原理出发，否则容易犯教条主义的毛病。

（2）不要只从地租形态着眼，因为那是经济史观，而不是唯物史观。经济史观以经济影响为社会发展的唯一因素，历史唯物主义承认经济起决定性的影响，同时也承认上层建筑、个人在历史上所起的作用。后一点是不应当忽视的。

（3）不要过分强调生产关系，还要注意到生产力与生产关系的统一。

（4）各民族、各个国家之间的关系也应重视，特别是国际间的关系也能使社会发生本质的变化。

（5）阶级斗争是历史发展的动力，对历史的进程有决定性的意义，但它不是唯一的影响。因此不能单纯的以阶级斗争做为分期的唯一分界线。

把握时代的特点，划分历史阶段，做起来很不容易。由于人们对历史进程的认识和分期标准理解的不同，因而对中国封建社会史的分期问题众说纷纭，莫衷一是。有一种意见，按朝代分期，它以国内政治统一为线索，以朝代为断限。这种分期法注意到政治斗争，但照顾不到生产方式、上层建筑各个方面。有的人以历史事件为主，即以那些震撼整个社会的历史事件或上层建筑中突出事件作为标准，划分历史阶段。另有一种意见用阶级斗争特别是农民战争做界标，或者还考虑到阶级斗争的特殊形式——民族斗争。还有一种观点，综合考察生产力、生产关系和上层建筑诸方面及其相互关系，把中国封建社会历史划分为前后两个阶段。这种分期考虑问题比较全面，但找出的界标很难令人满意。

明清时期，包括明、清两代，从公元 1368 年起，至 1911 年止，共 544 年。其间 1840—1911 年，是半殖民地半封建社会，从社会性质上看属于近代社会，是近代史的范畴；从断代史的范围讲属于明清史。社会性质代表历史的本质，我们在研究中国古代社会时，为了更好地揭示明清时期的社会性质，只考察 1368—1840 年这一段历史进程，而把 1840 年后的清史排除在外——那已是近代史的研究范畴和任务了。当然，这也不是绝对的分工，为了阐明中国历史的全部进程，还必须弄清两个相连接的历史过程的内部联系，所以研究清朝的全部历史也是完全必要的。

1840 年以前的明清时期，是中国封建社会的晚期，也可以叫做封建社会的后期。为什么这么说呢？明清时代，中国封建社会内部商品经济的发展，已经出现资本主义萌芽。这种新的社会因素尽管很微弱、散碎、细小，但它向占统治地位的封建经济挑战，一定程度上冲击它、分解它，因而引起封建的经济基础、阶级结构乃至上层建筑的某些变化，这就不同于没有资本主义萌芽的情况了，可以说这是旧制度缓慢地向一个新制度蠕动的历史时期。根据这种社会状态，我们把这一段历史时期称做封建社会晚期。还应看到，在出现资本主义萌芽之后，封建社会的矛盾虽然越来越尖锐，封建制的危机很严重，但还没有到行将瓦解的程度，还不可能使中国发展到资本主义社会，恰在这时外国资主义横闯进来，影响了日后中国历史的进程，迫使中国社会没有按照原来的路子走下去。在封建社会内部，资本主义仅仅是在孕育之中，还没有诞生，更说不上取代封建制的时候，这个时期的社会不能叫做封建社会的末期。中国封建社会也没有一个叫做"末期"的时期。晚期和末期，不是两个词的差异问题，晚期表示该时代的社会制度的衰败，即已开始逐步走向崩溃，但在某些方面还有一定发展余地；而末期则揭示那种制度的灭亡和被新制度代替的过程。这就是说一定要照时代的特征，给予实事求是的说明，才能符合于历史的真实。中国封建社会的晚期，在习惯上也可以称之为后期，盖"后期"一词，包含封建制从衰败走向灭亡的全过程。中国封建制的后期只有它的衰落的一段，而这一段与我们所说的晚期相一致，在这里它们成了同义词，反映同一的历史实际。

"中国封建社会没有末期"，有的研究者不赞成这个说法，他们甚至说这种观点是封建社会万古长青论。这是一种误解，也是曲解。人类的社会历史，有共同的发展规律，但每一个国家、一个民族，都有它的本身的历史特点，而不同于其他国家和其他民族。一个国家、一个民族，经历或者没有经历社会发展史上的某一个阶段，要在这个国家和民族历史实际中寻找答案，而不能按照一般的社会发展史的模子去衡量它、塑造它，以至制造违背历史真实的假说。

世界各国的历史表明，有的国家从原始社会径直进入封建社会，而没有经过奴隶阶段。有的国家没有经历典型的资本主义阶段而跃进到社会主义社会，还有个别民族（主要指一个多民族国家内的某一个少数民族），跳跃了两个社会发展阶段。至于某一种社会形态内部的发展阶段，各个国家、各个民族的进程不尽相同，也都各具特色。以封建社会史而言，西欧诸国领主制时间很长，领主制一经破坏，就进入资本主义社会，而中国不然，地主制经济占据统治地位，两者差异甚大。因此，既不能以中国封建制的模式去勾勒西方封建制，同样也不可以西方封建制的进程，要求中国封建制与它有相同的步伐。中国封建社会尚未发展到末期阶段，我们就如实地说没有末期，何须非要按模式去臆造末期！说没有封建社会末期，同封建社会万古长育论毫不相干，万古长青论是说这种社会制度优越，没有内在矛盾，或没有不可自行克服的矛盾，因而赞美这种制度可以万古长存。说没有发展到末期，只是说这个社会的矛盾还没有激化到这个社会行将崩溃的程度，即还没有走到它的最后阶段，这是对历史作科学的分析，与美化和宣扬封建制度，根本不是一回事。

二、明清时代的特点

关于明清时期是封建社会晚期的说法，我们还可以通过对这个时代的特点的探索得到更清晰的说明。明清时期具有如下特点：

（1）中国历史上较长的统一时期

从明朝建国（公元 1368 年）至鸦片战争（1840 年）的四百七十二年，是国家统一时期。在中国封建社会的历史上，这次统一为时最长。秦至两汉的统一，充其量不到四百四十年；隋唐的统一岁月才三百挂零；元的统一只有八十九年。这些时期的统一都比不上明清时期长。在明清时期，也有农民起义建立的政权，也还有其他政权。当几种政权暂时并存时，也不是分裂，只是处于拉锯战状态，它不同于南北朝时期和五代宋辽金西夏时期诸种政权长期并存的分裂割据。

（2）是中国封建经济最发展的时期

经济发展，我们可从人口、垦田等方面的变化来看。人口大幅度增长：公元 1381 年（洪武十四年），全国人口近六千万；到 1764 年（乾隆二十九年），人口达到二亿零五百万，纯增二倍半；1819 年（嘉庆二十四年），人口超过三亿；1849 年（道光二十九年），增至四亿一千多万，一直在急骤上升。

关于垦田，据官方文书，1393 年（洪武二十六年）为八百五十万顷，1578 年（万历六年）为七百万顷，1711 年（康熙五十年）为六百九十万顷。这些是税田数字，远远不能反映垦田的真实情况，实际上明清时期农田有所增辟。

农具和农产品的种类，都有增加。

商业很发达。徽商说一条麻绳走遍天下，反映商人无处不到的情况。货币作用也加强了。城市集中了好多行业，江南的许多村镇发展成大的市镇和县城，兴起了许多手工业和商业发达的城市，首都的商业尤为繁荣。

（3）资本主义萌芽的时期

在封建主义所有制和生产关系发展的同时，有了资本主义萌芽的出现，这两者有矛盾、有斗争：封建主义压抑、束缚资本主义萌芽的发展，而后者也冲击着前者，但总的来讲压抑大于冲击。当时大地主土地所有制发展，造成土地集中，但是由众多的佃农分别耕种，依然是封建的一家一户的个体生产。地主将掠夺农民的地租大肆挥霍浪费，而不是用于交换和再生产。如乾隆末年的军机大臣和珅占据了惊人的财富，清仁宗抄他的家，估计他有家产八亿两，其中土地八千顷，只占他的总资产的百分之一。他那么多财产，多数是浮财，用于个人享受，他没有投资商业，只有一小部分投入高利贷，完全是封建性的。商业虽有发展，但没有发展到资本主义商业阶段，商人获利，往往去置买土地，进行封建剥削，"以末起家，以本守之"的传统思想，还是他们的信条和行动准则。所以中国的封建土地所有制，严重地阻碍着资本主义的产生。再说商人的经营多属追逐行情，没有固定生产。有一种商人，类似包买主，他们先给农民某些生产原料，等生产完成后来取货物。这种商人还不是资本主义包买主，他们是从事高利贷活动。

手工业的生产还没有发展到机器生产的阶段。机械生产与机器生产不是一回事，它们之间有一个发展过程。中国很早就懂得利用机械。在三世纪就利用水力做动力，而西方迟至十八世纪才开始利用，但是中国在这方面发展很慢。手工业与农业、家庭手工业结合得太紧了，直至解放前，农村家庭纺织业仍很盛行，农民农忙下地，农隙织布，这当然影响着手工业和商业的发展。

康熙时期，在某些地区的一些手工业中出现了计件工资，如苏州的染纸业作坊，手工工人每日有定量，获得一定工钱，超额完成了，另加工钱，可以多到日常工作的一倍，如每日标准工作量是染五刀纸，工价二钱四分，超额五刀则加工钱二钱五分。但是物价在上涨，作坊主却与清朝政府勾结，冻结工钱，禁止工匠要求加价，有的还刻立碑石，把这种压迫合法化和长久化。这种情况下的计件工资，就很难起到刺激生产的作用，从这里也可以看到封建势力对资本主义萌芽的扼制。

（4）阶级矛盾的尖锐

农民阶级与地主阶级的矛盾日益积聚。越往后越严重、越尖锐。农民反抗斗争的规模越来越大，反封建斗争的性质越来越鲜明。秦末农民战争打了三年

（公元前 209 年至前 206 年），西汉末年农民战争为期十一年（公元 14—25 年），黄巾起义只有八年（公元 184—192 年），隋末农民战争进行了十年（公元 611—621 年），黄巢起义也是十年（公元 874—884 年），红巾起义十七年（公元 1351—1368 年），明末农民战争进行了十六年（公元 1628—1644 年），若以李来亨的抗清斗争的失败为结束，则长达三十六年（公元 1628—1664 年），川鄂陕白莲教起义七年（公元 1796—1803 年）。战争的时期长，规模大，反映了阶级矛盾的尖锐。

农民的阶级斗争之外，还出现了其他劳动人民和城镇居民的反封建斗争。如明朝中后期发生的城镇人民反对矿监税使的运动，清代手工工人的"叫歇"斗争，陕西"厢工"的起义。这些起义运动，充分反映了劳动人民反封建斗争的深度和广度，都给封建统治者以沉重打击。

（5）封建依附关系的变化

农民的人身依附关系，随着封建生产方式内部的运动、变化，随着农民的反抗斗争的发展在逐渐削弱，虽然有时有所回升，但总的趋势是在减弱。元代农民所受的人身压迫是比较强的，如浙江台州的农民见到地主，"拱侍如承官府"。[①]方国珍的父亲遇到地主跪倒在地，地主在他家为所欲为，说明农民对地主的人身依附关系强烈到近乎主仆关系的程度。经过元末农民战争对地主阶级的打击，改变了这种状态。1372 年（洪武五年），明朝统治者规定，"佃见田主，不论齿序，并以少事长之礼"[②]，即将主仆关系变成亲属中的长幼关系，后来又有改变。有些家训说，对佃户、雇工要讨他们的欢喜，逢年过节要送点礼物，让他们高高兴兴地劳动，这就接近东伙关系了。从主仆关系到长幼关系再到东伙关系，反映了人身依附关系削弱的过程。

（6）统一多民族国家巩固和发展时期

中国自古以来就是统一的多民族国家，明清时期特别是清代，则使统一的多民族国家更加巩固和发展。

朱元璋在元末农民战争中就注意解决民族矛盾，他儿子朱棣对这个问题倾注了更多的精力，努力使中国文化远播。他不是单纯为了掠夺财富，因而也不是扩张主义，他为巩固边疆做出了一定的贡献。明朝时期首次将贵州划为行省，

---

① 傅维鳞：《明书》卷 90《方国珍记》，商务印书馆 1936 年版，第 1826 页。
②《明太祖实录》卷 73，洪武五年五月，第 1352-1353 页。

在部分地区实行改土归流，对巩固多民族国家是有成效的，但明朝的工作比起清朝来则相差甚远。清朝政府在边疆少数民族地实行"怀柔"政策，所谓"招之来，有以安之"，如在热河建立的外八庙，有蒙、藏各族的建筑形式，反映他们的文化，借以表示中央政府对这些民族的重视和安抚。清朝政府对少数民族中那些叛国的上层分子，采取坚决有力的镇压措施，粉碎他们的分裂阴谋。由于清朝政府巩固边疆的方针的贯彻实施，更由于各族人民的努力，终于在清朝奠定我国现有的疆域。我国各族人民间的经济文化联系都大大加强了，发展了，中央政府与边疆地方政府的隶属关系更加巩固了。

（7）抗拒西方殖民主义侵略的时期

明清时期给西方资本主义殖民者以有力的打击。西方殖民者东来，在印度、南洋都得逞了，到中国碰了钉子。明武宗时期，明朝政府很腐败，1518 年（正德十三年）撵走了来侵的葡萄牙人；1523 年（嘉靖二年），葡萄牙人到广东新会西草湾，明军将之击溃；1624 年（天启四年）又从澎湖赶走葡萄牙侵略者。澳门之被侵占，不是军事的失败，而是出于贪官的出卖。1662 年（康熙元年）民族英雄郑成功击败荷兰侵略军，收复台湾。清朝政府对外国侵略者有警惕，1685 年（康熙二十四年）和 1686 年两次在雅克萨打败沙俄侵略者；1689 年（康熙二十八年）签订《尼布楚条约》，成功地扼制沙俄对我国东北边疆的侵略。1802 年（嘉庆七年）和 1808 年（嘉庆十三年）先后粉碎了英国侵占澳门的阴谋。在武力抵抗的同时，清朝政府采取限制贸易的政策，指定港口，接纳外商贸易，非指定地区不许贸易。这是有限度的自由贸易。清朝政府允许俄国商队来华，并在北京贸易。这是集体贸易，也是一种有限度的自由贸易。闭关与锁国不同，锁国是保守，闭关不是关大门，完全拒绝经济交往，因此不能全盘否定这种政策。对于东来的传教士，康熙皇帝利用他们的技术和文化知识，如用南怀仁造炮，搞地图测绘，研究数学、天文历算学，但不利用他们的宗教教义，而是禁止他们在中国传教。明清两朝的这些政策，在爱国军民的支持下打击了外国侵略者，在一个时期内保卫了我国领土主权。

三、明清史的分期

前面说过，划分历史时期要根据时代特点，找几个大事做为界标。这个大事要是那个时代最大的影响至全国甚至世界的，要涉及人民生活的。

明清时期发生了许多重大事件。有 1380 年（洪武十三年）废丞相制；1399
年（建文元年）—1402 年（建文四年）的靖难之役；1449 年（正统十四年）的
土木之役；1528 年（正德十三年）的击败葡萄牙殖民者的入侵；1518 年（万历
九年）的推行一条鞭法；1628—1644 年的明末农民战争和清军入关；1662 年（康
熙元年）郑成功收复台湾；1683 年（康熙二十二年）的清朝统一全国；1689
年（康熙二十八年）缔结中俄《尼布楚条约》；1697 年（康熙三十六年）平定
准噶尔部噶尔丹叛乱；1724 年（雍正二年）实行摊丁入亩制度；1727 年（雍正
五年）在西藏设立驻藏大臣；1729 年（雍正七年）设立军机处；1758 年（乾隆
二十三年）平定阿睦尔撒纳的叛乱；1796 年（嘉庆元年）—1803 年（嘉庆八年）
川楚陕白莲教起义；1840 年（道光二十年）鸦片战争，等等。

在这类大事件中，我们挑出五个特别重大的事件，将明清时期析分为五个
历史阶段。

第一个阶段，从明朝建国到土木之役（1368—1449 年），这是明朝的初期。
这时明朝政权较为强大，阶级斗争处于低潮。

第二阶段，从土木之役到一条鞭法的推行（1449—1581 年），这是明朝的
中期。统治阶级日趋腐朽，土地兼并积重难返，农民不断发动起义。

第三阶段，从一条鞭法至李自成起义（1581—1644 年），这是明朝的末期。
张居正的推行一条鞭法并不能挽救明朝政治危机，终于爆发了轰轰烈烈的李自
成起义，推翻明朝的反动统治。

第四阶段，自清军入关至实行摊丁入亩制度（1644—1724 年），这是清朝
的前期。清朝完成了对全国的统一，实行了某些政治经济制度的改革。这一阶
段中又可分为两个小阶段，可以 1683 年统一全国做为标志。

第五阶段，摊丁入亩至鸦片战争（1724—1840 年），这是清代的中期。清
朝政府经历康乾时代的鼎盛时期，在走下坡路，各族人民的起义进一步打击了
它。这个时期也可以分两小段，可用 1758 年巩固回疆作为标志。

另外，鸦片战争到辛亥革命（1840—1911 年），是清代的后期。这已经是
中国近代史的范畴了，我们不再叙述它。

（冯尔康整理，原载《及时学人谈丛》）

明代的中央集权、内阁和六部职权的消长

封建政府是地主阶级的权力机关，代表地主阶级利益。以皇帝为首脑的中央政府为了维护整个地主阶级的利益，要求把权力抓在自己手中，强化封建专制主义中央集权。但是地主分子散居各地，同一地区的地主分子又可以有共同的利益，甚至能够形成独特的政治集团。这样，封建中央政府与地方地主集团既因都是地主阶级代表而有共同性，同时也有着争权夺利的矛盾。所以地主阶级有一个解决它的内部矛盾的任务，有着如何搞好它的统治权力的分配问题。地主阶级对这个问题处理得好，它的内部就基本统一，处理不善就矛盾重重，以至会用战争手段来解决。

在中国封建社会史上，中央集权与地方分权始终在斗争，斗争的焦点是争夺对土地的占有和劳动力的控制。封建政权为了监督、镇压人民，有一整套的方针、政策、措施及其实施机构，如果这一套东西掌握在中央手里，就会出现中央集权的状况；落在地方手中，则是割据状态。

中国历史上中央集权的程度，在各个时期有所不同，有所变化，秦、汉初建中央集权，但西汉初年诸侯王势力大，他们所拥有的地区超过了中央政府直辖的区域。东汉时期削弱了诸侯王的权力，强化了中央集权。中国历史上中央集权与地方割据的状况大体是：变乱时期，割据势力必大，北方尤其严重，而一个新王朝建立后，就从事巩固中央集权的工作。明朝建国后，它的统治者与其他朝代的初期统治者一样，制订许多制度，采取一系列措施，强化中央集权，着力加强皇权。下面分几个问题进行说明。

一、明代专制主义中央集权的支撑点

明代封建专制主义中央集权的程度高于先前的王朝，中央政府与皇帝有绝大的权威，它能够达到这种境界，乃在于更加彻底地执行限制地方权力、一切大权归中央的政策。

（1）地方官吏的任用权在中央

地方官吏，从府州县主官起至那些佐杂官，如主簿、典史之类，无论大小，全由中央统一任命，统一控制，地方主官所能任用的正副手，属于临时性的代理，而非正式任命。

明朝严格实行官员回避制度，本省人不得在故里做官，防止他们在地方上发展势力，贪赃舞弊。明朝政府对官员经常调动，而且调动地区很大，防止官员久任，在地方上生根坐大。

（2）地方上没有军队

明朝实行卫所制，军队遍布各个地方，但是军队统帅权在中央，所以地方上的军政官员都不能掌握军队。

明代军制是所谓内外相维，即京城和地方、中央和外地互相牵制，互相维持。军队的一般训练，在地方上的卫所内进行；高级训练，到首都进行，这就是卫所的军士轮番上京师操练，是为班军。又以卫所军轮番上京师，组成京营，进行特种训练。统帅权亦内外相维：地方上设都指挥使司，为封疆大吏，辖卫所；中央设前、后、左、中、右五军都督府，他们下辖的都司卫所，呈犬牙交错状态，互相插花，既内外相维，又不使统兵机关有一个联成一大片的地区。指挥上遇有战事，临时指派统兵将帅，事毕将帅交印，兵归卫所。这样将兵分离，使将帅不能久专兵权。调遣权归兵部，军需归工部管理，调兵、遣将、特种训练、后勤供应，权在中央；地方上不能掌握军队。而兵部调兵，要用"皇帝信宝"，所以最后权力集中在皇帝身上。

（3）地方收入由中央决定和分配

明代赋役法由中央统一规定，主要按赋役黄册征收。夏税秋粮，本色折色，都定于中央，地方政府只管征收、运解，对于它来说，运解和征收一样是重要任务。它是过路财神，本身没有财源。

（4）司法权在中央

明朝在地方上设提刑按察使司，掌管一省之刑名，审理案件，但死刑重案之处决权归诸中央。中央有三法司，刑部是司法的主管部门，审理地方上报的死罪囚犯，狱成，转大理寺复审；大理寺有复审权，没有它的评审犯人不得处决，不得结案；都察院亦与刑部、大理寺共同审理大狱重囚。凡是判了死刑的，不管是立即执行或者是秋后处决，都要三复奏，可见中央主要抓死刑。明朝政府这样重视死刑，出发点是为了保存劳动力，以便其役使、剥削。但犯人从地方转到中央，又去三法司反复审判，受够了苦罪。

总之，实行这些措施，大权都集中于明朝中央政府，封建专制主义中央集权达到了高峰。这种状况自明初起维持到明中叶，到明代后期，绝对的中央集权已行不通了。

二、废丞相升六部

洪武十三年以前，明太祖朱元璋在中央政府中实行丞相制，这是因袭元朝的旧制。朱元璋是反对元朝的农民起义的首领，他采用元制，是因为在起义初期他力量弱小，忙于战争，无暇进行政权形式的较大改革，只能因元之旧，权宜措置，所以在地方行政区划上改变元朝的名称，而官员名号则准于元代。如至正十六年（公元 1356 年），他攻下南京，将元朝集庆路的名称改为应天府，置江南行中书省，自称行省丞相，就是采用的元朝官制。在他建立明朝的时候，依然维持了丞相制。

丞相制，在统治阶级上层的权力分配方面，往往发生矛盾。多等级的阶梯制度是封建制的一个显著特点，最高统治者的皇帝有至高无上的权力，丞相总揽政事，这样在第一等第与第二等第之间就容易发生权力之争，会出现皇权与相权的矛盾。自从秦朝建立统一的专制主义中央集权后，这个矛盾就越来越明显了。所以东汉时，皇帝添设尚书台，以分散承相的权力。至唐朝，确立三省制，中书省裁判，门下省审议，尚书省执行，宰相的权力一分为三。宋代进一步分散中书省的权力，其军权归枢密使，财权归三司使，于是丞相、枢密使、三司使并称"三相"了。

朱元璋从他的实践中感觉到与相权的矛盾，对丞相防范、猜疑，限制他们的权力。洪武十二年以前，他共用了四个宰相，其中李善长任左丞相，三年后把他打发回老家；徐达任右丞相四年，只是挂名，他经常领兵出征，不任丞相事；汪广洋两次拜相，为期四年余，他不揽权，"守位而已"[①]；胡惟庸，为相六年，洪武十三年以谋反被诛，朱元璋的废除丞相制，导火线是胡惟庸案。没

---

① 《明史》卷 127《汪广洋传》，中华书局 1974 年版，第 3774 页。

有这个事件，他也要改制，这是皇权与相权矛盾的必然结果。

朱元璋的废除丞相制，其政权划分主要是革中书省升六部，改大都督府为五军都督府，以五府六部协助皇帝处理庶务。六部原属中书省，归丞相领导，六部尚书位卑权轻，升六部以后，直接奉行皇帝命令，而且只对皇帝负责，地位比原来提高了，权力加重了，但是它是六部分治，各司一职，不能集权于一个职务、一人之身。由于他们直接与皇帝议事，免去丞相一级的转议，少一道行政手续，还使政事不致流于壅弊。大都督府改为五个都督府，分统诸都司卫所，每一个都督府职权都比原来大都督府小得多了。六部、五府一升一降，使六部尚书与五府都督都是正二品的官员，这样从官员讲，能够掌握一部分实权的官职最高级别是正二品的官员，没有一品官。因此，罢中书省后，尽管六部地位提高了，皇帝与官员之间的实际等级差距加大了。官员地位的降低，意味着皇权的加强。洪武十五年（公元 1382 年），朱元璋设置华盖殿、武英殿、文渊阁、东阁诸大学士，充当顾问。他们只是正五品的官，职权很小，由于朱元璋是亲自主持政务，大学士们很少能参决政事的。朱元璋还因袭旧制，设立翰林院和左、右春坊。这些机关阅视诸司之奏章，考议评论，以备皇帝裁决时之参考。那时大学士与翰林、春坊虽同是顾问性质，但前者是不经常的，顾问与否，视皇帝之需要，后者则有它的日常工作。五府六部翰林春坊，各司其职，只有皇帝了解全部政事，集政权于一身。皇帝对政事的裁决，以批答和谕旨的形式表现出来。朱元璋极力过问政治，批答都是御前传旨，执行人当时笔录他的口谕。他的儿子明成祖朱棣、孙子明仁宗朱高炽时期，皇帝与有关官员面议，然后御笔批答，这样就形成文字了。明宣宗朱瞻基以后，批答出现两种办法，对较小的事务用条（调）旨处决，对较重大事情与大臣面议后，传旨处分。明孝宗朱祐樘重视条旨，亲自书写。明武宗朱厚照时期起，谕旨由太监批红、内阁票拟，皇帝核准颁行。这样一来，内阁权力明显加重，超出六部，同时太监也得"口含天宪"，因而权势煊赫，与廷臣产生严重矛盾。

三、内阁与六部职权的消长

明朝内阁制有一个形成的过程。朱元璋时期，大学士只是备顾问，他没有僚属，尚无内阁之名。明成祖特简翰林院侍读、侍讲、编修、检讨等官为大学士，参予机务，因其在大内授餐，常侍天子殿阁之下，故称内阁。这是他们参政之始，但事权尚微。明仁宗、宣宗时，大学士兼任六部尚书，内阁地位有了提高；明英宗天顺以后，内阁权势明显上升。嘉靖中期以后，大学士的朝位班次，列在六部之上，大学士几乎变成了真宰相。

内阁制形成与完善的过程，基本上也是它与六部权力互相消长的过程。当洪武之际，大学士与六部相比，六部位尊权重；永乐时，大学士与六部无所统属。明仁宗用杨士奇、杨荣等为大学士，他们原是仁宗在东宫时的属臣，对巩固仁宗的太子地位起过重要作用，因而仁宗继位后得到重用。在仁、宣之世，尤其是宣宗时，大小事务，皇帝都要让大学士参决，使他们的实际权力加大了。为名实相副，提高大学士地位，皇帝授以三孤官，或兼六部尚书。如杨士奇为少傅、兵部尚书，杨荣为少傅、工部尚书，杨溥为礼部尚书。大学士兼尚书，因之位尊权重。同时期吏部尚书蹇义为仁宗所信任，宣宗对之"委寄益重"。①户部尚书夏原吉，亦为仁、宣所倚重。蹇、夏分长六部中权力最大的吏、户二部，各 27 年之久，与三杨都是朝廷之重臣，故当时大学士与六部权势相当。明景帝朱祁钰时期，由于对瓦剌战争的关系，建功最多的兵部尚书于谦掌握政府实权，他的论奏，景帝"无不从者"，忌妒他的人说他"太专"，向皇帝建议，"六部大事同内阁奏行"②，可见，那时内阁的权力不会太大。英宗复辟以后，内阁权力上升，六部要按照内阁草拟的谕旨办事，不得不仰承内阁的鼻息了。但在嘉靖初年议大礼时，礼部尚书毛澄，主张由藩王入承大统的明世宗朱厚熜尊明孝宗为皇考，本生父兴献王为皇叔父，大违世宗本意，但仍能"抗疏力争"③，说明六部有职有权。其后不久，大学士班六部上，从官制体制上，巩固了内阁的权力，将六部置于他的下属地位了。但是内阁的崇高地位并不是那么固定的，明思宗朱由检时，大学士权力削弱了。上述事实表明，内阁的权力，从大学士产生之日起，是逐渐加重的，到明中叶就超过六部了。朱元璋原意是"升六部"，但它同逐渐形成的内阁产生了矛盾，以至不得不降为后者的附属物。

内阁与六部权力的消长，有二方面的原因。一是由任事者的状况决定的，任事者包括皇帝、大学士和尚书，这里又主要取决于皇帝。皇宗若勤于政务，并且有兼任国家首脑和政府首脑的能力，他就不需要丞相，也即不需要与之相当的内阁，直接指导六部，实行国家职能。若皇帝耽于淫乐，荒于政务，以及虽精励图治，但能力庸劣，为了使国家机器运转如常，他就不得不依靠丞相发挥政府首脑的作用，以维持该王朝的统治。明代的皇帝，自仁、宣起，皆中庸

---

① 《明史》卷 149《蹇义传》，第 4149 页。
② 《明史》卷 170《于谦传》，第 4549 页。
③ 《明史》卷 191《毛澄传》，第 5057 页。

朽物，故而他们不能不在实际上依靠少数大臣，因而使内阁健全起来，很大程度上具有丞相的地位。内阁大学士和六部尚书的职权是固定的，但他们的个性以及他们本人的政治地位，都可以在一定范围内膨胀或缩小他们的职务的权限，这也影响到明代内阁与六部职权的消长。制度是重要的，而且是容易固定化的，但是当事人在制度中会起相当作用，从而在实际上影响一个官职的权限的大小，这种个人的作用，不应当忽视。

皇权的裁答方式，是内阁与六部职权消长的另一个原因。当皇帝采取与六部尚书直接面议政事的方式时，尚书有参决权，并由它去执行，这样他的权力就大。当皇帝使用内阁拟旨和传旨的方式时，内阁的权力就升上来了，而政事的执行人六部不能与皇帝直接面议，变成单纯的奉行谕旨的机关，它的权力下降了。如正德初年，吏、户、兵三部及都察院各有疏，争职掌，明武宗命大学士刘健等拟旨处分，在此情况下，六部不得不观察内阁的动向，而屈居其下了。

明代内阁与六部职权的消长，是明朝皇帝采取"彼此颉颃，上下相维"的官制的体现。它便于皇帝的统治，便于实现皇帝的至高无上的权力。

四、大学士

大学士同时可以有数人，其中资格最高者一人，为首辅。内阁的票拟，最后经过首辅的同意，故其在同僚中权力最大。首辅和一般大学士权力的差别，有时达到长官与属员之间关系的程度。嘉靖中，夏言为首辅，大学士顾鼎臣自恃比他中进士早，又年长，想多拿主意，但夏言不悦，顾鼎臣"不能有为，充位而已"[①]。顾死，翟銮继为大学士，他对夏言"恂恂若属吏然，不敢少龃龉"[②]。夏言对于另一个同僚大学士严嵩也全不放在眼里，"凡所批答，略不顾嵩，嵩噤不敢吐一语"[③]。对严嵩所引用的私人，夏言逐斥之，严嵩亦不敢救援。

首辅权力尽管很大，但是它仍不同于丞相。他有参决权、票拟权，但没有任免权。这个权力在皇帝手中，所以首辅即使很有作为的、权势煊赫的，亦不能像汉魏之丞相，势力超过皇帝，取而代之，另立新朝。

首辅没有任免权，凡是要专权的，就要与科道官紧密联系，利用他们制造舆论，攻击一部分人，吹捧一部分人，以使首辅左右皇帝对官员的任用，在实

---

① 《明史》卷 193《顾鼎臣传》，第 5115 页。
② 《明史》卷 196《夏言传》，第 5195 页。
③ 《明史》卷 196《夏言传》，第 5197 页。

质上取得一部分任免权，形成以首辅为核心的一批人。大学士之间、官僚之间为争权夺利，互相结合，各自制造舆论，于是舆论混乱，门户之见甚深，所以在明代，阁臣之间利用科道，互相攻讦，层出不穷，把政治搞得乌烟瘴气。因此，按照封建礼法的要求，好的大学士应该不接近科道。明代有一些任久而权重的大学士，但有作为、可称"名相"者实寥寥。

杨士奇、杨荣、杨溥，都是历事四朝的元老重臣，且杨士奇任大学士四十三年，杨荣三十九年，史云"明称贤相，必首三杨"①。方之房玄龄、杜如晦，他们对仁宗的守成，也即巩固明朝政权起到一定作用。

三杨之后，彭时、商辂、刘健、谢迁辈继出。彭任大学士二十一年；商辂为二十年；刘健亦二十年；谢迁十二年。他们是所谓"以道事君者"②，其政事不外：奖励人材；辅赞弥缝；守文持正；振持纲纪；应变灾难；阉竖乱政，秉义固诤。就中有关国计民生的很少，多是守旧的消极的。他们因为执政久，用了些人，故而有名。

明世宗时大学士张璁（任九年）、桂萼（任三年）皆以议大礼中迎合朱厚熜的主意而见用。史称他们"性猜狠，好排异己"③。明世宗就是好猜忌、刚愎自用之人，张、桂投其所好，故而一度深相结合。但是张、桂清理勋贵庄田，罢天下镇守内官，惩治一些赃吏，还是有一定积极意义的。紧随张、桂而出的是夏言和严嵩。夏言任大学士十一年，首辅七年，务张权势，而无党援。他以经济自许，图谋收复河套，但为严嵩阴谋所中，遭弃市之刑，严嵩遂得柄政。严任大学士二十一年，首辅十四年，"握权久，遍引私人居要地"④。他也是利用明世宗自信自专的弱点，而怙宠弄权，贪赃乱政。

继严嵩为首辅的徐阶，任大学士十七年，任首辅七年，他务反严嵩所为，宣言："以威福还主上，以政务还诸司，以用舍刑赏还公论。"⑤他好用权术，对劳动人民的剥削非常残酷，如用佃户妻女为他纺织，以备出售，他的财产不比贪墨著称的严嵩少。

高拱与徐阶曾有一段时间同为大学士，且其为明穆宗太子时旧官，故穆宗继位而大用。他反对徐阶之政，完全是门户之见，然主俺答封贡事，是有识见的。

①《明史》卷 148《赞》，第 4145 页。
②《明史》卷 181《赞》，第 4829 页。
③《明史》卷 196《桂萼传》，第 5185 页。
④《明史》卷 308《严嵩传》，第 7918 页。
⑤《明史》卷 213《徐阶传》，第 5635 页。

明代真正的名相只有张居正。他自隆庆初年为大学士，历时十六年，其间十年居首辅。他清丈土地，使明朝政府所掌握的垦田大增；全面推行一条鞭法，一定程度地适应社会经济发展的要求；支持潘季驯修黄河；与高拱同主俺答封贡，增强明朝与蒙古族的联系。他的职权很重，明神宗朱翊钧待以师礼，称之为"元辅张少师先生""太师张太岳先生"。张居正回籍奔丧，所过之处，"守臣率长跪，抚按大吏越界迎送，身为前驱。道经襄阳，襄王出候"①，而居正不按规定的臣礼见王。他使首辅的权势达到了高峰，但他死后不久，即被籍没家财，家属获罪，此为有震主之权者，亦招祸。

张居正之后，大学士俱平庸，只能造成恶浊的政治。

五、廷臣与内臣的矛盾

皇帝裁答方式之一的批红，造成宦官擅权，以及廷臣与内臣的严重矛盾。

朱元璋时定制，内臣不得干预政事，自朱棣用宦官出使、专征、监军、分镇、刺臣民隐事，宦官权始重，但内臣地位之提高，势力之养成，则在批红。

批红，本应皇帝亲自书写，但仁、宣以降的皇帝，往往怠于政事，就命司礼监的秉笔太监代书，因而司礼监太监得参与议事，并能在文字上上下其手，以合其意。大学士是根据批红来票拟，倒失去了一部分参政权。嘉靖初年官僚霍韬上书说："阁臣职参机务，今止票拟，而裁决归近习。辅臣失参赞之权，近习起干政之渐"②，看到批红削弱了内阁的权力，而使太监的权力长上来的事实。

内臣与朝臣地位的变化，还反映在太监与大学士相见礼节的变化上。景泰以前，太监与大学士议事，由太监去内阁找大学士，大学士在东边坐，太监西顺坐。天顺以后，坐次的高下就反过来了，大学士坐东边第二把椅子，太监坐西边第一把椅子。双方见面互相作揖。开始大学士穿便服见太监，后来为表示尊敬对方，就要穿礼服了，并且要把太监送出门。嘉靖以后，大太监不再亲自去找大学士，只派小太监去传话，太监简直是高于大学士一等了。由此可见，太监与大学士的关系是前者越来越高，后者日趋低落。

卑贱的宦官居然在政治上大露头角，甚至在官僚面前作威作福，理所当然的引起朝臣的不满，内臣们自然也不会甘心让出他们的权力，因此朝臣与内臣之间就展开了激烈的斗争，并出现几个高峰。明武宗初年，重用太监刘瑾、谷

---

① 《明史》卷 213《张居正传》，第 5648 页。

② 《明史》卷 197《霍韬传》，第 5207 页。

大用等八人，时称"八党"，又称"八虎"，他们干预政治，使"诏条率沮格不举"①。大学士刘健、谢迁等人要压抑宦官的势力，连章上书请诛"八党"，并获得太监王岳的支持，但是明武宗认为"天下事岂皆内官所坏，朝臣坏事者十常六七"②，不但不杀"八党"，反而将刘、谢罢官，刘瑾更以诏书宣布刘健、谢迁及尚书韩文等五十三个朝官为奸党，给予进一步打击。于是百官奏章"先具红揭投瑾，号红本，然后上通政司，号白本"③，刘瑾引焦芳为大学士，成其腹心僚属。这次斗争以大学士的失败而告终。明穆宗朱载垕去世时，遗命政事专归阁臣办理，但伴随皇帝的中官假造遗诏，命阁臣与内臣冯保等共事。大学士高拱鉴于中官专政之弊，"条奏请诎司礼权，还之内阁"④，又命给事中雒遵等上疏抨击冯保。他是完全站在廷臣方面与内臣作斗争的。但是另一大学士张居正却勾连冯保，在皇太后的支持下，驱逐了高拱，这是朝臣谋去内臣斗争的又一次失败。明熹宗朱由校时，魏忠贤为秉笔太监，"内外大权一归"之。⑤朝臣因万历时争国本、梃击诸案互相结党攻击，有的人为了取胜对方，乃依附魏忠贤，为其"五虎""五彪""十狗""十孩儿""四十孙"，于是内臣以绝对优势压倒朝臣。至朱由检为帝，才除去了魏忠贤的势力，他刚愎自用，对朝臣、内臣均加猜疑，更使政治混乱，终于使明朝在农民战争中灭亡。

内臣与廷朝的矛盾，并非是那么绝对的、纯粹的，它们之间，是你中有我，我中有你，朝臣与内臣的各自内部又有派别之争，朝臣要勾结内臣的一派反对另一派，内臣也是如此。所以我们说，朝臣与内臣的斗争是统治阶级的内部争斗。不过由于宦官政治更恶劣，相比之下朝臣略好一点。

朝臣与内臣的矛盾，多是内臣得势，这是由于皇帝信任他们，支持他们。宦官的批红权力，是从皇帝的裁决权中分出来的，在某种意义上说内臣之权，是皇权的一种体现。明代皇权极度加重，皇帝本人不能完全胜任时，他就不能不使身边的家奴去分担，以是造成所谓宦官之祸，造成政治黑暗。不仅明朝是这样，中国历史上皇权加强的王朝，如东汉、唐，都有宦官擅权的严重问题，因此我们说，宦官干政是皇权加强的副产品。

（冯尔康整理，原载《及时学人谈丛》）

---

① 《明史》卷 181《刘健传》，第 4813 页。

② 《明史》卷 181《刘健传》，第 4816 页。

③ 《明史》卷 304《刘瑾传》，第 7789 页。

④ 《明史》卷 213《高拱传》，第 5642 页。

⑤ 《明史》卷 305《魏忠贤传》，第 7821 页。

明代在东北黑龙江的地方行政组织
——奴儿干都司

一、奴儿干所在

奴儿干在黑龙江下游恒衮河汇合口东岸特林地方，距离黑龙江口庙街（俄名尼古拉也夫斯克）250 余华里。恒衮河又作亨滚河、兴衮河，今在俄境，名阿姆贡河。特林，西方作 Tyr，有的书译为帝尔，在北纬 53 度，东经 140 度。在元代文献里，称为弩儿哥。[①]鬼骨，元史作骨鬼，是对的。骨鬼就是苦兀、库页。这是日本学者发现的，对音与地望都符合，是可信的。《经世大典》里有《招捕类》，不是《元文类》的《招捕类》，要注意。

清代官书《满洲源流考》又把奴儿干改译为尼噜罕或尼噜干。尼噜干（奴儿干）满语是画，应是说它风景如画。[②]我们在 19 世纪 60 年代出版的《俄罗斯人在黑龙江上》[③]和鸟居龙藏的《东北亚洲搜访记》[④]两书所描写的那里风景，都得到证明。

关于奴儿干和特林（Tyr）的分别记载，中外都早有了，但把特林和奴儿干联系在一起，是 1885 年（光绪十一年）我国曹廷杰首先发现的。那时他在考察旅行，经过特林，看到有两座明代永宁寺石碑，从碑文确定奴儿干就在特林，亲自将碑文拓下来带回中国。这一发现，当时是震动中外的。

元初至元九年（1272），元兵征服奴儿干，不久它就成为进攻库页岛的据点。明代方志说它"元为东征元帅府"[⑤]，日本学者根据这个记载，认为元代

---

① 苏天爵编：《元文类》卷 41《经世大典序录·政典·招捕类》，"辽阳鬼骨"条，商务印书馆 1936 年版，第 590 页。

② 阿桂等撰，孙文良、陆玉华点校：《满洲源流考》卷 20《国俗五》，辽宁民族出版社 1988 年版，第 385 页。

③ 拉文斯坦：《俄罗斯人在黑龙江上》，1861 年英文版，第 196 页。

④ 鸟居龙藏著，汤尔和译：《东北亚洲搜访记》，商务印书馆 1926 年版，第 154 页。

⑤ 《辽东志》第 9 卷，《辽海丛书》本；《全辽志》第 6 卷，《辽海丛书》本。

东征元帅府就设在其地。这个说法，我们觉得是可疑的。因为：

①元代并无此文献。

②相反，《元史·世祖纪》至元十五年（1278）记载说，"以征东元帅府治东京"①，东京是辽阳，与此不合。

奴儿干是元代流放地区。元代刑制，凡流放远地的称为流远，除了女真族、高丽族流放湖广以外，大都流放到奴儿干。②也有流放云南和海南的，但较少。后因流放奴儿干的人太多，站赤运输负担过重，于是按照罪行，"重者发付奴儿干，轻者于肇州从宜安置，屯种自赡"③，因而"奴儿干出军"和"肇州屯种"，成了罪行轻重的区别。流放奴儿干的人，不限于普通刑事犯，也有政治犯。如延祐七年（1320）八月，亦怜真以违制不交兵权流奴儿干④；至治元年（1321）三月，太监李罗铁木儿流放奴儿干⑤；至治三年（1323）十二月，流诸王曲吕不花于奴儿干⑥，都是。流放奴儿干的普通刑事犯多数是汉人，元统间（1333—1334），新城地主骆长官流放奴儿干，他的朋友杭州人孙子耕亲自送他到肇州⑦；广东番禺人陈浏在大德六年（1302）死在流放的肇州⑧，这样，汉人的习俗也广泛留在奴儿干。东北各少数族原来是萨满教传布区域，在元末奴儿干出现了佛教的观音堂⑨，就是汉俗遗留的证明。

二、明代奴儿干都司的设立和变化

1. 设立年代和背景

奴儿干都司建立于永乐七年（1409），但实录的原始记载比较简略，又有删汰，读者容易误解，现在稍稍加以分析说明。

1368 年（洪武元年）明王朝接替了元王朝，但东北的元代残余武装纳哈出

---

①《元史》卷 10《世祖本纪》至元十五年九月戊子条，中华书局 1976 年版，第 205 页。

②《元史》卷 103《刑法志·职制下》，第 2634 页。

③《元典章新集·刑部·刑制·刑法》"发付流囚轻重地面"条。这个文件在延祐七年（1320 年），但肇州屯种早已有了。

④《元史》卷 27《英宗本纪》，第 605 页。

⑤《元史》卷 27《英宗本纪》，第 611 页。

⑥《元史》卷 29《泰定帝本纪》，第 641 页。

⑦ 杨瑀撰，李梦生校点：《山居新语》，上海古籍出版社 2012 年版，第 14 页。

⑧《元史》卷 197《孝友列传·陈韶孙传》，第 4447-4448 页。

⑨《明永乐十一年永宁寺碑》，见钟民岩：《历史的见证——明代奴儿干永宁寺碑文考释》，《历史研究》1974 年第 1 期。

还盘踞东辽河一带，阻隔了辽东同中原的联系。朱元璋注意中原生产的恢复，先统一和开发北方和西南，直到 1387 年（洪武二十年）纳哈出降后才经营东北。因此，东北黑龙江等处的地方区域设置多在永乐时。永乐二年二月，忽剌温女真头目来朝，置奴儿干卫[①]；永乐二年（1404）四月黑龙江等处女真来朝[②]；永乐七年（1409）闰四月又置奴儿干都指挥使司（都司）。

2. 奴儿干都司的停止活动

还有一个问题，明代土官无俸给[③]，一切由部族供应。都司是流官，也有土官[④]，流官都有俸粮[⑤]，岁用浩大。奴儿干都司建立后，明政府正全力注意北面，对东北的开发还未着手，以招谕抚恤工作较多。宣德二年（1427）升了康旺、王肇舟、佟答剌哈、金声等人的官，实录记载说"旺等累使奴儿干招谕，上念其劳，故有是命"[⑥]；宣德五年（1430），命康旺、王肇舟等"仍奴儿干都司抚恤军民"[⑦]；宣德六年（1431）记载说，康旺"自永乐以来，频奉使奴儿干之地，累升至都指挥使，至是复命往设都司，旺辞疾，乞以（其子）福代"。[⑧]这里的"累使""频奉使""仍"或"仍往""复命往设都司"，都说明这些奴儿干都司的官员不是常年驻守在那里，而奴儿干都司的机构并没有明令取消。机构未取消，官吏由于供应困难，又不能在职，他们到什么地方去了？从史料看，一般到各地方卫所寄俸带支，如佟答剌哈在"三万卫带支百户俸"[⑨]即其一例。这是经济原因造成的。应该特别指出，明初奴儿干都司官吏不常驻本管地区的措施，并不妨碍国家的领导和主权：①明代东北少数族是由明政府直接领导的——属夷，一切政令不必通过都司。②当时奴儿干都司的职责主要是招谕、抚恤和"比朝贡，往还护送，率以为常"[⑩]，都是可以另行临时派人办理的。③奴儿干都司职官在各卫寄俸，仍然可以随时征调。④不在土官地区要求供应，可以减少矛盾。当然，这全不是最初设立奴儿干都司的原意。宣德时（1425 年

① 《明太宗实录》卷 28，永乐二年二月癸酉条，中央研究院历史语言研究所 1962 年校勘本，第 504 页；《明会典》及《明一统志》说卫设于永乐三年。

② 《明太宗实录》卷 30，永乐二年四月戊子条，第 550 页。

③ 万历《明会典》卷 39《俸给》不列土官。又廪给，进贡人员俱支廪给。又卷 118《兵部铨选》，"土官中头目原无专职品级"，无品级当然不支俸。

④ 《明史》卷 76《职官志》，"都司并流官，或得世官"，第 1872 页。

⑤ 《明太宗实录》卷 193，永乐十五年十月丁未条，第 2037 页。

⑥ 《明宣宗实录》卷 31，宣德二年九月丁亥条，第 795 页。

⑦ 《明宣宗实录》卷 69，宣德五年八月庚午条，第 1615 页；"仍"字下别本有"往"字。

⑧ 《明宣宗实录》卷 84，宣德六年十月乙未条，第 1930 页。

⑨ 《明宣宗实录》卷 80，宣德六年六月癸丑条，第 1858-1859 页。

⑩ 《全辽志》第 6 卷。

六月—1435 年正月）对奴儿干都司存废的意见争议很激烈，最后在宣宗临死宣谕给辽东总兵官、辽东都司和镇守太监等人说，"凡采捕、造船、运粮等事，悉皆停止……其差去内外官员人等俱令回京，官军人等各回卫所着役。尔等宜用心抚恤军士，严加操练，备御边疆"。①谕旨并无废除奴儿干都司明文，但造船运粮停止，人员军士撤还，奴儿干都司实际上就不可能存在了。这就是为什么：①有的书上说奴儿干都司明令罢设，②明代官书又一直标出都司名称和它的卫所，③事后实录还有关于奴儿干都司赏赐争议②记载的相互矛盾原因。谕旨最后几句，特别指出边防还要加紧，更说明疆土没有放弃。英宗以后的实录，奴儿干都司名称虽然不见，而代之以"黑龙江等处""黑龙江诸部"，都是显著证明。③

三、奴儿干都司的区域和领属的卫所

明初奴儿干都司继承了元代的领域，包括黑龙江、乌苏里江左右两岸以外的广大地区。明《寰宇通志》卷 116 记载说，"其人地东濒海，西接兀良哈，南邻朝鲜，北至奴儿干北海（鄂霍次克海）"。区划为一百八十四卫，二十所。④后来由于人口和生产的发展，氏族部族的扩大分合，发展到三百八十四卫、二十四所。⑤这不是领域扩大而是区划增多。这些卫所和西南地区的少数族不同，称为属夷⑥，就是直接统属于中央的少数族。所以它们的朝贡封赏，从不经过都司转达，而是直接到中央来的。实录记载直称某卫，也不加都司名称。明中央政权衰落后，这些卫所一直仍在明王朝的统治下，不过为了自己不受侵扰，常常倚靠一个比较强大的部落结成联盟。努尔哈赤出生的建州卫，也是奴儿干都司所属卫所之一。努尔哈赤在明政府支持下逐渐强大后，他利用他的军事力量和政治力量向外发展，成为一方霸主。奴儿干都司在永乐初建立时有一百一十五卫，到永乐末有一百七十九卫⑦，经过不断的分合发展，天顺时加到一百

　①《明宣宗实录》卷 115，宣德十年正月甲戌条，第 2597 页。

　②《明英宗实录》卷 11，宣德十年十一月己巳条，第 201 页。

　③《明英宗实录》卷 71，正统五年九月戊午条，第 1382 页；又《明英宗实录》卷 160，正统十二年十一月癸丑条，第 3120 页。

　④《大明一统志》卷 89《外夷·女直》，三秦出版社 1990 年版，第 1367 页。

　⑤万历《大明会典》卷 125《兵部·城隍二·属夷》，商务印书馆 1936 年版，第 2575-2585 页。

　⑥万历《大明会典》卷 125《兵部·城隍二·属夷》，第 2575 页。

　⑦《寰宇通志》卷 11《女直》。

八十四卫①，到万历时加到三百八十四卫②。这些不同氏族、不同部族甚至不同民族的几百个单位，都经过明王朝的任命，成为明王朝的一部分。明王朝按照它们各族的血缘团体和联合体的族属大小、人丁多少、力量强弱分为都司、卫和千户所，给以都督、都督佥事、指挥、指挥佥事、千户、百户、镇抚等不同等级的名位。

法定的卫所头目，明王朝发给他们"诰印冠带袭衣及钞币"不等。③诰也叫诰命，一品至五品给诰命，六品以下给敕命④，又叫贡敕，又称敕书，是任命的证书，凭着它才能到北京朝贡，并领"年例赏物"；印是管理权的象征，有它才能对部下发号施令；冠带袭衣是规定的制服，朝贡时要穿戴，只能穿赏赐的，不能自制。⑤

四、几点说明

1. 上面谈到永乐帝设置奴儿干都司有其政治和经济的目的。

永乐初明代首都还在南京，北京称行在。1408 年（永乐六年）八月永乐帝下令明年北巡，目的是要征讨蒙古。随即征调陕西等六个都司的兵士扈巡，并下令停止各种工程，命人专司运输。1409 年二月他从南京出发，三月到北京，闰四月设置奴儿干都司。七月命丘福北征，八月大败于胪朐河，九月下令亲征，次年五月班师回京。

为了北征，先立东北面的都司，说明是为了作好接应，为进军的右翼，在北征途中他和群臣谈到女真的长白山⑥不是偶然的，看出他思想上注意女真。他经营女真，造船通漕，未尝不是想从黑龙江北部进入蒙古，从东北开发推进到北面的开发。清初皇太极的进入察哈尔，在张家口设立互市，正是效法永乐。所以从全国发展来看，设置奴儿干都司是有进步意义的。

2. 永乐帝朱棣在少数族地区设立流官的奴儿干都司，不设土官，看出他想加速文化经济交流，推进民族的调融，用后来的名词说，就是提前改土归流。

①《寰宇通志》成书于景泰七年（1456 年），《明一统志》修于天顺二年（1458 年），都说一百八十四卫。

② 万历《大明会典》修于万历十五年（1587 年），卷 125 说有卫三百八十四，所二十四，站七，地面七，寨一，共四百二十三。《吉林通志》卷 12《沿革志》说"凡四百五十八"，无细目，不取。

③《明太宗实录》卷 28，永乐二年二月癸酉条，第 504 页。

④ 万历《大明会典》卷 122《兵部·诰敕》，第 2512 页。

⑤ 万历《明会典》卷 111《礼部·给赐二》，第 2373 页。

⑥ 谈迁：《国榷》卷 15，永乐八年三月壬辰，中华书局 1958 年版，第 1039 页。

自辽宋金元以来，这一带各族包括汉族的往来是多的，文献上记载也很多，都以简单汉语作共同语。而永宁寺碑反映的由观音堂扩大为永宁寺，而且一再重修，都说明了这一点。

西方文献反映的当时少数族的农业发展，对中国丝绸的爱好，汉族风俗的移入，如纸糊窗户，鱼皮的染色釉彩等等，也都说明了这一点。如果奴儿干都司维持下去，文化继续发展下去，而满族不入关，专心经营，我国东北经济发展，一定可以提前一二百年。

3. 1409 年明代在黑龙江口左近设立流官的奴儿干都司和土官的卫所，都是明朝在黑龙江、乌苏里江左右两岸的地方组织。土官土司是少数族的自治组织，也即地方行政组织。他们都是中国封建王朝任用的统治官吏，有必要并且派兵进驻。

4. 奴儿干都司从 1409—1435 年断续地活跃了 26 年。

26 年中，明廷对于它的应存应废，争论不绝，主要是从资金出发，一句话怕花钱。怕花钱是由于没有钱，没有大量的钱，没有原始积累，这反映当时还是封建经济，资本主义因素还没有萌芽。明朝统治者是从封建主义的经济观点，是从封建等级制利益出发，认为对他们无利可图，所以不能持久经营。

5. 奴儿干都司所辖的领土区域，是从元朝政府继承下来的。

奴儿干都司所属的卫所，在明王朝的法令上称为"属夷"，就是直属朝廷的少数族。奴儿干都司停止活动以后，所属卫所的属夷对明王朝隶属的朝贡关系并未间断。卫所数目的增多，并不是原来领土的扩大，而是向明廷直接朝贡领取敕书的族部数目的增加和次数的频繁。即使在明王朝中叶衰弱之后，原奴儿干都司所辖卫所各属夷仍然是在明王朝的统治之下，并假借中央朝廷的名义兼并其他弱小部族，夺取其敕书，进行互市朝贡，领取年例封赏。明王朝对奴儿干都司各属夷的统治权，从明初一直维持到明末为建州卫属夷努尔哈赤兴起建立后金政权后改为清政权代替为止。

（原载《史学集刊》1982 年第 3 期）

关于徐一夔《织工对》

二十年前，吴晗先生首先介绍了徐一夔《始丰稿》中的《织工对》[①]，近来我们也时常提到它。但是对于这一资料所叙述的情况，是在元末还是在明初，是丝织业还是棉织业，并没有取得一致的解释。有的认为叙述的是元末丝织业[②]，有的认为是明初丝织业[③]，有的认为是明初棉织业[④]。这些不同说法，只有对于棉纺织问题的意见谈到自己的论据[⑤]。

《织工对》记载的是杭州相安里故事。徐一夔从洪武五年（1372）作杭州府学教授[⑥]，在职很久，那么，《织工对》作于明初而记载的是明初事，是有可能的。但是清光绪十九年（1893）丁丙作的《始丰稿跋》说："前稿三卷……共五十四首，皆作于元至正间。"[⑦]《织工对》收在《始丰稿》卷一里面，也就是前稿第一卷里面，照丁丙说法，应该是在元末至正年间所作。

丁丙的说法对不对呢？

我们翻检一下徐一夔的《始丰稿》，可以看出他的编排全有一定的体例。他将文稿十四卷分成四组，即前稿三卷，后稿上三卷，后稿中三卷，后稿（应该作后稿下）五卷。每组都按文章体裁分类，分类次序在四组中大体是一致的。假使不是为了有所区别，绝没有这样分组的必要。我们再看四组文章的写作年代，除了没标明年月的以外，第一组前稿，即卷一至卷三，都在至正二十七年

---

① 吴晗：《十四世纪时之纺织工厂》，《清华周刊》第 45 卷第 5 期，1936 年 11 月，第 21 页。

② 尚钺：《中国资本主义生产因素的萌芽及其增长》，《历史研究》1955 年第 3 期，第 88 页，《历史研究所第三所集刊》第二集，第 76 页。

③ 黎澍：《关于中国资本主义萌芽问题的考察》，《历史研究》1956 年第 4 期，第 13 页。

④ 吴晗：《明初社会生产力的发展》，《历史研究》1955 年第 3 期，第 67 页。

⑤ 黎澍：《关于中国资本主义萌芽问题的考察》，《历史研究》1956 年第 4 期，第 13 页。

⑥ 徐一夔：《始丰稿》卷 6《初至杭学谒先圣祝文》，《武林往哲遗著》本，光绪甲午（1894 年）钱塘丁氏嘉惠堂刻，第 9 页。

⑦ 丁丙：《始丰稿·跋》，徐一夔：《始丰稿》卷末，《武林往哲遗著》本，第 1 页。

（1367）他投降明太祖以前①；第二组后稿上，即卷四至卷六，都在他降明以后到洪武十年（1377）之间；第三组后稿中，即卷七至卷九，都在洪武十年到十五年（1382）之间；第四组后稿，即卷十至卷十四，都在洪武十六年（1383）以后。他的文稿既然分组，各组文章的年代又有一定断限，可见他是按年分组编排的。前稿三卷所收的文章既然都在至正二十七年以前，丁丙的说法不是没有理由的。《织工对》虽然没标明年月，但收在前稿第一卷内，说它是元末至正间的作品，也不是没有理由的。

徐一夔在元末是否曾到过杭州呢？

徐一夔是浙江天台人②，徙居嘉兴③。他在至正时，自己曾说："余游杭久"，但是中间曾"流落他郡"④。又说："余记甲午、乙未岁，与博陵崔元初会于西湖之上。"⑤甲午是至正十四年（1354），乙未是至正十五年（1355）。他写过一篇《清隐轩记》，记中说明癸巳年他在杭州⑥；癸巳是至正十三年（1353）。他的朋友梁寅有一篇《赠徐大章（一夔）序》，其中也说，"迨庚寅岁之夏……留钱唐（杭州）逾一月，于贤士大夫因多见之矣，而天台徐君大章家于是邦，为侯泮助教"⑦；庚寅是至正十年（1350）。据这些记载，可知徐一夔在元末曾经住居杭州很久，虽然中间也常到别处，但是至少在至正十年、十三年、十四年、十五年，也就是他32岁、35岁、36岁、37岁的时候⑧确在杭州。当然，徐一夔决不仅这几年在杭州，他在《谢危大参书》中有"今年三月访俊禅师于钱

---

① "上平两浙之岁，余亦以遣至京师。"见徐一夔：《始丰稿》卷5《送刘崇明还江西展墓序》，第14页。案：朱元璋得杭州、湖州在至正二十六年（1366年）十一月，得温州庆元在至正二十七年（1367年）十月十一日。

② 《明史》卷285《文苑列传·徐一夔传》，中华书局1974年版，第7322页。

③ 朱彝尊：《明诗综》卷8《徐一夔小传》，上海古籍出版社1993年版，第121页。《四库全书总目提要》卷134《子部·杂家类存目十一·艺圃蒐奇》，中华书局1965年版，第1134页。

④ 徐一夔：《始丰稿》卷2《送勤上人卒业天竺序》，第23页。

⑤ 徐一夔：《始丰稿》卷3《题崔元亨所著亡弟崔永复行实后》，第4页。

⑥ 徐一夔：《始丰稿》卷1《清隐轩记》，第17页。

⑦ 梁寅：《赠徐大章序》，《始丰稿附录》，第2页。

⑧ 《始丰稿》卷3《通危大参书》说："一夔今年四十有五"（第7页），这封信据同卷《谢危大参书》是和他得建宁路儒学教授敕牒同在一年（第8页），至正二十三年（1363年）他写《嘉兴路新建儒学记》（卷2，第13-15页），自署建宁路儒学教授，文中又说当时他"侨居嘉兴之野"，"又俾助教诸生"，假使他早已得敕牒作教授，嘉兴就不会叫他屈作助教了。元朝教授是路学的主持人，只有一个。因此，至正二十三年可能就是得敕牒的时候。如至正二十三年他45岁，十五年正好37岁。丁丙《始丰稿跋》说，徐一夔洪武五年作杭州府学教授时"年五十有四"，与此相合。危素为参知政事，在至正二十年（1360年）正月到二十四年（1364年）五月，见《元史》卷45和卷113。

唐"①的话，而他写的《晏居记》②《序灌园生》③《西岭草堂续记》④，都是他在杭州的事，那么，他住在相安里和织工谈话是有很多可能机会的。

《织工对》关于工资有"旧佣为钱二百缗"一句，"缗"字是可注意的一个字。缗就是贯，一缗是一贯，就是一千钱。这是元代通俗惯用语⑤，到明初，由于钱法改变，钞值不同，就不沿用了。⑥徐一夔在洪武十一年（1378）给具庵法师写的《夕佳楼记》，说洪武十年（1377）明太祖召具庵法师到南京，后来"有旨命还山，寻敕有司给舟，且出内库钞十五贯为道里费，送至山中"⑦；洪武二十年（1387）写的《俞子中墓碣》说潭王朱梓"赐钞若干贯，俾其家为石刻费"⑧；全用的是贯字而不是缗字。可见徐一夔用贯字和用缗字是有时间上区别的。《织工对》用缗而没用贯，正说明是在元末所写而不是在明初。

元朝除了武宗至大三年（1310）曾经一度短期使用铜钱而外⑨，其余都是

① 徐一夔：《始丰稿》卷 3《谢危大参书》，第 8 页。此信写于至正二十三年。

② 徐一夔：《始丰稿》卷 2《晏居记》，第 1 页。

③ 徐一夔：《始丰稿》卷 3《序灌园生》，第 1 页。

④ 徐一夔：《始丰稿》卷 2《西岭草堂续记》，第 8 页。

⑤ 例如：元末，陶宗仪：《南村辍耕录》卷 4，"纵君自得之，亦不过二千五百缗耳"（上海古籍出版社 2012 年版，第 49 页）；元末，叶子奇：《草木子》卷 3，"非得数千缗不与行遣"（中华书局 1959 年版，第 50 页）；元，赵孟頫：《蔚州杨氏先茔碑铭》，"省民钱五万余缗"（《松雪斋文集》卷 8，《四部丛刊》初编本，第 1 页）；元，揭傒斯：《临江路玉笥山万寿承天宫碑》，"各以私钱五千缗倡之"（《揭文安公文集》卷 12，《四部丛刊》初编本，第 15 页）；这些都是，我们各举一条。

⑥ 高岱：《鸿猷录》卷 6《封赏功臣》条，"上赐〔王〕弼缗钱五万治第，钞二千锭葺先茔"（《纪录汇编》卷 72，商务印书馆 1937 年版，第 77 页）；"（洪武）二十四年辛未，八月，耿炳文辞归，赐缗钱五万治第，钞二千锭葺先茔"（《纪录汇编》卷 72，第 77 页）。这里所说缗钱，是区别于钞券的铜钱。清朝，汪琬、朱彝尊写的《徐一夔传》，都说徐一夔奉命编纂《大明日历》之后，明太祖赐他三个绮缯（绣花荷包），"装钱六缗"（《始丰稿·附录》，第 3 页），这是从宋濂：《送徐教授纂修日历还任序》中的"乃诏赐文绮纤缯各三，装钱六千文"（《始丰稿·附录》，第 1 页）改的，因为缗字是更文雅一点的古字，并不是用明朝当时习用语。

当然不是说明朝就没有再用缗字的。王鸣吉在洪武十五年作的《苏州府学重修庙貌记》，有"辄以禄米易钞得若干缗"（《吴都文粹续集》卷 4，四库珍本，第 29 页）；方孝孺在洪武三十一年建文即位后写的《信国公（汤和）神道碑铭》，有"钞以缗计者一万五千"（《逊志斋集》卷 22，《四部丛刊》本，第 13 页）；杨士奇在宣德十年写的《忠定蹇（义）公墓志铭》，有"赐钞万缗"的话（《皇明文衡》卷 86，《四部丛刊》初编本，商务印书馆 1936 年版，第 666 页）；可知明朝仍有用缗字的。但是，汤和事在《明太祖实录》作"钞三千锭"（卷 240，洪武二十八年八月戊辰条，中央研究院历史语言研究所 1962 年校勘本，第 3492 页）；杨士奇在永乐二十一年写的《虎丘云岩寺重修记》就不用缗，而称"为钞三十余万贯"（《皇明文衡》卷 34，第 292 页）。说明缗字还不是象元末那样通用。

⑦ 徐一夔：《始丰稿》卷 7《夕佳楼记》，第 12 页。

⑧ 徐一夔：《始丰稿》卷 13《俞子中墓碣》，第 12 页。

⑨《元史》卷 93《食货志一·钞法》，中华书局 1976 年版，第 2371 页。

用钞。元初时至元宝钞与中统交钞并行，后来专用至元宝钞。[①]钞币又称楮币，就是纸币，以钱为单位，每张有以文（个）计的，有以十计的，有以百计的，有以贯计的，贯是最高单位。贯以上还有锭，但是没有标明为锭的钞币。纸币在资本主义社会本来是用国家力量强制通用的一种货币记号，它只是象征地表现它所代表的货币（铜钱）量。纸币本身没有价值，也不能兑换和它同名称的货币。[②]在封建的元朝更是如此。当时钞币没有确实的物资储备[③]，"行之既久，物重钞轻"[④]，于是最高单位的贯（缗），成为经常使用的单位。几次改变钞法，换发新钞，也没能树立住信用。到了至正时，更是"钞法偏虚，物价腾踊，奸伪日萌，民用匮乏"[⑤]，于是实行了最后一次的变更钞法，依然没有挽回。各地农民起义爆发以后，元朝统治者"多印钞以贾兵"[⑥]，"军储供给，赏赐犒劳，每日印造不可数计。舟车装运，轴轳相接"[⑦]，于是物价更高，钞值更低。

明朝建国，先只用钱，以四百文为一贯。到洪武八年（1375）三月，印造大明宝钞，"与铜钱通行使用"。[⑧]大明宝钞分一百文、二百文、三百文、四百文、五百文、一贯六等，以贯为最高。"每钞一贯，准钱千文，银一两"[⑨]。明代钞币依然没有储备，它的贬值是很自然的，但是由于初期的钱钞兼用，同时明太祖政令严峻，对钞法用政治力量控制很紧，因之钱钞比例的规定直到洪武二十六年（1393）始终不改。[⑩]当然，事实上市价不是没有变更。洪武二十七年（1394）在两浙已经是"以钱百六十文折钞一贯"[⑪]，只等于官价的 16%。

---

① 《草木子》谓"行之四五十年，中统（钞）以费工本多，寻不印行，独至元钞法通行"（卷 3，第 65 页）；《元史·食货志》谓"中统至元二钞，终元之世盖常行焉"（卷 93《食货志一·钞法》，第 2370 页）。两说不同。此据《草木子》。又《草木子》谓至元钞凡十等，《元史·食货志》及陶宗仪《南村辍耕录》卷 26 均谓至元钞凡十一等，多五文一种。

② 马克思：《资本论》第一卷，"钱币：价值记号"，人民出版社 1953 年中文版，第 122-123 页。

③ 元末，叶子奇：《草木子》卷 3《杂制篇》"元世祖中统至元间立钞法"条："当其盛时，皆用钞以权钱；及当衰叔，财货不足，止广造楮币以为费，楮币不足以权变百货，遂涩而不行，职此之由也。必也，欲立钞法，须使钱货为之本，如盐之有引，茶之有引，引至则茶盐立得，使钞法如此，乌有不行之患哉。"（第 65-66 页）

④ 《元史》卷 93《食货志一·钞法》，第 2370 页。

⑤ 《元史》卷 97《食货志五·钞法》，第 2484 页。

⑥ 叶子奇：《草木子》卷 3《杂制篇》"元世祖中统至元间立钞法"条，第 65 页。

⑦ 《元史》卷 97《食货志五·钞法》，第 2485 页。

⑧ 《明史》卷 81《食货志五·钱钞》，第 1962 页。又见《明太祖实录》卷 98，洪武八年三月辛酉条，第 1669 页。

⑨ 《明史》卷 81《食货志五·钱钞》，第 1962 页。

⑩ 万历《大明会典》卷 31《钞法》，商务印书馆 1936 年版，第 894 页，洪武二十六年壬申"每钞一贯，准铜钱一千文"。

⑪ 《明太祖实录》卷 234，洪武二十七年八月丙戌条，第 3417 页。

福建、两广、江西各地也差不多。

必须指出，明初钞币的贬值绝不如元末的严重。我们从明初四十年钞和米的官定比价（钞和米的交换比例）看：

年代	情况	钞米比价	钞值涨落百分比	米价涨落百分比
洪武九年（1376）	初行钞币时的规定	钞一贯折米一石	100%	100%
十八年（1385）	天下有司官禄米以钞代给	钞二贯五百文折米一石	40%	250%
十八年（1385）	两浙京畿官田折收税粮	钞五贯折米一石	20%	500%
二十年（1387）	明太祖虑有司折收过重损民特改	钞一贯折米一石	100%	100%
二十二年（1389）	庄浪等八卫官吏月俸折钞，时米价日减	钞二贯五百文折米一石	40%	250%
二十四年（1391）	支食官盐折纳钞贯	钞二贯五百文折米一石	40%	250%
明初（年代不明）	淮浙盐工本米折钞	钞二贯五百文折米一石	40%	250%
明初（年代不明）	河间广东海北山东福建四川盐工本米折钞	钞二贯折米一石	50%	200%
洪武二十九年以前	桂林中盐，时米贱盐贵	钞一贯五百文折米一石	66%	150%
洪武二十九年（1396）	桂林中盐，时米贵盐贱	钞五贯折米一石	20%	500%
三十年（1397）	折收税粮	钞三贯五百文折米一石	28.57%	350%
洪武三十年（1397）	户部定折收逋赋数	钞五贯折米一石	20%	500%
洪武三十年（1397）	太祖自定折收逋赋数	钞二贯五百文折米一石	40%	250%
建文四年（1402）成祖即位后	文武官俸折钞	钞十贯折米一石	10%	1000%
永乐元年（1403）	在京文武官俸折新钞	钞十贯折米一石	10%	1000%
二年（1404）	乡民户口食盐折钞	钞一百贯折米一石	1%	10000%
五年（1407）	各处税粮赃罚折钞	钞三十贯折米一石	3.33%	3000%

根据上面所列，可以看出，在明太祖洪武年间，官定米价折钞每石始终没超过五贯，也就是说钞币的价值始终维持在初定标准的 20% 以上。

当然，这里还有一个问题，就是这些折收的官价是否与当时市价相当？明太祖在初行钞法规定折纳税粮官价的时候，就提出，"折纳税粮，正欲便民，务减其价，勿泥时直可也"[①]的指示，可见在政策上原来就不要求根据市价制定官价。后来在洪武十九年（1386）陕西折收夏税时，户部拟议麦一石收钞二贯二百文，明太祖以为太重，命止收一贯五百文[②]；洪武二十年（1387），明太祖"又虑有司折收（税粮）过重损民，特命米一石止折钞一贯"[③]；洪武三十年（1397）户部议收各处逋租，每钞五贯折米一石，明太祖以为"折收逋赋，盖欲苏民困

---

① 《明太祖实录》卷 105，洪武九年四月己丑条，第 1757 页。

② 《明太祖实录》卷 177，洪武十九年四月己亥条，第 2687 页。

③ 《明太祖实录》卷 182，洪武二十年五月甲子条，第 2740 页。

也，今如此其重，将愈困民”①，改为二贯五百文折米一石；这些事例都说明事实上明代折钞代米的官价与钞米的市价是有距离的。但是，这几个事例都是朱元璋为了表示自己的关心人民生活并且在一定限制的范围内折收，而有意特别压低的，所以官价和市价相差很远。在其他情况下，一般同时有征收又有支付的时候，户部官吏是不会定的离市价太远的。即从上面所举洪武三十年（1397）的例子看，户部原拟的钞五贯折米一石，约当钞币最初比价的 20%，这与洪武二十七年（1394）钞币贬值到 16%（见前）的情况是相近的。可见洪武时金银粮布的折钞官价虽然和市价不一样(市价也随时涨落)，但也不甚相远。

元末至正十五年（1355），钞二两五钱当实银六分五厘②，说明钞值已贬到 2.6%，照元初中统钞“两贯同白银一两”③的规定，也贬值到 5.2%。这还是至正十年（1350）变更钞法后初期的情况④，后来更低。所以就钞币贬值情况来看，元末是远比明初严重的。因此，织工食宿而外每日还给二百缗工资的这种情况，在元末出现的可能性远比明初出现的可能性高得多。

从上面谈的：《始丰稿》的体例，《织工对》所用辞汇，元明钞值的比较各方面来看，我们认为《织工对》是徐一夔在元末所写，记的是元末情况。

但是，《织工对》尽管是元末的记载，而“日佣为钱二百缗”这句话，仍然是可疑的。因为元末钞币虽贱，我们还找不到一个工人一天可以得二百贯工资的其他证明。从一般工资看：

> 延祐七年（1320）十一月真定路言……近来米价翔贵，民匮于食，有丁者正身应役，单丁者必须募人，人日佣直不下三、五贯。⑤
>
> 元统元年（1333）前修成都都江堰，“不役者，日出三缗为庸钱”。⑥

① 《明太祖实录》卷 255，洪武三十年十月癸未条，第 3682 页。
② 屠寄：《蒙兀儿史记》卷 17《妥欢帖睦尔可汗本纪下》，至正十五年闰月壬寅注，《元史二种》下，上海古籍出版社 2012 年版，第 202 页。当时改行中统交钞新钞，并没有用“两”“钱”标额的，所说的“两”，就指的“贯”。
③ 《元史》卷 93《食货志一·钞法》，第 2369 页。
④ 《元史》卷 97《食货志五·钞法》，第 2483-2484 页，“至正十年，右丞相脱脱欲更钞法，乃会中书省，枢密院，御史台及集贤翰林两院官共议之……遂定更钞之议。”据《元史》卷 42《顺帝纪》，定议实行变更钞法在至正十年（1350 年）十一月己巳，时方国珍已起义两年；立宝泉提举司在至正十一年十月癸未，时刘福通、徐寿辉已于同年五月、八月先后起义；印造新钞在至正十二年正月丙午朔。
⑤ 《元史》卷 64《河渠志一·滹沱河》，第 1605 页。
⑥ 《元史》卷 66《河渠志三·蜀堰》，第 1655 页。《元史》这段话是根据揭傒斯的《大元敕赐修堰碑》。《四部丛刊》本《揭文安公全集》卷 12《大元敕赐修堰碑》作“不役者三日口缗”，最要紧的一个字缺了；《粤雅堂丛书》本《揭文安公文粹》卷 2，作“不役者二日口缗”，也缺了最要紧的一个字。现在用《元史·河渠志》的说法。又据碑文这是元顺帝即位时的事。

　　　　至正九年（1349）五月庚子，"诏修黄河金堤，民夫日给钞三贯。"①

　　　　至正十五年（1355）闰月壬寅，"以各卫军人屯田京畿……日支钞二两五钱。"②

　　根据上面几个例子，可知元末一般工资每天不过钞币三贯至五贯。假使它们指的是至元钞，折合中统钞也只有十五贯至二十五贯。③虽说元末钞币越来越贬值，但从二十五贯到二百贯还是有一大段距离的。

　　再从元末社会情况看，每天二百贯工资也是可疑的。

　　陶宗仪《南村辍耕录》说，至正十九年（1359）平江（苏州）城内有一家的猫掉在枯井内，"适邻家浚井，遂与井夫钱一缗，俾其取猫"④。

　　《辍耕录》又说，至正二十四年（1364），松江盗发古墓，出土一个水滴，非常珍异，有人"捐钱五十缗买之归"⑤。

　　杨维祯《新建都水庸田使司记》说，至正八年（1348）在苏州建造都水司衙门，只用了四万缗。⑥

　　叶子奇《草木子》说，"自秦王伯颜专政（元统元年至至元六年，1333—1340），台宪官皆谐价而得，往往至数十缗，及其分巡，竟以事势相渔猎而偿其直，如唐债帅之比"⑦。

　　这几个例子，虽然时间上略有先后，情况也有不同，但无论如何，四万贯可以建造衙门，几十贯可以买官，五十贯可以买古董，一贯钱可以托人下井取猫，总和每天工资二百贯的说法，联不到一起。

　　《辍耕录》还有一条谈到至正二十年（1360）杭州米价，说："至正己亥（十九）冬十二月，金陵游军斩关而入，突至（杭州）城下。城门闭三月余，各路粮道不通，城内米价涌贵，一斗直二十五缗。"⑧陶宗仪和徐一夔是同时的人，也住过杭州，这个记载应该是可靠的，而且和其他物价也是相应的。在围城米

---

　　①《元史》卷42《顺帝本纪五》，第886页。

　　②《元史》卷44《顺帝本纪七》，第922页。此云二两五钱就是新中统钞二贯五百，合至元钞五贯，合老中统钞二十五贯。

　　③ 元代至元钞与中统钞原来一律通用，至元钞一贯折中统钞五贯，见《元史》卷93《食货志一·钞法》，第2370页。后来始专用至元钞。至正十年又一度改用新中统钞。

　　④ 陶宗仪：《南村辍耕录》卷11，"枯井有毒"条，上海古籍出版社2012年版，第130页。

　　⑤ 陶宗仪：《南村辍耕录》卷19，"神人狮子"条，上海古籍出版社2012年版，第215页。

　　⑥ 杨维祯：《东维子文集》卷12《新建都水庸田使司记》，《四部丛刊》初编本，第1页。

　　⑦ 叶子奇：《草木子》卷4《杂俎》篇，第82页。

　　⑧ 陶宗仪：《南村辍耕录》卷11，"杭人遭难"条，上海古籍出版社2012年版，第132页。

价涌贵时候，一斗米才卖二十五缗，绝不可能一个织工一天反得二百缗的工资。所以《织工对》里所说的工资是可疑的。

那么是不是可以说《织工对》还是记载明初的情况呢？也不然。

洪武时，在京城应役的夫役，"若差使数多，做工日久，照例每日给工钱五百文，坊长减半"①；洪武二十四年（1391）规定对工匠"日给钞贯"，但《会典》失载数目②；洪武二十六年（1393）定海运官军"每人日支口粮二升"③；洪武六年（1368）定凡公差经过驿站的"正官一员，支分例米三升，从人一名支米二升"④；洪武十三年（1380）八月，"制天下学校师生廪膳米人日一升"⑤。通过这些不同身份的工钱，口粮，分例，廪膳的每日规定看，每天二百贯工资在明初是更不可能的。

《明太祖实录》有这样一段记载："洪武三十年（1397）十一月丙辰，上御奉天门，见散骑舍人衣极鲜丽，问制用几何？曰：'五百贯'。责之曰：'……汝席父兄之庇，生长膏粱纨绮之下，农桑勤苦，邈无闻知，一衣制及五百贯，此农民数口之家一岁之资也，而尔费于一衣，骄奢若此，岂不暴殄？'"⑥，这时候正是明朝统治者禁用铜钱，而白银在市面广泛流通遭到禁止的时候⑦，所以这个五百贯是钞币而不是铜钱。当时户部拟议的官价，五百贯折米一百石，合白银五十两，合黄金十两⑧，这确是"农民数口之家一岁之资"，可知在钞币贬值的洪武末年，二百贯也还不是一个小数目，更不必说洪武初年与中叶了。

明代王叔英写的《二孝子传》，也有一个故事。他说，洪武十八年（1385），有一个官吏朱季用作了五个月的福州知府，后来"论罪作城须（逮到南京出钱雇工修城），役严偿重，日用钱数十缗。季用……谓（其子）煦曰，吾资力岂足堪此，吾旦夕死矣，汝勿深忧"⑨于是朱煦冒死代父上书，得到赦免并复原官。

---

① 明洪武《诸司积掌·工部·屯部·夫役》，《玄览堂丛书》第49册，第44页。此书《刑部职掌》曾引洪武二十三年事，应作于洪武二十三年以后。

② 万历《大明会典》卷189《工部九·工匠二·月粮直米》，第3844页。洪武二十四年条失载数字。永乐十九年条下称，"南京带来人匠，每月支粮三斗，无工住支"，第3845页。

③ 万历《大明会典》卷27《户部·会计三·漕运》，第791页。

④ 万历《大明会典》卷39《户部·廪给二·廪给》，第1121页。

⑤ 《明太祖实录》卷133，洪武十三年八月，第2109页。

⑥ 《明太祖实录》卷255，洪武三十年十一月丙辰条，第3687页。

⑦ 洪武二十七年八月，钞一贯只折钱一百六十文，下诏禁用铜钱，三十年十月户部折收逋赋，钞五贯折米一石，均见前。这时白银的使用见于《实录》的亦较前增多，洪武三十年三月甲子，遂有"禁民间无以金银交易"之命，见《明太祖实录》卷251，第3632页。

⑧ 《明太祖实录》卷255，洪武三十年十月癸未条，第3682页。

⑨ 《皇明文衡》卷60，《四部丛刊》本，第13页。朱煦在《明史》卷296《孝义传》有传。

"日用钱数十缗"已使一个中上级官吏感到"吾资力岂足堪此"而以死为快，可见就当时社会情况来看还是个相当的数字。那么，在洪武时，"日佣为钱二百缗"更不可想像了。

由于上面所说的原因，我总怀疑《织工对》中关于工资的"日佣为钱二百缗"这个记载，里面一定有错字。最初我怀疑"缗"字错了。有同志向我指出，"缗"字笔画多，不容易错，可能是"日"字为"月"字之误。这话在校勘学上是有理由的。①此外"二百缗"也有可能是"二十缗"的错误。②但我都还没找出其他根据。

另外我还想附带谈一个问题。明末清初孙承泽写的《春明梦余录》中说："至至正中，中统（钞）以废，改造至正印造中统交钞，名曰新钞，二贯准旧钞十贯，以至料钞十锭（五百贯）易斗粟不得。洪武循元制宝钞，立法甚严，令官民通用，欲其流行，甚于刀泉，后竟壅格不行，但以供颁赐虚名耳，不但不可易斗粟也。"③他认为明代钞币的贬值更甚于元代。

元末，在京师料钞十锭易斗粟不可得，见于《元史·食货志》④，是我们熟悉的。但是他所说洪武宝钞"后竟壅格不行，但以供颁赐虚名耳，不但不可易斗粟也"，是指的洪武年间还是洪武以后呢？文字是笼统的。我个人看法他是指的洪武以后。

首先孙承泽在同一书中曾说过："国初禁金银不得交易，百文以上用钞，百文以下用钱，法至善也。自污吏不便于行钞，故钞法日废，而民间有换易之苦，水火之苦，故亦不甚便。"⑤又说："明初有银禁，恐其或阂钱钞也，而钱之用不出闽广。宣德（1426—1435）、正统（1436—1449）以后，钱始用于西北，自天顺（1456—1464）、成化（1465—1487）以来，钞之用益微。"⑥他并没有说洪武时钞币已不值一文，而认为钞法彻底破坏是在天顺以后。那么，他前面所说"但以供颁赐虚名"的一段话是根据什么呢？这是由于崇祯十六年（1643）曾一度议行钞法。当时有桐城生员蒋臣言钞法可行，而专管钱钞的户部侍郎王

---

① "月"误为"日"，属于形近而讹，在古书是常见的。如果是每月工资二百缗，那末每天只有六、七缗，以元末杭州最贵的米价每斗二十五缗计算，每天约合米二升五左右，每日二升五合米的工资还比较合乎当日工资一般情况。当然这还需要其它史料证明。

② 如果每日工资有二十缗，也合到八升米价，还是比一般的高。

③ 孙承泽：《春明梦余录》卷38《户部四·宝钞局》，古香斋刻本，第24页。他在这条所说"二贯准旧钞十贯"，"二"字应作"一"。因为新钞一贯准至元钞二贯，至元钞一贯准旧钞五贯。

④《元史》卷97《食货志五·钞法》，第2485页。

⑤ 孙承泽：《春明梦余录》卷38《户部四·钱法》，第18页。

⑥ 孙承泽：《春明梦余录》卷38《户部四·宝钞局》，第24页。

鳌永也以为钞必可行，于是特设了一个内宝钞局，"昼夜督造，募商发卖"。但是商民反对，"无肯应者"，以致"京商骚然，绸缎各铺皆卷箧而去"。因之，发生了争论："内阁言：'民虽愚，谁肯以一金买一张纸？'上（明思宗）曰：'高皇帝时如何偏行得？'内阁对：'高皇帝似亦以神道设教，当时只赏赐及折俸用钞，其余兵饷亦不曾用也。'"[①]这只是当时内阁大学士对思宗的追问支吾之词，没有事实根据的。

从下面几个例子，可以看出洪武时的宝钞除了赏赐、折俸以外，还是通用的：洪武十五年（1382）重修苏州府学，据王鸣吉写的《苏州府学庙貌记》说："辄以禄米易钞得若干缗，市丹垩，给工费，不逾月而告成。"[②]这是用钞购买货物和发给工资的例子。

"洪武十九年（1386），四月，己亥，陕西西安府言，本府仓储已多，今年夏税请折收钞"。[③]这是一府赋税全部折收钞币的例子。

"洪武二十年（1387），八月，丙寅，遣右军都督佥事孙茂以钞二万二千锭往四川市耕牛万头"。[④]这是用钞大量购买的例子。

洪武二十年左右，潭王朱梓因为俞子中死后没有墓碑，所以"赐钞若干贯，俾其家为石刻费"。[⑤]这虽然是赏赐，但为私人馈赠而且指定用途。这又是一个例子。

不但洪武时钞币一直在市面通用，就在永乐钞币更加贬值的时候，也还是通用的。杨士奇记永乐十九年（1421）苏州虎丘云岩寺修妙庄严阁的情况说："又三年阁成……其材之费为钞三十余万贯，金石彩绘之费六十余万贯。"[⑥]可见工料都还是用钞支付。说明所谓洪武时"只赏赐及折俸用钞"的话，是不可信的。至于所谓"其余兵饷亦不曾用（钞）"的话，是由于洪武时实行卫所屯田制度，根本没有"兵饷"，不是不用钞。

最后，关于《织工对》叙述的是丝织业还是棉纺织业问题，在这篇文章和《始丰稿》中其他文章都没有直接的说明。当时住过杭州的像杨维桢、陶宗仪、叶子奇、刘基诸人的著作中，也没有可以证明的直接史料。

---

① 孙承泽：《春明梦余录》卷38《户部四·宝钞局》，第25-26页。

② 王鸣吉：《苏州府学庙貌记》，《吴都文粹续集》卷4，四库珍本，第29页。

③ 《明太祖实录》卷177，洪武十九年四月己亥条，第2687页。

④ 《明太祖实录》卷184，洪武二十年八月丙寅条，第2768页。

⑤ 徐一夔：《始丰稿》卷13《俞子中墓碣》，第13页。

⑥ 杨士奇：《虎丘云岩寺重修记》，《皇明文衡》卷34，《四部丛刊》本，第5页。

元朝在杭州设有织染局①，而织染局掌织造段（缎）匹②，说明杭州是元代的丝织业中心，当然这不能证明它的棉纺织业不发达。

陶宗仪和徐一夔同乡同时，也到过杭州，他对木棉纺织最感兴趣。他写的《南村辍耕录》里，详细叙述了松江乌泥泾农民种植木棉，以及元代黄道婆从崖州回松江，教给农民"做造捍弹纺织之具，至于错纱、配色、综线、挈花，各有其法"，"人既受教，竞相作为，转货它郡，家计就殷"③的情况。他的书中也偶尔涉及旁处的纺织，但没谈到杭州。当然这也不能证明它就不能有个四、五架机的小作坊。

杭州在元末如果有很兴盛的棉纺织业，可能会在上面许多人的记载中说到，可是没有。因此，我们没有解决这个问题的正面证明。

从旁证看，我同意黎澍同志通过织机与织工数目比例来求证明的方法。④

明末，宋应星《天工开物》卷上《乃服》第二卷《机式》条：

> 凡花机通身度长一丈六尺，隆起花楼，中托衢盘，下垂衢脚。对花楼下掘坑二尺许，以藏衢脚。提花小厮坐立花楼架木上……其素罗不起花纹与软纱绢踏成浪梅小花者，视素罗只加桄二扇，一人踏织自成，不用提花之人，闲住花楼，亦不设衢盘与衢脚也。⑤

据此，织起花纹的丝绸需用两人，一人踏织，一人提花；不起花纹的只用一人踏织，不用提花的人。在《天工开物》所附花机图和《农政全书》所附织机图⑥都是一人在上，一人在下，二人分工表示的很清楚。

至于棉布的纺织情形，《天工开物》和《农政全书》都说的不多而且无图，因为"织机十室必有，不必具图"。⑦《农政全书》谈到织麻布的布机，附有图样，只用一人踏织。⑧我们从《天工开物》所说"织苎机具，与织棉者同"⑨，这句话，可以知道织棉布机也是用一个人。再从《天工开物》所说腰机的用法："凡织杭西罗地等绢，轻素等绸，银条巾帽等纱，不必用花机，只用小机。织匠

---

① 《元史》卷89《百官志五》，第2261页。
② 《元史》卷89《百官志五》，第2258页。
③ 陶宗仪：《南村辍耕录》卷24，"黄道婆"条，第270页。
④ 黎澍：《关于中国资本主义萌芽问题的考察》，《历史研究》1956年第4期，第13页。
⑤ 宋应星：《天工开物》卷上《乃服·机式》，商务印书馆1933年版，第36页。
⑥ 徐光启：《农政全书》卷34，附《织纴图谱》，中华书局1956年版，第692页。
⑦ 宋应星：《天工开物》卷上《乃服·布衣》，第39页。
⑧ 徐光启：《农政全书》卷36，第734页。
⑨ 宋应星：《天工开物》卷上《乃服·夏服》，第39页。

以熟皮一方置坐下，其力全在腰尻之上，故名腰机。普天织葛苎（麻）棉布者用此机法，布帛更整齐坚泽，惜今传之犹未广也。"①又可知道织麻织棉一样可以用腰机，更证明织棉布每一架机只需要一个人工作，和织丝绸每架机需要两个人工作的，有所不同。

明代陈汝锜的《短书》，有这样一段记载："曾见陕西抚院贾待问疏称，该省应造万历二十五年（1597）龙凤袍共五千四百五十匹，额设机五百三十四张，该织匠五百三十四名，挽花匠一千六百二名；新设机三百五十张，该织匠三百五十名，挽花匠七百五十名；挑花络丝打线匠四千二百余名。"②可见丝织所用工匠，每机一张，除了织工一人以外，还要有挽花匠二、三人不等，挑花、络丝、打线工匠更多。他这里说的是官手工业，可能额设的工人多一些，但每机不只用一个工人是可以确定的。

《织工对》的前段说，"杼机四五具"，"工十数人"，后段更明确地说"工凡十人"。织工数多于机具数一倍，正好两个人用一架机。这正是丝织的情况而不是棉织的情况。因此，说《织工对》叙述的是丝织业织工而不是棉织业织工，不是没有理由的。

总起来说，我是同意这个意见的：徐一夔《织工对》叙述的是元末杭州丝织业织工。

1957 年 6 月 12 日

（原载《历史研究》1958 年第 1 期）

---

① 宋应星：《天工开物》卷上《乃服·腰机式》，第 36 页。
② 陈汝锜：《甘露园短书》卷 5，康熙刻本，第 8 页。

关于中国社会资本主义萌芽问题史料处理的
初步意见

中国社会发展中的资本主义萌芽问题，是中国史上重要课题之一，近来已有很多专家发表了极精辟的意见，在这些文章学习的启发下，初步想到有关史料处理的几点意见，作为我个人进行研究的方向现在提出来，请各位同志指教。

一

关于商品生产问题，一方面可以从某一时期的各个行业或某一时期的某一行业深入钻研，说明它的特点；另一方面也可以从某一行业不同时期的先后发展广泛探讨，比较它们的异同。两者不可偏废。后者似乎关系不大，但也可以作前者的补充说明。

姑且以制墨行业的生产情况作个例子。

唐太宗贞观初年①，有一个贵族王方翼，因为家庭变故，母子被祖母逐出去单独生活，异常贫困，后来"燎松丸墨，为富家"。②这似乎是直接生产者的自业经济已转化为商品经济，③但张说给他作的神道碑上说：

> 徙居郿墅，储无斗粟，庇无尺椽。公躬率庸保，肆勤给养，垦山出田，燎松鬻墨，一年而良畴千亩，二年而厦屋百间，三年则日举寿觞，厌珍膳矣。④

据此可知王方翼的致富，还是结合着垦田，而不是专靠制墨。在生产中，

---

①《新唐书》卷 111《王方翼传》说，程务挺被杀，方翼流崖州，卒于道，年六十三。程务挺被杀在光宅元年（684）12 月，王方翼死应在垂拱元年（685），应生于 623 年，如以 10 岁被逐计算，当在太宗贞观六年（632）。

②《新唐书》卷 111《王方翼传》，中华书局 1975 年版，第 4134 页。

③《论所谓市场问题》，《列宁全集（第 1 卷）》，人民出版社 1955 年版，第 77 页。

④《张燕公集》卷 15《唐故夏州都督太原王公神道碑》，商务印书馆 1937 年版，第 160 页。

王方翼本人是参加劳动的^①，和他一同工作的还有所谓庸保，就是和他家有深密关系的僮仆。^②

墨是文人写字必需的东西，但是一种晚出的手工制造品，在魏晋以前多数是利用自然界的化石当墨^③，六朝以后才有烧松取烟加胶作墨的方法^④，在唐初，制造的还不多，王方翼的制墨，也还没有脱离家庭副业的关系。

南唐李超、李廷珪父子都善制墨，他们的生产情况虽然不很知道，但他们已经是专门以制墨为职业的了。

北宋张滋制墨也有名，和他同时的蔡絛说他"善和墨，色光黳，胶法精绝，举胜江南李廷珪。大观（1107—1110）初……荐之于朝廷，造墨入官库……滋所造，实超今古，其墨积大观库无虑数万斤。"^⑤从这个记载可以看出北宋造墨技术较之唐代已有提高，而且能大量生产。同时可以看出张滋也是脱离其他生产而专门制墨的，和他共同工作的都是专门技工。这和唐代王方翼的制墨情况是有所不同的。

张滋造墨入官库，当然不是商品生产。北宋以制墨为业的还有很多人，他们在技术方面、原料方面还创造了许多新方法。南北朝以来制墨方法，都是烧松枝取烟，和以鹿胶，称为松烟。^⑥到了宋徽宗（1101—1125）时，沈珪创用松枝与脂漆滓合烧，名为漆烟^⑦；叶谷用油墨^⑧，胡景纯用桐油烧烟，又名桐花烟^⑨；宋徽宗本人用苏合油烟作墨^⑩，南宋高宗绍兴初（1131 年），蒲大韶用一

---

① 《旧唐书》卷 185 上《良吏列传·王方翼传》曰："时方翼尚幼，乃与庸保齐力勤作。"中华书局 1975 年版，第 4802 页。

② 庸保，见《史记》卷 86《刺客列传·荆柯传》。据《索隐》，庸是"庸作"，是卖庸，保是"可保信"，中华书局 1959 年版，第 2537 页。又见《史记》卷 100《栾布传》，第 2733 页。《汉书》卷 57 上《司马相如传》颜师古注："庸即谓赁佣者，保谓庸之可信任者。"中华书局 1962 年版，第 2532 页。庸虽然可以解释作雇佣工人，但庸保就有与主人有深密关系的涵义而不是一般雇佣关系。

③ 晋陆云给他哥哥陆机的信中说："三上台藏曹公（曹操）石墨数十万斛，云烧此消复可用然烟。"见陆云《与兄平原书》，严可均辑：《全晋文》卷 102，商务印书馆 1999 年版，第 1074 页。

④ 也有人以为到唐朝才有松烟，见明末姜绍书：《韵石斋笔谈》卷下《墨考》，《知不足斋丛书》本，第 21 页。

⑤ 蔡絛：《铁围山丛谈》卷 5，《知不足斋丛书》本，第 17 页。

⑥ "古法烟必松焰，胶以麋角。"见姜绍书：《韵石斋笔谈》卷下《墨考绪言》，第 22 页。

⑦ 何薳：《春渚纪闻》卷 8，"漆烟对胶"条，商务印书馆 1940 年版，第 90 页。

⑧ 何薳：《春渚纪闻》卷 8，"墨工制名多蹈袭"条，第 93 页。

⑨ 何薳：《春渚纪闻》卷 8，"桐华烟如点漆"条，第 94 页。

⑩ 姜绍书：《韵石斋笔谈》卷下，第 21 页。见明末万寿祺：《隰西草堂集》卷 4《墨表四》，徐州董氏刻本，第 16 页。

半油烟加一半松烟①，认为这样可以经久。

北宋英（1064—1067）、神（1068）之间，沈括看见西北的石油，燃起来烟很浓，于是用石油的烟作墨，称为石烟，认为"松墨不及也"。并且说："石油至多，生于地中无穷，不若松木有时而竭。今齐鲁间松林尽矣，渐至太行、京西、江南，松山太半皆童矣。造煤（墨）人盖未知石烟之利也。"②他认为"此物后必大行于世"。但事实上后来很少有人用石油烟作墨，这是由于发明了桐油取烟之故。

在制墨技术提高和原料推广以后，生产自然相应扩大。但是在五代和宋朝许多制墨的人，普遍存着"祖传""世业"的想法。李廷珪父子祖孙"皆世其业"③，而秘不传人。④陈赡传造法于女婿⑤，而"流传不多"。在制造方面还有一定时间，在不造墨的时候，宁可退钱不收，而不肯特别为人制造。说明当时墨的生产存在着浓厚的封建色彩。

明代制墨，明朝人自己认为是超越前代的。⑥初期以方正、邵格之、罗小华为最有名。方正四代作墨，一直传到嘉靖时；⑦邵氏作墨，自宣德年直到嘉靖年（1426—1566）⑧，是世守其业；罗小华是严世蕃的幕府⑨，不是专门制墨的。

万历时（1573—1619），以程君房、方于鲁为最有名。于鲁"受造墨之法于君房"⑩，后来两人"治墨互相角胜"，所以生产数量很多，方于鲁所造更多于程君房，"凡三百八十五式"⑪。这些情况，都是过去很少见的。程君房将自己的秘法传给外姓人方于鲁，说明当时社会上"祖传""世业"的传统束缚已逐渐松弛，方于鲁从程君房得到治墨方法，反过来和程君房作商业上的竞争，说明当时社会思想上的封建意识已出了裂缝，而人们生活上的物质要求逼得他不能

① 何薳：《春渚纪闻》卷 8，"油松烟相半则经久"条，第 94 页。
② 沈括：《梦溪笔谈》卷 24《杂志一》，"鄜延境内有石油"条，上海书店出版社 2009 年版，第 197 页。
③ 姜绍书：《韵石斋笔谈》，第 21 页。
④ "李氏渡江，始用对胶而秘不传。"见何薳：《春渚纪闻》卷 8，"漆烟对胶"条，第 90 页。
⑤ "赡死，婿董仲渊因其法……恨其即死，流传不多。"见何薳：《春渚纪闻》卷 8，"陈赡传异人胶法"条，第 89 页。
⑥ "昭代……惟墨之道，超潘（宋潘谷、潘衢）驾李（南唐李超、李廷珪）差足为艺林吐气。"见姜绍书：《韵石斋笔谈》卷下《墨考绪言》，第 23 页。
⑦ 万寿祺《墨表》列至方正曾孙方凤岐，未列的可能还多，第 8 页。
⑧ 万寿祺：《墨表》，第 8 页。
⑨ 姜绍书：《韵石斋笔谈》卷下《墨考》，第 21-22 页。
⑩ 姜绍书：《韵石斋笔谈》卷下《墨考》，第 22 页。
⑪ 朱彝尊：《明诗综》卷 64 引诗话，木刻本，第 24 页；又见朱彝尊：《静志居诗话》卷 18，文瑞楼石印本，第 7 页。

不这样做。但当时一般的人也并不是完全承认和接受这样思想意识的，程君房就是一个，所以他画了"中山狼"二字形容方于鲁，认为是忘恩负义。①

方于鲁将他制作的成品式样花纹摹绘成书，编为《墨谱》六卷，程君房也编成《墨苑》十二卷，全部"倩名手为图，刻画妍精，细入毫发"②，"穷极工巧"③，实在就是他们的产品广告，这种不惜重资的宣传，也是以前所没有的。

清初康熙时（1662—1722）曹素功制墨最有名，直到清末，处处有曹素功墨。这些曹素功墨，是一个作坊出品。有的是曹氏子孙所造，有的和曹家无关；有的是用曹家的制造方法和原料，有的大不相同，目的只在牟利，所以冒名假充。乾嘉之交有汪近圣，其后又有胡开文，最初出墨很多很精，后来就不行了，冒名假造的也和曹素功墨一样。到清末咸（1851—1861 年）同（1862—1874年）之间，外国煤烟进口，墨工用它制墨，号称"洋烟"，做法也与从前不同了。

上面所谈是制墨行业生产发展的简单过程，是很简略的，不够全面的，而且墨也不是主要的生活资料和生产资料，是不够典型的，当然更不能用制墨一个行业概括其他行业，这仅仅是举个习见的例子，说明一种行业的生产，如不从它的发展纵向来看，而只割取它的一部分来观察，其结果可能与实际情况有距离。

关于官僚资本的运用方面，我们可以看出下列各时代的不同情况。

唐代官吏，喜立田园，不立田园的人，群以为怪。例如玄宗时候的张嘉贞④、宪宗时的崔群⑤，都因不立田园为家人所怪。

柳宗元在永州时有一篇文章谈他从弟的故事，说："去为广州从事，复佐邕州，连得荐举，至御史，后以智免。归家江陵，有宅一区，环之以桑，僮指三百，有田五百亩，树之谷，艺之麻，养有牲，出有车，无求于人。"⑥这里可以看出，唐代官吏下台后的田园，是以自给自足的自然经济状态存在的。

南宋朱熹和唐仲友的一桩公案，许多论文已经谈到，唐仲友借官吏的权势扩展自己商业，而朱熹加以评弹，正说明当时这类情况是少见的，是违法的。⑦

明朝官吏一入仕便借势剥削商民，弘治时礼部尚书耿裕自己承认："吾自入

① 姜绍书：《韵石斋笔谈》卷下《墨考》，第 22 页。《涉园墨萃》收有《中山狼图集》。
② 姜绍书：《韵石斋笔谈》卷下《墨考》，第 22 页。
③ 沈德符：《万历野获编》卷 26《玩具》，"新安制墨"条，中华书局 1959 年版，第 660 页。
④ 《新唐书》卷 127《张嘉贞传》，中华书局 1975 年版，第 4444 页。
⑤ 李昉等：《太平广记》卷 181《贡举四》，"崔群"条，中华书局 1961 年版，第 1346 页。
⑥ 《柳宗元集》卷 24《送从弟谋归江陵序》，中华书局 1979 年版，第 633 页。
⑦ 《朱文公大全集》一八、一九。

仕未尝买油"①，解职家居则"掊克里闾，邀结守令"②，求田问舍，"营产谋利"③，说明宪、孝以前官吏营商者少。

正德五年（1510）籍没刘瑾财产，共有金一千二百五万七千八百两，银二万五千九百五十八万三千六百两，玉带四千一百六十二束。④没有谈到田产，也没有谈到经商，当然这不能认为根本没有。

正德十六年（1521）籍没钱宁的财产，共有金十万五千两，银四百九十八万两，此外有首饰、段匹、衣物很多，又有苏木七十五杠，胡椒三千五十石。也没有谈到他的田产。⑤

嘉靖三十二年（1553）籍没严嵩的财产，共有金一万三千一百七十一两六钱五分，金器重一万三千二百三十九两九钱五分，银二百〇一万三千四百七十八两九钱，银器重一万三千三百五十七两三钱五分，金银首饰还不在内。其它缎绸衣服器具珠玉名琴古画不计其数。此外有第宅房屋六千六百四十七间，估银八万六千三百五十两八钱；田地二万七千三百四十二亩八分，估银四万四千四百九十三两四钱六分。田地房产所占比例甚小。⑥

万历十年（1582）籍没张居正财产，共有金二千四百二十六两，银十万七千七百九十两，又送冯保金三万两，银十万两，在京住宅估银一万〇六百七十两。⑦

清嘉庆四年（1799）籍没和珅财产，共有金五百九十万两，估银一千八百五十万两，银九百四十万两。地亩八千余顷，估银八百万两。其他金宝绸缎无数。此外有当铺七十五座，资本三千万两，银号四十二座，资本四千万两，古玩铺十三座，资本二十万两。⑧

上面这些记录，可能不全面，一定有隐避，有遗漏，有旁人侵夺，也有记录时有意的删除。从纪录看，这几个人贪污所得绝大部分用在奢侈生活享受。他们拥有很多金银，而没投入生产，田地房屋占财产比例也很小，除了和珅而外没有兼营商业的。我想诸如此类的一些历史事实，如果从横的方面钻研以后，

---

① 陈洪谟：《治世余闻·下篇》卷1，《纪录汇编》卷87，商务印书馆1937年版，第84页。

② 陆楫：《蒹葭堂杂著摘抄》，商务印书馆1936年版，第14页。

③ 何良俊：《四友斋丛说》卷34《正俗一》，上海古籍出版社2012年版，第225页。

④ 王鏊：《震泽长语》，沈节甫辑：《纪录汇编》卷125，中华全国图书馆文献缩微复制中心1994年版，第1275页。

⑤ 王鏊：《震泽长语》，沈节甫辑：《纪录汇编》卷125，第1275页。

⑥ 上列数字详见《天水冰山录》，《知不足斋丛书》第14集。

⑦ 《天水冰山录·附录》。

⑧ 《记和珅》，扪虱谈虎客编：《近世中国秘史》，江苏广陵古籍刻印社1994年版，第335-363页。

更从纵的方面比较其后异同，可能将当时的经济发展情况以及所起的作用，作一个更明确的说明。这里我只是随便举一个例。

二

历史专家发现一条史料，和发明一个创见，功绩是一样的，我们对这方面劳动的尊重是不够的，几乎没有人在引用史料时提到某人首先发现。这是不公道的。

资本主义萌芽史料中，徐一夔《织工对》是一个极重要的资料，假使不是吴晗同志指出，我是不会去找的。

史料工作是很重要的，必须广泛的比较分析加以解释。广泛的程度应该纵横兼顾，纵的方面应该贯到近代现代，因为近代现代史是从中世纪史发展来的。

我想也随便举几个例子。

在今天我们向社会主义过渡时期，全国拥有 5 亿以上的农业人口，占全国人口六分之五以上，也就是 83.33％以上。在 1955 年全国人口调查登记的结果，乡村人口占 86.74％。这是事实。解放前的农业人口一定还要多，鸦片战争前一定更多，是可以推想而知的——因为工商业没有后来发达，因此，我们过分强调由于土地集中而造成的人口流入城市现象，是值得仔细分析的。农民的分化是资本主义的标帜，土地集中现象是历史事实，都无可怀疑，而是否都流入城市，就必须有更多的资料说明。如果农业人口比例确比后来少，那么，就应该推求人口后来所以又转入乡村的原因。

中国疆域大，各地交通情况不同，因之经济发展不平衡。明万历时记江西安福县情况说："东接庐陵，西连楚攸、分宜，北络永兴，南因错吴楚而控荆陲，引郴虔而走交广，隐然要胜之区也……俗且重农务商。"[1]而记它毗邻的永新县的情况说："山势险隘，商贾罕达。"两个相距 150 里的邻县县城[2]，这种悬殊的差别，究竟持续了多久，先进的县份如何协助如何带动后进的县份向资本主义发展，是值得留意的。

明代小说《醒世恒言》有徐老仆义愤成家一卷[3]，谈到徐老仆做生意情况，

---

① 赵秉忠：《江西舆地图说》，沈节甫辑：《纪录汇编》卷 208，中华全国图书馆文献缩微复制中心 1994 年版，第 2265-2266 页。

② 乾隆《一统志》卷 294，安福县"南至永新县界九十里"，永新县"北至安福县界六十里"。

③ 冯梦龙编：《醒世恒言》卷 35《徐老仆义愤成家》，人民文学出版社 1956 年版，第 754-773 页。

以本银十二两一年间获利二千余两。明代笔记《奇闻类纪》有程宰遇辽海神一条[1]，谈到程宰做生意情况，以银十余两"四五年间展转数万金"。又笔记《说听》有洞庭叶某一条，谈到他"买布入陕换褐，利倍；又贩药至扬州，数倍；贸易三载，货盈数千"。[2] 他们都是"趁机会""赶行情"，别无他法。这当然是反映的当时一般情况。这样的商业经营能否刺激生产，是值得多加比较的。

明清商人，在获利之后往往以其所得购买田产，而不去扩大再生产。例如："汪拱乾，婺源人，幼服贾，精会计……往往获利数倍，广置田产。"[3] "金陵陶翁，往来南北，贩杂货为业……西贾某，有货资五万金寄交陶……别后十年……代为营运，子母共得廿六万……以其地于吴门代购腴产。"[4]

小说《醒世恒言》的徐老仆义愤成家，说徐老仆在获利之后算计道："不如回去商议置买些田产，做了根本，将余下的再出来运算。"这种"做了根本"的思想，士大夫中也是同样存在。明天启六年（1526），朱祖文在周顺昌被害以后，为周氏子孙打算，就曾有"必得置一恒产乃为永远计"[5]的想法。

这种根本之计的思想，实在是阻挠资本主义发展的因素之一，也是封建主义和资本主义的斗争范例之一。今天研究资本主义萌芽问题，固然应当注意它的如何发展，更重要的还是注意究竟是什么力量阻碍了它的发展。

《织工对》这一重要资料，专家们都一致重视，但有一些小的地方，大家的分析还不一致。有的认为这是元末情况，有的认为这是明初情况；有的认为这是丝织工，有的认为是棉织工。

《织工对》中关于工资的一段记载说：

> 日佣为钱二百缗，吾衣食于主人，而以日之所入，养吾父母妻子。[6]

这一段，二百缗的"缗"字最不易解。缗字是宋朝习用名词，一缗就是一贯钱，二百缗就是二百贯，这是一个大数目。假使是元末情况，那么就是元末的昏烂的钞，是很不值钱的。假使是明初的情况，明朝人不太用"缗"字，可能是一个错字。从文义上看也可能是"文"字，就是可能是"日佣为钱二百文"。

---

① 施显卿：《奇闻类纪摘抄》，沈节甫辑：《纪录汇编》卷 213，中华全国图书馆文献缩微复制中心 1994 年版，第 2334-2339 页。

② 陆粲：《说听》卷上，《中华野史·明朝卷》卷 1，泰山出版社 2000 年版，第 1120 页。

③ 吴德旋：《初月楼闻见录》卷 9，上海进步书局辑《笔记小说大观》本。

④ 张培仁：《妙香室丛话》卷 12《金陵陶翁》，上海进步书局辑《笔记小说大观》本，第 13 页。

⑤ 朱祖文：《北行日谱》，《知不足斋丛书》本，第 37 页。

⑥ 引自诸家论文。

但是，每日二百文的工资，也是可疑的。明初的比值，钱一千文，合钞一贯，合银一两，合米一担。[①]每日二百文等于银二钱，一月等于银六两；等于每月米六石。明初工资没有这样高的。在清朝一般零工每天只卅文[②]，苏州织造诰帛工每月只银六钱[③]，转作长工一年通计工银吃米只十三两[④]，月合一两零八分多。而且织工每天只能织布一匹，有的还要通宵不寐[⑤]，一匹布"约值银一钱五六分，最精不过一钱七八分，至二钱止"[⑥]，假使职工工资每月需银二钱，主人就无利可图了。因此这个工价的记载必须深入地、广泛地加以比较研究，然后才能得到雇佣性质明确的解释。

三

最后想涉及一下对于"萌芽"概念理解的体会。所谓"萌芽"是不是就是某一种现象的开始出现？所谓"资本主义萌芽"是不是就是资本主义生产现象开始出现？

从来没有人将高渐离的"变姓名，为人庸保，匿作于宋子"，和他后来的"念久隐约无穷时，乃退出其装匣中筑与其善衣，更容貌而前，举坐客皆惊，下与抗礼，以为上客……宋子传客之"[⑦]认作是秦始皇统一（公元前 221 年）前已有资本主义萌芽。也从来没有人将原涉的给朋友家办丧事，"具记衣被棺木下至饭含之物分付诸客，诸客奔走市买，至日昳皆会"，[⑧]而说王莽时（公元 9—22 年）中国已有资本主义萌芽。就是因为这两个例子距离资本主义发展太远了，没有直接关系。

因此，所谓萌芽似乎是指在社会发展的道路上，突破了当时旧的水平向前迈进一步的情况，这些情况是相互关联的，而不是与当时水平或后来发展无关的孤立现象。

---

① 《明史》卷 81《食货志五·钱钞》，中华书局 1974 年版，第 1962 页。

② 黄暐：《蓬窗类记》卷 5，《涵芬楼秘籍》本，第 47 页。

③ 张履祥：《杨园先生全集·补农书》卷上。

④ 苏州织道李煦奏折，"诰帛二项人匠约计三百七十名，岁需银二千七百两，即可赡活群工"，故宫博物院本，第 24 页。

⑤ 《古今图书集成·方舆汇编·职方典》卷 696《松江府部》，"织者率日成一匹，有通宵不寐者"，中华书局 1934 年影印本，第 116 册之第 49 页。

⑥ 叶梦珠：《阅世编》卷 7《食货志五》，上海古籍出版社 1981 年版，第 157 页。

⑦ 司马迁：《史记》卷 86《刺客列传·荆轲传》，中华书局 1959 年版，第 2536—2537 页。

⑧ 班固：《汉书》卷 92《游侠传·原涉传》，中华书局 1962 年版，第 3716 页。

那么，中国在外国资本主义侵入以前，始终没有进入资本主义社会，我们是否可以认为在 1840 年以前根本没有发生过资本主义萌芽？似乎也不然。我们相信，中国没有外国资本主义侵入，自己一定会走进资本主义，资本主义因素是在封建社会萌芽的。

理论是我们的指导方法，我们必须忠实于理论，不应该借来作我们引用资料的装饰。经典的精蕴，都是根据具体事实分析出来的，都是和发展的时期、阶级力量的对比以及具体环境分不开的。关于不明晰的史料，不作深入的分析，只依靠主观地引用经典作"注脚"，而又忽略经典所阐述的时代和范畴，是不容易解决问题的。

（原载《及时学人谈丛》）

明清的"两京"

明太祖于公元 1356 年进据金陵（当时名为集庆路），利用金陵的形势同地位，作了他的事业发展的基础。1368 年大明建国，定金陵为国都，称南京（当时开封称为北京），目的在"宅中图大，控制四方"。到 1378 年又改称京师。明成祖即位以后，因为他兴起北平，与北平有三十二年深密的关系，同时注意到北方疆土之辽阔与边防之重要，遂改北平为北京，称为"行在"。成祖本人时常驻居北京，各部主要官吏也随之北上裁决政务，称为行部，而南京则由太子监国。自此，政治中心渐渐由南京移到北京。到 1431 年，正式改北京为京师，京师为南京。

在明代迁都以后，因为南京曾经作过六十六年的都城，又是明太祖孝陵所在，所以体制上始终没有降低。在南京有六部，有卿寺，有科道，并且有宗人府；只是没有"献替可否，票拟批答"的内阁。南京官署的职掌、分司，依然遵守旧制，没有改变；只是员额较少。他们主管的范围，虽然限于南京，不复照顾全国，但是各部依然有尚书、侍郎，各司依然有郎中、员外，品秩和北京一样。在南京有多量的军队，有四十九卫，有五军都督府，有守备，有操江，一切留守防护的工作异常完备。在南京有著名的国子监——所谓南监，学生自四方来学，出版的书籍通行全国。所以体例上我们看不出前后的差异。至于文物之盛，也依然与首都一样。

但是，在心理上，人们的观感就多少有些不同，南京和北京官吏的官阶虽然相同，而北京是国家最高政令所从出，是政治中心，所以一般官吏全愿留在北京，在嘉靖时，南京礼部尚书缺员，竟没有一个合于资格的人愿去。南京职官，虽然有时候不过是一个迁转阶级，而大家看来，总觉有些像左迁。事实上，也实在如此。嘉靖初年，李梦鹤被荐为御医，有人说他是贿赂桂萼而得，经法司审问定罪，后来又有人证明说是法司故意构成赃罪，于是刑部的郎中员外全都夺职，而刑部尚书周伦亦调为南京刑部尚书。这是一个明显的例子。在党争中，遇到机会一如京察，把反对党挤到南京去更是常有的事。所以南京有时形成了一个政治上失意人的聚集所。话虽如此，可是陪都究竟与普通城市不同，在南京，有天堑的形势，有开国建都的荣誉，有充足的保卫布置，有完备的崇高体制，有深入人心的陪都偶像，而且交通便利，地位适中，这全不是其他城市所能具备的。一般想以学问结纳天下知名之士的人，除了北京，全愿意住在南京，像明末复社黄宗羲、万泰、顾杲、杨廷枢、沈士柱，以及侯方域诸名士，就是其例。一般不得意而有才华，在政治上有野心的人，招纳游侠，谈兵论政，与朝士广通声气，沽名要誉，希冀起用，北京既不便住，只好流寓南京，像马士英、阮大铖之流，便是其例，所以南京往往是众流所汇。南京既有她特殊的条件与政治地位，每当国家发生存亡问题的时候，朝野人士总是首先想到她。崇祯殉国以后，史可法诸人所以很迅速的能在南京建立一个规复的中心，也就因为南京是南方的政治中心。

清太祖于 1625 年自东京迁都沈阳，1634 年定名为盛京，1644 年多尔衮入关，迁都北京，中间只有二十年历史。建都的期间，较之明初的南京相差很多，而且盛京的经营，全在太宗时候，当时满清只是一个塞外小国，一切体制虽说摹拟明朝，然而规模太小，不能与北京相提并论。多尔衮入关以后，他觉得"燕京势据形胜，乃自古兴王之地"，"迁都于此，以定天下，则宅中图治，宇内朝宗"[1]，所以决议迁都北京。现在虽然没有看见当时沈阳人们对于迁都态度的史料，可是我们从满洲人们以往反对迁界凡，反对迁沈阳的情形，以及多尔衮六月建议迁都，而世祖九月才入关的事实来看，可以想像到，当时在沈阳的人对于迁都北京是很迟疑的。

清朝迁都北京，于是盛京仅成为东北的政治中心。入关以前，满洲人口少，迁都后，大部分相从入关，盛京只有小部分驻防。及因为保全地利的关系，许多山林矿产，全部封禁。因此，清代的盛京与明代的南京，体制上大不相同。最初在盛京设置内大臣为留守，后来改内大臣为昂邦章京，给镇守总管印，后来又改昂邦章京为将军。他的职责是"镇守险要，绥和军民，均齐政刑，修举武备"[2]，这是明朝南京所无的。清代在盛京也设了各部，掌管盛京同边外的事务，但只有户、礼、兵、刑、工五部，而没有吏部，各部只有侍郎一人而没有尚书，此外也没有卿寺科道，这是与明代南京不同的。在盛京五部的官吏，只用满人，不用汉人，这也与清代北京各部满汉员额并设的制度不同。所以清代盛京的体制，远不如明代的隆重。又因为当时交通的困难，盛京虽距北京只

---

① 《清世祖章皇帝实录》卷 5，顺治元年六月丁卯，中华书局 1986 年版，第 1553-1554 页。
② 《清史稿》卷 117《职官四》，中华书局 1977 年版，第 3383 页。

有千余里，但许多人视为畏途。乾隆时候，有个人叫世臣，去到盛京作礼部侍郎，他非常不满意，作了许多诗，诗中有"霜侵鬓朽叹途穷"，"半轮明月西沉夜，应照长安尔我家"[①]等句。我们于此可以推想当时一般人对于盛京是如何的怕去，如何的不愿久居了。

（原载《周论》第 1 卷第 4 期，1948 年 2 月）

[①]《清高宗纯皇帝实录》卷 472，乾隆十九年九月庚寅，中华书局 1986 年版，第 1111 页。

清入关前满洲族的社会性质

1583 年（明神宗万历十一年），满洲（当时称为建州女真）的没落的上层分子努尔哈赤以十三副甲起兵，讨伐他的仇人，经过了 33 年，到 1616 年（万历四十四年），建立了以自己为首的满洲政权金国——后来称为清朝。又经过了 28 年，到 1644 年（明崇祯十七年），满洲贵族统兵入关，逐步统治了明代原来的整个疆域。直到 1911 年（宣统三年）才被推翻。

满洲族建立的清朝，以一个少数族在 28 年间能入关统治高度封建化的广大的汉人地区，而且后来在和祖国广大民族共同努力下对祖国疆土的奠定和祖国经济文化的发展，起了很大的作用，这在历史上是值得我们注意的。因此，满洲入关前的社会经济究竟发展到什么阶段，也就值得我们注意了。

关于清入关前满洲族的社会性质问题，目前史学界还存在不同意见。

我们从接触到的资料中知道，满洲族的社会发展是和其它民族所经历的社会发展阶段一致的。它经过了原始氏族社会，奴隶社会和封建社会。

在 1433 年，也就是明宣德八年，建州女真曾掳掠朝鲜边境的人口、物资，朝鲜官吏李竞令边将切责他们说："汝等近居我境，乞索盐酱口粮，辄便给与，恩养足矣。但尔等虏掠中国人口及我边民为奴婢使唤，往往有逃来者，审问根脚，中国人发还辽东，我国之人仍令复业……我国何负于汝……近者结聚群党，暗入作贼，虏去男女七十余口，杀害四十余口，牛马财物，尽数抢夺。"[1]1477年（明成化十三年，朝鲜成宗八年），朝鲜官吏曾说，"野人（指建州女真）剽掠上国（指明朝）边氓，做奴使唤，乃其俗也"[2]。

努尔哈赤十岁（1568 年）丧母，和继母不相得，在十九岁时（1577 年）和父母分居。《清太祖武皇帝实录》记载说："父惑于继母言，遂分居……家私止给些须。"[3]这里的"家私"，在《满洲实录》，汉文作"家产"，满文作"阿哈·乌

---

[1] 《李朝世宗实录》卷 59，第 8 册，日本学习院东洋文化研究所缩印本，第 240 页。

[2] 《李朝成宗实录》卷 80，第 16 册，第 59 页。

[3] 《清太祖武皇帝实录》，故宫博物院 1932 年铅印本，第 3 页

勒哈"（aha ulha）。"阿哈"，汉语是奴隶；"乌勒哈"，汉语是家畜。

奴隶在建州是公开买卖的。《李朝实录》记载说："唐人刘时……七八岁时，沈应吾只以马一匹买于毛邻卫。"① （时在 1483 年）；"彼人（建州）以我国人俘为奇货，转相买卖，辄得厚利"② （时在 1496 年）。

1496 年（明弘治九年，朝鲜燕山君二年）八月二十二日有建州奴隶逃到朝鲜，不解汉语，朝鲜官吏鱼世谦、尹孝孙曾说，"野人之俗，不相为奴，必虏汉人互相买卖使唤，则此为汉人明矣……万一还给，其为首者必遭戕害"③。可知建州奴隶都是外族，而且可以自由处死。

这些记载都说明，满洲社会确曾经历过奴隶制，不是从氏族社会飞跃到封建社会的。

那么，满洲的奴隶制什么时候瓦解的？努尔哈赤 1616 年建立的政权，是奴隶制还是封建制？

从世界历史一般情况看，处在先进民族邻近的落后民族，它们的发展往往是比较快的。满洲族介乎汉族和朝鲜族两个高度封建化的民族之间，它们间的经济文化联系是密切的，因此，满洲族的进入封建社会，应该比较容易。当然，我们也注意到各地区各民族的发展是不平衡的，相反的例证是存在的，这只是可能，而不是必然的。

满洲族自己的祖先女真，曾在淮河以北地区建立过封建政权的金朝（1115—1234 年），更早的粟末靺鞨也建立过渤海国（698—926 年）。虽然在辽灭渤海国之后，把渤海国人南迁辽河流域，元灭金后，入居中原的金人久留不返，金和后来的满洲族没有直接关系；但封建制生产方式对它们不会是陌生的。

1440 年（明英宗正统五年），建州女真移住赫图阿拉（今辽宁新宾县苏子河兴京老城），地在抚顺之东一百九十里（明于燕芳《剿奴议》），西北距抚顺二日程，西距清河一日程，西南距瑷阳三日程。④这时努尔哈赤还住在虎拦哈达南岗，即今二道河子旧老城，距赫图阿拉不远，实际已和明抚顺接壤。当时辽东初有边墙，而且不久设立抚顺关，"在抚顺所（城）东三十里"⑤，于 1464 年（天顺八年）开关市易，所以彼此往来很少阻隔。明代辽东边墙修于正统二

---

① 《李朝成宗实录》卷 152，第 17 册，第 19 页。
② 《燕山君日记》卷 17，《李朝实录》第 19 册，日本学习院东洋文化研究所缩印本，第 199 页。
③ 《燕山君日记》卷 17，《李朝实录》第 19 册，第 209 页。
④ 据 1596 年朝鲜申忠一书启，见《李朝宣祖实录》，第 28 册，第 447 页。
⑤ 《辽东志》卷 2，《建置志·关梁》，旧本《尊经阁丛书》铅印本，第 129 页。

年（1437）。①而后来成化八年（1472）②、正德年间（1506—1521）③，都有修立边墙的记载，甚至到嘉靖末（1565年）巡按御史李辅条陈辽东八事，第一事仍然是修边墙④，可知当时边墙并未获得隔阻内外之效，也可能是由于"土脉卤碱，秋修春颓"⑤，不能不重修。当努尔哈赤起兵5年之后，明朝又于1588年（万历十六年）允许满洲在"抚顺、清河、宽甸、瑷阳四处关口互市交易，照例取赏"⑥。到了1606年（万历三十四年），明朝放弃了宽奠新疆八百里，于是满洲族更推进一步，而"辽东东界瑷阳、清河、镇顺一带，与奴儿哈赤为邻"⑦。这里我们可以看出，建州女真迁到赫图阿拉之后，和明朝的交往从来没有受到阻碍。加以明朝官吏的不时巡边，每年冬季的"烧荒"⑧，建州的按时朝贡，努尔哈赤父祖和李成梁的关系以及他本人的三次至北京，更可知满洲族和汉族的文化、经济交流是一直不断的。那么，双方生产方式和上层建筑的有所不同，应该也是知道的。

因此，我们从民族经济文化交流关系上看，满洲族在努尔哈赤时期进入封建制度，是可能的。

满洲族在入关前，生产已相当发展。远在猛哥帖木儿时，已自言"少时蒙（朝鲜）太祖……支给农牛农器，粮料衣服……"⑨1423年（永乐二十一年，朝鲜世宗五年）《李朝实录》有"今四月十四日童猛哥帖木儿管下童家吾下等二十七名来告庆源府云，我指挥蒙圣旨许令复还阿木河地面以居，先令我曹率男女二百余名，牛一百余头，送还旧居耕农"⑩的记载。1436年（明正统元年，朝鲜世宗十八年），朝鲜派人往探建州女真情况，回报说，"见水两岸大野率皆耕

---

① 弘治六年巡按御史李善题本，"臣见辽东边墙，正统二年始立"，见方孔炤：《全边略记》卷10《辽东略》，国立北平图书馆1930年版。

② 见《明宪宗实录》卷108，成化八年九月庚申条，第2117页。

③ 《辽东志》卷7，龚用卿、吴希孟会陈边务疏，"正德年间，始立边墙"，旧印本，第486页。《全辽志》卷5，作"使朝鲜回奏"，《辽海丛书》本，第36页。

④ 《全辽志》卷5，第43页。

⑤ 李善题本。

⑥ 《清太祖武皇帝实录》卷1，第8页。

⑦ 宋一韩：《抚镇弃地咙虏请查勘疏》，吴亮辑：《万历疏钞》卷41。

⑧ 每年冬，总兵官率部下军官各统所部兵马出境，分三路或五路，放火沿烧野草，安营延见各少数族头领，量给酒肉、盐米、针布、胭粉、靴袜之类，然后回城。当时称为"烧荒"，认为是边防上重要策略之一。见《辽东志》卷3，《兵食志·边略》，日印本，第241页。

⑨ 《李朝世宗实录》卷20，第7册，第299页。

⑩ 《李朝世宗实录》卷20，第7册，第291页。

垦，农人与牛布散于野"。①可见建州女真在明初居住图们江时，已知牛耕务农。但他们是用奴隶生产。

1440 年（明正统五年），建州左卫西迁，明朝安插他们在三土河及婆猪江（佟家江）迤西冬古河（栋鄂河）之间，叫他们"谨守朝廷法度，自在耕牧，安分生理"。②

1459 年（明英宗天顺三年），"建州等卫野人头目，乞于沿途买牛，带回耕种。上从其请"③。从此，农业生产，更得到进一步的发展。

1527 年（明嘉靖六年），卢琼谪戍三万卫，写了一部《东戍见闻录》，他说："夫辽阻山带海，诸夷环徼而居……自汤站抵开原，曰建州、毛邻、海西、野人兀者，皆有室庐，而建州为最……建州、毛邻则渤海大氏遗孽，乐住种，善缉纺，饮食服用皆如华人，自长白山迤南可拊而治也……诸夷皆善驰猎，女真建州多喜治生，三卫则最无赖也。"④可知建州的生产较他族为高，已和关内差不太多。

1595 年（明万历二十三年，朝鲜宣祖二十八年）十二月，朝鲜申忠一往建州会见努尔哈赤，他记载说："田地品膏，则落粟一斗种，可获八九石；瘠则仅收一石云。"⑤这个记载，有些夸大，在当时的技术水平，不可能下种一斗，而收获八九十倍。但满洲族的农业生产有高度的发展，是可以推知的。

明代建州，不但使用铁器，而且会炒铁冶炼。《清太祖武皇帝实录》卷二，"己亥年（万历二十七年，1599 年）……三月，始炒铁，开金银矿"⑥。这不是满洲开始学会冶铁技术，而应该是大规模地生产。因为在 1475 年（明成化十一年，朝鲜成宗六年），已有"建州贼松古老等……同里而居者六家，而有冶匠弓人焉"的记载。⑦在 1483 年（明成化十九年，朝鲜成宗十四年），更有朝鲜官吏李世佐和建州人赵伊时哈等问答的记载："又问：汝卫甲胄以何物为之乎？答曰：以铁为之。又问曰：铁产于何地？答曰：产于火刺温地面。又问曰：有冶工乎？答曰：多有之。"⑧朝鲜通事河世国，1595 年（明万历二十三年，朝鲜宣

①《李朝世宗实录》卷17，第 8 册，第 563 页。

②《明英宗实录》卷71，正统五年九月己未条，第 1384 页。

③《明英宗实录》卷300，天顺三年二月庚午条，第 6374 页。

④ 引自《辽东志》卷 7，《艺文志·经略》"卢琼"，日印本，第 483 页。其后魏焕著《九边考》，所述建州情况，即本此。

⑤《李朝宣祖实录》卷71，第 28 册，第 449 页。

⑥《清太祖武皇帝实录》卷 2，第 1 页。

⑦《李朝成宗实录》卷 52，第 15 册，第 480 页。

⑧《李朝成宗实录》卷159，第 17 册，第 114 页。

祖二十八年）报告他在建州的见闻说，努尔哈赤部下有"冶匠十五名，皆是胡人"。[1]显然，经过一百多年（1483—1599）后，不可能才开始炒铁。

我们从满洲语中关于农业生产辞汇之多，和它所反映的复杂，也可以推想满洲族入关前生产技术的水平。类如：耕、耙、栽、种都不相同；耘草、分苗、秀穗、作粒，都有术语；生莠、生虫、黄疸、黑疸，都有区别；犁杖、犁身、犁荐、犁镜、犁铧、犁挽钩、荡头，都有专称等等[2]，均是例证。

生产力大大提高了，落后的生产关系必须改变，而建立起新的生产关系。在努尔哈赤时期，满洲社会面貌、社会制度性质的变革，是必然的。

从一个落后的社会阶段发展到新的社会阶段，不会是和平地过渡，中间必定经过社会革命，经过解除旧生产关系束缚的斗争（当时的人民解放斗争）。努尔哈赤是没落的上层分子，也就是没落的奴隶主。他的祖父觉昌安和父亲塔克世是有势力的奴隶主，1583 年（明万历十一年，癸未）由于尼堪外兰（nikan wailan，又译尼康外郎，人名）向导明军进侵古埒城（gure，又译古勒，地名，今辽宁省新宾县西北鼓楼），同被烧死在城内。明朝扶植尼堪外兰作建州的头领，尼堪外兰压迫努尔哈赤往附，努尔哈赤说，"尔乃吾父部下之人，反令我顺尔，世岂有百岁不死之人"[3]。这里的"部下之人"，《满洲实录》满文作诸申（jusen，奴隶）。可知尼堪外兰原是奴隶主觉昌安、塔克世家的奴隶，后背叛，投降明朝，受明朝总兵官李成梁的豢养，杀害了努尔哈赤的父祖，构成努尔哈赤起兵的理由。属下奴隶的背叛主人，说明在努尔哈赤父祖时期，旧的奴隶制度发生了危机，不能再维持下去了。当然，尼堪外兰也可能是由明朝统治阶级鼓动起来而不是自发的，但是一个奴隶能够起来站在奴隶主的反面，并使奴隶主的儿子归附自己，不能不说是奴隶制的危机了。

这种奴隶制危机，同时也出现于哈达，万汗（wan han，明朝记载称为王台）因"为人残暴，黩货无厌……其民多叛投叶赫"[4]。也出现于辉发，"贝勒拜音达里族众叛投叶赫。部众亦有叛谋"[5]。

这种危机，都说明当时的生产力和生产关系已不相适应，要求生产关系的改变。努尔哈赤必须建立新的经济方式，才能适应当时人民的要求，才能恢复

---

① 《李朝宣祖实录》卷 69，第 28 册，第 405 页。
② 参考《清文鉴》卷 20《产业部》一《农工类·农器类》。
③ 《清太祖武皇帝实录》卷 1，第 4 页。
④ 王先谦：《天命东华录》一，己亥秋九月丁未条，上海古籍出版社 2008 年版，第 15 页。
⑤ 王先谦：《天命东华录》一，丁未秋九月丙申条，第 17 页。

他家族的声威，才能谋求建州女真的统一。

1583 年努尔哈赤自立起兵时，清朝记载，都称起兵。朝鲜记载则说努尔哈赤"崛起为酋长"①。努尔哈赤在 1596 年（明万历二十四年，朝鲜宣祖二十九年）二月和余希元说，"俺管事后十三年，不敢犯边"②。1596 年的 13 年前，正是 1583 年。可知在起兵的同时努尔哈赤已管事（就是自立为酋长），人数很少，只有遗甲十三副，因此不能不联合他族，于是和苏克苏浒部四个城寨主诺米纳等相与盟誓。"四酋谓太祖曰，念吾等先众来归，毋视为编氓，望待之如兄弟手足"③。这里用的"编氓"，《满洲实录》满文作"诸申"（jusen）。"诸申"是"肃慎"和"女真"的对音④，后用作女真人的泛称⑤，又后为"部下""所属人员"的称谓，或解为"满洲之奴才"⑥、"满洲奴仆"⑦，日本人译为"隶臣"⑧。当然，奴才、部下这种含义，不会是后人伪造的，而是早有的。其所以用作女真人的泛称，正反映它是奴隶制。在阶级分化之后，奴隶主称为"贝勒"或"按班"，于是被奴役的仍保留一般称谓的"诸申"。"诸申"和"阿哈"，意义是相同互用的。

诺米纳等四人请求不作"诸申"，说明当时普遍存在奴隶制；努尔哈赤和他们盟誓，同意他们的请求，说明满洲族的社会制度正在变化和发展。

1613 年（明万历四十一年）九月努尔哈赤征叶赫，围兀苏城劝降，"城中人曰，若养之则降"。努尔哈赤接受了，"遂收兀苏降民三百户而回"。⑨这里所说的"养"，满文称为"乌吉黑"（ujibe，或作 ujifi,ujimbi，是语尾变化），在清初记载中常见，不仅是养活，而有抚聚恩养的意思。1618 年，东海瑚尔哈部长率民百户来降，努尔哈赤命未带家小的回去，这些人留而不去，并且带信给家乡的人说，"汗以抚聚人民为念，收为羽翼，不意施恩至此"⑩，在《满洲实录》满文中抚聚作"乌吉黑"（ujifi，养）。1619 年，住开原的明朝官吏来降，努尔

---

① 《李朝宣祖实录》卷 189，第 30 册，第 478 页。

② 《李朝宣祖实录》卷 73，第 28 册，第 469 页。

③ 《清太祖武皇帝实录》卷 1，第 4 页。

④ 孟森：《明元清系通纪》前编第一《满洲名义考》，中华书局 2006 年版，第 1-2 页。

⑤ 王先谦：《天聪东华录》十，天聪九年冬十月庚寅条，第 124 页。

⑥ 李延基编：《清文汇书》卷 9，四合堂刊本，第 24 页。

⑦ 《清文鉴》。

⑧ 满和对译《满洲实录》，第 25 页

⑨ 《清太祖武皇帝实录》卷 2，第 6-7 页

⑩ 《清太祖武皇帝实录》卷 2，第 14 页。

哈赤说，"彼闻吾养人，故来投耳"①，也是抚育的意思。"若养之则降"，意思就是不要把他们俘虏去作奴隶。这些情况，也正说明了奴隶制的危机，旧有制度已经不得人心了。

努尔哈赤在 1583—1588 年，"招徕各部，环满洲而居者皆为削平，国势日盛"②。在 1589—1615 年，"削平各处"③，建立政府。在 1619 年灭了叶赫，辽东边外"同一音语者"全统一起来。前后三十余年，他对各部进行了多次战争，施行了不同策略。这些不同情况，都反映出当时社会发展的趋向。

1588 年四月，"苏完部主索尔果率本部军民来归……又董鄂部主……亦率本部军民来归……是时上招徕各路，归附益众"④。

1593 年十月，"遣兵征服朱舍里路……迁之以归"⑤。

1598 年正月，"征安褚拉库路……取屯寨二十余，所属人民尽招徕之"⑥。

1599 年九月，"率兵征哈达……尽服哈达属城，器械财物无所取，室家子女完聚如故，悉编入户籍，迁之以归"⑦。

1607 年，"东海瓦尔喀部蜚悠城长乞移家来附，命往徙之，遂至蜚悠城，尽收环城屯寨凡五百户，护之先行"⑧。

1607 年九月征辉发，"歼其兵，招抚其民，乃班师辉发灭亡"⑨。

1609 年十二月，"征渥集部溥野路取之，收二千户而还"⑩。

1625 年八月，"征东海虎尔哈部，降其五百户，至是凯旋"⑪。

上述记载中所说的"户""户籍"和一般的"民户""家"一样，在满文都作"包衣共"（boigon），"民"作"伊尔根"（irgen），"本部军民"作"诸申·伊尔根"（jusen irgen）。可以看出，无论是自愿归附，或是战争降顺，都同样待遇，编为民户，显然和战败沦为奴隶有所不同。

1603 年（明万历三十一年），努尔哈赤从虎拦哈达南岗，移赫图阿拉祖居，

---

① 《清太祖武皇帝实录》卷 3，第 5 页。
② 《清太祖武皇帝实录》卷 1，第 8 页。
③ 《清太祖武皇帝实录》卷 1，第 8 页。
④ 王先谦：《天命东华录》一，戊子夏四月条，第 11 页。
⑤ 王先谦：《天命东华录》一，癸巳冬十月条，第 13 页。
⑥ 王先谦：《天命东华录》一，戊戌春正月条，第 14 页。
⑦ 王先谦：《天命东华录》一，己亥秋九月丁未条，第 15 页。
⑧ 王先谦：《天命东华录》一，丁未春正月条，第 16 页。
⑨ 王先谦：《天命东华录》一，丁未秋九月丙申条，第 17 页。
⑩ 王先谦：《天命东华录》一，己酉冬十二月戊申条，第 18 页。
⑪ 王先谦：《天命东华录》四，天命十年秋八月条，第 45 页。

筑城居住，曾三次犒赏夫役。①1605 年（明万历三十三年），复于赫图阿拉城外更筑大城，宰牛羊犒赏筑城夫役五次。②在 1621 年有一次还说，"空身行走，尚且劳倦，运木石而筑城者宁不劳欤？"③奴隶制下，筑城劳役当然由奴隶承担，这种犒赏，是不同寻常的。更可注意的是，满文《满洲实录》在前一记载作：

hecen（城）weilere（筑）alban（赋役）i（的）niyalma（人）。④

在后一记载作：

alban（赋役）i（的）niyalma（人）。⑤

说明他们是在服徭役，不是奴隶苦工。

朝鲜申忠一《书启》说，1596 年正月他在虎拦哈达城遇见搬运大木，凡"三四日程内（距离都城三四天路程的）部落，每一户，计其男丁之数，分番（班）赴役，每名输十条"⑥。这也像封建性的徭役。

1611 年（万历三十九年）二月，努尔哈赤调查国内贫苦不能结婚的一千余人，配给妻子，得不到的发给库帑令其自娶。⑦这种举措，似乎也超越了一般奴隶主的思想意识，反映国内下层最贫苦的人不是奴隶身分。

努尔哈赤在 1615 年（万历四十三年）创立八旗制。全国分 8 个固山（旗），大汗统固山，固山统甲喇（后称参领），甲喇统牛录（后称佐领），全国人口都隶属于牛录。这是较过去鲜明的阶梯统治制度。同时又设理政听讼大臣 5 人，都堂（扎尔固齐）10 人。"凡事，都堂先审理，次达五臣，五臣鞫问再达诸王（贝勒），如此循序问达。令讼者跪于太祖（努尔哈赤）前，先闻听讼者之言，犹恐有冤抑者，更详问之，将是非剖析明白"⑧。这也是较过去鲜明的阶梯统治制度。这是封建制的特点之一。

根据上面关于上层建筑所反映的情况，我感到努尔哈赤在 1616 年所建立的政权一开始就是封建政权，就是封建王朝。

---

① 《清太祖武皇实录》卷 2，第 2 页。

② 《清太祖武皇实录》卷 2，第 2 页。

③ 《清太祖武皇实录》卷 3，第 12 页。

④ 《满洲实录》，日译本，第 89 页。

⑤ 《满洲实录》，第 92 页。

⑥ 《李朝宣祖实录》，第 28 册，第 449 页。

⑦ 《清太祖武皇帝实录》卷 2，第 4 页。

⑧ 《清太祖武皇帝实录》卷 2，第 19 页。

社会发展是有过程的，社会分期也不可能一刀两断，成为崭齐的分界。而满洲各部族的发展又是极不平衡的，同时社会生产关系的变更又是急遽的，所以在努尔哈赤时期，各种生产方式也同时存在。

1625 年（明天启五年，后金天命十年）正月，韩润降金，努尔哈赤给他"妻奴、房田、牛马、财帛、衣服一切应用之物"①。这里妻奴的奴，《满洲实录》满文作阿哈（aha，奴隶）。②可知努尔哈赤建国后 10 年，奴隶身分依然同时存在。直至 1636 年（明崇祯九年，清崇德元年）十月，我们还看到"赐阵获总兵官巢丕昌奴仆三十户"③的记载。

1611 年（明万历三十九年）十二月，努尔哈赤命将征渥集部虎尔哈路，围扎库塔城，"遂拔其城，杀兵一千，获人畜二千，相近之卫皆招服，将……人民五百户收之而回"④；1613 年（明万历四十一年）正月，灭乌喇，乌喇兵"有觅妻子投来者，尽还其眷属，约万家，其余人畜散与众军"⑤；1614 年（明万历四十二年）十一月，遣兵征渥集部雅揽、西临二路，"收降民二百户，人畜一千而还"⑥；1615 年（明万历四十三年），征额赫库伦，"攻取其城，杀人八百，俘获万余，收降五百户而回"⑦。这些记载，"降民"和"人畜"分列，显然两种人一定有区别，而在用语上"收"和"获"又互异，说明两种人的身分一定也有不同。在满文，"收"一般作"达哈哈"（dahaha），就是收抚；"获"一般作"鄂勒吉·巴哈"（olji baha），就是俘获。收抚的人口编为民户（boigon），俘获的人口分给众军，这说明当时在满洲族下层有两种高下不同的身分，同时存在。

这种情况延续到皇太极时。1628 年（明崇祯元年，后金天聪二年）二月，征多罗特部，"俘万一千二百人，以蒙古汉人千四百名编为民户，余俱为奴"⑧。

1635 年（明崇祯八年，后金天聪九年）六月，多铎出兵回，"以俘获人口马匹赏从征将士有差"⑨。1640 年（明崇祯十三年，清崇德五年）五月，征虎

---

① 《清太祖武皇帝实录》卷 4，第 6 页。
② 《满洲实录》，日译本，第 320 页。
③ 王先谦：《崇德东华录》一，崇德元年冬十月己卯条，第 135 页。
④ 《清太祖武皇帝实录》卷 2，第 4 页。
⑤ 《清太祖武皇帝实录》卷 2，第 6 页。
⑥ 《清太祖武皇帝实录》卷 2，第 7 页。
⑦ 《清太祖武皇帝实录》卷 2，第 8 页。
⑧ 王先谦：《天聪东华录》三，天聪二年二月庚子条，第 63 页。
⑨ 王先谦：《天聪东华录》十，天聪九年六月乙酉条，第 120 页。

尔哈，"俘获男子三百三十六，归降男子四百十九"①。这都是显著的例子。

满洲族在关外既有奴隶存在，是否仍处于奴隶制阶段，而没有向前发展？也不然。我们不能只从有无来决定，而要更多地从它的其他相关方面去考察。

1618 年（明万历四十六年，金天命三年），努尔哈赤以七恨为理由，进攻明朝，临行时他对诸王大臣说"阵中所得之人，勿剥其衣，勿奸其妇，勿离其夫妻，拒敌者杀之，不与敌者勿妄杀"②。这和后来 1629 年（明崇祯二年，后金天聪三年）十月，皇太极进攻明朝时所说，"拒战者杀之，归降者虽鸡豚勿侵扰，俘获之人，其父子夫妇勿致离散，勿淫人妇女，勿掠人衣服，勿拆庐舍祠宇，勿毁器皿，勿伐果木"③，实际相同。

1638 年（明崇祯十一年，清崇德三年），皇太极对满洲、蒙古和汉人说："尔等有家贫不能娶妻及披甲不能买马者，许陈诉于本牛录章京……即宜将无妻者配妻，无马者给马，如力不能……应与妻奴者，联给以妻奴，应与马匹者给以马匹。"④这和努尔哈赤的做法，实际也是相同的。

所以我们可以说，满洲族从努尔哈赤建立政权（1616 年），到进入辽沈（1621年），到皇太极改国号为清（1636 年），并到多尔衮统兵入关（1644 年），他们的思想意识形态虽然先后微有不同，这只是封建制的逐步深化，而不是本质上有所差别。

朝鲜申忠一在虎拦哈达看到满洲"各部落例置屯田，使其部酋长掌治耕获"。⑤清代记载也说努尔哈赤在 1615 年"谕各牛录，每十人出牛四只，于旷野处屯田"⑥，可知当时是集体生产。奴隶制是集体生产的，但集体生产并不全是奴隶生产。

这个清代记载，《满文老档》系在 1613 年，日本人藤田胜二译为"是年免除由部众贡献谷物，以减轻部众的负担。由每牛录出十男丁、四头牛在荒地垦田"。明说为了免除部众的贡赋而实行集体屯田，可知它不是用奴隶生产。如用奴隶生产，分散和集中是一样的不能减轻部众负担。

努尔哈赤 1621 年曾对群臣说："为主（ejen）者宜怜仆（aha），仆宜为其主。仆所事（weilehe 收获）之农业（jeku 粮），与主共食（uhe jefu），而主所

---

① 王先谦：《崇德东华录》五，崇德五年五月甲辰条，第 167 页。

②《清太祖武皇帝实录》卷 2，第 11 页。

③ 王先谦：《天聪东华录》四，天聪三年冬十月癸丑条，第 69 页。

④ 王先谦：《崇德东华录》三，崇德三年秋七月丁丑条，第 151 页。

⑤《李朝宣祖实录》，第 28 册，第 449 页。

⑥《清太祖武皇帝实录》卷 2，第 8 页。

获之财（baba olji 俘获）及所畋（abalafi baba 猎得）之物（yali 肉），亦当与仆共之（uhe etu 共穿 uhe jefu 共食）。"从这段话看，不像是奴隶生产。农仆虽然还称阿哈（aha 奴隶），但生产关系已和奴隶制不同，我们不能因此而认为它是奴隶制。这种非奴隶制生产关系的集体生产，在天聪时一直保存着，《实录》中天聪七年（1633）正月庚子，八年（1634）正月癸卯，九年（1635）三月戊辰，都有记载。

1618 年（明万历四十六年，金天命三年）九月，努尔哈赤因明朝派人杀了满洲的农夫，他也派兵到会安堡杀戮明朝的农民，并且致书明官说："尔大国乃行盗窃，袭杀我农夫一百，吾杀汝农夫一千，且汝国能于城内业农乎。"[1]这里所说的农夫，满文作"usin（田）weilere（耕）aha（奴隶）"，日本藤田胜二译为"田奴"。这是用当时的惯称，不能因之说明本质，明朝汉族农民显然不会是奴隶。

《清实录》在 1618 年九月有督农收获的记载，1619 年二月有夫役运石筑城，以骑兵卫之的记载，这似乎像是奴隶制。但是不然。这种措置，是为了防止明朝的侵扰，是保护劳作者而不是监督。前此在紫河、三岔、抚安三处，明曾派兵抢夺满洲的收获，这次努尔哈赤命纳邻、音德二人率 400 人去收割，并告诫他们"昼则督农收刈，夜则避于山险处，当今（天）宿南山，明（天）宿北山，今（天）宿东山，明（天）宿西山"[2]，以防明人袭击。纳邻、音德违背指示，果被明朝杀 70 人。其后努尔哈赤曾说，"吾欲据界凡筑城，屯兵防卫，令农夫得耕于境内"[3]，正是此意。1619 年，"遣人夫一万五千赴界凡处运筑城之石，令骑兵四百卫之"[4]，也是为了界凡和明朝毗邻，非有重兵不能保护。其后萨尔浒战役后金军的获胜，正由于这些"运石人夫据于界凡之吉邻山险（或作吉林岩），杜松兵围而攻之"，牵制了明兵二万人，正由于"山上骑兵率众人夫一战，折大明兵约百人"[5]，于是"更令兵一千登山协助，往下冲杀"，遂大获全胜，决定了明清胜败全局的关键。假使运石筑城的人夫是奴隶，一定不会这样据险力战的。

努尔哈赤建立以自己家族为中心的政权，用自己兄弟子侄掌握兵权、政权、

<hr/>

① 《清太祖武皇帝实录》卷 2，第 14 页。
② 《清太祖武皇帝实录》卷 2，第 13 页。
③ 《清太祖武皇帝实录》卷 3，第 4 页。
④ 《清太祖武皇帝实录》卷 3，第 1 页。
⑤ 《清太祖武皇帝实录》卷 2，第 2 页。

旗权。八旗制中有"世管佐领"用以统治投降的部族，用原来的族长作佐领世袭，在氏族制的废墟上改组为封建统治。《清史稿》列传十三《巴笃理传》："天命初，与其弟蒙阿图来归，太祖命编所属为二牛录，使兄弟分领其众。"[①]又列传十四《常书传》："常书兄弟事太祖，分领其故部为牛录额真。"[②]这都是所谓世管佐领。可知满洲建国之初，还有很浓厚的氏族色彩。这是努尔哈赤统治新兴的统一的满族联合封建组织的纽带。假设说当时还是奴隶制，是讲不通的，因为不可能强使家族内的子侄亲属变成世管佐领中的奴隶。

在我的不成熟的看法：1616 年努尔哈赤所建立的政权是封建制政权，满洲族已进入封建社会。但还在封建制的初期，它的封建化是以后逐步深化的，逐步上升的。惟其是在封建社会上升阶段，所以它在入关后，能够不同于明朝的腐朽统治，而在祖国各民族通力合作下，对祖国生产的发展起了很大的作用。它在初期，除了封建主义生产关系以外，还有农奴制集体生产，还有奴隶制生产的残余；同时也还有氏族制度的残余。前一历史阶段的残余的存在，为后来的历史阶段所承认，它已经不同于原来的性质。同时也说明，处在大国内的少数族，受到周围的影响不同，它的发展阶段也是不平衡的，常常会有几种生产方式同时存在。当然其中有一种是为主的，最后逐渐趋于划一的生产方式，这就是决定社会发展性质的标志。满洲族的社会发展是符合多数民族的一般发展规律的。

（原载《历史研究》1962 年第 6 期）

---

① 《清史稿》卷 226《巴笃理传》，中华书局 1977 年版，第 9213 页。

② 《清史稿》卷 227《常书传》，第 9220 页。

清入关前满族的社会性质续探

　　1962年我在南开大学科学讨论会上曾宣读过一篇《清入关前满洲族的社会性质》，试论1616年努尔哈赤建立政权时已进入封建社会，以求正于史学界。但当时我早已接受旁的任务，对发表的很多宝贵意见未能遍读，接着"文化大革命"又十年。1976年曾分别征询有关这方面的意见，可惜不很普遍。近来重读清史，感到这一问题，关系到满族历史的发展、多民族统一国家内不同民族的文化融合的经过和对清初历史的解释，还是再进一步讨论一下比较好。

　　首先，我们知道，一个民族本身的整个内部结构多取决于它的生产以及内部和外部的交往的发展程度；而各民族之间的相互关系取决于每一个民族的生产力、分工和内部交往的发展程度。清代是我国历史上的重要阶段，而这一阶段的统治，满族是占一定地位的。当时满族是怎样追上了先进的生产力，又怎样挤进了统治阶层共同领导先进民族的先进生产一同前进，是不容存而不论的。

　　其次，历史研究是科学，科学是不断前进，不断发展的。二十年前的旧说，能否继续存在，还有待于深入钻研以作实践检验。

　　再次，近年考古发掘的成绩和研究，异常丰富，关于东北的辽金时期墓葬反映出来的当时生活情况、已达到的生产力和一些社会形态，对清初有什么影响，是值得注意探索，应该加以比证的。

　　其四，近来《满文老档》已经译成汉文，日本人的新译本（东方文库本）早已出齐，入关前满族历史资料增加很多，正可以帮助我们作进一步分析。

　　下面分四点来谈。

一、清入关前满族的生产和社会情况资料零拾

　　我相信，解释历史，说明历史，总以根据具体事实加以比证，比较可信。但清建国前的历史资料较少。《满文老档》只存1607年（丁未，万历三十五年）

以后的记载。①1636 年成书的《清太祖武皇帝实录》和稍迟的《满洲实录》只以努尔哈赤为主，明代和朝鲜记载较多，不免零散，且前人已有钩稽，至于晚出诸书又不免传讹讳避。现在约略提出几点简单意见：

——这时，多民族统一封建国家的中央王权和地方少数族的关系，异常明朗。

例如：1613 年（明万历四十一年）努尔哈赤攻叶赫，叶赫报告明廷，明廷遣人劝止，并派兵进驻叶赫守卫，努尔哈赤也向明廷上书说明经过，亲身送到抚顺，充分表明满族是明王朝治下的一部分。由于当时满族隶属明廷，所以努尔哈赤不但知道本族的金朝历史，还知道本国各王朝的历史。②他知道刘邦的出身类似村领催，赵太祖出身于街头游民；朱元璋父母早死，各处乞食，后作郭元帅的走卒。③如果他不认为自己是中国统属的少数族，是不会这样关心的。

少数族倾向于中心王权，是少数族的需要，也是双方的需要。因为只有这个中心才能保护少数族防御外敌和保护少数族之间的互相防御。应该特别指出，双方的斗争也不断地发生。

——这一时期满族生产的提高。

17 世纪初，满洲农业耕地面积显著增加。1606 年（万历三十四年）明廷召回宽奠一带民户归故土，"腴地遂为建州所得"④。1615 年（万历四十三年）四月明廷不许努尔哈赤收割柴河、三岔、抚安等地已熟田谷。⑤1618 年（万历四十六年，清天命三年）九月秋成，满洲派 800 人在浑河两岸收割，遭到明兵夜袭，杀了七十人。⑥这些都说明满族农业生产面积的扩大。抚安等地收割争议在四月，种的应该是小麦，浑河两岸的收割在九月，种植的应该是杂粮。《老档》常见高粱（sǔsǔ）的记载，这里秋收应该也是高粱。高粱一直是东北著名作物。

——传统生产的继续发展。

1588 年（戊子，万历十六年）《武录》记载说，"本地所产有明珠、人参、黑狐、玄狐、红狐、貂鼠、猞狸狲……等皮，以备国用"⑦。这里提到的都是

---

① 《满文老档》的汉文译本已完成，我尚未见。本文引用的是日本满文老档研究会译注的东方文库丛刊本。藤田胜二译本这次未用。至于金梁译本，未作参考。

② 《满文老档·太祖》，日本译本，第 232 页。

③ 《满文老档·太祖》，第 760 页。

④ 谈迁：《国榷》卷 80，神宗万历三十四年，中华书局 1958 年版，第 4962 页。

⑤ 《清太祖武皇帝实录》卷 2，故宫博物院 1932 年铅印本，第 7 页。

⑥ 《清太祖武皇帝实录》卷 2，第 13 页；《满文老档·太祖》，第 108 页。

⑦ 《清太祖武皇帝实录》卷 1，第 8 页。

传统的著名交换商品，具有高度加工技术。这时既然"以备国用"，说明有关它们的一切技术，都经沿袭下来，并且加以发展了。

——一些新兴事物。

1599 年（己亥，万历二十七年）二月仿蒙古字，创制满语字头，作成满语拼音文字。建国后，成为和蒙文、汉文三种并行的文字。

1599 年（万历二十七年）三月开始炒铁，开金银矿。

1606 年（乙巳，万历三十三年）创制人参加工保存技术成功，可以经久不腐。

1612 年（壬子，万历四十年）征乌喇，"盔甲鲜明"；1613 年（癸丑年）努尔哈赤领 4 万人征叶赫，围兀苏城，满洲兵"盔甲鲜明，如三冬冰雪"。[①]这些记载，虽不免夸张，但可注意的是四万兵士人人盔甲，如果没有专业的大规模的手工业作坊是完不成这项任务的；如果农业、商业没有相应地更高发展，也出现不了这么大的手工业作坊。

1615 年（乙卯，万历四十三年）规定拾物办法。凡拾得失物的应归还原主（ejen），将原物分作三份，原主得二份，拾者（bahaniyalma）得一份。[②]这里反映承认所有权。

1616 年（丙辰，天命元年）正月，布告国中，开始养蚕，播种棉花。[③]

1616 年六月有商人（hudai niyalma）到黑龙江岸三十六村。[④]

1618 年（戊午年，万历四十六年，天命三年）四月征明攻抚顺，遇雨，代善说："天虽雨，吾军有雨衣，弓矢各有备雨之具，更虑何物沾濡。"[⑤]这在当时也是突出的。

1620 年（庚申年，万历四十八年，天命五年）六月开始在海边煮盐[⑥]，十月命每牛录各派 4 人前往搬取[⑦]。

1623 年（天命八年）四月试验焊接技术成功。[⑧]六月试烧石灰、试炼黄色火药成功[⑨]。

---

① 《清太祖武皇帝实录》卷 2。
② 《满文老档·太祖》，第 56 页。
③ 《满文老档·太祖》，第 68 页。
④ 《满文老档·太祖》，第 75 页。
⑤ 《清太祖武皇帝实录》卷 2，第 12 页。
⑥ 《满文老档·太祖》，第 241 页。
⑦ 《满文老档·太祖》，第 260 页。
⑧ 《满文老档·太祖》，第 737 页。
⑨ 《满文老档·太祖》，第 781 页。

1624 年正月，禁止汉人的小押店典当。①

二、努尔哈赤建国前的思想意识属于封建领主范畴

在努尔哈赤早期生活和行事中，有不少思想意识和奴隶主阶级不同，相反，还接近封建领主思想。

——《清太祖武皇帝实录》记载说，甲申岁（1584，明万历十二年）五月一夜，有贼逼近，太祖"以刀背击其首，昏绝于地，遂缚之。有兄弟亲族俱至，言挞之无益，不如杀之。太祖曰：'我若杀之，其主假杀人为名，必来加兵，掠我粮石，粮石被掠，部属缺食，必至叛散，部落散则孤立矣……不如释之为便'"②。奴隶社会如有所谓部属只能是奴隶，但奴隶的生活，奴隶主是不关心的，严格说，也不能称为部属。这里的存储粮食赡养部属，害怕粮食被掠部属逃散的情事和思想，不是奴隶社会所常见，显然是封建领主的思想。当然，部属也可以解释为奴隶社会的自由民，但为数不会多，更不会由于自由民的缺食影响到主要生产力的奴隶的逃散。

奴隶社会的掠夺行动是常见的，自己被掠，转而掠夺旁人以取偿，更是数见不鲜。害怕自己粮食被掠，联想到部属逃散，并不想掠夺旁人以取偿，这也不是奴隶主思想意识的反映。

——癸卯年（1603 年，明万历三十一年）努尔哈赤移赫图阿拉，"筑城居住，宰牛羊三次犒劳夫役"③。乙巳年（1605 年，明万历三十三年）三月在赫图阿拉"城外复筑大郭，宰牛羊犒赏工役五次"④。后来，天命六年（1621）闰二月记载说："筑萨尔浒城毕。帝曰：'筑城之夫最苦，可赐牛以劳之。'群臣曰：'与其用国中之牛，盍俟掠大明牛驴而给食之。'……帝……曰：'今尔等之意实不欲出己之财故耳。'……正言间，副将博尔晋后至。帝问曰：'自何来，如是喘息，想徒步来耶？'博尔晋对曰：'自筑城处来。'帝曰：'尔空身行走尚且劳倦，运木石而筑城者宁不劳软？'遂赏牛散盐，犒劳夫役。"⑤这类事一再见之于记载而且有时还遇到不同意见，都说明这是新兴事物。

---

① 《满文老档·太祖》，第 882 页。
② 《清太祖武皇帝实录》卷 1，第 6 页。
③ 《清太祖武皇帝实录》卷 2。
④ 《清太祖武皇帝实录》卷 2。
⑤ 《清太祖武皇帝实录》卷 3。

——1611 年（明万历三十九年，辛亥）二月《清实录》记载说："太祖查本国寒苦旷夫（无妻男子）千余皆给配（选择女子给他作配偶）。中有未得者，发库财与之，令其自娶。于是民皆大悦。"[1]后来其他部族归附，拨供他们奴仆（aha），总是以若干对（juru）计数。若干对就是若干对夫妇。天命三年（1618）十月，东北虎尔哈部（hurhagurun）首领（amban）八人归附，拨给他们每人奴仆二十人，《满文老档》作各给奴仆十对[2]，《清太祖武皇帝实录》和《太祖高皇帝实录》都作"男妇二十口"[3]。说明奴仆都有配偶。显然，这种配偶是主人为他们决定的。这种关心到奴仆家庭生活的思想情况，反映出当时奴仆的身份不同于西方奴隶社会的奴隶。奴隶社会是不把奴隶当人看待，它怎么会关心到奴隶们的生活呢？两种职任相当的低层分子，所受的关怀不同，身份不同，正反映出入关前满族社会发展形态已经超越了奴隶社会阶段了。

存在决定意识。上述思想不是努尔哈赤个人所独有，而是社会变化的共同反映。否则他的兄弟亲族和部下，也不会同意他的主张。所以清建国初的一切措施，只归功于努尔哈赤个人智慧，而不承认社会的变化，是不符合实际情况的。

三、努尔哈赤建立政权时，满汉两族人民在东北杂居已久

我们知道，不同民族间的生产技术和生产工具的交流，多数是从民族杂居获得的。满族农业的发展，得力于汉族和朝鲜，前文已谈过，现在只谈满族进入辽沈以前在宽甸的一次满汉两族的长期杂居。

明万历元年（1573），辽东镇总兵李成梁向兵部侍郎汪道昆建议，将辽东镇的孤山堡参将移驻宽奠堡（今宽甸县），所辖屯驻点也相应分别改建戍地，一共六个堡。[4]这一建议得到采纳，后来由辽东巡抚张学颜次第完成。[5]同时于万历四年（1576）在宽奠设仓建学，并于永奠堡[6]北设关开市，"许宽奠等处往牧东

---

[1]《清太祖武皇帝实录》卷2，第4页。

[2]《满文老档·太祖》，第112页。

[3]《清太祖武皇帝实录》卷2，第14页。

[4]《明史》卷238《李成梁传》，中华书局1974年版，第6191页。

[5]《明史》卷222《张学颜传》，第5855页；张学颜：《修陈辽东善后事宜疏》，陈子龙等：《明经世文编》卷363，中华书局1962年版，第3911—3913页。

[6]《读史方舆纪要》卷37，辽东都指挥司，"长奠堡在宽甸南百里，其东北五十里为永奠堡。""俱万历六年置"。王河《盛京通志》及《嘉庆一统志》均不载。据卢骅同志函告，永奠堡即今宽甸县永甸公社，位于凤（凰城）上（河口）线铁路永甸站。

夷，易换米布猪盐，即以市税充抚赏"①。这里所称东夷，指包括王杲、王兀堂的建州女真，永奠开市也同后来《清太祖武皇帝实录》戊子年（1588）记载的"抚顺、清河、宽奠、瑷阳四处关口"相符，说明记载是真实的。

这一事件本来只是国内行政区划的变更，但是李成梁等人为了夸张自己，竟说成"展拓宽奠六堡"，甚至说是"展拓新疆"，明代记载也就沿用不改。实在是错的。

六堡所在，约今辽宁省新宾以南，丹东以东，鸭绿江以北，宽甸、永甸、长甸一带。据明人记载，"宽奠等六城堡，延袤八百里"②"在边墙外二百里"，"周围皆有山林，中间膏腴平坦"③"逼近建州卫，夷夏错居"④"土脉肥美"（张学颜），为"女真所必争之地"，在六堡移驻之前，"建州女真每年增殖户口，加悍民力，既据十岔口为出入之路，又占宽甸子为射猎之区"⑤。（张学颜）据此，可知宽奠等六堡是宜于农业种植的地区，"夷夏错居"，而建州的扩张力量最大。这时建州声势强大的首脑是王杲、王兀堂。万历四年努尔哈赤只有十八岁。

宽奠移驻之后，自然"将有引起女直积愤之事"（张学颜疏），而且既然官吏移驻，设关建学，汉族的农民、商人当然也就相随而来。据后来熊廷弼调查，"居民（汉民）告垦（请求开垦）自万历十三年（1585）间已有之"⑥。当时中原土地几乎全部为地主贵族所占有，农民只好到边区觅地垦种。但是边区土地早有少数族居住，必致发生争论，甚至抢掠杀戮。于是在万历二十八年（1600）间，"复委官传调夷人（少数族）公同踏勘，以居民现住为界"（熊廷弼疏），说明当时宽奠一带的居民是满汉杂居的。发展不同的两个民族杂居，必然导致生活、生产的无条件交流。这种移住居宽奠的汉族军民，到万历三十三年（1605）已有 6 万多人。⑦这时努尔哈赤已经强大，宽奠的明廷官吏感到威胁。于是辽东总兵李成梁和蓟辽总督蹇达，辽东巡抚赵楫商定，招宽奠等六城人"尽归故土"⑧。其中有许多是"因避差徭繁重"⑨逃来的。"居民安土重迁，几至激变"，

---

① 万历《明会典》卷 129《兵部·镇戍四·各镇分例一》，商务印书馆 1936 年版，第 2664 页。

②《明神宗实录》卷 455，万历三十七年二月辛巳条，中央研究院历史语言研究所 1962 年校勘本，第 8591 页。

③ 张学颜：《修陈辽东善后事宜疏》，陈子龙等：《明经世文编》卷 363，第 3911-3913 页。

④ 谈迁：《国榷》卷 80，神宗万历三十四年，第 4962 页。

⑤ 张学颜：《修陈辽东善后事宜疏》，陈子龙等：《明经世文编》卷 363，第 3911-3913 页。

⑥《明神宗实录》卷 455，万历三十七年二月辛巳条，第 8591 页。

⑦《明神宗实录》卷 455，万历三十七年二月辛巳条，第 8592 页；《明神宗实录》卷 455，万历三十七年二月甲寅条，第 8580 页。

⑧《明神宗实录》卷 424，万历三十四年八月癸亥条，第 8014 页。

⑨《明神宗实录》卷 455，万历三十七年二月甲寅条，第 8580 页。

于是命参将韩宗功"率军数千人焚其室驱之","招徕六万余人尽归故土"。但是"凡壮勇之人（壮劳力）皆逃入建州，腴地遂为建州所得"①。从而宽奠等六堡的汉族官吏不能再至。塞达、赵楫和李成梁反冒以为功，得到嘉奖。这一问题，后为宋一韩揭发，明代称为"弃地啖虏"，或称"弃地"，掀起一次激烈的政争。明人一般意见认为，这是由于努尔哈赤"日益富强，威制群雄，李成梁再起帅辽，亦不能制，割宽奠六堡界之，仅饵之而已"②。后来李成梁也因此罢免。李成梁自隆庆四年（1570）至万历十九年（1591）任辽东镇总兵二十二年，万历二十九年（1601）重任总兵，又经过六年，到万历三十四年（1606）始罢。

东北所谓甸子，是指山林中间肥沃可耕的小块盆地。熊廷弼曾说，"佃子地只一山沟，不可堡而守"③。这是从军事上建置堡垒的观点来看的，不能理解为不能耕种的穷山沟，否则就不会造成"凡壮勇之人皆逃入建州，腴地遂为建州所得"的局面。壮勇之人既然逃入，生产技术一定也同时留下，腴地既为所得，生产方式也为所得，发展不同的两个民族长期杂居，必然导致上层建筑的调融，这是没有问题的。问题在于宽奠六堡是否全部归入建州——努尔哈赤。

除了上述明代记载外，我们还得到下列旁证：（一），所谓弃地问题发生后，万历三十七年（1609）二月"时建州贡使朝见，有大哈（《国榷》作火哈）等二人出班次，冲御道，投掷印文一纸，词极谩。大略言，彼疆界九百余里，以新立碑碣为卷案（根据），辽兵六万余人因避差徭繁重，逃在彼境，久假不归"④。这一记载说明宽奠六堡确是由努尔哈赤统治了。（二），《山中闻见录》说，万历三十七年（1609）努尔哈赤"请遵谕减车价入贡，还张其哈剌佃子，（指宽奠一带，见《读史方舆纪要》引《边防考》）即（李）成梁所弃地也"。既请退还，必然已竟归属了他。（三），明万历四十七年（天命四年，1619）杨镐征辽，分四路合兵攻取赫图阿拉（新宾），南路总兵刘铤领兵四万，合朝鲜兵出掠马甸趋宽奠进攻⑤，既然以宽奠作为主要进攻的一路，可证六堡是努尔哈赤占据的地方。

从六堡移驻到所谓弃地，中间凡三十三年，再到努尔哈赤建立政权，又经过十二年，这四十五年的满汉杂居，虽然人数比例悬殊，但年代很长，他们相

---

① 谈迁：《国榷》卷80，神宗万历三十四年，第4962页。

② 彭孙贻：《山中闻见录》，吉林文史出版社1990年版，第6页。

③ 彭孙贻：《山中闻见录》，第3页。

④ 《明神宗实录》卷455，万历三十七年二月甲寅条，第8579-8580页。谈迁：《国榷》卷81，神宗万历三十七年，第4999页。

⑤ 《清太祖高皇帝实录》卷6，天命四年二月，中华书局1986年版，第78页。

互之间的生产交流、生活交流联系之久，影响之大，绝不下于社会大变动时期被征服的居民对胜利者—侵略者的影响。这也值得注意。

四、努尔哈赤最初建立的政权就是封建制国家的政权

1616 年（丙辰，明万历四十四年）努尔哈赤建立国家政权，改元天命，国号金。《清太祖武皇帝实录》在前一年（1615 年，万历四十三年）记载说（次序不是原来的）：

（一）"太祖削平各处，于是每三百人立一牛录额真（凡专名都照常用字改。下同），五牛录立一甲喇额真，五甲喇立一固山额真，固山额真左右立梅勒额真。原旗有黄、白、蓝、红四色，将此四色镶之为八色，成八固山。"

（二）"又立理国政听讼大臣五员，都堂十员。太祖五日一朝……凡事都堂先审理，次达五臣，五臣鞠问，再达诸王，如此循序问达。"

（三）"太祖谕群臣曰：'……今国事繁琐，须多得贤人各任之以事，倘治国统军者多，则济事几何！若有临阵英勇者赐以官赏，有干国忠良者用以佐理国政，有博通古今者用以讲古今，有才堪宴宾客者用以宴宾客，各处搜罗可也。'"

（四）"谕各牛录：每十人出牛四支，于旷野处屯田。造仓积粮。于是设仓官十六员，吏八员，执掌出入。"

这是为了说明即将成立的新国家的政权性质。第（一）条说明组织；第（二）条说明设官等级；第（三）条说明选拔人才；第（四）条说明生产和储备。前三条反映出等级制度，后一条反映出徭役地租，两者都是封建制的特征。

其实这些制度在满族的出现，远在这时以前。

1584 年（甲申，万历十二年），努尔哈赤攻翁鄂洛城，重伤昏迷几死，城破，诸将愤恨地寻找射箭的二人要杀掉。努尔哈赤认为战斗中奋勇杀伤应该奖励，而且他们既降，将来一定会为我用，不能因为射伤过我就杀掉。不但不准杀，相反，"赐以牛录之爵，属三百人厚养之"[①]。这事远在建国前 32 年，努尔哈赤起兵不久，应该是满族固有制度。但奇怪的是努尔哈赤在第二年（1583 年）进攻界凡寨时，还只是五十人、甲二十五副，以至大败，这时哪里会有六百人可以拨派呢？那么，这里的所谓各三百人是否指的专事生产的奴隶？也不会。因为如果对新归附的人如此，原来的几十人又怎么办？他绝不会有那么多

---

① 《清太祖武皇帝实录》卷 1，第 7 页。

的奴隶。记载说，"赐以牛录之爵""厚养之"，应该是按照牛录额真的待遇来赡养，是等级的一级，这时努尔哈赤还未设立牛录额真，只是象征性的待遇。直到 1601 年（辛丑，万历二十九年），开始设立牛录制，"将所聚之众，每三百人立一牛录额真管属"，"于是以牛录额真为官名"。后来逐渐发展成为八旗制。

《满文老档》对牛录以下的等级记载较详：每男丁（haha）三百人立一牛录（niru），每一牛录设一额真（ejen，汉语主，后称佐领）。牛录额真下设二岱子（daise，汉语副职，或代理，后取消），四章京（janggin，办事员），四村拨什库（gasan bošoku，村领催，后称领催）。三百丁分编四塔坦（tatan，汉语住处、窝铺，后取消，相当于班），由章京领导，分班轮值。[1]这一记载连同上面所引牛录以上的分级，层次井然，充分表明封建等级制的特点。其后多次显出它的作用。

1619 年（己未，明万历四十七年，清天命四年）六月攻破开原城，《老档》记载中出现的有[2]：

固伦主（geren i ejen）

固山主（gūsai ejen）

梅勒主（meiren i ejen）

五牛录主（Sunja nirui ejen，后称甲喇）

牛录主（nirui ejen）

在这次庆功赏赐中又分八等[3]：

第一等，固伦主诸大臣，银二百两，金五两。

第二等，固山主诸大臣，银一百两，金二两。

第三等，大臣（ambasa）一级，银三十两。

第四等，大臣二级，银十五两。

第五等，大臣三级，银十两。

第六等，大臣四级，银五两。

第七等，牛录主，银三两。

第八等，巴牙喇的奇录主（Kirui ejete），银二两。牛录章京，银二两。

1621 年（辛酉，天启元年，天命六年）攻下辽阳后的庆功赏赐如下[4]：

---

① 《满文老档·太祖》，第 55 页。

② 《满文老档·太祖》，第 155 页。

③ 《满文老档·太祖》，第 159 页。

④ 《满文老档·太祖》，第 297 页。

总兵官	银 200 两	布 220 匹	绸 30 匹
副将	150	150	15
参将	80	80	8
游击	50	50	5
牛录主	20	20	3
备官	20	20	3
巴牙喇奇录主	20	20	3
备官级巴克什、学士（baksi）	20	20	3
侍卫（Sanggiyan hiya）	15	15	2
巴牙喇岱子备官	15	15	2
敖尔布兵士（olboi niyalma, 兵种名，绵甲）	15	15	2
诸贝勒的巴牙喇（giyajanbayara）	10	10	1
红巴牙喇头目（uju）	10	10	1
牛录领催	10	10	1
千总	10	10	1
千总级巴克什	10	10	1
披甲（兵士）	×	7	×
持送兵甲（uksin gajihaku jihe）	×	7	×
步甲	×	7	×
马甲	×	7	×
无甲步行仆从（Kutule 跟马人）	×	3	×
执纛	×	10	×
牛录主岱子千总	×	8	×
各路大臣千总	×	6	×
村领催	×	4	×
守堡	×	4	×

等级的差别如此鲜明，说它们还停留在奴隶主发展阶段，是不可理解的。

应该指出，上面三个统计都是建国以后出现的事实，但建国前如果没有多年实行等级制的习惯基础，也决不会在建国五、六年后就执行的这样细密顺利。说明在建国前已有等级制。

还有一点，建国初期，官员时常改变，但尽管名称不同，忽满忽汉，而它的等级区分是严格的，不许混乱的。说明它是制度。

满族实行劳役地租在《满文老档》亦有记载。

《老档》万历四十一年（1613 年，癸丑）一条说，每一牛录出丁（haha）十人，牛四头，于空地耕种，征收米谷（jeku）。[①]这一条比上引《实录》早 2 年。

万历四十三年（1615 年，乙卯）十二月一条说，每一牛录出十丁四牛耕种空地，年产谷米全数储存仓库（Ku，汉语对音），作为课赋（alban）。[②]这一条，《武录》《高录》都系于本年六月，《高录》称它为屯田。

两条所述是一回事，不过前条联系在征收田赋下面，后条联系在建仓储贮下面。正因为它的重复出现，更证明它是确实的。也就是说，这是建国前已经存在的。

从这两条中明显看出，当时制度是以牛录的组织为基础单位，要求出丁出牛，在空地上耕种，全部收获作为课赋（alban）——劳役地租。至于牛录的其他丁壮则在本牛录分得的土地上从事耕种，自己食用。即所谓家田（boo usin）。[③]

其后，国土日广，制度也随时发展。1621 年（辛酉，天命六年）努尔哈赤命在明朝弃地上设立八贝勒拖克索（jakūn beile itakso），见《老档》闰二月二十九日条[④]，由拨什库（bosoro，领催）管理。[⑤]《实录》失载。1621 年七月十四日还有一条说，这天宣布分田消息，将海州（今海城县）、辽东（今辽阳）明人土地三十五万垧（inenggi）分给居民。每丁（haha）种粮五垧，种棉一垧，每三丁种公田（alban usin）一垧。每二十丁以一丁充兵役，一丁负公役。[⑥]《实录》也不载。

拖克索就是汉语的田庄，《清文鉴》译为庄屯，早见于朝鲜记载。田庄制度清代屡经变更，而拖克索的名称直至入关后，始终不改。1625 年（乙丑，天命十年）十月三日一条说：诸贝勒的庄（拖克索），一庄十三丁（haha），七牛，田一百垧（cimari），其中二十垧为公田，八十垧自己食用。总兵以下，备御以上，每备御给一庄[⑦]，《武录》不载，制度又有改变。但前后主要耕种人都是壮丁（haha）。haha 的身份是自由民，不是奴隶。

---

① 《满文老档·大祖》，第 27 页。

② 《满文老档·太祖》，第 55 页。

③ 《满文老档·太祖》，第 404 页。

④ 《满文老档·太祖》，第 277 页。

⑤ 《满文老档·太祖》，第 273 页。

⑥ 《满文老档·太祖》，第 356 页。

⑦ 《满文老档·太祖》，第 993 页。

《武录》记努尔哈赤同继母分居时说，"家私止给些须"。家私，《满洲实录》作家产，满文作 aha ulha。aha 是汉语奴仆，ulha 是汉语牲口牛马。《武录》记壬子年（1612 年，万历四十年）努尔哈赤说，"无仆何以为主，无民何以为君"[1]。仆，《满文老档》作 aha，民作 jusen。[2]天命三年（1618 年，戊午，明万历四十六年），使犬部头目来降，"俱给妻奴牛马房田衣物"[3]。奴，《满文老档》亦作 aha。[4]

《太祖实录》天命六年（辛酉，1621 年）十一月，蒙古喀尔喀部古尔布什、莽果尔来降，各给他们奴仆牛马房田，《满洲实录》汉文卷七同，满文奴仆作 aha。《武录》天命九年（1624）喀尔喀恩格德尔来，赐以"人牛"，《满洲实录》作"田卒耕牛"[5]，《老档》作"近侍（galahanci takūrabure）"，满洲男（haha）女各五人和砍柴汲水男女各五人。[6]《老档》还有 takurara aha（役使奴仆）和 harangga jusen（属下人）并列[7]；还有 takurara aha 和 booi aha（包衣奴仆）并列。[8]应是 takurara aha 专事耕种，和从事家庭劳役的包衣（booi）不同。

aha，《清文鉴》译作奴仆或只称奴，我过去译作奴隶。现在考虑，《清文鉴》的译法比较妥当。因为译为"奴隶"易于使人联想到希腊罗马的奴隶。实际上二者并不完全相同。（一）满族在 16、17 世纪之际，已不使用原始的或粗笨的生产工具。（二）当时奴仆生产的劳动果实并不是全部缴给主人，自己也分到一些。（三）满族奴仆的身分虽低于主人，但主人不能任意处死他们，把他们不当人看待。天命七年（1622）六月阿纳妻残虐使女（booi hehe）处死刑[9]，就是显著例子。（四）包衣也服兵役。（五）直到清亡时，满族人民还对清帝称奴才，这时封建制已高度发展了。

满族建国时，既有和平民身份不同的奴仆存在，是否仍然属于奴隶社会？不能。因为当时的主要生产者不仅是奴仆（aha），还有更广泛的平民男丁（haha）。我们应该根据每一时代全面发展的生产力和生产关系决定当时社会的发展阶段，奴仆的参加生产只是旧制度的残余现象。犹之美国南北战争前的役使黑

---

[1]《清太祖武皇帝实录》卷 2，第 5 页。

[2]《满文老档·太祖》，第 19 页。

[3]《清太祖武皇帝实录》卷 2，第 11 页。

[4]《满文老档·太祖》，第 83 页。

[5]《满洲实录》汉文卷 7，《辽海丛书》本，第 14 页。

[6]《满文老档·太祖》，第 885 页。

[7]《满文老档·太祖》，第 583 页。

[8]《满文老档·太祖》，第 616 页。

[9]《满文老档·太祖》，第 616 页。

人，虽然也是奴隶生产劳动，但我们不能说美国当时不是资本主义社会而是奴隶社会。

这是我最近的学习。我觉得，满族在清入关前的社会发展已逐步进入封建社会比较接近事实。还请同志们多加指正。

（原载《南开学报》（哲学社会科学版）1979 年第 4 期）

鸦片战争前清代社会的自然经济

鸦片战争前的清代，依然是自然经济的社会，商品经济虽有所发展，但在广大农村，家庭手工业与农业紧密结合，不依赖交换，排斥交换，处于自给自足的状态。个别地区和行业出现的资本主义萌芽，冲不破自然经济的束缚和阻挠，很难得到发展，自然经济成为社会停滞不前的一大障碍。要发展经济，社会要进步，必须打破自然经济状态。

一、清代自然经济的一个特征是
农村家庭手工业与农业顽固结合

农民的家庭手工业，主要是家庭纺织业，农民利用农业所生产的棉花，自家纺纱织布，即所谓男耕女织。成品用于自家消费，纵或有少量多余的出卖，以补助生活，维持简单的农业再生产，维护封建的农业经济。所以农民的家庭手工业是封建农业的附属部门，是封建自然经济的组成部分。在封建经济占统治地位的时代，它不是商品经济的成分，也不是促进商品经济发展的因素。清代农民家庭纺织业的地区很广，多数是农民自纺自用，但在商品经济比较发达的地区，农民已经将相当多的纺织品投入市场了。上海县就是这种情况。上海在清代属于松江府，松江及其邻郡苏州府，是明清时代商品经济最发达的地区。上海农民种植棉花多于种植水稻，产棉很多。上海棉纺织很发展，人们使用脚踏纺车，可以一手纺三纱，所谓"人劳而工敏"[①]。一个人一天可以织布一端，有的能织两端，生产量很大。由谁来纺织呢？并不是专业的纺织工人，而是农民。杨光辅在《淞南乐府》中写道：

> 淞南好，妇苦最农家。午汗花田锄蔓草，宵饥蚊窟纺棉纱，商女弄琵琶。

---

① 同治《上海县志》第 1 卷，"风俗"，台北，成文出版社 1975 年影印版，第 137 页。

原注：木棉须芟草六七次而后开花，若梅雨连绵，草薆棉困，工必倍之……故农妇于盛夏必曝赤日中，无歇午者；夜归又纺纱以换米。

淞南好，耕织不辞劳，刷布经车沿架走，收花灯竹插檐高，辛苦利如毛。

原注：以木棉纱上经车，于官道理其绪，曰经布；浸以面浆，置竹架上匀刷使干，曰刷布，然后上机。①

这两首古诗很生动地反映了上海农村家庭纺织业和农业紧密结合的情况。"午汗花田锄蔓草"，农民于盛夏在棉田中挥汗锄草，勤于棉花生产，收成之后，有的径直将棉花拿到集市上去卖（所谓"收花灯竹插檐高"，是早市，专收棉花）。但大多数自行纺纱织布——"刷布经车沿架走"，织布是家家户户的事业，而且纺织不是在棉花收成后的冬季农闲时节，"宵饥蚊窟纺棉纱"，在酷热的夏天蚊咬虫扰的艰苦情况下，从事纺织，农妇一年四季都在进行织布生产，劳动是异常艰辛的，但收入却很少——"辛苦利如毛"，这微薄的收入是农民生活支出的重要部分。当时当地的县志就说：农民"田所获，输赋偿租外，未卒岁，室已罄，其衣食全恃此"②。又："淞南好，市价日高低，海舸贩来红木段，洋行收去白花衣，民瘦客商肥。"③说明当时洋行来收棉布，市价每天有涨落。这样我们可以看到，在上海，农民将耕和织有机地联系在一起，耕，部分地解决粮食问题和提供纺织业的原料；织，补助生活之不足，维持农业生产经济。在这里，家庭纺织业虽然很发展，产量也很可观，也作为商品投入市场，但它并没有同农业分离，没有成为独立的手工业部门，没有突破家庭手工业这一关，所以这种耕织结合的农民经济，依然是自然经济。上海的家庭手工业的这种状况，异常典型地反映了清代自然经济的两方面情况：一是发达的农村家庭手工业与农业的这种结合，不是一般的结合，而是顽固的结合，这种家庭手工业不但不是瓦解自然经济的因素，而成为维护它的因素。一是商品经济发展的上海地区的农村家庭手工业尚且与农业密切结合，全国其他地区的状态也就可想而知了，在那里家庭手工业还不甚发展，经济不发达，就更不能冲破自然经济了。

---

① 杨光辅：《淞南乐府》，中华书局1991年版，第12页。
② 同治《上海县志》第1卷，"风俗"，第137页。
③ 杨光辅：《淞南乐府》，第12页。

二、清代自然经济的牢固
还表现在族权、神权同乡镇经济的结合上

乡镇经济是掌握在地主绅士、祠堂族长手中的地主集体经济。

中国封建社会中宗族制度盛行，宗族聚居，自相往来，形成小天地，而与社会上的其他宗族则少联系，这本身就是自然经济状态的一种表现。宗族有它的组织形式祠堂，许多宗族有集体的经济，拥有祠田、义庄田和义塾田，这些田地的收入归宗祠所有，用于祭祀祖先、修理祠堂、坟墓，开设义塾，奖励读书科举，救济鳏寡孤独和贫苦族众。这些土地及其经营管理，掌握在祠堂族长或捐建人的地主手中，它名义上为宗族共有，实际上是地主经济的一种形式，所以宗族经济是与族权相结合的地方地主经济。

地主绅士还掌握地方上的"仓""会"经济，仓是义仓、社仓、常平仓等，有民资官办或民办的不同形式，大抵是由官僚地主分子捐田捐粮，储于义仓，青黄不接或荒年时出粜或贷于贫民，会是各种祈神赛会、财神会，它也有经济，也是借贷性组织，不过这种经济同神权联系罢了。仓、会经济是办理地方"公共"事业的，比宗族经济作用范围要广一些，它也是一种地方性的地主经济。

地主阶级搞乡镇经济，是"敦本"的措施。宗族、仓、会经济的赈济和借贷，为贫穷农民在艰难困苦中坚持农业生产，提供谋生条件，维持一家一户的小农经济和封建的本业，而不让农民彻底破产，改从商业或成为手工业劳动力后备军。"敦本"，就是抑末，就是限制商业和手工业的发展，所以大搞乡镇经济是地主阶级保护封建经济、自然经济的一种手段。

地主阶级的乡镇经济增强了地主绅士、宗族族长在地方上的政治权力。他们称霸一方，农民若不服从，将首先在经济上受到制裁。村镇的茶馆成为绅士解决纠纷的场所，"施政"的"公堂"了。

三、资本主义萌芽受到摧折

资本主义萌芽产生后，受到封建主义的严重摧残。资本主义萌芽是新事物，但同封建主义旧制度掺和在一起，它的发展受到极大的阻碍和限制。

苏州的丝棉纺织业中，是出现了资本主义萌芽的，在它的染踹业中，至迟在 1670 年（康熙九年）就出现了记件工价制度。踹匠每踹布一匹，工价银一分

一厘，布商按踹匠踹布数量发给工钱，实行的是记件工制，当时米每石银一两一钱左右，一石米是一百四十斤，以价银一两计算，踹匠踹布一匹工价可买米一斤半，1691 年（康熙三十年）前后，一匹布价银五钱左右，踹匠工价相当于布价的百分之二点二，布工价制定之后，就基本固定了，详细情况请见下表：

时间	工价（银/匹）	增加率（%）
1670 年（康熙九年）	1 分 1 厘	
1715 年（康熙五十四年）	1 分 1 厘 3 毫	3
1720 年（康熙五十九年）	1 分 1 厘 5 毫 9 丝	5
1772 年（乾隆三十七年）	1 分 3 厘	18
1872 年（同治十一年）	1 分 4 厘	27

从 1670 年至 1872 年为时 200 年，踹匠工价银从每匹一分一厘增为一分四厘，纯增三厘，增长率为百分之二十七。200 年间仅仅提高了这一点，可是布价在直线上升，增长了十几倍，米价也增长了几倍，工价、布价、米价三项的增长率以工价为最小，比不上布价增长的零头，它的价格基本上是冻结的。记件工价制度，在当时是新事物，工匠多生产，可以多得工价，比起固定工价讲，它可以调动工匠劳动兴趣，增加劳动强度，提高产量。因而这种工价制度具有优越性，它的出现还是好事。但是工价冻结，在整个社会物价上涨的情况下，等于降低劳动力价值，降低工匠生活水平，不仅不能调动工匠生产热情，相反破坏了工匠生产积极性。工匠反对布商的残酷剥削，进行了要求提高工价的斗争，还多次"叫歇"停工，但是布商同封建政府相勾结，残暴地镇压工匠的运动，在略微增加工价的条件下，迫使工匠复工生产，所以封建制度在压制新事物，阻挠资本主义萌芽的发展。

在踹匠和机匠招工中，渗透着封建因素。1741 年（乾隆六年）以前，苏州机匠揽工不是自由应雇。苏州织造所辖机匠，若有年老告退，因病死亡，出了缺额，由管事人在机匠的子侄中挑补，与原匠没有血缘亲属关系的人不能顶补。管事人为了获得分外收入，往往向机匠子侄敲诈勒索，或者以他人顶替。1741年苏州织造特立碑禁止管事人的需索陋规，重申机匠子侄补缺的规则。[1]这种顶缺制度是封建性的，使人们之间构成封建关系，机匠不能自由应雇，但是机房可以自由遣散机匠，机匠又不能自由辞工。机匠经过斗争，1822 年（道光二

---

[1]《苏州织造府严禁织造局管事向年老告退及病故机匠子侄堪行顶补者需索陋规并隐瞒不报碑记》，江苏省博物馆编：《江苏省明清以来碑刻资料选集》，生活·读书·新知三联书店 1959 年版，第 7 页。

年）取得自由揽工的权利，但承揽时，须到机房（机户公所）出立字据，保证
"安分工作"，不敢白吞丝经。这种合同，是封建性的束缚，踹匠也非自由雇佣，
苏州的踹匠不是本地人，而系江南其他府县或江北、安徽人，他们多靠乡亲关
系，联带而来。踹匠入坊，要请人作保，入坊后还要实行连环保，一人出事，
同保者也受牵联，这就是踹匠与坊主关系中的封建成分。就是这些浓厚的封建
因素，限制了资本主义萌芽的发展。

（原载《中国社会经济史研究》1982 年第 1 期）

清代的国家机构及其特点

中国封建社会实行君主独裁制，没有资本主义的"民议机关"，但这不等于一切权利归于皇帝，揽于中央。它有各级地方政府，有散布于全国各村镇的宗族族长的权力，所以封建政权是阶梯制的统治方式。在这种统治方式中，存在着中央集权与地方分权的矛盾。封建君主总想压制地方权力，无限扩充自己的统治权，地方政权力图发展自己的权力，以与中央抗衡。唐代实行三省制和府兵制加强了皇权，府兵制破坏后，藩镇势力发展，割据一方，闹得中央政权不巩固。宋朝皇帝有鉴于此，加强中央集权，把机构搞得臃肿庞大，反而使中央政府瘫痪了，同时地方政府权力被削弱了，这也是宋朝虚弱的一个重要原因。元代纠正宋朝的弊病，创行中书省制，调整中央与地方的权力分配，但是实行得并不好。至明代，施行三司制真正加强了中央集权。清朝基本上沿袭明朝制度，又有因满族少数民族为统治民族而出现的特点，中央集权与地方分权互有消长。

一、沿袭明制而有所变动的中央集权

清朝在关外时，就仿照明朝制度，建立政权机关。1629 年（天聪三年）设文馆，1636 年改文馆为内三院——内国史院、内秘书院、内宏文院。入关后，清朝统治者打出"法明"的旗号，一方面企图掩盖满族同汉族的矛盾，一方面学习汉族的封建制度，以巩固清朝的统治。它实行内阁，所谓"仍前明之制，以内阁为政府"[①]。1644 年（顺治元年），以内三院为正二品衙门，1658 年（顺治十五年）改内三院为内阁。此后虽一度有所变化，如 1661 年（顺治十八年）复内阁为内三院，但至 1670 年（康熙九年）的改为内阁，就成为定制了。1730 年（雍正八年）定大学士为正一品，高于六部尚书（从一品），为最高行政长官。

---

① 叶凤毛：《内阁小记·自序》，《续修四库全书》，上海古籍出版社 2002 年版，第 751 册，273 页。

内阁之下，有六部都（都察院）、通（通政司）、大（大理寺）及科道诸官衙。这些中央机构基本上都同于明朝，地方上的府州县制，完全承袭于明代。清朝法律以明律为楷模而制订，1646 年（顺治三年）的清律全部仿照明律；1679年（康熙十八年），清朝根据强化统治的需要，增加法律内容，至 1727 年（雍正五年）制定的大清律例，才不同于明律。从上述事实看，清朝国家机器及其制度基本上因袭明代之旧规，但是它也做了许多改动，而不完全同于明朝，这主要表现在以下方面：

议政处之兴废。清朝初建之时，体制很不完备，皇权只是相对集中，而诸王勋贵权势很大，因此设立议政处，由皇帝指派亲王或有大功勋的贵族为议政王大臣，如入关之初，有所谓"铁帽子王"，就是礼亲王、睿亲王、肃亲王等八家，世袭不降封，多被指定为议政王大臣。"军国政事，皆交议政诸王大臣"[1]，所以重大政事并不决定于内阁，而由议政处裁决。这个制度实行一段时间之后，由于议政王大臣分散皇权，同时这些人因系贵胄世爵，往往没有行政才能，不适应统治的需要，因此康熙、雍正逐渐削弱议政处的职权。在军机处出现之后，它就形同虚设了，至 1791 年（乾隆五十六年）正式取消议政大臣兼衔。但是议政处并没有就此结束，同治初年，慈禧太后垂帘听政，又设议政王，与军机大臣共同秉政，不久，撤去议政王。总起来看，议政王大臣制度基本上与清朝相始终。与议政处相类似的是"会考府"。雍正在即位之后，设会考府，令王大臣主持，"纠察六部，清厘钱粮出人之数"[2]，权力很大，但为时几年就把它取消了。

亲王没有藩封。明朝广封藩王，以为用它可以维护中央集权，实行不久，就出现靖难之变，以后又发生宁王宸濠等的叛变。清朝吸取这一经验教训，封亲王、郡王、贝勒、贝子等世爵，然而不给封地，世爵以义理命名，而不以地名封予，当然也就没有之藩的问题，所以诸王不可能形成对抗中央的地方势力。

无五军都督府。清朝取消明朝的五军都督府，由兵部指挥全国军队。军队有两队：一种是八旗兵，由在旗籍的满洲蒙古汉军组成。凡旗人皆有参军之义务，然须在适龄后选拔充当。这是满洲建政初期的制度的保留，是维系满族统治地位的力量。另一种是绿营兵，这是募兵制组成的军队。与明朝从军籍中签军的办法不同，也不是按卫所的机构组成的。绿营兵丁是招募来的汉人，实行高工薪制，一般每月饷银一两五钱，军粮米三斗。至于旗兵，薪饷更高，月饷银二两，军粮米二石或三石。因待遇高，当兵被认为是一种权力，兵源也较充

---

① 昭梿：《啸亭杂录》卷 7，《军机大臣》，中华书局 1980 年版，第 212 页。

② 吴振棫：《养吉斋丛录》卷 1，北京古籍出版社 1983 年版，第 9 页。

足。军队的训练，在地方上由总督、巡抚负责，统帅则归于提督、总兵，所以地方上的兵权是分散的，这一点和明朝的都指挥使司不同。

废巡按制。明代为解决地方上不振作的问题，派遣巡按御史，可以代表皇帝平反冤狱，处理地方特殊事务。清朝入关之初，亦于各省设巡按御史，至1663年（康熙二年）废除巡按制，用经常调换地方官员的办法，希图使他们振作起来，勤于地方事务。如明代府县官吏可连任三次或三次以上，长达十多年不调动，而清朝则一般不连任。

以内务府代替宦官衙门。明朝宦官众多，机构庞大，宦官擅权，是其弊政之一。清朝入关之初设内务府代替明朝的宦官衙门，1654年（顺治十一年）改内务府为十三个宦官衙门，顺治遗诏又以设宦官衙门为弊政，康熙恢复内务府，再次取消宦官衙门。内务府下辖七司，为广储、会计、掌仪、都虞、慎刑、营造、庆丰诸司。司下还有若干机构，如广储司设织造等局。内务府官员负责管理皇帝家庭事务，执行的是宦官任务，但他不是宦官。内务府主持人为总管大臣，由皇帝指派大臣兼任，定期调换。因此，不能形成长期把持内务府而干政的局面。明朝还用太监充任矿监税使，为皇室搜敛财富，清朝则用内务府官员充任盐政、税关、织造的差使，为皇家聚财。

二、军机处成立后的中央政府与地方政府

军机处，是雍正期间适应西北用兵的需要于1729年成立，初名军需房，为内阁的一个部门。1732年改称军机处，乾隆即位改名总理处，1738年复名军机处。军机处设军机大臣，正式职称为"军机大臣上行走"。军机大臣同时有数人，有首领，称"首枢"，亦称"领班"。军机大臣由皇帝拣选亲信重臣担任，条件是年轻有为而又听话。他们因为是皇帝的亲信，在任用上不问出身与经历，官阶也不高，有点和明朝初期的大学士相同。军机大臣下设军机章京，员数不定，有时甚多。军机处刚成立时，军机大臣面见皇帝，根据皇帝的指示草拟圣旨，由军机章京缮写发出。后来由军机大臣转述皇帝指示，军机章京代为草拟。清朝初年，议政处参予军国重事的裁决，军机处成立后取代了它的地位，所谓"大政皆由枢臣面奉指授，拟旨缮发"[1]。说明了军机处在国家机构中的重要位置。

军机处还取代了内阁的相当一部分权力，大事由军机处拟旨。只有"寻常

---

[1] 吴振棫：《养吉斋丛录》卷4，第41页。

吏事仍由内阁票拟"①，即内阁只处理一些寻常事务，权力缩小了。所以内阁大学士官虽高为一品，不过是徒有虚名，成了一种荣誉职位。大学士兼军机大臣，才能处理重大事务，成为名副其实的宰相。

军机处也侵占了六部的一些权力。军机处成立后，六部权限也相应减少了。如官吏任用，原由吏部负责，军机处出现后较重要的中级官员，如知府，它亦插手委任，名曰"军机处记名"。军机处能直接指挥地方政府，所以它产生之后，地方某种权宜行事权缩小了，地方权力更形低落。

军机处取代内阁及议政处的地位，而成为事实上的中央政府，构成它的地位上升的原因，除了"承旨"以外，还在于"出政"②，即它是出纳王命的机关。清朝皇帝的谕旨由内阁票拟而发出的，称为"明发"，但"凡机事虑漏泄不便发抄者，则军机大臣面承后撰拟进呈"③。由军机处发给有关衙门和大臣，叫做"寄信"，收件人称它为"廷寄"。凡是给经略大将军、钦差大臣、参赞大臣、都统、总督、巡抚、学政的寄信，署"军机大字寄"，给盐政、关差、布政使、按察使的署"军机大臣传谕"。寄信，交兵部捷报处传递，依据内容的缓急，决定邮递之速度，一天要传送几百里。以前，皇帝谕旨的颁发，经过内阁下达，由驿递传送，速度甚慢，地方大员早由探事人获得消息，做了准备。廷寄之后，事机密且速，提高了行政效率。群臣对皇帝的上书，原来分"题本"（报告公事）"奏本"（报告私事），经过一定的公文程序，由内阁上呈皇帝。雍正以后，官员凡私事或陈奏紧急公务都用奏折，可再经过通常的公文程序，径直交给皇帝，也是撇开内阁。

军机处成立后，皇帝以"寄信"等制度抛开了内阁、六部，又利用军机处加强了对地方政府的控制，而军机大臣相当于皇帝的幕僚，替皇帝赞画和传达政令，不得变更谕旨，所以皇权强化了，中央集权加强了。军机大臣因"承旨""出政"，地位虽不甚高，但是重要，真正掌握一部分宰相的权力，成为实际上的内阁。这个制度一直沿续到清末，是清朝政府机器的一个特点。

三、维护满族统治地位的权力分配

清朝统治者以少数民族君临天下，为了保持他的统治，利用民族矛盾，使

---

① 吴振棫：《养吉斋丛录》卷4，第43页。

② 赵翼：《檐曝杂记》卷1，《军机处》，中华书局1982年版，第1页。

③ 赵翼：《檐曝杂记》卷1，《廷寄》，第2页。

满族上层占据政府机关的要职，保证满人的特殊地位，以之作为统治的支柱。同时又注意调节民族矛盾，将汉族上层的一部分拉入政权，既取得一部分汉人的支持，扩大其统治基础，又利用汉族官僚的丰富的政治经验，强化它的统治。可以说，保证满人在中央集权中的最高地位，是清朝统治者分配行政权力的总原则。

它在实现这个原则时，极力把民族矛盾的发展变化加以粉饰。清朝入关的最初几年民族矛盾上升为社会主要矛盾，清朝统治者有意识地消弱民族矛盾，打出"法明"的旗帜，声言为明朝及汉族地主报仇，取消明朝暴政。此外大量吸收汉人文武官员，充实清朝政权。当民族矛盾缓和之后，清朝统治者为了不使落后的满族被先进的汉族所同化，又制造民族隔阂，强调保持满洲旧俗，惩治汉化的满人，在汉满官僚的矛盾中，压抑汉人，保障满人官僚的领先地位。如在朝中，满员任意弹劾汉员，汉员不敢批评满员，只能以攻讦汉军表示对满员的不满，就是这样，还遭到康熙、乾隆的申诫。

清朝统治者对民族矛盾的处理，比起前代统治者要高明。如辽朝和金朝以契丹人、女真人的语言、文字为官方语言和文字，统治广大汉人要通过翻译，对统治者是一种不方便，而给人民带来更大的痛苦。清朝不以满语、满文为通用语文，它使满、汉、蒙三种文、语言并行，借以消除许多民族隔阂，也增强其统治能力。

下面，我们从政府机关满汉官员的分配情况看清朝保持满族统治地位的政策。

大学士，清初无定员，满汉比例也无一定。清朝入关后，用汉人较多。康熙年间改变了，1670年（康熙九年），大学士六人，汉员二，满员四。1709年（康熙四十八年），大学士五人，汉三，满二。1748年（乾隆十三年）定制，大学士四名，满汉各半，协办大学士满汉各一名或二名。内阁的其他官员，亦常优先安置满人，如内阁侍读学士，清初四员，满汉各二。乾隆中增为十七人，满十三、汉三。咸丰中减为十六人，满十三、汉三。大学士在清朝是荣誉职位，所以皇帝允许满汉兼半，用以笼络汉人，而不妨碍实权掌握在满族上层手中。

以满人为主体的统治，最明显的表现在军机大臣，尤其是首枢的任用上。军机处始成立，军机大臣二人，一满一汉。乾隆初年，军机大臣六人，除张廷玉一汉人外，余皆满人。1776年（乾隆四十一年）前后，九名军机大臣，汉人只有四个。1799年（嘉庆四年），嘉庆清除和珅，改组军机处，军机大臣六人，满四汉二，满人占大多数。道光以后情况依然如此。军机处成立至清朝灭亡的一百八十三年中，有首枢二十七个，其中亲王十四人，占时五十二年；满员十五人，操枢柄九十四年；汉人仅八员，执政三十七年。满汉人数的百分比是：满人占70%，汉人才占30%，不及满人的二分之一。满汉人员柄政的时间的百分比是：满人为80%，汉人仅20%，比例更小。在满员中，又以亲王为主。在1821—1911年的九十一年中，恭亲王奕䜣当政二十九年，礼亲王世铎十三年，庆亲王奕劻八年，共五十年。其他旗人任者为二十一年，下剩二十年为汉人所柄。可见在军机大臣及首枢的任用上，重满轻汉最为严重。

六部尚书是满汉各半。顺治、康熙时满尚书主办部务，后来改用汉尚书主持，原因是汉员文化程度和行政能力高于满员，用汉员对清朝统治有利。同时虽以汉员为主，但处理政事没有满尚书的签字，就不能执行。军机处首枢又以满员为主，所以满人不会大权旁落，不用怕汉人掌管六部。

总督、巡抚，清初汉员多满员少，这是清朝入关不久，怕刺激汉人的缘故。康熙中期以后满汉参半，乾隆以后变成满多汉少，以保证满人对地方政权的控制。

四、地方政府权力的逐渐提高

（1）督抚职任的演变

清初在省一级的行政上，基本上沿用明朝制度，布政使与按察使分别负责处理行省政务。明初总督、巡抚无常任，后因军事频繁才常设了。清朝因之，并将它固定化，使负责一省或数省的事务。督抚都是地方大员，是地位相差很小的上下级，他们的职掌相同。乾隆时修的《大清会典》卷4记载：总督"统辖文武，节制军民"，巡抚"综理教养刑政"。[1]两者职责没有区别。督抚的设立是中央派出高级官吏监督地方行政，为了使他们能实现职掌，给予中央官职的加衔。一般加都察院"右都御史""右副都御史"，所以都察院的实职官员只有左都御史，凡带"右"字者都为加衔。又有加"兵部右侍郎""兵部右侍郎衔"的，个别的加"兵部尚书衔"。此外还有加"督理粮饷""督理盐政"等衔。加衔事实说明没有一件事是督抚能一人负责的，但是也没有一件事他不管的，所以督抚管事面宽，但管的不彻底，这就很难有作为了。

总督一般只管两省，最多的管三省，少的管一省，他同巡抚职责相同，又

---

① 允裪等监修：《钦定大清会典》卷4，《官制四·外官》，《四库全书荟要》，吉林出版集团2005年版，史部，第111册，58页。

在同一个省城办公，因此矛盾很多，互相牵制，便于中央控制。在清初，督抚职权很小，他们办事互相推诿，待到职权大时，互相争夺而攻击对方。对于督抚这样重迭机构，清朝官僚不敢反对，于是乎批评督抚同城。郭嵩焘在《养知书屋遗集》中、薛福成在《庸庵笔记》中都发表了这类意见。在戊戌变法中，取消督抚同城，不久又恢复了。

道光以前的督抚任期短，职权少。清初总督之设无定制，完全按政治需要而设立，巡抚亦然。顺治末年曾经想去掉巡抚，专设总督，不久改为并行。督抚的任期都不长，久任的很少。康熙时两广总督石琳任期十三年，算是很长的了。乾隆时，方观承任直隶总督二十年，是特殊原因造成的，直隶在天子眼下，很难坐大，直隶又多满洲屯田，满人势大，总督很难把持当地政治，故得久任。

道咸以降，督抚久任而权重，改变了前期情况。督抚兼理外交、盐政、粮饷等务，都是道光咸丰以后的事情，任期也长了。李鸿章任直隶总督二十四年，张之洞为湖广总督十八年。督抚可以主动要事做，如张之洞搞汉阳枪炮局、大冶铁矿、马鞍山煤矿、湖北织布局等厂矿，练新军。事务多，久任，地方权力加重了，像曾国藩、胡林翼、左宗棠、李鸿章、张之洞、刘坤一、袁世凯、岑春煊式的有权势的督抚，都是道光以后出现的。嘉道时有名的督抚阮元、陶澍、林则徐等都有所作为，但所拥有的职权则不如曾、胡等人大。

(2) 督抚权势提高的物质基础

物质基础之一是督抚征收厘金。厘金是货物过境税，地方政府在各地设关卡收税，税率百分之一，这是额外增加百姓负担。它始行于1853年（咸丰三年）的扬州仙女庙，目的是为了增加财源，镇压太平军，故名"捐厘助饷"，是一项反动措施。它的创议人是雷以諴，实际是由钱江提出。钱江曾参加三元里平英团，入过林则徐幕，有人说他向洪秀全献过策而未被采纳，变为反动派。扬州实行后，各地仿效，湘军、淮军以此获得饷金。后来关卡越设越多，厘金增多。1891年（光绪十七年），全国税收8900万两，其中厘金1600万两，占总收入的18.2%，1911年（宣统三年），预计全国收入2亿9600万两，其中厘金4300万两。它的绝对数量，比1891年增长了1.7倍。

物质基础的另一项是搞团练与练新军。太平天国初起时，督抚并无大的权力，迨后以统兵大员为督抚，他们手握重兵而有了牢固的权力。他们又组织团练，建立新军，发展私人势力。如袁世凯调任山东巡抚，带去自练的新建陆军。督抚的军队，靠厘金来养活，如彭玉麟办水军，粮饷完全靠自行抽厘来解决。

绅士也是督抚增加权力的政治条件。绅士是地方上做过官的人，退职了闲居于乡。清朝中叶以前，不允许绅士参予地方政事，道咸以后，绅士与督抚勾结，前者就成为后者的政治支柱。

督抚的势力，是在镇压人民起义中发展起来的，是在办外交、搞洋务中兴起的，拥有军队和财源，所以清朝政府虽然企图压抑它，但是没有什么办法。到了清末，将有名的督抚调到中央，多少减弱督抚权力的发展。

五、基层组织

清朝统治者强力推行保甲制，以之作为最基层的组织，实现从中央至村落的完整统治。

保甲制，创始于王安石变法，南宋时亦加提倡。明朝初年实行里甲制，它是按财产多少将居民组织起来，以便征收赋税。它是赋税组织，而不是公安行政机构，以此与保甲制不同。明英宗时因农民起义的不断发生，地方官和绅士要求实行保甲制。明武宗时王守仁在镇压南赣农民起义中推行之。至清朝在全国范围实行保甲制，它本身也更加严密了。

清代的保甲组织，按黄六鸿的《保甲论》讲，十家为一甲，十甲为一保，甲有甲长，保有保正。[①]照 1757 年（乾隆二十三年）的保甲法规定，十户为一牌，十牌为一甲，十甲为一保，每个民户都有门牌，上书一家人口、土地财产、教育程度、职业等内容。

建立保甲的目的，沈彤在《保甲论》中说："保甲之设，使天下之州县复分而治。"[②]于成龙《申明保甲谕》则称："保甲不动支粮饷则兵足，不调发官兵而贼除，兵农合为一家，战守不分两局。"[③]说明保甲有兵，是州县的分设机构，最低级的政权组织，是清代政权的组成部分，地主阶级统治人民的暴力工具。

保甲的任务，是所谓按户组织人民，维持治安，均平赋役，奖励农桑，平息民间的口角斗殴，这些任务由保甲长来执行。乡、保长都是政府选派的，即"择士之贤者"为之。他们有财产，受过封建教育，充当政府的耳目。他们中有土豪劣绅，是乡里王，是农民最凶恶的敌人。

保甲制还同宗族祠堂的族长权力相结合。祠堂族长的权力，历朝历代皆有，

---

① 黄六鸿：《保甲三论》，《皇朝经世文编》卷 74，中华书局 1992 年版，第 1650 页。

② 沈彤：《保甲论》，《清朝经世文编》卷 74，第 1819 页。

③ 于成龙：《申明保甲谕》，《清朝经世文编》卷 74，第 1833 页。

清朝依然存在。各宗族的祠堂，有族礼族规，如同一个基层组织，统治族内人民。宗族还普遍拥有祭田、义庄，作为统治的经济基础。宗族活动还同地方上的义仓、义学、赈济相配合。族长们多半也是乡保长，所以祠堂与保甲相结合、相继系，使清朝封建的基层统治更加严密。

六、小结和余论

统观清朝一代，其政治结构和特点，可以归结为以下几点：

封建专制主义中央集权，在秦汉唐明的基础上又有进一步的发展，主要体现在军机处的设立和它的作用上。

在政权结构和权力分配上，从维护满族统治地位出发，建立议政处等机构，并优先选用满族官员，以执掌政权。

地方势力的发展，是在鸦片战争之后，与办洋务、半殖民地化相一致。

从中央到地方，以及保甲宗族的统治非常严密，人民遭受阶级的和民族的双重压迫。所以人民的反抗斗争往往以反满为号召，具有反对阶级压迫和民族压迫的双重内容。

清代中央集权之所以强化，一个原因是经过训练的皇帝具有丰富的统治经验。明代洪永之后的皇帝，几乎是白痴，不谙政事，不理朝政，或者刚愎自用，以至亡国；清朝不然，多数皇帝都是经过特种训练的，而且有一套培养办法。清朝皇子皇孙六岁就外傅读书，同时学习满文、蒙文和汉文。学习内容相当广泛，包括儒家、佛教的哲理，历朝的政治历史，以及天文、地理、数学等专门知识，还进行军事训练，骑马射箭，掌握军事知识。清朝皇位的继承法，不像汉族的嫡长制，老皇帝根据诸皇子的才品指定继承人，比嫡长制有利于选拔人才。鸦片战争前的皇帝，顺治、康熙都是幼年即位，但先后由多尔衮、四辅大臣执政，他们的社会经验都很丰富。以后的几个皇帝都在政治上成熟后继位的，雍正做皇帝时已四十五岁，乾隆是二十五岁，嘉庆为三十六岁，道光是三十九岁。经过训练的、政治上成熟的皇帝具备处理政务的条件，能够对付大官僚，从而使皇权得以运用自如，加强了中央集权。由于皇帝精明强干，大权独揽，不允许臣下发挥更多的政治作用。在清朝的前期和中期，群臣没有多大作为，没有涌现出大的政治家，这是高度中央集权制的必然现象。

（冯尔康整理，原载《及时学人谈丛》）

清代的八旗制度

一、八旗

我们通常说到旗人或旗袍。什么叫旗呢？旗就是八旗，旗人即旗下之人。八旗制度不是满洲族原有的。我们学习金史时知道，金朝有猛安谋克制度。《兵志·兵制》："金之初年，诸部之民无它徭役，壮者皆兵，平民则听以佃渔射猎习为劳事。……其部长曰孛堇，行兵则称猛安谋克，从其多寡以为号。猛安者千夫长也，谋克者百夫长也。"[1]"部卒之数，初无定制，至太祖即位之二年，……始命以三百户为谋克，谋克十为猛安。""凡汉人、渤海人不得充猛安谋克"。[2]在金时，称女真户为"本户"，汉人及契丹人为"杂户"。

猛安谋克制度与八旗制度有相同处，也有不同处。何况猛安谋克制度当金朝灭亡后，历经元明两朝亦未实行，因之不是女真人固有的制度。

八旗制度是清太祖努尔哈赤起兵时，联合各族的一种方法。当时他和他的手下只有十三副盔甲，力量单薄。他和明兵作战，他家的奴隶投降明朝，使他非常恼火，因此必须联合别族人。怎么样联合呢？努尔哈赤想到满洲时打猎的方法，即各族人都来，每个人都拿箭，领导的人拿大箭，采用联合打围的方法，然后逐步把包围圈缩小。他想到用这个方法作为他的政治组织。《太祖武皇帝实录》说："辛丑年（1601），是年太祖将所聚之众，每三百人立一牛录额真管属。前此凡遇行师出猎，不论之多寡，照依族屯塞而行。满洲人出猎开围之际，各出箭一支，十人中立一首领，属九人而行，各照方向不许错乱。此总领呼为牛

---

[1]《金史》卷44，《兵志一》，中华书局 1975 年版，第 992 页。
[2]《金史》卷46，《食货志一》，第 1031 页。

录（华言大箭）厄真（华言主也），于是以牛录厄真为官名。"①八旗通志："太祖高皇帝初设四旗。先是癸未年（1583），以显祖宣皇帝遗甲十三副，征尼堪外兰，败之。又得兵百人，甲三十副。后以次削平诸部，归附日众。初，出兵狩猎，不论人数多寡，各随族长屯塞行。每人取矢一，每十人设一牛录厄真领之。"②这就是努尔哈赤初设组织时，最朴素的想法。

二、八旗的名称

满洲人打猎时，凡参加者皆拿箭，此箭即牛录，指挥的人叫作额真（主）。他用这个名称，以每300人设一牛录，人逐渐多了，再把牛录之上设另一官职即扎栏（或甲喇）。人再多，又加一层组织，即固山，有扎栏额真、固山额真等官统领之。固山是对音，后来即翻译成旗，八固山即八旗。为什么叫旗呢？因为每个固山都有标帜，打个旗。"旗"字，满语并不叫固山而叫囊。

八旗的旗即等于固山，为主要单位。每一固山又以牛录为一基本单位。但先有牛录还是先有固山？过去史籍记载不同。《清太祖武皇帝实录》谈到，1584年（万历十二年）努尔哈赤看到别族有个人很能干，于是"赐以牛录之爵，属三百人，厚养之"③。这个记载并不可信。因为这个时候努尔哈赤本人只有五十人，盔甲二十五副，怎么会有三百人？可知这条记载是追记。固山的记载也是如此。《清太祖武皇帝实录》记载：1593年（万历二十一年），努尔哈赤"令诸王大臣等各率固山兵分头预备，部阵已完"④。其实努尔哈赤这时也没有那么多军队。根据历史的记载，努尔哈赤有组织地建立牛录、固山，是在1616年（天命元年）以后，八旗的组织事实上也在1601年以后才建立。有些史料记载多是追记，我们运用时需注意。

---

① 《太祖武皇帝实录》卷2，辛丑年，潘喆、孙方明、李鸿宾等编：《清入关前史料选辑》（第一辑），中国人民大学出版社1984年版，第321页。《太祖武皇帝实录》原本由1932年由故宫博物院铅印，现我无法找到。而《清入关前史料选辑》中所收《太祖武皇帝实录》正好是根据故宫博物院本而来，故暂以此代。

② 鄂尔泰等修：《八旗通志》卷之一《旗分志》，《文渊阁四库全书》，台湾商务印书馆1983年版，第664册，第2页。

③ 《太祖武皇帝实录》卷1，甲申年六月，潘喆、孙方明、李鸿宾等编：《清入关前史料选辑》（第一辑），第309页。

④ 《太祖武皇帝实录》卷1，癸巳年九月，潘喆、孙方明、李鸿宾等编：《清入关前史料选辑》（第一辑），第317页。

三、八旗的编制

八旗的编制分为三级：固山、扎栏、牛录，一直如此。即每 300 人组成一牛录，五个牛录组成一扎栏，五扎栏合为一固山，一固山应为 7500 人。《太祖武皇帝实录》记载说："乙卯年（1615 年），太祖削平各处，于是每三百人立一牛录额真，五牛录立一扎栏额真，五扎栏额真立一固山额真，固山额真左右立美凌额真。"①

这样，我们可以推算出努尔哈赤称帝时八旗的人数。据《八旗通志》所载，在 1616 年前后，"时满洲、蒙古牛录三百有八，蒙古牛录七十六，汉军牛录十六。"②共四百牛录，十二万人。如果人数再增加，只能再添牛录，而不能增第九个固山。固山就是八个，这是规定的，不能再增。

额真是主，即是头头的意思。牛录额真管一个牛录，这 300 人都是他的部下。后来的清朝皇帝感到这个名词不妥当，改为牛录章京。章京即管理的意思，由至上的权力改为章京，再改为汉字的佐领，扎栏额真——扎栏章京——参领，固山额真——固山按班（即大臣）——都统。从这些领导人名称的改变，亦可看出八旗制度的变化：他的权限日益缩小，地位日益降低。参领、佐领的意思是"帮助""参与"的意思。最初还是帮助固山额真，后来"参与""帮助"，权限更小了。

八旗制度从前到后演变很快，八旗组织也逐渐扩大。在 1601 年时，由一牛录扩充为四固山，到了 1615 年称帝之前，已由四固山变为八固山。四固山用四种旗子，旗色为黄、白、蓝、红，这个记载最早。《满洲实录》卷四："原旗有黄、白、蓝、红四色。"③这是汉文次第，与《太祖武皇帝实录》记载相同。满文次第则是黄、红、蓝、白，可参见王先谦《东华录》卷一。为什么次序又有变化？主要还是随着内部势力的消长而有所改变。如代善是努尔哈赤长子，他是红旗，势力增长，把他提上去了。

由四旗变成八旗时，颜色中增加不容易，于是在原四色中出现了正黄、镶

---

①《太祖武皇帝实录》卷 3，乙卯年十一月，潘喆、孙方明、李鸿宾等编：《清入关前史料选辑》（第一辑），第 334 页。

② 鄂尔泰等修：《八旗通志》卷 32，《兵制志一》，《文渊阁四库全书》，台湾商务印书馆 1986 年版，第 664 册，787 页。

③《满洲实录》卷 4，《清实录》（第一册），中华书局 1986 年版，第 183 页。

黄等八旗。《八旗通志》："甲寅年（1614），始定八旗之制，以初设四旗为正黄、正白、正红、正蓝，增设镶黄、镶白、镶红、镶蓝四种为八旗。"①正黄旗，清人叫整黄旗，整即整幅，镶即镶边。据朝鲜《光海君日记》所载，天命六年（1612）时尚无镶边四旗，只有画龙无画龙以别之："其兵有八部……老酋自领二部，一部阿斗尝将之，黄旗无画，一部大舍将之，黄旗画黄龙。"②然后才发展为镶边。

　　到了多尔衮死后，八旗的次序又有变化，由八旗平列变成上三旗下五旗。有了上下之别就说明有了高低。上三旗即镶黄、正黄、正白，下五旗为正红、镶白、镶红、正蓝、镶蓝。此外尚有左翼（1、3、5、7）右翼（2、4、6、8）。清朝规定凡事皆按此次序。清兵入关后，北京分成八区，河北地区的圈地，它的排列也按此次序。康熙时，按次序圈地，也有好坏，引起内部斗争。

　　左右翼中还有一点需要注意。清朝一般谈八旗，但《太祖武皇帝实录》中，谈到"十固山执政王"③，另两人是谁？实际上就是八固山加上左右翼的翼长，成了十固山。太宗时修的沈阳故宫的大政殿，有十个小殿，即十执政王办公的地点。

　　清初初立八旗时，不分什么人，满、汉、蒙各族合在一起。后来扩充为满洲八旗、汉军八旗和蒙古八旗，合共二十四旗。这二十四旗中的人皆系旗人。旗的里面的牛录（即佐领）有两类：一为旗分佐领，一为包衣佐领，这是两种不同成份的人。旗分佐领是自由民，包衣佐领是奴隶或奴仆。佐领有一种是世袭的，叫世管佐领，一种是管家任命的，叫公中佐领。《清会典》卷85，八旗都统：

　　　　凡佐领之别有二：曰世管佐领④；曰公中佐领⑤。世管则有勋旧⑥，有优异⑦，若兄弟若族人之合管者⑧、互管者⑨、滋生者⑩，皆核其次数与其房族之亲疏而延以世。原管者选其才，无族谱者准以世，不及五世者为公

---

① 鄂尔泰等修：《八旗通志》卷32，《兵制志一》，《文渊阁四库全书》，第664册，787页。

②《光海君日记》卷58，光海君十三年九月戊申，韩国国史编纂委员会编刊1961年版，第30册，641页。

③《太祖武皇帝实录》卷3，天命四年十一月，潘喆、孙方明、李鸿宾等编：《清入关前史料选辑》（第一辑），第359页。

④ 凡因祖父宣力所得佐领，或伊祖父带来之人编为佐领，或初编佐领即令承管积有数辈者，皆为世管佐领。

⑤ 凡无根由佐领，初编时即非一姓承管者为公中佐领。

⑥ 国初功臣以来之人编为佐领，或因功得赐户口，皆为勋旧佐领。

⑦ 立佐领之人著有劳绩，或承管之人著有劳绩，作为优异世管佐领。

⑧ 兄弟同带来之人编为佐领，及族人合编之佐领，皆令其世管。

⑨ 原立佐领之人有亲子孙而让亲兄弟子孙，亲伯叔子孙，亲伯叔祖子孙，及远族人均有分者，谓之互管。

⑩ 因丁多分编者为滋生佐领，又有将半分佐领二合为整佐领一，现滋生为二者亦如之。

中，数姓之互管者亦如之。世管不得人则代管，出京则署焉。凡公中之佐领，本旗之大臣管员皆与选。[1]

可见，世管即牛录中原系一姓子孙，佐领则由本族族长世袭。而公中佐领则由公家任命。清代氏族的色彩浓厚，此即一例。如果这个族长跑了，即改为公中佐领。清朝入关后，世管佐领少了，大多改为公中佐领。

四、上三旗和下五旗

为什么叫上三旗？为什么上三旗比下五旗高？就是因为在顺治以后上三旗由天子自将，而下五旗为诸王、贝勒、贝子、公等分封之地。上三旗即镶黄、正黄、正白。镶黄、正黄最初的旗主是皇太极，到了顺治也是镶黄旗；正白居于第三，是多尔衮所领之旗。多尔衮死后，统治集团内部发生斗争，正白旗也归顺治管。所以上三旗天子自将，地位高。上三旗的包衣只给皇帝服役，而不给其他五旗的诸王服役；下五旗的包衣——奴隶，只伺候诸王，而不伺候皇帝，至于其他如做官等都相同。上三旗中绝对没有亲王、郡王、贝勒、贝子。相反，这些王、贝勒等必在下五旗。

清代八旗中还有"抬旗"。抬就是高抬，由下五旗抬到上三旗。一般情况，"抬旗"都是后妃家庭。因为下五旗的包衣只伺候诸王，而后妃的包衣不好再伺候诸王，于是"抬旗"。除"抬旗"之外，还有"分旗"，由上三旗分到下五旗的。如镶红旗第三参领下第一佐领由内务府分出，即是由上三旗分出。上三旗包衣一定是在内务府。乾隆以后，因旗人太多了，不愿意在旗者可出旗。

五、旗主、旗下、旗人

八旗的旗主掌管旗，每个旗的人都是旗主下面的。旗主在清初时都是由努尔哈赤的子侄做，即和硕贝勒。他有生杀大权，甚至全旗的人都是他的奴隶。后来有亲王，即和硕亲王，下面还有多罗郡王和多罗贝勒、固山贝子等。和硕意即这一方面；多罗意即"隅"或"角"，就是一个角儿。

旗人，凡是在旗的都称是旗人。满洲人都得在旗，但在旗的不全是满洲人。旗人和满人不同：包衣中有汉人，但汉人在旗的并非全是包衣；满人亦有做包

---

[1] 鄂尔泰等修：《八旗通志》卷 32，《兵制志一》，《文渊阁四库全书》，第 664 册，第 787 页。

衣者，而汉人也有自由民。方苞因为《南山集》的原因，要入旗而不成。这种因犯罪入旗的，有另外名词。所以，汉人因犯罪编入旗中是当奴隶。

六、八旗的性质

从表面上看，旗中的人生下来要进行户口登记，但八旗制度不是单纯的户籍制度。因为八旗除户籍制度以外，尚有土地、财产及旗人所服的徭役，如当兵等。《清史稿·食货志》谈到的八旗的人数和牛录的数字，记载是对的。

清朝军队中有八旗兵，也有三百人一佐领；五佐领一参领；五参领一旗等，表面上与户籍相同。但八旗也不是单纯的军事制度，因为除军队以外，还要管别的。满洲制度中习惯上都是人人皆兵，但不是人人都当兵，而是指人人都有当兵义务。有任务就从牛录中平均抽调。有记载说，八旗中三丁抽一丁，是指三人中可抽一人，紧急时还可能三丁抽二，无事时可能三丁一个不抽。

八旗制度也不同于一般的行政机制：它可以直接处理本旗的事情，而不象中央机构那样，不直接处理事件；它与地方机关也不同，因地方需要遵守中央的政策。八旗制度对本旗的钱粮要管，而刑名不管，转给别人。

八旗制度是临时的、逐步发展的。刚一建立的机构，是在一个盟主下面的几个氏族联盟。以后越来越大，与原意就不同了。从努尔哈赤以后，皇太极、顺治、康熙，一直到雍正，对八旗制度都有改变。原来氏族制成分逐渐减少，使八旗逐步成为封建王朝下特殊的、民族自己自治的组织。自治的限度也逐渐缩小，到跟旁的民族差不多时，八旗就逐渐废止了。然而，八旗制度并未发展到最后阶段，就已爆发辛亥革命。

八旗制度在经过一系列改革中，有一系列的斗争发生。入关前内部就有不同意见，与其他氏族也有斗争，下面举几个例子：

努尔哈赤与其子褚英意见不合，与他的弟弟舒尔哈齐不合，皇太极与其堂兄阿敏不合。这些矛盾都是因为太祖、太宗站在盟主的立场，要提高他们的权力，把大权集中在皇帝手中造成的。而其他的旗，想尽力保持各自的权力，不把权力交给皇帝，产生一系列斗争。每经过一次斗争，皇帝的权力就增加一次，等于封建的成分增加一分，而其他的、分散的氏族的奴隶主成分则削弱一分。八旗制度与其他的制度不同，每个旗都拥有人口、土地，甚至在开始时还有自己的法律，本旗的人民还要服徭役，土地、财富、人口都要八家均分，俨然形成一个独立的王国。这种情况在皇帝看来，都认为是不妥当的，主张逐步取消。

从清朝入关后，发生了两次异常的情况：1644 年—1650 年，这时清朝出现了贵族统治，皇帝无权，是个空架子，发号施令全是贵族。这个阶段对皇帝威胁很大，因此皇帝与贵族的矛盾避免不了。到了 1662—1669 年，这 8 年间又出现了元老统治，旗的力量很大，不用贵族仍须用元老，皇帝仍然无权。在全国真正由皇帝直接统治是在 1669 年以后。清朝皇帝直接统治后，为了保证满族统治者的优越地位，仍然给予旗主有无限权力。因此在清朝设有八个世袭罔替的亲王或郡王，一直到清亡为止。

一般地说，清朝的亲王儿子必封郡王，郡王儿子必是贝勒，即要"降袭"。但只有八个王系"世袭罔替"，子孙永远是王。这八个王即俗话说的铁帽子王。这是八旗旗主的痕迹。八个帽子王即：礼亲王、睿亲王、豫亲王、肃亲王、郑亲王、承泽亲王、克勤郡王、顺承郡王。还有以后的铁帽子王：怡亲王、恭亲王、醇亲王、庆亲王，这都是因为特殊关系而被封为铁帽子王的。

七、八旗制度的演变

努尔哈赤建立八旗制度是逐步增加的。到天命七年（1662），努尔哈赤还强调凡战争所获或其他权利，皆八家均分。"尔八人（指八旗旗主）可为八固山之王，如是同心干国，可无失矣"；"若面君时，当聚众共议国政，商国事、举贤良、退谗佞，不可一、二人至君前。"[1]同时，努尔哈赤也没有准备一定要称帝，这从《东华录》中"太祖初未曾有必成帝业之心，亦未曾定建储继立之议"[2]可以得到证明。《武皇帝实录》中也说："八固山王中有才德受谏者，可继我之位；若不纳谏、不遵道，可更择有德者立之。"[3]

皇太极继位后，感到八旗均分的办法对皇帝不利，所以他采取办法逐步将八旗权限缩小。当时旗主势力大的是代善、莽古尔泰、阿敏等人，他们和皇帝一起见群臣。天聪五年（1631）时，皇太极把四人朝见群臣的办法逐步取消，最后仅代善一人，代善本人也取消了。朝见群臣由四人改为三人、二人、一人，八旗旗主的权限又缩小一步。崇德元年（1636），皇太极又规定，旗主见旗官只

①《太祖武皇帝实录》卷 4，天命七年三月，潘喆、孙方明、李鸿宾等编：《清入关前史料选辑》（第一辑），第 374-375 页。

② 王先谦：《东华录》，《天聪一》，上海古籍出版社 2008 年版，第 1 册，第 50 页。

③《太祖武皇帝实录》卷 4，天命七年三月，潘喆、孙方明、李鸿宾等编：《清入关前史料选辑》（第一辑），第 374 页。

限定在元旦或其生日，朝见时也只限本旗旗官，权限又有缩小。入关后，到顺治八年（1651）后，八旗已分为上三旗和下五旗，上三旗的地位更高了，已如前述。康熙初年，实际上是元老政治，各旗主还有力量，但已不能干预本旗事务，事情交都统管，王公不得过问，权力更低。康熙五十七年（1718）又规定外旗王公可至它旗整顿，同时还用他的儿子做王公，以削弱其他王公的权力，打破了传统规定。雍正即位后，王公都做都统，都统是普通官吏，国家可随时任免；以前旗人到外省做官，必须得到旗王公的允许，有事要向旗王公随时报告，雍正后也取消了；一般旗务也由御史掌管稽查；过去王公可在本旗自由挑选跟从，这时也不允许了；同时还有明令，规定旗下庄人不许对旧主效忠，而要对皇帝效忠。到雍正三年（1725）把八旗财权也缩小，由本旗管理房产改为互相管理，旗王公的房产权也被剥夺。最后，八旗在礼法上也有变化。原来旗主死，旗下官及该旗之人都要穿孝。到雍正四年（1726）规定，旗人不许为旗主成服，必须得到皇帝的允许方成，连礼节上的虚荣也没有了。

八旗制度逐步发展、演变，最后须符合统治者的需要为止。有人认为，努尔哈赤创立八旗制度时，有他的一套理想，有一套制度，后来因为他的子孙破坏，才弄到如此地步。我们意见相反。努尔哈赤开始并无理想，只是适应需要。到了后来封建专制主义发展，更使八旗制度适应这种发展的要求。

八、旗人的权利与义务

八旗未入关前，旗人的徭役很多。天聪八年（1634），一些汉官降清，认为满洲执政对他们不平等。皇太极为此作一说明：

> 且满洲之偏苦于汉人者，不但三丁抽一也。如每年牛录出守台人八名，淘铁人三名，铁匠六名，银匠五名，牧马人四名，固山下听事役二名；凡每牛录下，当差者十有四家；又每年耕种以给新附之人；每牛录又出妇人三口；又耀州烧盐；牧猎取肉；供应朝鲜使臣驿马；修筑边境四城；巡视边墙；守贝勒门；又每牛录派兵一名，防守句骊河；每牛录设哨马两匹，遇有倒毙，则均摊买补；征瓦尔喀时，每牛录各喂马二三匹从征；又派摆牙喇兵十名，兵丁二三名，往来驰使；差回又令喂养所乘马匹，遇有各国投诚人来，拨给满洲见住屯堡房屋，令满洲展界移居；又分给粮谷，令其春米纳酒，每年猎取兽肉，分给新附之人；发帑金于朝鲜，贸易布匹，仍

合满洲负载，运送边城；又有窖冰之役；每年迎接新附之虎尔哈，于教场看守貂、猞猁狲等皮，兼运送薪米；朝鲜、蒙古使至沈阳，摆牙喇章京各出入一名，逐日运给水草，夏月至，更有运给水草之役；又每年采参，负往朝鲜货卖，每固山以一户驻英格地方，巡缉盗纵；又一户驻沈阳渡口，看守船只，此皆满洲偏苦之处，若不向尔等详切言之，尔等亦未必深信也。①

从皇太极这一段话中，说明当时满洲人的徭役负担相当重。

由于当时是八旗制度，凡是有事或庆祝等费用，由八家共同分担；房舍、衣服、被褥皆八家公分；地有旱灾，由几家共同赈济，因此，旗人生活很苦。尤其是入关前，旗人的义务多，徭役剥削重。这种情况到入关以后大大改变，旗人处处受优待。任何旗人都有口粮，按规定十岁以上均有全份口粮，五至十岁可获半份，关外给口粮三斗六升，关内有不同。北京一般给米，同时如担任其他职务，如当兵，尚有兵的口粮。

八旗人除当兵外尚有其他工作，也可参加考试。旗人考试也有变化。最初，顺治八年（1651）时规定，旗人可另行出榜，考中较易：

> 始顺治八年，……取入顺天府学，会满洲、蒙古、汉军，以三百人为额。乡试取中百二十名，清、汉文随其所习，惟汉军从汉人例。壬辰（顺治九年，1652 年）、乙未（顺治十二年，1655 年），廷试满洲进士各五十人，别为一榜。②

到顺治十四年（1657），又"停八旗考试"。到康熙六年（1667），又"复考试，与汉科举同场同榜"③，但仍有优待，录取名额较宽。雍正时，最多增加到二十多名。后来也有旗人状元，如同治的丈人崇绮。此外，还有翻译考试，"翻译考试始康熙十年（1671），令八旗监生考试授官。雍正二年（1724）开满洲翻译科；九年（1731）开蒙古翻译科；以理藩院官辅用。至乾隆四年（1739），始行翻译会试，以主事等官用"④。考试内容是把满文翻译成汉文，这中间也有举人、进士，不过地位低一点，考试也容易。旗人也可以有其他仕途，如到各部当笔帖式（抄写），或挑去当侍卫，这些都是选拔的，不一定非考试不可。

在清朝官吏中，虽然满汉比例相同，但旗人升迁快得多，处处优先录用。

---

① 王先谦：《东华录》，《天聪九》，第 1 册，第 107 页
② 王庆云：《熙朝纪政》卷 1《纪满洲科举》，北京古籍出版社 1985 年版，第 34 页。
③ 王庆云：《熙朝纪政》卷 1《纪满洲科举》，第 34 页。
④ 王庆云：《熙朝纪政》卷 1《纪满洲科举》，第 34 页。

还有几种官吏，按规定必须旗人做，如财政上的官，汉人不能做，只旗人做，这也是对旗人的优待。

九、旗人的人口

这里有几个数字，可以大致推算旗人的人口。《八旗通志》："甲寅年（1614），始定八旗之制，……时满洲、蒙古牛录三百有八，蒙古牛录七十六，汉军牛录十六。"[1]合计共四百牛录，共十二万人。但这个数字并不可信：1. 这个数字只此书有，其他更早的书如《太祖武皇帝实录》及《满洲实录》均不载。2. 天命四年（1619）八月，察哈尔林丹汗与努尔哈赤书中，曾有"统四十万众蒙古国主、巴图鲁成吉思汗，问水滨三万人满洲国主英明皇帝安宁无恙耶"[2]之语，努尔哈赤很生气。他只驳斥蒙古当时没有四十万人，而只不过三万人而已，而不敢辩满洲三万人之非，只好说，"吾国即不若尔之众，吾力即不若尔之强"[3]。说明当时满洲不超过三万人。3. 天命三年（1618）努尔哈赤以七大恨告天伐明，只"率贝勒大臣，统步骑二万"[4]。假如他这时有十二万人，三丁抽一，也应出兵四万，说明这时没有十二万人。4. 1614年时尚没有汉军旗。但也不能说这个数字毫无根据。一种可能是后来天聪年的数字，另外，三百零八牛录的数字可能正确，大概这时候有九万人左右。

第二个数字是《大清会典》的。《大清会典》卷九五，记乾隆二十三年（1758）八旗人数：满洲八旗有牛录六百七十九；蒙古八旗有牛录二百二十一；汉军八旗有牛录二百六十六，合计一千一百六十六牛录，三十四万九千八百人。

第三个数字是嘉庆十七年（1812）。王庆云《熙朝纪政》卷三《纪旗人生计》，附引《嘉庆会典》卷十二："户部南档房，每三岁稽八旗之个数以闻，嘉庆十七年，在京并各省驻防满洲二十二万二千九百六十八；蒙古五万五千六百三十九；汉军并内务府及五旗包衣十四万三千五百五十四"，[5]合计共五十五万二千二百一十七人。

入关后八旗人口滋生较快。人口多，口粮也增加，八旗生计的问题更加突

---

[1] 鄂尔泰等修：《八旗通志》卷32，《兵制志一》，第664-787页。
[2] 王先谦：《东华录》，《天命三》，第1册，第34页
[3] 王先谦：《东华录》，《天命三》，第1册，第35页。
[4] 王先谦：《东华录》，《天命二》，第1册，第25页。
[5] 王庆云：《熙朝纪政》卷4，《纪旗人生计》，第199页。

出了。

十、八旗的生计

入关后的旗人，腐朽寄生，不爱劳动。这些人大致有如下弱点：

1. 不善于谋生。这些人大多不从事劳动，又不善于经营。《熙朝纪政·纪旗人生计》，"盖旗人不善于谋生，又悍仆、豪奴、衰民、驵侩，导之纵暴以为利，故履烦朝廷之禁约"[1]。

2. 不置产业，有钱随手乱花。雍正五年，世宗曾谕管理旗务王大臣说："从前皇考（指康熙）轸念兵丁效力行间，致有债负，曾发帑金五百四十万两，一家赏致数百。未闻置有产业，一二年间荡然无余。其后又赐帑金六百五十余万，亦如前立时费尽。"[2]

3. 入手妄用。雍正常说："朕即位以来，赏给八旗兵丁一月钱粮者数次，每次三十五六万，入手妄用，不十日即为乌有。库帑为国家正项，百姓膏脂，其可无故滥行赏赉！若不将恶习涤除，朕即有加恩之意，亦不可行也。"[3]

4. 不知爱惜财物。到了乾隆时，乾隆元年（1736）也曾上谕说："朕因旗兵寒苦者多，借给库银应运，自应仰体朕心，樽节以为久远之计。乃闻领银到手，不知爱惜，而市肆将绸缎衣物增长价值，以巧取之。"[4]

5. 炫于鲜衣美食。乾隆元年（1736）谕曰："大抵其人狃于挥霍，炫于鲜衣美食，经商逐利，不待禁而不能。""八旗从前风俗，最为近古。迨承平日久，生齿日繁，渐即奢靡。……旗人贫乏，率由于此。"[5]

由于以上原因，统治者曾想出许多办法，解决旗人生计问题。其办法有：

1. 凡旗人因贫乏将旗地典卖者，由公家出钱赎回。雍正七年（1739）、乾隆十四年（1749）三次动支内部银两，照原价赎回典卖与民地亩（官赎八旗地亩）。

2. 不断赈济旗人。入关不久，统治者即对八旗贫民进行赈济。顺治十年（1653），赈给"每佐领下布六十匹，棉六百斤，米百石，汉军半之。旋每赈增

---

① 王庆云：《熙朝纪政》卷 4，《纪旗人生计》，第 197 页。
② 王庆云：《熙朝纪政》卷 4，《纪旗人生计》，第 197 页。
③ 王庆云：《熙朝纪政》卷 4，《纪旗人生计》，第 197 页。
④ 王庆云：《熙朝纪政》卷 4，《纪旗人生计》，第 197 页。
⑤ 王庆云：《熙朝纪政》卷 4，《纪旗人生计》，第 198 页。

米至三百石"①。在此以后，几乎每年均有接济。康熙三十年（1691），偿还八旗兵丁债负，以后许官银借贷，派大臣管理。康熙四十二年（1703），由国家成立官库借贷，是年"贷给帑金六百五十五万余两"②。到了嘉庆十七年（1812）以后，年终加饷一个月，"久以为例"③。但旗人生计仍是问题。因为只靠以上办法都是消极的，（旗人）更不愿生产。道光以后，曾设法叫他们回关外屯垦，收效亦不大。直到清末，八旗生计问题始终存在而未解决。

（1962 年在北大讲课记录稿，郑克晟整理，原载《及时学人谈丛》）

---

① 王庆云：《熙朝纪政》卷 4，《纪旗人生计》，第 197 页。
② 王庆云：《熙朝纪政》卷 4，《纪旗人生计》，第 198 页。
③ 王庆云：《熙朝纪政》卷 4，《纪旗人生计》，第 198 页。

清代的八旗兵和绿营兵

满清入关以后，正规军队有八旗兵和绿营兵两种。两者全有一定的数额而且是经常设置的，所以称为额设制兵。此外还有"土兵"，是少数民族部队，虽然也是经常设置的，但为数不多，只在四川、甘肃、湖南、广东、广西、云南、贵州、西藏、青海有之。又有"乡兵""团练""练勇""防军"等等，都是临时招募专备一事之用的，事定即行裁撤或者改编，所谓"旋募旋散，初非经制之师"[1]，所以不算作正规军队。同治以后，陆续采用新式枪械，训练新式军队，于是"练军""防军""防练军""新军""自强军""得胜军"种种名称随之而起，后来划一改为陆军，逐渐淘汰了绿营，成为正规军队，但是新军制计划没有完成，清朝已经灭亡。

八旗兵是满清在关外原有的军队，它和八旗户口是分不开的。满洲户口编制，每三百人编一牛录（汉语译为佐领），作为基本单位，五个"牛录"组成一个"甲喇"（汉语译为参领），五个"甲喇"组成一个"固山"。"固山"是满洲户口编制的最大单位。每个"固山"各有一个专用的颜色作旗帜，因此汉语就译"固山"为"旗"。当1601年时，满洲人少，只分四个"固山"，用黄、白、红、蓝四种颜色作旗。1615年，人口增多，又加了四个"固山"。于是，将原来旗帜周围镶上一道边子，黄、白、蓝三色旗帜镶红边，红色旗帜镶白边，成了八种不同的旗帜。不镶红边的黄色旗帜称为整黄旗，就是整幅的黄旗，简称正黄旗；镶红边的黄色旗帜称为镶边黄旗，简称镶黄旗，俗写厢黄旗。其他三色也一样，合起来称为八旗。[2]最初每旗全由一个满洲大贵族管理，永久不变，称为"固山额真"，译汉语就是旗主，这是氏族制的残余。后来逐渐改变，入关后已没有固定的管理贵族，"固山额真"的名称也在1723年取消，改为"固山

---

[1]《清史稿》卷133，《兵志四》，中华书局1977年版，第3949页。

[2]《八旗通志》及《清会典事例》卷1111全认为1614年已改八旗，但《实录》记载在前，所以采用它的说法，作1615年。——作者按：

昂邦”，汉语的译名在 1660 年定为“都统”，其后没有变动。[①]由于人口的增加，牛录的数目也加多，但满清统治者不愿多加固山，于是打破五个甲喇编一固山这一户口编制的限制（军队中还存在），所以清朝只有八旗。

在最初成立旗的时候，所有的户口都要编进去，不分部族。所以，一个旗内，有满洲人，有蒙古人，也有汉人。1635 年，因为蒙古人渐多，于是另外成立蒙古八旗，旗色与原来八旗相同，将原来的八旗称为满洲八旗。但是原在满洲八旗中的蒙古人并没有拨出来，所以满洲八旗内还有蒙古人。[②]1631 年，满清将各旗的汉人拨出，另编一旗[③]，后来定名为汉军，以黑色为旗帜。1639 年分为纯皂（黑），皂镶黄，皂镶白，皂镶红四旗。[④]1642 年也扩充为八旗，旗色改为与满洲、蒙古相同，取消了黑色。满清入关时，满洲、蒙古、汉军各有八旗，实际是二十四旗[⑤]，但习惯上仍统称之为八旗。

编入八旗的人户，称为“旗人”，又称“旗下人”，编入某旗即为某旗人，他们的子孙也算某旗人。八旗户口三年一调查，不许旗外的人假冒入册，也不许旗下人远离本人所属的牛录（佐领）居住。[⑥]

八旗人户在居住上，屯驻上，行军、狩猎上，以及祭祀班列上，全有固定的方位。黄旗在北，白旗在东，红旗在西，蓝旗在南。同时分为左右翼，左翼是镶黄、正白、镶白、正蓝四旗，又称东四旗，右翼是正黄、正红、镶红、镶蓝四旗，又称西四旗。[⑦]任何场所它的方位次序都不能变。顺治以后的八旗，又有上三旗与下五旗之分，上三旗是镶黄、正黄、正白三旗，其余五旗称为下五旗。这是入关前旗主制的残余，由于皇帝原是这三旗的旗主，所以这三旗后来号称“天子自将”[⑧]。皇帝的宿卫就由这三旗的子弟担任，上三旗的包衣（管理家内事务的奴仆）也就成立了一个内务府。其他五旗原来的旗主是贵族，五旗的人与后来的皇帝没有直接关系，所以不担任皇帝侍卫，而管贵族王公的事，五旗的包衣也就由各旗自己管理。此外，八旗的权利义务是一致的（皇帝的儿子成年以后拨入下五旗）。

---

① 昆岗、徐桐等：《光绪会典事例》卷卷 1111，《八旗都统·佐领》，中华书局 1991 年版，第 12 册，第 48 页。

②《清史稿》卷 229，《列传十六·传论》，第 9297 页。

③ 王先谦：《东华录》，天聪五年三月丁亥，上海古籍出版社 2008 年版，第 1 册，第 81 页。

④ 张廷玉等：《清文献通考》卷 179，《兵考一》，浙江古籍出版社 1988 年版，第 6392 页。

⑤ 张廷玉等：《清文献通考》卷 179，《兵考一》，第 6391 页。

⑥ 昆岗、徐桐等：《光绪会典事例》卷 1113，《八旗都统·户口》，第 12 册，第 64 页。

⑦ 昆岗、徐桐等：《光绪会典》卷 84，《定八旗之方位》，中华书局 1991 年版，第 754 页。

⑧ 昆岗、徐桐等：《光绪会典事例》卷 1106，《侍卫处·建置》，第 12 册，第 1 页。

满清制度，"八旗子弟，人尽为兵"[①]，凡男丁年在十六岁以上就可以"披甲当差"[②]。但不是同时人人入伍，而是按照兵丁类别，定出名额，在各佐领下"挑补"，分别立营训练，称为额兵。额兵以外有"随甲"，是武官的随从。此外均称"余丁"。"余丁"和不满十六岁的"幼丁"，可以挑补"养育兵"，就是预备兵。[③]清代八旗兵分亲军、骁骑、前锋、护军、步军五种。又从上列各营内选拔神机营，从前锋营内选拔健锐营，从骁骑营汉军内选拔枪营、炮营、藤牌营，从满洲蒙古习火器的兵中选火器营，是为特种兵。现在把它表列于下[④]：

兵别	营别	部族别	性质	每佐领下挑补人数
亲军	上三旗亲军营	满洲蒙古	皇帝的侍卫亲兵练习射步射	二人（下五旗亦可挑取挑取，仍拨人上三旗营）
前锋	前锋营	满洲蒙古	习射步射，又有一半演放鸟枪	二人
前锋	健锐营	满洲蒙古	练习云梯、抬枪	在前锋营中选拔
护军	护军营	满洲蒙古	练习骑射步射	十七人
鸟枪护军	内外火器营	满洲蒙古	演放鸟枪	六人（内外营各三人）
马甲	骁骑营	满洲蒙古	练习骑射	二十人
马甲	骁骑营	汉军	练习骑射	四十二人
马甲	藤牌军	汉军	练习藤牌	在骁骑营马甲内选拔，每旗一百人
马甲	枪营	汉军	练习长枪	在骁骑营马甲内选拔
炮甲	内火器营	满洲蒙古	练放子母炮	一人
炮甲	炮营	汉军	练放子母炮	每旗四十人
鄂尔布	骁骑营	汉军	练习扎营鹿角	八人
步军	步军营	满洲蒙古	练习步射	十八人
步军	步军营	汉军	练习步射	十二人
神机营兵	神机营	满洲蒙古汉军	练习各种兵器火器和阵法	在上列各营内选拔精锐充当

清代八旗兵大部分集中在北京城内外，名额时有增减，清末凡十二万三百零九人[⑤]。在北京以外分驻的称为"驻防"。北京附近的驻防称为"畿辅驻防"，有二十六处，一万四千二百三十八人；在东三省各城的驻防有四十四处，三万五千三百六十一人；在各省的驻防有二十四处，五万五千五百二十一人，合计

---

① 《清史稿》卷 130，《兵志·序》，第 3895 页。

② 昆岗、徐桐等：《光绪会典》卷 86，《稽户丁之册以定兵额》，第 777 页。

③ 昆岗、徐桐等：《光绪会典》卷 86，第 778 页。

④ 表格史料来源于《光绪会典》卷 52、卷 86、卷 87 等相关内容。——作者按

⑤ 《清史稿》卷 130，《兵志一》，第 3889 页。

驻防兵凡十万五千一百二十人。[1]在清代，八旗兵一共是二十二万五千四百二十九人（曾国藩说八旗兵"其额数常不过三十五万"，似误）。

满族人数少，它在向外用兵时候，每得一地，总要留一小部军队驻守，监视当地人民。例如1629年留英俄尔岱驻守遵化，1630年留阿敏驻守永平，后被明朝人民驱逐出关，这是驻防之始。满清入关（1644），留何洛会驻防盛京，1645年3月遣八旗兵驻防济宁，6月遣八旗兵驻防西安，11月遣八旗兵驻防江宁、杭州，以后遍及全国的各冲要大城。从这里可以看出清代的军队主要用在防范人民方面。驻防兵又都是八旗兵，对于人民的压迫和扰害比一般军队更甚。1687年，王鸿绪曾言："驻防将领恃威放肆，或占夺民业，或重息放债，或强娶民妇，或慌诈逃人，株连良善，或收罗奸棍，巧生扎诈；种种为害，所在时有。如西安、荆州驻防官兵，纪律太宽，牧放马匹，驱赴村庄，累民刍秣，百十成群，践食田禾，所至驿骚。其他苦累，又可类推。"[2]这虽说只是一个例子，但是在整个满清统治时期并没有例外。

绿营兵又称绿旗兵，是满清入关后改编和新招的汉人部队。它和八旗兵不同之处，除部族关系外，"八旗驻防兵由于世籍，绿旗各营兵由于招募"[3]，就是说，旗人（包括满洲蒙古、汉军八旗）人人有挑补兵丁的义务，而汉人（不包括汉军）对于绿营是自由应募。

清代的绿营兵，北京和各省全有。在北京的称巡捕营，隶属于步军统领；在各省的按照地方的大小、远近、险要，人民的多少，列汛分营。由各省总督统辖的称"督标"，巡抚统辖的称"抚标"，提督统辖的称"提标"，总兵统辖的称"镇标"，将军统辖的称"军标"（只四川、新疆有之），河道总督统辖的称"河标"，漕运总督统辖的称"漕标"。[4]标以下设"协"，副将统之，"协"下设"营"，参将、游击、都司分别统之；"营"下设"汛"，千总、把总、外委分别统之。[5]兵分三种：有马兵，有战兵，有守兵；战兵、守兵全是步兵。[6]濒海、濒江的地方又有水师。[7]绿营兵丁练习弓箭、鸟枪、藤牌、长矛、云梯；水师则练习

---

① 昆岗、徐桐等：《光绪会典》卷86，第778页。
② 《清史稿》卷271，《王鸿绪传》，第10012页。
③ 张廷玉等：《清朝文献通考》卷182，《兵考四》第6425页。
④ 昆岗、徐桐等：《光绪会典》卷43，389页。
⑤ 昆岗、徐桐等：《光绪会典》卷43，389页。
⑥ 昆岗、徐桐等：《光绪会典》卷52，470页。
⑦ 昆岗、徐桐等：《光绪会典》卷45，409页.

水战。全国绿营兵在 1812 年凡六十六万一千六百七十一人。[①]

清代八旗兵和绿营兵全是薪给制，每月有一定的"饷银"，每年有一定的岁米。数目多寡不等。高的如八旗亲军、前锋、护军，每人月给饷银四两，年支米四十八斛。低的如八旗步军月给一两五钱，年支米二十四斛，绿营步兵月给一两五钱，每月支米三斗。所载与刘献庭《广阳杂记》略有不同。又刘氏以一斛为五斗，四十八斛即二十四石，疑太高，似是一斛为一斗。因此清代的兵饷占每年岁出的一半，是最大的一笔开支。清初的岁出，凡银二千七百三十八万八千五百八十八两，而兵饷占银一千三百四十九万二千七百五十五两[②]，为百分之四十九点二。其后兵饷续有增加，1776 年增到一千七百多万两[③]，而岁出总数约三千三百七十万两，占百分之五十点四。这只是经常的饷米，至于内外战争的需索供亿，动辄好几千万，并不在内。

1644 年满清入关，军队作战以八旗满洲蒙古兵为主，汉军和投降的汉兵只在次要地位。1646 年以后汉军与满洲兵并重。1650 年以后就以新旧汉军为主了，八旗满洲蒙古兵已成次要。这说明八旗满洲蒙古兵的质量已逐渐较汉军降低。1675 年满清皇帝公开承认："今八旗人民怠于武事，遂至军旅隳敝，不及曩时。"[④]到了 1673 年，三藩事起，八旗兵（包括汉军）差不多已不能作战，满清统治者只好利用汉人的绿旗兵，前后动员了四十万人。每次作战，全是绿营步兵在前，八旗兵尾随于后。但是没有很久，绿营兵也和八旗兵一样了。1687年，王鸿绪已经指出，"绿旗，纵兵害民，以及虚冒兵粮者，不一而足"[⑤]。1730年以后，满清统治者随时随事招募乡军和防军，绿营渐同虚设。最后在两次鸦片战争中，绿营除了个别部分坚强抵抗以外，几乎每战失利，因而后来也就不能不提议裁汰了。但是直到辛亥革命没有裁尽，绿营的空名目依然存在着。

上面提到清代的军队主要用在防范人民方面，这一点从满清统治者所规定的军队任务上，也可以得到说明。如侍卫亲军的"宿卫扈从"[⑥]，八旗步军的"守卫巡警"[⑦]，绿营的"慎巡守，备征调"[⑧]，京营的"稽查巡缉"[⑨]，全是其

---

① 《清史稿》卷 131，《兵志二》，第 3925 页。

② 刘献廷：《广阳杂记》，中华书局 1957 年版，第 40 页。

③ 《清史稿》卷 125，《食货志六》，第 3703 页。

④ 《清史稿》卷 5，《本纪五》，第 148 页。

⑤ 《清史稿》卷 271，《王鸿绪传》，第 10012 页。

⑥ 昆岗、徐桐等：《光绪会典》卷 82，第 737 页。

⑦ 昆岗、徐桐等：《光绪会典》卷 87，797 页。

⑧ 昆岗、徐桐等：《光绪会典》卷 43，第 389 页。

⑨ 昆岗、徐桐等：《光绪会典事例》卷 546，《兵部·官制》，第 12 册，第 54 页。

例；而步军统领的"统辖京营，总司缉捕"[1]，更为明显。军队用途既然不放在捍御外侮保卫人民上，训练自然成了虚文。因之兵丁也就成为不生产，不训练，迫害人民的暴力工具，清代军队腐败的根源就在于此。这一点也正说明阶级社会的武装部队的本质。

一九五四、一二、一二。

（原载《历史教学》1955 年第 1 期）

---

[1] 昆岗、徐桐等：《光绪会典事例》卷 546，《兵部·官制》，第 12 册，第 55 页。

清代的土地制度

一、来源和类别

清朝接替明朝在全国的统治，它的基本原则就是"法明"，即大体上推行明朝的社会制度，包括经济、政治、文化教育制度等。在土地制度方面，它承认明朝土地所有制的现实，保护和稳定这种所有制。清朝入关后，赋税征收悉准明朝万历年间的旧规。封建的赋役制是封建的土地制和超经济强制的一种体现。清朝完全继承明朝的赋役制度，不言而喻，它承袭了明朝的土地制度。在明末农民战争中，一部分地主的土地所有制遭到了农民起义的破坏，清朝政府据此宣布，凡为"贼党""霸占"的田业，一定要归还原主，以恢复地主"故业"，维护明朝的土地制度。所以清朝的土地制度源于明代。

清朝维护明朝的土地制度。从一些土地的名称上也反映出来。清代玉田县有"寿宁公主地""景府地"，天津有"会昌侯地"等名称。寿宁公主是明神宗的女儿，嫁给冉兴让。冉于1644年为农民军所杀。"景府地"是明世宗子景王朱载圳的封地，他藩封在湖广，但封地有在玉田县的。会昌侯是明朝外戚孙继宗的封爵，明制以地名命爵名，清则不然，除极个别以地名命外，用"表法、荣誉"的名称作爵名。驸马，是明代尚主的称号，清称"额驸"，而不是驸马。"寿宁公主地"等名称，从明朝保留到清朝。但是这些土地的主人已经变化了，原来是明朝贵族，后来是清朝政府。承种人还是早先的佃户，交纳租赋也没有变化。土地名称、经营方式都不变，土地制度也是依前旧制。

清制来源于明制。但不等于一点没有变化，至少在土地类别问题上变化还是明显的。明代土地分官田、民田两类，《明史·食货志》说："初，官田皆宋、元时人官田地，厥后有还官田，没官田，断人官田，学田，皇庄，牧马草场，城壖苜蓿地，牲地，园陵坟地，公占隙地，诸王、公主、勋戚、大臣、内监、寺观赐乞田庄，百官职田，边臣养廉田，军民、商屯田，通谓之官田，其余为民田。"①这里说还官田等十四种田之外，均为民田，说法不准确，应为民田外皆为官田，此点在《读〈明史·食货志〉》②一文中己经说明了，这里不重复。但是《明史》毕竟告诉我们明代的官田名目很多，而且它的名称是根据它的来源确定的。清代的土地也分官田、民田两大类，官田又分庄田、屯田、营田等类，庄田也有不同形式，有内务府庄田，礼部庄田，光禄寺庄田，王、公、宗室庄，八旗庄田。屯田，主要设在直隶和新疆，多属军屯。水利田，又曰"营田水利"，政府倡导，在直隶、陕西等省开发水利，种稻。清代官田的名称没有明朝那么多，它也不是按土地来源区分的，而是以它的用途来定名。清代的民田，以土质分上、中、下三种，以耕种情况和用途分为：荒地（未开垦的土地），荒田（垦而未种的土地），熟地，小地（畸零地），灶地（直隶、沿海煮盐的土地），备荒地（专用以备荒），其余皆称为白地。概括清代的官民田地，可以民、屯、庄、灶来表示。

总之，清朝的土地制度来源于明代。然而在占有形式上也有不少变化。

二、特点

清代的土地制度有下述之特点：

（1）因袭明朝旧规。

（2）官、民田两类互变，而且变化数量很大。玉田县城东有学田三顷，系私人捐出，由佃农耕种，称学田庄。学田，供生员廪膳费用，是官田，到乾隆时期，该学田庄丧失，变为私田。还是在玉田县，1680年（康熙十九年）有人买田一分做学田，到1754年（乾隆十九年）也变为私田。临榆县，在明代原有学田，后太监侵占为私田，不纳赋税，入清以后，为了征收赋税，将之改为官田。官民田变化数量大，加之土地清丈不时，官吏舞弊，所以明清的垦田数字总对不上碴。

（3）田制不一，赋税不一。各省不同，各县也不同，乃至一个县内也不完全一样。各省有自己的赋役，有自己的名称。各县的赋役，名称也不同。玉田县的税就不平均，不合理：民田每亩征银一分，草场荒地也是一分，备荒地还是一分，老荒地一分五厘六毫，根本不看土质好坏和生产量进行征收，这就是没有划一制度的表现。

---

① 《明史》卷77，《食货志一》，中华书局1974年版，第1881页。
② 此文本书未收，原文收入《及时学人谈丛》，可参考。

三、性质

说到封建土地所有制的性质，史学界有国有制、私有制的不同说法，主张私有制的，强调封建社会内土地可以自由买卖。其实，这并不是封建土地私有制的根本内容。在中国，土地买卖出现的很早，战国时期，赵奢的妻子就批评她的儿子赵括将赵王"所赐金帛，归藏于家，而日视便利田宅可买者买之"①。赵括是贪婪的土地兼并者，这种兼并反映了土地买卖的合法与盛行。以土地买卖说明私有制，理由尚欠充足。土地私有权，以中世纪的罗马法所规定的看，它要具备使用权、买卖权、所有权、处分权，买卖权仅是其中的一个方面。以近代资产阶级立法来说，私有权应包括排他支配权，即神圣不可侵犯性。中国封建社会的土地买卖，不能概括中世纪的私有权的全部内容，又不能与资本主义的私有权相提并论，它受着封建政权的干涉和破坏。中国的封建政府可以任意强征、没收私人土地，而不保障他的主人的私有权。如 1731 年（雍正九年），天津县政府强征李毓正的土地一百九十八亩，用作射箭教场（"箭庭"），而户册上仍有原主赋税的记载。再如 1788 年（乾隆五十三年），荆州大水泛滥，考查原因是有人在江岸造圩田破坏了堤防，而造田数多的是萧某，于是将其土地加以没收。其实造圩田是表面现象，萧姓拥有雍正至乾隆四十七年（1782）的契约，他占有的是私田而非公田，清朝政府不检查自己失修水利的责任，反而怪罪民户。这次对萧姓民田的没收，表明国家对土地具有最高的权力。由此可见，讲封建的土地所有制，只强调私有制没有完全反映这种制度的本质。

说国家具有最高权力，同国有制的说法是两回事。国有制是说土地不允许私人占有，更是不许可买卖。只有官田才是国有制的，但它在全部土地中占少数，不能以它的性质代表整个封建土地制度。

然则中国封建社会的土地性质究竟是什么呢？我们的意见是不要在国有制、私有制之类的概念上打转转，应当从历史实际出发给予科学的说明。我们以为中国的封建土地所有制的性质是封建地主阶级的土地所有制，这就是说地主阶级占有土地，并以征收地租实现其所有权。地主阶级由皇帝、贵族（包括官僚）和非身份性的大中小地主组成，皇帝既是地主阶级最高的政治代表，又是最大的地主分子。他们拥有土地的所有权，可以买卖、赠予，可以自行经营

①《史记》卷 81，《廉颇蔺相如列传》，中华书局 1959 年版，第 2447 页。

管业，也可以出佃收租。中国封建地主主要是采取租制的方式出租土地，向农民征收高额地租，并在一定程度上控制农民的人身。中国封建地主土地所有制延续至近代，没有发生本质的变化，在新民主主义革命中，中国共产党提出的土地改革主张，就是为消灭封建地主阶级的土地所有制。新民主主义革命的胜利，结束了这种制度的漫长历史，中国革命实践史证明封建土地制度的实质就是封建地主阶级的土地所有制。

四、几种经营方式

（1）圈地与田庄

清军入关，即行圈地，既是抢占明朝的官田，又是以暴力掠夺汉族农民的土地。清军刚入关，清朝政府为吸引满人入关，即在近京府县为之圈占土地。1645 年（顺治二年）正式颁行圈地令，将所圈占的土地分给东来的八旗将士。为了多占土地，把汉人赶出老家，迁往外地。八旗内部，为了瓜分好地，也产生了矛盾，特别是在康熙初年，统治阶级上层出现了激烈的斗争。辅政大臣鳌拜是镶黄旗人，以该旗圈地土质不好，要求调换。他的理由是八旗各有序列，各占一定方位，即八旗分左右两翼，其左翼，镶黄旗方位在北，正白旗、镶白旗在东，正蓝旗在南；右翼是正黄旗在北，两红旗在西，镶蓝旗在南。他说镶黄旗没有占在它应有的方位上，要求同占在那个方位的正白旗调换。他的要求是无理的。另一辅政大臣苏克萨哈是正白旗人，代表正白旗的利益，极力反对，终因敌不过鳌拜的势力而失败。鳌拜搞圈换，造成土地"抛荒不耕，荒凉极目"[①]的情景，在圈地范围内的农民又一次遭到圈占的迫害。

满洲圈占以后，起初分给八旗贵族、军官及兵丁。贵族、军官用包衣耕种，包衣是俘虏、买卖、投充来的家内奴隶，因此这是一种落后的生产方式，是一种倒退的现象，引起了包衣的反抗，使之不能维持。于是清朝政府改变它的经营方式，组织官庄。庄分大庄（地 420—720 亩）、半庄（地 240—360 亩），按情况拨给八旗王、公、宗室，由内务府统一管理，将所收地租分给王公宗室。官庄采用租佃制出租给农民，改变过去以包衣为主要劳动力的经营办法。官庄设有庄头，直接管理农民，征收地租。庄头是二地主，是恶霸，《红楼梦》里写

---

① 王先谦：《东华录》，康熙五年十一月丙申，上海古籍出版社 2008 年版，第 1 册，第 528 页。

乌庄头，就是这种二地主的艺术形象。它写的乌庄头交租，基本上反映了官庄的经营方式。官庄上的农民承受了严重的剥削，进行反抗斗争，不许庄主、庄头"增租夺佃"，并最终迫使庄主承认了这一要求。

清朝的官庄，不同于西方的庄园，它是租佃制，而不是农奴制，也不同于唐宋的地主庄田。它是官庄，由政府直接经营；唐宋庄田是私田，由私人地主（有的具有官僚贵族身份）直接管业。也不同于明代的皇庄、王庄，它们虽同是官庄，但明代皇庄、王庄分别管业，各自直接收益，王庄地租也不需经过皇室宦官衙门的分发，不似清朝的由内务府统一管理。清代的官庄，是这个时期特有的一种土地经营方式。

（2）井田

清初圈地时八旗兵丁也分占少量官田，但旗人不习惯农业生产，加上时间长了人口增多，生活困难，就私自典卖旗地，更使生活无着。雍正皇帝想解决无业无靠的旗人生活问题，试行儒家所宣扬的井田制。1724 年（雍正二年），拨出直隶新城、固安等县官地二百四十顷，挑选无业旗丁一百户（其中满人五十户，蒙古人十户，汉军四十户），每丁授出一百百亩，为私田，八旗共管一百亩公田。公田收成归政府，作为租赋。政府给每丁五十两银子，筹办牛种农具和口粮。公田、私田外多余的土地，建立庐舍村庄。[①]井田制是儒家的理想，也是幻想，根本行不通。雍正实行不久，旗民就相继逃亡，无法维持。乾隆皇帝继位，于 1736 年（乾隆元年）改井田户为屯户，于所在州县按亩纳粮，宣告了雍正井田法的失败。自孟子讲井田制以后，二千多年间，议论井田者屡见不鲜，迄未有实行者，雍正还是唯一的一人。雍正的失败是势所必然，因为井田制有平均占有和使用土地的意思，这同封建地主土地所有制有着不可克服的内在矛盾，地主阶级只会把它当作美谈，作为欺骗农民的舆论，而绝对不可能去认真实行。

（3）水利田

雍正于实行井田制的同时，大搞水利田。1725 年（雍正三年），命怡贤亲王允祥主持直隶水利田事，要他认真办理。"无欲速，无惜费，无阻于评议"[②]，

---

① 嵇璜、刘墉等修：《清朝通典》卷 2，《官庄》，雍正二年，《十通》（3），浙江古籍出版社 2000 年版，第 2030 页。

② 贺长龄编：《皇朝经世文编》卷 108，《营田四局工程序》，中华书局 1992 年版，第 2640 页。

看来决心很大。政府特设管田四局，在京东、南、西以及天津大片地区兴修水利，建闸开渠，改旱田为稻田。民人愿意种稻的，官给工本，政府又从江南、浙江招募老农，给予月粮，指导北方种水田。到 1729 年（雍正七年），营成水田六千余顷。雍正怕北方人不习惯吃稻米，产稻销售不出去，造成谷贱伤农，特发内帑银购买，所以在几年之内有所收效。但是营田是官督民种，营办宫员和地方官员只想从中舞弊，增加对农民的剥削，使得农民不堪负担。社会上的守旧势力也加以阻挠，说什么北方土性不宜种稻，北方的水暴涨则溢，旋退则涸，只能为害，不能为利，宣布北方种稻的死刑。所以雍正时期营出规模不小，但没能坚持，终于失败了。及至清朝后期，在天津种水田，获得成功，长期坚持下来了。

（冯尔康整理，原载《及时学人谈丛》）

清代的幕府

一、清代幕府

清代地方主管官吏，自州县到督抚，总要聘请几位能干的或有学识的人才，帮助自己处理行政事务，称为师爷。法令文献上称为幕宾、幕客、幕友，还有西宾、宾师、幕僚、馆宾等称，一般统称幕府。

幕府制由来已久。宋代《册府元龟》有幕府部，上溯到周礼六官六军的吏属、春秋诸国的军司马尉侯①，其说尚有待进一步考订。清雍正帝说："今之幕客，即古之参谋记室"②，似乎也迟了一些。我们感到，《史记》上所说，张耳"少时及魏公子毋忌为客"③的客；"李斯乃求为秦相、文信侯吕不韦舍人"④的舍人；近年考古发掘汉墓壁画上的门下史⑤的史，都应该是和幕府制有关的原始职称。

幕府人员由府主自己选聘，与正规官吏由考试铨选登进的不同。明王守仁曾说："凡荐贤于朝，与自己用人又自不同。自己用人，权度在我，故虽小人而有才者亦可以器使。若以贤才荐之于朝，则评品一定，便如黑白，其间舍短录长之意，若非明言，谁复知之。"⑥这里说的自己用人，就指的是幕府人才。既属自己用人，自然不限资格，不分亲友，不问相识与否。这种情形，一直延及到清代。从顺治十七年（1660），河道总督朱之锡偕僚属捐银赈济灾民受奖⑦，康熙二十六年（1687），云南提督万正色以纵容幕客家人，借造册勒索被议⑧，

---

① 《册府元龟》卷 716，《幕府部》，中华书局 1960 年版，第 8511 页。
② 《清世宗实录》卷 5，雍正元年三月乙酉谕，《清实录》（第七册），中华书局 1985 年版，第 114 页。
③ 《史记》卷 89，《张耳陈馀列传》，中华书局 2011 年版，第 2571 页。
④ 《史记》卷 87，《李斯列传》，第 2540 页。
⑤ 北京历史博物馆、河北省文物管理委员会编：《望都汉墓壁画》，中国古典艺术出版社 1995 版，第 21 页。
⑥ 王守仁：《王文成公全书》卷之五，《答方叔贤》，商务印书馆 1934 年版，第 81 页。
⑦ 《清史列传》卷 8，《朱之锡传》，王钟翰点校，中华书局 1987 年版，第 552 页。
⑧ 《清史传列》卷 9，《万正色传》，第 615 页。

可知顺、康时已有幕府人员。雍正元年（1723）三月乙酉谕吏部："各省督抚衙门事繁，非一手一足所能办，势必延请幕宾相助，其来久矣。"并令"嗣后督抚所延幕客，须择历练老成、深信不疑之人，将姓名具题。"[①]从此幕宾取得法律上正式地位。这里的"历练老成"本无客观标准，故"深信不疑"便成为有清一代延请宾客的唯一条件。

二、清代幕府的情况

清代参加过各级地方机构幕府的人员很多，现在选择一部分，列表于下：

幕主姓名	幕宾姓名	入幕年代	在幕经管事务	幕宾后来的情况	根据
靳辅	陈潢	康熙十六年	治河	治河联带被劾死	《清史列传》七一，陈潢传
班第	阿桂	乾隆十三年	金川军营办事	官至大学士，军机大臣	《清史列传》二六，阿桂传
阿里衮	赵文哲	乾隆三三年	参军幕	1773年，木果木战败死	《清史列传》七二，赵文哲传
阿桂	王昶	乾隆三三年	云南军营效力	刑部侍郎	《清史列传》二六，王昶传
阿桂	赵文哲	乾隆三三年	参军幕		《清史列传》七二，赵文哲传
阿桂	长龄	乾隆四九年	随营	大学士，军机大臣	《清史列传》三六，长龄传
傅恒	孙士毅	乾隆三四年	主章奏	四川总督	《清史列传》二六，孙士毅传
傅恒	刘秉恬	乾隆三四年	随营	四川总督	《清史列传》二七，刘秉恬传
傅恒	赵翼	乾隆三四年	参军事		《清史列传》七二，赵翼传
温福	赵文哲	乾隆三七年	参军幕		《清史列传》七二，赵文哲传
温福	王昶	乾隆三六年	四川军营办事		《清史列传》二六，王昶传
于敏中	陆费墀	约乾隆三八年	书牍	礼部左侍郎	《清史列传》二六，陆费墀传
李侍尧	赵翼	乾隆五二年	参军事		《清史列传》七二，赵翼传
福康安	长龄	乾隆五二年	随营		《清史列传》三六，长龄传
福康安	方维甸	乾隆五二年	营务	闽浙总督	《清史列传》三三，方维甸传
福康安	杨揆	乾隆五六年	谋画军务	四川布政使	《清史列传》七二，杨揆传
毕沅	高杞	乾隆六十年	粮饷军火	陕甘总督	《清史列传》三三，高杞传
董诰	王芑孙	乾隆	文奏	文士	《清史列传》七二，王芑孙传
董诰	张士元	乾隆	文牍	文士	《清史列传》七二，张士元传
梁师正	王芑孙	乾隆	文奏		《清史列传》七二，王芑孙传
王杰	王芑孙	乾隆	文奏		《清史列传》七二，王芑孙传
刘墉	王芑孙	乾隆	文奏		《清史列传》七二，王芑孙传
彭元瑞	王芑孙	乾隆	文奏		《清史列传》七二，王芑孙传
勒保	舒位	乾隆	军事，文奏	文士	《清史列传》七二，舒位传
勒保	石韫玉	嘉庆五年	军事谋画	山东按察使	《清史列传》七六，石韫玉
王朝梧	舒位	乾隆	军事，文奏		《清史列传》七二，舒位传
惠龄	阿霖	嘉庆元年	随营	江西巡抚	《清史列传》三五，阿霖传

---

① 《清世宗实录》卷5，台湾华文书局1970年版，第89页。

续表

幕主姓名	幕宾姓名	入幕年代	在幕经管事务	幕宾后来的情况	根据
倭什布	阿霖	嘉庆四年	军营差遣	江西巡抚	《清史列传》三五，阿霖传
那彦成	杨懋恬	嘉庆四年	随营	湖广总督	《清史列传》三五，杨懋恬传
那彦成	文孚	嘉庆四年	军需	大学士，军机大臣	《清史列传》三六，文孚传
朱勋	陆耀通	嘉庆	军事，尺牍	文士	《清史列传》七二，恽敬传附陆耀通传
德楞泰	阿霖	嘉庆七年	粮糈		《清史列传》三五，阿霖传
初彭龄	茅豫	嘉庆十九年			《清史列传》三四，初彭龄传
习振翎	费钧	嘉庆二二年	帮办幕务		《清史列传》三六，王鼎传
方受畴	陈建	嘉庆二三年	帮办幕务		《清史列传》三三，方受畴传
胡克家	彭兆荪	嘉庆二三年（胡为江苏布政使时）			《清史列传》七三，彭兆荪传
张敦仁	彭兆荪	嘉庆二三年（张为扬州知府）			《清史列传》七三，彭兆荪传
曾燠	彭兆荪	嘉庆二三年（曾为淮运使时）			《清史列传》七三，彭兆荪传
曾燠	彭泰来	嘉庆十六年			《清史列传》七三，张维屏传附彭泰来传
阮元	谢兰生	嘉庆十六年	修《广东通志》		《清史列传》七三，谢兰生传
阮元	陈文述	嘉庆十六年	随赴滦阳		《清史列传》七三，陈文述传
阮元	王衍梅	嘉庆十六年	依阮元于广东		《清史列传》七三，黄安涛传附王衍梅传
阮元	张鉴	嘉庆十六年	赞画平海寇及赈灾		《清史列传》七三，张鉴传
阮元	杨凤苞		分纂《经籍纂诂》		《清史列传》七三，杨凤苞传
阮元	赵魏		手定阮元《积古斋钟鼎彝器款识》		《清史列传》七三，瞿中溶传附赵魏传
王昶	赵魏		手定王昶《金石萃编》		《清史列传》七三
朱珪	包世臣	嘉庆十六年	练兵		《清史列传》七三，包世臣传
明亮	包世臣	嘉庆十六年	川楚军事，不见用		《清史列传》七三，包世臣传
百龄	张澍	嘉庆十六年	治河		《清史列传》七三，张澍传
程祖洛	陈时	道光			《清史列传》三七，程祖洛传
琦善	唐文睿	道光七年			《清史列传》四十，琦善传
赛尚阿	姚莹	咸丰元年	参军事建议不用	湖南按察使	《清史列传》七三，姚莹传
赛尚阿	严正基	咸丰元年	参军事		清史稿列传，赛尚阿传
卢荫溥	郭尚先	道光	主其家		《清史列传》七三，郭尚先传
梁章钜	朱绶	道光	章奏	文士	《清史列传》七三，顾莼传附朱绶传
陶澍	赵绍祖	道光	纂《安徽省志》	文士	《清史列传》七三，赵绍祖传
祁埙	梁廷枏	道光	襄办团练	内阁中书，侍读	《清史列传》七三，梁廷枏传
林则徐	梁廷枏	道光	筹防守战		《清史列传》七三
林则徐	王柏心	道光			《清史列传》七三，王柏心传
徐广缙	梁廷枏	道光	襄办团练		《清史列传》七三，梁廷枏传

续表

幕主姓名	幕宾姓名	入幕年代	在幕经管事务	幕宾后来的情况	根据
李嘉瑞	何秋涛	道光末	李巡抚安徽奏辟自随		《清史列传》七三，何秋涛传
张亮基	左宗棠	咸丰二年	襄理战守	大学士，军机大臣	《清史列传》七三，郭嵩焘传
张亮基	郭嵩焘	咸丰二年	襄理战守	内阁中书	《清史列传》七三，郭嵩焘传
张亮基	王柏心	咸丰	参佐戎幕		《清史列传》七三，王柏心传
桂良	朱琦	咸丰			《清史列传》七三，朱琦传
王有龄	朱琦	咸丰			《清史列传》七三，朱琦传
王有龄	赵景贤	咸丰三年	团练		《清史列传》四九，赵景贤传
黄宗汉	赵景贤	咸丰三年	团练捐输		《清史列传》四九，赵景贤传
袁甲三	戴钧衡	咸丰			《清史列传》七三，戴均衡传
袁甲三	袁保恒	咸丰五年	上允甲三留保恒于军	刑部左侍郎	《清史列传》五三，袁保恒传
袁甲三	马新贻	咸丰十一年	督办营务	两江总督	《清史列传》四九，马新贻传
王鑫	刘松山	咸丰四年	攻战	总兵	《清史列传》五一，刘松山传
丁日昌	林达泉	咸丰末		台北知府	《清史列传》七七，林达泉传
陆建瀛	冯桂芬	咸丰初年	修《盐法志》		《清史列传》七三，冯桂芬传
僧格林沁	王拯	咸丰中随赴天津	防剿		《清史列传》七三，王拯传
僧格林沁	尹耕云	咸丰三年			《清史列传》七六，尹耕云传
吕贤基	李鸿章	咸丰三年	练乡勇	大学士，直隶总督兼北洋大臣	《清史列传》五七，李鸿章传
骆秉章	左宗棠	咸丰二年			《清史列传》五一，左宗棠传
骆秉章	刘长佑	咸丰五年			《清史列传》五四，刘长佑传
骆秉章	刘典	咸丰六年	团练	陕西巡抚，新疆帮办军务	《清史列传》五五，刘典传
骆秉章	刘蓉	咸丰十年	军务	陕西巡抚	《清史列传》四九，刘蓉传
骆秉章	左宗棠	咸丰十年	襄理营务		《清史列传》五八，潘祖荫传
骆秉章	黄彭年	同治元年	赞军机	江苏布政使	《清史列传》七六，黄辅辰传附
骆秉章	郭嵩焘	咸丰			《清史列传》七三，郭嵩焘传
刘长佑	刘坤一	咸丰七年		两江总督	《清史列传》五四，刘长佑传
刘长佑	刘秉琳	同治元年	襄治军事	天津河间道	《清史列传》七六，刘秉琳传
郑敦谨	马丕瑶	同治元年		广东巡抚	《清史列传》五九，马丕瑶传
胜保	铁珊	咸丰十年	营务	河南河陕汝道	《清史列传》七七，铁珊传
张芾	刘秉璋	咸丰初年		四川总督	《清史列传》六一，刘秉璋传
严树森	陈建侯	咸丰十年	襄办营务	湖北荆宜	《清史列传》七七，陈建侯传
严树森	倪文蔚	咸丰十一年	营务	河南巡抚	《清史列传》五九，倪文蔚传
严树森	李宗羲	同治元年		两江总督	《清史列传》五四，李宗羲传
罗泽南	蒋益澧	咸丰三年		广东巡抚	《清史列传》五十，蒋益澧传
罗泽南	金国琛	咸丰五年	营务	广东布政使	《清史列传》七七，金国琛传
李续宾	金国琛	咸丰七年	总理营务		《清史列传》七七，金国琛传
李续宜	金国琛	咸丰八年	总理营务		《清史列传》七七，金国琛传
李续宜	游智开	同治初		广西布政使	清史稿列传，游智开传
曾国藩	杨岳斌	咸丰三年	水师	陕甘总督	《清史列传》五四，杨岳斌传

幕主姓名	幕宾姓名	入幕年代	在幕经管事务	幕宾后来的情况	根据
曾国藩	许振祎		治文书，襄军事		《清史列传》五九，许振祎传
曾国藩	李瀚章	咸丰三年	总理粮饷	两广总督	《清史列传》五九，李瀚章传
曾国藩	刘蓉	咸丰四年			《清史列传》四九，刘蓉传
曾国藩	李元度	咸丰三年	理营务	贵州布政使	《清史列传》七六，李元度传
曾国藩	李宗羲	咸丰八年同治三年	协理粮饷		《清史列传》五四，李宗羲传
曾国藩	李鸿章	咸丰八年	襄营务		《清史列传》五七，李鸿章传
曾国藩	刘典	咸丰十年	总司营务		《清史列传》五五，刘典传
曾国藩	穆其琛	咸丰十一年	佐军事		《清史列传》七六，穆其琛传
曾国藩	沈葆桢	咸丰十一年		两江总督	《清史列传》五三，沈葆桢传
曾国藩	钱应溥	咸丰十一年	襄办营务	军机大臣，工部尚书	《清史列传》六一，钱应溥传
曾国藩	张树声	同治元年		两广总督	《清史列传》五四，张树声传
曾国藩	丁日昌	同治元年	随征	福建巡抚	《清史列传》五五，丁日昌传
曾国藩	何璟	同治元年	营务处	闽浙总督	《清史列传》五四，何璟传
曾国藩	吴敏树		曾督两江时从之阅武		《清史列传》七三，吴敏树传
曾国藩	薛福成	同治六年		湖南按察使，出使英法意比四国大臣	《清史列传》五八，薛福成传
曾国藩	史梦兰	同治七—九年			《清史列传》七三，史梦兰传
曾国藩	方宗诚	同治九年		知县	《清史列传》六七，方宗诚传
曾国藩	吴汝纶	同治	奏疏		清史稿列传，吴汝纶传
曾国藩	游智开	同治			《清史列传》六三，游智开传
曾国藩	李善兰	同治初			《清史列传》七三，张文虎传
曾国藩	张文虎	同治初		文士	《清史列传》七三，张文虎传
曾国藩	左宗棠				《庸庵文编》卷四，叙曾文正公幕府宾僚
曾国藩	彭玉麟				《庸庵文编》卷四，叙曾文正公幕府宾僚
曾国藩	李云麟				《庸庵文编》卷四，叙曾文正公幕府宾僚
曾国藩	周开锡				《庸庵文编》卷四，叙曾文正公幕府宾僚
曾国藩	罗萱				《庸庵文编》卷四，叙曾文正公幕府宾僚
曾国藩	吴坤修				《庸庵文编》卷四，叙曾文正公幕府宾僚
曾国藩	李鹤章				《庸庵文编》卷四，叙曾文正公幕府宾僚
曾国藩	梅启照				《庸庵文编》卷四，叙曾文正公幕府宾僚
曾国藩	唐训方				《庸庵文编》卷四，叙曾文正公幕府宾僚
曾国藩	陈兰彬				《庸庵文编》卷四，叙曾文正公幕府宾僚
曾国藩	陈士杰				《庸庵文编》卷四，叙曾文正公幕府宾僚
曾国藩	王家璧				《庸庵文编》卷四，叙曾文正公幕府宾僚
曾国藩	周孚瀚				《庸庵文编》卷四，叙曾文正公幕府宾僚
曾国藩	何栻				《庸庵文编》卷四，叙曾文正公幕府宾僚
曾国藩	高心夔				《庸庵文编》卷四，叙曾文正公幕府宾僚
曾国藩	周腾虎				《庸庵文编》卷四，叙曾文正公幕府宾僚

幕主姓名	幕宾姓名	入幕年代	在幕经管事务	幕宾后来的情况	根据
曾国藩	李榕				《庸庵文编》卷四，叙曾文正公幕府宾僚
曾国藩	倪文蔚				《庸庵文编》卷四，叙曾文正公幕府宾僚
曾国藩	李鸿章				《庸庵文编》卷四，叙曾文正公幕府宾僚
曾国藩	郭嵩焘				《庸庵文编》卷四，叙曾文正公幕府宾僚
曾国藩	郭崑焘				《庸庵文编》卷四，叙曾文正公幕府宾僚
曾国藩	何应祺				《庸庵文编》卷四，叙曾文正公幕府宾僚
曾国藩	邓辅纶				《庸庵文编》卷四，叙曾文正公幕府宾僚
曾国藩	程恒生				《庸庵文编》卷四，叙曾文正公幕府宾僚
曾国藩	甘晋				《庸庵文编》卷四，叙曾文正公幕府宾僚
曾国藩	陈鼐				《庸庵文编》卷四，叙曾文正公幕府宾僚
曾国藩	许振祎				《庸庵文编》卷四，叙曾文正公幕府宾僚
曾国藩	蒋嘉械				《庸庵文编》卷四，叙曾文正公幕府宾僚
曾国藩	凌焕				《庸庵文编》卷四，叙曾文正公幕府宾僚
曾国藩	方翊元				《庸庵文编》卷四，叙曾文正公幕府宾僚
曾国藩	李鸿裔				《庸庵文编》卷四，叙曾文正公幕府宾僚
曾国藩	柯钺				《庸庵文编》卷四，叙曾文正公幕府宾僚
曾国藩	程鸿诏				《庸庵文编》卷四，叙曾文正公幕府宾僚
曾国藩	方骏谟				《庸庵文编》卷四，叙曾文正公幕府宾僚
曾国藩	向师棣				《庸庵文编》卷四，叙曾文正公幕府宾僚
曾国藩	黎庶昌				《庸庵文编》卷四，叙曾文正公幕府宾僚
曾国藩	王定安				《庸庵文编》卷四，叙曾文正公幕府宾僚
曾国藩	吴嘉宾				《庸庵文编》卷四，叙曾文正公幕府宾僚
曾国藩	张裕钊				《庸庵文编》卷四，叙曾文正公幕府宾僚
曾国藩	俞樾				《庸庵文编》卷四，叙曾文正公幕府宾僚
曾国藩	罗汝怀				《庸庵文编》卷四，叙曾文正公幕府宾僚
曾国藩	陈学受				《庸庵文编》卷四，叙曾文正公幕府宾僚
曾国藩	夏燮				《庸庵文编》卷四，叙曾文正公幕府宾僚
曾国藩	莫友芝				《庸庵文编》卷四，叙曾文正公幕府宾僚
曾国藩	王闿运				《庸庵文编》卷四，叙曾文正公幕府宾僚
曾国藩	杨象济				《庸庵文编》卷四，叙曾文正公幕府宾僚
曾国藩	曹耀相				《庸庵文编》卷四，叙曾文正公幕府宾僚
曾国藩	刘翰清				《庸庵文编》卷四，叙曾文正公幕府宾僚
曾国藩	赵烈文				《庸庵文编》卷四，叙曾文正公幕府宾僚
曾国藩	钱泰吉				《庸庵文编》卷四，叙曾文正公幕府宾僚
曾国藩	汪士铎				《庸庵文编》卷四，叙曾文正公幕府宾僚
曾国藩	陈艾				《庸庵文编》卷四，叙曾文正公幕府宾僚
曾国藩	戴望				《庸庵文编》卷四，叙曾文正公幕府宾僚
曾国藩	刘毓崧				《庸庵文编》卷四，叙曾文正公幕府宾僚
曾国藩	刘寿曾				《庸庵文编》卷四，叙曾文正公幕府宾僚
曾国藩	唐仁寿				《庸庵文编》卷四，叙曾文正公幕府宾僚
曾国藩	成蓉镜				《庸庵文编》卷四，叙曾文正公幕府宾僚

幕主姓名	幕宾姓名	入幕年代	在幕经管事务	幕宾后来的情况	根据
曾国藩	华蘅芳				《庸庵文编》卷四，叙曾文正公幕府宾僚
曾国藩	徐寿				《庸庵文编》卷四，叙曾文正公幕府宾僚
曾国藩	冯焌光				《庸庵文编》卷四，叙曾文正公幕府宾僚
曾国藩	程国熙				《庸庵文编》卷四，叙曾文正公幕府宾僚
曾国藩	陈方坦				《庸庵文编》卷四，叙曾文正公幕府宾僚
曾国藩	任伊				《庸庵文编》卷四，叙曾文正公幕府宾僚
曾国藩	孙文川				《庸庵文编》卷四，叙曾文正公幕府宾僚
曾国藩	洪汝奎				《庸庵文编》卷四，叙曾文正公幕府宾僚
曾国藩	刘世墀				《庸庵文编》卷四，叙曾文正公幕府宾僚
曾国藩	李兴锐				《庸庵文编》卷四，叙曾文正公幕府宾僚
曾国藩	王香倬				《庸庵文编》卷四，叙曾文正公幕府宾僚
曾国藩	何源				《庸庵文编》卷四，叙曾文正公幕府宾僚
曾国藩	李士芬				《庸庵文编》卷四，叙曾文正公幕府宾僚
曾国藩	屠楷				《庸庵文编》卷四，叙曾文正公幕府宾僚
曾国藩	萧世本				《庸庵文编》卷四，叙曾文正公幕府宾僚
胡林翼	汪士铎				《张文襄公年谱》
胡林翼	王柏心	咸丰	赞议军务		《清史列传》七三，王柏心传
胡林翼	胡大任	咸丰	赞议军务		《清史列传》七三，王柏心传
胡林翼	龚绍仁	咸丰	赞议军务		《清史列传》七三，王柏心传
胡林翼	刘蓉	咸丰五年	营务		《清史列传》四九，刘蓉传
胡林翼	严树森	咸丰五年	粮台	湖北巡抚	《清史列传》五四，严树森传
胡林翼	阎敬铭	咸丰九年	粮台	军机大臣、大学士	《清史列传》五七，阎敬铭传
胡林翼	穆其琛	咸丰十年		时州知州	《清史列传》七六，穆其琛传
张国讲	陈克家	咸丰十年		《明纪》的续成者，1860年与张同死	《清史列传》七二，陈鹤传附陈克家传
毛鸿宾	徐灏				清史稿列传，郭嵩焘传
毛鸿宾	郭嵩焘	咸丰十一年			《清史列传》七三，周昌寿传附郭嵩焘传
恽世临	郭嵩焘				《清史列传》七三，周昌寿传附郭嵩焘传
刘琨	郭嵩焘	同治			《清史列传》七三，周昌寿传附郭嵩焘传
蒋霨远	丁宝桢	咸丰六年	留防贵州省城		《清史列传》五四，丁宝桢传
蒯架苏	张曜	咸丰初	守御县城	山东巡抚	《清史列传》五五，张曜传
刘松山	刘锦棠			兵部右侍郎	清史稿列传，刘锦棠传
左宗棠	刘典	咸丰十年	营务帮办军务		《清史列传》五五，刘典传
左宗棠	王文韶	同治六年	办后路粮台	军机大臣，大学士	《清史列传》六四，王文韶传
左宗棠	吴观礼				《清史列传》七三，吴观礼传
左宗棠	袁保恒	同治七年			《清史列传》五三，袁保恒传
左宗棠	刘锦棠	同治			清史稿列传，刘锦棠传
左宗棠	饶应祺	同治元年	参军幕	新疆巡抚	清史稿列传，饶应祺传
左宗棠	陶模	同治	议定赋则	陕甘总督	清史稿列传，陶模传
左宗棠	施补华				《左文襄公在西北》
左宗棠	严咸				《左文襄公在西北》

幕主姓名	幕宾姓名	入幕年代	在幕经管事务	幕宾后来的情况	根据
左宗棠	李云麟				《左文襄公在西北》
左宗棠	王开化		参戎幕		《清史列传》五五，刘典传
左宗棠	杨昌濬		参戎幕		《清史列传》五五，刘典传
文煜	张之洞	咸丰十年		大学士，军机大臣	《张文襄公年谱》
马新贻	朱根仁	同治元年	参戎幕	知县	《清史列传》七七，朱根仁传
曹燮光	林肇元	同治七年	总理军需	贵州巡抚	《清史列传》五五，林肇元传
李秉衡	锡良			东三省总督	清史稿列传，锡良传
李鸿章	吴长庆	同治元年		广东水师提督	《清史列传》五六，吴长庆传
李鸿章	刘秉璋	同治元年			《清史列传》六一，刘秉璋传
李鸿章	张树声	同治二年			《清史列传》五四，张树声传
李鸿章	袁保恒	同治七年		刑部左侍郎	《清史列传》五三，袁保恒传
李鸿章	周馥		文牍	直隶、两广总督	清史稿列传，周馥传
李鸿章	杨士骧		治河	直隶总督	清史稿列传，杨士骧传
李鸿章	娄春蕃		刑律		清史稿列传，娄春蕃传
毛昶熙	张之洞	同治元年		大学士，军机大臣	《张文襄公年谱》
张之万	张之洞	同治元年		大学士，军机大臣	《张文襄公年谱》
张之洞	杨锐	光绪十五年	作《粤海图说》		《张文襄公年谱》
张之洞	辜汤生	光绪十七年	洋务委员（在湖广）		《张文襄公年谱》
张之洞	赵凤昌	光绪十九年			《张文襄公年谱》
张之洞	杨楷	光绪十八年	编《夷务类要》（未刊）		《张文襄公年谱》
张之洞	华世芳	光绪十八年	编《夷务类要》（未刊）		《张文襄公年谱》
张之洞	王锦荣	光绪十八年	编《夷务类要》（未刊）		《张文襄公年谱》
张之洞	凌兆熊	光绪十七年	文案委员（在湖广）		《张文襄公年谱》
张之洞	屠寄	光绪十七年	分教两湖书院		《张文襄公年谱》
张之洞	易顺鼎	光绪十七年			《张文襄公年谱》
张之洞	许同莘		著有《旧馆辍遗》		《张文襄公年谱》
张之洞	沈瑜庆	光绪二一年			《张文襄公年谱》
张之洞	汪凤瀛	光绪二二年			《张文襄公年谱》
张之洞	陈衍	光绪二三年	编书		《张文襄公年谱》
张之洞	汤寿潜	光绪二三年	编书		《张文襄公年谱》
张之洞	梁鼎芬	光绪二四年			《张文襄公年谱》
张之洞	刘洪烈	光绪二七年	赴日本考察		《张文襄公年谱》
张之洞	罗振玉	光绪二七年	赴日本考察		《张文襄公年谱》
张之洞	陈毅	光绪二七年	赴日本考察		《张文襄公年谱》
张之洞	胡钧	光绪二七年	赴日本考察		《张文襄公年谱》
张之洞	左全孝	光绪二七年	赴日本考察		《张文襄公年谱》
张之洞	田吴炤	光绪二七年	赴日本考察		《张文襄公年谱》
张之洞	张曾畴		在幕二十年掌机宜文字		《张文襄公年谱》
张之洞	朱承均	光绪二七年	善书		《张文襄公年谱》
张之洞	杨鏵				《张文襄公年谱》
张之洞	王家槐				《张文襄公年谱》

续表

幕主姓名	幕宾姓名	入幕年代	在幕经管事务	幕宾后来的情况	根据
张之洞	程鳌				《张文襄公年谱》
张之洞	许宝芬				《张文襄公年谱》
张之洞	吴大蕴				《张文襄公年谱》
张之洞	朱士宜				《张文襄公年谱》
张之洞	蒋楷				《张文襄公年谱》
张之洞	李钟珏				《张文襄公年谱》
张之洞	沈曾植	光绪二四年	主两湖书院		《沈寐叟年谱》
张之洞	华蘅芳				《世载堂杂忆》
张之洞	杨模				《世载堂杂忆》
张之洞	高友唐				《世载堂杂忆》
张之洞	蒯光典				《世载堂杂忆》

从上表所列情况可以看出，各时期的幕府工作并不完全相同，具体到各个幕主的要求和幕宾的贡献也不一致。此外还有几点和一般想象不同：1. 武官衙门同样有公文往来，因此也有幕宾。如万正色纵容幕友勒索被议，同治时蒋日豫曾参某总戎幕[1]均是证明。2. 京官本无幕宾，但用教读老师代作诗文的不少。乾隆十五年（1750）赵翼在大学士汪由敦家教他的儿子读书，前后七八年。赵翼说汪的"诗文多余属草"[2]，实在就是变相的幕宾。3. 幕府人员有名位极低的，左宗棠幕有魏景韩，光绪十三年（1887，时左已死）还是从九品，就是官吏的最低级。[3]

三、清代幕宾的来源

清代选聘幕客，来源大致有下列几种——当然不仅这十二种：

——朝廷指派。乾隆三十三年（1768），赵翼由广西镇安府知府奉命参阿里衮云南军幕，继阿桂、傅恒到滇，仍在幕府凡二年，事后仍回镇安府本任。赵翼在军颇有建议，他写的《皇朝武功纪盛》，其中缅甸一役，魏源说他"亲在行间，闻见最确，叙述勃勃有生气"[4]。

——随长官出差。如乾隆十三年（1748），阿桂以吏部员外郎随兵部尚书班

---

[1] 《清史列传》卷 73，《蒋日豫传》，第 6069 页。

[2] 赵翼：《檐曝杂记》卷 2，《汪文端公》，中华书局 1982 年版，第 23 页。

[3] 劳祖德整理：《郑孝胥日记》，中华书局 1993 年版，第 123 页。

[4] 魏源：《圣武记》卷 12，《武事余记》，中华书局 1984 年版，第 499 页。

第，赴金川兵营办事①；乾隆三十四年（1769），孙士毅以内阁侍读随大学士傅恒督师云南，主章奏②，刘秉恬以吏科给事中随赴军营③，都是明显的例子。这种随长官出征，易见才略，所以最为同侪羡慕。阿桂、孙士毅也以此役而露头角。傅恒督师金川时，幕府参佐多军机章京，练达军事，故奏报情形极为详畅。额勒登保经略川楚，奏调郎中胡思显代具奏稿，每有小衄，直陈不讳，得到好评。④这都是奏调属员的明显事例。

应该指出，这种调取平日熟悉的人员随营入幕以备委用的情况，必须经皇帝批准。在雍正六年（1729）以前，各省督抚赴任，均如当时"上谕"所言，凡"有奏请将平日所知人员带往以备委用者，朕因督抚事务甚繁，欲得素所熟悉之人以收臂指之效，事属可行，是以允从所请，令其带往，酌量题补。近闻督抚等带往人员，在地方不甚相宜，或群相趋奉而指为上司之腹心，或妄生议论而以为上官之偏袒，其中弊端日生，以至流言不少"。并举广东巡抚杨文乾请带王士俊、殷邦翰往广东，阖省人心不服；江苏巡抚陈时夏请带蔡益仁往江苏，而江南人指为陈时夏之耳目；甘肃巡抚莽鹄立请带朱亨衍、李敏德、傅树崇往陕西，原为备办军需，而不令效力办理一事，反一人委署二缺，使试用之员不行委署为例。认为这样，"所带之二三人其得力有限，而沮众人效力之心，则为益少而无益多"。因命从前各省督抚大吏所请带往之人，"俱著回京"。⑤

——特殊机会物色得来的。浙江学者陈潢，精水利，有才久不遇。一次过邯郸吕祖祠题诗壁上，非常豪迈，为靳辅所见，遂各处打听，设法将他请来。康熙十年（1671）靳辅任安徽巡抚，十六年（1677）任河道总督，陈潢都在幕府。靳辅治河有功，二十三年（1684）康熙巡河，问靳辅幕府里帮助你的是谁？靳辅回答说是陈潢。张霭生《河防述言》一卷，记述的就是陈潢的治河意见，《四库》附在靳辅《治河奏绩书》之后，陈潢原著名《河防摘要》。又如毕沅在陕西见黄景仁都门秋思诗，十分欣赏，请他到西安，也是一例。

——国内著名学者。乾隆时，章学诚"尝与休宁戴震、江都汪中，同客宁绍台道冯廷垂署，廷丞甚敬礼之"⑥。戴震、汪中和章学诚都是当时著名学者。章学诚和严长明等人又都曾在毕沅幕府。毕沅和朱筠、阮元幕府广聘当代学者，

① 《清史列传》卷 26，《阿桂传》，第 1949 页。
② 《清史列传》卷 26，《孙士毅传》，第 2005 页。
③ 《清史列传》卷 27，《刘秉恬传》，第 2044 页。
④ 魏源：《圣武记》卷 12，《武事余记》，第 499 页。
⑤ 《清世宗实录》卷 71，雍正六年七月庚申，第 1063 页。
⑥ 《清史列传》卷 72，《章学诚传》，第 5945 页。

最为有名。后来还有许多学者在幕府修志书、主讲书院。如陶澍请赵绍祖（安徽人）修安徽省志；陆建瀛请冯桂芬（江苏人）修两淮盐法志；阮元请谢兰生（广东人）修广东通志；李鸿章请黄彭年（贵州人）修畿辅通志；劳重光请郑献甫（广西人）主讲广州书院，刘蓉请黄彭年主讲关中书院，都不是由于本省的人而由于是全国著名学者。国内著名学者包括科学家，如梅文鼎在李光地幕，李锐、罗士琳均入阮元幕，李善兰在曾国藩幕。

——国内名流。卢见曾乾隆十六年（1751）任长芦盐运使，十八年调两淮盐运使，"四方名流咸集，极一时文酒之盛。金农、陈撰、厉鹗、惠栋、沈大成、陈章等数十人为上客"①。邓廷桢"绩学好士，幕府多名流，论学不辍"。②

——地方人士。清代文官不能官本省，教官不能官本府，地方绅（退休官吏）、衿（秀才）又不许干预公务。康熙时屡诫退休人员子孙"务为安静"③。康熙十八年（1679）黄机以"居乡谨饬安静"④特旨召用。所谓安静就是不参予地方事务。因此地方官只能依靠幕府了解一些地方情况。光绪十五年（1889），张之洞调湖广总督，一到职就派人找他得意门生罗田人周锡恩⑤，即其例。咸丰间，张亮基、骆秉章任湖南巡抚，先后请左宗棠、刘蓉、郭嵩焘入幕，都是湖南人。骆秉章以后，毛鸿宾、恽世临、刘琨接着做湖南巡抚，都邀郭嵩焘继续任幕府。光绪时，刘坤一任两江总督，东南政事多谘商于张謇（南通人）、赵凤昌（常州人）等人。张之洞两次暂调两江总督，也都是找他们，由于他们是江苏地方人士。

——丁忧人员。清制汉官父母死，均须离职守制，称为丁忧，但可以作幕。姚元之《竹叶亭杂记》卷五说，"松相国（松筠）督两广时，余堂叔（姚）兰宸运同时丁内艰（母死），在其幕府"⑥可证。王先谦年二十父死，他自己说"偷生奉母，糊口无资，不得已于六月赴湖北武昌见父执……荐入……原总兵王吉幕"⑦。光绪二十三年（1897），沈曾植（浙江嘉兴人）丁母忧，袁世凯在小站练兵，请他去帮忙，并提出"墨缞不辟兵戎"作理由。他没有去，第二年，他

---

① 《清史列传》卷 71，《卢见曾传》，第 5837 页。

② 《清史稿》卷 369，《邓廷桢传》，中华书局 2011 年版，第 11497 页。

③ 《清史列传》卷 7，《冯溥传》，第 487 页。

④ 《清史列传》卷 5，《黄机传》，第 326 页。

⑤ 刘禹生：《世载堂杂忆·梁节庵愿为入幕宾》，中华书局 1997 年版，第 81 页。

⑥ 姚元之：《竹叶亭杂记》卷 5，中华书局 1982 年版，第 115 页。

⑦ 王先谦：《清王葵园先生先谦自定年谱》卷上，咸丰十一年条，载王云五主编：《新编中国名人年谱集成》（第六辑），台湾商务印书馆 1978 年版，第 10 页。

应张之洞两湖书院之聘。①丁忧人员，有的是一时名流，专门学者，或者是政治上有阅历的人，暂时延入幕府，所起作用往往比经常在幕的人还要大，而且接触面也宽。

——退休或失意官吏。延聘这些人和延聘丁忧人员意义相近。特别是他们的政治阅历和失败经验都可吸取。这种人又可分为两类。一类是本人借入幕立功以便复起，如乾隆三十三年（1768）王昶以刑部郎中因案革职。云贵总督阿桂请带往云南军营效力，自备资斧（不支薪俸和差旅费），后经三年复官主事。②一类是本人受有挫折，想借旁人的地位，发挥自己的政治主张，这在清末最多。如张佩纶、文廷式、梁鼎芬、蒯光典、汪康年、赵凤昌，他们不但无所顾忌，而且还广通声气。他们也不只在一个人的幕府中。

——京官。清制，未补缺的京官，允许请假，一般暂到各地入幕，过几年再回京。李鸿章先后在福济（安徽巡抚）、曾国藩幕，已是京官（翰林）。光绪时，张之洞在湖北，京官往投的很多，他也尽量招纳到各书院、学堂或局所，其实就是幕府。当时人将这些京官分为三类：一是有望误失意的朝士，如上面提到的蒯光典、梁鼎芬；二是告假出京的朝士，如周树模、屠寄、黄绍箕；三是广通声气的朝士，如文廷式、张謇。③

——新贵。所谓新贵，清代多指新中举人、进士或点翰林的人。林则徐年二十举乡试，（福建）巡抚张师诚辟佐幕。④后来郑孝胥以光绪八年（1882）的福建解元，第二年会试前进入李鸿章幕府⑤，不久离开。于式枚光绪六年（1880）进士翰林，九年已在李鸿章幕⑥，都属于这一类。此外，清代还有一种腐朽风气，中进士后往往请假回籍，顺道或绕道拜访相识的地方疆吏，疆吏也就送这班新贵一些"赆敬"（银钱），或是书院的"关书"（聘书），就是通俗所谓打秋风。在新贵是乘机勒索，在疆吏是一种拉拢，虽贤者不免。清代许多年谱，谈到他在中进士后往某某地方，而不说去的原因，大抵属于这一类。

——秀才。《清史稿·陈銮传》："銮自为诸生时，两江总督百龄辟佐幕，历官江苏最久，周知利病。"⑦陈銮是湖北江夏人，是外地的秀才。本省的秀才作

---

① 王蘧常：《清沈寐叟先生曾植年谱》，载王云五主编：《新编中国名人年谱集成》（第十七辑），第33页。

② 清史列传卷26，《王昶传》，第2020页。

③ 刘禹生：《世载堂杂忆·梁节庵愿为入幕宾》，第81页。

④ 《清史稿》卷369，《林则徐传》，第11489页。

⑤ 劳祖德整理：《郑孝胥日记》，第31页。

⑥ 劳祖德整理：《郑孝胥日记》，第31页。

⑦ 《清史稿》卷381，《陈銮传》，第11633页。

幕的更多。乾隆十四年（1749），浙江学政于敏中上言，浙江省生员（秀才）在外欠三考者（三次岁考）七十余人，请定限咨催回籍补考①，也可能由于浙江学幕的人多。

——门生故旧。李鸿章的父亲李文安（进士题名碑作李文轩）和曾国藩是道光十八年（1838）进士同年。在京时，李鸿章尝向曾问业，是年家子又是门生，后到江西投曾幕。薛福成的父亲薛晓帆是曾国藩的门生，早死。同治四年（1865）曾北上镇压捻军，张榜招贤，薛福成在宝应以"门下晚学生"名义上书，条陈八事，曾招他入幕。②张之洞到湖广，首先找周锡恩入幕府，就是他的门生。门生前代称为门弟子，就是学生。清代所谓门生，范围较广。凡是教读老师，统称受业师，凡是科举考试取录自己的，统称受知师。无论受业受知，自己统称门生，终身尽礼。乾隆时，一度认为，受知师才是自己仕进的引导者，受业师与仕进无关，应该加以区别，但是行不通。此外还有拜老师，又称拜门，既非受业，又非受知，结为师生关系，清末最盛。

——亲属。这是很自然的情况，但清醒的人多数认为"至亲不可用事"，和"用亲不如用友"。乾隆二十九年（1764），诸暨县知县黄汝亮的重征；乾隆五十一年（1786），平阳县知县黄梅的苛敛，以至获罪，都是由于子累。③

——专业幕宾。就是学幕的人，又称刑名或刑钱师爷，也就是通俗所称的"绍兴师爷"。这是幕客的主流。

四、绍兴师爷

绍兴，清代是府名，府辖八县：山阴、会稽，萧山、诸暨、余姚、上虞、嵊县、新昌。今天的绍兴县在清代是山阴、会稽两县。不是说八县人人都学幕，像绍兴著名学者章学诚、李慈铭就未尝学过；也不只限于绍兴附郭的山阴、会稽两县，像著名的"绍兴师爷"汪辉祖就是萧山人；也不是除了绍兴以外无人学幕，像《幕学举要》的作者直隶名幕万维翰，就是江苏人；《入幕须知》五种（《入幕须知》五种，光绪十八年浙江书局刻本）主编，同光时名幕的张廷骧也

---

① 《清史列传》卷21，《于敏中传》，1545 页。

② 薛福成：《庸庵文外编》卷 3，《上曾侯相书》条，《续修四库全书》，上海古籍出版社 2002 年版，第 220 页。

③ 汪辉祖：《学治臆说》卷下，《至亲不可用事》，《官箴书集成》，黄山书社 1997 年版，第 5 册，第 286 页。

是苏州人。汪辉祖曾引雍正初"刑名幕友胡某歙（安徽）人"[①]的事。

过去学幕，有专门的学识和训练，称为幕道或幕学[②]。虽然没有固定的学校、学程和年限，可是要拜师，要分别行辈。所以嘉庆时梁章钜虽讽刺"绍兴三通行（即绍兴师爷，绍兴话，绍兴酒），皆名过其实"，"刑名钱谷之学，本非人人皆擅绝技，而竟以此横行各直省，恰似真有秘传"。但也不能不承认"亦究竟尚有师传"。[③]清代地方官署，除了武职和盐粮以外，都是行政和司法不分，财政和建设不分。一个知县，既要管理全县的行政事务，还要审理裁决民刑案件（刑名），征收钱粮赋税，开支各种费用（钱谷），还有往来文件（挂号），缮写公私函件（书启），考核征收田斌（征比）。因此，作幕也学习这五方面的知识。特别是关于审判的量刑轻重，裁决的是否合理，以及收支的报销（清代四柱清册以银两为单位，两以下小数达十三四位），不但是民人是否服从，上级是否批准的关键，更是一个官吏的成败升黜的根据。所以"刑名、钱谷，实总其要"，更是学幕的主要项目。学习的基本材料，"全在明习律例"，"律文一定不移，例则因时更改"。例案太多，虽有"通行"（通知各省府州县的文件），但不随时汇集公布，全靠各人的抄录札记，学幕师徒之间的传授大都在此。这可以说是业务学习。

此外还有品德修养的学习，就是"俨然以宾师自处"。什么是以宾师自处呢？就是要做幕主的朋友和老师，知无不言；而不要做他的属员，听命唯谨。因此要求做到三点：尽心，尽言，不合则去。所谓尽心尽言，就是"心尽于事，必竭所知所能"，"尽心之欲言"，"官幕如同船合命"。[④]所谓不合则去，就是"礼貌衰（降低），论议忤（意见不合），辄辞去"[⑤]。这种情况，据汪辉祖说是他"年二十二、三初习幕学"时的情况。又说，"至余年三十七、八时犹然，已而稍稍委蛇，又数年以守正为迂阔矣"[⑥]。案汪氏乾隆十七年（1752）年二十三，所谓年三十七、八，应是乾隆三十一、二年，所谓又数年，如以五年计，则在乾隆三十六、七年。粗略地说乾隆三十年（1765）以前大都如此，乾隆三十年有点放松，到乾隆三十五年就不太坚持了。但是不合则去的精神还存在。我听章廷谦先生（绍兴人）说，鲁迅先生说过，"我们绍兴师爷箱子里总放着回家的

① 汪辉祖：《续佐治药言》，《删改自首之报》，《官箴书集成》，第 5 册，第 332 页。
② 汪辉祖：《学治臆说》卷上，《得贤友不易》，《官箴书集成》，第 5 册，第 269 页。
③ 梁章钜：《浪迹续谈》卷 4，《绍兴酒》，福建人民出版社 1983 年版，第 81 页。
④ 汪辉祖：《佐治药言》，《尽言》，《官箴书集成》，第 5 册，第 314 页。
⑤ 汪辉祖：《学治臆说》卷上，《得贤友不易》，《官箴书集成》，第 5 册，第 269 页。
⑥ 汪辉祖：《学治臆说》卷上，《访延贤友》，《官箴书集成》，第 5 册，第 268 页。

盘缠（路费）"，这是多么坚强的不合则去的保障。

绍兴刘大白先生曾和我说，绍兴师爷还常出去游学，就是在作幕几年之后到各地上级衙署访问，寻求更多的例案，以为深造。

大白先生还谈过，绍兴师爷还创造了"江山一统"的分类法。将汉字按"江山一统"四字的第一笔，点、直、横、撇分四部，较部首分类简便的多，容易检查。他们的笔记标题、案牍索引、各种簿册，汪辉祖《学治说赘》（列有稽狱囚、查管押、宪批、理讼四簿，又有客言、堂签二簿，和正入、正出、杂入、杂出四簿。又《学治臆说》说"事须谨慎者，或密书手折志之"，所以他们的簿册是很多的，）都按这样分类。（大白先生三十年代初逝世，他著作很多，不知此二事已否发表？）

清代地方官署，不论大小，都有幕学师爷。看事务的多少，定人数的多少。最简僻、最小的官署，也要有一人兼管刑名和钱谷，一人兼管书启、挂号和征比。清代末季，一般都以亲属管理出纳财务，等到离职才请钱谷师爷办交代，而刑名老夫子是不可缺的。所以所谓绍兴师爷是和清代相终始的。

附带说明一下，幕宾和胥吏，身份不同，来源不同，性质不同，不能相混。

五、清代幕宾的地位

清代幕府人员统称幕宾，由幕主自己延聘，不属于国家行政系统。因此，他们的聘辞、工作安排、人数以及束修多少，都独立于官府之外。他们的工作称为馆地，或简称馆。入幕称为到馆，离去称为辞馆。他们和幕主的关系是宾主关系，是平等的，没有上下级隶属关系。他们称幕主为主人，为东主、东翁，或称东家；幕主称他们为西宾、西席，为老夫子；旁人都称他们为师爷。幕宾与幕宾之间，也是平等的，不因各人的年龄、行辈、学识、地位而有高下。至于他们各个人之间的私人关系，自当别论。

幕宾在馆，礼遇隆重。清代是历史上封建等级比较严格的时期，中叶以后，由于保举、捐纳打破了限制，加快了升迁，而等级差别仍然存在。各省下级对上级要行跪拜或者请安礼。[①]请安是屈一膝，俗称打千（或作打跧）。但是幕府主宾相见，均止相对长揖（深躬作揖）。设宴总是幕宾上座。如家内有教读的老

① 梁章钜：《南省公余录》卷3，《拜礼》，沈云龙主编：《近代中国史料丛书》（第44辑），台湾文海出版社1966年版，第1308页。

师，老师在上；或设两席，教读老师坐东一席，幕宾坐西一席。[①]教读老师是不参加政治性宴会的。曾国藩每天要陪幕宾吃饭，幕宾不到齐他不先吃[②]，郑孝胥光绪九年（1883）入李鸿章幕，李鸿章亲自督察童仆给他安搭床铺[③]。从这些小事都可以看到幕宾的地位。乾隆时，陈道（字绍洙，江西新城人，著有《凝斋遗集》）的儿子陈守诚任浙江金衢严道。他写信给他儿子说："幕中诸友，须情谊亲洽，礼貌周到，不可似向年疏忽。饮食酌定数品，只一二席稍丰，时常陪饭，便令厨子不敢省减。"又说："诸友馆谷（工作的报酬），逐季送清"，又说："论事当和婉相商，无执己见，轻行改窜。即或意见不合，亦宜礼貌相别，无出恶言。"[④]对幕宾是这样的恭敬周到。但是在幕宾方面，还是有"吾辈游幕之士，家果素封，必不忍去父母离妻子寄人篱下"[⑤]之感。

幕宾的工作报酬，称为束修、岁修，或馆谷，每年或每季由延聘的幕主自行致送，不在公家支出之列。但事实上还是由幕主的岁俸和养廉中支付。在乾隆时"游幕之士，月修或至数十金"[⑥]。如果十五、六人每月五十金，一年就需银万两，而州县处处需钱应用，因此竟出现了"所入廉俸即尽支领，亦不敷延请幕友"[⑦]的情况。也就必然导致钱粮不能不额外加增，差徭不能不民间摊派了。

由于幕宾的岁修不由公家开支，因此他们不算官员，不能由官吏调用。嘉庆二十三年（1818）直隶总督方受畴延请现任通判陈建帮办幕务，受到弹劾。嘉庆帝指出督抚大吏不准以属员帮办幕务，屡经降旨饬禁，方受畴身任总督，养廉优厚，非不能延请幕友者，乃令现任通判陈建入幕办事，既旷职守，又招物议，实属违制[⑧]，受到严厉批评。

幕府既不能由职官兼充，因此遇有劳绩也不能奖叙。雍正三年（1725）议年羹尧罪状时，有"将幕友张泰基等冒入军功共十八案"[⑨]一款。道光十四年（1834），闽浙总督程祖洛将幕友陈时等五人保列议叙，道光帝以督抚幕友例不

---

① 刘禹生：《世载堂杂忆》，第 48 页。

② 薛福成：《庸庵笔记》卷 1，《李傅相入曾文正幕府》，商务印书馆 1937 年版，第 12 页。

③ 劳祖德整理：《郑孝胥日记》，第 33 页。

④ 陈道：《官戒·示长儿》，《清经世文编》卷 21，第 530 页。

⑤ 汪辉祖：《佐治药言》，《俭用》，《官箴书集成》，第 316 页。

⑥ 汪辉祖：《佐治药言》，《俭用》，《官箴书集成》，第 316 页。

⑦ 《清史列传》卷 34，《姚文田传》，第 2662 页。

⑧ 《清史列传》卷 33，《方受畴传》，第 2578 页。

⑨ 梁章钜：《归田琐记》卷 5，《年羹尧》，中华书局 1981 年版，第 89 页。

准邀议叙，下部议处。①这种措置显与雍正元年（1723）三月乙酉谕，"嗣后督抚所延幕客，将姓名具题，果称厥职，咨部议叙"的规定不符，是后来改的。雍正知道田文镜的幕客有邬思道，李卫幕客有鲁锦，必由于造册报部所以知道。因此认为雍正元年三月乙酉谕旨并实行，也是说不通的。

从记载看，游幕的人大都为了解决家庭生活。汪辉祖在他的著作中屡次谈到这一点。乾隆时诗人黄景仁，家很穷，将出游幕，明白说过："母老家贫，后无所赖，将游四方觅升斗为养。"②同时学者程晋芳，就是当时盛传的"鱼门先生死，士无走处"的鱼门先生。他家本来富有，到了晚年，"家赀尽，官京师至无以举火"。乾隆四十九年（1784），他请假到西安，目的是"将谋诸毕沅为归老计"，到西安只一个月就死了③，都说明了这个问题。同时我们还看到，家庭生活优裕的人，如王念孙、王引之父子（王安国之子和孙），梁玉绳、梁履绳兄弟（梁师正之孙，梁同书之子），他们家没有作幕的人。

游幕既是为了疗贫，而幕宾又不算是正当出身，所以多数人在游幕之后再应科举考试。汪辉祖作了十七年幕宾，去考举人，录取后又作了七年幕宾，经过四试考取进士（乾隆三十四年、三十六年、三十七年、四十年），说明科举在幕宾心目中，同样是向往的。《三家诗拾遗》的作者范家相，会稽（今绍兴）人，"弱冠薄游为人主幕务，稍废学，年至四十，母责其泯泯无闻，乃复杜门研诵"④，考取进士。为所谓"泯泯无闻"，正反映封建社会对作官的倾慕心情。这种作幕后参加科举考试的例子相当多。戴震先在秦蕙田幕后举乡试⑤，林则徐、陈銮先在百龄幕后中进士都是。

清代幕宾，有些先做官后入幕，有些先入幕后做官，有些由幕入官然后再入幕，有些由官入幕然后再做官，情况不尽相同。

幕府的工作，以刑名、钱谷为主，因为每个机关都需要，但又不是任何读书人都擅长。于是出现了由幕府人员编书、著书、印书的工作。著名大幕如阮元幕府编的《皇清经解》和《国史儒林文苑传稿》，王先谦幕府编的《皇清经解续编》，毕沅幕府编的《续资治通鉴》，张之洞幕府编的《广雅丛书》，和其它幕府所编的地方志，都有一定贡献。在幕府以个人名义发表的著作更多。

---

① 《清史列传》卷 37，《程祖洛传》，第 2927 页。

② 《清史列传》卷 72，《黄景仁传》，第 5941 页。

③ 《清史列传》卷 72，《程晋芳传》，第 5885 页。

④ 《清史列传》卷 68，《范家相传》，第 5505 页。

⑤ 《清史列传》卷 68，《戴震传》，第 5513 页。

评阅试卷也是幕府人员的工作之一。这里说的试卷，指学政科考、岁考和各书院的考课。道光十七年（1837）祁寯藻为江苏学政，"幕客俞正燮、张穆、苗夔诸人并朴学通儒"[①]，可见对评阅试卷的重视。至于乡试阅卷另有同考官，是不能由幕府代阅的。道光二十年（1840），江南乡试正考官文庆私带湖南举人熊少牧入闱帮同阅卷，革职。这又是对科举考试不许由幕宾代阅的明显事例。

地方官的经常行政工作除了刑名、钱谷以外，还有批牍，就是批答文件，也要请人协助。涉及方面更广，需人更多，也就不限于一定范围。许多重大问题的解决，往往出自幕府。官文作湖广总督，"拒细事不甚究心，多假手于幕友家丁"[②]，不认真做事的官吏大都如此。陶澍"在江南，治河、治漕、治盐并赖王凤生、俞德源、姚莹、黄冕诸人之劳"[③]，勇于做事的官吏更靠幕府协助。当然也有不用幕友的。赵申乔"在官不延幕客，案牍皆手理，属吏服其公清"[④]，就是一个。

曾国藩在咸、同之间，"致力延揽，广包兼容，持之有恒"，"幕府宾僚尤极一时之盛"。[⑤]他"以兵事、饷事、吏事、文事四端，训勉僚属"，这显然比幕学的五个方面更加宏阔。当时实际政治的要求已不同于前，时代变了，幕府人才的要求也变了，不再是从前所谓绍兴师爷了。

六、清代幕府发展的三阶段

从上面我们看出，清代幕府本身的发展可以分为三个阶段。清初到道光末为第一阶段，咸丰初（1851）到光绪中为第二阶段，光绪中（1889）到辛亥革命为第三阶段。也就是以曾国藩的幕府班子和张之洞移督湖广后的幕府班子作主要划分界标。

（一）1815 以前的二百年

清自入关到道光末，虽然年代很长，社会经济的发展很快，政治事变很多，

---

① 《清史稿》卷385，《祁俊藻传附子祁世长传》，第11675页。

② 薛福成：《庸庵文编》卷4，《书益阳胡文忠公与辽阳官文恭公交欢事》，《续修四库全书》上海古籍出版社2002年版，第101页。

③ 《清史稿》卷379，《陶澍传》，第11605页。

④ 穆彰阿、潘锡恩等：《嘉庆重修一统志》卷282，浙江名宦，《赵申乔传》，中华书局1986年版，第17册，第13754页。

⑤ 薛福成：《庸庵文编》卷4，《叙曾文正公幕府宾僚》，第103页。

但地方政府的幕府组织变化不很显著。

大致来看，咸丰以前各地方政府的幕府班子至少有这样的特点：1. 国家法令对幕府的限制较严；2. 幕主对幕宾的礼貌尊崇；3. 幕宾守正，自我要求严；4. 幕宾管理的事务，除了特别指定以外，以刑名、钱谷、文书为主。

（二）咸丰初到光绪中

咸丰以后，由于时事的发展，各地幕府情况也与前时不同。

首先表现在幕宾的人数加多，这是行政事务加多的反映。新事物需要新知识新研究，就需要新人才。薛福成记曾国藩的先后幕宾凡八十三人，他本人和他不知道的还不在内。这种情况的促成是由于：1. 鸦片战争后，中外通商以及海防事务的加强，如黎庶昌（后出使日本）、薛福成（后出使英法意比）、陈兰彬（后出使美国）诸人的入幕；2. 太平天国起义，曾国藩、罗泽南之流"各举平素知名之士召练乡勇"[①]，用以镇压太平军，因之左宗棠、彭玉麟、李鸿章这班人都入曾幕；3. 军兴以后，捐输、厘金等等一时蜂起，不由地方州县经手，这方面的人员莫不入幕，李瀚章就是曾国藩幕府总理粮台、经收厘税最早的一个人[②]；4. 由于当时需要更多、更强的人才工作，许多官员得到"破格录用"[③]，造成"军兴以来，奏调人员往往不次骤迁"[④]的局面。奏调人员大都是参加幕府的人，这就成了官吏升迁的捷径，于是希望作幕宾的更多了。这是和过去完全不同的。

其次，道、咸以前幕府中宾主是个人与个人的平等关系，没有职务上的上下级区别。咸丰以后，幕府人员有的参加了治军、作战、筹款、征收的实际工作，就出现了职称，也就产生了等级差别和一系列奖惩制度，幕府制有了变化。但不参加实际行政工作的幕府，仍然保持原来礼数。李元度咸丰三年（1853）入曾国藩幕办理营务，十年（1860）九月在徽州战败，曾国藩把他弹劾，革职拿问[⑤]，处理是严厉的。但曾国藩对其他无职责的幕友，还是每天早晨同他们下围棋。[⑥]这是和过去有同有不同的地方。

至于在合则留不合则去的幕宾品德方面，和道、咸以前还是一样的。当徽

---

① 《清史列传》卷 51，《左宗棠传》，第 4050 页。
② 《清史列传》卷 59，《李瀚章传》，第 4639 页。
③ 《清史列传》卷 49，《刘蓉传》，第 3905 页。
④ 《清史列传》卷 54，《何璟传》，第 4263 页。
⑤ 《清史列传》卷 76，《李元度传》，第 6292 页。
⑥ 薛福成：《庸庵笔记》卷 4，《曾文正公始生》，第 87 页。

州战役后曾国藩追究李元度的战败责任时，李鸿章正在曾国藩幕府①，很不以为然。他同另一幕友向曾国藩力争不得，竟辞去。薛福成这样记载了他们的对话：

> 李：果必奏劾，门生不敢拟稿。
> 曾：我自属稿。
> 李：若此，则门生亦将告辞，不能留侍矣！
> 曾：听君之便。②

李离开曾幕到江西闲居，至咸丰十一年（1861）七月曾国藩到安庆以后，才又约李到幕府中来。应该指出，曾、李争论时，薛福成还未入曾幕，可能得之传闻，而且写在曾死以后，也许有些夸大，但是结果李鸿章离开曾幕确是事实。幕宾不合则去的自我要求还是存在的。左宗棠在西北时，幕府中吴观礼、施补华的"见机而仆"，李云麟的"不欢而散"③，都由意见不合中途离去。

在咸丰以前，幕宾只对幕主负责，并随幕主的任职为去留，幕主离职幕宾也连带离去。除了个人的行为须负法律责任外，是不负行政责任，不受行政处分的，可以说是"置身事外"。咸丰以后，地方事务加多，幕宾经管的文件也多起来，这就出现了幕宾与外间的联系。左宗棠在湖南巡抚骆秉章幕，凡见骆的人，骆总让他们去见左师爷④，幕府的地位与作用显然更加提高了。

咸丰以后，各处幕府人员加多，幕宾岁修已非官员私人名义所宜担负，逐步移在书院、书局、修志局或其它局所支应。这样就出现了新的职名（总办、帮办等）。

咸丰军兴，许多著名人物由幕府变成高级官吏，如胡林翼、左宗棠、刘蓉等，在平等地位、同样名称的幕府中，自然出现变更称谓的要求。胡林翼幕均称罗泽南为罗山先生是一证明。

有许多新起业务，涉及全国或两省以上，虽由一地主持，但用一省的幕宾名义终嫌不便，如芦汉铁路、内河轮船、湘鄂电话等等，都改新称。

还有政治原因，如御史朱一新光绪十二年（1886）八月论巡阅海军太监李连英随往，将蹈唐代复辙，降职，一时名震全国。张之洞遂请他到广州广雅书院作山长，主持讲学。书院是省级官吏设立的，但又在官厅系统之外，山长（院

---

① 《清史列传》卷 57，《李鸿章传》，第 4445 页。
② 薛福成：《庸庵笔记》卷 1，《李傅相入曾文正幕府》，第 13 页。
③ 秦翰才：《左文襄公在西北》，第一章《左公是怎样一个人》，岳麓书社 1984 年版，第 18 页。
④ 刘禺生：《世载堂杂忆·左宗棠与樊云门》，第 45 页。

长）名义清高，对省级官吏没有上下关系，对清廷来说调解了一次争议，这样安排朱一新是适宜的。而张之洞也自认是"意在激励风节，利害非所计"①。

（三）清末二十年

清代疆吏的幕府，光绪中叶以后又和咸丰时不同，这是外患日亟，时代发展的必然结果。有人认为是由于光绪十五年（1889）湖广总督张之洞"废山长制度而为分教制度"，"废聘请馆宾而札委文案"，因而"幕宾制度永除"，给他加以"破坏中国宾师之罪"②，其实并不尽然。

张之洞出生在他父亲的知府衙署里，从小就熟知幕宾情况，他对幕宾是否另有看法，不得而知。他自己聪敏多才，光绪八年（1882）第一次做地方官就未用文案。他给张佩纶的信中说："文案无人，一切笔墨皆须己出，不惟章疏，即公牍亦须费心改定，甚至自创。"③光绪十年到两广总督任，初到"就命司道首府各举候补官才胜文案者入署办事。"④这种情况，过去也有。道光元年（1821）戴敦元任江西按察使，"至江西，无幕客，延属吏谙刑名者以助，数月清积牍四千余事"⑤，是由于自带人少还是反对幕府制度，尚难证实。

清代各省书院，由督抚聘请名家掌教，称为山长。原以八股、试帖为主，后来加课经史。讲学外，每月考试两次，上半月由省级官吏考试评阅，称为官课；下半月由山长考试评阅，称为师课。成绩优秀的给以奖金，称为膏火。这就是所谓官师二课。张之洞在广东设广雅书院，书院设山长（校长），分经学、史学、理学、文学四门，各有分教（院长）。后到湖广又设两湖书院，先分经学、史学、理学、文学、算学、经济六门，后改经学、史学、地舆、算学四门，有分教，无山长。后来学校制度建立，书院制度废，聘请改为任命。

同治八年（1869）张之洞任湖北学政，建文昌书院（后改经心书院），聘黄彭年为主讲。光绪八年（1882）张之洞在山西聘王轩为令德堂主讲，实即山长，其时还没有分校、分教之名。光绪十七年（1893）屠寄、易顺鼎分教两湖书院，而没有山长，所以说山长的废除是从张之洞在湖广开始，是可信的。

但这只是职名改换，关系并不大。陈颂万又说："张之洞莅鄂，废去聘请之

① 许同莘：《张文襄公年谱》卷3，商务印书馆1947年版，第57页。

② 刘禺生：《世载堂杂记·张之洞罢除宾师》，第48页。

③ 张之洞：《张文襄公全集》卷214，《与张幼樵》，北京中国书店1990年版，第34页

④ 许同莘：《张文襄公年谱》卷3，第57页。

⑤ 《清史稿》卷374，《戴敦元传》，第11551页。

幕宾刑名师爷，刑名、钱谷皆领以札委之文案，文案决事于本官。"①这就涉及到制度本身的根本改变了。陈颂万曾作张之洞机要文案(赵凤昌亦是机要文案)，所说应该是有根据的。

文案在张之洞幕府原称文案委员。委员用作官职名称，见于乾隆时《幕学举要》，原指临时委派的监督或调查人员。如庄头当差地亩被灾，"令其呈明内务府，俟内务府委员到境同州县会勘，造具册结，给委员带回"②。委员本人还有他自己的本职。其后成为正式职称，变成了委派人员的专名。各省习用已久。咸丰七年（1857）·王庆云作四川总督，到川抽收厘金，命司道慎选委员，并议定委员明给薪水，另外还有辕门收呈委员等③。张之洞到湖广后使用更广泛，如洋务委员、文案委员、矿政局委员、无烟药厂委员等，比比皆是。文案委员实即原来幕宾里的文书、书启。幕宾，原来是朋友地位，现在成了上下级关系；幕宾之间原来彼此平等，现在上面加了领导，有了等级；幕宾原来是礼聘的，现在换了札委（命令委派）；幕宾原来是私人助手，现在成了正式官吏；幕宾原来只是一种名义，现在要负实际责任。性质变了，地位也变了。咸丰以来培养政治人才的幕府制度不复存在，而变成和其他行政机构一样，各人在主管事务中锻炼成长。

这时，外事交往多，光绪十七年（1891）俄国太子（即后来的沙皇尼古拉二世）旅游武昌（今武汉）。张之洞命辜汤生以洋务委员名义招待。④这样比起私人幕宾的名义较为礼貌，而且看不出地位高下。

附带指出，光绪时的督抚，由于政务发展，他们的职责已不尽同于前。咸丰末出现外重内轻局面⑤，光绪十年（1884）中法战起，何璟任闽浙总督，屡请南北洋拨师船赴援，"旨下皆不能应"。在前，"外省官吏于劝捐抽厘等事，往往侵蚀分肥，饱其私囊，遇有他省人员前往试办，必多方掣肘，不使其废然思返不止"⑥，说明各省早已有排挤外来人员情事。光绪三十年（1904）美国来议粤汉铁路事，清廷命商部（中央）与湖广总督张之洞（地方）妥筹办理。张之洞认为"参以商部，必多枝节，如无掣肘，庶几有成"⑦，于是商部不问粤

---

① 刘禺生：《世载堂杂记·张之洞罢除宾师》，第48页。

② 万维翰：《幕学举要》，《赈灾》，《官箴书集成》（第4册），第746页。

③ 王传璨编：《王文勤公年谱》，《到川抽厘》，家刻本第49、54页。

④ 许同莘：《张文襄公年谱》卷3，第73页。

⑤ 《清史列传》卷54《何璟传》，第4263页。

⑥ 《清史列传》卷55，《晏端书传》，第4306页。

⑦ 许同莘：《张文襄公年谱》卷9，第188页.

汉事。可见清末地方疆吏权势之大。地方疆吏所依靠的是地方财赋、地方企业和地方人士，这些经手的人，大都是新旧幕府。直到辛亥革命，像周馥和李鸿章，杨士骧、徐世昌和袁世凯，张鸣岐和岑春煊，尽管名义不同，都有幕府渊源。这些便造成了后来的军阀割据。

（原载《中国社会科学》1980 年第 6 期）

清代考试的文字：八股文和试帖诗

清代考试的文字，主要包括两方面：一、八股文；二、试帖诗。

一、八股文

明清两代的科举考试大体沿用唐宋以来的制度，而变更了一些做法，专取四书五经命题。据《明史·选举志》上讲，这种办法是明太祖和刘基两人规定的，这个说法是否确实，已经不好考订了。这种办法，在明代就是要求考生答卷必须"代圣人立言"，只能用孔子的口吻写文章，不许发挥自己的意见。清代又加了一层限制，要求"代圣贤立言"，这个圣贤又包括了宋儒，就是除了圣人孔子，还要用贤人朱熹的口气说话。对于篇幅，明代要求四书的题目须做二百字以上，五经的题目须做三百字以上。清朝顺治二年（1645）规定，四书文每篇不超过五百五十字，康熙二十年（1681）又宽至六百五十字。可是人们越写越多，渐成喜为长篇的风气，动辄千言，又多是肤词滥调。五十四年（1715）乙未科会试，有个叫尚居易的，一篇文章写了一千二百多字，初拟第一名，后来决定取消他的资格。乾隆四十三年（1778），明确规定每篇俱以七百字为率，超过此限的概不录取。

就格式讲，这种文章不能写成一般的散文，必须要用排偶，要讲对仗。这样就形成了明清时期所特有的内容僵死、形式固定的八股文。

八股文究竟是怎样的一种文章？现在已经非常不易找到了。许多书中都有所解释，如说：八股文是15世纪到19世纪中国封建皇朝考试制度所规定的一种特殊文体。八股文每篇由破题、承题、起讲、入手、起股、中股、后股、束股等部分组成。"破题"共二句，说破题目的要义。"承题"用三句或四句，承接破题的意义而说明之。"起讲"概说全体，为议论的开始。"入手"为起讲后入手之处。起股、中股、后股和束股这四个段落才是正式的议论，中股为全篇文字的重心。在这四个段落中，每一段落都有两相比偶的文字，合共有八股，所以叫做八股文，亦称为八比。

在我的藏书中，有几本清代刊印的当时考试人的试卷。这里我们举几个实例。

首先看一下破题和承题的写法。

光绪庚寅（光绪十六年，1891）恩科（因光绪十五年皇帝亲政，次年特别开恩，例外增加的一科），会试的题目为：

> 子贡曰：夫子之文章可得而闻也，夫子之言性与天道不可得而闻也。
>
> 子路有闻，未之能行，唯恐有闻。

这是用《论语》中的两章合在一起作为一个题目，这种题目叫做大题（当时的题目一般有三种：一种是大题，就是用经书中的几句话或者一章、两章作为一个题目，如："子曰：学而时习之，不亦说乎！有朋自远方来，不亦乐乎！人不知而不愠，不亦君子乎！"一种是小题，只用经书的一句，如"子曰：学而时习之，不亦说乎！"还有一种叫做接搭题，就是把两句话截头去尾，如"不亦乐乎人不知"。俞曲园在河南做学政时就喜欢出接搭题，出的奇奇怪怪，后来为此受到御史的参劾，从那以后就很少有人出接搭题了。但也有人认为接搭题好，它把极不相干的话连在一起，就不只是考文字，而且可以测验出一个人的智慧。

这个题目的意思是：孔子的文章我们是可以知道的，而关于性和天道他却从来不讲，我们也就不得而知。子路凡是听到老师的话都要照着去做，如果做不到，他就非常害怕听见。这里讲了"闻""行"两个方面，考生就应该把这两方面的意思都概括起来。这次会试的第五房同门姓氏试卷中有一篇张叙宾的文章，他是这样开头的：

> 闻有难以言传者，无不可以行励也。（破题）盖由文章而推之性与天道，秘于言，宜体诸行也。子路之恐，亦同一励行于闻之意耳。（承题）

开头两句既点明了"闻"，又点明了"行"，将题目的要义一语道破，这就是所谓"破题"。接下来三句进一步说明了"闻"与"行"二者之间的关系。这就是所谓"承题"。

下面接着写道：

> 且圣教本无隐，而时欲无言，亦以道不远人，第求诸言不若实课诸行耳。行所得闻，而未闻者可默会焉；并行所已闻，而可闻者且递引焉。此其诸智者知之，勇者励之，而圣教难宣之隐与学人务实之修，类举之，无

难显白于天下。①

这一段即是"起讲",文章就从这里入手了。此后再分成几股,然后结束。

张叙宾为河北磁县人,时年四十一,生于1850年。会试中是第四名,殿试三甲第四十六名,朝考二等。即用知县。

下面再看夏寅官文:

> 两贤造道之深,愚柔宜勉矣。(破题)夫由易闻而知难闻,子贡之明也;由已闻而励未闻,子路之强也。愚柔其勉之哉。②(承题)

夏为江苏东台人,时年二十五,生于1866年。会试中式第六十四名,殿试二甲第六十四名,朝考一等第六名。翰林院庶吉士。

另郑叔忱文:

> 尊所闻而行所知,两贤之学进矣。(破题)夫子贡之述所闻,子路之策所行也,均有得于既闻既行后耳。故并志之。③(承题)

郑系生父,时年二十八,生于1863年。会试中式第七十二名,殿试二甲一百十七名,朝考一等第七名。翰林院庶吉士。

下面再看分股的写法。

光绪甲午(光绪二十年,1894)顺天乡试,试题为"诗曰:衣锦尚絅。"锦,是丝织品中最华丽的一种;絅,是一种麻布制作的罩褂,比较粗糙。意思是,穿着最精美的丝织品的时候,外面再加上一层粗糙的罩褂。一篇文章中有一段这样写道:

> 诗人知草衣卉服,特为上古之遗风,则入朝庙而黼黻休明,正有取朱绿苍黄之用。
>
> 诗人知正笏垂绅,悉遵一王之定制,则考绩事而设施采色,谁能掩山龙藻火之辉。④

这是两股。两股的字词之间完全对仗,结构完全相同。

清朝在乾隆以后,曾一度规定把中股和后股合成一股,名之为"大股"。这

---

① 见《第五房同门姓氏》。
② 见《第七房同门姓氏》。
③ 见《第七房同门姓氏》。
④ 见肖开甲文。

样，八股就成了六股了。对于一篇文章来说，大股写得如何，非常之重要，评判文章的优劣，主要看大股。当然文章的开头如果不能惊人，别人也就不看下文了，因而破题、承题也有决定意义。有的文章在起股、中股、后股、束股之后，也有再写一至三句结束全篇的，一般这几句结束语都是颂扬之辞。

八股文有没有范文读本？有的。乾隆认为，人心士习、风会所趋，关系着国家的气运，所以他下诏要编一本可供士子楷模的八股文范本，"明示以准的，使士子晓然知所别择"①。于是，桐城派的鼻祖方苞就根据这一精神，选录了明清两朝名家的时文，编成四十一卷，题名《钦定四书文》，颁行全国。这是最早的八股文示范。嘉庆时，又有路德编选的《小题正鹄》，专选小题文章，这本书在当时和以后影响相当大。因为考进士一般出大题，考秀才一般出小题，路德的《小题正鹄》正是为适应大家考秀才的需要而编的一本模范文选，所以很受欢迎。可是那些有了出身的人，认为这类东西是不屑一看的，是不登大雅之堂的。《清史稿·艺文志》也不把八股文算作著作，《小题正鹄》之类没有列入，尽管它当时最流行。只有方苞编选的《四书文》列入了《艺文志》，因为这是奉皇帝的命令编选的，前面标有"钦定"字样，他不敢不登。

八股文来源于宋朝的四六。四六和骈文不同。六朝和唐尚骈文，骈文专尚词藻和对仗，不用虚字，而四六不尚辞藻，常用虚字。另外清朝时焦理堂还有一种说法，说八股文源于元曲。②这种说法可能也有它的根据，因为元曲都有曲牌，若干曲牌组成一篇，和八股很相像。

辛亥革命前后，许多人都曾猛烈地反对八股文。鲁迅特别指出八股文的坏处，说这是蠢笨的产物文章之所以要一股一股地定出格式，是为了考官看起来省力，应试人也不费事。③

八股文从根本上讲就不是一种好的文体。明清以来人们对于它的批评很多。首先，在思想内容方面，它不仅规定以四书五经为主，而且对于书、经的解释只能以朱熹的注解和《高头讲章》为准，这就局限了人们知识的范围，限制了人们思想的自由。写文章本来都是为了发表自己的意见的，但八股文不允许谈自己的意见。对儒学经典，绝不允许议论它的是非。就是说它对，也只能按照朱熹的讲法，说它怎样对、什么地方对，不能另外有什么讲法。而且要代圣贤立言，就是他们所讲的这一套是要所有的人们服从的，这就变成了一种法令。

---

① 《清史稿》卷108，《选举志三》，中华书局1977年版，第3153页。

② 焦循：《易余籥录》，载《丛书集成续编》，上海书店出版社1995年版，第91册，405页。

③ 鲁迅：《伪自由书·透底》，上海北新书局1933年版，第110-111页。

在体裁形式方面，它规定固定的模式，死板的层次，字句还要讲对仗，使人们的思想陷于僵化，陷于保守和顽固。所以到了后来，八股文越来越衰微平淡，越来越只为应考人设想，越来越趋于简易，仅仅成为一种考试的工具，成了一种陈词滥调，连所谓代圣人立言、概括经义都没有了。清代虽然不断有人说它不好，虽然不断进行所谓改革，但始终没有改掉。直到戊戌变法之后，形式上去掉了八股文，改为策论，但实际上还是一样。因为出的题目还是那样一种题目，写的文章还是那么一类文章，并没有超越许多，情况并没有什么好转。后来又改新式学校了，八股文都不讲了，而大家所学的仍和八股差不多，尽管文体有所改变，不像原来那样死板，由八股改为策论，由按部就班的体例改为可以自由发挥，这是解放了一些。但就拿策论来说，字数仍有一定限制；可以自由发挥，但不能违背当时的政治倾向。考试的文字是这样；考试以外，像当时的《清议报》《时务报》《国际报》的文章，虽然跟过去大不相同了，但还是说空话的多，讲实际的少。它们当然很有不少了不起的文章，像梁启超的文章，有的真是如同长江大河，滔滔不绝，撒开思想的缰绳，纵横驰骋，可是最后落实了，还是很空洞。所以整个看起来，八股的害处很大，不仅害了明清两朝，在清末取消八股之后，仍然长时间文风不正。后来又有党八股，也正是老八股罪状在今天的表现。所以，我们还是同意鲁迅的意见，无论新八股、老八股，必须一律扫荡。

当然，八股文自身也有个变迁过程。就清朝统治者来说，也曾不断讨论，希望有所改革。雍正就曾一再强调八股文必须做到"清真雅正"，也就是真实、明白；乾隆也曾要求做到"词达理醇"，也就是词语通达、道理纯正。乾隆说过："古人论文，以浑金璞玉不雕不琢为比，未有穿凿支离可以传世行远者。至于诗赋不免组织渲染，亦必有真气贯乎其中乃为佳作。"[1]乾隆十年乙丑科会试，他就因为第一卷文太繁缛，不如第七卷清真，亲将第七改为第一。可见他们本来的要求还是好的，只是人们没有做到，完全照一个格式去写，越写越坏。我们如果把清朝和明朝的八股文作一比较，就不难看出，清朝的八股文确实十分清楚。尽管它严重束缚着思想，必须照孔子的话来写，但写得明白。我们从史书里也可以看到，清代的官方文字——上谕，没有一篇是难懂的，都是把话清楚地说出来，没有词藻、废话，从它入关直至灭亡，基本都是如此。而明朝不同，尤其是明末，那些皇帝的上谕和群臣的奏折，实在很不好懂，有一种离开事实

---

① 张廷玉等：《钦定大清会典则例》卷66《礼部》，《文渊阁四库全书》，台湾商务印书馆1986年版，第622册，3014页。

的调子。明末的许多批红出自太监之手，成为一种"太监体"，非常晦涩。所以，就明清相比，清朝又比明朝差强一点。当然，我们说清朝比明朝好一点，并不是要提倡它，只是说明清同样以科举取士，这中间有一个发展的过程。

二、试帖诗

前面谈了八股文。八股文不能离开经义，不能离开孔子的言论，不能违背朱熹的注解，所以也叫做"帖括"。试帖诗的"帖"，和"帖经""帖括"的"帖"，是同样的意思，即不能离开诗题任意发挥。最初，试帖诗也是根据孔孟之道来阐述的，后来发展成为用帖试这种体裁来描绘古人诗句的含义。

试帖诗有它一定的格式。

试帖诗的题目前面一律有"赋得"二字，下面接着是一句古人的五言诗，后注"得×字"，限定必须用这个字的韵，又注"五言六韵"或"五言八韵"，要求写的诗要用六个韵或八个韵，即写成十二句或十六句的五言排律一首。

什么叫"赋得"？前人有过不少解释，但都不很准确。实际上，这是由元朝以来至明初的一种白话演变出来的一个词。"赋"，就是诗，"得"，就是"合乎"的意思。就是说，要作一首诗，来描写出"五色诏初成"的意境。过去写布告，往往开头写"照得"如何如何，如"照得民为邦本、本固邦宁……"，这是从元朝来的一种白话，以后逐渐成为一种例行的官样文章。试帖诗用"赋得"之成为一种习惯用语，是从朱元璋开始的。我们现在发现朱元璋的许多文告、信件，如他给徐达的信，很多都是用白话写的，不是当时文言文的写法。那么，为什么不说是从元朝开始的呢？因为明初的白话和元朝的白话不同，元史和元代碑铭中引录的元朝白话，多带着明显的蒙古民族的特点，而明初的白话大都是汉人的日常口语。"赋得"，这是汉人的说法。因为试帖诗题前都有"赋得"二字，所以又称这种诗为"赋得体"。诗题后面注明"得×字"，除了必须按照这个字用韵以外，还要在诗的第二句或第四句的末尾把这个字用上，如"得成字"，末尾必须出现"成"字，出现晚了不行。作诗之前先规定用韵，所谓赋诗先赋韵，这是旧日中国文人的一个习惯。相传梁武帝有一次让人作诗，那人说，你得先给我一个韵。可见，这种习惯那时就已经有了。

试帖诗也有破题，但和八股文不同。八股文要求开头用两句话点明题意，试帖诗则要求前四句诗中一定要包含题目的全部文字。至少，如果题目是一句五言诗，也得用上四个字，如果是一句七言诗，也得用上六个字，否则，就不合格。

例如，光绪甲午（光绪二十年，1894）顺天乡试"赋得五色诏初成 得成字五言八韵"题下，其中杨恩元的一首试帖诗的前四句是这样的：

> 丹诏崇朝下，
> 鸿文妙手成。
> 十行词绚烂，
> 五色字晶莹。

这里，第二句末尾用上了"成"字；"成""莹"，都是成字韵；诗题中的五个字，前四句里用上了四个字，这是允许的。

杨恩元，贵州普定人，光绪四年生，时年十六，得是年顺天乡试第七十五名。

又如，光绪戊戌（光绪二十四年，1898）会试试帖诗题为，赋得"云补苍山缺处齐 得山字韵 五言八韵"，其中杜德舆诗的前四句是：

> 四处云齐合，
> 苍苍识旧颜；
> 补非拈画笔，
> 缺不露春山。

黄惠安诗的前四句：

> 一角苍崖缺，
> 云刚出岫间；
> 补来非炼石，
> 齐处竟成山。

杜文第四句末尾用了"山"字；"颜""山"，皆山字韵；前四句包括了题目当中的全部七个字。黄文包括了六个字，"间""山"亦山字韵。

试帖诗除头两句外，以下直到末尾都要对仗，这是从唐人的排律出来的。诗的结尾部分，所谓"合"，照例也都是颂扬。以上所举两例，都是如此。

作试帖诗，关键在于掌握对仗。这是怎么学的呢？原来，当时孩子从启蒙的时候就有一种"对课"，专门学习做对子。开始比较简单，如老师说个"走"，学生就对个"跑"，老师说个"天"，学生就对个"地"。先是一个字一个字地对，接着一个词一个词地对，然后一句话一句话地对，逐渐复杂起来。作诗先从练对子开始。蔡元培先生在他的自编年谱中就曾谈到过这种情况。

八股文有模范选本，试帖诗也有模范选本。编选《小题正鹄》的路德和别人共同编选的《七家诗》就是一种，流传很广。当时准备参加秀才考试的，除了念《四书集注》《高头讲章》，主要就是念《小题正鹄》和《七家诗》，这是他们答卷时可供模仿的直接参考书。

（汪茂和整理，原载《故官博物院院刊》1982 年第 2 期）

清代皇室之氏族与血系

一、清代以满洲表部族

满洲之名，前史未见，明末建州女真始以自号。后世或目之为地名，（日本人）或目之为国号；（《实录》）或目之为部族之称；（《满洲源流考》）溯其原始，则或谓由于建州声转，（《东北史纲》）或谓由于西方佛号，（《满洲源流考》）或谓由于族内尊称；（《明元清系通纪》及《满洲字义考》）其说夥颐，非本篇所能尽。

清官书钦定《满洲源流考》卷一称：

> 按满洲本部族名……以国书考之满洲本作满珠，二字皆平读。我朝光启东土，每岁西藏献丹书皆称曼珠师利大皇帝。翻译名义曰，曼珠华言妙吉祥也，又作曼殊室利大教王。经云释迦牟尼师毗卢遮那如来，而大圣曼殊室利为毗卢遮那本师，殊珠音同，师室一音也。当时鸿号肇称实本诸此。今汉字作满洲，盖因洲字义近地名，假借用之遂相沿耳。实则部族而非地名。（案此所引经文，据石峻先生考订，所谓"释迦牟尼师毗卢遮那如来"，盖出于密教经典，而"大圣曼殊室利为毗卢遮那本师"则无所据，或出于喇嘛传说，或由作者增文杜撰。其引翻译名义集亦有删节，曼殊华言妙，曼殊室利乃妙吉祥也。）[1]

《满洲源流考》撰始于乾隆四十二年，（丁酉，公元 1777 年）其说盖本于高宗御制全韵诗自注。案满洲一词，满洲字作ᠮ（满文字符），音妈因朱（manchu）。曼殊室利梵文作 Manjucri。所谓西藏岁献丹书称曼殊师利大皇帝云者盖属汉语译文，西藏朝贡清廷始于崇德七年即明崇祯十五年（壬午，1642）十月，王氏

---

① 阿桂等撰，孙文良、陆玉华点校：《满洲源流考》卷 1 并载其文，辽宁民族出版社 1988 年版，第 1-2 页。

《东华录》记其仪注有宣读达赖喇嘛来书之语，然书文失载，其原文尚待深考。《西藏考》（撰人未详，记事迄乾隆元年，见仰视千七百二十九鹤斋丛书。）附录雍正十二年（甲寅，1734）布鲁克巴（即不丹）及噶毕东鲁卜奏书，其于清廷概称"天下含生共戴满主西天大主"[1]，《卫藏通志》（撰人未详，旧云和琳，余疑出于松筠幕府。）卷十五引作"天下含生共戴满洲西土大主"[2]，则与乾隆所述盖不相侔。所谓满主是否曼殊之译文或满洲之别译，亦待详考。然终清之世以满洲为部族之称，与汉人对列，则未尝稍改。《清太祖武皇帝实录》（故宫博物院印行）卷四称，"（天命十年九月）甘泉铺南海州所属张屯，汉人欲叛，密以人通毛文龙，文龙遣兵三百夜袭其屯，屯中满洲人身无甲胄与之战，杀其四人，敌遂败走。"天聪元年（明天启七年丁卯，1627）五月初五日庚午太宗遗朝鲜王书曰，"自后若有尔国逃人，我即捕送，我国之满洲汉人……逃至尔国，尔即捕送。"[3]天聪八年（明崇祯七年甲戌，1634）正月十六日癸卯，太宗遣萨哈廉语诸汉官有曰，"尔汉官皆谓满洲官员虽娴攻战，贪得苟安，不知忧国急公"；又云"当国中年岁荒歉，八家均出米粟赈济贫氏，朕与诸贝勒又散给诸固山满洲蒙古汉人赡养之，尔等岂不知乎？"[4]均以满洲与汉人并称。是未入关前已然，非出后人改定。

《清太祖武皇帝实录》述满洲源流，谓"其国定号满洲"，并注云"南朝误名建州"。《武皇帝实录》成于崇德元年，即明崇祯九年丙子，公元1636[5]，远在《满洲源流考》之前，其说应较可信。然考录中称为国者，大明朝鲜而外，凡有哈达，兀喇（乌喇），辉发，夜黑（叶赫），胡笼（扈伦），胯儿胯（喀尔喀），蒙古插哈拉（察哈尔），蒙古廓儿沁（科尔沁），蒙古兀轮特（兀鲁特）诸名；其中哈达，兀喇，辉发，夜黑又或称为部，不曰国；又或称为胡笼国中兀喇部，哈达部，夜黑部，辉发部；胯儿胯又或称为蒙古国胯儿胯部。插哈拉，廓儿沁，兀轮特在王氏《东华录》概称部不称国。是《武皇帝实录》之所谓国，仍属部落之称。又《武皇帝实录》于太祖幼时述曰，"时各部环满洲国扰乱者有苏苏河部，浑河部，王家部，东果部，哲陈部，长白山内阴部，鸭绿江部，东海兀吉

① 佚名：《西藏考》，《边疆史地文献初编·西南边疆》第1辑11，中央编译出版社2011年版，第8页。
② 袁昶：《卫藏通志》卷15"部落"，西藏人民出版社1982年版，第41页。
③ 王先谦：《东华录》第1册，天聪二，第54页。
④ 王先谦：《东华录》第1册，天聪九，第106页。
⑤ 王先谦：《东华录》第1册，崇德一，十一月十五日乙卯条，第137页。

部……各部蜂起，皆称王争长，互相战杀"[①]；又于辛卯年（明万历十九年，1591）述曰，"时满洲长白山所属朱舍里、内阴二卫[②]，同引夜黑兵将满洲东界叶臣所居洞寨劫去……太祖曰……朱舍里、内阴是我同国，乃敢远附异国之夜黑劫掠我寨，盖水必下流，朱舍里、内阴二部终为我有矣"。内阴部既为"环满洲国扰乱"诸部之一，何以复有"是我同国"之言，既曰"是我同国"，何以复有"朱舍里、内阴二部终为我有"之说？可知其所谓国实指部族，与国无涉。意谓朱舍里、内阴二部远引异族加兵于同族也，此盖译文者之疏。然则《武皇帝实录》所称其国定号满洲，实即部族定号满洲。《清史稿·太祖纪》不取其文，易为"号其部族为满洲"[③]，盖非无故。洲字本训水中居地，与原野迥殊，不曰满州而曰满洲，实避土地之名。天聪二年（明崇祯元年戊辰，1628）四月甲辰，太宗遗明使李喇嘛书曰，"我师既克广宁，诸贝勒将帅遂欲进山海关，我皇考（太祖）……因欲听汉人居山海关以西，我自居辽东地方，满汉各自为国，故未入关而返"[④]，是当时关外固自仍其本称。近世强以满洲为地名，以统关外三省，更以之名国，于史无据，最为谬妄。满洲出于建州左卫，为女直支裔，即唐之鞨鞨，周之肃慎，乃中华历史上宗族之一，清朝入关后散居中原，更不可以一省一地限之也。

二、满洲先世在元明之地位

《清太祖武皇帝实录》谓清代祖居长白山东南鳌莫惠之鳌朵里城[⑤]，鳌朵里王氏《东华录》作俄朵里，注曰：一作鄂多理，盖入关后改定之译文，孟心史先生以为即元初之斡朵怜万户府。[⑥]案《元史》五十九《地理志》二，辽阳等处行中书省合兰府水达达等路下称：

> 元初设军民万户府五，抚镇北边；一曰桃温，距上都四千里；一曰胡

① 王先谦：《东华录》第 1 册，天命一作："时诸国纷乱，满洲国之苏克苏浒河部，浑河部，王甲部一作完颜，董鄂部，哲陈部，长白山之讷殷部，鸭绿江部，东海之渥集部……争为雄长，互相攻战"，第 7 页。

② 王先谦：《东华录》第 1 册，天命一作："未几，长白山所属朱舍里、讷殷二路"，第 12 页。

③《清史稿》卷 1，中华书局 1977 年版，第 1 页。

④ 王先谦：《东华录》第 1 册，天聪三，第 63 页。

⑤《清太祖武皇帝实录》卷 1，《清入关前史料选辑》第 1 册，中国人民大学出版社 1983 年版，第 298 页。今案：郑先生所用《清太祖武皇帝实录》是 1932 年故宫博物院排印本，该本后被《清入关前史料选辑》收入。

⑥ 孟森：《明元清系通纪》第 1 册前编第二，中华书局 2006 年版，第 6 页。

里改，距上都四千二百里，大都三千八百里；一曰斡朵怜；一曰脱斡怜；一曰孛苦江；各有司存，分领混同江南北之地。其居民皆水达达女直之人。各仍旧俗，无市井城郭，逐水草为居，以射猎为业，故设官牧民随俗而治。①

斡朵怜或作斡朵里，《明实录》《朝鲜实录书》，及朝鲜之《东国舆地胜览》《龙飞御天歌》均见之。明洪武二十年（丁卯，1387）于其地置三万卫②，明年徙开元。《明实录》洪武二十一年三月辛丑称："先是诏指挥佥事刘显等至铁岭立站，招抚鸭绿江以东夷民。会指挥佥事侯史家奴领步骑二千抵斡朵里立卫，以粮饷难继奏请退师，还至开元。野人刘怜哈等集众屯于溪塔子口，邀击官军，显等督军奋杀百余人，败之。抚安其余众，遂置卫于开元。"③是元明以来我国疆圉固极于其地。

《元史》卷九一《百官志》七，诸路万户府下曰，"其官皆世袭"④，又卷九八《兵志》一曰，"国初典兵之官，视兵数多寡为爵秩崇卑，长万夫者为万户……皆世其官"。⑤是斡朵怜万户盖世袭之官与土官等，而所谓"各仍旧俗"，"随俗而治"，亦与西南土司无殊。《元史·兵志》又云，"辽东之乣军，契丹军，女直军，高丽军，云南之寸白军，福建之畲军，则皆不出戍他方者，盖乡兵也"。寸白即爨僰，畲为畲客，（或曰畲蛮）皆地方之土族。女直与两者并列，更知元初定制东北与西南初无二致。降及明初，踵事不改。《明英宗正统实录》一七四，正统十四年正月乙酉，英宗致速达可汗书称："彼女直野人地方，附近辽东境，皆我祖宗开国之初设立卫分，给印授官，管治人民。"何乔远《名山藏》《王享记》五《东北夷·海西》条称，"洪武初归附，高皇帝为设都司卫所，官其酋长为都督，都指挥，指挥，千百户，镇抚等官。使因其俗自相役属，不给官禄，听其近边驻牧，保塞不为寇。"陈仁锡《潜确类书》卷十四《区域》九《四夷》三《东北夷·女直》条亦称："其酋长为都督，指挥，千百户，镇抚诸职，给之印信，俾仍旧俗，各统其属，以时朝贡。"（崇祯十三年刻本）此与《明史》七六《职官志》所称"皆因其俗，使之附辑诸蛮，谨守疆土，修职贡，供征调"之西南土官，更无差异。永乐七年于东北设奴儿干都指挥使司，辖建州等卫一

---

① 《元史》卷59《地理志》，中华书局1976年版，第1400页。
② 《明史》卷41《地理志》，中华书局1974年版，第957页。
③ 《明太祖实录》卷189，"中央"研究院历史语言所校印1962年版，第2857-2858页。
④ 《元史》卷91《百官志》，中华书局1976年版，第2311页。
⑤ 《元史》卷98《兵志》，第2507页。

百八十四,兀者托温千户等所二十,以东宁卫指挥康旺为都指挥同知①,并与兵二百同往护印。永乐十二年又益以辽东都司兵三百,敕逾二年遣还。②是建置之始,任流官,调客兵,与其他行政区域同。③其后都司虽废,而关系未断,来朝晋禄史不绝书,而官辽东者若王翱、马文升、张学颜更以能威辑东北号名臣。清太宗自谓"我祖宗以来与大明看边,忠顺有年",盖亦未尝不以边民自命也。④

《英宗实录》一七四,正统十四年正月乙酉,英宗致瓦剌速达可汗书,有云:"去岁秋,女真野人卫分都督、都指挥等官来奏,尔瓦剌遣头目把秃不花等同兀良哈达子赍文书到各卫……朕览其词,皆诱胁之意……彼女真野人地方……皆我祖宗开国之初设立卫分……今可汗欲诱其往来交通可乎?且尔处亦有部属人民,朕遣人招之而来,可汗之心安乎?"是明初女真与瓦剌虽同为边外民族,而与明朝之关系固自不同,其地位亦大异。

据此可知,所谓"满洲",久在疆理,早沾政化,元明授以爵禄,给之敕印,俾其世守,其性质实类近于西南大姓锡名自保之土司,其拥众抗命亦犹田州之岑猛,永宁之奢崇明,水西之安邦彦。迨其兵力强大,边吏委之外族以卸罪,世遂以域外拟之,过矣!

三、爱新觉罗得姓稽疑

明永乐初,循洪武故事,于建州头人多赐以汉字姓名,若阿哈出之名李思诚(《清史稿》作李诚善),释加奴之名李显忠,咎卜之名张志义,阿剌失之名李从善,可捏之名郭以诚皆是。⑤逮其子孙间亦蒙其赐姓,若释加奴子曰李满柱,阿哈出孙,猛哥不花子曰李撒满哈失里,李满柱子曰李古纳哈,均见之《明实录》,但仅蒙其姓未尝立汉名。当时赐姓以李氏独多者,窃谓由于唐开元中尝赐黑水鞮鞨部长国姓,名之曰李献诚⑥,故其俗相沿以为尊贵。若建州之王杲,

---

① 《明太宗实录》卷 91,七年闰四月己酉,第 1194 页;及何乔远:《名山藏》第 8 册《王享记》5 "东北夷·海西"条,江苏广陵古籍刻印社 1993 年版,第 6324 页。

② 《明太宗实录》卷 156,十二年闰九月壬子,第 1795 页。

③ 孟森:《清朝前纪》一称,奴儿干都司不设府县,亦与辽东各卫所之隶属都司相等,中华书局 2008 年版,第 28 页

④ 《清太宗天聪四年伐明以七大罪誓师谕》,《国学季刊》第 1 卷第 2 号,1923 年 4 月。

⑤ 《明太宗实录》卷 107,八年八月,第 1386 页。

⑥ 《金史》卷 1,中华书局 1975 年版,第 1 页。

王兀堂，哈达之王台，无涉于赐姓，亦非族氏相袭，《清史稿》谓明于东边酋长称汗者皆译为王某[1]，疑不尽然。杲与兀堂皆未尝称汗，或其先世尝赐姓完颜，或冒金国姓，故冠以王姓耳。[2]

清代先世或称之为童氏，或称之为佟氏。明初，《朝鲜实录书》《东国舆地胜览》[3]称猛哥帖木儿为童猛哥帖木儿，其父曰童挥厚，子曰童仓；万历十七年《明实录》称努尔哈赤为佟奴儿哈赤，《皇明从信录》及《东夷考略》均称努尔哈赤姓佟，明末钱谦益称清太祖为佟奴[4]，张鹤鸣谓清太祖与佟卜年同姓不同族。[5]童佟一音，是其姓历二百年未尝或改，盖与一时诡冒者不同。然既非明代锡姓，亦非汉字对音，其得姓之由必自有故。且汉姓累千，独以童氏为称，亦当有文献足据。

稻叶《清朝全史》引朝鲜李朝太祖（李成桂）《龙飞御天歌》卷七第五章注，有"女直则斡朵里豆漫夹温猛哥帖木儿，火儿阿豆漫古论阿哈出，托温豆漫高卜儿阔"之语[6]，又云，"古论与夹温皆其姓也"。豆漫汉语为万户，斡朵里即《元史·地理志》之斡朵怜，火儿阿即胡里改，托温即桃温，皆合兰府水达达路之万户府。或谓"夹温"为爱新二字之双声互转，又谓为"金之合音"，窃以为不然。夹字属见母，为牙音；爱字属影母，为喉音；温字新字属心母，为齿音；声类迥殊，通转为难。合音之说较近。然阿哈出与猛哥帖木儿同属建州女真，果因与金同部而得姓，二人不应有别；且"夹温"合音为金自成义意，若"古论"合音则当为昆（平声）为困（去声），更无名义可寻；至"高"仅一字，且无从翻切矣，故亦不能无疑。

稻叶君山以为"夹温""古论"皆属官名，其说尤妄。此二称他处未见，且不得其解，一也。女真旧俗，凡官名称号皆系于姓名之下，《松漠记闻》卷上："辽亡大实林牙亦降"条，注曰："大实，小名，林牙，犹翰林学士。虏俗，人皆以小名居官上。"《太祖武皇帝实录》之称"黍儿哈奇（名）贝勒（爵）"，"呵呵里（名）厄夫（即额驸）"，"非英冻（名）扎儿胡七（官）"，"胡儿刚（名）

①《清史稿》卷 223《万传》，第 9129 页。

②《金史·金国语解》称完颜汉姓曰王，第 2896 页。

③《东国舆地胜览》卷 50《会宁都护府》，《中国相邻地区朝鲜地理志资料选编》，吉林文史出版社 1996 年版，第 74 页。

④ 钱谦益著，钱曾笺注，钱仲联校：《牧斋初学集》卷 43《岳忠武王画像记》，上海古籍出版社 1985 年版，第 1126 页。

⑤ 沈国元述：《两朝从信录》卷九天启元年十月条，沈云龙选辑：《明清史料汇编九集》第 6 册，文海出版社 1968 年版，第 1018 页。案：佟卜年，辽阳人，万历进士，实汉人。

⑥《李朝实录》第 1 册《太祖实录》卷 8，学习院东洋文化研究所刊 1953 年，第 349 页。

虾（官）"，"厄儿得溺（名）榜识（称号）"，"厄一都（名）把土鲁（称号）"，皆其证。夹温果为官名或称号，不应系于名字之上，二也。（黍儿哈奇即《清史稿》之舒尔哈齐，出燕即褚英，呵呵里即何和礼，非英冻即费英东，胡儿刚即扈尔汉，厄儿得溺即额尔德尼，厄一都即额亦都，《清史稿》均有传。）豆漫已为官名，何以又重系以官名，阿哈出与猛哥帖木儿同为万户何以所系又不同，而高卜儿阒又作何解？三也。

窃谓"夹温""古论"及"高"，盖三万户之姓氏，朝鲜不辨女真土俗之但称名字，于其来附，一一询其姓氏冠之名上，而"夹温""古论"为汉姓所无，与"高"氏之习见者不同，故复特释之曰，"古论与夹温皆其姓也"。如其所知未确，不应更有此释，高卜儿阒虽未明其姓氏，然如其非高氏则原注不应无释，此可推而知。阒在汉字有四读，均喉音，其所对女真语今不可考。万历时有卜儿汉，为叶赫贝勒之弟。[1]正统时有毛怜卫都指挥同知郎卜儿罕[2]，郎字盖汉姓，其例正同。又猛哥帖木儿被七姓野人杀后，其子童仓逃至朝鲜，同往者有百户高旱化，岂高卜儿阒之族人欤？[3]

《金史》卷七《世宗纪》，大定十三年（1173）五月，"禁女直人毋得译为汉姓"；又卷八，大定二十七年（1187）十二月，"禁女直人不得改称汉姓"[4]；又卷九《章宗纪》，明昌二年（1191）十一月，"制诸女直人不得以姓氏译为汉字"；前后十九年间，三由国家示禁，当时风气之盛可知。以胡姓译从汉姓，盖倾慕汉化之一端。明永乐十一年，敕修《奴儿干永宁寺碑记》有"佟答剌哈"[5]、"王官音保"、"赵锁古奴"、"张察罕帖木"之名，（据稻叶引内藤拓本）是冠汉姓之俗始终未替。《金史》卷末，《金国语解·姓氏类》凡列国姓某汉姓曰某者三十一条，钱大昕以为即大定、明昌间（1161—1195）所译[6]，其说是也。案《元史》一四九《王珣传》称，"王珣……本姓耶律氏，世为辽大族，金正隆（1156—1160）末，契丹窝斡叛，祖成从母氏避难辽西，更姓王氏"，与《语解》"耶律汉姓曰王"合。《元史》一六二《李庭传》称，"本金人蒲察氏，金末来中原改称李氏"。与《语解》"蒲察曰李"合。《元史》一七九《萧拜柱传》称，"契丹石抹氏也，曾祖丑奴……仕金为古北口屯戍千户"。与《语解》"石抹曰萧"合。

---

① 在《东华录》作布尔杭古，王先谦：《东华录》第 1 册，天命三，第 33 页。
②《明英宗实录》卷 36，第 701 页。
③ 参见《明英宗实录》卷 36，正统二年十一月丁酉，第 701 页。
④《金史》卷 8，第 199 页。
⑤《明实录》及《东夷考略》同，《潜确类书》作佟答剌。
⑥ 钱大昕：《廿二史考异》卷 84，凤凰出版社 2008 年版，第 946 页。

又元石抹也先子曰查剌①，《耶律秃花传》②称之为"札剌儿"，而王恽《史忠武公家传》称之为"萧札剌"③。父子异姓，必其先尝冠萧氏，所译亦与《语解》合。是其时译改汉姓皆有一致之轨则，并非各徇己意，而《金史语解》所列姓氏亦即当时之通例。犹之后魏孝文帝改拓拔为元，步六孤为陆，上下相守，不可或易。故《语解》小序申之曰，"国姓为某汉姓为某，后魏孝文帝已有之矣"。惟《元史》一六二《刘国杰传》称其"本女真人也，姓乌古伦，后入中州改姓刘氏"。以乌古伦改译刘氏，与《语解》"乌古论曰商"不合，或偶尔例外，或别有其故，今不可考。《金国语解·姓氏类》有"夹谷曰同"一条。④夹谷，乾隆十二年钦定《金国语解》注满洲字为𡝭（满文字符），音喀呼固，其字疑即夹温之称所自来。夹谷为金源白号之姓⑤，据《元史》一七四《夹谷之奇传》，夹谷本加古部，盖以地为氏。金天辅时有夹谷谢奴，隆州纳鲁悔河人⑥；又有夹谷吾里补，暗土浑河人⑦；正隆时有夹谷胡剌，上京宋葛屯猛安人⑧；大定时有夹谷清臣，胡里改路桓笃人⑨；又有夹谷守中，成平人。⑩其所居固待详考，而上京，隆州，胡里改，则皆清代祖居周近。所谓"夹谷曰同"者，承上文"完颜汉姓曰王"而省，（应曰"夹谷汉姓曰同"）谓金源姓氏之夹谷易汉姓则曰同。夹谷既译为同，则金人之冠同姓者必自夹谷氏出。同，童，佟，三姓同音，而童最习见。窃疑在金本曰同，朝鲜讹而为童，故称童猛哥帖木儿。佟在辽东最为大族，清太祖慕之取以自重，故易为佟。朝鲜李朝《太祖实录书》与《龙飞御天歌》时代相若，所据皆当时记录，而一称童猛歌帖木儿，一称夹温猛哥帖木儿，盖一用汉姓，一用对音。夹温他书未见，疑即夹谷。温乌浑切，魂韵，谷古禄切，屋韵，在声韵规律无可通假。且温字朝鲜读为On，谷则读为KOK⑪，相去尤远。然同为合口一等字，异国远道口耳相传或以致讹。《金史国语解·人事类》有"蒲阳温曰幼子"一条，蒲阳温，乾隆时注满洲字音"费雅音顾"，即

　① 《元史》卷150《石抹也先传》，第3541页。

　② 《元史》卷149《耶律秃花传》，第3532页。

　③ 参看钱大昕著，陈文和、孙显军校点：《十驾斋养新录》卷9"太宗三万户名不同"条，江苏古籍出版社2000年版，第193页。

　④ 陶宗仪：《南村辍耕录》卷1，金人姓氏亦有"夹谷曰同"一条，中华书局1959年版，第14页。

　⑤ 《金史》卷55《百官志》，第1230页。

　⑥ 《金史》卷81《夹谷谢奴》，第1817页。

　⑦ 《金史》卷81《夹谷吾里补》，第1819页。

　⑧ 《金史》卷86《夹谷胡剌》，第1923页。

　⑨ 《金史》卷94《夹谷清臣》，第2083页。

　⑩ 《金史》卷121《夹谷守中》，第2643页。

　⑪ 高本汉著，赵元任等译：《中国音韵学研究》"方音字汇"，商务印书馆2003年版，第542页。

诸书所谓"费扬古",则女真旧音以温对古亦非绝无轨迹可寻。又《龙飞御天歌》原注下文有"托温"字,或缮写错行因以致误,均未可知。至阿哈出之姓古论,当即乌古论也。①

《清太祖武皇帝实录》称始祖布库里英雄(《清史稿》作布库里雍顺),姓爱新觉罗,并于爱新下注曰,"华言金也",于觉罗下注曰,"姓也"。案《金史国语解·物象类》,"金曰桉春",武英殿本桉作按,《钦定语解》谓"按春即乏(爱新)",满字音读阿伊西恩。②其姓不见《金史》,《八旗氏族通谱》叙列满洲氏族,有金元旧姓,有新兴大族,或以部为氏,或以地为氏,或以姓为氏,或以名为氏,独其国姓于此数者皆无与。《武皇帝实录》称布库里雍顺(原作英雄)答三姓酋长之问,自言"我乃天女佛古伦所生,姓爱新觉罗"。(自言)王氏《东华录》称,布库里雍顺既长,"母告以吞朱果有身之故,因命之曰汝以爱新觉罗为姓"③;(母命)而《清朝通志》(旧称《皇朝通志》)卷一又称,"我国家肇兴东土,受姓自天"。(托之神异)记述各异,若有所隐避。世之论者多据《武皇帝实录》注文为之说,以为太祖托之金源同姓以自高门第,就文籍证之,盖亦不然。《实录》注例,于诠释满洲语处多系以华言二字,其一词为两字连缀而成者亦不分离,如黑秃阿喇,下注曰,"黑秃,华言横也,阿喇,岗也",是也。其一词分为二注者必分标华言二字,如牛录厄真,于牛录下注曰"华言大箭",于厄真下注曰"厄真,华言主也"。今爱新觉罗为一姓,而《实录》分为二注,一称华言,一无所称,明示二者有别。所谓"姓也"之注,盖与"虎栏哈达"下注"山名","酸"下注"酸,地名也"之类相同,乃言觉罗为姓氏之一,非谓华言为姓也。《清朝通志》一《氏族略》称"国语以金为爱新,觉罗,姓也",不言"以姓为觉罗"而言"觉罗,姓也",其意甚显。满洲语姓氏之姓为ᡝ(满文字符)④,读为哈拉(Hala),凡询人姓、氏自答姓氏皆用之⑤,无言"觉罗"者,尤其明证(觉罗满洲音读基伊优罗鄂)。

清与金源有连,明人习闻之,但所传有不同,在清人亦无所讳。《明会典》一百七《礼部》六五《东北夷》条,"女直……为金余孽",此本就宗族言之。天启二年(清天命七年,公元1622)五月,王纪、邹元标、周应秋定首祸狱疏

---

① 乌古论,部名,据《金史》卷67《留可传》,第1583页,在统门浑蠢水合流之地。案统门即今图们江,浑蠢水即珲春河。

②《金史》卷24《地理志》又曰"国言金曰按出虎",盖对音别写,第550页。

③ 王先谦:《东华录》第1册,天命一,第5页。

④《清文启蒙》第1册卷1,三槐堂本,第2页。

⑤《清文启蒙》第2册卷2,第34页。

乃称，"奴酋（清太祖）阿骨打（金太祖）之苗裔也"①，直以清为完颜氏子孙。明末官吏尝掘断房山金代陵墓地脉，以厌其王气②；佟卜年之狱，刑部署部事侍郎杨东明论以大辟，谓卜年每岁必祭金世宗墓。③当时士大夫之所认定顾皆如此。崇祯二年（清天聪三年，公元1629）清兵初次入塞，遣阿巴泰，萨哈廉祭金太祖，世宗之墓。④入关而后，崇敬之礼加于历代诸陵，世人益疑其与金代确同宗支。然金姓完颜，其部人号异姓完颜，支派藩衍，历久不衰，清代果其嗣胤，何不仍以完颜为姓而必别立新称？清高宗尝谓："金源即满洲也"⑤，又谓："至如尊崇本朝者，谓虽与大金俱在东方而非同部，则其所见殊小。我朝得姓曰爱新觉罗氏，国语谓金曰爱新，可为金源同派之证。盖我朝在大金时未尝非完颜氏之服属，犹之完颜氏在今日皆我朝之臣仆"。⑥可知金清两代关系不在同姓氏而在同部族。清既臣属于金，当时必自有姓氏，且元初已受万户之封必为一代著姓，改而托之爱新觉罗者，因既已托始祖于天女感朱果而生，自不能仍袭旧姓也。

清制，凡显祖（清太祖之父塔克世）本支子孙（即太祖兄弟之子孙）为宗室，束金黄色带，号黄带子；兴祖（清太祖之曾祖福满）景祖（太祖之祖觉昌安）子孙称觉罗，束红色带，号红带子，其制盖仿自金代之宗室与同姓完颜。然金姓完颜，称完颜已足，清姓爱新觉罗何以仅称觉罗？《武皇帝实录》称：太祖赐胡里罕（即扈尔汉）姓觉落（觉罗），命为养子。⑦其事《史稿》本传失载，惟称扈尔汉年十三太祖养以为子。⑧既养为子，应蒙其姓爱新觉罗，何以仅赐姓觉罗？清代又有所谓"民觉罗"。《清朝通志·氏族略》一曰，"宗室觉罗之外有民觉罗氏，其族属之众者冠以地名，如伊尔根，舒舒，西林，通颜之类，[案冠地名觉罗氏凡八，其中伊尔根，满洲字作ᠮ（满文字符），华言民也，即民觉罗之本字，非地名。]散处者上加民字，以不同于国姓也"。其于得姓命氏之由未著一字，独于"不同于国姓"郑重言之。夫清之国姓自属爱新觉罗，与觉罗显不相同，何必多此一民字耶？可知"觉罗"本女真旧姓，清之国姓即出

① 沈国元述：《两朝从信录》卷13，沈云龙选辑：《明清史料汇编九集》第5册，第1058页。

② 见顺治十四年正月十五日戊午，王先谦：《东华录》第1册，顺治二十八，第417页。

③ 钱谦益著，钱曾笺注，钱仲联校：《牧斋初学集》卷50《赠太仆寺顾公墓志铭》，第1287页。

④ 十二月十一日辛酉，王先谦：《东华录》第1册，天聪四，第72页。

⑤ 乾隆十二年丁卯七月十八日丙午，王先谦：《东华录》第2册，乾隆二十六，第202页。

⑥ 乾隆四十二年丁酉八月十九日壬子，王先谦：《东华续录》第5册，乾隆八十六，第561页；及阿桂等撰，孙文良、陆玉华点校：《满洲源流考》卷7，第82页。

⑦ 《清太祖武皇帝实录》卷1戊子年，第312页；王先谦：《东华录》第1册，第11页。

⑧ 《清史稿》卷225《扈尔汉传》，第9188页。

于此，故于族人则称觉罗，赐姓则赐觉罗。同姓疏族加之民字以示别，其"爱新"乃太祖所加。所谓爱新觉罗者，谓金之觉罗氏也。觉罗为一姓之专称，非姓氏之泛称也（宗室赐姓之称觉罗，固可以姓氏之泛称解之，若民觉罗则不能）。

清代所谓觉罗氏，疑即《金史》之夹谷氏。《八旗氏族通谱》于金代氏族见之《金史》者一一注明，若瓜尔佳氏，钮祜禄氏，舒穆禄氏凡四十余姓。其见之《金史语解》者亦标出，若完颜氏，温特赫氏，尼玛察氏凡十姓，独不见夹谷氏。《金史金国语解·姓氏类》三十一姓，乾隆时均注以满洲字音，而删其汉姓，以为"姓氏惟当对音，而竟有译为汉姓者，今既灼见其谬，岂可置之不论"。[1]今参传世两本，核之八旗氏族，表列于次：

金姓	译汉姓	满字音读	清姓
○完颜	王	斡英基雅	完颜（旧译王甲）
乌古论	商	武库哩	乌库哩
○乞石烈	高	赫余哩	赫舍里乞石烈殿本作纥石烈
徒单	杜	图沙因	都善
○女奚烈	郎	尼由祜噜	钮祜禄 案《历代职官表》谓即《金史》之粘割，盖别译也
兀颜	朱	武雅	乌雅
○蒲察	李	富察	富察
颜盏	张	雅因扎	颜扎
○温迪罕	温	武因特赫	温特赫
○石抹	萧	舒穆噜	舒穆禄
奥屯	曹	鄂托英	鄂托？
孛术鲁	鲁	播都哩	博都哩
○移剌	刘	伊喇	伊喇
斡勒	石	倭呼	倭呼
○纳剌	康	纳喇	纳喇
夹谷	同	喀呼固	喀尔库？
裴满	麻	佛伊莫	费摩
○尼忙古	鱼	尼马哈	尼玛哈
斡准	赵	鄂岳	鄂卓？
○阿典	雷	阿克扎因	阿克占
阿里侃	何	阿礼哈	阿礼哈
○温敦	空	武因图因	温都案温敦或作温屯

---

[1] 乾隆十二年七月十八日谕，王先谦：《东华录》第 1 册，乾隆二十六，第 202 页。

金姓	译汉姓	满字音读	清姓
○吾鲁	惠	珠噜	珠噜
抹颜	孟	穆雅因	穆颜
都烈	强	都哩	都哩
散答	骆	萨克达	萨免达
呵不哈	田	哈因楚哈	罕楚哈
乌林达	蔡	武礼英噶	乌灵阿？
○仆散	林	布萨	布萨
术虎	董	珠赫呼	珠赫嚼
○古里甲	汪	顾斡勒基雅	瓜尔佳

（有○规者《通谱》注明本金姓见之《金史》）

其间惟奥屯等四姓（有？符者）不敢确定，而夹谷居其一。夹谷，满洲字音喀呼固，通谱亦未见，惟与喀尔库一姓声近。喀尔库氏世居乌拉，族姓单寒，与夹谷氏之为金源巨室，散居上京，隆州，胡里改各地者不相当，且入元夹谷氏犹有显者，不应遂尔零落，绝非一姓也。夹谷氏宗支蕃绵，录谱牒者不当或遗，而《通谱》不著其姓氏，必已译改他字。觉罗满洲字作（满文字符），音基伊优罗鄂与喀呼固之音亦不合，疑清高宗定《语解》时，故以满洲希姓喀尔库当夹谷氏以自隐。观于高宗钦定《满洲源流考》（四十三年），钦定《历代职官表》（四十五年），钦定辽金元三史《国语解》（四十六年），改译《辽》《金》《元》三史（四十七年），复以满洲瓜尔佳氏当金之夹谷氏，其有意歧异隐避之迹可见。①私臆清代先世以童佟为汉姓，由于同字之转。同姓之来由于夹谷，清太祖重定姓氏，微易其字而为觉罗，复加爱新于其上，以示尊异。《氏族通谱》因其已为国姓改译觉罗，故不重出，又以清代托姓于天，故不复著其源流。夹谷与觉罗就声韵求之，惟夹觉同属见母，余无可通。然自来述女真对音者，如明安之为猛安，穆昆之为谋克，贝勒之为孛堇，穆苏之为马赤②，"音无的据，而义多牵合"③，其来久矣。僻居无书，莫从取证，姑存此疑，以待异日。

---

① 阿桂等撰，孙文良、陆玉华点校：《满洲源流考》七附《金史姓氏考》，两见瓜尔佳氏，一云旧作夹谷，一云旧作古里甲，其迹甚显，第 86、88 页。

② 《清朝通志》卷 14 "七音略一"，《十通》，浙江古籍出版社 2000 年版，第 6820 页。

③ 《清朝通志》卷 14 "七音略一"，第 6820 页。

四、氏族与旗籍

满洲姓氏，据《清朝通志·氏族略》并合所列凡六百四十七，见之《金史》者约十之三[1]，而同姓未必同族。《八旗氏族通谱》于瓜尔佳氏载某与某同族凡二十余条，于纳喇氏著其别族有三。《清朝通志》以为"阅世既远，以姓为氏者或数典未忘，而以地为氏者往往混淆莫辨"[2]；《清史稿》亦言，"满洲诸大家多以地为氏，往往氏同而所自出异，战绩既著，门材遂张"[3]，盖非谰语。故虽有清宗子亦有莫详其属籍者，若觉罗果科即其一例。谱录之难，古今同慨。

清太祖分隶国人于八旗，然隶满洲八旗者不必皆为满人。初蒙古来附皆隶满洲旗，其自明朝至者又入汉军旗，蒙古旗制既定，先已籍满洲、汉军者亦不复追改[4]，如恩格德尔之隶满洲正黄旗，和济格尔之隶汉军正白旗[5]，此一例也。蒙古旗分定后，尝因内附诸蒙古多违令，乃罢蒙古旗散隶满洲各牛录，于是明安改隶正黄旗，恩格类，布当皆改正蓝旗[6]，传之子孙亦不复改，此又一例也。更有以功改隶者，顺治时喀兰图由蒙古正黄旗改隶满洲正黄旗[7]，雍正时莽鹄立由蒙古正蓝旗改隶满洲镶黄旗[8]，乾隆时张承勋由汉人归入汉军正黄旗[9]，同治时官文由汉军正白旗改隶满洲正白旗[10]，其例尤多。至后族之抬旗，则有孝康后家自汉军镶黄旗改隶满洲镶黄旗，孝仪后家自汉军改隶满洲镶黄旗，孝哲后（同治之后）家自蒙古正蓝旗改隶满洲镶黄旗。[11]

满人命名，初取满文，继用汉义，历世既久，满汉遂致相互法效。若苏勒芳阿之为汉军马氏[12]，官文之为汉军王氏，诚端之为朱明后裔[13]，赵珏之为阿尔

---

① 《清朝通志》卷 1 "氏族略"，第 6759 页。

② 《清朝通志》卷 1 "氏族略"序，第 6759 页。

③ 《清史稿》卷 242，列传二九传论，第 9582 页。

④ 《清史稿》卷 230，列传十六传论，第 9297 页。

⑤ 并见《清史稿》卷 230《恩格德尔传》《和济格尔传》，第 9276、9285 页。

⑥ 《清史稿》卷 229《恩格类传》，第 9274 页，其事系于天聪六年。

⑦ 《清史稿》卷 229《附洛哩传》，第 9294 页

⑧ 《清史稿》卷 291《莽鹄立传》，第 10286 页。

⑨ 乾隆五十九年十一月己丑，王先谦：《东华续录》第 6 册，乾隆一一九，第 318 页。

⑩ 《清史稿》卷 388《官文传》，第 11712 页。

⑪ 《清史稿》卷 468《崇绮传》第 12775 页。

⑫ 《清史稿》卷 169《诸臣封爵世表》二，侯，第 5439 页。

⑬ 《清史稿》卷 169《诸臣封爵世表》二，一等延恩侯，第 5445 页。

泰玄孙①尹继善之姓章佳氏，李荣保之为富察氏，若徒寻姓氏，往往失之。是故考族姓者不能仅求之于旗籍命名，此又治清史者所宜慎。

五、清代诸帝之血系

清代满汉之畛域甚严，婚姻嗣继各有规制，末季屡言化除满汉界限，终无成议。清初祖训，宫中禁蓄汉女②，而采女宫女之选又求自八旗及内务府属三旗③，则宫闱之中宜无他族。然世祖诸妃有陈氏，唐氏，杨氏，苏氏；圣祖诸妃有王氏，高氏，袁氏，刘氏；世宗诸妃有耿氏，齐氏，李氏，宋氏，实汉姓。世祖纳石申女为恪妃，圣祖纳王国正女为密嫔，世宗纳年遐龄女为贵妃④，高宗纳高斌女为皇贵妃⑤，实汉人。若更进而一究清代诸帝母姓血统，太祖而外几皆非纯粹之满洲人。

清太祖之母宣皇后姓喜塔腊氏⑥，作奚塔喇氏⑦，为都督阿姑女⑧，阿姑，《史稿》作阿古⑨，族系不详。日人稻叶君山谓阿古为王杲之转音。孟心史先生则考定太祖母为王杲孙女。⑩王杲者，嘉靖间建州右卫都指挥使⑪，黠慧剽悍，数为明边患，李成梁破之，万历三年（乙亥，1575）为哈达王台（清代记载所谓万汗）擒送京师，其子阿台居古勒寨，其后亦为成梁所破，而太祖之父祖同及于难，即太祖所藉为兵端者也。（阿台妻为景祖之女孙，礼敦之女，实太祖之嫡堂姊妹，太祖之母为王杲女孙，则阿台又为太祖之外祖行，此类缔婚在当时

---

① 《清史稿》卷170《诸臣封爵世表》三，三等襄勤伯，第5525页。

② 《清史稿》卷214《孝庄皇后传》，第8902页；及顺治十二年七月乙酉，王先谦：《东华录》顺治二十五，第399页。

③ 《钦定清会典》卷95"户口"，《景印文渊阁四库全书》第619册，台湾商务印书馆1986年版，第919页。

④ 以上并见《清史稿》卷214《后妃传》，第8915页；及《清朝文献通考》卷241"帝系三"，《十通》，浙江古籍出版社2000年版，第7005页。

⑤ 《清朝文献通考》卷241"帝系三"，"皇贵妃高氏大学士高斌女"，第7007页；《清史稿》卷214《后妃传》，第8914页，改称高佳氏。斌子恒，恒子棨，恒孙杞，均姓高氏，斌从子晋，父名述，明凉州总兵，其为汉人无疑；但后入内务府为汉军耳。

⑥ 《清太祖武皇帝实录》卷1，第301页。

⑦ 《八旗满洲氏族通谱》作喜塔喇氏，辽沈书社1980年版，第497页。

⑧ 《清太祖武皇帝实录》卷1，第301页。

⑨ 《清史稿》卷214《后妃传》，第8898页。

⑩ 见孟森：《明元清系通纪》四，又别有专文。案孟先生：《清朝前纪》十及十三尚主宣皇后为王杲女之说，嗣复改定，第98、219页。

⑪ 王在晋：《三朝辽事实录》第1册"总略"，江苏广陵古籍刻印社1988年版，第162页；及《清史稿》卷222，《王杲传》，第9124页。

无嫌。）《太祖武皇帝实录》于太祖继母归自哈达者识之甚详，而于太祖生母不著其国别族属，必其同为建州女真无待更言。《清史稿·王杲传》称"不知其种族"①，谓不知其姓氏所出耳，非谓不知其种族也。王杲既主建州，通蕃汉语，又为诸部酋长所尊信，其为女真无疑。据此太祖父系母系固皆纯粹所谓满洲人也。

清太宗之母孝慈后，姓纳喇氏，为叶赫部长杨吉砮女。②其先出自蒙古，姓土默特氏，灭扈伦纳喇部据其地，改以地为姓。后迁叶赫河岸，因号叶赫纳喇氏③，初杨吉砮以少女许太祖，杨吉砮卒，其子纳林布录④于万历十六年戊子送妹来缔婚，即孝慈后也。据此，太宗血统中实有蒙古血。惟自叶赫始迁祖星根达尔汉下逮杨吉砮，已历六世⑤，其间婚媾莫详，太宗之蒙古血成分或不甚多耳。孝慈婚后，叶赫仍与太祖贰，数相攻伐。万历二十五年丁酉，叶赫复以贝勒布杨古之妹许太祖，愿复缔前好。布杨古者布寨之子，清佳砮之孙，杨吉砮之侄孙，此女则孝慈后之从侄也。太祖聘之而未婚。万历三十一年癸卯，孝慈后疾笃，思见其母，太祖遗使迎之，叶赫不许。后卒，明年太祖怒伐叶赫，万历四十七年即天命四年卒灭之。而所聘之女亦二十年未成婚。叶赫更以他许，当时所谓北关老女系扈伦四部之亡者即其人。俗传清与叶赫以此成世仇，叶赫誓必覆清，清亦禁不与叶赫婚，清末违祖训，孝钦（慈禧）孝定（隆裕）两后相继入宫，清室遂亡。案太宗时有侧妃叶赫纳喇氏，为承泽亲王硕塞之母；高宗时有舒妃叶赫纳喇氏，为皇十子（未有名）之母，俗说绝不可信。

清世祖（顺治）之母孝庄后，（顺治时称昭圣太后，康熙时称昭圣太皇太后）姓博儿济吉特氏，为科尔沁贝勒塞桑之女⑥，世居蒙古科尔沁左翼中旗⑦，为元太祖弟之裔，明洪熙间服属察哈尔⑧，万历二十一年癸巳（1593）塞桑之父莽

---

① 《清史稿》卷 222，《王杲传》，第 9124 页。

② 《清史稿》卷 214《后妃传》，第 8900 页；《武皇帝实录》作杨机奴。

③ 《清史稿》卷 223《杨吉砮传》，第 9135 页，以别于乌拉，辉发两纳喇氏。《清朝通志》卷 3 "氏族略三"，第 6769 页。

④ 《清太祖武皇帝实录》卷 1，作纳林卜录，第 302 页。

⑤ 《清史稿》卷 223《杨吉砮传》，第 9135 页。

⑥ 见《清史稿》卷 214《孝庄后传》，第 8901 页。塞桑，《八旗满洲氏族通谱》作寨桑，辽沈书社 1980年版，第 728 页；《清史稿》卷 167《外戚表》，作宰桑，第 5306 页。

⑦ 《清史稿》卷 167《外戚表》，第 5306 页。

⑧ 《清史稿》卷 518《科尔沁传》，第 14320 页。

古思^①随叶赫等四部攻太祖不胜。三十六年戊申（1608）复败于太祖，乃遣使乞好^②，四十二年甲寅（1614）莽古思以女妻太宗，是为孝端后，及天启五年即清天命十年（1625）塞桑之子乌克善复以妹妻太宗，是为孝庄后，孝庄后实孝端后之侄。据此，清世祖盖半属蒙古血。孝庄后母系不明，如非蒙古人则清世祖应为四分一蒙古血之混合血统，更就太宗之叶赫蒙古血计之，其成分更不只此。清皇室与博尔济吉特氏婚媾最繁，太祖一女，太宗十女，圣祖五女，高宗二女，仁宗二女，宣宗一女均嫁其族；太祖后妃一人，太宗后妃六人，世祖后妃三人，宣宗后妃一人，均娶于其族；而宗女宗子之婚嫁不与焉，但非皆一族耳。清代大征伐科尔沁必以兵从，而咸、同间僧格林沁为尤著，以故终清之世崇礼不衰。

清圣祖（康熙）之母孝康后（康熙时称慈和太后）为佟图赖女，图赖姓佟氏，原名盛年，父名养真，家抚顺^③，实辽东汉人，（见后）太祖克抚顺，养真降。^④养真之降，图赖年已长，（天聪五年从征大凌河有功）其母应亦为汉人。《清会典》八三《太常寺勤襄公祠祝文》，称佟图赖妻为觉罗氏^⑤，当属清宗室女。^⑥是孝康后父为纯粹之汉人，母为纯粹之满人。然则圣祖盖属四分一汉血，四分一蒙古血，二分一满洲血而杂叶赫蒙古成分之混合血统。

清世宗（雍正）之母孝恭后，（雍正时称仁寿太后）姓乌雅氏，为威武之女。^⑦威武，《清史稿·外戚表》作卫武，隶满洲正黄旗。乌雅氏世居哈达地方，哈达为扈伦四部之一，与满洲语言相通而统属不同。^⑧明万历二十八年（己亥，1600）清太祖征哈达尽收其国，于是哈达入于满洲，《清朝通志》三称威武之祖额布根国初来归，当即其时。额布根长子额森从征朝鲜有功，官至内大臣，即威武之

① 《清太祖武皇帝实录》卷1，作蟒孤，又作莽古，第315页；《清史稿》卷518《科尔沁传》，第14320页；《清史稿》卷1《太祖本纪》一，甲寅年作莽古思，恩为思之讹。

② 此据《清史稿》卷518《科尔沁传》，第14320页；《清太祖武皇帝实录》卷1，通好系于二十二年甲午，第317-318页。

③ 《清史稿》卷231《佟养性传》，第9323页。

④ 《清史稿》卷235《佟图赖传》，第9444页。

⑤ 康熙十六年七月二十五日庚子，王先谦：《东华录》第2册，康熙二十，第2页。

⑥ 顺治八年八月壬戌，王先谦：《东华录》第1册，顺治十七，称佟图赖为谭泰妹夫，谭泰姓舒穆禄氏，当别为一妻，第325页。

⑦ 《清史稿》卷214《后妃传》，第8911页。

⑧ 《清史稿》卷223《万传》，第9129页。《清太祖武皇帝实录》卷1，辛卯年明万历十九年，"时夜黑国主……遣部下……来谓太祖曰，兀喇哈达、夜黑、辉发，满洲总一国也，岂有五王之理……太祖答云，我乃满洲，尔乃虎伦……"，第313页；又卷3，天命四年，明万历四十七年，"满洲国自东海至辽边，北自蒙古嫩江，南至朝鲜鸭绿江，同一音语者俱征服，是年诸部始合为一"，第358页。

父。是孝恭后盖满洲人，而世宗血统中有八分一汉血，八分一蒙古血，此外四分三皆满洲血而略杂叶赫成分。

清高宗（乾隆）之母孝圣后（崇庆太后），姓钮祜禄氏，隶满洲镶黄旗，为凌柱之女。凌柱为太祖时功臣额亦都弟额亦腾之孙[①]，世居长白山。[②]钮祜禄氏为金代旧姓，见于《金史》，盖纯粹之满洲人。故高宗之血统仅有汉血十六分一，其余皆满洲血。

清仁宗（嘉庆）母孝仪后为清泰之女。[③]清泰姓魏氏，本汉军，嘉庆时以后故抬入满洲镶黄旗，改魏佳氏[④]，用孝康后后族抬旗例也。是仁宗血统中更有新汉血成分。孝仪后生于雍正五年[⑤]，距入关八十四年。清泰官至内管领，父名武士宜，官内务府大臣，祖名嗣兴，官护军校，通显已久，其与满人之姻媾必非简单，则所含之新汉血尚难计算，或仅八分一或十六分一耳。

清宣宗（道光）之母孝淑后，姓喜塔腊氏，为和尔经额之女，隶满洲正白旗，与太祖之母宣皇后同姓。清文宗（咸丰）之母孝全后，姓钮祜禄氏，为颐龄之女，隶满洲镶黄旗，与高宗之母孝圣后同姓。皆纯粹满洲人。在有清诸帝中，太祖而后，宣宗文宗之满洲血成分最多，然仍含有汉人血与蒙古血成分。

清穆宗（同治）之母孝钦后（慈禧太后）姓叶赫纳喇氏[⑥]，为惠徵之女，隶满洲镶黄旗，与太宗之母孝慈后同姓。清德宗（光绪）之祖母为宣宗庄顺妃乌雅氏，母为醇贤亲王妃叶赫纳喇氏，即孝钦后之妹。[⑦]叶赫于天命四年（1619）并于满洲，去孝钦生时（道光十五年，1835）已历二百十五年，所谓叶赫盖与满洲无复差异。是穆宗德宗之血统中满洲之成分益多，而蒙古与汉人之成分几于莫辨矣。

据上述可知清皇室血系之复杂，在宣宗以前累世均有新血素之参入，此与当时武功之奋张，文化之调融，不无关系。最趣者清世以龙兴东土朱果发祥之贵胄自衔，而不自知其为汉满蒙古之混合血统；雍正、乾隆轻蔑汉人，时肆诋谟，而自忘其亦有汉人血素。设详求清代外戚血缘以作更密之探讨，可述者当尤过于此。

---

① 《清朝通志》卷2"氏族略二"，第6763页。

② 《清史稿》卷225《额亦都传》，第9175页。

③ 《清史稿》卷214《后妃传》，第8918页。

④ 《清史稿》卷167《外戚表》，第5324页；及《清史稿》卷214《后妃传》，第8918页。

⑤ 《清史稿》卷214《后妃传》，第8918页。

⑥ 《清史稿》卷214《后妃传》，卷167《外戚表》均作那拉氏，第8925、5339页。

⑦ 《清史稿》卷23《德宗二》，第851页。

六、佟氏与汉人

清代国史称佟养真先世本满洲，居佟佳，以地为氏，贸易入明[1]，其子姓遂以佟为氏[2]，窃甚疑之。按《路史》，"夏太史终古归商后有佟氏"；《广韵》，"佟，姓也，北燕有辽东佟万，以文章知名"；《通志·氏族略》"北燕有辽东佟万，以文章知名"；姓觿引《千家姓》"辽东族，《北燕录》有辽东文士佟万，将军佟寿"；是中国旧有佟氏，且居辽东。明永乐时有都指挥佥事佟答剌哈，（见前）宣德时有都指挥佟胜[3]，景泰时辽东有经历佟口[4]，天顺时有自在州知州佟成[5]，成化时有建州左卫都指挥佟那和札[6]，嘉靖时有广宁卒佟伏[7]，其族姓虽不能详，然不必尽为佟佳氏，且太祖亦尝冠佟姓，则所谓因本姓佟佳而改佟氏，亦未必然。[8]

至谓佟氏由边外新附，尤难征信。明末佟氏族人降满洲者，养真而外有养性，镇国，佟山，佟三[9]，国印，（据天主教记载国印为国器亲弟）国祚（国祚万历时已官授辽游击）皆立功太祖，太宗之世；世祖及圣祖初年登朝列者，又有佟代，养和[10]，养甲[11]，养量，养巨，延年，康年，徽年，壮年，国允，国应，国鼐，国器，国祯，国佐，国卿[12]，是其族实当时大姓，宗支蕃衍。《清国史忠义传·佟养正传》[13]称，"祖达尔哈齐以贸易寓居开原，继迁抚顺，遂家焉"[14]；

---

① 《清国史》第 5 册 "大臣画一传档正编" 卷 4《佟养性传》，中华书局 1993 年版，第 145 页；《清史稿》卷 231《佟养性传》，第 9323 页；钱大昕：《潜研堂集》下册文集卷 37《内大臣一等公谥忠勇佟公传》，上海古籍出版社 2009 年版，第 653-654 页。

② 《清朝通志》卷 2 "氏族略"，第 6767 页。

③ 见《重建永宁寺碑记》，稻叶书引。

④ 见叶向高：《四夷考》卷 2《女直考》，中华书局 1991 年版，第 18 页。

⑤ 见陈建：《皇明通纪》，中华书局 2008 年版，第 776 页；自在州据《一统志》即开原。

⑥ 见五年七月乙巳，《明宪宗实录》卷 69，第 1370 页。

⑦ 见《明史》卷 211《马永传》，第 5575 页。

⑧ 稻叶谓太祖依妻族称佟氏，孟心史先生已驳之，见孟森：《清朝前纪》第 9 篇，第 94-95 页。

⑨ 见天聪五年五月庚子，王先谦：《东华录》第 1 册，天聪六，第 82 页；及《清史稿》卷 234《孔有德传》，第 9395 页。

⑩ 顺治二年江西总督，见王先谦：《东华录》第 1 册，第 249 页；《清史稿·疆臣表》失载。

⑪ 养甲为佟山之侄，崇祯时已官总兵，弘光时提督南直盐法，见《东明闻见录》，孔昭明主编：《台湾文献史料丛刊》第 6 辑 109，台湾大通书局 1987 年版，第 2 页；及三余氏：《南明野史》卷下，孔昭明主编：《台湾文献史料丛刊》第 5 辑 93，第 166 页。

⑫ 康熙十五年琼州总兵，见凌扬藻：《蠡勺编》卷 19，中华书局 1985 年版，第 310 页。

⑬ 即佟养真，避世宗嫌名改，见《清史稿》卷 235《佟图赖传》，第 9444 页。

⑭ 《清史稿》卷 231《佟养性传》称，"达尔哈齐子养真" 子字为孙字之误，第 9323 页。

而养真之孙国纲自称臣高祖达尔哈齐贸易边境，明人诱入开原①，其言果确，则是其只身入明，仅传三世，子孙何以繁茂致此？史书不言养真与养性同祖，则最亲不过再从兄弟，至镇国、佟山更属疏族，明代塞外入边匪易，诸人果自外来，何以一时若是之多？此可疑者一。《清国史忠义传·佟养正传》称"祖达尔哈齐以贸易寓居开原，继迁抚顺，因家焉"；《清国史·佟养性传》称"先世为满洲，居佟佳……因业商迁抚顺"②；乾隆《一统志》四一，奉天府人物《佟养性传》"世居抚顺所，为商贩，以资雄一方"。是佟氏群从皆家抚顺。然据《皇明从信录》万历四十二年称，"奴儿哈赤复垦前罢垦地，开原参义薛国用力主驱逐，会巡抚都御史郭光复新莅任……都御史廉知通夷佟养性，贳其重罪，令佯入奴反间"；《皇明通纪辑要》泰昌元年称，"御史舒荣都言……郑之范（《东华录》作郑之范）察处县令，黩缘入辽，虐佟鹤年致养性外叛，以陷开原"；则养性实居开原。据《明史·王纪传》③养真族子卜年籍辽阳，（后移家居楚中，见《两朝从信录》眉批，章氏遗书《湖北通志》未成稿《卜年传》称寄籍江夏，当别有据。卜年之孙名世临，入清著籍江南上元，其拜先王父墓下诗有"孤忠未返辽东鹤，俎豆聊分江夏贤"之句，见沈德符选《清诗别裁》卷十四，则移居之说或较确。）不居开原亦不家抚顺。可知佟氏于时分居开原抚顺辽阳三地，果属入塞未久，何以分布如是之广？此可疑者二。佟卜年以进士历官南皮河间知县有声，迁夔州同知，未行④，熊廷弼经略辽东，以其辽之巨室，用为登莱监军佥事，军前赞画。⑤明末礼部尚书顾锡畴为佟邦年之门生⑥，邦年爵秩不详，当为科第中人，亦卜年群从。⑦明制最重文官，举士尤严，其非土著者必须祖父入籍在二十年以上，坟墓田宅俱有的据，取同乡官保结方许应试。⑧而任官更须三代清白，佟氏果新附未久，卜年、邦年何能应试得官？⑨养真避世宗嫌名改养正，《朝鲜实录》不应预为之讳也。明代自塞外入边，不外三途，一为扣

---

① 钱大昕：《潜研堂集》下册文集卷 37《内大臣一等公谥忠勇佟公传》，上海古籍出版社 2009 年版，第 653-654 页。

② 《清国史》第 5 册"大臣画一传档正编"卷 4《佟养性传》，第 145 页。

③ 《明史》卷 241《王纪传》，第 6267 页。

④ 《明史》卷 241《王纪传》，第 6267 页。

⑤ 沈国元述：《两朝从信录》卷 7，沈云龙选辑：《明清史料汇编九集》第 4 册，天启元年七月，第 887 页。

⑥ 瞿共美：《粤游见闻》，《明季稗史初编三》卷 20，商务印书馆 1936 年版，第 367 页。

⑦ 据《明季稗史初编》卷 23《东明闻见录》，佟养和曾任清湖南监军、兵部侍郎，应亦明末科第，第 401 页。

⑧ 《清朝文献通考》卷 47"选举一"，顺治元年定制盖全用明法，第 5302 页。

⑨ 朝鲜《宣祖朝实录》三十二年，万历二十七年，有明驻辽阳副总佟养正，孟心史先生以为即养真。以年代证之，疑不尽符。

关请附，一为久商潜住，一为略诱作奴。三者取得属籍均非易易。属籍不得，遑论其他？此可疑者三。太祖开国功臣有扈尔汉[①]，巴笃理[②]，努颜[③]，皆佟佳氏。满洲士族固多氏同而所自出异[④]，然巴笃理，努颜世居佟佳，当时不闻与养真兄弟相闻知，而必待太祖命其考订支派，叙为兄弟，（佟国纲自言见钱传）其原无瓜葛可知，况当时又焉得谱牒足据？此可疑者四。窃谓所谓达尔哈齐盖属伪托，其事实不足信。

佟养真以天命二年即万历四十五年降太祖，养性之降更在其前，其时尚无汉军旗之称，钱氏《佟国纲传》谓"初养正（真）之来归也例入汉军"。[⑤]盖据家传之词，未加考证。太祖既下抚顺，编其降民为一千户[⑥]，而官兵仍明制之旧，由李永芳统之[⑦]，其后乃籍明边丁壮为兵[⑧]，清官书称之为旧汉兵[⑨]，太宗天聪间始改置成军号乌真超哈，即汉军之始，以佟养性为昂邦章京，汉语总兵，石廷柱副之，并谕养性曰，"汉人军民诸政付尔总理"，又谕诸汉官曰，"汉人军民诸政命额驸佟养性总理"。[⑩]其时汉人初自成军而以养性总之必非无故。养性既卒，（天聪六年）石廷柱代之为昂邦章京。崇德二年明崇祯十年（1637）八月，乌真超哈分为两翼，廷柱辖左翼，马光远辖右翼。[⑪]廷柱，辽东人，亦自托瓜尔佳氏，世居苏完；光远，大兴人；二人均以明将归降，当时与孔有德、耿仲明、尚可喜并称汉将。[⑫]天聪十年（即明崇祯九年，1636）群臣上表劝进，汉官亦五人列名。可知初时统乌真超哈者皆汉将。崇德中汉军八旗制定[⑬]，隶佟

① 《清史稿》卷 225《扈尔汉》，第 9188 页。

② 《清史稿》卷 226《巴笃理》，第 9213 页。

③ 《清史稿》卷 241《席特库传》，第 9554 页。

④ 《清史稿》卷 242，传二九传论，第 9582 页。

⑤ 钱大昕：《潜研堂集》下册文集卷 37《内大臣一等公谥忠勇佟公传》，第 653 页。

⑥ 《清太祖武皇帝实录》卷 2，第 342 页。

⑦ 《清太祖武皇帝实录》卷 2，第 342 页。

⑧ 《清史稿》卷 231《李永芳》第 9326 页。

⑨ 《清朝文献通考》卷 179 "兵一"，第 6392 页。

⑩ 养性娶宗女，号施武里额驸，施武里又作施吾埋，见《清史稿》卷 231《佟养性传》，第 9323 页；又作西屋里，见《清国史》第 5 册 "大臣画一传档正编"卷 4《佟养性传》，第 145 页。天聪四年喇嘛法师宝记碑汉字称驸马，见《东洋文化史大系清代之亚细亚》第 135 页。

⑪ 以上并据《清史稿》传一八诸人本传。王先谦：《东华录》系太宗谕佟养性之语于天聪五年正月乙未，第 80 页；系乌真超哈之名于八年五月庚寅，第 110 页；系满洲各户汉人十丁授绵甲一命马光远等统之于天聪七年七月辛卯朔，第 103 页；《清朝文献通考》卷 179 系定乌真超哈之名于天聪八年改定八旗官名之后，第 6392 页。

⑫ 汉将之称见《清史稿》卷 231《马光远传》，第 9333 页。

⑬ 王先谦：《东华录》第 1 册，崇德四年，1639，六月丙申设四固山，第 169 页；崇德七年，1642，六月甲辰设八固山，第 182 页。

养性子于汉军正蓝旗①，隶佟养真子于汉军镶白旗；时去养真之降已二十余年。据此可知，入关以前清人未尝目佟氏为满洲。

更证之明末记述。沈国元《两朝从信录》九，谓"奴酋（清太祖）倡逆而佟养真等佐之，明弃我之冠裳，甘为贼之肺腑"（天启元年十月）解学龙《饬玩惩贪疏》，谓"李（永芳）佟（养性）二贼虽倾心于奴，但非彼族类，终不能释奴之疑"②；皆明其本为汉人。天启二年，（天命七年，1622）千总杜茂以奸细被诬，词连佟卜年，卜年故为熊廷弼所荐，兵部尚书张鹤鸣与廷弼有隙，欲藉卜年以甚其罪。③当时疏奏繁多，好事者或谓其与"建酋"同姓，时祭金代陵墓，或谓其交通李永芳，谗害毛文龙④，然均无据，卒以佟养真近族论流三千里⑤，瘐死狱中。佟养真自言其祖为佟卜年之曾祖⑥，设果有所谓达尔哈齐其人，自边外来归，何难援之定谳？而卜年卒长系以死，必明廷上下深知佟氏之世居辽东，确为汉人，不能以诬。据此可知明末汉人未尝目佟氏为女真。

顺治十一年（1654）三月十八日戊申圣祖生，王氏《东华录》称"母曰佟氏"⑦，十八年正月世祖遗诏称"朕子玄烨，佟氏所生"。⑧王氏《东华录》康熙总纪称"母孝康章皇后佟氏"，均不称佟佳氏；康熙十六年册佟国维女为贵妃，二十年进皇贵妃，二十八年册为皇后，谕旨亦均称佟氏不称佟佳氏（并见王氏《东华录》，盖本于《实录》。《清史稿·圣祖纪》《后妃传》《外戚表》及《清朝文献通考·帝系考》均改佟佳氏）。据此可知佟氏自称出于佟佳氏之说，在清初皇室亦未尝许之。康熙时吴伟业为佟彭年有年之母刘淑人墓志，称其孙十三人，命名皆冠以国字，盖为佟图赖族人。志中一曰"在我本朝佟为贵族"，再曰"维佟氏远自晋魏"。⑨据此可知清初汉人亦未尝以满族目佟氏。

康熙十六年（1677）七月，清圣祖推恩母氏所出赠佟图赖一等公⑩，以其

---

① 《清史稿》卷231《佟养性》，第2324页。

② 沈国元述：《两朝从信录》卷20，天启四年二月，沈云龙选辑：《明清史料汇编九集》第7册，第2209页。

③ 《明史》卷241《王纪传》，第6267页。

④ 沈国元述：《两朝从信录》卷14，兵部上言，奸细关系宗社，奉圣旨，毛文龙因拿佟养真，佟卜年遂投陶朗先处监军，谗害毛文龙云云，沈云龙选辑：《明清史料汇编九集》第6册，第1636-1637页。

⑤ 《明史》卷241《王纪传》，作二千里，第6267页。

⑥ 沈国元述：《两朝从信录》卷9，天启元年十月兵部尚书张鹤鸣奏疏引养真供词，沈云龙选辑：《明清史料汇编九集》第5册，第1052页。

⑦ 王先谦：《东华录》第1册，顺治二十二，第377页

⑧ 王先谦：《东华录》第1册，顺治三十六，第478页。

⑨ 吴伟业：《梅村家藏稿》第2册卷48，台湾学生书局1974年版，第834页。

⑩ 《清文献通考》卷250"封建五"系在八月，第7094页。

子佟国纲袭，二十七年^①国纲上疏言：“臣家本系满洲，臣高祖达尔哈齐贸易边境，明人诱入开原。比太祖高皇帝（太祖于康熙元年改谥曰高）遣使入明，臣叔祖佟养性备述家世求使者代奏。即蒙太祖谕云，朕福晋佟佳氏塔本巴颜之女，尔佟姓兄弟分散入汉之故，朕知之久矣。及大兵克抚顺，将臣族人居佛阿拉之地，不加差使。臣叔祖得尚宗女，赐号施武里额驸，令与佟佳氏之巴都里、孟阿图诸大臣考订支派叙为兄弟。臣家族籍既明，请赐改隶满洲。”事下户部，户部议将国纲族人改归满洲，仍留于汉军旗下，佟氏文武官俱留现任，其编审册内改称满洲，从之。^②其时距养真之降已七十年，入关亦四十五年，关外老臣，死亡殆尽，其所述太祖之语，莫可究诘。所可疑者，佟氏之请何以迟至数十年后始为之？而户部之议何以仅予其名，（改归满洲）不予其实？（仍留于汉军旗下）既准之后，何以独其本支改入满洲^③，而他支仍隶汉军旗？^④窃谓清代满洲与汉军本非平等，初时佟氏自谓旧居佟佳以地为氏者，盖攀援以求容，其后求改属籍者盖假藉以自尊。部臣明知其疑，而佟氏方在贵盛，子弟遍于内外，有女宠为皇妃，（孝懿后佟国维女，时为皇贵妃）且皇帝之舅，莫敢违忤，故有此两全之议，议定之后复迟阻其行，编审册内有意不予悉改。

清代所谓汉军旗，盖清初汉人之降者，清高宗尝言“汉军其初本系汉人”^⑤，是其明证。在清廷视之亦与汉人相若，康熙三年，尝命以汉军京堂官归入汉缺，与汉人一体升转，^⑥其一例也。

据上列数事证之，佟氏确为汉人无疑。

当佟国纲请改隶满洲，同时正白旗汉军内大臣和硕额驸华善亦疏言：“臣高祖布哈原姓瓜尔佳氏，明成化间授建州左卫都指挥佥事，臣曾祖阿尔松阿嘉靖间袭父职，臣祖石翰移居辽东，临卒遗命诸子立功以归本国。及太祖高皇帝兵取广宁，臣父石廷柱开城门归顺，太祖见而喜曰：此我国人也，特赐御用鞍马，太宗文皇帝知臣父本系满洲，故命为满洲甲兵额真，后又命为统领汉军额真，累擢至一等伯。臣家世实系满洲。”^⑦事同下户部，议并同。案华善所述较之佟

---

① 《清史稿》卷281《佟国纲传》，本传在二十年，第10150页。

② 《清史稿》卷281《佟国纲传》，第10150页；及钱大昕：《潜研堂集》下册文集卷37《内大臣一等公谥忠勇佟公传》，第654页。

③ 《清史稿》卷281《佟国纲传》，第10150页。

④ 《清史稿》卷171《诸臣封爵世表》四，佟养性正蓝旗汉军，第5624页；《清史稿》卷273《佟凤彩》传：“佟凤彩汉军正蓝旗人，养性从孙也”，第10036页。

⑤ 王先谦：《东华录》第4册，乾隆十五，乾隆七年四月壬寅，第92页。

⑥ 王先谦：《东华录》第1册，康熙三年闰六月丙戌，康熙四，第513页。

⑦ 钱大昕：《潜研堂集》下册文集卷37《内大臣一等公谥忠勇佟公传》，第654页。

氏尤离奇。所谓建州左卫即清太祖本支所自出，成化间正明廷对建州两剿一抚多事之际，从未见布哈其人。一也。成化末去天启二年廷柱之降已一百三十六年仅传四世，年代不能相符。二也。乾隆二十九年修《清一统志》四一《奉天府·人物门》有石廷柱小传，称其"先世为辽东武弁，父翰始家焉。天命七年来归"。《一统志》小传盖本之未修改前之国史旧传，最为近真，华善所述与之不合。三也。窃疑石氏请改之私，伪托之迹，盖均与佟氏同，而户部亦以其方在贵盛不敢驳。（华善额驸内大臣定南将军，石琳云南巡抚，石文炳福州将军）所异者，《清史稿·外戚表》于佟图赖已称满洲镶黄旗，而《封爵表》于石廷柱仍称汉军正白旗，《清朝文献通考·封建考》列佟图赖于满洲异姓封爵之内[1]，而列石廷柱于汉军异姓封爵之内耳。[2]盖所许编审册内改称满洲之议，不知何时潜易之矣（佟养性一支亦未改当属同时同议）。

七、清初通婚政策

　　清初广与他部通婚，盖为一代国策。太祖时，若哈达部，乌喇部，叶赫部，董鄂部，苏完部，渥集部，科尔沁部，扎鲁特部，喀尔喀部，其部长莫不与太祖近属相婚嫁；而一时亲近大臣，若额亦都（娶太祖妹，继娶太祖女），何和礼（娶太祖女），费英东（娶太祖孙女），杨古利（娶太祖女，但《公主表》不录），康果礼（娶穆尔哈齐女）之属，既崇之以爵秩，复申之以婚姻，其汉人初降者亦间及焉。世传清代汉满不通婚，证之清初史实颇有不合。《明实录》载万历四十七年己未五月初一日癸未，户科给事中李奇珍奏，谓李如柏曾纳素儿哈赤（舒尔哈齐）之女为妻，即太祖之侄女，此汉满通婚之最早者。（永乐时后宫有猛哥帖木儿家人，见《朝鲜实录书》不计。）清太祖下抚顺，明守将李永芳降，太祖以第七子阿巴泰之女妻之[3]；太祖建号，佟养性以潜行输款为明吏置之狱，脱归太祖，太祖妻以宗女[4]；此建号后之通婚。清太宗既下大凌河，兵部贝勒岳托主善养汉人，凡一品官降者，以诸贝勒女妻之，二品官以国中大臣女妻之，其兵士则先察汉人女子给配，余察八贝勒下庄头女子给配[5]；太宗善之，命德

　　① 《清朝文献通考》卷 250 "封建五"，第 7094 页。
　　② 《清朝文献通考》卷 254 "封建九"，第 7128 页。
　　③ 《清史稿》卷 231《李永芳》第 9326 页。
　　④ 《清史稿》卷 231《佟养性》，第 2324 页；《清朝通志》卷 2 "氏族略二"作太祖孙女，第 6766 页。
　　⑤ 天聪六年正月十五日癸丑，王先谦：《东华录》第 1 册，天聪七，第 92 页。

格类安插大凌河汉人于沈阳，以国中妇女配之，不足，令诸贝勒大臣各分四五人配以妻室。此太宗时未尝禁汉满通婚之证。然当时方以明朝相攻伐，义属敌国，故通婚必由君上主之。入关之初，满洲以战胜之威，与汉人未能辑睦，多尔衮摄政患之，于顺治五年（戊子，1648）八月二十日壬子，谕礼部曰，"方今天下一家，满汉官民皆朕臣子，欲其各相亲睦，莫若缔结婚姻，自后满汉官民有欲联姻好者听之"（不必经由国家允许）；二十八日庚申，又谕户部定婚嫁报部之法，并定"满洲官民娶汉人之女实系为妻者，方准其娶"①，意在禁其横扰，是入关而后且加之劝导。故顺治时，吴应熊娶太宗第十四女，尚之隆娶硕塞女②，耿精忠娶豪格女③，耿昭忠娶苏布图女④。康熙时，耿聚忠娶岳乐女⑤，孙承运娶圣祖第十四女。固所以结功臣心，实亦为之倡。康熙四年（乙巳，1665）定例，"宁古塔流徙民人有嫁女旗下者听"⑥。所谓民人概指旗籍以外之汉人，流徙民人既准嫁与旗下，其良家自更无禁。

《户部则例》卷一《户口·旗人嫁娶门》有"在京旗人之女不准嫁与民人为妻"之规定，满汉不通婚之说似仿于此。但则例明定已许字者仍准完配，惟须将此出嫁旗女开除户册，至民人之女嫁与旗下为妻者概无所禁；是其意非不许汉满通婚，仅于满人之嫁汉人有限制耳。（其重要原因，实为选秀女。）逮同治四年（1865）六月复定"旗人告假出外已在该地方落业，编入该省旗籍者，准与该地方民人互相嫁娶"，是其限制又只行于京师矣。⑦光绪而后，谈国是者每以化除汉满界限为言，皆首举通婚。然稽之典制实无禁止明文，故光绪二十七年饬通婚之谕亦含浑其词，谓"满汉臣民朝廷从无歧视，惟旧例不通婚姻，原因入关之初风俗语言或多未喻，是以著为禁令"⑧，以强为之说。窃疑汉满通婚法令固无明禁，而习俗形成之藩篱甚严，汉满不相婚嫁，汉人之畏避或更甚于满人也。

①　见王先谦：《东华录》第1册，顺治十一，第283页。
②　《清史稿》卷166《公主表》，第5280页。
③　《清史稿》卷474《附吴三桂传》，第12853页。
④　《清史稿》卷234《附耿仲明传》，第9408页。
⑤　《清史稿》卷166《公主表》，第5280页
⑥　《清朝文献通考》卷203"刑九"，第6678页。
⑦　以上并据同治十三年校刊《户部则例》。
⑧　《清朝续文献通考》卷26"户口二"，《十通》，浙江古籍出版社2000年版，第7776页。

八、选秀女之制

清代后妃多嫔自名门，亦一代制度之善者。若佟图赖，国维，舒明阿（佟图赖之后，官杭州将军，为宣宗孝慎后之父），一门三皇后莫论矣。圣祖孝诚后父噶布拉官至内大臣，祖索尼辅政大臣，曾祖硕色巴克什；孝昭后父遏必隆官至辅政大臣，祖额亦都一等大臣；世宗孝敬后父费杨古官右卫将军步军统领；高宗孝贤后父李荣保官察哈尔总管，祖密思翰户部尚书，伯马齐大学士；仁宗孝和后父恭阿拉官礼部尚书；宣宗孝穆后父布彦达赉官户部尚书；文宗孝德后父富泰官太常寺少卿，祖祺昌兵部员外郎，曾祖明山刑部尚书；穆宗孝哲后父崇绮状元吏部尚书，祖赛尚阿大学士；莫不累叶通显。其故皆由于后宫之选出自秀女。

清制，秀女阅选以三年为率，由户部移文八旗都统造册，请旨阅选。凡京职满洲蒙古护军领催（正五品武职）以上，汉军笔帖式（文职七八九品不等）骁骑校（正六品武职）以上，外任同知（正五品文职）游击（从三品武职）以上，驻防副都统（正二品武职）以上；现任官员之女，年在十三岁以上[1]，十七岁以下[2]，身无残疾，且未缠足者，始能备选，其公主之女[3]，达海子孙之女[4]，官阶在前述各职以下者之女（外任如仅官同知游击者其女亦不备选，官阶尚须在其上），官吏缘事革职者之女，八旗闲散人等及兵丁之女，（其得有顶戴无实职者同）在京孤孀之女其父原非五品以上文职四品以上武职者；均不送选。其制，武官严于文官，外官严于京官，驻防严于外官，孤孀严于现任职官，盖重家教也。秀女入宫，妃、嫔、贵人，下逮答应惟帝命，但贵人以上必选自世家女[5]，其选阅之严，与明代委之宦寺，求之市井，而勋臣家禁不入选者迥异。故有清皇子之母鲜有出身微贱者。圣祖尝谓胤禩之母良妃卫氏母家为贱族[6]，然妃父阿布鼐尝官内管领[7]，亦内务府正五品文官，与孝仪后之父同，家世固

---

① 《钦定大清会典》卷 87 "内务府·会计司"，第 841 页。

② 《户部则例》第 2 册卷 1 "户口·选验秀女"，同治十三年刊本，第 18 页。

③ 始自嘉庆五年，见《户部则例》第 2 册卷 1 "户口·选验秀女"，第 14 页。

④ 《清史稿》卷 228《达海传》，盖尊其创造满洲字之功，第 9256 页。

⑤ 《清史稿》卷 214《后妃传》序，第 8895 页。

⑥ 《清史稿》卷 220《诸王传》，第 9062 页；王先谦：《东华录》康熙四十八年正月癸巳、甲午，五十三年十一月甲子。案《清史稿·后妃传》及《清朝文献通考》二四一《帝系考》三均作卫氏，惟《通考》二四二《帝系考》四又作魏氏，卫、魏两氏八旗氏族均无之，盖汉军也。余别有文。

⑦ 《清朝文献通考》卷 241 "帝系三"，第 7704 页。

非明末之武清、嘉定比也。①清代皇室教育远胜于明，或亦以此。

清宫内之汉姓女子，汉军秀女而外，或选自汉官（世祖时），或纳自潜邸（世宗高宗时），其制与秀女异。

九、余 论

世传清高宗（乾隆）出自海宁陈氏，孟心史先生尝考之，搜讨甚富，其文尚未及见。然以时证之，高宗生时，（康熙五十年辛卯，1711）世宗方居潜邸，（康熙四十八年己丑，1709，封雍亲王）春秋鼎盛，（年三十四）且尚有子，（高宗为世宗第四子，第一子弘晖为孝敬后所生，康熙四十三年年八岁殇，其时高宗未生。第二、三子生卒待考。高宗即位后于雍正十三年十月己丑谕曰，"从前三阿哥年少无知，性情放纵，行事不谨，皇考特加严惩以教导朕兄弟等，使知儆戒"云云，是高宗生时三阿哥弘时未殇也。）又何必急急于夺人之子以为己子耶？附之篇末，以当余论。

1943 年 6 月 27 日大雨中初稿成于昆明靛花巷。

1944 年 4 月 11 日讲于西南联大文史讲演会。

（此文最早载于 1945 年独立出版社出版的《清史探微》）

---

① 明慈圣太后之父武清侯李伟微时业圬，崇祯周后父嘉定伯周奎微时寄食人家代为管库，此清代所绝无。并见谈迁著，罗仲辉、胡明校点校：《枣林杂俎》，中华书局 2006 年版，第 50、273 页。

满洲入关前后几种礼俗之变迁

今天我们只谈谈满洲入关前后的几种礼俗之变迁。关于前清礼俗上变迁的材料，昆明能够找到的很少，所以仅仅排比一些文献；有许多私家著作，稍涉可疑或出于想像，全不敢取，因之所得更少。因为它本身未必全是一个问题，所以不一定有解答，更谈不到发明。

严格来说，在历史上我们所要谈的这一段时期，应该称作建州女真或后金，但我们为简便及通俗起见，题目同内容仍称为清或满洲，其中所涉事迹，为引征方便也用清朝的纪年，同时是名从主人的缘故。

清之先世在明曰建州卫，元为斡朵怜万户，再前为金、女真、渤海、靺鞨、勿吉、挹娄、肃慎，为中华古代民族之一，详见《金史》世纪，《两唐书·靺鞨传》《魏书·勿吉传》《三国志·东夷传》《通典·边防》等，兹不多述。在这些记载中，我们知道这部分人民从前无文字，穴居无宫室，裸袒无衣冠，无棺殓之礼，有车马麻布，知耕稼，劲悍善射，俗编发，然而不洁。不过这是历史上记载，至金源已不尽然。金献祖所居，别人呼作纳葛里，纳葛里就是汉语居室。金昭祖死后，他的仇人欲夺其枢，可知当时已有棺椁。到了明代建州更不同。虽然在荒僻塞外，不惟有屋宇，更有很好的烟囱装置在屋外，院落有围栅，城寨更有砖石的墙。至于文字，金朝的女真字虽然亡逸，可是努尔哈赤仿蒙古字又作了满洲字。衣冠有了规制，表现出他们的特点，那就是帽上的红缨，所以当时有红缨满洲之号。[1]舆服丧葬由具备而趋于奢侈，衣服有了缎绣，马鞍有雕饰，丧葬不但讲求且重厚殓。最显著的是人民不但不"不洁"，而且注意修饰，甚至于讲求的太过，以致清太祖说，"愚暗之夫……所修治者宴会时服饰，此与妇人何异？"[2]太宗说，"近见新进少年诸臣，每至朕前，言动举止，专事修饰，

---

① 王先谦：《东华录》第 1 册，顺治八，顺治四年五月乙巳条，第 266 页。
② 王先谦：《东华录》第 1 册，天命三，天命六年七月甲子，第 40 页。

未足凭也"①，一类的话，屡次下令告诫。②可知这部分人民，他们本身的进步与改革，以及吸收大多数人的文化是很快的。

在清太祖、太宗时候，这部分人民的礼俗方面，也有显著的变迁，入关后更不同。

一、渔猎

渔猎本是女真旧俗，可是这时候已经不是纯粹经济的渔猎生活，而为一种娱乐同消遣。天聪五年（1632）六月，太宗同他的群臣到浑河上游捕鱼，一直玩了五六日到了抚顺；崇德元年（1636）五月，代善第三子萨哈廉病死，他是当时赞助太宗汉化的最重要的人，大家全很伤痛，于是太宗同代善及代善长子岳托往浑河"观鱼舒忧"，以所得的鱼分给新附的蒙古和汉官；崇德三年（1638），清命岳托、多尔衮由墙子岭入塞，分道南扰，翌年班师，岳托同弟马瞻阵亡，代善追痛其二子，于是太宗率诸王大臣同他到浑河捕鱼"以娱之"，并设大宴；这可见当时纯以渔捕为娱乐。

打猎的习俗更盛于捕鱼。在入关以前，几于一年有三四次大规模的打猎，天聪四年五月、十一月、十二月凡三次，六年九月、十月、十二月凡四次，九年三月、四月、八月凡四次。每次少则三、四日，多则二十四、五日以至三十日。天聪九年八月丙午，出榆林边射猎，九月辛未还，凡二十五日；崇德二年十一月庚寅猎于打草滩，十二月癸未还，凡二十三日；崇德七年十一月甲戌猎于克勒开原，闰十一月甲辰还，凡三十日；至于每猎在十日左右是最常见的。每年行猎季节，多在冬季农闲，春秋亦有，五月已少，六月则绝无。当时凡出军凯旋要行猎以为庆祝。天命十年（乙丑，1625），清太祖命王善，达朱户征瓦尔喀部，俘获甚众。四月初二日己卯军还，太祖出沈阳城迎之，翌日至避荫地行猎，凡四日然后祭旗朝谒，并以所猎的兽犒宴军士同降人。凡有忧患亦要行猎以为排解。天聪九年（乙亥，1635）九月二十四日辛未，代善以其子尼堪祜塞病，率本旗人员各自行猎；又崇德六年（辛巳，1641）九月清太宗与明帅洪承畴相距于松山，而其妃宸妃死，太宗还沈阳追伤不已，十一月十三日己卯，诸王贝勒劝其出猎，遂猎于蒲河四日。可知当时行猎亦是一种消遣与娱乐。所

---

① 王先谦：《东华录》第 1 册，天聪六，天聪五年七月辛巳，第 83 页。

② 以丈夫比女子，是当时一种较重的责辱，如代善同布扬古说，"汝非男子，乃妇流耶"之类，见《清太祖武皇帝实录》卷 3，第 358 页。

以在行猎时遇有意外即行停罢。崇德四年（己卯，1639）十一月二十八日，太宗与代善等猎于英格布占，代善射獐，马蹶伤足，太宗为之裹伤，遂令罢猎；崇德七年（壬午，1642）十二月初二日，太宗同诸王大臣猎于叶赫，到了十二日丁丑，太宗忽然得病，大家亦请求罢猎，不许。有时因为疾疫流行，也会举行田猎。

此外，行猎更是一种重要的军事训练。在太祖、太宗时累以出征行猎并举，劝勉群下。太祖说，"愚谙之夫，出猎行兵之事，漠不经心"①。太宗说，"凡出兵行猎不至错乱，庶大事可成"②。又说，"今若不时亲弓矢……则田猎行阵之事必致疏旷，武备何由得饬乎？"③可见当时行猎，是一种训练，以为行军之准备。所以行猎之纪律，与行军一样，不准乱行，不准断围，不准践踏田禾，不准斫伐山木。太祖时将部众每三百人立一牛录厄真管属，就是后来的佐领，为八旗制度的基本单位。牛录，华言大箭，厄真，华言是主。满洲旧俗，凡出师行猎，不论人数多寡，全依照族寨而行。每人出箭一枝，十人中立一总领，率十人而行，各依方向，不许错乱，此总领名曰牛录厄真，后来官制即取于此，这是出猎制度演为军队制度的一个显著的例子。打猎时进行的方向与行列不得错乱，不得逗留在后，圈场的包围圈不得间断，在当时禁令很严，每旗令大臣一人专司统辖④，凡有违犯者，即就取其箭，以为猎后惩责的根据，大都用鞭责或罚薪。有一次在都尔鼻城一带田猎，代善第四子瓦克达乱行，太宗甚怒，代善遂亲自鞭之三次，瓦克达幼弟马瞻在旁因兄被责而哭，太宗说："尔不继加辱詈，乃反哭之，理宜然乎？"⑤又有一次在博硕堆行猎，右翼叶臣所属合围中断，有黄羊逸出，为硕托所见，当时鞭责了一人，又将余人送兵部议罪。⑥至于军士践踏田禾者，重则射之，轻则鞭之⑦，斫伐山木者，即行执究⑧，其罚尤重太宗时虽然常用行猎来奖励武事，但不使他无节，因为多行猎可使马匹疲瘦，所以尝以此为代善的罪状⑨，并且告之都察院人员，如自己逸乐畋猎，教大学

① 王先谦：《东华录》第1册，天命三，天命六年，1621，七月二十五日甲子，第40页。
② 王先谦：《东华录》第1册，天聪五，天聪四年，1630，十一月十九日甲午，第70页。
③ 王先谦：《东华录》第1册，崇德二，崇德二年，1637，四月二十八日丁酉，第141页。
④ 王先谦：《东华录》第1册，天聪七，天聪六年，1632，十二月癸酉，第98页。
⑤ 王先谦：《东华录》第1册，崇德二，崇德二年，1637，七月初五日辛未，第144页。
⑥ 王先谦：《东华录》第1册，崇德三，崇德三年，1638，三月初一日甲子，第149页。
⑦ 王先谦：《东华录》第1册，崇德七，崇德七年，1642，六月初五日癸卯，第181页。
⑧ 王先谦：《东华录》第1册，天聪七，天聪六年，1632，十二月初十日癸酉，第98页。
⑨ 王先谦：《东华录》第1册，天聪十，天聪九年九月壬申，第122页。

直谏无隐。①

太宗在崇德元年（1636）七月二十五日丁卯曾对诸固山贝子说："昔太祖时，我等闻明日出猎，即于今日调鹰蹴毬，若不令往，泣请随行。今之子弟惟务游行街市以图戏乐。在昔时，无论长幼穷困之际，皆以行兵出猎为喜。尔时仆从甚少，人各牧马披鞍，自爨而食……今子弟遇行兵出猎，或言妻子有疾，或以家事为辞者多矣。不思奋发向前，而惟耽恋室家，国势能无衰乎？"②这虽是太宗勉励群下的话，但也可看出其时渐习富厚，不耐劳瘁，行猎风气渐渐不为大家所重了。入关以后，其风更替。顺治七年十一月十三日壬戌，皇父摄政王多尔衮，"以有疾不乐，率诸王贝勒贝子公等及八旗固山额真官兵猎于边外"③，这还是祖风，结果他去了二十七天（十二月初九日戊子）死在喀剌城，后来用以解忧的射猎便不更见。顺治四年七月二十八日丁卯，世祖时年十岁，幸边外阅武，据《清文献通考》卷二七〇说，就是行猎。后来世祖亲政以后自己曾说："我朝之定天下，皆弓矢之力也，曩者每岁出猎二三次，练习骑射，今朕躬亲政事……日无暇晷，心常念兹不忘也。"④可见远不如前。康熙初常在南苑行围，平定三藩后又累巡塞外举行校猎，但每岁亦不能"二三次"了。康熙二十一年春，圣祖自关外回京，因见吉林兵丁役重差繁，遂将围猎规制加以改定，并说："围猎以讲武事，必不可废，亦不可无时。冬月行大围，腊底行年围，春夏则看马之肥瘠酌量行围……所获禽兽，均行分给。围猎不整肃者照例惩治，不可时加责罚，苛求琐屑。遇有猛兽，须小心防御，以人为重，勿致误有所伤。"⑤这与在关外时行猎情形大不相同。至于康熙偶尔用了本人射得的鹿尾（二十二年七月己卯），钓来的鲢鲫（二十一年三月丙辰），献给他的母亲和祖母⑥，还有些旧日风气。其后每年的秋狝⑦，实在只是游幸，而八旗官兵的冬初步猎⑧，更属具文。至于渔更不用谈了，不惟最初的意义不存，就是旧俗的形式也没有了。

---

① 王先谦：《东华录》第1册，崇德一，崇德元年，1636，五月十四日丁巳，第131页。

② 王先谦：《东华录》第1册，崇德一，崇德元年七月丁卯，第133页。

③ 王先谦：《东华录》第1册，顺治十五，顺治七年壬戌，第306页。

④ 王先谦：《东华录》第1册，顺治二十，顺治十年三月初二日戊辰，第351页。

⑤ 王先谦：《东华录》第2册，康熙二十九，二十一年五月十九日丙寅，第103页。

⑥《清史稿》卷2《圣祖本纪二》，第210页。

⑦《清朝文献通考》卷270"舆地二"，第7272页。

⑧《钦定大清会典》卷86"八旗都统·训练"，第832页。

二、祭告

《金史》二十八《礼志》说："金之郊祀本于其俗有拜天之礼，其后太宗即位，（公元 1123）乃告祀天地，盖设位而祭也。天德（1149—1152）以后始有南北郊之制。"[1]可知女真拜天旧俗，最初只是望天而拜，随时随地均可，方向则向东（据《金史》二，太祖伐辽，出门举觞东向，祷于皇天后土）。后来才设位而祭，最后乃有固定地点，至于南北郊那当然是渐染汉俗所致。满洲入关前，固定的祭天的地点就是所谓堂子，而一般设位而祭的"位"，全是立旗八面为代表。《武皇帝实录》说，阿巴泰等攻札鲁特部凯旋，太祖出城四十里迎之于古城堡，乃"竖旗八杆，吹螺拜天"[2]，《东华录》说世祖梦"列旗吹角，对天稽首"。吹角就是吹螺，想来这是当时的仪式。[3]

满洲风俗，凡有大的盟誓，全要杀乌牛白马祭告天地，将所杀牛、马削肉留白骨以祭，并设酒一杯，肉一碗，血一碗，土一碗，对天地而誓。誓词中说，"如背盟则似此血出，土埋，骨暴而死；如践盟，则食此肉饮此酒，福寿永昌"。太祖在明万历二十五年（1597）正月，同叶赫，哈达，辉发，乌喇盟，天命四年（1619）十一月，同喀尔喀盟，天命九年（1624）二月，同科尔沁盟，太宗在天聪元年（1627）三月，同朝鲜盟，全是如此。在天命九年以后两次盟誓，祭祀时又加了"焚香"，这是渐染外族风俗。盟誓誓词在双方用同样的词句。但太宗在天聪五年（1631）十一月，同明降将祖大寿誓，大寿还是用"谨具香帛昭告于上帝神祇"，这可见当时汉俗绝没有用土骨血设誓的习惯，而满洲也不像强迫蒙古人、朝鲜人的样子来强迫汉人。入关以后，这种祭告少见了，尤其是法定的制度里，我们在《大清会典》卷三十七，圜丘第二成陈设图里看，所列的祭器全是些簠簋笾豆，祭品也是些黍稷枣栗，虽然也有牲牢，可是不见乌牛白马，这完全汉化了。

三、祭堂子

祭堂子就是清代固定祭天的所在，是两座南北对面的神殿，一座方形在北，

---

[1]《金史》卷 28《礼一》，第 693 页。
[2] 事在天命八年五月，见《清太祖武皇帝实录》卷 4，第 376 页。
[3] 事在顺治九年十一月初四壬申，顺治十九，王先谦：《东华录》第 1 册，第 340 页。

南向，名叫祭神殿；一座圆形在南，北向，名叫圆殿。圆殿南院庭正中设皇帝
致祭时立杆子的石座，其后又有石座六行，每行分六重，为皇子王贝勒等致祭
之用。《清史稿·礼志》四说："清初起自辽沈……于静室总祀社稷诸神祇，名
曰堂子，建筑城东内治门外"[1]；可见其来已久，必是旧俗。入关以后建堂子
于北京东交民巷玉河桥东，庚子以后，改立于东安门外之南。在没有堂子的地
方，仍是设座而拜。堂子一词比较晚出。万历二十一年癸巳九月叶赫等九部来
侵，太祖统兵拒之，《东华录》说，先率诸贝勒诣堂子拜祝[2]，在《太祖武皇帝
实录》同《满洲实录》的汉文里则说"谒庙"；又天命三年太祖以七恨告天对明
出兵前，在《东华录》也说"谒堂子"[3]，可是在《武皇帝实录》只说告天，
不言祭堂子。《满洲实录》的汉文则作"谒玉帝庙"。可知在天聪修《太祖实录》
时，堂子一字尚无确当汉译。在《满洲实录》的满文里，上面所引的"谒庙"
"谒玉帝庙"全作 （满文字符）（tangse），就是堂子的还音。

祭堂子典礼不一，元旦拜天及出征凯旋祭堂子，是国家的大典，由皇帝主
祭，王公满洲大臣及从征将士陪祭，这是公的祭祀；月祭，杆祭，浴佛祭，马
祭等，则为皇室或皇帝个人的祭典，是私的祭祀，私的祭祀，无须陪祀。入关
以前，凡元旦皇帝须先祭堂子后方能御殿受朝贺，如皇帝因病不能亲诣，须派
员行礼，崇德八年元旦，太宗不豫，命亲王以下诣堂子行礼，就是一个例，这
与历代郊天大祀是一样的重视。与祭的人，崇德元年定制：自亲王以下副都统
以上，其后改为满一品文武官以上[4]，《清史稿·礼志》四说限贝勒以上，后又
限郡王以上，是不对的。在限制内是不能僭越的。元旦祭堂子前，并在堂子悬
挂纸钱，这亦是满洲旧俗，意义不甚明白，它的限制亦很严，崇德四年元旦，
贝子硕托因为越分在堂子悬挂纸钱，降为辅国公，并罚银五百两。在入关前，
元旦祭堂子是一个重要典礼，入关以后记载不常见，或因习见之故。凡出兵征
伐，无论是否亲征，均应率从征将士先诣堂子行礼，天命三年太祖攻明，崇德
元年太宗征朝鲜[5]，全是如此。因为当日是皇帝亲自临阵，所以规定凡出征诣
堂子，皇帝应该军服骑马[6]，凯旋诣堂子，则在班师回京之后，皇帝应先祭堂
子然后还宫，天聪二年三月，太宗征察哈尔还沈阳先诣堂子，即其一例。后来

---

① 《清史稿》卷 85《礼志》四，第 2553 页。

② 王先谦：《东华录》第 1 册，天命一，第 13 页。

③ 王先谦：《东华录》第 1 册，天命二，第 26 页。

④ 《钦定大清会典》卷 86 "内务府·掌仪司"，第 853 页。

⑤ 《清史稿》卷 90《礼九》，第 2658 页。

⑥ 《钦定大清会典》卷 35 "礼部仪制清吏司·军礼"，第 275 页，案清制皇帝衣色用明黄，惟祀天则用蓝色。

出兵凯旋的诣堂子，渐渐变成了中国历代帝王所行的祃祭，有时亦省略了，如康熙二十九年六月亲征噶尔丹，七月初六乙未，抚达大将军福全师行，《东华录》只说，"上御太和门赐敕印，出东直门送之"[①]，没有说祭堂子。（三十五年二月，三度讨噶尔丹，于三十日丙辰诣堂子行礼，亲领六军启行。）而于三十六年噶尔丹之死，亦只在闻信后"于行宫（布古图）……率文武官员行拜天礼"[②]，班师回京以后并没有诣堂子行礼。在清初满洲习俗中，祭堂子是保存旧俗最多最虔诚的一种，可也不如入关以前了。但有清一代祭堂子有几点还保存关外习惯：一、祭堂子时兵部陈八旗蒙古画角海螺，行礼时螺角齐鸣，饶歌大乐备而不作，与其他祭祀不同。二、堂子的圆殿同黄龙大纛全是北向，行礼时向南而拜，这与汉俗的向北而拜不同，也与金朝的向东而拜不同。三、祭圆殿以后要祭黄龙大纛，虽亦行三跪九叩礼，可是不用鸣赞官赞礼。清制汉官不参加祭堂子，（自康熙十二年始）蒙古王公亦不参加，或者就是因为不同俗之故。

　　私的祭堂子，多半遣所司代表致祭，间或皇帝亲临。祭祀时亦有几点可以注意的：一、临祭时由坤宁宫中将所祭的神位或神像移来，（佛菩萨关帝）祭毕送还。二、皇帝或主祭人坐于祭神殿檐下东向，俟司祝祝祷后入殿行一跪三叩礼，礼毕仍出殿外，从祭的王公大臣等不行礼不入殿，皇帝不亲临王公大臣就不到。三、祭时由萨满（司祝）祝祷，歌"鄂啰罗"，弹三弦，拍神板，并举刀指画，祝词初用满洲语，乾隆后改汉字。四，祭品用饽饽，熟豕，每年正、四、七、十各月，并用马牛荐神。[③]五、祭毕，撤祭品赐从祭的王公大臣。六、祭毕还宫，仍至坤宁宫行礼。这当然全是旧俗的保留。所谓"萨满"实际就是女真族中的巫。祭祝的仪注很繁，容另谈。杆祭是立杆子于圆殿南面庭院中石座上而祭，杆子又称神杆，采松木长三丈径五寸，树屑留枝叶九层。祭杆子和祭堂子，其意全在祈福或禳解。堂子又是皇室的祭祀所在，所以立杆的前后（皇子在第一排，亲王在第二排，郡王贝勒贝子公以次递降），神杆的数目（旧制，王贝勒祭三杆，贝子公二杆，将军一杆，后改入八分公以上均祭一杆，将军等不立杆致祭），致祭的日期（皇帝在月朔，王贝勒以下各以次轮，凡祭三杆者，上旬先祭一杆，其余二杆，在中旬以后祭），均依照主祭人的爵秩，加以严格限制，不准僭越，不准多祭，也不准争竞。皇族以外的官员庶民，不准入堂子致

---

①　王先谦：《东华录》第2册，康熙四十六，第247页。

②　四月十五日甲子，王先谦：《东华录》第2册，康熙五十九，第342页。

③　见《钦定大清会典》卷35"礼部仪制清吏司·军礼"第230页；及卷88"内务府·掌仪司"，第856页；《清史稿》卷85《礼志》四，第2553页；《清朝文献通考》卷99"郊社九"，第5713页。

祭，更不准私家建立堂子，但事实上八旗各家莫不有其杆子，莫不有其祭神之所，以维持其旧俗，到清末还有存在的，可是虔敬不如前了。

四、丧葬

天命十一年（明天启六年丙寅，1626）八月十一日未时（下午一至三时）清太祖卒，十二日辰时（上午七时至九时）其后（后称大妃即多尔衮之母）被迫以身殉。《武皇帝实录》说，"乃与帝同枢，巳时（上午九时至十一时）出宫，安厝于沈阳城内西北角"①。所谓同枢，其事甚怪，据《东华录》说实在是同时殁，辰时棺殓，巳时移榇出宫，当日即行埋厝，可谓简单之至。录中并没说到臣下的服制，也没有繁文缛节的仪制，我们于此可以窥见当时满洲的质朴风气。到了崇德八年（明崇祯十六年癸未，1643）八月初九日亥时（夜九时至十一时）太宗死时就大不同了。在顺治《东华录》卷一所记当时丧仪，有百官及命妇的缟素，截发，哭临，斋戒斋宿，以及禁止屠宰等，我们用明代制度一为比较，知道这已渐渐汉化了。太宗于天聪八年（1634）二月初五日壬戌定丧祭例（天聪九），旧习的变更想是自此开始。入关以后《会典》中更有详密的规定，汉化的程度愈高。然而其中亦还保留些满洲旧俗。第一是截发。凡是父母之丧或帝后大丧（旧俗后丧不截发辫，康熙后改），成服时男子全要截发辫，女子要截发。所谓截发辫又称剪发辫，又称割辫，②应当是将辫子长发剪去些，究竟剪多少，如何剪，则不清楚。据道光十三年孝慎后丧仪，当时因皇子年幼遂无截发辫礼节，③是必有长辫乃可截，则所剪必多（当时宣宗第一、二、三子均已卒，文宗年三岁，所谓皇子即指文宗）。乾隆尝说，自行剪发为国法所最忌④，当即指此。中国古制，丧服中只有缩发（周），敛发（唐），披发（唐明），而没有截发。⑤第二是丹旐。凡人死，丧家应立丹旐于门前，男在左（其右为鼓），女在右（其左为鼓）。所谓丹旐就是红色长幡，用丝织品制成，上有织金龙凤绮，男用龙，女用凤，以绮文多少为尊卑。皇帝用织金九龙绮，皇后用织金九凤绮。⑥

---

① 《清太祖武皇帝实录》卷 4，第 393 页。

② 《清朝文献通考》卷 148 "王礼二十三"，第 6131 页；康熙二十六年十二月己巳，王先谦：《东华录》第 2 册，康熙四十，第 195 页。

③ 《清会典事例》第 6 册，卷 488 "丧礼"，第 610 页。

④ 王先谦：《东华录》第 5 册，乾隆八十八，乾隆四十三年九月乙未，第 687 页。

⑤ 此俗清末仍存，见《清会典事例》第 6 册，卷 473 "丧礼"，第 483 页。

⑥ 《钦定大清会典》卷 90 "内务府·掌仪司三"，第 873 页。

设木座立高竿悬挂。每天黎明悬出，日暮取下，放在棺柩旁侧，发引时用丹旐为前导，殡后焚掉，看来是用作招魂的。《清会典》五十四注"旗人用丹旐，汉人用铭旌"，可知这是满俗，而且并没有强迫汉人去用。第三是殷奠。在移殡以前，择期将死者生时所着衣服焚燔，并焚大量楮帛，在清代礼制里叫做殷奠，是一个最隆肃的仪式。太宗于天聪二年正月初五日丁卯下谕国中，"凡送死者殉葬焚化之物，各遵定制毋奢费"①。并定官员各限焚三袭，庶人各一袭，不得新制②，就是指此而言，可见由来已久。降及清末，奢风更甚，竟有作锦绣新衣来焚的，孝钦后的殷奠礼就是一例（《红楼梦》六十九回说，尤二姐死后，贾琏开了尤氏箱笼，有几件半新不旧的绸绢衣裳，都是尤二姐素日穿的，一齐包了自己提着来烧，就是写当时旗俗）。第四是百日剃头。满洲人头顶边缘的头发是要时常剃去的，但是遇父母之丧或帝后之丧则不准剃，必须候到一百日满，这是服丧的表示之一。剃头是满俗，居丧不剃头应该也是满俗，但是百日不剃头，在太宗同世祖的丧仪中全没有明白提到。王氏《康熙东华录》一，顺治十八年四月十七日丙申称，"上诣世祖章皇帝梓宫前行百日致祭礼"，而没有说是否剃头。圣祖之丧，据高宗说，世宗于移葬后始剃头。圣祖于二月二十三日满百日，三月二十七日移葬，是则剃头在百日期满之后。③康熙五十六年十二月初六日孝惠章皇后之丧，于三月十五日百日期满，圣祖命诸人均于四月初七日移葬后再行剃头，亦在百日期满之后。④据此可知，百日剃头之期亦可改变，但不能在百日之内。乾隆以后，百日剃头遂明定于丧制内，并且不许满百日后不剃。⑤至于在百日以内剃头的治罪尤严，乾隆十三年三月十一日孝贤后之丧，都司姜兴汉，知府金文醇，总河周学健，巡抚彭树葵、杨锡绂，总督塞楞额，全以在百日内剃头几乎处斩，后乃特赦。⑥第五是摘冠缨。满洲礼服，帽顶用红缨为饰，遇丧事就将红缨摘去，也是表示服丧之意。康熙十三年孝诚后之丧，因对三藩用兵，曾令军前不摘冠缨，于是成了后丧定制，乾隆时又恢复一律仍摘冠缨。

太宗以后的丧仪虽说沿袭明代，可也稍有增减。如明自世宗死后已免命妇哭临，而清朝仍袭用此制。或者由于关外不知，遂不及改。又明成祖死后禁屠

---

① 王先谦：《东华录》第 1 册，天聪三，第 62 页。

② 《清朝文献通考》卷 195 "刑一"，第 6597 页。

③ 《清会典事例》第 6 册，卷 458 "丧礼"，中华书局 1991 年影印本，第 184 页。

④ 《清会典事例》第 6 册，卷 477 "丧礼"，第 441 页。

⑤ 《清会典事例》第 6 册，卷 482 丧礼"，第 518 页。

⑥ 王先谦：《东华续录》第 4 册，乾隆二七，第 223 页。

四十九日，清太宗死时仅禁十三日（世祖死后就禁四十九日了）。明制皇帝死，太子及诸王斩衰三年，二十七月除，服内停音乐嫁娶[①]，事实上多半以日易月，嗣天子多丧服百日。清太祖卒于八月，至除夕已历一百三十九日。而太宗以国丧为理由，停止了除夕同元旦的乐舞大宴，自己并且素服居丧，这既不同于古时的二十七日，也不同于通行的百日，然而也并不是实行二十七个月的礼，因为在二年七月已有大宴的记载，尚未满二十七个月。在上面所说的除夕这一天，太宗曾命达海往三大贝勒家议事，达海所看见的情形是：太宗是素服居丧，俯首独坐；代善（太祖子）是素服俯首卧榻侧；阿敏（太祖侄）是与三福金同坐，福金盛服，阿敏垂泣；莽古尔泰（太祖子）是与弟妹盛饰筵宴，女乐吹弹为戏。[②]这更可证明当时还没有确定的丧仪，太宗的停止宴乐以及同代善的在一百四十日后还素服，不过是盲目的模仿汉化，而阿敏、莽古尔泰家人的盛装倒是当时的普遍风气。《大清会典》五十一，规定皇帝大丧，京朝官二十七月不作乐，期年不嫁娶，较之明朝群臣辍乐百日，官停婚嫁百日，民停婚嫁一月的规定，亦重得多。

女真有丧葬较迟，所以满洲风气不注意坟墓的修治，太祖殁后即日埋于城内，经过三年到天聪三年二月十三日己亥改葬于石觜头山，又经过五年到天聪八年十月初六日己丑，始命加建寝殿，植松木，立石象、狮、虎、马、驼等。自己说是"仿古制行之"，实际是效法明朝，这亦可看出当时的汉化。

入关以后殡葬习惯中，还有几点是清朝自认为国俗的。高宗尝言，"我满洲旧制，凡侧室虽生有子女者尚不得与本夫合葬，盖以名分所在，不可逾越"[③]，世祖生母孝庄后不祔葬昭陵，别建昭西陵，后人多以为疑，我想就是为此。又孝庄后死于康熙二十六年十二月二十五日，礼部定十二月二十九日发引，圣祖不许，群臣根据"我朝向日所行，年内丧事不令逾年"，及"素无久留寝宫之例"的理由来争[④]，后来勉强定为正月十一日。又如丧中遇清明祭祀不用祭文，遇冬至日祭祀不许哭[⑤]，亦是其例。

① 《明史》卷58《礼十二》，第1446页。

② 王先谦：《东华录》第1册，天命十一年十二月戊辰，第52页。

③ 乾隆四十三年，1778，二月十八日己酉谕锺音，见王先谦：《东华续录》第5册，乾隆八十七，第574页。

④ 王先谦：《东华录》第2册，康熙四十，第197页。

⑤ 《清朝文献通考》卷147"王礼二十三"，第6129页。

五、殉死

清太祖死，诸王逼乌喇纳喇后殉（纳喇后是多尔衮之母，清代官书改称大妃，此据《武皇帝实录》）。又有二庶妃阿迹根代因札亦殉[1]；太宗死，章京敦达里、安达里二人殉；[2]世祖死，妃栋鄂氏殉[3]，侍卫傅达理殉[4]；太祖孝慈后死，太祖命四婢殉之[5]；多尔衮死，侍女吴尔库尼殉[6]；岳托死，其福金殉[7]；可知妻妾殉夫，奴婢殉主，是满洲的旧俗，并不仅限于殉君上。[8]殉死有是自己情愿的，也有不是情愿的，可是自称愿殉而不果殉的，则为大家所不齿。雅荪尝自矢欲殉太祖，后来迟迟不死，天聪三年八月戊辰太宗杀他还以不果殉为罪。[9]乌喇纳喇后之殉太祖，诸王逼之甚急，太祖《武皇帝实录》记其事说，"后……有机变……留之恐后为国乱，（太祖）预遗言于诸王曰，俟吾终必令殉之。诸王以帝遗言告后，后支吾不从。诸王曰，先帝有命，虽欲不从不可得也。后……于是……自尽"[10]。是否太祖遗命事不可知，就是真有遗命的话，而"虽不从不可得也"一语，在今日读之还觉得有些余懔森森，无怪《东华录》后来将他删节了。当时还有因嫡庶不和，而强迫殉身的事。所以以天聪八年二月初五日壬戌定丧祭例时定了一条，"妻愿殉夫葬者仍予表扬，逼侍妾殉者妻坐死"[11]，就是为防止其害而设。

奴仆殉主入关以后亦禁止了，事在康熙十二年六月十七日乙卯，《东华录》只说，"禁止八旗包衣佐领下奴仆随主殉葬"，而没有说到他的原因。[12]据涵芬楼秘笈《松下杂抄》说，是由于朱裴的请求。朱裴字小晋，山西闻喜人，顺治三年进士，《清史稿·附刘楗传》云："满洲俗尚殉葬，裴疏请申禁，略言：泥

---

① 《清太祖武皇帝实录》卷 4，第 393 页。

② 王先谦：《东华录》第 1 册，顺治一，第 6 页。

③ 《清史稿》卷 214《后妃传》，第 8909 页；又王先谦：《东华录》第 1 册，康熙一，二月壬辰，第 487 页。

④ 王先谦：《东华录》第 1 册，康熙一，四月壬午，488 页。

⑤ 《清太祖武皇帝实录》卷 2，第 322 页。

⑥ 王先谦：《东华录》第 1 册，顺治十六，顺治八年二月癸巳，第 311 页。

⑦ 事在崇德四年四月初一日戊子，见王先谦：《东华录》第 1 册，崇德四，第 157 页。

⑧ 明太祖殂，殉葬宫人甚多，所谓朝天女户是也。英宗以前仍以宫妃殉葬，英宗遗命禁，见《明史》卷 58《礼志》十二，第 1452 页。

⑨ 王先谦：《东华录》第 1 册，天聪四，第 68 页。

⑩ 《清太祖武皇帝实录》卷 4，第 392-393 页。

⑪ 王先谦：《东华录》第 1 册，天聪九，第 108 页。

⑫ 王先谦：《东华录》第 1 册，康熙十三，第 581 页。

信幽明，未有如此之甚者。夫以主命责问奴仆，或畏威而不敢不从，或怀德而不忍不从，二者俱不可为训，好生恶死人之常情，捐躯轻生非盛世所宜有，疏入报可。"①以时代核之，恰正相当，《杂抄》所说应该不误（《红楼梦》十三回述秦氏死后有侍婢瑞珠触柱而死，贾珍遂以孙女之礼殡殓之，亦是描写旗人旧俗）。

六、婚嫁

在《太祖武皇帝实录》说，明万历二十五年（丁酉，1597），太祖聘布羊古（《东华录》天命一作布扬古）之妹，用鞍马盔甲等物作聘礼，万历三十一年（癸卯，1603），布占太（《东华录》天命一作布占泰，乌喇贝勒）聘蒙古明安（科尔沁贝勒）之女，用盔甲十副，貂裘猞狸狲裘共十领，羊裘十领，金银各十两，骆驼六只，马十匹鞍鞯俱备作聘礼，可以看出当时婚嫁聘礼以鞍马盔甲为主。这是他们的旧俗，还遗留着男子因武勇而得妻的余绪。其后虽然仪文繁缛，可是其意不改。顺治八年世祖大婚，纳采礼用马十匹鞍辔具，甲胄十副，缎百匹，布二百匹，金茶筒一具，银盆一具②；其余亲王以下的聘礼也还保存着鞍马甲胄的馈赠。但是因为汉化的缘故，又加了许多金约领，金簪，金珥，金钏，衣帽，表里，衾褥之类，甚至还有绵三百斤。③至于公主下嫁外藩，额驸于鞍马甲胄以外，还要进骆驼④，这与布占泰之聘明安女儿相同，想是用蒙古习俗。

在关外时婚礼，最重的是亲迎同大宴。《武皇帝实录》载称，戊子年（万历十六年，1588），"哈达国万汗孙女阿敏姐姐（胡里罕贝勒女也），其兄戴鄯（《东华录》天命一作戴善）送妹与太祖为妃，亲迎之至于洞（地名）……戴鄯同妹至，太祖设宴成礼"。又"初太祖如夜黑，其国主杨机奴……言我有小女堪为君配……太祖遂聘之，杨机奴故后，子纳林卜禄于是年（戊子）九月内亲送妹于归，太祖率诸王臣迎之，大宴成婚"⑤；（《东华录》天命一作叶赫贝勒杨吉砮子纳林布禄）又丙申（万历二十四年，1596）"十二月布占太感太祖二次再生恩，……将妹……送太祖弟黍儿哈奇（舒尔哈齐）贝勒为妻，即日设宴成配"⑥；

① 《清史稿》卷 264《附刘楗传》，第 9924 页。
② 《清会典事例》第 4 册，卷 324 "婚礼"，第 819 页。
③ 《清会典事例》第 4 册，卷 325 "婚礼"，第 848 页。
④ 《钦定大清会典》卷 29 "礼部·婚礼二"，第 233 页。
⑤ 《清太祖武皇帝实录》卷 1，第 312 页。
⑥ 《清太祖武皇帝实录》卷 1，第 318 页。

又辛丑年（万历二十九年，1601）"十一月内兀喇（乌喇）国布占太送满太之女（名阿巴亥）与太祖为妃，太祖以礼迎之，大宴成婚"①；又壬子年（万历四十年，1612）"明安贝勒……送其女来，太祖以礼亲迎，大宴成婚"②；又甲寅年（万历四十二年，1614）"四月十五日蒙古札伦卫（札鲁特）桩农（锺嫩）贝勒送女与太祖次子古英把土鲁贝勒（代善）为婚，贝勒亲迎大宴以礼受之"③；又"蒙古廓儿沁（科尔沁）蟒孤贝勒（莽古思）送女与太祖四子皇太极贝勒为婚，贝勒迎至辉发国胡里气山城处（扈尔奇山），大宴以礼受之"④；可见当时婚礼质朴而亲敬。大宴的意义是要亲族会面，承认这个婚礼，如果不到就是不赞成，阿敏以女许嫁蒙古，初时太宗不知，后来宴会太宗也不赴，就是不承认的表示。⑤入关以后，世祖在顺治八年同十一年举行了两次大婚⑥，所谓亲迎仪式没有了，这是汉化以后皇帝地位加高，所谓"天子无亲迎礼，汉晋以来皆遣使持节奉迎"的缘故。

《大清会典》二九《礼部·婚礼》一，所载大婚礼注，同《明史》五五《礼志》九，天子纳后仪（正统七年定），大同小异，更可见清初的效法明制。再从他们的不同之处来看，也可得到一些保存下来的满洲旧俗。

清制有"皇后凤舆启行出大门，前导命妇四人，后扈命妇七人，均乘骑"⑦。这是明朝所无，清朝末年也取消了（穆宗德宗大婚均无之）。我想这是关外亲迎风俗的遗留，当时人人善骑，同时也没有其他交通工具，所以扈从亲迎的妇女也骑马。

明制，有"（皇后入内殿）帝……具衮冕，后……更礼服，同诣奉先殿行谒庙礼，祭毕还宫合卺"⑧。这是清朝所无。清制皇后娶入宫以后，"皇帝御太和殿赐后父及亲属燕，王公百官咸与。皇太后御慈宁宫赐后母及亲属燕，公主、福晋、大臣命妇咸与。吉时届，宫中设燕行合卺礼"⑨。并无谒庙礼。这种燕后父母同亲属的仪式，我想就是入关前所谓"大宴成礼""设宴成礼"的遗俗。至于不谒庙，也是因为旧俗没有。明制天子虽然不亲迎，可是皇后舆入宫以后，

---

① 《清太祖武皇帝实录》卷 2，第 321 页。

② 《清太祖武皇帝实录》卷 2，第 327 页。

③ 《清太祖武皇帝实录》卷 2，第 331 页。

④ 《清太祖武皇帝实录》卷 2，第 331 页。

⑤ 王先谦：《东华录》第 1 册，天聪五，天聪四年六月乙卯，第 77 页。

⑥ 《清会典事例》第 4 册，卷 324 "婚礼"，第 825 页。

⑦ 《清会典事例》第 4 册，卷 324 "婚礼"，第 823 页。

⑧ 《明史》卷 55《礼志》九，第 1392—1393 页。

⑨ 《钦定大清会典》卷 29 "礼部·婚礼一"，第 231 页。

有"皇后出舆，由西阶进，皇帝由东阶降，迎于庭，揖皇后入内殿"的规定，
还有夫妇敌体之意，清朝并此去掉，同他旧俗相去更远了。

　　汉族习惯上所谓外亲妻亲的尊卑，在满洲旧俗根本没有这个观念，所以缔
婚只注意本人，而不注意其他。多尔衮同豪格是叔侄，可是二人同娶于桑阿尔
寨之女，为姐妹。清孝端后同孝庄后是姑侄，可是先后嫁清太宗，在顺治初年
同时称皇太后。世祖废后同孝惠后也是姑侄，而先后嫁世祖。太宗的三、四两
公主下嫁外家，行辈也不同。如下：（参看《清史稿·外戚表》《公主表》及《后
妃传》。）

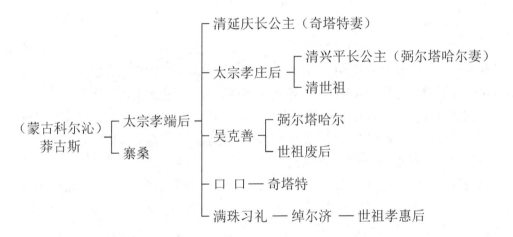

　　又如太祖同叶赫部太杵子孙的婚媾也很复杂，行辈也不一：

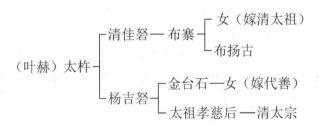

　　乌喇部贝勒同太祖的婚姻的情形也相同，太祖既娶布占泰侄女，而布占察
又娶太祖第四女，相差两代：

（乌喇）布干 ┬ 布占泰（娶太祖之女又娶舒尔哈齐女）
　　　　　　├ 满泰 — 清太祖大妃 — 多尔衮
　　　　　　└ 女（嫁清太祖弟舒尔哈齐）

至于阿敏以亲女嫁蒙古塞特尔，自己又娶塞特尔之女，二人互为翁婿①，尤为奇特。这种现象，入关以后渐渐没有了（同治时孝哲后与珣妃为侄姑，偶尔一见）。《会典》中明显的表列了外亲服图（母族），妻亲服图（妻族）②，户律中规定了外姻有服尊属卑幼共为婚姻的科条，无服尊属卑幼共为婚姻的科条③，并且禁止了姑舅两姨姊妹为婚，这完全是汉化的表现，所谓"外属无服尊卑不通婚"④，从唐朝早已如此了。姑舅两姨姊妹的不能通婚，是因为他们尚有缌麻之服，可是这与后来的习俗并不相合，所以雍正以后将他解禁，听从民便。

七、剃发

满洲习俗，男子将顶发四周边缘剃去寸余，而中间保留长发，分三绺编成长辫一条垂在脑后，名为辫子，或称发辫。这是满洲人的特别表征，与汉人全部束发不同，与蒙古人分作左右两辫也不同。四周剃去的头发，除了父母之丧同国丧以外全不准养长，应时时剃除，名为剃发，或称剃头。这是与清朝相终始从未改变的一种满洲习俗。清太祖天命四年以后，凡其他部族投降加入满洲集团的，无论汉人朝鲜人，全以剃头为唯一表示。《武皇帝实录》天命六年记辽阳之胜说，"其余官民皆削发降"，又说："辽阳既下，其河东……大小七十余城官民俱削发降。"⑤削发就是剃发。在以前纪天命三年下抚顺，四年下开原，全没说削发剃发事，可知天命四年以前尚无此例。天聪元年七月太宗答朝鲜王李倧书，谈到"前剃发降我"的人民遣还的事⑥；崇德元年十二月征朝鲜之役，太宗告谕朝鲜人民说，"尔等既降，勿逃避山谷，宜速剃发在家"⑦。可见当时朝鲜人降附亦须剃发，但其后何以复允朝鲜保存全部留发旧俗则不可知。清太宗时几次入塞扰明，经过的地方官民时有剃发出降者，如天聪三年十月经汉儿庄城，四年正月攻永平城。⑧但不知清兵退出之后，已剃发者明朝如何处治？在当时明清屡次战争中，明朝文武官员被擒获的，也以不剃发为不投降表示，

---

① 王先谦：《东华录》第 1 册，天聪五，天聪四年六月乙卯，第 77 页。

② 《钦定大清会典》卷 54 "丧礼五"，第 493 页。

③ 《清会典事例》第 9 册，卷 756 "户律婚姻"，所谓无服尊卑如父母之堂姨，子孙妇之姊妹等，第 337 页。

④ 杜佑：《通典》卷 60 "礼二十"，《十通》，浙江古籍出版社 2006 年版，第 346 页。

⑤ 《清太祖武皇帝实录》卷 3，第 369 页。

⑥ 王先谦：《东华录》第 1 册，天聪二，第 61 页。

⑦ 王先谦：《东华录》第 1 册，崇德一，十二月壬午，第 137 页。

⑧ 并见王先谦：《东华录》第 1 册，天聪四，第 72 页；天聪五，第 73 页。

大凌河之役，明监军道张春被擒不肯剃发，清太宗令与白喇嘛同居三官庙，后来终于不降而死。[①]洪承畴松山之败，于崇德七年二月十八日被擒，未死亦未剃发，四月初一日张存仁建议太宗说，"窃思承畴欢然幸生，是能审天时达时务……宜令其剃头在官任使"[②]。是被擒四十余日尚未剃发，可以看出他于死节投降两途尚在徘徊，到五月五日他朝见太宗想来已剃发了。

多尔衮率兵入关，与吴三桂晤于山海关前，命三桂兵以白布系肩为号，当时三桂兵尚未剃发。多尔衮入关以后，凡迎降的全要剃发，非迎降的传檄限期剃发作为归顺的表示。然而当时令禁并不甚严，且听自便，明朝廷臣投降者亦在观望。冯铨、孙之獬、李若琳之流，因故明阉党关系被科道纠弹，他们就以于众人未剃之先首先剃发改换满装为人所忌自解[③]，可知当时剃发尚不普遍。顺治二年六月以后，福王覆亡，多尔衮谕多铎说："各处文武军民尽令剃发，倘有不从以军法从事。"[④]又谕礼部说："向来剃发之制不即令画一姑听自便者，欲俟天下大定始行此制耳。今中外一家……若不画一，终属二心，不几为异国之人乎……自今布告之后，京城内外限旬日，直隶各省地方自部文到日亦限旬日，尽令剃发。遵依者为我国之民，迟疑者同逆命之寇，必置重罪。若规避惜发，巧辞争辩，决不轻贷。该地方文武各官皆当严行察验，若有复为此事渎进章奏，欲将已定地方人民仍存明制，不随本朝制度者杀无赦！"[⑤]自此法令加严，而刑戮随之！二年十月孔文𧫴以孔子子孙为理由不愿剃发及改服制，他说："先圣为典礼之宗，颜、曾、孟三大贤并起而羽翼之，其定礼之大者莫要于冠服，先圣之章甫缝掖子孙世世守之，是以自汉暨明制度虽各有损益，独臣家服制三千年未之有改，今一旦变更，恐于皇上崇儒重道之典有未备也，应否蓄发以服先世衣冠，统惟圣裁！"多尔衮摄政批答说："剃发严旨，违者无赦，孔文𧫴奏求蓄发已犯不赦之条，姑念圣裔免死。况孔子圣之时，似此违制有玷伊祖时中之道。"[⑥]这是当时一件趣事，也可看出人民的不愿剃发。其后清兵在江南各地的大屠杀，全导因于剃发。田仰指剃发为名在通州如皋海门起兵[⑦]；江阴耄老

---

① 王先谦：《东华录》第 1 册，天聪六，天聪五年十一月丙戌，第 89 页。

② 王先谦：《东华录》第 1 册，崇德七，第 94 页。

③ 王先谦：《东华录》第 1 册，顺治五，顺治二年八月丙申，第 246 页。

④ 王先谦：《东华录》第 1 册，顺治四，六月丙辰，第 239 页。

⑤ 王先谦：《东华录》第 1 册，顺治四，二年六月丙寅，第 239 页。

⑥ 王先谦：《东华录》第 1 册，顺治五，十月戊申，第 248 页。蒋良骐撰，林树惠、傅贵九校点：《东华录》作孔闻漂，系在八月，中华书局 1980 年版，第 80 页。

⑦ 王先谦：《东华录》第 1 册，顺治五，顺治二年七月丁丑，第 245 页。

以"头可断，发决不可剃"的口号，抵制清朝"留头不留发，留发不留头"的政令，起义抗清八十日[①]；嘉定因剃发令到县，民众大哗，以"为我保此发肤"的口号，各乡义兵不约而起，与清军拒守二十余日[②]；吴江也因为不肯剃发杀县令，遭屠城[③]；他们全以碧血殉了发肤！

八、衣冠

满洲章服与明朝衣冠的显著差别，一个是缨帽箭衣，一个方巾大袖，（士人）纱帽圆领；（官）一个窄瘦，一个宽博。满洲服装最初也不是大家一致的，在传统的相近习俗下仍许随从各人之便。清天聪六年（明崇祯五年，1632）十二月初二日乙丑，清太宗布令国内禁冠服僭越[④]；七年六月初九日己巳又谕官民冠服遵制画一。[⑤]崇德二年（明崇祯十年，1637）四月二十八日丁酉，太宗谕诸王贝勒说，"凡出师田猎许服便服，余俱令遵国初定制仍服朝服"[⑥]。便服同朝服分别言之，可知当时尚不能完全画一，更可见满洲服装曾经一度改革。这个改革，是将服装式样，同颜色加以规定加以统一，其时间应该在天命初间，就是太宗谕内所称国初。天命四年（明万历四十七年，1619）十一月，太祖赐蒙古克石克图靴帽衣带（王氏《东华录》天命三尚有貂镶朝衣），五年二月赐色特希尔蟒衣裘帽靴带（《东华录》失载），三月赐色本蟒衣轻裘靴带，这种赐予衣服应该全照规定格式作成。

多尔衮入关以后下令明朝臣民衣冠皆用清朝制度[⑦]，但并未严厉执行。顺治元年七月十四日己亥山东巡按朱朗镳启多尔衮说，"中外臣工皆以衣冠礼乐覃敷文教，顷闻东省新补监司三人俱关东旧臣，若不加冠服以临民，恐人心惊骇，误以文德兴教之官疑为统兵征伐之将，乞谕三臣各制本品纱帽圆领临民理事"。多尔衮特允其请，说，"目下急剿逆贼，兵务方殷，衣冠礼乐未遑制定，近简用各官姑依明式，速制本品冠服以便莅事。其寻常出入，仍遵国家旧制"。[⑧]可见

---

① 韩菼：《江阴城守记》，沈云龙选辑：《明清史料汇编三集》第 6 册，文海出版社 1968 年版，第 2803 页。
② 朱子素：《嘉定县乙酉纪事》，乐天居士辑：《痛史》第 11 种，商务印书馆 1911 年版，第 3 页。
③ 叶绍袁：《启祯记闻录》卷 5，乐天居士辑：《痛史》第 13 种第 3 册，商务印书馆 1911 年版，第 8 页。
④ 王先谦：《东华录》第 1 册，天聪七，第 98 页。
⑤ 王先谦：《东华录》第 1 册，天聪八，第 103 页。
⑥ 王先谦：《东华录》第 1 册，崇德二，第 141 页。
⑦ 顺治元年五月己丑，王先谦：《东华录》第 1 册，顺治二，第 206 页。
⑧ 王先谦：《东华录》第 1 册，顺治三，第 212 页。

当时不但汉人没有改满装，而满官还要用明服。这是因为多尔衮本人汉化程度较深而且倾慕汉化，所以如此，但是一般满洲人是不赞成的。所以在福王覆灭以后，服装之禁亦严，顺治二年六月十五日丙寅严行剃发谕内原有"其衣帽装束许从容更易，悉从本朝制度"①的话，过了五十三日到七月初九日戊午（中间有闰六月）又谕礼部说，"官民既已剃发，衣冠皆宜遵本朝之制。从前原欲即令改易，恐物价腾贵一时措置维艰，故缓至今日。近今京城内外军民衣冠遵满式者甚少，仍著旧时巾帽者甚多，甚非一道同风之义。尔部即行文顺天府五城御史，晓示禁止。官吏纵容者访出并坐。仍通行各该抚按转行所属一体遵行"②。于是衣冠之禁也和剃发同样严了，因不改衣冠而被刑戮的也同样多。顶发一剃不易复留，衣冠旧者也不易即毁，因之人民服装时有反复，而政令也时有张弛。《启祯记闻录》所记苏州情形可作一例：

乙酉（顺治二年，1645）九月十二日，"奉新旨：官民俱依满洲服饰，不许用汉制衣服冠□。由是抚按镇道即换钹帽箭衣"。③案此新旨当即七月戊午的谕。

十二月九日"迎春，府卫县官俱汉冠吉服束带"。④

丙戌（顺治三年，1646）四月初八日，"苏松新兵道行牌云，大兵将至，士庶不许方巾大袖，速更满洲衣帽"。⑤

五月二十六日，"土公（国宝）悬示皋桥，欲士民俱遵满装，一切巾帽俱不准戴，巾铺歇闭改业，违者重责枷示"。⑥

十一月初一，复严衣帽之禁，大袖每加扑责，巾即扯毁，由是举监生儒皆戴小帽，士庶漫无分别。⑦

丁亥（顺治四年，1647）"新正，城市俱服大袖，月余因贝勒王自浙回兵……抚按有司申饬，衣帽有不能备营帽箭衣者，许令黑帽缀以红缨，常服改为箭袖，由是人尽加红绒一撮于帽顶"。⑧

壬辰（顺治九年，1652）六月，"抚台（周国佐）又忽申巾帽之禁，

① 王先谦：《东华录》第1册，顺治四，第240页。
② 王先谦：《东华录》第1册，顺治五，第244页。
③ 叶绍袁：《启祯记闻录》卷6，乐天居士辑：《痛史》第13种第3册，第5页。
④ 叶绍袁：《启祯记闻录》卷6，乐天居士辑：《痛史》第13种第3册，第8页。
⑤ 叶绍袁：《启祯记闻录》卷7，乐天居士辑：《痛史》第13种第4册，第1页。
⑥ 叶绍袁：《启祯记闻录》卷7，乐天居士辑：《痛史》第13种第4册，第2页。
⑦ 叶绍袁：《启祯记闻录》卷7，乐天居士辑：《痛史》第13种第4册，第4页。
⑧ 叶绍袁：《启祯记闻录》卷7，乐天居士辑：《痛史》第13种第4册，第4页。

十五日兵卒复抢扯人帽，行人多顶凉笠"。①

在满洲人严厉执行汉人满装的时候，有一件可注意的事，就是汉人女子始终没有接受满洲装束，直至清朝覆灭时止，女子礼服仍是凤冠霞披，便装仍是上衣下裳，所以在民间传说上有所谓"生降死不降，男降女不降"。有人说这是洪承畴的政策，其实不然。或者许是因为女子不出门，而棺殓别人又不易见，所以仍在保存著故国衣冠。民国十年以后女子盛行旗袍，这也是前人想不到的。

有清一代不改他本来的服制，这是他们传统国策之一。清太宗曾谆谆训谕诸王，"凡言语衣服及骑射之事，时谕子孙勤加学习"，以"金熙宗完颜亮变易祖宗衣冠制度，循汉人之俗，服汉人衣冠，尽亡本国言语"为戒。并且说，"朕所以谆谆训谕者非为一时计也，正欲尔等识之于心，转相告诫，使后世子孙遵守无变弃祖宗之制耳"。②顺治八年闰二月二十二日己巳御史匡兰兆请用衮冕朝祭，世祖不允。③后来高宗于乾隆十七年三月在箭亭刊洌卧碑，重申太宗禁止效汉人服饰制度之意④，又于序《礼器图式》（乾隆二十四年奉敕修，三十一年重加校补凡二十八卷，名《钦定皇朝礼器图式》，见《四库总目》八二，《清朝文献通考》二二二《经籍考》十二作十八卷）时说："至于衣冠乃一代昭度，夏收殷冔本不相袭，朕则依我朝之旧而不敢改焉，恐后之人执朕此举而议及衣冠，则朕为得罪祖宗之人矣！此大不可。且北魏辽金以及有元，凡改汉衣冠者无不一再世而亡，后之子孙能以朕志为志者，必不惑于流言，于以绵国祚，承天祐，于万斯年勿替引之。可不慎乎！可不戒乎！"乾隆三十七年十月二十二日癸未又说："辽金元衣冠初未尝不循其国俗，后乃改用汉唐仪式……前因编订《皇朝礼器图》，曾亲制序文，以衣冠必不可轻言改易……诚以衣冠为一代昭度，夏收殷冔，本不相沿袭，凡一朝所用原各自有法程，所谓礼不忘其本也。自北魏始有易服之说，至辽金元诸君浮慕好名，一再世辄改衣冠，尽失其淳朴素风，传之未久，国势寝弱，浸及沦胥，盖变本忘先，而隐患中之，覆辙具在，深可畏也……朕确然有见于此，是以不惮谆复教戒，俾后世子孙知所法守，是创论实格论也。所愿弈叶子孙深维根本之计，毋为流言所惑，永永恪遵朕训，庶几不为获罪祖宗之人，方为能享上帝之主，于以永绵国家亿万年无疆之景祚，实有厚望焉。"⑤

---

① 叶绍袁：《启祯记闻录》卷8，乐天居士辑：《痛史》第13种第4册，第9页。

② 崇德二年四月丁酉，王先谦：《东华录》第1册，崇德二，第141页。

③ 王先谦：《东华录》第1册，顺治一六，第316页。

④ 王先谦：《东华续录》第4册，乾隆三五，第391页。

⑤ 王先谦：《东华续录》第5册，乾隆七六，第378页。

他一再说服制改易关系国祚，似乎笃信甚坚，所以癸未一谕不但"申谕中外"，而且"仍录一通"，悬勒于皇子读书所在的"上书房"。清代服制直至覆亡没有变革，此数谕关系甚大。但是制度虽然未改，而瘦窄的风气却早已荡然无存。

以上所举的清初几种礼俗，有的强汉人法效，有的禁汉人从同，有的潜移默化与汉人趋于一致，而大体上均有所变革。这种变革不是由于政令的强制而是文化的自然调融。

1942 年 12 月 8 日在西南联大文史讲演会讲演，承何鹏毓先生笔记。嗣复增加例证，广为此篇。

1945 年 3 月 18 日识于昆明靛花巷。

（原载《清史探微》）

清代包衣制度与宦官

一、包衣名称的解释及包衣的性质

包，汉语为家，衣为虚字"的"字；包衣译汉语为"家的"或"家里的"。

清太祖时的八旗制度，每一固山（旗）由一贝勒主之，此贝勒同他旗下所属的人有主仆之分，旗下之人大部分应服役于国，小部分则给使于旗主贝勒之家，此给使于家之人就是所谓包衣，后来名为包衣佐领，其服役于国的后来名为旗分佐领。凡是隶包衣的，不必再服国家兵役，工役，或其他劳役；崇德二年（明崇祯十年，1637）七月初五日辛未，太宗对群臣说，"朕侍卫四十员，乃太祖在时免役者，或……朕包衣之子，皆非应役之人"①，可以推证。包衣为给使之人，实即家仆，大都从侍很久，并且下及子孙。天聪三年（明崇祯二年，1629）九月初一日壬午考试儒生，得二百人，"凡在皇帝包衣下，八贝勒等包衣下，及满洲蒙古家为奴者皆拔出"②。崇德三年正月十五日己卯，又议考试，"满、汉、蒙古家仆俱不准与试"，当时祖可法，张存仁以为"前科取士（天聪三年八年两次）有奴仆中式者即行换出，仁声远播，今忽改此制，恐多费更张……各家奴仆皆宜准其考试"③。前曰"包衣下"，后曰"奴仆"，可知两者无别。康熙二十二年（1683）三月初八日庚戌议觉罗画特失误军机罪，拟革职，籍没家产，编入包衣佐领，圣祖以为"觉罗（皇帝同族）编入包衣佐领为奴属不便，著免其编入包衣佐领"④。可知"包衣"即是"奴仆"。在法律上，他们的隶属，居住，生活，婚娶全无自由，而且他们的奴籍是子孙相续的，非得主人的特许不能脱离。所以就性质说，包衣就是私家的世仆。不过有一点应该注意，就是

---

① 王先谦：《东华录》第 1 册，崇德二，第 144 页。
② 王先谦：《东华录》第 1 册，天聪四，第 68 页。
③ 王先谦：《东华录》第 1 册，崇德三，第 148 页。
④ 王先谦：《东华录》第 2 册，康熙三十一，第 117 页。

包衣之所谓奴仆，只是对他们主人而言，他们可能另有自己的官阶，自己的财产，自己的奴仆。

包衣既然专给使于旗主不再服公役，依理旗主不应于包衣以外再役使其他普通牛录（旗分佐领）之人，但这种限制后来渐渐废弛。雍正时削夺旗主之权，在雍正元年七月十六日又下谕申明此禁，说，"看来下五旗诸王将所属旗分佐领下人，挑取一切差使，遇有过失，辄行锁禁，籍没家产，任意扰累，殊属违例。太祖、太宗时将旗分佐领分与诸王，非包衣佐领可比，欲其抚循之，非令其扰累之也……嗣后仍照旧例，旗分人员止许用为护卫，散骑郎，典仪，亲军校，亲军。或诸王挑取随侍之人，或欲令所属人内在部院衙门及旗下行走者兼管家务，或需用多人以供差役，或补用王府官职，或令随侍子侄，著列名请旨"①。我们在这里可以看出所谓列名请旨的各项职事，就是旗分佐领下不应作而应由包衣下作的。

二、包衣的产生

包衣之制，实际上远在旗制创立以前，因为这是他们的旧俗，不过旗制定后包衣成了一个法定组织，更制度化了。《八旗通志》说，正红旗包衣第一参领第一满洲佐领，"系国初随礼烈亲王编位"，镶红旗包衣第三参领第一佐领，"国初编立……随贝勒褚英分封时立"。既曰随，必是先有这些人而后定为制度，褚英死于万历四十三年（1615），八旗还没有成立，可见包衣在旗制之前。《金史》一三三《张仅言传》，称其年数岁，贞懿皇后留之藩邸，稍长侍世宗读书，遂使主家事，绳检部曲，一府惮之。世宗即位，凡宫室营造，府库出纳，行幸顿舍皆委之，就是后来所谓包衣。

因为包衣制度发生在八旗制度之前，所以清初的宗室贵戚勋旧，无论是否主管旗务全有包衣。王氏《顺治东华录》一，崇德八年八月二十三日甲申称："有遗匿名帖谋陷固山额真谭泰者，为公塔瞻母家高丽妇人所得，言于包衣大达哈纳，达哈纳以告伊主公塔瞻及固山额真谭泰，塔瞻因启诸王，王等令送法司质讯。"②这是顺治即位初一个大狱，兹不详述。所谓包衣大就是包衣头目。塔瞻为扬古利次子。扬古利，《清太祖武皇帝实录》作扬古里③，是太祖太宗时名

---

① 《雍正上谕》。
② 王先谦：《东华录》第 1 册，顺治一，第 197 页。
③ 《清太祖武皇帝实录》卷 2，第 321 页。

将，崇德二年死于征朝鲜之役，追封武勋王，在清入关前群臣中爵秩最高；塔瞻初袭超品公，后降一等公；父子均未尝作过固山额真。太宗初立，于天命十一年九月设总管旗务八大臣，及佐管十六大臣。王氏《东华录》注称，"额驸扬古利前此已授一等总兵官，其秩在贝勒之次……不预此"[①]。仿佛是因爵高而不入选，但扬古利亦未能与贝勒同样的主旗务作旗主。据此可见，不是旗主不是固山额真也可以有包衣。《清史稿》列传十三《扬古利本传》称，"扬古利手刃杀父者……时年甫十四，太祖深异焉，日见信任，妻以女，号为额驸"。其家之有包衣当因额驸之故。但《清朝文献通考》二四二《帝系考》，《清史稿·公主表》《武皇帝实录》全没有太祖女嫁扬古利的记载，惟有《清朝通志·氏族略》二称，太祖"命其子扬古利入侍，以公主降焉"，又《天聪东华录》亦称扬古利为额驸，似乎本传所称并非无因。当时所谓额驸，本不专指娶太祖太宗女儿的人，如佟养性娶宗女[②]，李永芳娶阿巴泰女，均称额驸，扬古利或亦其类；否则必因获罪不列玉牒，以致失载。扬古利、塔瞻父子家既有包衣，其他戚畹勋爵之家亦必不能没有。

太祖起兵时追随的人很多，这些人全是后来的勋戚，他们全有给使的仆役，就是包衣。当时旗制未定所以未尝加以限制，旗制既定亦未尝因之取消。但包衣的主人爵秩有尊卑，地位有高下，因而包衣也有等差。包衣之下还用包衣，主人之上仍有主人。所以有一时期，分隶上三旗包衣佐领下的皇帝包衣，与分隶下五旗包衣佐领下的王公包衣，以及勋戚功臣家的包衣，其他私家的包衣，统称包衣，一无差别。逮后包衣制度日严，名称相同易于混淆，私家"包衣"渐改他称。顺治十四年正月二十一日甲子，谕吏、礼、兵三部说，"官员子弟及富家世族，……本身不充兵役，尽令家仆代替，……概行严禁"。这里所说的"家仆"，以及《会典事例》中所谓"旗下家奴"[③]，《户部则例》中所谓"八旗户下家奴"[④]，实在就是私家的包衣，因为要别于旗制里的包衣，所以改称。

三、包衣的来源

包衣的来源，有的是战争俘获，有的是罪犯子孙，有的是分拨，有的是占

---

① 王先谦：《东华录》第 1 册，天聪一，第 51 页。
② 《清史稿》卷 231《佟养性》，第 9323 页，下同。
③ 《清会典事例》第 12 册，卷 1116，第 96 页。
④ 《户部则例》第 2 册卷 1 "奴仆"，第 10 页。

取，入关后又有所谓投充。满洲人以外还有汉人。凡是加入的，统名为编入包衣。王氏《东华录》说，太祖攻下抚顺之后，论功行赏，以俘获人口分给各营，这是俘获的例子。英亲王阿济格获罪幽禁以后，谣传将他的一个儿子给巽亲王为奴，一个儿子给承泽亲王，诸妇女悉配夫，阿济格听说之后忿怒欲拆毁监房。①这虽未成事实，可以看出当时罪犯子孙为奴，在亲王亦不能免（《儿女英雄传》所述长姐儿即分给功臣家之罪犯子女）。分拨是将奴仆由父兄家拨给子弟家，占取是将旁人的奴仆作为自己奴仆，投充是汉人投旗下充当奴仆。投充的原因，最初是因为旗下汉人有父母、兄弟、妻子不在旗籍（未被俘扶或未投降仍住原籍者）而情愿入旗同居的，所以准其投充入册②，后来贫乏无业的人，也多投靠勋戚之家，藉以种田赡生。③更有无聊之人欲倚旗人权势投充作恶，或悍仆欺压故主，或部民欺压本官，或倾陷富室，慢侮缙绅，或占骗人口财物。④甚至有富厚之家携带房地投充旗下，名为带地投充。但旗人对抗充之人不惟无恩惠可言，甚者残虐不堪，所以演成后来的"逃人"事件。

　　凡编入包衣的，子孙世世永在包衣，惟遇立功绩，或罪案昭雪，或其他特别原因，才可以"发出包衣"。清初定制：凡攻战首先登城的八旗壮丁准其开户⑤，并将胞兄弟嫡伯叔带出，这是立功除奴籍的例子。顺治时卓灵阿因父罪编入包衣，后来世祖认为问罪太过，又将他"发出包衣"，这是减罪的例子。⑥又上述太宗时考取儒生的拔出包衣，就是特别的原因了。八旗定例，奴仆全是子孙永远服役⑦，家奴的子女名曰"家生"，又曰"家生子"⑧，《红楼梦》四十六回称鸳鸯为"家生女儿"，四十五回称周瑞之子非"家生子儿"，皆此类。是不能脱离主人他去的，所以包衣也是一样，除非有上面的"发出"或"拔出"的原因。

---

① 顺治八年十月庚申，王先谦：《东华录》第 1 册，顺治十七，第 326 页。

② 《清会典事例》第 2 册，卷 156 "户口"，顺治元年例，第 979 页。

③ 王先谦：《东华录》第 1 册，顺治八年八月辛酉、癸酉条，顺治十七，第第 325-326 页。

④ 《清会典事例》第 2 册，卷 156 "户口"，顺治元年例，第 979 页。

⑤ 《清会典事例》第 12 册，卷 1113 "分析户口"条，第 70 页。

⑥ 康熙六年七月十七日己未，王先谦：《东华录》第 1 册，康熙七，苏克萨哈罪状第十八款，第 535 页。

⑦ 《户部则例》第 3 册卷 3 "户口"，第 27 页。

⑧ 《清会典事例》第 12 册，卷 1113 "分析户口"，第 72 页。

四、包衣的组织

包衣的组织最初很简单，包衣之上只统以包衣大。后来改同普通八旗一样，最下层的称为"包衣下人"，其上有"包衣大"，"包衣大"之上又有"包衣佐领""包衣参领"。包衣佐领原名包衣牛录①，是旗制创立后给使于旗主的一个组织单位，他的组织，人数，与旗分佐领即普通牛录相等。包衣参领原名包衣扎兰，组织也同普通参领一样。包衣大，就是包衣长，大为满洲语头目之意（或译作达），包衣大汉字译为管领。②"包衣下人"又称"包衣佐领下人"，就是一般包衣的基本组成分子，所谓家仆了。

入关以后，满洲八旗因统属不同，地位不同，分为二等：天子自将的镶黄、正黄、正白为上三旗，其余正红、镶白、镶红、正蓝、镶蓝为下五旗。各旗包衣也分为两个系统：上三旗的包衣称为"内务府属"，下五旗的包衣称为"五公府属"。③上三旗属于皇帝，包衣就是皇室的仆役，当时管理皇室事务的为内务府，所以称为内务府属。天聪三年九月初一日壬午，《东华录》有"皇帝包衣下"之语④，顺治八年七月初一日丙子，世祖谕有"朕之包衣牛录下"⑤之语，全是指内务府属而言。上三旗之称虽在入关以后，但内务府创立则在入关以前，其时日已不可考。内务府首长名为总管，满洲语称为包衣昂邦，昂邦汉语就是总管，可知内务府制度是由包衣制演化而成。包衣的职务是在管家务，供差役，以及随侍，所以内务府的职守也不外乎此。然而在中国皇室，这些事原是属于宦官职掌的，所以包衣制在实际上是同宦官制度不并容的。⑥

五、入关后关于宦官的几次争斗

明末李自成军进攻北京，在宣府、居庸率众迎降的是监视太监；自成围北

---

① 见顺治十年正月乙未，王先谦：《东华录》第 1 册，顺治二十，第 346 页。

② 《清史稿》卷 4 《世祖纪》一，顺治二年正月庚戌，禁包衣大等私收投充汉人，第 94 页；王先谦：《东华录》第 1 册，顺治四引作"禁内务府管领等私收投充汉人"，第 232 页。

③ 《清会典事例》第 12 册，卷 1113 "三分析户口"条顺治九年例注，第 70 页。

④ 王先谦：《东华录》第 1 册，天聪四，第 68 页。

⑤ 王先谦：《东华录》第 1 册，顺治十七，第 326 页。

⑥ 顺治八年三月壬午，王先谦：《东华录》第 1 册，顺治十六，有"御前包衣昂邦"的记载，这是随侍的一个例子，第 317 页。

京，开门迎接的是督理城守太监；多尔衮入关，首先在皇城用明朝卤簿御辇跪迎的也是故明内监。所以在这两次大变动中，明朝的太监并没有受到影响淘汰与屠戮，正如太监杜勋在崇祯十七年（1644）三月十八日和其他太监所说的："吾曹富贵固在也。"①虽然李自成曾下令尽逐内竖②，但为时不久满洲入关，他们依然盘踞在宫庭禁掖之内，时时想继续恢张其权势。而明朝降清的旧臣，鉴于明末阉寺之祸，对于入清以后的太监更加意防嫌，随时裁抑，恐其再起。他们的政治立场显然，所以在清初有几次的暗斗：

一次是禁内监收租。顺治元年七月十八日癸卯，太监吴添寿等请照旧例遣内员征收涿州宝坻县皇庄钱粮，多尔衮以为差官必致扰民，不许，命归并有司，另项起解。③这时顺治帝等还没有至京师。这是太监们的第一次尝试。

一次是禁内监朝参。顺治二年十二月二十八日丙午礼部奏："内监仍故明例，每遇朝参，行礼在文武诸臣之前，于体未合。嗣后内监人员概不许与朝参，亦不必排班伺候。"从之。④明朝太监用朝服仿照外廷仪注参加朝参山呼，是熹宗以后的事，旧制只许常服叩头呼万岁。⑤太监朝参这件事，在顺治元年十月户科给事中郝杰就纠弹过，以为"辱朝廷而羞当世"，可是未成功。⑥礼部这次的启奏，必是因为在顺治二年元旦时还有太监在文武诸臣班列之前朝参，所以特加裁禁，以免三年元旦的重演。当时主持礼部的，汉侍郎是李若琳、高尔俨，两人全是贰臣传人物。高尔俨是李若琳所荐，李若琳是冯铨徒党，冯铨又是魏忠贤遗孽，他们同太监不无瓜葛，这次的启奏应该是代表当时一般舆论。

一次是禁在外太监私自入京。顺治三年定："先年内监曾经发回者，若非奉旨取用，有地方官文书起送，而私自来京图谋进用者，问发边卫充军。"⑦这是为防止明末已斥的阉党复起。

一次是顺治三年四月二十三日己亥的罢织造太监。⑧

---

① 《明史》卷 305 《高起潜传》，第 7829 页。

② 《明史》卷 305 《高起潜传》，第 7829 页。

③ 王先谦：《东华录》第 1 册，顺治三，第 213 页。

④ 王先谦：《东华录》第 1 册，顺治五，第 250 页。

⑤ 刘若愚：《酌中志》卷 19，中华书局 1985 年版，第 156-166 页；及文秉：《烈皇小识》卷 1，上海书店出版社 1982 年版，第 6 页。

⑥ 凌扬藻：《蠡勺编》卷 19，中华书局 1985 年版，第 307 页。今案：郑先生原注为，见凌扬藻《蠡勺编》十九，粤雅堂本。

⑦ 《清会典事例》卷 1216 "太监事例"，第 1094-1095 页。

⑧ 王先谦：《东华录》第 1 册，顺治六，第 256 页。

在这时，清朝由多尔衮摄政，他是汉化很深的人，时同汉官接近。[①]所居在南池子，（今名普度寺，俗称玛哈噶喇庙）不在宫禁，所以能不受太监的包围，因之太监权势日微。顺治八年世祖亲政以后，在顺治九年九月初四日癸酉，裁了户部制造等库太监五十五人[②]，十月初二日庚子，又裁了工部各监局太监一百十三人。[③]这是反宦官极盛时代。宦官为求生存，尽力包围世祖，于是有十三衙门之设。十三衙门之设，《清史稿·职官志》五说在顺治十一年，《清朝通志》六六说在十三年，实在是在十年。在入关以前，清朝自谓"我太祖太宗痛鉴往辙，不设宦官"[④]，但实际上并不是没有太监。王氏《东华录》崇德七年十月二十九日丙寅，记贝勒杜度之死，有太监焚瘗纸人一事[⑤]，崇德八年八月二十三日甲申，记宗室巴布海家有太监，全可以推证。然而他们仅执奴仆贱役，与近侍不同，并且人数很少，来源不明。顺治十年六月二十九日癸亥，开始正式酌用内官，世祖谕内院说：

> 朕稽考官制，唐虞夏商未用寺人，自周以来始具其职，所司者不过阍阓酒扫使令之役，未尝干预外事，秦汉以后，诸君不能防患，乃委以事权，加之爵禄，典兵干政，流祸无穷。岂其君尽暗哉？缘此辈每以小忠小信固结主心，日近日亲，易致潜持朝政。且其伯叔弟侄宗族亲戚实繁有徒，结纳搢绅，关通郡县，朋比夤缘，作奸受贿，窥探喜怒，以张威福。当宫廷邃密，深居燕闲，稍露端倪，辄为假托，或欲言而故默，或借公以行私，颠倒贤奸，溷淆邪正，依附者巧致云霄，连抗者谋沉渊阱，虽有英毅之主，不觉堕其术中。权既旁移，变多中发，历观覆辙可为鉴戒。但宫禁役使此辈势难尽革。朕酌古因时，量为设置：首为乾清宫执事官，次为司礼监，御用监，内官监，司设监，尚膳监，尚衣监，尚宝监，御马监，惜薪司，钟鼓司，直殿局，兵仗局。满洲近臣与寺人兼用。各衙门官品虽有高下，寺人不过四品。凡系内员，非奉差遣不许擅出皇城，职司之外，不许干涉一事，不许招引外人，不许交结外官，不许使弟侄亲戚暗相交结，不许假弟侄等人名色置买田屋，因而把持官府，扰害人民。其在外官员，亦不许与内官互相交结。如有内外交结者，同官觉举，院部察奏，科道纠参，审

实一并正法。防禁既严，庶革前弊。仍明谕中外，以见朕酌用寺人之意。①

这些新建立的衙门，就是所谓内十三衙门，简称为十三衙门，又称内十三道。②谕内对于历代宦官的情弊可以说是洞照无遗，而防范之严（八个不许）亦可以说是至详且备。世祖时年十六岁，就他的才识经验不会如此，据后来康熙即位后诏书，这是受满洲佟义同内官吴良辅的蛊惑而然，此外当然还有一二大臣与之同恶相济。这种改变，绝不能为当时所满意。所以到七月初四日丁酉，（本年清闰六月）都察院承政（满左都御史）屠赖等因雨潦进言说：

> 至前代不似我朝，左右有内大臣，侍卫随从，内务有包衣大臣章京管理。今奉上谕设立司礼监等衙门，寺人与近臣兼用。夫官禁使令固不可无寺人，但不必专立衙门名色，止宜酌量与近臣兼用以供使用可也。③

他以有包衣大臣为理由，反对寺人的专立衙门，是根据旧制立论。屠赖，《清史稿·部院大臣年表》一上作图赖，他同入关初破李自成降福王的图赖不是一个人。这次进言是都察院的全体，由他领衔，所以说屠赖等。当时汉左都御史为赵开心，汉副御史为张朝琳、林德馨。世祖的答复相当客气，有所解释，也有所反诘。他说：

> 此所奏是……今总管内事乃勋旧大臣，忠诚为国，朕自无虑，万一有如冷僧机其人者，专权作弊，何以防察？因分设衙门使各司其事，庶无专擅欺蒙之患。衙门虽设，悉属满洲近臣掌管，事权不在寺人，且所定职掌，一切政事毫无干预，与历代迥不相同。著仍遵前旨行。④

冷僧机是不久以前杀掉的多尔衮党，所以之反诘。在十三衙门设立后八十四日，世祖发生废后之议，我们推想这也是出于太监们的迎合献计，因为就旧俗，就祖制，全无此必要。我们于此也可看出当时太监们的不惜任何手段以求见好，以遂牢笼，而增高其权势。

十三衙门既设，复于顺治十一年十月二十三日己卯改为十四衙门，因为太

---

① 王先谦：《东华录》第1册，顺治二十，第361页。

②《大觉普济能仁国师年谱》卷下，《中国佛学文献丛刊中国历代禅师传记资料汇编（中）》，全国图书馆文献缩微复刊中心1994年版，第766页。

③ 王先谦：《东华录》第1册，顺治二十一，第363页；蒋良骐撰，林树惠、傅贵九校点：《东华录》卷7，中华书局1980年版，第107页。

④ 王先谦：《东华录》第1册，顺治二十一，第363页。

宗时原设有尚方司，废之不便，所以仍复设立。①当时太监的势力虽然抬头，然而一般汉官还在尽力抑制，尤其怕厂卫的复活。世祖本人善画，时常以画分赐廷臣。当时并入銮仪卫的明代锦衣卫旧缉事员役，遂在内院门首访察受赐之人，给事中张国宪深恐重蹈明代宦官以锦衣卫为爪牙的覆辙，请求禁止，世祖允许了。②这是一个显著的例子。同时世祖本人虽然用宦官但并不放任，顺治十二年六月二十八日辛巳命工部立铁碑，文曰：

> 皇帝敕谕：(《东华录》二十四无此四字)中官之设，虽自古不废，然任使失宜，遂贻祸乱。近如明朝王振，汪直，曹吉祥，刘瑾，魏忠贤等专擅威权，干预朝政，开厂缉事，枉杀无辜，出镇(《东华录》作阵)典兵，流毒边境。甚至谋为不轨，陷害忠良，煽引党类，称功颂德，以致国事日非，覆败(《东华录》作辙)相寻，足为鉴戒。朕今裁定内官衙门及员数职掌，法制甚明。以后但有犯法干政，窃权纳贿，嘱托内外衙门，交结满汉官员，越分擅奏外事，上言官吏贤否者，即行凌迟处死，定不姑贷。特立铁牌，世世遵守(《东华录》作遵行)。③

在十三衙门内本有尚宝监，专司皇帝宝玺。顺治十二年十月初一日辛亥，又于外廷设尚宝司衙门，置满汉官员，专理用宝事务。④十三年三月二十日己亥，又以事简员多复行裁去。⑤在这小小的兴废中也可以看出外廷与内官势力的消长。尚宝司之设是在监视尚宝监，分宦官之权，十三年的裁撤，是太监职权的贯彻。

在顺治十五年，正是宦寺极盛时代，而交通外廷官员事发。二月十四日癸巳，世祖谕吏部：

> 设立内监衙门官员原止令供办宫闱事务，不许干预朝政，交通外廷。是以朕于新旧内监各员特立铁牌，屡行禁饬甚严，不意乃有行私纳贿之徒。朕密行采访得其奸弊，已命内大臣严行审拟。事内有见任官员私相馈遗者，亦有罢任官通同贿赂者，深可痛恨。此辈坏法通贿，科道各官为朕耳目，岂无见闻？乃竟不行指参，殊负朝廷设立言官发奸摘弊至意。尔部即

---

① 王先谦：《东华录》第1册，顺治二三，第385页。
②《清史稿》卷244《季开生传附张国宪传》，第9623页。
③ 铁牌照片见《东洋文化史大系清代亚细亚》，第20页插图。
④ 王先谦：《东华录》第1册，顺治二十五，第400页。
⑤ 王先谦：《东华录》第1册，顺治二十六，第408页。

行传知。①

这是告发之始，还没有问出主名，告发情节亦不明，世祖责言官不指参，似乎告发之人并非科道。三月初七日甲辰，又谕吏部：

> 内监吴良辅等交通内外官员人等作弊纳贿，罪状显著，研审情真。有王之纲、王秉乾交结通贿，请托营私，吴良辅等已经供出即行提拿。其余行贿钻营有见获名帖书柬者，有馈送金银币帛等物者，若俱按迹穷究，犯罪株连者甚多，姑从宽一概免究。官员人等如此情弊，朕已洞悉，勿自谓奸弊隐密，窃幸朕不及知。自今以后务须痛改前非，各供厥职，凡交通请托行贿营求等弊，尽皆断绝，如仍蹈前辙作奸犯法者，必从重治罪，决不宽贷。尔部速刊刻告示内外通行严饬。②

顺治时凡公私大狱莫不详密侦鞫，惟独此案既没有宣布告发之人，又没有公布审判经过，关于交结案情，通贿数目，全没叙述，太监只提到吴良辅，外廷只提到王之纲、王秉乾，显然是意存包庇，欲用"姑从宽一概免究"以结束此案。吴良辅是世祖最信任的太监，在世祖逝世前五日，他在法源寺祝发替世祖出家，世祖还去看。③王氏《东华录》于此谕下有"良辅寻伏法"五字，《清史稿·世祖纪》遂于其日书"内监吴良辅受贿伏诛"，实在错了。这次大案其后又经了两次会议方始结束：

> （四月二十六日）壬辰，吏部等衙门会议陈之遴、陈维新，吴维华，胡名远，王回子等贿结犯监吴良辅，鞫讯得实，各拟立决。得旨：陈之遴受朕擢用深恩，屡有罪愆，叠经贷宥，前犯罪应置重典，特从宽以原官徙往盛京，后因不忍终弃召还旗下。乃不思痛改前过，以图报效，又行贿赂交结犯监，大干法纪，深负朕恩。本当依拟正法，姑免死，著革职，并父母妻子见弟流徙盛京，家产籍没。陈维新姑免死，并父母妻子见弟流徙盛京，家产籍没。吴维华，胡名远，王回子等俱姑免死，各责四十板，并父母兄弟妻子流徙宁古塔，家产籍没。④
>
> （七月初九日）甲辰，内大臣巴图鲁公鳌拜等会审广东雷州道王秉乾，

---

① 王先谦：《东华录》第 1 册，顺治三十，第 429 页。
② 王先谦：《东华录》第 1 册，顺治三十，第 430 页。
③ 孟森：《清初三大疑案考实》，广西师范大学出版社 2010 年版，第 23 页。
④ 王先谦：《东华录》第 1 册，顺治三十，第 433 页。

以地方僻远希图规避，贿属内监吴良辅撤回另选得实，拟证斩。得旨：王
秉乾着免死，革职，籍没，鞭一百，发宁古塔给披甲人为奴。[1]

陈之遴，浙江海宁人，原任大学士；吴惟华，顺天人，原任漕运总督。二人当
时全是废员，或者希冀复任，所以贿赂吴良辅；也可能是被人诬陷（吴梅村与
陈之遴为儿女亲家，集中于陈之遣戍，似深惜之）。吴良辅案是外廷与宦官斗争
最激烈的一幕，当时外廷诸臣，满人与汉人，汉人与汉人，均显有尔我之分，
二人是否罪有应得，尚待史料证明。

顺治十七年三月二十九日甲申，司吏院（司吏院就是司礼监提高职权以后
的名称）咨吏部，请照各院监官品级议兼卿寺等衔，吏部不敢驳，以奏世祖。
世祖虽然没有许可，可是将宦官的职名加以厘正。就当时情形来看，十三衙门
中较大的已改监为院，司礼监改为司吏院，俨然以内廷的吏部自命，于吏部用
咨文，视若平行，真可谓毫无忌惮。[2]幸而不久十三衙门取消，否则不知更要
发生什么事！

顺治十八年正月初七日丁巳，世祖殂，遗诏以十四事自罪，第十一款云：

> 祖宗创业未尝任用中官，且明朝亡国亦因委用宦寺，朕明知其弊，不
> 以为戒，设立内十三衙门，委用任使与明无异，以致营私作弊更逾往时。
> 是朕之罪一也。[3]

遗诏由王熙，麻勒吉起草[4]，奏明皇太后（孝庄文皇后）而后发布。遗诏
内容同世祖行事判若两人，王熙自著年谱于草遗诏事又多隐晦，故史家颇疑遗
诏经太后同满大臣改换，不是世祖阅定之原稿。圣祖（康熙）即位，于顺治十
八年二月十五日乙未，又下诏谕吏部刑部等大小各衙门说：

> 朕惟历代理乱不同，皆系用人之得失，大抵委用宦寺未有不召乱者，
> 加以奸邪附和其间，则为害尤甚。我朝太祖、太宗痛鉴往辙不设宦官，先
> 帝以宫闱使令之役偶用斯辈，继而深悉其奸，是以遗诏有云，"祖宗创业未
> 尝任用中官，且明朝亡国亦因委用宦寺"，朕懔承先志，厘剔弊端，因而详
> 加体察，乃知满洲佟义，内官吴良辅阴险狡诈，巧售其奸，荧惑欺蒙，变

---

① 王先谦：《东华录》第 1 册，顺治三十一，第 438 页。
② 王先谦：《东华录》第 1 册，顺治三十四，第 460 页。
③ 王先谦：《东华录》第 1 册，顺治三十六，第 477 页。
④ 王先谦：《东华录》第 1 册，康熙一，第 486 页。

易祖宗旧制，倡立十三衙门名色，广招党类，恣意安行。钱粮借端滥费以遂侵牟，权势震于中外以窃威福，恣肆贪婪相济为恶，假窃威权要挟专擅，内外各衙门事务任意把持，广兴营造糜冒钱粮，以致民力告匮，兵饷不敷。此二人者，朋比作奸，挠乱法纪，坏本朝醇朴之风俗，变祖宗久定之典章，其情罪重大，稔恶已极，通国莫不知之，虽置于法，未足蔽辜。吴良辅已经处斩，佟义若存，法亦难贷，已服冥诛，著削其世职。十三衙门尽行革去。凡事皆遵太祖、太宗时定制行，内官俱永不用。①

此诏重申世祖遗诏之意而口气加重，想是辅政四大臣承孝庄后之意而发。所谓"凡事皆遵太祖太宗时定制行"，就是恢复皇室包衣制。谕中所述罪状，应该全实有其事。十三衙门成立不过八、九年已恣肆如此，必然有许多故明老监逞其余恶，无怪为满洲旧人所不能容，就是汉人也必深以为忧惧。假使当时不行废斥，更加以厂卫为之爪牙，晚明阉寺之祸的重演，绝无疑问。又谕内称"吴良辅已经处斩"，其死当在此诏以前，《清史稿·圣祖纪》六，于二月十五日乙未罢内官之上，又书"诛有罪内监吴良辅"，也错了。

　　清官书全说"国初置内务府"②，而没有说到确实设置年月；内务府制度本由包衣演化而成，包衣又是满洲旧俗，所以难确定他的起始。至于内务府组织的完成则在康熙以后。内务府管理宫廷的宴飨，典礼，祭祀，库藏，财用，服御，赏赉，造作，牧厩，供应，刑律等事，统以总管大臣，其下分设广储，会计，掌仪，都虞，慎刑，营造，庆丰七司；广储司设银，缎，衣，茶，皮，瓷六库。各司均铸给司印，各库钧铸给图记，所以可单独对外。此外又有武备院，上驷院，奉宸苑，号内三院；总理工程处，养心殿造办处，武英殿修书处，刊刻御书处，御茶膳房，御药房，三旗纳银庄，官房租库，官学，织染局，江宁，苏州，杭州织造监督；均统于总管大臣或隶属七司。③各司的职掌同设立的先后，以及与十三衙门的分合蝉递，如下：

---

① 王先谦：《东华录》第 1 册，康熙一，第 487 页。

②《清朝文献通考》卷 83 "职官七"，第 5607 页；《清朝通志》卷 66 "职官略三"，第 7149 页；《历代职官表》第 11 册，卷 37，商务印书馆 1936 年版，第 983 页。

③ 参看《清史稿》卷 118 "职官志五"，第 3426 页；《钦定大清会典》卷 87 "内务府"，第 832 页；《清会典事例》第 12 册卷 1170 "内务府一"，第 647 页；《清朝通志》卷 66 "职官略三"，第 7149 页；《清朝文献通考》卷 83 "职官七"，第 5607 页；《清朝续文献通考》卷 125 "职官十一"，第 8848 页。

内十三衙门	内务府	职掌	附注
司礼监 掌皇城内一应仪礼刑名内外章奏（据明制，下同）			清康熙以后分其职于敬事房奏事处及内务府慎刑
御用监	广储司 康熙十六年政御用监为广储司	掌内府库藏出纳	
御马监	上驷院 顺治十八年改御马监为阿敦衙门，康熙十六年改上驷院	掌群牧之政及内厩御马	
内官监 顺治七十年改宣徽院	会计司 康熙十六年改宣徽院为会计司	掌内府帑项	
尚衣监 掌御用冠冕袍服靴袜	并入广储司		
尚膳监	都虞司 顺治十八年改尚膳监为采捕衙门，康熙十六年改都虞司	掌府属武职升补内府护军及供应畋渔	
尚宝监 顺治十三年改尚宝司掌宝玺			内阁用宝，先期知会内务府转行宫殿监，至期赴乾清门验用，宝玺贮交泰殿（《会典》二）由侍监首领二人专司。（《史稿·职官志》五）
司设监 掌卤簿仪仗帷幕诸事	并入武备院		
尚方司 顺治十二年改尚方院	慎刑司 康熙十六年改尚方院为慎刑司	掌内府刑法重谳移三法司	
惜薪司	营造司 顺治十八年改惜薪司为内工部，康熙十六年改营造司	掌理造作兼司薪炭	
钟鼓司 顺治十三年改礼仪监十七年改礼仪院	掌仪司 康熙十六年改礼仪院为掌仪司，宣统改掌礼司 庆丰司 康熙二十三年分掌仪司立	掌内府祭祀礼仪兼稽太监品级果园赋税 掌牛羊群牧嘉荐牺牲及口外牧场	
兵仗局	武备院 顺治十八年改兵仗局为武备院	掌供御用武备制造兵仗	
织染局	织染局 隶广储司	掌织造	

至于十三衙门的名称次序，各书亦不尽同，如下：

顺治十年六月癸亥初定十三衙门	顺治十一年十四衙门	会典事例十三衙门	历代职官表十三衙门	清史稿职官志十三衙门	顺治十三年七月十三衙门	顺治十七年三月十三衙门	附注
一 乾清宫执事官	同	无	无	无		无	
二 司礼监	同	同一	同一	同一		一 司吏院	
三 御用监	同	同六	同三	同二		五 御用监	
四 内官监	同	同八	同五	同四		二 宣徽院	
五 司设监	同	同四	同九	同八		十一 司设局	
六 尚膳监	同	同九	同七	同六		八 尚膳监	
七 尚衣监	同	同三	同六	同五		七 尚衣监	
八 尚宝监	同	同五	同八	同七	尚宝司	九 尚宝司	
九 御马监	同	同七	同四	同三		六 御马监	
十 惜薪司	同	同十	同十一	同十		十 惜薪司	
十一 钟鼓司	同	同十一	同十二	同十一	礼仪监	三 礼仪院	
十二 直殿局	同	无	无	无		无	明制直殿监掌各殿及廊庑扫除。见《明史》七四，《酌中志》十六
十三 兵仗局	同	同十二	同十	同十二		十二 兵仗局	
	尚方司	同二	同二	同九		四 尚方院	
		织染局十三	同十三	同十三		无	
					十三文书馆		明制文书房在廿四衙门之外，掌收通政司每日封进本章，并会极门所上封事，应谕旨俱落底薄发行。见《明史》七四，《酌中志》十六
一执事官衙门 八监 二司 二局	一执事官衙门 八监 三司 二局	八监 三司 二局	八监 三司 二局	八监 三司 二局	原谕称内设衙门原有六监二司云云不详所指及其裁并时日	四院 四监 二司 二局 一馆	

内务府总管大臣无定员，由满洲侍卫，府属郎中，内三院卿简补，或王公，

内大臣，尚书，侍郎兼摄。初秩从二品，乾隆十四年定为正二品。各司设郎中正五品，员外郎从五品，主事正六品，笔帖式秩与各部同。各库也有郎中等官，又有司库，正六品。全是由上三旗满洲及内务府包衣人等遴充，间或亦有下五旗满洲人。所以内务府成立，而宦官的势力锐减。

清代皇室的财富库藏既操之内务府，而江宁，杭州，苏州的织造监督，京师崇文门监督，各省的工关户关监督，全由内府官属兼充，或由内务府大臣兼理。①取索漫无限制，典藏亦无稽考，所以内务府实在是奢汰贪婪之薮。清朝诸帝往往用它私其所亲。所谓贵幸之臣，椒房之戚，大都管理过内务府。如明珠，高恒（慧贤皇贵妃之弟），金简（淑嘉皇贵妃之弟）父子，和珅之子丰绅殷德，全是显著的例子。康熙四十七年九月初四日丁丑，圣祖将废太子胤礽，在布尔哈苏台行宫，集群臣面数胤礽罪状，其中有一条说，"朕知胤（原作允）礽赋性奢侈，著伊乳母之夫凌普为内务府总管，俾伊便于取用，孰意凌普更为贪婪，致使包衣下人无不怨憾"②。这明显的看出内务府对于太子的予取予求，惟恐他不方便。太子如此，皇帝可知。鄂尔泰是雍正朝名臣，世宗说他所以赏识鄂尔泰的原因，是由于在藩邸时，鄂尔泰作内务府员外郎拒绝了他的请求③，这亦可看出当时皇子对内务府的需索无人敢拒绝。全祖望作赵殿最神道碑，说到殿最离去工部尚书的原因，他说：

> 故事，内务府有营造率资经费于工部，然府员滥支冒销以为习惯，工部莫敢谁何也。公（赵殿最）独正色裁抑之。会重筑郊坛驰道，公庀材数工，核减府员所估之十九而事集。内务府诸郎群聚而谋所以去公者……④

内务府的腐败情形于此可以概见。直至清朝覆亡未尝稍改。所以内务府的代替宦官只是制度的改变，而政务本身并没有进步，所不同者，宦官是少数人把持的，是终身的，是国家法令所不易及的；而内务府人员虽以上三旗为基本，但人数较多，他们是流官，有升转，有外用，有京察，不能永久把持，且在国家法令层层监督下，他们虽然奢汰贪昧，但是还不能因之作恶。

上三旗包衣形成内务府后，组织逐渐加强，而下五旗包衣在雍正以后则逐渐变质。此为世宗消灭旗主势力之政策，其详可参看孟心史先生《八旗制度考

---

① 《清史稿》卷114《职官志》一"户部"，第3279页。

② 王先谦：《东华录》第2册，康熙八二，第490页。

③ 《清史稿》卷288《鄂尔泰传》，第10229页。

④ 全祖望撰，朱铸禹汇校集注：《全祖望集汇校集注》上册，上海古籍出版社2000年版，第321页。

实》。在乾隆以后更许汉军旗人出旗，其变革更大。

在十三衙门废除以后，关于太监的选验（乾隆四十一年以前先由礼部报名），补放，管理，惩处，全由内务府掌仪司同会计司主管，升迁降调并咨吏部；在宫内则统之于敬事房，其首领名曰宫殿监督领侍。[①]关于太监的法令，有宫中现行则例，会典太监事例等，立法甚密，意在防微杜渐，以绝奸萌。世宗、高宗严以驭下，纲纪肃然，高宗尤为峻厉，虽微细琐事，亦不稍假借。太监苏培盛于雍正时尝与庄亲王胤禄并坐接谈，又在"九州清宴"饮馔，遇见和亲王（弘昼）、宝亲王（即高宗）延坐共食。高宗即位以后遂大加申斥，认为狂妄骄恣，并且有"若……仍敢蹈袭前辙，妄自狂纵……立行正法"之谕。[②]高宗即位后，他的弟弟弘瞻[③]派太监王自立请安，称他为"汗阿哥"，他认为称谓不当，重责了王自立四十板。[④]乾隆四年十一月，有太监李蟠往弘晳（圣祖废太子胤礽之子）处将宫中之事信口传说，于是高宗命将李蟠夹讯并将总管太监议罪。[⑤]很可看出他防范的无微不至。乾隆三十九年高朴在热河揭发太监高云从将记名人员记载泄漏于外，审问属实，牵连到大学士于敏中等多人，于是将高云从处斩，案中牵涉的观保，蒋赐棨，吴坛，倪承宽等革职拟斩，后来从宽释放。并且一再追究，故使株连。[⑥]于敏中当时虽免治罪（仅交部议处），但传说他于乾隆四十四年病喘还没有死，高宗就赏赐他一件饰终之典的棺殓用的陀罗经被，于是他不能不自杀。[⑦]后来高宗还以严嵩比之[⑧]，全是由于交结高云从之故。又如高宗巡幸滦河，巡检（从九品官）张若瀛杖责不法内监，特擢七级，仍谕内监在外生事者听人责惩[⑨]，更是有意扼抑内监，使他们不敢为恶。嘉庆时内监吴天成因内外交结，常永贵因骄纵无法，萧得禄因滥保非人，均降革惩戒，还略有父祖遗风[⑩]，但已不如从前之严，后来更因宽弛而有内监刘金，刘得财，杨进忠，阎进喜等交通天理教林清之变。到了道光时，鉴于前失，束驭

① 《清史稿》卷 118 "职官志五"，"甄别调补内监"，第 3439 页。

② 王先谦：《东华续录》第 3 册，乾隆一，雍正十三年十月丙子，第 575 页。

③ 当时称为圆明园阿哥，见王先谦：《东华续录》第 3 册，乾隆一，雍正十三年九月庚子，第 565 页。

④ 王先谦：《东华续录》第 3 册，乾隆一，雍正十三年十月癸未，第 577 页。

⑤ 见十二月初一日癸酉，王先谦：《东华续录》第 4 册，乾隆十，第 26 页。

⑥ 王先谦：《东华续录》第 5 册，乾隆八十，七月甲戌、乙亥、丁丑、己卯、庚辰、辛巳，第 451-455 页；八月丙申、癸卯，第 458 页；九月壬子，甲寅，丁巳诸条，460-461 页。

⑦ 《清史稿》卷 319《于敏中传》论，第 10751 页。

⑧ 《清史稿》卷 319《于敏中传》论，第 10751 页；及王先谦：《东华续录》第 5 册，乾隆一百三，五十一年二月壬午，第 789 页。

⑨ 《清史稿》卷 12《高宗本纪》三，乾隆二十二年四月，第 439 页。

⑩ 《清史稿》卷 118《职官志》五，第 3444 页。

复严，内监曹进喜因向吏部查问各省道府名单，革去五品总管，重责二十板（三年），马长喜因假冒顶戴，招摇进香，按律治罪（五年）。虽然峻厉较之乾隆时相差已远，但宦官仍赖以不敢凶恣横暴。

同治以后，慈安，慈禧以母后临朝，太监地位较前又稍不同。廷臣恐怕他们因之渐渐专擅威权，造成汉唐之祸，所以在外廷特加防范。同治三年御史贾铎以太监将库存缎匹裁作戏衣论劾，四年御史穆缉香阿以慎选左右侍从为言，八年山东巡抚丁宝桢以内监安得海捏称织办龙衣坐船到德州，将他查拿正法。十一年御史袁承业以太监开列店铺蓄养戏班为言，十二年御史丈明以太监越礼驰行为言，光绪元年翰林院侍读宝廷以严宦寺杜干预为言①，十二年御史朱一新以太监李莲英随同醇亲王奕譞巡阅海军为言，二十年御史安维峻以中日和议出自李莲英为言，二十七年两广总督陶模以裁减宦官改用士人为言。这些事虽然有的实行有的未行，有的成功有的失败，但是清末太监的气焰不致太高，行为不致太纵，全有赖于这些清议与果决。

汉朝宦官利用了他们的密近地位，假借皇帝或太后的权威，"手握王爵。口含天宪"以专制朝廷。唐朝宦官把持住皇室兵权，东南财富，养成他们的特殊势力。明朝宦官以批红操政柄，厂卫立刑威，宫帑供财用。清朝宦官没有这些凭藉，所以清朝三百年无宦官之祸，这是包衣制的赐予。

1943 年 9 月 13 日写，1944 年 1 月 4 日在昆明国立西南联合大学历史学系晚会讲。

（原载《清史探微》）

---

① 《清史稿》卷 444《宗室宝廷传》，第 12451 页。

多尔衮称皇父之臆测

清顺治初，多尔衮以亲王摄政称皇父，为往史之所无，举世骇怪，颇多蜚语。①尝疑"皇父"之称与"叔父摄政王""叔王"，同为清初亲贵之爵秩，而非伦常之通称，其源盖出于族中旧俗。建国伊始，典制未备，二三功高懿亲，位登极爵，莫可更晋，乃加称谓于封号，用示尊异，未暇计及体制当否。以视后世之加"世袭罔替""赏食亲王双俸""赏穿四团正龙补服""赏戴三眼花翎"诸类，用世禄章服之虚荣，以赏懋功而无嫌于视听者相去盖甚远。

崇德八年（明崇祯十六年，1643）八月庚午（初九日），清太宗（皇太极）崩，诸王，贝勒，贝子，公，及文武群臣定议，翊戴帝子福临即帝位，是为世祖；以郑亲王济尔哈朗，睿亲王多尔衮辅政。时范文程启多尔衮入定中原。顺治元年（明崇祯十七年，1644）四月乙丑（初八日），多尔衮拜奉命大将军，统军南下。既逐李自成，入京师，乃迎世祖迁都燕京。十月乙卯朔，世祖诣南郊，祗告天地，并祭宗庙社稷，甲子（初十日）加封和硕睿亲王多尔衮为"叔父摄政王"②，丁卯（十三日）加封和硕郑亲王济尔哈朗为"信义辅政叔王"。其时，若礼亲王代善，镇国公阿拜，饶余郡王阿巴泰，镇国公巴布泰，英亲王阿济格，辅国公赖慕布，睿亲王多尔衮，豫亲王多铎，均太祖（努尔哈赤）子，于世祖为伯叔；若郑亲王济尔哈朗，贝子务达海，镇国公汉岱，贝勒拜音图均显祖（塔克世）孙，色勒为景祖（觉昌安）曾孙，皆于世祖为从叔；而仅多尔衮称"叔父王"，济尔哈朗称"叔王"，而以二人同辅政，且封亲王久，多尔衮又有入关功，非他人所可拟，乃别加"叔""叔父"之字以尊宠之，非家人通称也。"叔父王""叔王"为爵秩专称，与"皇叔父""皇叔"之通称者有别。顺治四年，甘肃巡抚张向曾以题报本内仅称"皇叔父"，遗"摄政王"三字，革职拟罪③，亦以此也。

---

① 近惟孟心史先生以为皇父之称犹古之尚父，见孟森：《清初三大疑案考实》，第 1 页。

② 其后以御史赵开心言，改称皇叔父摄政王，但玉宝仍作"叔父摄政王宝"，北大藏有钤宝之令旨。

③ 见顺治四年四月丁酉，王先谦：《东华录》第 1 册，顺治八，第 266 页。

"叔王"之制盖昉于太宗时代善之封"和硕兄礼亲王",而"兄王"之称又源于"大贝勒"。太祖建号天命,封子代善,莽古尔泰,皇太极及弟子阿敏为和硕贝勒。国中称代善大贝勒,阿敏二贝勒,莽古尔泰三贝勒,皇太极(即太宗)四贝勒。其后诸子弟封贝勒者多,于是此四贝勒遂有"大贝勒"之目,号"四和硕大贝勒"(四和硕大贝勒之称见天聪四年六月阿敏罪状谕)。太宗天聪五年,大凌河之役,莽古尔泰与太宗争论于城西山冈,莽古尔泰举佩刀前向;其后代善等拟其御前持刀罪,"议革去大贝勒降居诸贝勒之列"[1],可知诸贝勒之名位不与"大贝勒"等,而同一名爵阶秩有等差,其制早始于此。逮天聪六年二月壬申(初四日)定仪仗制,"凡近地往来,御前旗三对,伞三柄,校尉六名;大贝勒旗二对,伞一柄,校尉四名;诸贝勒等各旗一对,伞一柄,校尉二名",而其别益显。太宗初立,以代善等为其兄,不以臣下视之,朝会皆引与同坐。天聪十年四月丁酉叙功,册大贝勒代善为和硕兄礼亲王,示以兄礼敬之,于是乃成爵秩之号,与其他亲王有别。

英亲王阿济格与多尔衮及豫亲王多铎同为太祖大妃乌喇纳喇氏子[2],而齿居长。多铎既卒,阿济格自请为"叔王",遣吴拜、罗玺启摄政王多尔衮曰:"郑亲王乃叔父之子,予乃太祖之子,皇上之叔,何不以予为'叔王',而以郑亲王为'叔王'?"多尔衮使吴拜报之曰:"'叔王'原为亲王,尔原为郡王……郑亲王虽叔父子,原系亲王,尔安得妄思越分,自请为'叔王',大不合理。"[3]据此可知"叔王"之为尊爵,其阶上"亲王"一等,不以齿亦不以亲也。

顺治三年五月丁未,苏尼特部腾机思等率所部叛奔喀尔喀部硕雷,命豫亲王多铎往征之,十月凯旋,四年七月晋封多铎为"叔王",《东华录》顺治九,记其事曰:

> 七月庚子朔,摄政王传集内大臣,各部尚书,启心郎等谕之曰:"兹内大臣,礼部佥以和硕德豫亲王剿灭流寇,底定陕西,殄福王,平江南,及击败喀尔喀部落土谢图汗硕雷汗,厥功甚懋,应进封为辅政叔德豫亲王。予初亦念及此,尚以王为予季弟,故犹豫未果。然予恭摄大政,简贤黜不肖,国之巨典,乌容瞻顾。尔等偕诸王定议以闻。"众佥以为然。于是进德

---

① 见天聪五年十月癸亥,王先谦:《东华录》第1册,天聪六,第88页。

② 《清史稿》卷214《后妃传》,第8900页;及王先谦:《东华录》第1册,天命四,第49页。

③ 事在顺治六年六月壬寅,见王先谦:《东华录》第1册,顺治十二,第294页;及《清史列传》第2册卷2《多尔衮传》,中华书局1928年版,第9页。

豫亲王多铎诫之曰："汝继予辅政，益加勤勉，斯名誉非小矣。"①

辛丑（初二日）上御太和殿，册封和硕德豫亲王多铎为"辅政叔德豫亲王"，赐金千两，白金万两，鞍马一匹，空马九匹。增册文曰："定鼎中原以来，所建功勋卓越等伦，因封辅政叔德豫亲王。"②

曰："厥功甚懋，应晋封为辅政叔德豫亲王"；曰"定鼎中原以来，所建功勋卓越等伦，因封辅政叔德豫亲王"；则"叔王"之为亲王建功晋封之阶可知也。

世祖即位，代善以年高病足不复与军旅政事，虽以太宗时之"和硕兄礼亲王"，而入关不得晋爵"伯王"。顺治四年，济尔哈朗以府第逾制罢辅政，仍称"和硕郑亲王"，及多尔衮卒，再辅政，复封"叔和硕郑亲王"。则"叔王"之称以功不以亲，又可知。

就仪制言之，"叔王"与"亲王"差异尤显，而"叔王"与"叔父王"亦有别。《东华录》称：

> 顺治元年十月辛未（十七日），定诸王，贝勒，贝子，公俸禄：摄政王三万两，辅政王一万五千两，亲王一万两，郡王五千两，贝勒二千五百两，贝子一千二百五十两，镇国公辅国公俱六百二十五两。③
>
> 顺治元年十一月甲午（初十日），定诸王，贝勒，贝子，公等下护卫员数：摄政王三十员……辅政王二十三员……和硕亲王二十员……多罗郡王十五员……多罗贝勒十员……固山贝子……六员，公……四员"。④
>
> 顺治三年十二月丁酉（二十五日），定诸王入朝降舆及朝列坐次仪注：辅政王入午门至太和门降舆，德豫亲王、肃亲王、英郡王入午门至昭德门降舆，诸王俱午门外降舆……⑤（前已定叔父摄政王于午门内从便下轿）

"叔父"与"叔"在汉族家人称谓上原无歧异，而顺治初摄政王与辅政王以"叔父"与"叔"分冠之，尊卑秩然如此。其在文移题奏遇"叔王"及"摄政王"称号之抬写，亦与"亲王"异。北京大学研究所所藏顺治五年九月二十四日户部尚书巴哈纳题本，"皇上""皇叔父摄政王"双抬；九月二十六日刑部尚书吴达海题本，辅政叔德豫亲王亦双抬，与皇叔父摄政王同，其例正多。

---

① 王先谦：《东华录》第1册，顺治九，第269页。
② 王先谦：《东华录》第1册，顺治九，第269页。
③ 王先谦：《东华录》第1册，顺治三，第225页。
④ 王先谦：《东华录》第1册，顺治三，第227页。
⑤ 王先谦：《东华录》第1册，顺治七，第262页。

总上列诸事观之，可知清初之"叔王"，盖为"亲王"以上之爵秩。凡亲王建大勋者始封之，不以齿，不以尊，亦不以亲，尤非家人之通称。

"叔王"之制如此。"皇父"之称应不相远。然济尔哈朗，多铎本世祖之叔，"叔王"之封固无僭越，而多尔衮终非世祖之父，当时不疑嫌悖，必以"皇父"为称者，其故亦可得而述。

多尔衮以"叔父摄政王"专政久，勋绩甚懋，而爵无可迁，就家人行辈言之，亲尊于伯叔者惟父耳。左右献谀乃以"皇父摄政王"之称进，摄政示尊于国，皇父示尊于家，此其故一也。

多尔衮初摄政尚守臣节，朝贺赐予皆修臣礼，《东华录》称：

> 顺治元年四月乙丑（初八日），上御笃恭殿，赐摄政睿亲王多尔衮大将军敕印……王受印敕行三跪九叩头礼。[1]
>
> 顺治元年九月癸卯（十八日），上驻跸通州，摄政睿亲王多尔衮率诸王，贝勒，贝子，公，文武群臣迎驾，上遣人赐王鞍马一，王跪受讫，偕诸王至通州见上，跪候驾过。上至行殿……诣卜行三跪九叩头及抱见礼。[2]
>
> 顺治元年五月己丑（初二日），师至燕京，故明文武官员出迎五里外，摄政睿亲王进朝阳门……内监以故明卤簿御辇陈皇城外，跪迎路左，启王乘辇。王曰："予法周公辅冲主，不当乘辇"……望阙行三跪九叩头礼，毕，乘辇入武英殿升座。[3]
>
> 顺治二年十月戊子（初十日），赐摄政王多尔衮，辅政王济尔哈朗，和硕肃亲王豪格马各一匹，王等跪受，入武英殿叩首谢恩出。上遣冷僧机、巴哈谓摄政王曰，"凡遇朝贺大典，朕受王礼，若此等小节，不必行此大礼"。王曰，"上年幼冲，臣不敢违礼，俟上春秋鼎盛，凡有宠恩，自不敢辞"。[4]

均其明证。逮执政稍久，渐恣放自擅，视朝臣若臣仆。此由于骄纵者半，由于左右诒谀者亦半。《东华录》称：

> 顺治二年五月丙戌（初五日），辅政王济尔哈朗及内大臣等定议，以皇叔摄政王代天摄政，虽赏罚等于朝廷，而体统尚未崇隆。夫为皇上辅国

---

[1] 王先谦：《东华录》第 1 册，顺治二，第 203 页。
[2] 王先谦：《东华录》第 1 册，顺治三，第 220 页。
[3] 王先谦：《东华录》第 1 册，顺治二，第 205-206 页。
[4] 王先谦：《东华录》第 1 册，顺治五，第 247 页。

立政，所关至重，一切仪制亦应加礼……①

甲辰（二十三日），礼部议定摄政王称号及仪注：凡文移皆书"皇叔父摄政王"。一切大礼，如围猎，出师操演兵马，诸王、贝勒、贝子、公等聚集之所，礼部俱启传集等候，其各官则视王所往，列班跪送。候王回……遇元旦及庆贺礼，满、汉文武诸臣朝贺皇上毕，即往贺皇叔父……若赏食于诸亲王及饶余郡王，俱立受不叩头；承泽郡王衍禧郡王以下跪受叩头……②

于是摄政王之体制，视诸王益崇，而文武百官之于摄政王亦犹于皇上。然此仅示尊于群臣，尚未疏略礼注于世祖也。顺治四年十二月丙申（三十日），辅政德豫亲王多铎同郑亲王济尔哈朗……等议，遣索尼、冷僧机、大学士范文程……等启摄政王曰，"今国家既定，享有升平，皆皇叔王福泽所致。其元旦节皇叔父王于皇上前行礼，及百官行礼起立以待，进酒时入班行跪礼，俱行停止。我等所以启请者，知皇叔父王体有风疾，不胜跪拜，恐勉强行礼，形体过劳，国政有误"。摄政王从其言，谕曰："止今年率众行礼毕就座位，进酒时不入班行跪礼，以后凡行礼处，跪拜永行停止。"③自是而朝会燕飨，不复跪拜。其时君威隆肃，揆之臣仪微嫌亏略，欲弥其阙，惟以皇帝所尊者称之，于是乃有"皇父"之号，此故二也。

当清太祖、太宗两帝之崩，多尔衮皆有缵承大位之机，而太宗崩时其势尤可自为。其事在官书已削节无存，然钩稽旧文尚可窥知一二：

顺治八年二月已亥（二十一日），追论睿王多尔衮罪状，诏示中外。诏曰："郑亲王、端重亲王、敬谨亲王、巽亲王同内大臣等合词奏言，太宗文皇帝龙驭上宾，诸王贝勒大臣同心翊戴，共矢忠诚，扶立皇上……皇上因在冲年，曾将朝政付伊与郑亲王共理，逮后睿王多尔衮独专威权……以皇上继位，尽为己功……擅自诳称太宗文皇帝之即位，原系夺立，以挟制中外……"④

顺治二年十二月癸卯（二十五日），摄政王多尔衮集诸王，贝勒，贝子，公，大臣等，遣人传语曰："今观诸王贝勒大臣但知谄媚于予，未见有

---

① 王先谦：《东华录》第 1 册，顺治四，第 237 页。
② 王先谦：《东华录》第 1 册，顺治四，第 238 页。
③ 王先谦：《东华录》第 1 册，顺治九，第 274 页。
④ 王先谦：《东华录》第 1 册，顺治十六，第 312 页。

尊崇皇上者，余岂能容此。昔太宗升遐，嗣君未立，诸王贝勒大臣等，率属意于予，跪请予即尊位。予曰："尔等若如此言，予当自刭，誓死不从。'遂奉皇上缵承大统……且前此所以不立肃亲王者，非予一人意也，尔诸王大臣臣皆曰，'若立肃亲王，我等俱无生理'，因此不立……"①

顺治五年三月己亥（初四日），贝子屯齐，尚善，屯齐喀及公扎喀纳，富喇塔，努赛等共评告郑亲王济尔哈朗罪状……闻忧时图尔格，索尼，图赖，锡翰，巩阿岱，鳌拜，谭泰，塔瞻八人往肃王家中，言欲立肃王为君，以上为太子，私相计议……肃王使何洛会，扬善谓郑王云，两旗大臣已定立我为君，尚需尔议。郑王云，摄政尚未知，待与众商之……于是会议郑亲王济尔哈朗当两旗大臣，谋立肃王为君，以上为太子，及议时乃言我意亦如此……擅谋大事，其罪一也。②

顺治九年三月癸巳（二十二日），世祖发出拜尹图，巩阿岱，锡翰，席纳布库，冷憎机五人罪状。其中一款曰"皇上即位时，英王、豫王跪劝睿王当即大位，汝不即位，莫非畏两黄旗人臣乎？我舅阿布太及固山额真阿山曾有言，两黄旗大臣愿皇上即位者不过数人，尔我等亲戚咸愿王即大位也。是以睿王于众前亦述此言。夫两黄旗阿布太阿山有亲者，不过谭泰及尔等耳，更有何人？"③

据此可知太宗之崩，继位人选时有四议：一、多尔衮；二、肃亲王豪格；三、世祖福临；四、豪格称帝，福临为太子。而多尔衮独排众议，弃尊荣，翊戴福临即大位。此清高宗（弘历）所誉为"史册所罕睹"者也。④然究其心志，初非无意于此。其详固莫可得见，惟世祖于顺治九年三月二十二日（癸巳），发布拜尹图等五人罪状时，有一款曰，"睿王曾云，若以我为君，以今上居储位，我何以有此病证"⑤云云，可知多尔衮虽翊戴世祖，自居摄位，而实有以世祖为储贰，自为皇帝之意，左右希旨，遂上"皇父"之号，此其故三也。

考之满文题本，"皇父摄政王"满文作﹝满文字符﹞（哈阿，安；伊；阿，玛阿；斡阿，昂。Han i ama wang），译言"汗（君）的父王"。满文﹝满文字符﹞（阿玛 ama），汉语为"父"。此种称谓施之外人，在汉族伦理观念上，

---

① 王先谦：《东华录》第1册，顺治五，第250页。
② 王先谦：《东华录》第1册，顺治十，第275页。
③ 王先谦：《东华录》第1册，顺治十八，第330页。
④ 《清史列传》第2册卷2《多尔衮传》，第13页；及王先谦：《东华续录》第4册，乾隆十九，第133页。
⑤ 王先谦：《东华录》第1册，顺治十八，第330页。

除寄养之外决不可通，而当日略不避忌加之多尔衮者，疑在满洲旧俗向有呼尊者为父之例。《太祖武皇帝实录》称，丙申（明万历二十四年）十二月，"布占太感太祖二次再生，恩犹父子"[1]（《东华录》作事如父）。又戊申（明万历三十四年）秋九月，"布占太遣大臣来求曰：吾累次背盟获罪于恩父，诚无颜面，若得恩父之女与我为妻，吾永赖之"[2]。又壬子（明万历四十年）冬十二月，布占太令兀巴海把土鲁乘舟而来，立于舟上呼曰：恩父汗兴兵无非乘怒而来，今恩父之怒已息，可留一言而去，如此遣使三次。布占太又亲率六将乘舟来至河中，于舟上顿首呼曰：兀喇国即恩父之国也……"又"……布占太对曰：或者人以谗言令吾父子不睦"[3]。《东华录》及《开国方略》诸书，凡记布占太与太祖对语，均有父子之称，其非泛泛之词可知也。乌喇贝勒布占太事清太祖如父，遂称之为父，此一例也。

《元朝秘史》中亦有称他人为父之例：

> 卷二，"帖木真说，在前俺的父（额赤格）也速该皇帝与客列亦惕种姓的王罕契合，便是父（额赤格）一般，他如今在土兀剌河边黑林住着，我将这袄子与他。于是帖木真兄弟三个将着那袄子送去。见了王罕，帖木真说：在前日子，你与我父亲（额赤格）契合，便是父亲（额赤格）一般，今将我妻上见公姑的礼物将来与父亲（额赤格），随即将黑貂鼠袄子与了"。[4]

> 卷三，"于是帖木真，合撒儿，别勒古台三个前往土剌河的黑林行脱斡邻勒王罕处去。到了说，不想被三种篾儿乞惕每将我妻子每掳看要了，皇帝父亲（罕、额赤格）怎生般将我妻子救与么道"。[5]

王罕为元太祖之父执，而称之为"父亲"，为"皇帝父亲"，盖太祖尝事之如父也。[6]满洲与蒙古同为边外民族，其风俗多有相似处，疑此种称尊敬如父者为父，盖金、元以来之旧俗也。郑亲王济尔哈朗为清太祖弟舒尔哈齐子，而其宠赐无间于太祖诸子，史称其"幼育于太祖宫中"，疑亦事太祖如父而称之为父者

---

① 《清太祖武皇帝实录》卷 1，第 318 页。

② 《清太祖武皇帝实录》卷 2，第 325 页。

③ 《清太祖武皇帝实录》卷 2，第 329 页。

④ 撰人未详，李文田注：《元朝秘史》第 1 册，商务印书馆 1936 年版，第 63 页。今案：郑先生原注为，叶德辉刻本卷二第四十页。

⑤ 撰人未详，李文田注：《元朝秘史》第 1 册，商务印书馆 1936 年版，第 70 页。

⑥ 高宝铨：《元秘史李注补正》卷 2，《续修四库全书》第 312 册，上海古籍出版社 1995 年版，第 523 页。

也。"皇叔父摄政王"满文作 ᡥᠠᠨ ᡳ ᡝᠴᡳᡴᡝ (满文字符)（哈阿，安；伊；额，缕伊，珂额；阿，玛阿；斡阿，昂。Han i ecike ama wang），译言"汗（君）的叔父父王"。世人徒疑其后之称"皇父"为可骇怪，不知在称"皇叔父"时，早用"阿玛"（父亲）之称矣。凡此所称父《满洲实录》三满文均作阿玛 ama（俗称叔，只用 eshen 不加 ama 字）。

"皇父摄政王"既为当时之最高爵秩，多尔衮之称"皇父摄政王"复由于左右之希旨阿谀，且其称源于满洲旧俗，故决无其他不可告人之隐晦原因在。其后《实录》所以削之不书者，盖汉化日深，渐觉其事之有嫌僭越不相称耳。然其事见于蒋良骐《东华录》，则在乾隆三十年尚不深讳。[1] 多尔衮除封后，至乾隆三十八年二月初三日始有诏重葺其茔域[2]；四十三年正月初十日始复还其爵号[3]；八月二十五日入祀盛京贤王祠。以意度之，官书之尽削皇父之事，当亦在其时。四十三年正月复多尔衮爵号谕中，有"其原传尚有未经详叙者，并交国史馆恭照《实录》所载，敬谨辑录，增补宗室王公功绩传，用昭彰阐宗勋至意"之语。既遵之增补，必亦遵之削节。史称《顺治实录》重修于雍正十二年十一月，乾隆四年十二月告成，其书即蒋氏《东华录》所从出，尚无"皇父"之讳，则其后《世祖实录》必尚经校改也。

"皇父摄政王"之体制仪注，今无完确之文献足据，所可知者，凡朱笔批票本章，皆用"皇父摄政王旨"字样，不用皇帝朱批，一也。皇父虽较皇帝为尊，而其仪注则次于皇帝，内外题奏或仅称"皇上"，或仅称"皇父摄政"，或"皇上""皇父摄政王"并称，但无列"皇父摄政王"于"皇上"之前者，二也。"皇父摄政王"告群臣称"旨"，皇帝告君臣称"敕"，三也。[4] 又顺治六年赐祭朝鲜国王礼物，皇父与皇帝所赐亦有差别，其单如次：[5]

---

① 蒋氏自序曰："乾隆三十年十月重开史馆于东华门内稍北，骐以谫陋，滥竽纂修。天拟管窥，事凭珠记。谨案馆例，凡私家著述但考爵里，不采实事，惟以《实录》红本及各种官修之书为主。遇阑分列传，事迹及朝章国典兵礼大政与列传有关合者，则以片纸录之，以备遗忘。信笔摘抄，逐年编载，祇期鳞次栉比，遂觉缕析条分。积之既久，竟成卷轴得若干卷云。"蒋良骐撰，林树惠、傅贵九校点：《东华录》"自序"，第 1 页。

② 顺治十年三月二十一日丁亥尝修葺一次，见王先谦：《东华录》第 1 册，顺治二十，第 352 页。

③ 多尔衮夺爵后，凡文书涉之者概称睿王，亦有称墨勒根王者，详见拙作《墨勒根王考》。

④ 《明清史料》甲编，"中央"研究院历史语言研究所 1930 年版，第 293、517 页。

⑤ 《明清史料》甲编，第 668 页。

皇帝赐祭朝鲜国王礼物		皇父摄政王赐祭礼物	
檀香	一束		一束
祭帛	一匹		一匹
银壶	二把		二把
银爵	三对		三对
白绫	六匹		六匹
白丝绸	六匹		六匹
蓝丝绸	二匹		二匹
以上绸帛共十五匹		以上绸帛共十五匹	
犊	一只		一只
羊	二只		二只
猪	二口		二口
祭筵	二十二桌		十五桌
酒	二瓶		二瓶
以上代银二百两		以上代银一百一五十两	

据此可知"皇父摄政王"之一切体制均下于皇帝，与"太上皇"固不同也。

多尔衮称"皇父摄政王"之时日，《东华录》与《清实录》《清史稿》所载各不同：

> 蒋氏《东华录》卷六曰：（顺治五年十一月）冬至（初八日），恭奉太祖配天，四祖入庙，遣官祭告天地太庙社稷，文曰，"……溯推原本，追崇太祖以上四世，高祖泽王为肇祖原皇帝，高祖妣为原皇后；曾祖庆王为兴祖直皇帝，曾祖妣为直皇后；祖昌王为景祖翼皇帝，祖妣为翼皇后；考福王为显祖宣皇帝，妣为宣皇后。聿成大典，敷布多方，备此明禋，预申虔告"。余文同覃恩大赦。加"皇叔父摄政王"为"皇父摄政王"，凡进呈本章旨意，俱书"皇父摄政王"。[1]

> 《清世祖章皇帝实录》卷四十一曰：顺治五年十一月辛未（十一日日），以奉太祖武皇帝配天及追尊四祖考妣帝后尊号，礼成，诸王群臣上表称贺，是日大赦天下。诏曰，"……特大赦天下以慰臣民，应行事宜条列于后：叔父摄政王治安天下有大勋劳，宜增加殊礼，以崇功德，及妃世子应得封号，院部大臣集议具奏……布告遐迩，咸使闻知"。[2]

---

[1] 蒋良骐撰，林树惠、傅贵九校点：《东华录》卷6，中华书局1980年版，第93页。

[2] 《清世祖章皇帝实录》第3册卷41，中华书局1985年版，第326页。

王氏《东华录》曰：（顺治五年十一月）戊辰冬至（初八日），祀天于圜丘，奉太祖武皇帝配享太祖以上四世：高祖泽王为肇祖原皇帝，高祖妣为原皇后；曾祖庆王为兴祖直皇帝，曾祖妣为直皇后；祖昌王为景祖翼皇帝，祖妣为翼皇后；考福王为显祖宣皇帝，妣为宣皇后。上诣太庙致祭上册宝。辛未（十一日）以奉太祖武皇帝配天及追上列祖尊号礼成，御殿受朝贺，大赦天下。诏曰："叔父摄政王治安天下有大勋劳，宜增加殊礼，以崇功德，及妃世子应得封号，部院诸大臣集议具奏。"[1]

《清史稿》列传五《睿忠亲王传》曰：五年十一月南郊礼成，赦，诏曰"叔父摄政王治安天下，有大勋劳，宜加殊礼，以崇功德"，尊为皇父摄政王，凡诏疏皆书之。[2]

此外若清国史馆《宗室王公传》中之《多尔衮传》及《清史稿·世祖本纪》皆削而不书。据蒋氏《东华录》及《清史稿》本传说，多尔衮称"皇父"，盖与覃恩大赦同时；据《清实录》及王氏《东华录》说，则在覃恩大赦以后，经群臣集议而始定。考是年十一月辛酉朔，戊辰冬至祀天为初八日，辛未覃恩大赦为十一日。国立北京大学文科研究所藏有十一月十一日覃恩大赦诏，文与《实录》同，则皇父之称盖经群臣集议而后定；是称"皇父"确在十一日以后，然其时日尚有待于新史料之证明也。国立中央研究院历史语言研究所所藏大库档案已封存，无可取证；而国立北京大学文科研究所所藏顺治五年十一月题本为数较少，又无称"皇父"者。今所见旧档，称"皇父"最早者为史语所藏顺治五年十一月二十九日工科给事中魏象枢《圣朝大礼既行亟请更正会典》揭帖一件耳。[3]

1936 年 7 月 25 日北平西城小将坊胡同二十三号。

篇中关于中央研究院历史语言研究所所藏清代档案均李光涛先生检示；国立北京大学文科研究所档案均杨向奎先生检示；国立故宫博物院文献馆所藏《清实录》由刘官谔、单士元两先生检示；满文均由李永年先生音释；谨此志谢。

（原载《清史探微》）

---

① 王先谦：《东华录》，顺治十一，第 284 页。王氏《东华录》本从《清实录》出，但未录全文亦明言其为覃恩之公告；又《实录》外间罕观，故并录之。此据国立故宫博物院文献馆藏本。

② 《清史稿》卷 218《睿忠亲王多尔衮传》，第 9036 页。

③ 今畿辅丛书本《寒松堂集》卷 1 收有此疏，已芟刘皇父字样矣。

墨勒根王考

　　清顺治七年庚寅（1650）十二月初九日戊子，皇父摄政王多尔衮卒于喀喇城。二十五日甲辰，追封为懋德修道广业定功安民立政诚敬义皇帝（凡十四字，时太祖太宗尊谥亦均十四字），庙号成宗，袝于太庙。[①]八年辛卯二月十五日癸巳，苏克萨哈等首告多尔衮私制帝服，及生前逆谋；于是郑亲王济尔哈朗，巽亲王满达海，端重亲王博洛，敬谨亲王尼堪及内大臣等，合词追论多尔衮罪状，二十一日己亥，乃诏示天下追夺封号，并其母妻所得封典[②]，其嗣子多尔博亦归本宗。[③]

　　多尔衮执政久，内外庶政多与之相关涉；既追夺封谥，凡事涉多尔衮者，官书概避称"睿王"。王氏《东华录》顺治八年辛卯闰二月乙亥（二十八日），刑部审议刚林等罪状，议称，"刚林初在盛京，曾犯大罪应死，蒙皇上恩宥，乃不思感激图报，反依附睿王，朝夕献媚"[④]。九年壬辰正月乙未（二十三日），"郑亲王、巽亲王会议具奏，向睿王于诸臣皆得恣意妄行，以索尼为主报效，不惜性命与之抗拒，恶之，遂托言遣祭昭陵，无故削职，令守昭陵。臣等议，索尼功大应留，优升二级，于二等伯再加一级为一等伯"[⑤]。十年癸巳（1653）三月丁亥（二十一日），"谕工部，睿王坟园因伊罪恶竟行废坏，似属太过；其房屋门墙俱著修理，柱用黑色，仍令信郡王拨人看守"[⑥]。八月己丑（二十六日），谕礼部，"今后乃睿王于朕幼冲时因亲定婚，未经选择。自册立之始，即与朕志意不协，宫闱参商，已历三载，事上御下，淑善难期，不足仰承宗庙之

---

　　① 蒋良骐撰，林树惠、傅贵九校点：《东华录》卷 6，第 102 页；及《清史稿》卷 218《睿忠亲王多尔衮传》，第 9036 页。

　　② 母曰孝烈武皇后，妻曰义皇后，见蒋良骐撰，林树惠、傅贵九校点：《东华录》卷 6，第 102-103 页；及《清史稿》卷 218《睿忠亲王多尔衮传》，第 9037 页。

　　③《清史列传》第 2 册卷 2《多尔衮传》，第 13 页，多尔博本豫亲王多铎子。

　　④ 王先谦：《东华录》第 1 册，顺治十六，第 316 页。

　　⑤ 王先谦：《东华录》第 1 册，顺治十八，第 329 页。

　　⑥ 王先谦：《东华录》第 1 册，顺治二十，第 352 页。

重。谨于八月二十五日奏闻皇太后，降为静妃，改居侧宫"①。顺治十二年乙未（1655）正月戊戌（十三日）谕诸王大臣等，"……及定鼎京师，奄有四海，于时睿王摄政，朕惟拱手以承祭祀，凡天下国家之事，朕既不预，亦未有向朕详陈者。故于满兵之艰辛，人民之疾苦，原未周知……"②十六年己亥（1659）十月乙卯（二十八日）"先是上谕议政王大臣等，巽王满达海，端重王博洛，敬谨王尼堪谄媚抗朕之睿王，及睿王死分取其人口财货诸物……朕故宣示其罪……"③凡此均其例也。

顺治八年以后，章奏中往往有称"墨勒根王"者，其时宗室及藩王中均无此封号，官书亦不载，然以其事迹考之，盖即多尔衮也。

> 顺治十年四月初六日，刑部尚书交罗巴哈纳为公报故明宗室朱同事题本。"又据兖州府署印推官刘中砥呈复……再查前日奉旨严缉务获，乃墨勒根王之行；近奉恩纶宽宥明宗，乃皇上之恩纶也，或宽限仍缉振会，或缓放转请从宽，此典出自宪台，非卑职所敢轻议"。

> 又，"……查核已数，往返推敲又极详切，该县之印结并闉乡保之结状昭然，适与恩赦相符。朱同，振会，锡侯，宁所，自应概为宽释。况严缉振会乃墨勒根王之行，宽宥明宗，实皇上新猷之焕也"。

> 又，"今查朱同原系故明宗室，实未谋叛，正因怀疑滋惧，随改姓易名，于顺治七年三月十三日奉旨究拟，屡因无明宗应拟正律，不敢擅释，是以就'谋叛未行为首'律拟绞，尚未结案……今案查顺治八年正月十二日皇上躬亲大政恩诏，（是日颁诰大赦天下）……即为具题释放"。④

案顺治七年，郑亲王济尔哈朗已罢辅政⑤，豫亲王多铎亦已前卒⑥；巽亲王满达海，端重亲王博洛，敬谨亲王尼堪三人虽理六部事，但仅以不须入奏者为限。⑦其时执政者惟摄政王多尔衮一人而已。内外政事批票红本，概以皇父摄政王谕行之，此云"顺治七年三月奉旨究拟"，又云"前日奉旨严缉务获，乃墨勒根王之行"，则所谓墨勒根王者，非摄政王多尔衮莫属。

---

① 王先谦：《东华录》第 1 册，顺治二十一，第 364 页。
② 王先谦：《东华录》第 1 册，顺治二十四，第 388 页。
③ 王先谦：《东华录》第 1 册，顺治三十三，第 453 页。
④ 国立北京大学文科研究所藏。
⑤ 济尔哈朗以四年二月罢信义辅政叔王，见王先谦：《东华录》第 1 册，顺治八，第 263 页。
⑥ 多铎以四年七月封辅政叔德豫亲王，六年三月卒。
⑦ 王先谦：《东华录》第 1 册，顺治七年二月辛亥，顺治十四，第 302 页。

顺治十三年七月：二十五日，刑部尚书图海等，为请旨同户部会议事题本，"据额伦告称，我哥哥家管家吞太，他自巧饰，将我家人十户，并我哥哥家人两户，共十二户开出。有墨勒根王抢北京来后，我们听见，到户部说，'与他们开户我们原不知道，今可还写在档上。'有户部大人查档。吞太等他自己将人口开出，屡次亦有开出，亦有写入档内者。开户伦亦不知道，我家管家也不知道。若果将我家人十户分出，我家管大（家）为何不去写，岂肯教别人家管家去写？户部问吞太等供称奴才是实等语。查档，家里档上的也有，分写的也有，故此将家产断与我。启叔和硕郑亲王说户部徇庇。交与刑部。吞太等义巧辩我不是奴才。因此户部大臣问罪，吞太等十二户断出，叔王刑部审结，差刑部章京老插到北京启墨勒根王。老插回说，王爷吩咐户部大人问罪，吞太等十二户断出，将我哥哥因占各户人口有罪免罪，后再做这样，决不轻放等情……"①

济尔哈朗以顺治元年九月扈世祖入北京②，五年九月拜定远大将军征湖广，七年正月凯旋，此外未尝离京师。此云"叔王同刑部审结"，又云，"到北京启墨勒根王"，盖当济尔哈朗未在北京时；然南征不得复同刑部结案，则此事尚在世祖未入关前也。世祖初立，济尔哈朗与多尔衮同辅政，顺治元年五月多尔衮入北京，济尔哈朗与世祖仍留关外。其时虽未迁都，而内外政令均由多尔衮于北京发之。此案既经叔王与刑部审结，而复差刑部章京到北京启墨勒根王，则墨勒根王之权位必远在六部及郑亲王之上，以当时制度推之，除多尔衮无足以当此。题本中又有"墨勒根王抢北京"之语，亦即指多尔衮之率兵入关；此抢字盖档案中遗存之珍贵史料也。济尔哈朗以顺治九年二月再封"叔和硕郑亲王"，此本乃就其后封爵而言，非当时即有此称。

顺治十年十一月初正日内大臣敖拜等，为给白塔人役口粮事题本"内有墨勒根王下打牲人四百一十五名，亦交与辛太监管属"。

此本无可资证。然王公之打牲人而劳内大臣为之分配管属，则其封爵已除可知。顺治十年时王爵黜革者惟睿亲王多尔衮，英亲王阿济格及郡王劳亲数人，（劳亲以六年十月封亲王，七年八月改多罗郡王，均无封号；官书但称"王劳亲"，或

① 北京大学藏。
② 《清史列传》第 2 册卷 2 《济尔哈朗传》，第 26 页。

称"劳亲王")证之前列两题本，则此墨勒根王亦指多尔衮也。①

墨勒根王，满文题本作 **ᡝᡣᠯ** （满文字符）（墨，额，呼歌额，恩；翰阿，昂 Mergen Wang），汉语为聪明王，盖即汉文睿亲王封号所从出。天聪二年（1628）二月，清太宗征察哈尔多罗特部，胜之，三月戊辰（初七日）还沈阳，于途中大宴。太宗曰，蒙天眷佑，二幼弟随征异国，俘获凯旋，宜赐以美号。于是名贝勒多尔衮为墨勒根代青②亦即此字。墨勒根于满语本为善射者之称，引申而为聪明之义，代青 daicin 则蒙古语"统率者"也。

据此，可知所谓墨勒根王实即摄政王多尔衮。多尔衮既夺爵，章奏中不愿见其名，乃以满语旧封称之，亦犹官书之称睿王也。俞正燮《癸巳存稿》九《墨尔根王府》条称，"墨尔根王为睿亲王……今墨尔根王府在东单牌楼石大人胡同，乾隆时所立也"。是道光时仍沿其称以名睿亲王。墨尔根王之号，疑为入关前世俗通称，其后官书之称"睿王"，即用其例，故不称睿亲王。满语名称能久传于后，应亦以当时习用之故。

1936 年 10 月北平小将坊胡同 23 号。

（原载《清史探微》）

---

① 北京大学藏。

② 见王先谦：《东华录》第 1 册，天聪三，第 63 页；《清史稿》卷 218《睿忠亲王多尔衮传》作墨尔根代青，第 9021 页；《清太祖武皇帝实录》卷 3，作默里根歹青，第 358 页。

释"阿玛王"

　　清初耶稣会士之书牍及著作中，时见 Amavan 或 Amawang 之名，国内译籍或译为阿玛王，实即多尔衮也。

　　冯承钧译《入华耶稣会士列传》第四十九《汤若望传》，有"皇叔阿玛王"[①]，及"先是阿玛王擒永历太后例纳（Helene）及其他妃主送京师"[②]之文。其原文未见，而擒永历太后事则甚可疑。案永历时称太后者有二，一为桂端正常瀛正妃，一为永历生母。桂王正妃或云王氏[③]，或云马氏[④]，时称太后；永历生母或云马氏[⑤]，或云范氏[⑥]，或云王氏[⑦]，时称圣后，徽号曰昭圣仁寿太后。[⑧]当日与永历皇后并称"三宫"。永历五年，即清顺治八年，公元 1651，辛卯，四月十二日永历太后殁于田州，七月十八日葬两江之宋村山，谥孝正。[⑨]无被清廷俘获事。至圣后则随永历迁安龙，迁云南，入缅甸，复为缅人送之吴三桂。康熙元年（1662），吴三桂与爱星阿奏捷，所谓"永历及其眷属全获无遗"[⑩]，即有圣后在[⑪]，永历蒙难，圣后及后嫔俱入京[⑫]，其时多尔衮逝世逾十年矣。多尔衮摄政时，孔有德等于顺治四年（公元 1647，即永历元年）十二月尝俘获永历

---

　　① 费赖之著，冯承均译：《入华耶稣会士列传》，商务印书馆 1938 年版，第 198 页。
　　② 费赖之著，冯承均译：《入华耶稣会士列传》，第 199 页。
　　③《明史》卷 120《桂王常瀛传》，第 3653 页；佚名：《行在阳秋》，孔绍明主编：《台湾文献史料丛刊》第 5 辑 98，台湾大通书局 1987 年版，第 3 页；瞿共美：《粤游见闻》，《明季稗史初编三》卷 20，商务印书馆 1936 年版，第 360 页；温睿临：《南疆逸史》上册卷 3，中华书局 1959 年版，第 19 页；三余氏：《南明野史》卷下，孔绍明主编：《台湾文献史料丛刊》第 5 辑 93，台湾大通书局 1987 年版，第 157 页。
　　④ 计六奇：《明季南略》卷 12 下《永历骑射》，中华书局 1984 年版，第 421 页。
　　⑤ 温睿临：《南疆逸史》上册卷 3，第 19 页。
　　⑥ 三余氏：《南明野史》卷下，第 157 页。
　　⑦ 计六奇：《明季南略》卷 12 下《永历骑射》，第 421 页。
　　⑧ 温睿临：《南疆逸史》上册卷 3，第 24 页。
　　⑨ 三余氏：《南明野史》卷下，第 213 页。《行在阳秋》失载。温睿临：《南疆逸史》卷 3，作葬南宁杨美山，第 24 页。
　　⑩ 王先谦：《东华录》第 1 册，康熙二，第 497 页。
　　⑪ 佚名：《行在阳秋》，永历十六年四月皇太后王氏不食崩，他书未见，第 74 页。
　　⑫ 温睿临：《南疆逸史》卷 3，第 29 页。

太子及朱明宗姓等二十七人①，其中不闻有永历太后或妃嫔，《汤传》所记必有误。案永历太后笃信天主教义，永历太监庞天寿与耶稣会士毕方济（Francois Sambiasi）相从甚密，均见之西方载籍，《汤传》所指必为永历圣后，而其年时则在永历遇害之后，但擒之者非多尔衮耳。

然吾人不能以此而疑阿玛王之非多尔衮。

中国现实情形（*The Present State of China*）第一书（Letter I）载 *Lewis Le Comte*，Jesuit 致 Pontchartrain 书称：

> 鞑靼王崇德（Tsonte）无暇享受他的战胜之一切。他仅即帝位而死，遗留行政的管理和六岁幼子的照顾给他的弟弟。他的弟弟名阿玛王（Amavan），征服了所有尚未归服的省分。一个亲王应得的钦慕，不仅为他的勇敢和品行常常留意于成功，而且亦为他的忠贞和本分。当幼王及龄，他即交还他的政权，并且尽力在帝国中效忠新王，像他当年为他自己一样。

书中所述，其时其人就清史证之非多尔衮莫属，而其事则微异，盖异国远人追述旧事不能近真。（氏于 1688 即康熙二十七年抵北京，书牍当作于其时。）

阿玛王，其字源于满洲文之ᠣᡳ（满文字符），ᠵ音斡阿昂，即汉字王爵之王对音，ᡝ（满文字符）音阿玛，华言父也，两字译言父王。多尔衮摄政后，其满文称号莫不系此二字。所谓"皇叔父摄政王"，在满文无"摄政"字而有"阿玛"字。见之文书，铸之印信。余疑当日世祖（顺治）在宫中于多尔衮亦必有此称，即世俗所谓"寄父"也者，故登之称号，以为独尊。②

多尔衮生平称号最多，天命、天聪时俗称之九王，天聪二年赐号墨勒根代青。崇德元年封睿亲王，世祖即位称摄政睿亲王，顺治元年十月封叔父摄政王，通称皇叔父摄政王，顺治五年十一月改皇父摄政王，既卒（顺治七年十二月）谥成宗义皇帝，削爵谥（顺治八年二月）后官书称睿王，俗称墨勒根王，乾隆四十三年追封谥曰睿忠亲王。此均见之官私记载，确然无疑。毛奇龄《后鉴录》又称之为台星可汗，当必有所据。台星之原文未详，疑与墨勒根代青之"代青"同源，或蒙古人于多尔衮摄政后尊之为可汗，故有此称也。

1940 年 11 月 17 日昆明靛花巷雨中，时离北平三年。

（原载《清史探微》）

---

① 王先谦：《东华录》第 1 册，顺治九，第 273 页。
② 参看《多尔衮称皇父之臆测》。

多尔衮与九王爷

王氏《东华录》，顺治四年（1647）四月壬申朔，"庚辰（初九日）顺天巡按廖攀龙奏剿土寇捷音，奏内称皇叔父摄政王为九王爷，命革攀龙职，下刑部拟罪"[①]。其事甚可怪。时多尔衮摄政已四年，如旧无九王之号，攀龙何所据而敢以之入章奏。如确有此称，又何为革职拟罪？

明末档案称多尔衮为九酋[②]，阿济格为八酋[③]。日人稻叶君山著《清朝全史》，尝引朝鲜孝宗李淏为世子时手记，其中记诸王拥立世祖事，称礼亲王代善为大王，英亲王阿济格为八王，多尔衮为九王，豫亲王多铎为十王[④]，是多尔衮之号九王爷，凿然有据，非同虚构矣。

多尔衮为清太祖第十四子，依序宜称十四王（嘉庆中，宣宗以皇二子称二阿哥，端亲王绵忻以皇四子称四阿哥。道光时，恭亲王奕訢以皇六子俗称六爷，醇亲王奕譞以皇七子俗称七爷），不得称九王。如依爵，多尔衮之权位甚尊，不得列第九。然则"九王爷"之称又何所自？

天聪十年，明崇祯九年（1636）四月十一日乙酉，清太宗称尊号，改元崇德，建国号曰清。二十三日丁酉，叙功，册封代善为兄礼亲王，济尔哈朗为郑亲王，多尔衮为睿亲王，多铎为豫亲王，豪格为肃亲王，岳托为成亲王，阿济格为武英郡王[⑤]，是为清代封王爵之始。其后硕塞之封承泽亲王，尼堪之封敬谨亲王，博洛之封端重亲王，阿巴泰之封饶馀郡王，瓦克达之封谦郡王，勒克德浑之封顺承郡王，均在顺治时。崇德中封王者既仅七人，不应有"九王爷"之号，则当时此称，不专指王爵而言可知矣。

清太祖时，尚无王爵称号（其后亲王、郡王之王字，在满洲文均依汉字对

---

① 王先谦：《东华录》第 1 册，顺治八，第 265 页。

② 《明清史料》乙编，第 571 页。

③ 《明清史料》丙编，第 568 页。

④ 稻叶君山著，但焘译：《清朝全史》本上二，中华书局 1915 年版，第 105 页。

⑤ 王先谦：《东华录》第 1 册，天聪十一，第 129 页。

音），惟贝勒最尊，国人往往依其爵秩仿汉法称之曰王。其后于贝勒上复立亲王、郡王二阶，王与贝勒乃别为二，《清史稿》《东华录》诸书所称大、二、三、四贝勒，在《太祖实录图》汉文注及《太祖武皇帝实录》均作大、二、三、四王，而在《满文老档》及《实录图》满文注仍作贝勒。李德启《〈满文老档〉之文字及史料》谓，"崇德本《清太祖武皇帝实录》满文之贝勒汉文俱作王……乾隆重修之《太祖高皇帝实录》中，复改大王、二王之王字，仍为贝勒"[1]。天聪四年辽阳大金喇嘛法师宝记有"钦奉皇帝敕旨八王□令旨"之语[2]，此八王即阿济格，乃贝勒也。是则译贝勒为王，在天聪初已然。代善时号大贝勒，而李溟手记称之为大王，可知手记中之所谓王，实即《史稿》《东华录》及诸官书所称之贝勒。九王即九贝勒也，然其事不见于官书，殆俗称耳。

代善与阿敏，莽古尔泰，皇太极（太宗），在太祖时四人并列。代善为太祖第二子，号大贝勒；莽古尔泰为太祖第五子，号三贝勒；皇太极为太祖第八子，号四贝勒；而阿敏以太祖弟子亦号二贝勒。据此，可知当日之序列，不以太祖之子为限，亦不专侬长幼，惟就同爵秩者以年龄定其先后之序。多尔衮之序列第九，称九王爷，盖亦如此。[3]

清太祖、太宗时，大、二、三、四贝勒（即大、二、三、四王）之称，见之于官书；八、九、十王（即贝勒）之称，又见之于朝鲜世子手记及明末档案；然则五、六、七三王（贝勒）又何人乎？

天命十一年（明天启六年，公元 1626）八月太祖殂，九月朔，诸贝勒议请皇太极继大位，是为太宗。《东华录》称，太宗既立，欲诸贝勒共循礼仪，行正道，交相儆戒。九月初二日辛未，率贝勒代善，阿敏，莽古尔泰，阿巴泰，德格类，济尔哈朗，阿济格，多尔衮，多铎，杜度，岳托，硕托，萨哈廉，豪格十四人誓告天地。此十四贝勒中，阿敏及济尔哈朗为太祖弟舒尔哈齐子，为太祖之侄；杜度为太祖长子褚英子，岳托，硕托，萨哈廉三人为代善子，豪格为太宗子，均太祖之孙；其余七人则为太祖之子。[4]《东华录》中备载盟誓全文，其衔名序列如此，必有所据。

誓文中阿巴泰，德格类，济尔哈朗三人，列于代善等三人与阿济格等三人

① 李德启：《〈满文老档〉之文字及史料》，《故宫文献论丛》1936 年，第 26 页。
②《东洋文化史大系清代之亚细亚》，第 135 页照相。
③《清太祖武皇帝实录》卷 2，甲寅年，明万历四十二年，公元 1614，四月二十日条下，称莽古尔泰为太祖三子，皇太极为四子，盖因三贝勒、四贝勒而误，第 331 页。
④ 王先谦：《东华录》第 1 册，天聪一，第 50 页。

之间，益以清太宗适共十人。代善，阿敏，莽古尔泰，及皇太极既称大、二、三、四贝勒，阿济格，多尔衮，多铎，又号八、九、十王，则阿巴泰，德格类，济尔哈朗，岂所谓五、六、七王欤？至杜度以下五人，与代善等行辈不同，故虽同为贝勒而不得随之序列。

《太祖武皇帝实录》称，天命六年（明天启元年，公元 1621）正月十二日，太祖与带善（代善），阿敏，蒙古儿泰（莽古尔泰），皇太极，得格垒（德格类），迹儿哈朗（济尔哈朗），阿吉格（阿济格），姚托（岳托）诸王等对天焚香，祝求福祐①；天命九年（明天启四年，公元 1624）正月太祖与蒙古胯儿胯（喀尔喀）缔盟，二月与廓儿沁（科尔沁）缔盟，命大王、二王、三王、四王、阿布太台吉（阿巴泰），得格垒台吉，戒桑孤台吉（寨桑武），迹儿哈朗台吉，阿吉格台吉，都督台吉（杜度），姚托台吉，芍托台吉（硕托），沙哈量台吉（萨哈廉）十三人与誓，列名号誓词中。二者均以代善，阿敏，莽古尔泰，皇太极领首，盖以其为四大贝勒。②六年祝天殿以岳托，九年誓词殿以杜度，岳托，硕托，萨哈廉，均以子侄续伯叔，行辈秩然，亦与十一年誓文同。然其间名号则小异。六年四大贝勒下列德格类，济尔哈朗，阿济格；少阿巴泰，多尔衮，多铎。无多尔衮（十岁）、多铎（八岁）者，应以二人年尚幼，其无阿巴泰则以爵秩未崇未能与闻。阿巴泰为太祖第七子，母曰皇妃伊尔根觉罗氏（《清史稿》《东华录》作侧妃，《武录》作皇妃），太宗即位后尝自求和硕贝勒，代善等共责之，以为德格类，济尔哈朗，杜度，岳托，硕托，早从五大臣议政；阿济格、多尔衮、多铎在太祖时使领全旗，先入八分，阿巴泰不应与之比拟；可知其爵秩次于诸人，故迄九年始与盟誓之列。九年誓词中德格类下多寨桑武一人，其人为舒尔哈齐第四子，济尔哈朗兄，《史稿》无传，天命六年三月尝与德格类安抚三岔河海州，九年以后事迹无闻，或其已死，故十一年共誓不与。据此，是名号预否虽有不同，而其先后次第未尝或紊，其为当时规制可知。

太祖十六子，长子褚英早逝，太宗时存者，前述八人而外，尚有阿拜（三），汤古代（四），塔拜（六），巴布泰（九），巴布海（十一），赖慕布（十三），费扬果（十六）等七人，当时阿敏等以弟子尚得号贝勒，而七人皆太祖子竟无与，此亦清代"皇子不必定封王"祖制所自始，而诸人母氏贵贱亦有关。《太祖武皇帝实录》中称后者四：一为先娶之后，即褚英、代善之母，其后官书改称元妃；一为继娶之后，即莽古尔泰、德格类之母，官书改称继妃；一为中宫皇后，即

---

① 《太祖武皇帝实录》卷 3，第 363-364 页；此事《东华录》失载。
② 《太祖武皇帝实录》卷 4，第 378-379 页。

皇太极之母，官书称孝慈高皇后；一为继立之后，即阿济格、多尔衮、多铎之母，官书改称大妃。此诸后所生之子，莫不与贝勒之选。《武皇帝实录》中称皇妃者一，即阿巴泰之母，官书改称侧妃；又称妃者三，即馀子之母，后官书改称庶妃；《清史稿》传四《太祖诸子传》称阿拜一母，汤古代、塔拜一母，巴布泰、巴布海一母。《武皇帝实录》于太祖诸子遗赖慕布，费扬果，《东华录》遗费扬果，据《史稿》则赖慕布母亦庶妃，而费扬果不详所自出。此诸妃所生之子，惟阿巴泰预贝勒，母称皇妃，盖其位较他妃为尊耳。或谓费扬果与莽古尔泰、德格类同母，余更疑其人即《武皇帝实录》所言八固山中四小王之一（天命十一年六月），而太祖预使领全旗而由皇太极代主者也。当时未预共誓者或以年幼之故（多铎仅十三岁，费扬古应更小）。

据上述推之，可知清初俗有十贝勒之称，亦曰十王，起自天命季年，其人则代善，阿敏，莽古尔泰，皇太极，阿巴泰，德格类，济尔哈朗，阿济格，多尔衮，多铎也，阿巴泰为太祖第七子，本太宗之兄，依齿不应列太宗下，但太宗封贝勒在前，早有四贝勒之号，且清初"大贝勒"与"诸贝勒"爵秩亦有等差，此阿巴泰所以仍居第五也。《太祖武皇帝实录》卷三，天命四年，有"十固山执政王"之称，与此不同，或纂述偶误，今本《实录》删之仍称八旗是也。

五、六、七王之称，记载罕见，明沈国元《两朝从信录》三十三，天启七年三月登莱巡抚李嵩塘报，有"天启七年二月十九日准平辽总兵毛文龙揭帖，正月十四日奴兵八万余众兵犯抢，大王子带领四万余贼实抢铁山……十六日大王子急调铁山六王子兵来，云务要并力夹攻，活拿职去"一条，其所谓王子即贝勒。抢铁山盖指朝鲜之役，事见天聪元年三月十四日辛巳《东华录》，录称，"阿敏等奏，正月辛巳（十三）至明哨地……壬午（十四）夜薄朝鲜义州，竖梯攻城……是夜分兵捣毛文龙所居铁山，杀明兵无算，文龙遁往岛中未获"即此事。[1]当时奉命统兵征朝鲜者有阿敏，济尔哈朗，阿济格，杜度，岳托，硕托六人，《东华录》暨《史稿》本传失载分兵攻铁山之人，所谓六王子者谁属莫能决。六王子是否八王之讹亦莫定。此役代善未尝从，所谓大王子者亦误也。然而当时确有六王之称则据此可知。（朝鲜世子手记称济尔哈朗为幼置王，或其称在前，遂沿用不改。）

---

① 王先谦：《东华录》第1册，天聪二，第54页。

顺治而后，多尔衮以皇叔父王摄政，位在诸王上，廖攀龙仍以旧爵俗称呼之，宜其获罪，非当时别有所讳。

1936 年 11 月 16 日北平旧作。
1944 年 4 月 2 日改订。

（原载《清史探微》）

清史语解

读史之难，难于熟知史乘用语之当时涵义，其杂有异文殊俗者为尤甚。清社之覆，去今仅三十年，然读《史稿·礼志》"堂子祭天""坤宁宫祀神"所述，已不识所谓。吾侪生长清季，颇闻其典章往事，且复如此，他莫论矣。清代入关之初，立制多沿旧名，观于开国诸臣与雍、乾以后诸臣列传，及《东华录》所节太祖、太宗与世祖《实录》，可以窥其递迁之迹，而读史者亦殊其难易。往尝有志于读史释词之作，顾惭谫陋，不敢自信。近陈寅恪先生于《读书通讯》论史乘胡名考证之要，读之心喜，因取清史习见满语加以诠释，明其本义，申其蕴潜，广三史语解之简约，异历氏拾遗之驳芜，聊当初读清史者翻检之助，以言考证则吾岂敢。

齐下喇哈番

或作一齐虾喇哈番，官名，就是汉文郎中。崇德三年七月改定官制，定各衙门有理事官，顺治时改称郎中，十五年七月定满字称一齐下喇哈番。初秩三品，后改五品，又改四品，康熙九年定正五品。分司理事，各有专职，所以通称为司官。

齐额尔机哈分布勒哈番

官名，汉文称右通政。通政使司初设有左右通政，满员三品，汉员四品，顺治改正五品，康熙九年定正四品，乾隆十三年四月裁。

尔希哈番

官名，汉文称少卿。初大理寺少卿满员三品，汉员四品，康熙九年定正四品。太常寺少卿定正四品，光禄寺少卿正五品，鸿胪寺少卿从五品。

土黑勒威勒

清初凡职官及世爵犯罪较轻者，多罚"土黑勒威勒"，就是轻的罚俸。"土黑勒威勒"一词，在《清史稿·刑法志》《清会典》同《会典事例》的吏部、刑部，《清朝通志·刑法略》《清朝文献通考·刑考》，全没有提到，所以当初制度不详。王士禛《池北偶谈》卷一《土黑勒威勒》条，只说，"顺治中百官罚俸者有土黑勒威勒之名，康熙中尚沿旧制，未久停止"。也没有说到办法。

天聪七年二月十七日己卯，王氏《东华录》称：

> 先是库尔缠……遣往朝鲜……及至彼国，复索烟、币诸物，比还，为部中人搜获。法司议革职治罪，上宥之，但罚"土黑勒威勒"。[①]

崇德三年三月初一日甲子，王氏《东华录》称：

> 先是行猎博硕堆时……席翰、康喀赖二甲喇合围中断……贝子硕托……令伦拜、屯齐哈二甲喇驻其断处，及同队后贝屯齐哈围亦断……遂……送伊等于兵部议罪。议革席翰、屯齐哈甲喇章京任，罚马……罚康喀赖"土黑勒威勒"……上命革锡翰、屯齐哈甲喇章京任，免罚马，仍罚"土黑勒威勒"。康喀赖亦罚"土黑勒威勒"。[②]

崇德七年正月初七日丁丑，王氏《东华录》称：

> 召亲王以下，牛录章京以上，集笃恭殿，谕曰：凡和硕亲王、多罗郡王、多罗贝勒、固山贝子及公俱有一定名号，今不遵定制概称王贝勒，何以示别耶？此后若有违禁妄称者罚"土黑勒威勒"，闻人诌奉僭称而不斥责者俱罚"土黑勒威勒"。[③]

崇德八年六月二十七日己丑（原作己酉误），王氏《东华录》称：

> 上幸马馆，见部臣役民夫修路不分高下皆增土修治。以工部役民无状，罚承政萨木什喀、参政裴国珍，启心郎喀木图"土黑勒威勒"。[④]

---

① 王先谦：《东华录》第 1 册，天聪八，第 100 页。
② 王先谦：《东华录》第 1 册，崇德三，第 149 页。
③ 王先谦：《东华录》第 1 册，崇德七，第 177 页。
④ 王先谦：《东华录》第 1 册，崇德八，第 191 页。

此四条《清史稿·太宗本纪》及诸人本传均不见。崇德元年十一月初三日癸卯，王氏《东华录》载：

> 论征明违律将士罪……杨古利出边时不劝武英郡王殿后，坐是罚"土黑勒威勒"。①

此事《史稿》本纪亦不见，《杨古利传》②仍作"罚土黑勒威勒"，没有解释。天聪四年十月十六日辛酉，王氏《东华录》称：

> 谕曰：时值编审壮丁……或有隐匿壮丁者，将壮丁入官，本主及牛录额真，拨什库罚"土黑勒威勒"，知情隐匿者每丁罚银五两，仍罚"土黑勒威勒"。③

《清史稿·太宗本纪》一叙此事只说，"谕编审各旗壮丁，隐匿者罚之"；《清朝文献通考》一九五叙此事也只说，"今时值编审壮丁，如有隐匿者将壮丁入官，本主及牛录额真，拨什库等俱坐以罪"④，全没有说到"土黑勒威勒"的本义。崇德三年七月十六日丁丑《东华录》：

> 谕礼部曰……凡出入起坐有违误者，罚"土黑勒威勒"。一切名号等级久已更定，而仍称旧名者戒饬之。⑤

这分明是两回事，可是《史稿·太宗本纪》二把他连为一起，说："出入坐起违式及官阶名号已定，而仍称旧名者，戒饬之"。崇德三年正月初七日辛未，《东华录》称：

> 叶臣坐其下顺托惠挟仇强夺额克亲俘获妇女，罚"土黑勒威勒"，仍鞭顺托惠一百，贯耳鼻。⑥

此事《史稿》列传二十《叶臣传》不载，《清朝文献通考》一九五叙此事，只有"顺托惠鞭一百，贯耳鼻"⑦，而没有说到叶臣。据此可知"土黑勒威勒"一词，

---

① 王先谦：《东华录》第1册，崇德一，第135页。
②《清史稿》卷226《杨古利传》，第9191页。
③ 王先谦：《东华录》第1册，天聪五，第79页。
④《清朝文献通考》卷195，"刑一"，第6596页。
⑤ 王先谦：《东华录》第1册，崇德三，第151页。
⑥ 王先谦：《东华录》第1册，崇德三，第148页。
⑦《清朝文献通考》卷195"刑一"，第6597页。

后来的史官已经不大知道他的意义，所以遇着他总是含糊规避。至于处罚的办法更难知了。

蒋良骐《东华录》八，顺治十八年四月，有根据红本纪录一条，我们就之勉强可以知道一些罚"土黑勒威勒"法则。原文是：

> 吏部尚书伊图等题："为本年三月奉旨，'部院官员罚土黑勒威勒者，不论有前程与白身，应照职任处罚。或任大罚少，或任小照前程罚多，似属不均。尔部照依职任大小分别议奏。钦此。'臣等谨遵旨议得，凡部院尚书有一品二品者，侍郎有二品三品者，郎中有三品四品五品者，员外郎有四品五品者，主事有四品五品六品者，其品级先后所定之例虽异，俱因除授部院之职支俸，为部院事务罚'土黑勒威勒'，俱各照职俸每十两罚一两。若此内除部院职任之外有大任大前程者，除大任大前程之俸，亦照依部院职任按俸罚处可也。"奉旨"依议"。①

此谕不见于《清史稿》及王氏《东华录》。所谓部院职任是指现任的本职，所谓大任是指临时的差遣，所谓大前程是指世袭的封爵。同一官职而品级不同是清初政策，满汉官员不一致，职任繁简亦有分别。据此"土黑勒威勒"罚则是十分之一，但是职任品级规定不同，各人兼职不一，俸给标准不免参差，至是始定依现任本职俸给处罚。

这种轻微的罚俸，我们推想是满洲旧俗，源于薄扣工资，所以仍用满语旧名，其上更有罚牛马、罚银、罚赎身、革前程等，以治更重之罪。这是一个系统。

入关后，另外还有较重的罚俸。顺治九年五月二十八日戊戌，工部侍郎刘昌因奉差事竣不先还朝竟自回家，罚俸一年。②顺治十年四月初九日甲辰，大学士陈名夏，尚书陈之遴因议任珍罪主张勒令自尽，不合典例，罚俸一年。③顺治十年十一月二十三日乙卯，吏部尚书朱玛喇等以误诠房之骐为山东驿传道，朱玛喇赎身革尚书，金之俊罚俸一年调用，木成格罚俸六个月。④顺治十三年四月初二日庚戌，吏、户二部以不深究朱世德亏空额税一案，侍郎海尔图、苏纳海、白色纯等革任，并革世职，罚俸一年，启心郎苗澄，韩世琦等留任，罚

① 蒋良骐：《东华录》卷8，第134页。
② 王先谦：《东华录》第1册，顺治十八，第334页。
③ 王先谦：《东华录》第1册，顺治二十，第354页。
④ 王先谦：《东华录》第1册，顺治二十一，第368页。

俸二年。这种重的罚俸是沿袭明法，本来限于汉官，顺治十一年正月以后，因祁通格之言亦加于满员。[1]上面朱玛喇不罚俸，海尔图罚俸，就是这个原因。这又是一个系统。

在同一期间，两种不同系统的罚则并行国内，自然不妥，而且不公。所以康熙十年六月参合两者又定了罚俸自一月递增至一年的法则。[2]凡依律文，公罪应笞一十者罚俸一月，二十，三十各递加一月；四十，五十各递加三月；杖六十罚俸一年。私罪应笞一十者罚俸两月；二十罚三月；三十，四十，五十各递加三月。后来又有抵消办法，凡因功记录一次者抵罚俸六月，因军功纪录一次者作二次计，抵罚俸一年。见《会典》卷六。自此以后，"土黑勒威勒"一词遂不常见，而他的意义也就湮没了。

1943 年 8 月 26 日昆明

牛录额真

又作牛禄厄真，明人记载作牛鹿。牛录汉语是大箭，额真是主。满洲旧俗，凡出猎行围，每人各出箭一枝，十人中立一总旗，管率九人而行，各照方向不许错乱，此总领呼为牛录额真。清太祖自明万历十一年癸未（1583）五月起兵以后，相从的人日多，但还没有一致的组织，凡出师行军不论人数多寡全依照族党屯寨而行。至万历二十九年辛丑（1601）始将部众每三百人编一牛录，每牛录立一牛录额真管属。于是牛录额真成为官名，而牛录亦成为满洲兵民组织之基本单位，八旗制度即基于此。初时满洲人口不足，兵民不分，牛录是行政单位，同时也是军队单位，五牛录设一甲喇额真，五甲喇设一固山额真，固山就是一旗。旗制创始年月，现已无考，只知原有四旗，增为八旗。其后兼并渐广，人户增多，无须人人作战，改用选拔军士办法，于是牛录成为单纯之行政单位，牛录额真只"掌稽所治人户田宅兵籍，以时颁其职掌"[3]。又以人户滋生日蕃，每衍殖三百人别增一牛录，于是甲喇、固山之组织亦渐改。天聪八年（明崇祯七年，1634）四月定管牛录者称为牛录章京，即前此之牛录额真，顺治十七年三月，又定牛录章京汉字称为佐领，秩正四品，遂永为定制。太祖建国以前，东北地方部落甚繁，种姓不一，凡有挟丁口来归者全籍为牛录，使他为

---

① 王先谦：《东华录》第 1 册，顺治二十六，第 405 页。
② 王先谦：《东华录》第 1 册，康熙十一，第 569 页。
③《钦定大清会典》卷 95 "八旗都统"，第 916 页。

牛录额真领其众，顺治时定汉字称为世管佐领①，其余的为普通佐领。但各族归附不同，情形不同，牛录编立其牛录额真人选除授亦不同，于是演成不同之制度。《清朝通志》六十八说："佐领（即牛录额真）之制，有世袭，有公中。世袭佐领有四等：国初各部落长率其属来归，授之佐领以统其众，爰及苗裔曰勋旧佐领。其率众归诚，功在旗常，得赐户口者，曰优异世管佐领。其仅同弟兄族里来归，固授之以职，奕叶相承者，曰世管佐领。其户少丁稀合编佐领，两姓、三姓迭为是官者，曰互管佐领。皆以应袭者引见除授。公中佐领则因八旗户口蕃衍，于康熙十三年以各佐领拨出余丁增编佐领，使旗员统之。"②

《清会典》九十七，将优异世管佐领与世管佐领并为一，统称世管佐领，其子孙递袭佐领办法并有详密之规定。《清史稿》列传十四《康果礼传》称，"康果礼……为绥芬路屯长……与其弟……率丁壮千余人来归，太祖……分其众为六牛录，以康果礼……世领牛录额真"。这就是所谓勋旧佐领。《清史稿》列传二十三《逊塔传》称，"逊塔……安费扬古孙也，父硕尔辉。安费扬古既卒，太祖以所属人户分编牛录，授硕尔辉牛录额真。卒，逊塔嗣"。《清史稿》列传十七《武理堪传》，"太祖初起，武理堪来归……旗制定……分辖丁户为牛录额真……二子吴拜、苏拜……吴拜已代父为牛录额真"。这就是所谓优异世管佐领。至于世管佐领、互管佐领，更不胜举。在天聪八年四月至顺治四年（1647）十二月之间，又有所谓牛录章京世职，如《清史稿》列传十七《阿什达尔汉传》，"（崇德）六年……降世职为牛录章京"。《安达立传》，"天聪九年授牛录章京世职"。③这与牛录额真、牛录章京、世袭佐领均无关，而是一种褒叙勋绩，酬庸懋赏的世袭的封爵。牛录章京世职在顺治四年十二月十八日甲申改为拜他喇布勒哈番④，乾隆元年七月十六日戊申，又改称汉文骑都尉。

扎兰达

《清朝文献通考》一九五，顺治十六年，"定京城贼盗伤人该管官处分之例。兵部以京城被盗伤人，拟该管扎兰达罚俸，拨什库鞭责。上以所议太轻，命将扎兰达革职，拨什库送刑部拟罪，著为例"。案《清会典》九九《步军统领》下有捕盗步兵尉掌"缉捕盗贼稽查奸宄"，《清朝通志》六八作捕盗校，疑即所谓扎兰达。

---

① 《清史稿》卷 227《博尔晋传》，第 9232 页。

② 《清朝通志》卷 68 "职官略五"，第 7158 页。

③ 《清史稿》卷 230《附鄂莫克图传》，第 9315 页。

④ 王先谦：《东华录》第 1 册，顺治九，第 273 页。

扎拦厄真

即甲喇额真。

扎尔固齐

扎尔固齐为清太祖时官名。又作扎儿胡七，即《元史》之扎鲁忽赤，所谓断事官也。[1]《清史稿》列传十三《巴笃理传》，"太祖察巴笃理才，使为扎尔固齐"；又列传十五《额尔德尼传附噶盖传》，"太祖以为扎尔固齐，位亚费英东"；又列传十五《满达尔汉传》，"父雅虎率十八户归太祖，太祖以为牛录额真，隶满洲正黄旗，擢扎尔固齐"；全没有说到职掌。惟《史稿》列传十二《费英东传》说，"扎尔固齐职听讼治民"。

案《清史稿·太祖纪》，乙卯年（万历四十三年），"置理政听讼大臣五，以扎尔固齐十人副之"。《东华录》乙卯年十一月纪其事，说：

> 又置理政听讼大臣五人，扎尔固齐十人，佐理国事。……凡有听断之事，先经扎尔固齐十人审问，然后言于五臣，五臣再加审问，然后言于诸贝勒。众议既定，犹恐尚有冤抑，令讼者跪上（太祖）前更详问之，明核是非，故臣下不敢欺隐，民情皆得上闻。[2]

据此，扎尔固齐职掌似乎全在听讼。但费英东于任扎尔固齐后奉命伐瓦尔喀部，巴笃理任扎尔固齐后积战功授游击，雅虎任扎尔固齐后伐东海卦尔察部，并不专司听讼。当时文治武功未尝分离，扎尔固齐是太祖部下综理军民的高级官吏，权秩很崇，一时任其职者，如费英东、巴笃里、噶盖、雅希禅[3]、博尔晋[4]、阿兰珠[5]、雅虎之流，全是才猷懋著文武兼资的，所以他们的职务不仅限于初审审判，无事时在内理民，有事时率众出征，《实录》及《东华录》不过举其一端而已。

扎尔固齐之设置，《太祖武皇帝实录》及《东华录》全系于太祖天命前一年乙卯（万历四十三年，1615）之末总叙内，《清史稿·太祖本纪》亦如此，但上面加有"是岁"二字。《实录》还是存疑的态度，《史稿》就肯定了。可是我们

---

[1]《元史》卷87《百官志》三"大宗正府"，第2187页。
[2] 王先谦：《东华录》第1册，天命一，第22页。
[3]《清史稿》卷227《雅希禅》，第9235页。
[4]《清史稿》卷227《雅希禅》，第9232页。
[5]《清史稿》卷226《附西喇布传》，第9204页。

在诸人本传里看，噶盖任扎尔固齐职在万历二十一年癸巳（1593）以前，费英东任职在万历二十六年戊戌（1598）以前，阿兰珠任职在万历四十一年癸丑（1613）以前（本传称"阿兰珠旋擢扎尔固齐，从伐乌拉"，乌拉亡于癸丑），可见扎尔固齐之设不在乙卯年。费英东于乙卯年列五大臣，《清史稿》列传十二本传称，"岁乙卯……置五大臣辅政，以命费英东，仍领一等大臣扎尔固齐如故"；既言如故，必非初设，可见扎尔固齐设置与五大臣不是同时，而在其前。直到天命十一年丙寅（1626）九月，太宗设置八大臣、十六大臣，扎尔固齐始废。

《清史稿·太祖本纪》所说"扎尔固齐十人副之"一语，亦有可疑。《太祖武皇帝实录》于乙卯年述扎尔固齐只说，"又立理国政听讼大臣五员，都堂十员"[①]，所谓理国政听讼大臣满语谓之"达拉哈辖"，都堂就是"扎尔固齐"，并没有说到两者有正副主辅之别。上面所引《东华录》虽有"佐理国事"之语，但其意包括理政听讼大臣而言，是说两者皆佐太祖，而不是扎尔固齐佐理政大臣。扎尔固齐之设远在理政大臣之前二十余年，不应先有副而后有正。费英东戊戌以前已为扎尔固齐，乙卯任理政大臣仍兼其职，及天命五年三月十二日丙戌费英东死，史官仍系其衔曰，"左翼固山额真总兵官一等大臣扎尔固齐费英东卒"[②]，界属副贰。何必终身兼之？窃疑两者各有职掌，不相统属，而品秩微有高下。在先满洲所属部众不多，以扎尔固齐管理其人民间相互的问题与争议，其后部众日多，相互之关系日益复杂，又有旗与旗间的问题，官署与官署间的问题，这些本来是由太祖自己解决的，所以又设理国政大臣来辅佐。而扎尔固齐的职掌还是在管理其人民间相互的问题与争议，不过他变作第一审，上面更有第二审第三审而已。——当然有战争时还要从征。

扎尔固齐一名，没有确定的汉译。《清史稿·刑法志》三，天聪《东华录》一，均作"理事十大臣"，《清太祖武皇帝实录》作"都堂"，《史稿·太祖本纪》，诸臣列传及天命《东华录》全用满名。当时满洲称明朝"巡抚"曰"都堂"，扎尔固齐亦称都堂的缘故，大约是比照其品秩而定。

《清朝通志》三《氏族略·呼尔哈氏》条称，康喀赉授扎尔固齐预十六大臣之列。案康喀赉佐管镶蓝旗预十六大臣，见《天聪东华录》一，但扎尔固齐是十大臣，与此无涉，《通志》以扎尔固齐与十六大臣连书，岂太宗时尚沿扎尔固齐之称，抑史官之误？待考。

1943 年 8 月 3 日昆明

---

① 《清太祖武皇帝实录》卷 2，第 335 页。
② 王先谦：《东华录》第 1 册，天命三，第 38 页。

巴牙喇

巴牙喇又作巴雅喇、摆牙喇、摆呀喇、摆押拉，汉语精锐内兵，后来定汉字译名为护军。《清太祖武皇帝实录》记天命三年四月十三日壬寅，以七恨兴兵攻明事称：

> 次日（十四日）分二路进兵，令左侧四固山兵取东州、马根单二处，亲与诸王率右侧四固山兵及八固山"摆押拉"取抚顺所。①

《东华录》记其事作：

> 癸卯（十四日）分两路进，令左翼四旗兵取尔州、马根单二处，上（太祖）与诸贝勒率右翼四旗兵及八旗护军兵取抚顺所。②

又《东华录》天命六年三月初十日壬子称：

> （明总兵）李秉诚……来援沈阳，营于白塔铺……我国雅荪率精锐护军二百往侦。③

《武皇帝实录》作：

> 李秉诚……来援，至白塔铺安营，……满洲雅松领二百健兵探之。④

同日《东华录》又称：

> ……乃收军，上（太祖）率诸贝勒引护军营沈阳东门外，令诸将率大军屯于城内。⑤

《武皇帝实录》作：

> 帝（太祖）收兵，诸王各领健卒于东门外教场安营，令众将率大兵屯于城内。⑥

---

① 《太祖武皇帝实录》卷 2，第 340 页。
② 王先谦：《东华录》第 1 册，天命二，第 25 页。
③ 王先谦：《东华录》第 1 册，天命三，第 37 页。
④ 《太祖武皇帝实录》卷 3，第 365 页。
⑤ 王先谦：《东华录》第 1 册，天命三，第 37 页。
⑥ 《太祖武皇帝实录》卷 3，第 366 页。

据此，巴牙喇汉字译名未确定前，尚有健兵、健卒等数称，但全不是后来的法定译名。

太祖时，军队以牛录为基本单位，其上辖以"甲喇"同"固山"，全国共分八固山，即所谓八旗。行军时，若地广则八固山并列，分八路而进，地狭则八固山合一路而行。当兵刃相接之际，披坚甲执长矛大刀者为前锋；披短甲，即两截甲，善射者自后冲击；精兵立于别地观望，不令下马，势有不及处相机接应。[1]所以在隶属上军队虽分列八固山，但在军队性质上又分为三等，因此演变成后来的前锋，护军，骁骑，步军等制，其最先形成单独组织的是巴牙喇，就是后来的护军。

巴牙喇是在各牛录选拔的精壮，每牛录十七人。[2]据《太祖武皇帝实录》所载：

> （天命六年）三月初十日，帝（太祖）自将诸王臣领大兵取沈阳……令右固山兵取绵甲战车徐进击之，红号巴牙喇不待绵甲战车至即进战。帝（太祖）见二军酣战，胜负不分，令后兵助之，遂冲入。[3]

又：

> （天命六年三月）十八日……率大兵乘势长驱以取辽阳……遂令（右四固山）绵甲军排车进战东门敌兵，其营中连放枪炮，我兵遂出战车外，渡濠水呐喊而进，两军酣战不退。有红号摆押拉二百杀入，又二百旗兵一千亦杀入，大明骑兵遂走。各王部下白号摆押拉俱杀入夹攻之，其步兵亦败。[4]

可知巴牙喇的职务偏于策应、冲杀、与防护，所以能在固山外自成组织。《清朝文献通考》一九二引天聪七年大阅后清太宗谕八旗护军之言：

> 如敌不战而走，则选精骑追之，追时护军统领勿往，但引纛结队蹑后而进，倘追兵误入敌伏，或众方四散追逐遇敌兵旁出，护军统领即接战。[5]

---

[1]《清太祖武皇帝实录》卷2，第334-335页；及王先谦：《东华录》第1册，乙卯年十一月，天命一，第22页。

[2]《钦定大清会典》卷96"八旗都统·兵制"，第922页。刘献廷撰，汪北平、夏志和点校：《广阳杂记》卷1，中华书局1957年版，第2页。

[3]《清太祖武皇帝实录》卷3，第365页。

[4]《清太祖武皇帝实录》卷3，第366页。

[5]《清朝文献通考》卷192"兵十四"，第6543页。

用意亦同，更可证明。此事《东华录》天聪七年十月初七日丙寅只有"大阅"两字①，没有详细记载，但是他的内容与清初的军令相合，应该是有根据的，不过护军统领之名是史官追改的。上面《实录》所称"白号""红号"，《东华录》作"白甲""红甲"，是甲胄的颜色，不是固山的旗别。当时八固山的巴牙喇多协同作战不分旗，所以称为"八固山摆押拉""各王部下白号摆押拉"。

巴牙喇选自各牛录，而各牛录又属于各王公大臣，所以各王公下全有巴牙喇。天聪五年八月初十日辛亥，《东华录》述围大凌河城之役，有"明人有出城刈禾者，布颜图率兵追之斩三十人，莽古尔泰，德格类下摆牙喇兵斩十八人，济尔哈朗下摆牙喇兵斩十五人"的记载。②又九月十六日丁亥有"上（太宗）闻锦州增兵来援，亲统兵前行……上命众军止中途，与多铎率亲随摆牙喇兵二百同往"的记载。③这就是《太祖武皇帝实录》所谓各王部下摆押拉。此种以主管将领姓名称军队的制度，据《东华录》及《清朝文献通考》一七九说，在天聪八年五月五日庚寅始废。④

巴牙喇之组织称巴牙喇营，每旗以巴牙喇纛额真统之，其下有巴牙喇甲喇额真（天聪八年四月初六日辛酉改额真为章京），巴牙喇壮达，及巴牙喇。《清朝文献通考》一八〇说，"天聪年间设巴牙喇营"，又一七九，于天聪八年五月五日庚寅改定诸营名色下说，"巴牙喇为护军营之始"。仿佛巴牙喇营始于天聪八年。但《清史稿》列传十四《康果礼传》称"太宗即位列十六大臣，佐正白旗，寻擢巴牙喇纛章京，天聪元年从贝勒阿敏伐朝鲜"；又同卷《扬善传》称，"太宗即位，旗设调遣大臣二，扬善佐镶黄旗，寻授巴牙喇纛章京，（天聪）三年从伐明"；则巴牙喇营的设立实在天聪八年前。

巴牙喇虽分旗设纛额真，可是仍然联合作战。《清史稿》列传二二《图赖传》说：

> 顺治二年正月，李自成将刘方亮以千余人出关觇我师，图赖与阿济格尼堪等令正黄、正红、镶白、镶红、镶蓝等五旗各牛录出巴牙喇兵率以击敌，大败之。自成闻败，亲率马步兵拒战，又征镶黄、正蓝、正白三旗兵相助，贼连夕攻我垒皆败走，遂破潼关。⑤（《史稿》原文镶均作厢。又刘

---

① 王先谦：《东华录》第 1 册，天聪八，第 104 页。
② 王先谦：《东华录》第 1 册，天聪六，第 85 页。
③ 王先谦：《东华录》第 1 册，天聪六，第 86 页。
④ 王先谦：《东华录》第 1 册，天聪九，第 110 页。
⑤ 《清史稿》卷 235 《图赖传》，第 9431 页。

方亮应作芳亮。)

图赖是正黄旗巴牙喇纛章京，阿济格尼堪是正白旗巴牙喇纛章京，当时还有阿尔津是正蓝旗的[1]，他们协同作战而且不一定用自己本旗的兵。此外还有一个特点，是作战时不以每牛录下全部巴牙喇为单位，使他们全部出马，而以巴牙喇中之每一个人为单位临时挑选。如崇德三年九月二十二日，清兵从密云县北墙子岭毁墙入明境，分为四路，令纛章京图赖率右翼每牛录巴牙喇兵一名，及喀喇沁每旗巴牙喇甲喇章京一员，从岭之右侧步越高峰而进。[2]崇德元年十二月，清太宗亲征朝鲜，二十一日闻朝鲜四道合兵来援，遂选八旗每二牛录巴牙喇一人，每两旗甲喇章京一员，以阿尔津统之截其来路[3]；又遣巴牙喇纛章京巩阿岱等率每牛录巴牙喇一人往助多铎。在每个牛录巴牙喇中选拔一二人，自然是精锐中之精锐，各人不在同一牛录，各不相习，自不能联合退缩或作恶，只有勇往直前了。

顺治十七年三月十九日甲戌，定武职汉字官名，寻又议定巴牙喇纛章京称护军统领，巴牙喇章京称护军参领。巴牙喇壮达，称护军校。[4]乾隆以后定制：护军统领八旗各一人，正二品；护军参领每旗满洲十人，蒙古四人，正三品；副护军参领如参领数，正四品；委署护军参领每旗七人，系五品虚衔；护军校八旗满洲蒙古每佐领下一人，从六品；随印笔帖式每旗各二人；门笔帖式镶黄正黄正白三旗各十人；护军满洲蒙占每佐领下各十七人。[5]至汉军旗则无之。

巴牙喇在清入关前及初入关战功甚著。《史稿》列传二十《齐尔格申传附巴都里传》称"明年（崇德四年）从济南还师，出青山口，明师追至，巴都里率所部还战，巴牙喇兵有被创坠马者，令他兵护以归"，知巴牙喇兵皆用马，所以骁捷善战，所在奏功。顺治以后详定营制，以上三旗（镶黄、正黄、正白）护军参领、护军校、护军等守卫禁门。下五旗（正红、镶白、镶红、正蓝、镶蓝）各守王公府门，遇行围出征八旗一律分拨。雍正三年定八旗护军均司禁卫[6]，旧日的效用全失。护军之拔补，亦定为由护军统领会同本旗都统于本佐领下骁骑、执事人、教养兵、步兵、闲散壮丁内，遴选善于满语，弓马娴熟，人才壮

① 《清史稿》卷 235 《阿济格尼堪传》，第 9442 页。

② 王先谦：《东华录》第 1 册，崇德三，第 153 页。

③ 王先谦：《东华录》第 1 册，崇德一，第 135 页。

④ 见《清朝文献通考》卷 179 "兵一"，第 6394 页；《东华录》失载。

⑤ 《钦定大清会典》卷 59 "兵部·官制"，第 524 页，及卷 98 "前锋统领"，第 952 页；《清朝文献通考》卷 180 "兵二"，第 6407 页。

⑥ 《清朝文献通考》卷 180 "兵二"，第 6407 页。

健者补用①，所得人才更不如前。

1943 年 8 月 13 日昆明

巴牙喇壮达

壮达或作专达，汉语队长，巴牙喇壮达，汉文官名称护军校。每牛录（佐领）下巴牙喇（护军）十七人，巴牙喇壮达（护军校）一人。天命时已有此官。清初名臣若鄂莫克图②、博尔辉③、舒里浑④、崆古图⑤、鳌拜⑥，皆起自巴牙喇壮达，是满洲一种进身之阶。入关后定护军校由本佐领下前锋、亲军、护军、领催（骁骑步军及驻防全有领催，相当于校）及食四两饷银之执事人内遴选⑦，资格大差，升迁亦难，大不如前。

巴牙喇甲喇章京

或称巴牙喇章京，官名，汉文称护军参领。额亦都之孙陈泰，于天命时授巴牙喇甲喇章京，其设官在纛章京以前。清初道喇以巴牙喇兵从征伐，积功至巴牙喇甲喇章京，在天聪时⑧，叶玺以巴牙喇甲喇章京从征喀尔喀，没于阵，赠巴牙喇纛章京，在顺治时⑨；又天聪时，额色赫以巴牙喇壮达授兵部理事官⑩，我们于此更可看出当时之重视巴牙喇。⑪

巴牙喇纛章京

官名，汉文称护军统领。刘献廷《广阳杂记》一，"每八旗满洲有纛章京一员，职与都统等，止管摆呀喇，掌龙纛"，即指此。所谓巴牙喇纛，是一面大旗，颜色各如其本旗旗色（两黄旗，黄色，余同），裁成三角形，镶边作火焰状，直长五尺五寸，斜长七尺三寸。旗上绘龙，竿长一丈二尺，铁顶，有缨，正红旗

---

① 《钦定大清会典》卷 98 "护军统领"，第 952 页。

② 《清史稿》卷 230 《鄂莫克图传》，第 9312 页。

③ 《清史稿》卷 246 《博尔辉传》，第 9645 页。

④ 《清史稿》卷 226 《附达音布传》，第 9212 页。

⑤ 《清史稿》卷 226 《附达音布传》，第 9212 页。

⑥ 《清史稿》卷 249 《鳌拜传》，第 9681 页。

⑦ 《钦定大清会典》卷 98 "护军统领"，第 957 页。

⑧ 《清史稿》卷 227 《附康格里传》，第 9231 页。

⑨ 《清史稿》卷 227 《附常书传》，第 9221 页。

⑩ 《清史稿》卷 238 《额色赫传》第 9490 页。

⑪ 参看《巴牙喇》条。

垂黑缨，余旗用红缨。①旗上龙形多用织金，所以名为织金龙纛，又名龙纛。巴牙喇纛与八旗之旗不同处在一为方幅，一为三角。《清通考》一九四称："正黄、正白、正红、正蓝四旗均方幅，镶黄、镶白、镶红、镶兰四旗，均左幅稍锐。""左幅稍锐"，其意不明，但据下文所述，绝非三角形。《广阳杂记》谓，"纛章京一员，职与都统等"，实不然。都统兼辖本旗军民，所谓"掌宣布教养，整诘戎兵，以治旗人"②；而巴牙喇纛章京只掌巴牙喇兵之政令。都统秩正一品，纛章京秩二品。伊尔德于天聪五年（1632）擢巴牙喇纛章京，顺治八年（1651）始授本旗（正黄）固山额真③；阿济格尼堪于崇德四年（1639）擢巴牙喇纛章京，顺治五年（1648）始授正白旗（本旗）满洲固山额真④；阿尔津于崇德二年（1637）任纛章京，至顺治十一年（1654）始迁固山额真；其间相距很远，权秩大不同。

巴图鲁

巴图鲁又作把土鲁，汉语英雄。即《元史》之拔都⑤，拔都鲁⑥，八都⑦，《元秘史》之把都儿。

满洲习俗好以称号加人，大都照其人性行定一美名，清太祖用它表彰部下的才能和功绩，于是有所谓赐号，成了一种恩荣。太祖时，巴雅喇赐号卓礼克图⑧，褚英赐号阿尔哈图土门⑨，扈尔汉赐号达尔汉辖⑩，武纳格赐号巴克什⑪；太宗时，多尔衮赐号墨尔根代青⑫，多铎赐号额尔克楚呼尔⑬，李国翰赐号墨尔根侍卫，⑭全是其例。多尔衮，多铎因为天聪二年伐察哈尔多罗特别有功赐号。《东华录》纪其事说，"三月戊辰（初七日），上将还沈阳，于途中大宴。上曰，

---

① 《清朝文献通考》卷 194 "兵十六"，第 6582 页。
② 《钦定大清会典》卷 95 "八旗都统"，第 916 页。
③ 《清史稿》卷 235《伊尔德传》，第 9438 页。
④ 《清史稿》卷 235《阿济格尼》，第 9442 页。
⑤ 《元史》卷 156《张弘范传》，第 3679 页。
⑥ 《元史》卷 174《郝天挺传》，第 3065 页。
⑦ 《元史》卷 120《术赤台传》，第 2962 页。
⑧ 《清史稿》卷 215《巴雅喇传》，第 8963 页。
⑨ 《清史稿》卷 216《褚英传》，第 8966 页。
⑩ 《清史稿》卷 225《扈尔汉传》仅作达尔汉，第 9188 页。
⑪ 《清史稿》卷 230《武纳格传》，第 9304 页。
⑫ 《清史稿》卷 218《多尔衮传》，第 9021 页。
⑬ 《清史稿》卷 218《多铎传》，第 9033 页。
⑭ 《清史稿》卷 236《李国翰》，第 9451 页。

蒙天眷祐二幼弟随征异国，俘获凯旋，宜赐以美号……"①云云。可以看出当时赐号的郑重。

赐号中最习见的是巴图鲁，因为他是表示武勇的，所以又称为"勇号"。巴图鲁勇号有两种：一种只称巴图鲁，不再加别的字，是普通的；一种巴图鲁上再加其他字样，是专称的。

普通的勇号只是清开国初有。太祖以前称巴图鲁的有礼敦②，太祖时以额亦都为最先③，其后又有穆克谭④，喀喇⑤，鄂莫克图⑥，吴巴海⑦，多尼喀⑧，苏鲁迈⑨等。这种普通巴图鲁称号全加在本人原名之下，如《太祖武皇帝实录》丁亥年称，"八月内令厄一都（额亦都）把土鲁领兵取巴里代城"⑩。又天命九年称，"大父李敦把土鲁"⑪（李敦即礼敦，太祖之伯父，此云大父，译文之误），是其证。其后改为加在本人原名之上，如《东华录》之称"巴图鲁额亦都"是。

专称的勇号，如穆尔哈齐赐号青巴图鲁⑫，代善赐号古英巴图鲁⑬，安费扬古赐号硕翁科罗巴图鲁⑭，本科理赐号苏赫巴图鲁⑮之类全是。最初专称的称号——包括勇号与非勇号——是用以代表本人名字，所以称称号就不再称原名。《太祖武皇帝实录》二，癸丑年称：

> 太祖子古英把土鲁，侄阿敏，及非英冻（费英东），呵呵里厄夫（何和礼额驸），打喇汉虾，厄一都（额亦都），雄科落等奋然曰……

古英把土鲁是代善，打喇汉虾（达尔汉辖）是扈尔汉，雄科落（硕翁科罗巴图鲁）是安费扬古，全不写本人原名。《实录》二，天命元年称："帝遣答儿汉虾

---

① 王先谦：《东华录》第 1 册，天聪三，第 63 页。

② 《清史稿》卷 215《礼敦传》，第 8937 页。

③ 《清史稿》卷 225《额亦都传》，第 9175 页。

④ 《清史稿》卷 226《附巴笃里传》，第 9214 页。

⑤ 《清史稿》卷 226《附达音布传》，第 9211 页。

⑥ 《清史稿》卷 230《鄂莫克图》，第 9313 页。

⑦ 《清史稿》卷 230《附吉思哈传》，第 9318 页。

⑧ 《清史稿》卷 233《附齐尔格申传》，第 9383 页。

⑨ 《清史稿》卷 233《附叶臣传》，第 9388 页。

⑩ 《太祖武皇帝实录》卷 1，第 311 页。

⑪ 《太祖武皇帝实录》卷 4，第 380 页。

⑫ 《清史稿》卷 215《穆尔哈齐传》，第 8939 页。

⑬ 《清史稿》卷 216《代善传》，第 8973 页。

⑭ 《清史稿》卷 225《安费扬古传》，第 9185 页。

⑮ 《清史稿》卷 242《敦拜传》，第 9569 页。

（达尔汉辖），雄科落二将领兵二千征东海查哈量部（萨哈连）。"又卷四天命八年称："十月二十日大臣搭儿汉虾（达尔汉辖）卒，年四十八。"全是一样。上面所述是清代入关前的旧俗，其后称号之下仍列本人原名。《武皇帝实录》三，天命五年"九月皇弟青把土鲁薨"，在《东华录》作"九月甲申，皇弟青巴图鲁贝勒穆尔哈齐薨"[①]，这是史官用后来的制度追改的，与赐号的原意不符了。

专称的勇号和其他称号，同时不应有两个一样，以避重复，但不同时则可。安费扬古于太祖时赐号硕翁科罗巴图鲁，死后劳萨亦于天聪八年赐号硕翁科洛巴图鲁[②]，同年图鲁什亦追号硕翁科罗巴图鲁[③]，因为他们不是同时生存的。这种制度后来亦破坏了。嘉庆初，乌什哈达号法福哩巴图鲁[④]，富志那号法福礼巴图鲁[⑤]，王文雄号法佛礼巴图鲁[⑥]，三者满字实同。同治六年七年间，赵德光[⑦]，周达武[⑧]，李长乐[⑨]，同时赐号博奇巴图鲁。同治元年，余际昌[⑩]，滕嗣武[⑪]，曾国荃[⑫]，同时赐号伟勇巴图鲁。程学启[⑬]，郑国魁同时赐号勃勇巴图鲁。这全是赐号不胜其多的缘故，揆之入关前制度不是对的。但赐号的人既不以称号代替本人原名，则重复亦不要紧了。

称号有时亦可更改，太祖长子褚英初号洪巴图鲁，后以破布占泰功赐号阿尔哈图土门[⑭]；宣宗时，齐慎赐号健勇巴图鲁，后以从征回疆立功，改号强谦巴图鲁[⑮]；文宗时，鲍超赐号壮勇巴图鲁，褫夺后又以援曾国藩祁门功，赐号博通额巴图鲁。[⑯]凡有新号，旧号即废，不能并存。咸丰八年田兴恕赐号尚勇挚勇两巴图鲁[⑰]；同治二年李长乐赐号侃勇巴图鲁，次年又赐号尚勇巴

---

① 王先谦：《东华录》第 1 册，天命三，第 36 页。
② 《清史稿》卷 226《劳萨传》，第 9195 页。
③ 《清史稿》卷 226《图鲁什传》，第 9198 页。
④ 《清史稿》卷 349《附惠伦传》，第 11250 页。
⑤ 《清史稿》卷 346《富志那传》，第 11189 页
⑥ 《清史稿》卷 349《王文雄传》，第 11231 页。
⑦ 《清史稿》卷 429《赵德光传》，第 12291 页。
⑧ 《清史稿》卷 430《周达武传》，第 12302 页。
⑨ 《清史稿》卷 431《李长乐传》，第 12309 页。
⑩ 《清史稿》卷 429《余际昌传》，第 12289 页。
⑪ 《清史稿》卷 431《滕嗣武传》，第 12315 页。
⑫ 《清史稿》卷 413《曾国荃传》，第 12037 页。
⑬ 《清史稿》卷 416《程学启传》，第 12073 页。
⑭ 《清史稿》卷 216《褚英传》，第 8966 页。
⑮ 《清史稿》卷 368《附杨芳传》，第 11473 页。
⑯ 《清史稿》卷 409《鲍超传》，第 11981 页。
⑰ 《清史稿》卷 420《田兴恕传》，第 12142 页。

图鲁①，这不是典制，而是主政的疏失。

勇号的赐予，在表彰武功，所以没有等第，亦无间文武。有的以小官得赐号，有的虽大官而不得。咸丰四年，虎坤元以守备（正五品）赐号鼓勇巴图鲁②，同年僧格林沁赐号湍多巴图鲁已是郡王、内大臣（正一品）、参赞大臣③；咸丰三年，戴文英以千总（从六品）赐号色固巴图鲁。④同年托明阿赐号西林巴图鲁，已是绥远将军襄办军务。⑤又如袁保恒以翰林院编修赐号勒伊勒图巴图鲁⑥，胜保以内阁学士帮办河北军务赐号霍銮巴图鲁⑦，蒋益澧以知府赐号额哲尔克巴图鲁⑧，刘腾鸿以知县赐号冲勇巴图鲁⑨，全是文职；而曾贞干赐号迅勇巴图鲁⑩时，更是从八品的教官——训导。

专称的勇号，初用满语冠于巴图鲁之上，如青巴图鲁，古英巴图鲁之类，是为清字勇号；后来加用汉字，如武勇巴图鲁，壮勇巴图鲁之类，是为汉字勇号。汉字勇号全用两个字，而下一字总用勇字，所以他的变化只在上一个字，在乾隆末柴大纪赐号壮健巴图鲁⑪，蔡攀龙赐号强胜巴图鲁⑫，这种例子后来是没有的。勇号的清字和汉字没有什么分别，满人可从赐汉字勇号，汉人亦可以赐满字勇号。福康安号嘉勇巴图鲁⑬，达三泰号常勇巴图鲁⑭，果权号志勇巴图鲁⑮，是满人赐汉字号；德楞泰号继勇巴图鲁⑯，是蒙古人赐汉字号；罗思举号苏勒芳巴图鲁⑰，张国樑号霍罗绮巴图鲁⑱，唐友耕号额勒莫克侬巴图鲁⑲，是汉人加赐清字勇号。

---

① 《清史稿》卷 431 《李长乐传》，第 12309 页。
② 《清史稿》卷 402 《虎坤元传》，第 11868 页。
③ 《清史稿》卷 404 《僧格林沁传》，第 11887 页。
④ 《清史稿》卷 402 《戴文英》，第 11870 页。
⑤ 从一品，《清史稿》卷 403 《托明阿传》，第 11879 页。
⑥ 《清史稿》卷 418 《袁保恒传》，第 12115 页。
⑦ 《清史稿》卷 403 《胜保传》，第 11873 页。
⑧ 《清史稿》卷 408 《蒋益澧传》，第 11966 页。
⑨ 《清史稿》卷 408 《刘腾鸿传》，第 11963 页。
⑩ 《清史稿》卷 413 《曾贞干传》，第 12042 页。
⑪ 《清史稿》卷 329 《柴大纪传》，第 10912 页。
⑫ 《清史稿》卷 328 《蔡攀龙传》，第 10897 页。
⑬ 《清史稿》卷 330 《福康安传》，第 10917 页。
⑭ 《清史稿》卷 349 《达三泰传》，第 11243 页。
⑮ 《清史稿》卷 454 《果权传》，第 12622 页。
⑯ 《清史稿》卷 344 《德楞泰传》，第 11155 页。
⑰ 《清史稿》卷 347 《罗思举传》，第 11202 页。
⑱ 《清史稿》卷 401 《张国樑传》，第 11848 页。
⑲ 《清史稿》卷 430 《唐友耕传》，第 12305 页。

清字勇号和汉字勇号本来没有轩轾，李续宾由知府赐号挚勇，其弟续宜由知府赐号伊勒达[①]；岑毓英由道员赐号勉勇，其弟毓宝由道员赐号额图珲。[②]这是最显著之例。穆宗、德宗之时，武臣立功往往由汉字勇号改赐清字勇号，谓之换号，《清史稿》称之为晋号。如郭宝昌以卓勇巴图鲁晋号法凌阿巴图鲁[③]，张文德以翼勇巴图鲁晋号达桑巴图鲁[④]，雷正绾以直勇巴图鲁晋号达春巴图鲁[⑤]，陶茂林以钟勇巴图鲁晋号爱星阿巴图鲁[⑥]，其例甚多。这是因为军事正亟，不能不强为分别以济爵赏之穷，在前是没有的。杨遇春于乾隆六十年由守备赐号劲勇巴图鲁[⑦]，杨芳于嘉庆五年由参将赐号诚勇巴图鲁[⑧]，皆历阶至大将封侯，四十年称号不改，未尝有所谓晋号！

入关前，赐号者甚多，康、雍、乾之间虽有许多次大征伐，可是一时名将如岳钟琪[⑨]，策凌[⑩]，哈元生[⑪]，葛尔弼[⑫]之流，全没有赐过勇号。乾隆二十年以后，本进忠号法式善巴图鲁[⑬]，海兰察号额尔克巴图鲁[⑭]，舒亮号穆腾额巴图鲁[⑮]，始渐重见，但不是人人可得。如蓝元枚[⑯]，董天弼[⑰]，和隆武[⑱]等，虽然功勋懋著，赐花翎，赐袍服，赐鞍辔，赐荷包，赐银币，别的赏赐很多，而未尝赐勇号，与咸同以后大不同。这亦可看出赐号风气的先后转变。

1943 年 10 月 17 日昆明靛花巷

① 《清史稿》卷 408 《李续宜传》，第 11957 页。

② 《清史稿》卷 419 《岑毓宝传》，第 12138 页。

③ 《清史稿》卷 428 《郭宝昌传》，第 12282 页。

④ 《清史稿》卷 429 《张文德传》，第 12292 页。

⑤ 《清史稿》卷 430 《雷正绾传》，第 12295 页。

⑥ 《清史稿》卷 430 《陶茂林传》，第 12297 页。

⑦ 《清史稿》卷 347 《杨遇春传》，第 11193 页。

⑧ 《清史稿》卷 368 《杨芳传》，第 11467 页。

⑨ 《清史稿》卷 296 《岳钟琪传》，第 10367 页。

⑩ 《清史稿》卷 296 《策凌传》，第 10378 页。

⑪ 《清史稿》卷 298 《哈元生传》，第 10408 页。

⑫ 《清史稿》卷 298 《葛尔弼传》，第 10403 页。

⑬ 《清史稿》卷 311 《本进忠传》，第 10651 页。

⑭ 《清史稿》卷 331 《海兰察传》，第 10935 页。

⑮ 《清史稿》卷 328 《舒亮传》，第 10902 页。

⑯ 《清史稿》卷 328 《蓝元枚传》，第 10896 页。

⑰ 《清史稿》卷 329 《董天弼传》，第 10910 页。

⑱ 《清史稿》卷 331 《和隆武传》，第 10947 页。

巴克什

清入关前，赐读书识文墨者之普通称号曰巴克什，与武勇之称巴图鲁同。若额尔德尼①，达海，尼堪，武纳格②，希福③，范文程，硕色④等皆是。《史稿·额尔德尼传》称，"兼通蒙古汉文……从伐蒙古诸部，能因其土俗，语言，文字宣示意旨，招纳降附，赐号巴克什"。希福本传称，"兼通满汉蒙古文字，召直文馆，屡奉使蒙古诸部，赐号巴克什"；武纳格本传称"通蒙汉文，赐号巴克什"，可知当时所注意是在通译外族语言文字。但得"巴克什"赐号者，并不全是文弱书生，像武纳格就是有名的大将，因为当时文武没有分途。

"巴克什"又作"榜识"，或作"榜式""巴克式"。最早见于万历十九年（1591），遣巴克什阿林察持书谕叶赫。⑤凡赐号的，最初皆系于本人原名之下，其后亦改在原名之上，《太祖武皇帝实录》于太祖建号时称，"厄儿得溺榜识接表"，《东华录》作"巴克什额尔德尼接表"；《实录》于天命三年（明万历四十六年，1618）四月取抚顺后至明边时称，"乃遣厄儿得尼榜识令二王停兵"，《东华录》作"乃遣巴克什额尔德尼令两贝勒勿进兵"⑥；是其证。康熙八年五月初七日己亥，准达海立碑，当时谕称，"达海巴克式通满汉文字，于满书加添圈点，俾得分明……著追立碑石"⑦；又《清史稿·达海本传》载"圣祖谘诸大学士，达海巴克什子孙有入仕者乎"？⑧可见康熙时"巴克什"称号还写在原名下面。天命《东华录》将"巴克什"写在原名上面，大概是雍正十二年以后校定《实录》时所改。

太宗于天聪三年（明崇祯二年，1629）四月初一日丙戌，设置文馆，分两直，达海、刚林等翻译汉字书籍，库尔缠、吴巴什记注时政得失。⑨文馆满语

---

① 《清史稿》卷 228《额尔德尼传》，第 9253 页，下同。
② 《清史稿》卷 230《武纳格传》，第 9304 页。
③ 《清史稿》卷 232《希福传》，第 9347 页，下同。
④ 《清史稿》卷 249《索尼传》，第 9671 页。
⑤ 王先谦：《东华录》第 1 册，天命一，第 11 页。
⑥ 王先谦：《东华录》第 1 册，天命二，第 26 页。
⑦ 王先谦：《东华录》第 1 册，康熙九，第 549 页。
⑧ 《清史稿》卷 228《达海传》，第 9256 页；并见康熙二十一年十二月十五日戊子，王先谦：《东华录》第 2 册，康熙三十，第 114 页。
⑨ 王先谦：《东华录》第 1 册，天聪四，第 67 页；及《清史稿》卷 228《达海传》，第 9256 页。

曰笔帖黑色①，其本义原为书房。凡通文史命直文馆者，授官参将游击，皆号榜式，通称儒臣，又称文臣；其以儒生俊秀选入文馆尚未授官者，称秀才，或称相公。②于是"巴克式"（榜式）乃近于官名，称者较多。当时官名有笔帖式③，天聪五年七月初八日庚辰改官制，立六部，各部又设"办事笔帖式"，遂更定"文臣赐号榜式者许仍旧称，余称笔帖式"④。巴克什之称复严。《史稿·达海本传》说他于天聪五年七月赐号巴克什，可是《东华录》在天聪三年四月已称榜式达海，这种赐号以前所称榜式，就是因为入直文馆之故，到五年七月既申非赐号不得称"巴克什"之令，而达海博通蒙汉文字，所以重行赐号。

　　文馆初设，制度和组织全不完善，甯完我于天聪五年十二月上疏，说文馆是"官生杂处，名器弗定"⑤。王文奎（后复姓沈）于天聪六年八月上疏论及文馆，说，"自达海卒，（六年七月）龙什罢，（六年六月）五榜式不通汉字，三汉官又无责成，秀才八、九哄然而来，群然而散，遇有章奏彼此相诿，动淹旬月……至笔帖式通文义者惟恩国泰一人，宜再择一二以助不逮"。文奎又说，"帝王治平之道，奥在四书，迹详史籍，宜选笔帖式通文义者，秀才老成者，分任移译讲解"⑥。所谓榜式是赐号之人，笔帖式是直文馆授官之人，秀才是没有授官之人，所谓官是指笔帖式或授其他官职之人，生就是秀才。

　　文馆分直始于天聪三年四月，可是相类的工作早起于清太祖时。《史稿·希福本传》说他在太祖时召直文馆，《雷兴传》说他在太祖时以诸生选直文馆⑦，《达海传》说太祖召直左右，命他翻译《明会典》及《素书》《三略》，可知在太祖时已有同样组织，不过没成正式制度而已。天聪时先后参加文馆的人，可知者有达海，库尔缠，希福，范文程，甯完我，鲍承先，蒋赫德，王文奎，刚林⑧，罗硕⑨，苏开，顾尔马浑，托步戚多，吴把什，查素喀，胡球，詹霸⑩，高鸿

① 天聪五年十二月二十四日壬辰，王先谦：《东华录》第 1 册,，第 91 页；案《清史稿》卷 232《甯完我传》作笔帖式，第 9359 页。

②《清史稿》卷 232 传十九论，第 9365 页；又卷 238《蒋赫德传》，第 9489 页。

③ 天聪三年二月初二日戊子，王先谦：《东华录》第 1 册，天聪四，第 67 页。

④ 王先谦：《东华录》第 1 册，天聪六，第 83 页。

⑤《清史稿》卷 232《甯完我传》，第 9359 页。

⑥《清史稿》卷 239《沈文奎传》，第 9507 页。

⑦《清史稿》卷 239《附马国柱传》，第 9522 页。

⑧ 以上并见《清史稿》本传。

⑨《清史稿》卷 227《附扬善传》，第 9239 页。

⑩ 以上见《清史稿》卷 228《达海传》，第 9256 页。

中①，罗绣锦②，朱延庆③，张文衡④，梁正大，齐国儒⑤，龙什，恩国泰，江云深，孙应时，李栖凤，杨方兴，高士俊，马国柱，马鸣佩，雷兴⑥等，亦可谓一时之选，不知时论何以鄙薄若是。苏开以下三人，文馆初设与达海、刚林同任翻译；吴巴什以下四人，与库尔缠共记时政，入文馆甚早。江云深以下数人，即文奎疏中所谓"哄然而来，群然而去"之"秀才八、九"。

天聪十年（明崇祯九年，公元1636）三月改文馆为内三院：一名内国史院，掌记注诏令，编纂书史，及撰拟表章；一名内秘书院，掌撰外国往来书状，及敕谕祭文，并录各衙门章疏；一名内弘文院，掌注释历代行事，御前进讲，并颁行制度。各设大学士，学士，以希福，范文程，鲍承先，刚林分领之，佐以罗硕，罗绣锦，詹霸，胡球，王文奎及恩国泰⑦，全是文馆旧人。顺治元年入关，沿袭明朝官制设翰林院，次年以翰林官分隶于内三院，改称内翰林国史院，内翰林秘书院，内翰林弘文院。顺治十五年复改内三院为内阁，重新分设翰林院，并定翰林院满字名称为笔帖式衙门。在制度上虽然是文馆演变成为内阁，可是在满洲名称上实际是翰林院承继了文馆。

自从天聪五年七月以后入直文馆者不称"巴克什"，顺治五年刚林以后亦没有再赐巴克什称号的⑧，其后唯一仅存的只有宿卫内廷宫门的"阅门籍护军"，满文还称为巴克什⑨，这是从记注起居递遗下来的。

1943年9月11日昆明

包衣大

大，汉语为长，包衣大就是包衣长，意为仆役头。内务府设官有包衣大，汉文名管领，秩正五品。《清史稿·世祖本纪》一，顺治二年正月，"庚戌，禁包衣大等私收投充汉人，冒占田宅，违者论死"。《东华录》作禁内务府管领等私收投充汉人云云，是其证。崇德三年四月十二日乙卯，《东华录》记岳托新福金诉其大福金事，中有大福金遣包衣大准布录、萨木哈图前往恐吓一事。岳托

---

① 《清史稿》卷232《甯完我传》，第9359页。
② 《清史稿》卷239《附马国柱传》，第9520页。
③ 见《清史稿》卷240《申朝纪传》，第9535页。
④ 见天聪九年二月初三日甲申，王先谦：《东华录》第1册，天聪十，第118页。
⑤ 以上见天聪九年十月二十七日甲辰，王先谦：《东华录》第1册，，第124页。
⑥ 以上并见《清史稿》卷239《沈文奎传》，第9507页。
⑦ 崇德元年五月初三日丙午，王先谦：《东华录》第1册，天聪十一，第131页。
⑧ 《清史稿》卷245《刚林传》，第9629页。
⑨ 《钦定大清会典》卷98"前锋统领"，第952页。

是代善长子，崇德元年封成亲王。①据《八旗通志》镶红旗包衣第二，参领第一、二佐领，全是岳托分封时所立，所以岳托亦是当时旗主之一，这些"包衣大"全是他所属包衣下的头目，给使于他家的。《顺治东华录》一，崇德八年八月二十三日甲申，称"有遗匿名帖，谋陷固山额真谭泰者，为公塔瞻母家高丽妇人所得，言于包衣大达哈纳，达哈纳以告伊主公塔瞻及固山额真谭泰，塔瞻因启诸王，王等令送法司质讯"。这是顺治即位一个大狱，兹不详述。所可疑的是塔瞻家何以有"包衣大"？塔瞻为扬古利次子，扬古利，《清太祖武皇帝实录》作杨古里②，是太祖、太宗时名将，崇德二年死于征朝鲜之役，追封武勋王，在清入关前群臣中爵秩最高。塔瞻初袭超品公，后降一等公，父子均未尝作过固山额真。太宗初立，于天命十一年九月设总管旗务八大臣及佐管十六大臣。《东华录》注称，"额驸扬古利前此已授一等总兵官，其秩在贝勒之次……不预此"。仿佛是因秩高而不入选，但扬古利亦没有同贝勒一样主旗务作旗主。《清史稿》传十三《扬古利本传》称，"扬古利手刃杀父者……时年甫十四。太祖深异焉，日见信任，妻以女，号为额驸"；案《清朝文献通考》二四二《帝系考》，《清史稿·公主表》及《武皇帝实录》，全没有太祖女嫁扬古利的记载，但天聪《东华录》亦称扬古利为额驸，似乎本传所称并非无因。当时所谓额驸，不专指娶太祖、太宗女者，如佟养性娶宗女③，李永芳娶阿巴泰女④，均称额驸，扬古利或亦其类，否则必因获罪不列玉牒，以致失载。塔瞻之母是否即此清代皇室之女，今不能确知，扬古利既为额驸，必有随嫁之包衣大，应无疑问。但我怀疑入关以前一般宗室勋旧无论是否主管旗务全有包衣，有包衣就有包衣大。塔瞻家之有包衣大并不是因为父为额驸。太祖初起兵几年追随的人很多，他们全有给使的包衣，就是仆役。当时旗制未定，所以不会加以限制，旗制既定亦不会因之取消，有一时期勋旧的包衣与分隶各旗包衣佐领下的包衣，同时并存。顺治十四年正月二十一日甲子，谕吏、礼、兵三部，所说"官员子弟及富家世族……本身不充兵役，尽令家仆代替"，这家仆实在就是私家的"包衣"，因为要分别于旗制里的"包衣"，所以改称。逮后包衣制度日严，私家的"包衣"渐渐改称，成了《户部则例》中所谓"八旗户下家奴"。

---

① 《清史稿》卷 216 《附代善传》，第 8981 页。
② 《清太祖武皇帝实录》卷 2，第 320 页。
③ 《清史稿》卷 231 《佟养性传》，第 9323 页。
④ 《清史稿》卷 231 《李永芳传》，第 9326 页。

包衣昂邦

昂邦汉语为总管，包衣昂邦是官名，汉字称内务府总管，又称总管大臣。顺治八年三月初五日壬午《东华录》，"先是搜获英王藏刀四口，刑部不行奏上，但告知巽亲王、端重亲王、敬谨亲王，将刀交御前包衣昂邦收之"。所谓御前包衣昂邦就是在御前的内务府总管。内务府管理宫廷的宴飨、典礼、祭祀、库藏、财用、服御、赏赉、帑项、造作、牧厩、供应等事，即所谓皇帝包衣。入关以后，镶黄、正黄、正白三旗由天子自将，谓之上三旗，隶内务府的全是上三旗。内务府制度由包衣演化而成。天聪三年九月初一日壬午，《东华录》有"皇帝包衣下"，顺治八年七月初一日丙子，世祖谕有"朕之包衣下"，这全是所谓内务府。顺治十一年置内十三衙门①，宫廷给使由宦官主持，设官亦旧臣与宦官并用②，于是内务府制度中废，世祖遗诏以此自罪。圣祖即位后，于顺治十八年二月才又恢复。其后定制：内务府设广储、会计、掌仪、都虞、慎刑、营造、庆丰七司，广储司设银、缎、衣、茶、皮、瓷六库，织染局，江宁、苏州、杭州设织造监督，又有御茶膳房、御药房、三旗纳银庄、官房租库、官学、刊刻御书处、武英殿修书处、养心殿造办处，均统于总管大臣或隶属七司。③康熙十三年奉宸苑、武备院、上驷院亦由府兼辖。于是阉宦之权全归内务府。各司的职掌同它与内十三衙门之分合，可参见《清代包衣制度与宦官》。

内务府总管无定员，由满洲侍卫府属郎中，内三院卿简补，或王公内大臣、尚书、侍郎兼摄。初秩从二品，乾隆十四年定正二品；各司设郎中，正五品；员外郎，从五品；主事，正六品；笔帖式，秩与各部同；各库有司库，正六品。④织造官由内务府司官兼管。

厄 夫

或作额驸，汉语为女婿，系在人名之下作为尊贵称号。如《太祖武皇帝实录》数称"呵呵里厄夫""恩格得里厄夫""苔儿汉厄夫""查哈量厄夫"等全是。后来改译额驸，又系在本人名字之上，如"苔儿汉厄夫"，《东华录》作"额驸

---

① 《清朝通志》卷66"职官略二"作十三年，误，第7149页。
② 《清史稿》卷118《职官志》五，第4324页。
③ 《清朝通志》卷66"职官略二"，第7149页。
④ 《钦定大清会典》卷3，第47页；卷87"内务府"，第832页；《清史稿》卷118"职官志五"，第3421页。

达尔哈"（天命四年八月己巳）。《太祖武皇帝实录》修于天聪，所保存的是当时制度。《东华录》所据是乾隆校订后的实录，可知额驸称号系姓名之上是入关以后的制度。

王　甲

完颜的别译。部族名，又姓，以部为氏。

（原载《清史探微》）

清世祖入关前章奏程式

甲申（明崇祯十七年，清顺治元年，1644）三月十九日，李自成陷京师。四月初八日，清以摄政睿亲王多尔衮为大将军统兵南下，进略中原。会明平西伯吴三桂亦自山海关致书，请选精兵入关。四月廿一日多尔衮师至山海关，与李自成马步兵二十余万遇，破之，入关。五月初一日多尔衮至通州，初二日入北京，初六日令在京内阁、六部、都察院等衙门官员，俱以原官与满官一体办事。六月十一日多尔衮等议建都燕京，九月十九日清世祖（顺治）始入京师。在世祖入关前，多尔衮以摄政居北京，前明内阁六部均治事如故，实为当时政令所从出，内外臣工章疏文移，除多尔衮外，亦均以北京为中枢；而名义上之行政元首则仍居盛京。工氏《东华录》丁世祖入关前后，其书法有显然之区别。世祖未入关前，于臣工言事均称"启"。如顺治元年六月戊午（初二日）"大学士冯铨、洪承畴启言，国家要务莫大于用人行政……"[1]；七月丁亥（初二日）"礼部启，定鼎燕京，应颁宝历……"[2]；八月戊辰（十三日）"山东莱州府知府黄纪启言，大兵自晋临秦，贼势不支……"[3]；九月戊子（初三日）"兵部右侍郎金之俊启，请收民间兵器马匹入官"[4]是也。至世祖入关后，则称"奏"。如十月丙辰（初二日），"给事中郝杰奏，从古帝王无不懋修君德，首重经筵……"[5]；十一月乙酉（初一日），"大学士冯铨等奏，翰林院明初原定正三品衙门……仍宜复翰林院为正三品衙门"[6]是也。世祖以九月甲辰入京师，翌日乙巳（二十日）即书"平定山西固山额真叶臣等奏，潞泽所属州县俱委员管理"，尤为显著。往时尝疑此仅史官书法之变易，继见清初档案，始知所谓"启"者，盖当时文书之名。

---

[1] 王先谦：《东华录》第 1 册，顺治二，第 208 页。
[2] 王先谦：《东华录》第 1 册，顺治三，第 211 页。
[3] 王先谦：《东华录》第 1 册，顺治三，第 218 页。
[4] 王先谦：《东华录》第 1 册，顺治三，第 219 页。
[5] 王先谦：《东华录》第 1 册，顺治三，第 221 页。
[6] 王先谦：《东华录》第 1 册，顺治三，第 226 页。

自顺治元年五月多尔衮入北京，以迄世祖迁都，为期甚暂，且新国初建，疆土未广，今存档册不若统一中原后之多。今录国立北京大学文科研究所所藏顺治元年七月十二日朱帅鍖（此字未识，上从心从音从犬，下从金。）启本于次：

> 见任直隶真定府监纪巡捕同知今署大名府知府事，臣朱帅鍖谨
> 启：为恭谢报仇
>
> 洪恩，钦沐维新雅化，再请大张挞伐，亟灭闯逆，以安社稷，以慰舆望事，
> 窃照臣庆藩宗裔，叨蒙换授，初除饶令，继拔今职，惟失竞业官守，
> 敏勉孝忠，以益奋初心。岂期莅任未及月余，贼变竟出意外。臣幽居
> 抱痛，卧薪苦尝，辛庇我
>
> 王上轸念
>
> 先朝夙好，义激剿除同仇，励兵数战，逆寇狼奔。畿辅一带官民伏威，
> 复睹天日，各官荷理原职。不惟臣庶顶戴报复，即
>
> 先帝亦瞑目地下矣。臣自贼逃窜之际，统率各镇绅衿军民人等，乘机鼓舞，
> 亲冒锋刃，颇斩多贼，保全城池。因而绅衿等众，共泣拥臣料理原务，
> 已经塘报在部可察。伏思臣谱丝
>
> 先帝，谊切宗臣，仰感浩荡
>
> 天恩，思投诛仇
>
> 大义，又不啻异姓臣子之奋激者。奈臣卑力微。惟尽赤有心，雪愤无
> 地，是以匍匐遥恳，再请我
>
> 王上赫怒振威，整兵西伐。且臣近闻，败贼飞遁固关之日，晋地忠良即时
> 遍起，悉皆见机抗贼拒城。但我兵追缓，渠竟肆志，遂缘榆次县抗拒，
> 攻洗其城，而众县始畏恶敛迹，引领云霓。似此愈宜顺天应人，急剪
> 破胆穷寇，提兵长驱虎穴。想山陕之士民，人人箪食壶浆，处处望援
> 水火，何难乘胜扫荡，一鼓成擒之为愈也。况今日文武际会，济济多
> 人，戡乱大定，在此一举。臣虽愚陋，委署大名府事，敢不竭力抚绥，
> 以报
>
> 王上。但闯逆未灭，谊不共生，伏望
>
> 睿电采纳臣言，速擒死贼，馘告天下。料天下之人，必百叩感戴，臣犹（尤）
> 焚香而拜祝。庶黔黎之鸡犬桑麻，又有宁日，而家国之土谷财用，不
> 致消耗。是
>
> 明良喜起之盛世，再见今朝，而一道同风之至治，诚可拭目俟也。

臣不揣为此冒昧激切上陈，如果臣言不谬，叩祈

敕部施行，臣曷胜激切战栗恃

命之至。为此具本，专差官刘国鼎赍捧，谨具启

闻。

自为字起至本字止计伍百伍拾陆字纸一张

右谨　启

闻

顺治元年七月十二日见任直隶真定府监纪巡捕同知今署大名府知府

事

臣朱帅鋆

吾人于此，得以略窥当时章奏程式，其可述者约有五事：

一、当时章奏皆上之多尔衮：《东华录》顺治元年五月己丑（初二日），"师至燕京，故明文武官员出迎五里外，摄政睿亲王进朝阳门，老幼焚香跪迎。内监以故明卤簿御辇陈皇城外，跪迎路左，启王乘辇……礼毕，乘辇入武英殿，升座，故明众官俱拜伏呼万岁"。是入京之始，故明官民即以君上视多尔衮，异国远道于关外政事固不能深知，此清高宗（乾隆）所谓"吴三桂之所迎，胜国旧臣之所奉，止知有摄政王"者也。故当时章奏皆直上多尔衮，无称皇上者，与世祖入京后之皇上皇叔父摄政王并称者不同。

二、称多尔衮为王上：朱帅鋆启本三称王上，均双抬，盖指多尔衮。此与宝应刘氏食旧德斋藏《摄政王多尔衮起居注》合（《摄政王起居注》今由故宫博物院印行，改题《多尔衮摄政日记》）。《多尔衮起居注》五月二十九日记曰："大学士等入见，户部官启事毕，王上曰：'近览章奏，屡以剃头一事；引礼乐制度为言，甚属不伦。'"[1]中央研究院历史语言研究所藏顺治元年七月镇守真顺广大等处副总兵王爌揭帖有"窃照职谫劣庸流，谬蒙公举，谨遵令旨入阙朝见，荷蒙王恩，隆以御宴，锡以貂裘……微职何幸，欣逢王上不次恩遇"之语[2]，此均以"王上"称多尔衮之显证。又北大藏顺治元年七月初六日镇守紫马三关专辖四路等处地方总兵官后军都督府都督同知郝之润恭报官兵军马数目文册题本，有"伏乞王上鉴查，亟复旧制，敕部议复"之语，王上亦双抬与此同。

三、官员于多尔衮自称臣：朱氏启本前后及文内皆自称臣，亦与多尔衮起

---

① 故宫博物院编：《多尔衮摄政日记》，故宫博物院 1933 年版，第 1 页。

② 《明清史料》甲编，第 67 页。

居注合。起居注中六月初三日记曰："王顾问'代王有遗腹子否，知他住处否，有赡养否，著抚按查明与他养赡'。大学士冯等叩头谢。王问云'给代王养赡为何叩头谢？你们到底是念你旧主'。大学士冯等对'王尚且笃念，何况臣等。'"则当时虽大学士亦称臣也。

四、上书称启：今所见顺治元年十月以前章奏：七月初六日郝之润本（北大藏），八月二十九日凌骃本[①]均称"题"；七月十四日朱朗鑅本，（北大藏）八月初二陈大猷本[②]，均称"启"：盖递嬗之际，典制未一，遂至参差。然以用"启"者为多[③]，且与《东华录》合。前录朱帅鑑本内，称"谨具启闻"；又七月十四日朱朗鑅本，称"为此具本谨启请旨"；七月二十七日，冯铨洪承畴本，称"谨启"[④]，当是其时上书摄政王定制。《东华录》顺治元年五月己亥（十二日）"都察院参政祖可法，张存仁言，今王代天行仁……宜将内院通达治理之人，暂摄吏兵二部事务……启入，摄政睿亲王报曰'尔等言是……'"；又正月丁未（十八日）"都察院承政公满达海等上摄政二王启曰……"；又四月辛酉（初四日）"大学士范文程上摄政王启曰……"；皆其证也。

五、称多尔衮之言为令旨：顺治元年七月初六日郝之润为恭报官兵军马数目题本内有"军兵应否补其原额，未奉令旨，不敢擅募"；八月十九日修政历法远臣汤若望为刊历事奏本内有"随奉令旨治历大典……"；此所谓令旨，盖即多尔衮之旨，亦当时定制也。中央研究院藏顺治元年七月郝之润揭帖，有"其四路官军皆地方土著，已奉令旨，不敢概为传剃"[⑤]；又七月初七日署保定巡抚丘茂华启本，有"谨此申报情形，延颈殿下令旨"[⑥]；八月十二日署保定巡抚丘茂华启本有"内院抄传奉摄政王令旨"[⑦]；尤其显证也。

朱帅鑑启本后有"自为字起至本字止，计五百五十六字，纸一张"一行，此明代公文定制，所以防涂改增损。汤若望为刊历事奏本之末，有"自为字起至本字止计五百九十七字，纸二张"一行；中央研究院藏原任陕西三边总督李化熙启本，其末亦有"自为字起至本字止，计二百八十字，纸一张"一行[⑧]；

① 《明清史料》甲编，第 81 页。

② 《明清史料》甲编，第 75 页。

③ 《明清史料》甲编第一册收十八件称启者八，称题者一，余为塘报揭帖。

④ 《明清史料》甲编，第 72 页。

⑤ 《明清史料》甲编，第 68 页。

⑥ 《明清史料》甲编，第 70 页。

⑦ 《明清史料》甲编，第 78 页。

⑧ 《明清史料》甲编，第 79 页。

又崇祯六年五月二十八日朝鲜国王李倧奏本，亦有"自为字起至此字止，计字八十九个，纸一张"一行；均其证。此制顺治入京后渐废。附志于此，以验文书演变之迹。

一九三六年三月三日夜。

（原载《天津益世报》一九三六、三、二六《读书周刊》）

牛录·城守官·姓长
——清初东北的地方行政机构

我国东北三省在历史上和内地一样，都设立了地方行政机构，直到 1377 年（明洪武十年）改置卫所，"府县俱罢"①。满族兴起，1618 年（天命三年）努尔哈赤率领满族军队进占抚顺，1621 年（天命六年）进占沈阳、辽阳以后，除了明朝管辖区域，就不再见到卫所名称。②1644 年清政权迁进北京，建立全国政权，1653 年设立辽阳府辽阳、海城二县，才又逐渐恢复府县制。但在 18 世纪一十年代还依然"自奉天（沈阳）过开原，出威远堡关而郡县尽"③，就是说开原以北还未设州县。

满族进入北京以前，在东北的地方行政机构因为时较短，又非全国政权，因而历史工作者多不注意。今分别叙述如下：

一、牛录

牛录，满语是大箭。满族习惯凡行军出猎不论人数多少，都按各自的"族寨"（氏族、村寨）行进，猎时每人各出一箭，十个人立一总领，指挥进行，不许错乱，这个总领称为牛录额真。努尔哈赤在 1601 年，把自己原来的人和归附的人，每三百人编为一个牛录④，用各族寨原来的氏族首长或军事首领为牛录额真，或者用立功将领为牛录额真⑤，不但管理权永久隶属于他，而且称为"管

---

① 《明史》卷 41《地理志》，第 952 页。

② 方式济：《龙沙纪略》，中华书局 1991 年版，第 1-21 页。书中引 1716 年公文档案，应该作于此时。

③ 雍正《盛京通志》即王河纂修的《盛京通志》，印行于乾隆末年；为了区别乾隆四十三年者，故名。王河：《盛京通志》第 1 册卷 10《建置沿革》说："顺治元年悉裁诸卫"，文海出版社 1965 版，第 337 页。但清代关外记载中早已不见卫所。乾隆中，《清朝通志》卷 28《地理略·辽阳州》条，有"天命十年于此设辽海卫，顺治十年改辽阳府"，铁岭条略同，第 6901 页。既说设卫，又不说顺治元年罢卫，而且同书又有天命十年设海州，设盖州，设金州的记载，都无"卫"字，疑上面两个"卫"字是衍文。

④ 《清太祖武皇帝实录》卷 2，第 321 页。

⑤ 努尔哈赤分额亦都所部为三个牛录，由他的子孙世管。

属"。额真满语是主，后改章京（职员），汉语称为佐领。从此牛录成为满洲军队、民户以及生产的基本组织单位。但是它的编制也不那么严格。1610 年额亦都将兵到东海渥集部，有十九个屯长率丁壮千余人来降，努尔哈赤把他们编为六个牛录，用原来的屯长六人为牛录额真①，这显然每个牛录不到三百人，而原来屯长有的也不是牛录额真。入关前满洲佐领共三百零九个，又半分佐领（不足三百人）十八个。到乾隆四十一年加到佐领六百七十六个，又半分佐领五个。②所以机械地按照八旗编制名额推算满洲当时的人数，并不是确切的。

牛录制是清代八旗制的基本组织。过去认为它只是户籍编制或军队编制③，都不正确。它的组织性质和职责比较广泛，简单地说：

——牛录是国家政权强制编成的，和各族自愿组合的部族联盟不同。

——牛录的组织照顾到部族差别，但它的领导人牛录额真是国家政权任命的，不是旗内选举的。

——牛录额真的任务是广泛而重要的，所以努尔哈赤在 1618 年遍谕各牛录说"凡所委托之事，若能胜任则受委托，若不能胜则勿受，不能胜任而强为之者其关系非止一身，若率百人则误百人之事，率千人则误千人之事，不知此事乃国之大事也"④。可知牛录额真不止是户口管理。

——牛录编制以壮丁三百人为标准，壮丁以年满十八岁或身高五尺为成丁。因此关于户口出生、死亡的登记，稽查婚姻承继、勘验分居同住、逃亡、缺少、乡居城居以及简选官员、拔补领催、马甲（骑兵）的调征，都由牛录管理，三年编审一次。⑤

——牛录是生产单位，1615 年努尔哈赤命"各牛录下出十人，牛四头于旷土屯田，积贮仓廪"⑥，这一事实我们在《满文老档》的 1613 年记载已经见过，我们注意到，它说在这一年开始征收谷赋（jekui alban），每一牛录出十丁，是男丁（haha）而不是奴隶（aha），在空地耕作，征收谷物。⑦1620 年，努尔哈赤命每牛录各派四人前往东海搬运汉人所煮的盐⑧，可见当时的劳动和生产都

---

① 《清史稿》卷 227《康果礼传》，第 9225 页。又《清太祖高皇帝实录》第 1 册，卷 3 庚戌年十一月，中华书局 1986 年版，第 51 页。

② 《清会典事例》第 12 册，卷 1111，"佐领"，第 55 页。

③ 《清史稿》列八旗于兵志，而八旗人丁编审列于食货志户口。

④ 《清太祖武皇帝实录》卷 2，第 338 页。

⑤ 《清会典事例》卷 1113，八旗都统、户口，第 64 页。

⑥ 王先谦：《东华录》第 1 册，天命一，乙卯年六月条，第 21 页。

⑦ 《满文老档》，日本译本 1955 年东洋文库版，第 27 页；又 1615 年一条，第 55 页。

⑧ 《满文老档》，日本译本 1955 年东洋文库版，第 260 页。

是牛录中的负担。入关后也还一样。

——牛录是满洲军队选拔的基层单位，满洲部队有不同的分工和训练，而士兵都从牛录的壮丁中选拔，称为挑补，挑补的标准是精壮而能骑射[①]，数额大约为牛录的三分之一，挑补后给以额定饷银，称为钱粮，俗称当差，又称吃钱粮，除了其他任用外，是终身的。

一般说，入关后每牛录要提供亲军二人，隶领侍卫或王公；前锋二人，隶前锋统领；护军十七人，隶护军统领；步军十八人，隶步军统领；骁骑二十人，隶都统。[②]然后混合编制，共同训练共同作战。在入关前没有这样严格细致，而选拔是一致的。

——牛录的名称，在清代记载最早见于1584年[③]，就是努尔哈赤起兵为父祖复仇的第二年，当时满洲牛录制度没有建立，显然是少数族固有的传统，努尔哈赤只是沿用并加以改变而已。制度上规定每三百丁编一牛录（汉语佐领），五牛录成立一甲喇（参领），五甲喇成立一固山（旗），一固山凡二十五牛录。八旗就是八固山，应共二百牛录。1644年入关时，满洲已有牛录三百零九个，又半分牛录十八个，到1776年（乾隆四十一年）已增到六百七十六个佐领（牛录）又五个半分佐领。[④]这当然是由于人口繁殖，最高一级的八旗数额既不能变更，只好打破中下层限额规定。但是甲喇（参领）固山（旗）仍然作为行政等级保留下来，成为牛录的上级。

《满文老档》记载中，牛录下还有"他坦"（tatan）一级，一牛录下分四"他坦"，由章京领导，"分班轮值"[⑤]。又有"奇录"（kiru）[⑥]，头目称奇录额真，汉语译为小旗。地位较牛录低一级，后来都不见了。我们从牛录的设立沿革来看，一些人丁少的氏族既然同编一个牛录，那么在牛录内应该有他们的代表，由过去的姓长、村长担任牛录额真下面的拨什库（汉名领催）是相宜的。皇太

[①]《清会典事例》第12册，卷1121"兵制"，第152页。

[②]《钦定大清会典》卷96"八旗都统"，第922页。

[③]《太祖武皇帝实录》卷1，甲申年，第309页；王先谦：《东华录》第1册，天命一，甲申年攻克瓮郭落城条，第7页。

[④]《清会典事例》第12册，卷1111，"佐领"，第55页。

[⑤]《满文老档》日译本太祖部分，第55页，tatan汉语可译为部，喀尔喀王部，满语称喀尔喀五他坦。见老档日译本太祖部分，第499页。

[⑥]《满文老档》日译本太祖部分，第494、495、503、696页。奇录又作畸噜。译为小旗，见《嘉庆重修一统志》卷67，附编译语解，中华书局1986年版，第2755页。

极在编审壮丁时对于隐匿壮丁责成牛录额真、拨什库共同负责①，正由于此。后来只留拨什库名义，不另成为一级，或者由于人口繁殖，牛录内不同氏族都已分别建立各自的牛录了。

——牛录额真（佐领）在入关前和固山额真（都统）一样，都是全面领导的地方行政机构，1623年努尔哈赤勉励官吏"殚心竭力，各勤职业，复严察所属，使人不敢为恶"②。1630年皇太极命各牛录额真，注意壮丁的增减，马匹的赢耗，让他们"各尽心乃事"③。1633年皇太级又专对各牛录额真提了几点要求：1. 要亲到所管屯地察看；2. 注意牛录居民的房屋田地住宅；3. 注意种植的作物区别土地高下肥瘠；4. 注意粪力耕牛；5. 注意孤贫代种；6. 差徭；7. 注意习射；并说"如此方称牛录额真之职"④。这种对牛录额真的期望和要求，显然是地方行政机构的准备。1636年皇太极规定，小事的赏罚由牛录额真审理，大案才送部。⑤清代对地方官州县的要求是"各治其土田、户口、赋税、词讼"⑥，这四项统统包括在牛录额真之内。1661年奉天府府尹张尚贤报告奉天情况时说："宁远（今辽宁兴城）、锦州、广宁（今辽宁北镇）人民凑集，仅有佐领（牛录额真）一员，不知于地方如何料理"⑦，更清楚说明牛录额真是地方行政的管理人员。从行政系统看，牛录相当于县一级，甲喇相当于专区，固山相当于省级。其涉及两旗之间的问题和相关事务则由中央机关处理，在努尔哈赤时代为五大臣札尔固齐，在皇太极时代为六部。

二、城守官

满洲军进入沈阳、辽阳以后（1621），辽河以东广大地区都归满洲，当地汉人有些逃往辽河以西，有的降附，努尔哈赤把他们编入八旗并大规模地加以迁徙，努尔哈赤也迁都辽阳。1622年下广宁（北镇），便形成了汉人多于满人的满汉杂居的局面，这样又把河西各城堡的官民迁移河东。1625年又迁都沈阳。

---

① 王先谦：《东华录》第1册，天聪五，天聪四年十月辛酉条，第79页。拨什库汉语称领催，领头，催促，俗称催班。管理勤杂事务。

② 王先谦：《东华录》第1册，天命四，天命八年六月丁亥条，第43页。

③ 王先谦：《东华录》第1册，天聪五，天聪四年九月戊戌条，第79页。

④ 王先谦：《东华录》第1册，天聪八，天聪七年正月庚子条，第99页。原文夸张太过，只录其几个方面。

⑤ 王先谦：《东华录》第1册，天聪六，天聪五年七月癸巳条，第84页。

⑥ 《钦定大清会典》卷4"吏部"，第57页。

⑦ 王先谦：《东华录》第1册，康熙一，顺治十八年五月丁巳条，第489页。

努尔哈赤不止一次夸耀地说："昔我国满洲原与蒙古、汉人国别殊俗，今共处一城，如同室然，惟和给乃各得其所"①。话虽如此，但在不同旗别下的不同民族杂居一地，事实上不可避免地出现一些习俗差异，人事纠纷，而主管的牛录额真又分隶于八旗，不能越旗干预的。这就需要有超越旗别的共同官吏出来解决，于是地方上的城守官就出现了。

城守官来源于留守和镇守。1622 年努尔哈赤征明，命铎弼等人留守辽阳，1625 年扬古里以总兵守耀州城（故城在今辽宁海城县西南），这是过去没有的，一定有它的需要。1628 年（天聪二年）满洲官员阿达海想投明，他假托捕鱼跑到黑赫阿喇，为萨尔浒城守将克彻尼阻回②，这说明城守不是一个驻戍的军区，而是管理地方的军政联合机构。

《清太宗实录》在天聪六年（明崇祯五年，1632）二月戊子有这样一条记载：

> 命海州（海城）、耀州（海城西南）、鞍山、牛庄、东京（辽阳市）、撒尔湖（萨尔浒）、铁岭、甜心站（凤城县西北）、析木城（海城县东南，今同名）、咸宁营（沈阳本溪之间今名同）、张义站（沈阳西南）等处城守官员，三年任满者，赴沈阳考察功过。③

这里十一处地方有同样名称的城守官，说明它是官名，它任满要到首都沈阳汇报工作，考察功过，说明它是地方行政官吏，而且它有一定任期三年，说明它是经常设立的地方行政官吏。这一切都反映出这十一个地方具有行政区划的标准。城守官这一名称，过去汉人政权中很少见，但在《清实录》中时常见到，最初用它称呼敌人守城的主要人员，如 1593 年称鼐护为扎喀城城守④；1595 年称克充格为辉发多壁城守；1621 年取辽阳时称明守将为辽阳城守官。⑤继而就用它称呼自己方面的地方驻守人员，如 1621 年称佟养真为城守游击，称汤站的守将为守堡官。⑥当满洲贵族向明进军时，总要留几个重要人员作留守，如 1631 年 7 月清征明，命杜度、萨哈连、豪格等留守⑦；1632 年 4 月征察哈尔，

---

① 王先谦：《东华录》第 1 册，天命四，天命十年四月庚子条，第 42 页。

② 王先谦：《东华录》第 1 册，天聪三，天聪二年六月庚寅条，第 63 页；《清史稿》卷二百二十七列传十四《阿山传》，第 9249 页。

③《清太宗文皇帝实录》第 2 册卷 11，中华书局 1986 年版，第 155 页。

④ 王先谦：《东华录》第 1 册，天命一，癸巳年九月，第 12 页。

⑤ 王先谦：《东华录》第 1 册，天命三，天命六年三月条，第 37 页。

⑥ 王先谦：《东华录》第 1 册，天命三，天命六年七月己末条，第 40 页。

⑦ 王先谦：《东华录》第 1 册，天聪六，天聪五年七月己亥条，第 84 页。

命阿巴泰、杜度、扬古里等留守。①这留守在《满文老档》都作 hecentuwakiyame…
de tebuhe，汉字也就称城守。②当然他们不是些官而是贵族。至于城守官成为官
名约在 1631 年左右，这一年七月"伊勒慎奉命统兵镇海州"，1633 年汉军游击
佟图赖统兵守旅顺口③，而 1632 年又有上面所引城守官三年赴沈阳考察功过的
谕旨，可以证明。

这种城守官，随着领土的扩大和住户部族的复杂而逐渐增加。1644 年（崇
祯十七，顺治元年），清贵族取得中央政权，迁都北京，八月任命何洛会为盛京
总管，阿哈尼堪统左翼，硕詹统右翼，镇守盛京。在盛京总管的统辖下，任命
了九个城守官。④当时盛京的概念包括今天东北三省。后来继续调整，雍正时
有十七个⑤，乾隆时有九个⑥，是随各时期的情况而演变的。城守官在自己的管
辖区域，对上有隶属，对下有领导，不但管兵也管民，不但管军事也还管生产。

三、姓长与乡长

在牛录额真领导下有喀喇达和噶珊达。喀喇在满语是姓，达是头目，我们
可以译为姓长或族长；噶珊满语是村，我们可以译为村长、或屯长、或乡长。
努尔哈赤在进行统一过程中，招附东北其他少数族时，在汉文记载里常常见到
"路长""部长""部主""城主""寨主"等名称，都是明代卫所所属少数族的血
缘团体或几个血缘团体的联合组织，他们原来都是本组织公同选举的，归附满
洲之后，改为任命。

沙俄文献记载说，1651 年（顺治八年）6 月 5 日哥萨克的哈巴罗夫第一次
侵入距雅克萨（俄名阿尔巴津）三日航程的黑龙江沿岸的一个村寨，遇到当地
达斡尔族的一个头目和五十个中国人，遭到他们的共同抵抗，后来哈巴罗夫问，
这里何以有中国人？得到回答说："这些中国人是中国皇帝派来征收实物税的，
经常有五十人轮班驻在那里。"⑦这个文献明确表示出这一带地方早在中国清王
朝统治之下，经常有五十人轮驻其地。所有当地居民都是中国的少数族，他们

---

① 王先谦：《东华录》第 1 册，天聪七，天聪六年四月戊辰条，第 94 页。
②《满文老档》太宗二，第 525 页、第 729 页。
③《清史列传》第 4 册卷 4《伊勒慎传》《图赍传》，第 34-35 页。
④ 王先谦：《东华录》第 1 册，顺治三，顺治元年八月丁巳条，第 217 页。
⑤ 王何：《盛京通志》第 1 册卷 12，第 425-439 页。
⑥《钦定大清会典》卷 59 "兵部"，第 526 页。
⑦ 瓦·帕尔申：《外贝加尔边区纪行》，1844 年莫斯科本，中译本，第 82 页。

的头目都是由清朝根据实际情况加以委用的。清代在东北少数族地区的基层组织是姓长（喀喇达）和乡长（噶珊达或译村长）。那里三个堡寨相连有三个头目，这就是三个姓长；三个堡相连，一定还有个乡长经理共同事务，至少有一个乡长兼任。这是清代对少数族管理的基层组织，上级由副都统领导，再上级由将军领导，直到乾隆中还是如此。日本间宫林藏写的《东鞑纪行》中附录乾隆四十年（1775）三月二十日管理三姓地方兵丁副都统衙门给库页岛鄂罗标乡乡长、姓长的满文札记的模制品，就是很好的证明。

1677 年（康熙十六年）派人探登长白山带路人猎户喀喇达额赫，就是猎户姓长。1885 年（光绪十一年）中国官员到伯力（俄名哈巴罗夫斯克）一带旅行，他看见当地人"间有藏先代所遗甲胄，及昔年充邻长、姓长官给顶戴文凭者，喜饮酒，醉则出其所有，夸耀于家人乡里之前"①。这说明过去村长、姓长是广泛设立的。吉林市西南有东峨城，清初记载说："旧为东峨大长鲁克素所居"②；吉林市北乌拉街，"顺治十四年（1657）以前系屯长买图管理，十四年设佐领"。③所谓大长、屯长就是噶珊达。可知村长、姓长和牛录一样，也是行政单位。从行政系统看，姓长和乡长是平行的，而不是统属的。这从上述乾隆四十年三姓副都统衙门给鄂罗乡的札记上面乡长、姓长并列，可以知道。各族都是聚族分居的，一地只有一姓就有姓长管理，一地有两姓或几姓杂居就设立乡长由乡长管理。在达斡尔族居住地区，还有由"宗长"管理的，满语称为穆昆达，穆昆满语为族，是更近的血缘团体，见《满文老档》④，可知是满洲旧俗。满洲"多以地为氏，往往氏同而所自出异"⑤，就是说，居住一地的人常常同姓一姓，因此同姓不一定同出于一个祖先。这和汉人的所谓"同姓不宗"相仿佛。努尔哈赤平定的辉发头目拜音达里，他的祖宗本姓伊克得里，迁移到纳喇氏住居的地方，举行了杀七牛祭天仪式改姓纳喇氏，就是一例。⑥达斡尔族实行族外婚制，同一穆昆是不能结婚的，而同一喀喇的限制就不那么严，因此重视穆昆。每一穆昆都选一个穆昆达，管理全穆昆事务，凡有违法和争讼都由穆昆达裁决，不能解决时才送上级机关处理。据调查说，本世纪初仍然如此。由此可知它是一个行政单位，而不是氏族编制组织。一个地区，只是一姓聚居就设有姓长，

① 曹廷杰：《西伯利东偏纪要》，《辽海丛书》，第 32 页下。
② 王河：《盛京通志》第 1 册，卷 15，城池考，第 603 页。
③ 王河：《盛京通志》第 1 册，卷 19，职官，第 766 页，佐领原作翼领。据《清朝文献通考》改。
④ 《满文老档》日译本，太宗部分，第 142 页，罗马字对音 mukun。
⑤ 《清史稿》卷 242 列传二九传论，第 9582 页。
⑥ 王先谦：《东华录》第 1 册，天命一，丁亥年九月条，第 17 页；《清太祖武皇帝实录》卷 1，第 302 页。

只是一族聚居就设宗长，有几姓聚居就设村长。凡有村长的地区，村长是行政单位，姓长、宗长只属氏族血缘组织。不设村长的由姓长、宗长直接接受上级领导。

　　满族时常出现民族迁徙，最初可能由于生产需要，其后大都出于上层分子的管理需要。努尔哈赤在统一满洲过程中，总把新归附的部落迁到自己驻地附近耕牧，中途逃亡和抗拒被杀是常见的。1588 年（万历十六年）栋鄂部何和礼归附迁来，而他的老婆领一部分部众仍留故地[①]；1585 年（万历十三年）库尔哈郎柱归附努尔哈赤，但没有迁徙，只派他的儿子扬古里到努尔哈赤处入侍，后来他的部落叛变，郎柱被杀[②]；这些都说明各族本身是不愿意迁徙的。

（原载《社会科学战线》1982 年第三期）

---

① 《清史稿》卷 225 列传十二《何和礼传》，第 9183 页。

② 《清史稿》卷 226 列传十三《扬古里传》，第 9191 页。

清初统一黑龙江

一、黑龙江

黑龙江满语称为萨哈连乌喇[①]，达斡尔语称为喀喇穆尔[②]，蒙古语称为喀喇穆伦[③]。萨哈连、喀喇汉语都是黑，乌喇是江，穆尔、穆伦也是江。黑龙江水深，泥沙少，远望象黑色，所以称为黑江、黑河。鄂伦春语称为满珲[④]，意义不明。达斡尔语又称喀喇穆尔为马穆尔[⑤]，沙俄从西伯利亚阿尔丹河土著口中听到马穆尔河这一名称，误为阿穆尔河，沿用下来，于是成为今天西方通用的名称。汉语在南北朝隋唐称为黑水，是萨哈连乌喇的意译[⑥]，金朝以后称为黑龙江，应该是汉人看到它的曲折蜿蜒好象传说的龙一样而改定的。这证明早就有不少的汉族人亲身看到黑龙江，所以给它定了一个更形象的名称。

上面的萨哈连乌喇、喀喇穆伦、喀喇穆尔、黑水、黑龙江这些名称，都是指这个江从发源到入海的全部流程而言。后因黑龙江上下游水色不同，汉语一度出现了混同江的名称，一条江遂有两个不同的称呼。《金史》说"混同江一名黑龙江"[⑦]，是最早的记载。《明一统志》说黑龙江"南流入松花江"[⑧]，松花江"合混同江东流入海"，就是说，黑龙江以松花江汇合口划界，上游为黑龙江，下游为混同江。这个说法比较普遍，清代《盛京通志》和嘉庆《一统志》等书都采用，区分也清楚。如说精其里江"南入黑龙江"，乌苏里江"北流会混同入

[①]《清太祖武皇帝实录》卷2，作查哈量，第336页。

[②] 史禄国：《北方通古斯之社会组织》，上海1933年英文版，第22页。

[③] 英国百科全书Amur条。原作"蒙古-通古斯语"。喀喇清代或作哈喇。

[④] 日本间宫林藏：《东鞑纪行》称黑龙江为满珲河，据岛田好解说是鄂伦春语。

[⑤] H·З·戈卢勃佐夫：《阿尔巴津古城史》，在马穆尔河下括号注阿穆尔河，见黑龙江省哲学社会科学研究所资料编译室译本。

[⑥] 古汉语水就是江、河，汉江古称汉水，淮河古称淮水。

[⑦]《金史》卷1《世纪》，第2页。

[⑧]《大明一统志》卷89女直，山川，三秦出版社1990年版，第1369页。

海"①，但是，明《一统志》有混同江"俗呼宋瓦江"，《盛京通志》改为混同江"即松河里江"，嘉庆《一统志》又改为混同江"今名松花江"，从而把混同江名称伸延到松花江的整个流程，凡流入松花江的，如虎尔哈河、辉发河等②，都说成是流入混同江。清末修的《吉林通志》又认为，松花江在嫩江汇合口以下，直到与黑龙江合流入海，统名混同江，在嫩江汇合口上游名松花江，因此它说虎尔哈河（今名牡丹江）流入混同江，辉发河流入松花江。③各书说法不一，可知并非通用名称，都是各时代上层分子有意制造的混乱，老百姓没有承认，所以在各少数语言中始终未改。我们为了辨明历代地名的概念，可以知道它，但不要用它。

黑龙江后来成为行政区域名称。1685 年（康熙二十二年）设黑龙江将军④，与奉天将军、宁古塔将军同隶属于盛京；1907 年（光绪三十三年）改行省，与奉天、吉林同隶于东三省总督，都在本文涉及的时期以后，故不详谈。这里只提一句，就是清代黑龙江将军辖区以及黑龙江省区，与今天的黑龙江省区域不同，是以松花江与吉林分界的。今天黑龙江省许多市县，包括哈尔滨市、牡丹江市，在过去都属吉林将军辖区或吉林省区。

黑龙江又是清代的一个城名，黑龙江城即今爱辉，又称黑河，老爱辉城在黑龙江左岸海兰泡。⑤

本文阐述的黑龙江，指黑龙江流域全程——从发源到入海和它左右两岸以外的广大地区。这一地区，自古以来就是中国的领土，"从很早的古代起，我们中华民族的祖先就劳动、生息、繁殖在这块广大的土地之上"。在历史发展悠久的民族里，所谓古不是指二三百年前，也不是四五百年前，而是若干个世纪。关于这方面的事实，不多重复，只谈几件小事。

唐代，黑龙江是黑水靺鞨住牧区。开元十四年（726），在它境内最大部落设立黑水府，以它的首领作都督，由唐政府派汉官作长史，"就其部落监领之"⑥。所谓长史，相当于总办公室主任。这时它的邻境渤海靺鞨境内也设立了忽汗州，

---

① 王河：《盛京通志》第 1 册，卷 14，山川志，宁古塔、黑龙江条，乌苏里江条，黑龙江、精其里江条，第 558、573、575 页。王河《盛京通志》修于雍正时，乾隆元年印行，现为区别于乾隆四十三年《盛京通志》，称王河《盛京通志》。

②《嘉庆重修一统志》卷 67，吉林，山川，混同江条，瑚尔哈河条，第 2722、2737 页。

③《吉林通志》卷 22，舆地志 10，山川 5，水道上，吉林文史出版社 1986 年版，第 387 页。

④ 据《清史稿》圣祖本纪二，第 250 页；王河：《盛京通志》第 1 册，卷 10，建置沿革作康熙二十三年，第 227 页。

⑤ 今在苏联境，俄名布拉戈维申斯克。

⑥《旧唐书》卷 199 下《北狄·靺鞨传》，中华书局 1975 年版，第 5359 页。

也由首领兼都督，但没有派长史。渤海靺鞨怀疑这种待遇不同，可能是消灭它的先兆，更可能是黑水靺鞨和唐政府的合谋，于是渤海靺鞨首领就派他弟弟发兵进攻黑水靺鞨，他的弟弟反对，认为这样就是"背唐"，"一朝结怨，但自取灭亡"。①从唐政府的设置汉官长史，和少数族的不肯背唐这两方面，都可以看出，唐代对东北少数族地区，不是名义上统属，而是有力的直接统治。

辽代，黑龙江少数族称为生女真，当时政令，辽帝所到地方，周围一千里内的少数族酋长都要去朝见。天庆二年（1112），辽天祚帝耶律延禧到混同江（黑龙江）钓鱼，附近的酋长都来朝见，在头鱼宴（庆祝宴）上，延禧命各酋长人人歌舞，酋长中惟独阿骨打再三不干，延禧认为他跋扈，想借边事除掉他，枢密使肖奉先替他解释才无事。②这时阿骨打已很强大，第二年自称都勃极烈（最高总治官），第四年（1115）就自己称帝了。可是在这时还不能不按照规定朝见，反映出黑龙江是辽政府强固统治下的领土。

元初，东北是宗王乃颜的封地，至元二十四年（1287）乃颜叛元，乃颜死，余党叛变，至元二十五年（1288），玉昔帖木儿"倍道兼行，过黑龙江，捣其巢穴"③，又兀爱"讨塔不歹朵欢大王于蒙可山那江（嫩江）"，"与八喇哈赤脱欢相拒，绝流战黑龙江"，"敌大败"。④蒙古宗王在封境作战，他们的补给和兵源不能不扰及封地的其他氏族，这也反映他们之间的统治关系是广泛的。而且，既要"过黑龙江，捣其巢穴"，又要"绝流（断流）战黑龙江"，可知蒙古宗王们的统治所及远在黑龙江左岸以外广大地区。宗王乃颜叛乱平定以后，元在乃颜故地置肇州⑤，成为屯种基地⑥，行中书省制度施行以后，黑龙江沿岸归辽阳行省水达达路管辖。《元史》有很多记载，至顺元年（1330）九月一条说："辽阳行省水达达路自去夏（1329）霖雨，黑龙、宋瓦（松花）二江水溢，民无鱼为食，至是末鲁孙一十五狗驿狗多饿死，赈粮两月，狗死者给钞补市之。"⑦从这里可以清楚证实，黑龙江是元朝领土，包括以鱼为食的少数族在内的各族人民都是元朝人民，他们和全国其他地方人民一样，分别隶属于府、路，由行省管辖，遇有灾荒也和其他行省一样，由中书省赈济。

---

① 《旧唐书》卷 199 下《北狄·靺鞨传》，第 5361 页。

② 《辽史》卷 120《肖奉先传》，中华书局 1974 年版，第 1439 页。

③ 《元史》卷 119《博尔术传》附其孙玉昔帖木儿传，第 2947 页。

④ 《元史》卷 166《王绰传》，第 3891 页。

⑤ 《元史》卷 169《刘哈刺八都鲁传》，第 3973 页。

⑥ 《元典章·新集》，刑部，刑制、刑法屡见"肇州屯种"。

⑦ 《元史》卷 34 本纪第 34《文宗三》，至顺元年九月丁未，第 767 页。

元代在黑龙江下游奴儿干流放罪人，是值得注意的。

奴儿干在黑龙江、恒滚河（又作亨滚河，今俄境阿姆贡河）汇合口东岸特林地方，距黑龙江口庙街（俄名尼古拉也夫斯克）二百五十余华里。[①]元初文献作弩儿哥[②]，清代官书改译尼噜罕（又作尼噜干）。[③]位处北纬53度，东经140度。元代刑制，凡流放远地的称为流远，除了女真族、高丽族流放湖广以外，大都流放到奴儿干[④]，也有流放云南和海南海岛的[⑤]，但较少。后因流放奴儿干的人太多，站赤运输负担过重，于是按照罪行，"重者发付奴儿干，轻者于肇州从宜安置，屯种自赡"[⑥]，因而"奴儿干出军"和"肇州屯种"以区别罪行的轻重。放奴儿干的人，不限于普通刑事犯，也有政治犯，如延祐七年（1380）八月亦怜真以违制不发兵，杖流奴儿干；至治元年（1321）三月，太监索罗铁木儿的流放奴儿干；至治三年（1323）十二月流诸王曲吕不花于奴儿干都是。[⑦]流放奴儿干的普通刑事犯多数是汉人，元统年间（1333—1334）新城地主骆长官流放奴儿干，他的朋友杭州人孙子耕亲自送他到肇州。[⑧]广东番禺人陈浏在大德六年（1302）死在流放的肇州[⑨]，这样，汉人的习俗也广泛地流传于奴儿干。东北少数族原来是萨满教传播的区域，在元末，奴儿干出现了佛教的观音堂[⑩]，就是汉俗遗留的证明。因此，那些认为奴儿干不是中国领土，中国人从来没有到过那里，以及是什么荒远不毛之地，都是没有根据的。

---

① 曹廷杰：《西伯利亚东偏纪要》译作特林，金毓黻：《辽海丛书》，第22页。日本鸟居龙藏：《东北亚洲搜访记》写作 Tyr，汉译本译为帝尔。

② 《元文类》卷41，《经世大典·序录》，政典、招捕类，辽阳兀骨条。此日本学者所发现，对音与地望均合，可信。

③ 阿桂等撰，孙文良、陆玉华点校：《满洲源流考》卷13疆域六《附明卫所城站考》作尼噜罕，卷20国俗《杂缀》引《辍耕录》作尼噜干，辽宁民族出版社1988年版，第204、375页。

④ 《元史》卷103《刑法志·职制下》，第2635页。

⑤ 《元史》卷28本纪28《英宗二》，至治三年，第622页。

⑥ 陈高华等点校：《元典章·新集》刑部、刑制、刑法，"发付流囚轻重地面"条，中华书局2011年版，第2156页。这个文件在延祐七年（1320），但肇州屯种早已有过。

⑦ 以上分见《元史》卷27本纪27《英宗一》，第611页；及卷29本纪29《泰定帝一》，第662页。

⑧ 杨瑀：《山居新话》，中华书局1991年版，第8页。今案：郑先生原注为，杨瑀：《山居新话》，《知不足斋丛书》本。

⑨ 《元史》卷197《孝友·陈韶孙传》，第4447页。

⑩ 明永乐十一年永宁寺记，见钟民岩：《历史的见证——明代奴儿干永宁寺碑文考释》，《历史研究》1974年第1期。

二、明代的黑龙江

明初，东北的元代残余武装纳哈出盘据东辽河一带，阻隔了中原和黑龙江地方的往来，洪武二十年（1387）纳哈出降明后[①]，才加强联系，因此黑龙江的地方建置多在永乐时。永乐二年（1404）四月黑龙江等处女真来朝。[②]永乐二年二月忽剌温女真头目来朝，置奴儿干卫。[③]永乐七年（1409）闰四月又置奴儿干都指挥使司（都司）。实录记载说：

> 初头目忽剌冬奴等来朝已立卫，至是复奏其地冲要宜立元帅府，故置都司。以东宁卫指挥康旺为都指挥同知，千户王肇舟等为都指挥佥事，统属其众。岁贡海东青等物，仍设狗站递送。[④]

这一记载至少告诉我们三点：1. 奴儿干地方冲要。这和它的地理形势、历史记载相符合，可知朱棣在这里设置都司有其政治和经济目的。2. 奴儿干都司是卫所的上级机构，统属各卫，不是奴儿干卫的升格。奴儿干都司设立后奴儿干卫依然存在。[⑤]3. 用东宁卫长官为都指挥同知，东宁卫隶属辽东都司，其后永乐十二年（1414）又派辽东都司兵三百人往奴儿干都司护印。[⑥]所谓护印就是驻防，就是派辽东都司兵士到奴儿干都司地区驻防。都说明奴儿干都司初建时是流官，不是土官。[⑦]

奴儿干建立都司后，在元代的发展基础上更加扩大。永乐十一年（1413）将原有的观音堂庙宇扩建为永宁寺，先后立了两座石碑，说明汉族人到这个地方的人更多了，财富和力量更大了。但是地方究竟太远，给养运输困难，几次在松花江造船运粮（1429—1430年），都无实效[⑧]，朝廷政策因之时有反复。到宣德十年（1435）正月宣宗死，奴儿干都司实际上停止了活动，其后没有明令恢复。

---

① 《明史》卷 3 本纪 3《太祖三》，第 44 页。

② 《明太宗实录》卷 2，永乐二年四月戊子条，第 550 页。

③ 《明太宗实录》卷 26，永乐二年二月癸酉条，第 504 页；《明会典》《明一统志》说，卫设于永乐三年。

④ 《明太宗实录》卷 63，永乐七年闰四月己酉条，第 1194 页。

⑤ 《满洲源流考》卷 13，疆域，附明卫所城站考称，"尼噜罕卫七年改为尼噜罕都司"，误。

⑥ 《明太宗实录》卷 93，永乐十二年闰九月壬子条，第 1795 页。

⑦ 孟森：《明元清系统纪》前编第三女真源流考略，一，野人女真。

⑧ 《明宣宗实录》卷 60，宣德四年十二月壬辰条，第 1435 页；又卷 69，五年八月庚午条，第 1615 页；卷 72，五年十一月庚戌条，第 1681 页。

关于明初奴儿干都司的建立,有两个问题必须搞清楚。第一,上面提到 1409 年设置都司,我们照录了实录记载全文,但隔了十九年,《宣宗实录》宣德三年(1428)正月庚寅又有下列记载:"命都指挥康旺、王肇舟、佟答剌哈往奴儿干之地,建立奴儿干都指挥使司,赐都司银印一、经历司铜印一。"①地方、职务、人名相同,只是有详略。这是什么原因?是错误重复了吗?是 1409 年虽建立了都司,"而未实抵奴儿干之地"②吗,还是有其他原因呢?首先我们知道实录是按年月日纂辑的,偶尔颠倒是有的,将几年前已见记载的旧事重复记上去是困难的。康旺原是都指挥同知,1427 年升都指挥使③,这里用的是新官称,又加了一名前次未见的佟答剌哈(也是和康旺同时升职的),显然是新的记载。康旺在 1407 年就任奴儿干都指挥同知职务后,曾两次请派护印的兵士,而且 1413 年的永宁寺碑实物具在,说当时未实抵奴儿干,是说不通的。一定别有原因。第二,在景泰纂修的《寰宇通志》,天顺纂修的《一统志》,毕恭纂修的《辽东志》,万历纂修的《大明会典》都记载了奴儿干都司和它管辖下的卫所,但是我们在英宗以后的实录里没有看到奴儿干都司主官的任命,只看到卫所主官的任命。这又是什么原因?我们认为这两个问题同样反映一个事实,就是奴儿干都司的建立和废止常有反复。

明代土官无俸给,一切由部族供应,都司是流官,也有土官④,都司的职官都有俸粮⑤,岁用浩大。奴儿干都司建立后,明政府正全力注意北面,对东北的开发还未着手,所以招谕抚恤工作较多。宣德二年(1427)升了康旺、王肇舟、佟答剌哈、金声等人的官,实录记载说"旺等累使奴儿干招谕,上念其劳,故有是命"⑥;宣德五年(1430)命康旺、王肇舟等"仍奴儿干都司抚恤军民"⑦;宣德六年(1431)记载说,康旺"自永乐以来,频奉使奴儿干之地,累升至都指挥使,至是复命往设都司,旺辞疾乞以(其子)福代"。⑧这里的"累使""频奉使","仍"或"仍往""复命往设都司",都说明这些奴儿干都司的领导人员不是常年地驻守在那里,而奴儿干都司的机构并没有明令取消。机构未

① 《明宣宗实录》卷 35,第 876 页。
② 孟森:《明元清系通纪》前编第三,女真源流考略,一,野人女真,第 25-44 页。
③ 《明宣宗实录》卷 31,宣德二年九月丙戌条,第 3795 页。
④ 《明史》卷 76《职官志五》,"都司并流官,或得世官",第 1872 页。
⑤ 《明太宗实录》卷 107,永乐十五年十月丁未条,第 2037 页。
⑥ 《明宣宗实录》卷 31,宣德二年九月丙戌条,第 3795 页。
⑦ 《明宣宗实录》卷 69,宣德五年八月庚午条,"仍"字下别本有"往"字口,第 1615 页。
⑧ 《明宣宗实录》卷 84,宣德六年十月乙未条,第 1930 页。

取消，由于供应困难，官吏又不能在职，他们一般就到各地方卫所寄俸带支，如佟答剌哈在"三万卫带支百户俸"①即其一例。这是经济原因造成的。应该特别指出，明初奴儿干都司官吏不常驻本管地区的措施，并不妨碍国家的领导和主权：1. 明代东北少数族是由明政府直接领导的属夷，一切政令不必通过都司。2. 当时奴儿干都司的职务主要是招谕、抚恤和"比朝贡，往还护送"②，都是可有可无或者可以另派人办理。3. 奴儿干都司职官在各卫寄俸，仍然可以随时征调。4. 不在土官地区要求供应，可减少矛盾。当然这全不是最初设立奴儿干都司的原意。宣德时对奴儿干都司存废的争议很激烈，最后在宣宗临死宣谕给辽东总兵官、辽东都司和镇守太监等人说："凡采捕造船运粮等事，悉皆停止……其差去内外官员人等俱令回京，官军人等各回卫所著役。尔等宜用心抚恤军士，严加操练，备御边疆。"③谕旨并无废除奴儿干都司明文，但造船运粮停止，人员军士暂时撤还，奴儿干都司实际上就不再活动了。这就是为什么：1. 有的书上说奴儿干都司明令罢设；2. 明代官书又一直标出都司名称和它的卫所；3. 事后实录还有关于奴儿干都司赏赐争议记载的互相矛盾原因。④谕旨最后几句，特别指出边防还要加紧，更说明疆土没有放弃。英宗以后的实录，奴儿干都司名称虽然不见，而代之以"黑龙江等处""黑龙江诸部"⑤，都是显著证明。

明初奴儿干都司继承了元代的领土，包括黑龙江两岸在内，区划为一百八十四卫，二十所⑥，后来由于人口和生产的发展，改划成三百八十四卫，二十四所。⑦这些卫所和西南地区的少数族不同。称为属夷⑧，就是直接统属于中央的少数族。所以他们的朝贡封赏，从不经过都司转达，实录记载直称某卫，也不加都司名称。明中央政权衰落后，这些卫所一直仍在明统治下，不过为了自己不受侵优，常常倚靠一个比较强大的部落结成联盟。努尔哈赤出生的建州卫，也是奴儿干都司所属卫所之一。努尔哈赤在明政府支持下逐渐强大后，他利用他的军事力量和政治力量向外发展，成为霸主。但从记载上看出，还是用政治

<hr>

① 《明宣宗实录》卷 80，宣德六年六月癸丑条，第 1858 页。

② 《全辽志》卷 6，第 40 页。

③ 《明宣宗实录》卷 115，宣德十年正月甲戌条，第 2597 页。

④ 《明英宗实录》卷 11，宣德十年十一月己巳条，第 201 页。

⑤ 《明英宗实录》卷 71，正统五年九月戊午条，第 1382 页；又卷 160，十二年十一月癸丑条，第 3119 页；卷 173，十三年十二月乙丑条，第 3328 页。

⑥ 《大明一统志》卷 89 女直，第 1367 页。

⑦ 《明会典》第 23 册，卷 125 "兵部八"，商务印书馆 1936 年版，第 258 页。

⑧ 《明会典》第 23 册，卷 125 "兵部八"，第 2575 页。

招服的多，战斗并不都是激烈的，谈不上是远征。

三、努尔哈赤集团力量到达黑龙江

努尔哈赤集团力量到达黑龙江[1]，始见于明万历四十四年（1616，清天命元年）的实录。在前虽然收服过的虎尔哈路、宁古塔路都在今天黑龙江省境内，但当时记载未标明黑龙江字样。这次实录记载既明白标出萨哈连乌喇名称，又把它的结冰期和松花江作了比较，在回程又招服了乌苏里江附近的阴达珲塔库拉拉等三处地方，说明他们所到的不只是某一个地方，而是黑龙江中下游相当长的一段流程的两岸。

上面的阴达珲塔库拉拉，阴达珲满语是犬，塔库拉拉满语是使用，合起来是一个地名。所以《清太祖武皇帝实录》注解说："即役犬处也。"后来改修实录称为"使犬部"，在满文老档称为使犬国。[2]苏联有的书中把它割裂为阴达珲路和塔库拉拉路是错的。[3]清代记载说："赫真（赫哲）飞雅喀使犬，鄂罗春（鄂伦春）其棱使鹿以供负载，皆驯熟听人驱策。"[4]所以有使犬使鹿的名称。使犬部又称鱼皮部[5]，西籍称高尔第[6]，属赫哲喀喇[7]，住居松花江、乌苏里江、黑龙江两岸，是今天赫哲族的先民。

1616年，努尔哈赤命扈尔汉、安费扬古率兵二千征东海萨哈连部，他们于七月十九日从赫图阿拉（新宾）出发，到达乌尔简河造船二百只，水陆并进，取沿河南北的柏吉力等三十六个屯寨，随后在黑龙江南岸佛多落坤寨安营。这年黑龙江结冰较往年稍早，十月一日已结冰[8]，他们踏冰达到江北，收取萨哈连部十一个寨，十一月回程又招服阴达珲塔库拉拉路、诺罗路、石拉忻尼路、路长四十人。扈尔汉、安费扬古率兵于十一月七日回到赫图阿拉，归附的四十

---

① 《清太祖武皇帝实录》卷2，丙辰七月条原作东海查哈量部，第336页；《满洲实录》卷4，天助冰桥条，辽宁通志馆1934年版，第88页。《清开国方略》第1册，卷5天命元年九月条作东海萨哈连部，文海出版社1968年版，第113页。

② 分见《清太祖武皇帝实录》卷2，天命元年十一月条，第336页。《清太祖高皇帝实录》卷5，天命元年八月条，第66页。《满文老档》，日本译本太祖部分，第71页。国，满语叫作"固伦"。

③ 麦列霍夫：《满洲人在东北》，附录，考证。

④ 《康熙几暇格物编》上之上，写印本，第4页，使鹿使犬。爱新觉罗·玄烨著，李迪译注：《康熙几暇格物编译注》上之上，上海古籍出版社2007年版，第11页。

⑤ 《清文献通考》卷271"舆地三"，第7278页。

⑥ Goldi，或译果尔特，俄称那乃人。见《俄罗斯人在黑龙江上》，1861年英文本，第96页。

⑦ 阿桂等撰，孙文良、陆玉华点校：《满洲源流考》卷8，辽宁民族出版社1988年版，第100页。

⑧ 《武录》系于十月，《高录》系于八月，十月较合理。

个路长和家属部众一百多户于 1618 年 2 月到达。[①]努尔哈赤在扈尔汉、安费扬古回来之后，立即派人携带商品前往黑龙江北岸柏吉力地方办理货物交换。[②]当时还没有国营商业，这实际上是变象的征收赋税，说明努尔哈赤政权势力已经达到黑龙江。

努尔哈赤收服黑龙江的记载，见于 1636 年修成的《清太祖武皇帝实录》[③]，和更早的原始记录《满文老档》，是最可信的资料。由于记载简略，加以后代地名改换，有人说什么"招服使犬部首领一事，发生在 1617 年[④]，这点颇令人怀疑"[⑤]。他们的理由是：1. 资料没有提到这次远征的俘虏人数和把他们编入满洲牛录的事；2. 这时叶赫部很强大，隔在努尔哈赤和萨哈连部中间，它同努尔哈赤又是敌对，"令人无法想象，满洲军队究竟走的是哪条路线"；3. 与此次进军有关的一些地点，根本无法考证；4. 此次进军以后，在满洲编年史—实录里，隔了十六年到 1633—1635 年才又见到使犬部，而且记载混乱不可信，又隔二十五年之后，到 1660 年这个部落的名称才重又出现。因此，这帮人认为"不免令人产生一定怀疑：此次远征是否确有其事"，从而进一步造出"十七世纪满洲文献资料中根本没有提到过在这一时期阿穆尔河（黑龙江）上曾住有任何满洲人"的说法。同时提出，1616 年征服黑龙江的事"是从准备侵略阿尔巴金（雅克萨）时期才开始首次提及的"，就是说它是 1682 年中国为了收复雅克萨城特意编造的这一故事，真是荒唐！

首先，历史上记载不是千篇一律的，《清实录》虽然于 1610 年征雅览路记载俘万余人，于 1611 年征乌尔古辰路木伦路二路记载了俘千余人，征虎尔哈路扎库塔城记载了俘二千人，但于 1599 年灭哈达，于 1609 年征渥集部溽野路，于 1613 年征叶赫，都不记载俘获人数。可见征萨哈连部不记载俘虏人数并没有什么可疑。至于降附氏族的分旗编牛录，《实录》从不记载，更是无可议的。

那些认为在努尔哈赤与使犬部中间，隔了一个强大的敌人叶赫，因之无法通过，这种说法在地理上是错误的，在当时形势上也是错误的。我们知道，叶赫部居住在叶赫河，据方志叶赫河在今吉林省吉林市西四百八十多里，叶赫河

---

① 《清太祖武皇帝实录》卷 2，第 337 页。《满文老档》，日本译本，太祖部分，第 71-75 页。《满洲实录》卷 4，《辽海丛书》本，第 8 页。《清太祖高皇帝实录》说在九月甲午日。

② 《满文老档》，日本译本，太祖部分 75 页。

③ 《清太宗文皇帝实录》卷 32，崇德元年十一月乙卯条"太祖武皇帝实录告成"，第 404 页。

④ 据《清太祖武皇帝实录》此次出兵于阴历十一月七日回来，阳历在 1616 年十二月十五日，说在 1617 年是错的。

⑤ 《满洲人在东北》，第 44 页。以下引文见同书 43 页。

流入占尼河，占尼河西南流入威远堡叫扣河，扣河流入清河①，清河流入辽河今称大清河。这几条河都很短，大清河在地图上还找得到，可以辨明它的方位是在吉林省西部。叶赫部当时筑有叶赫城、叶赫山城、叶赫商坚府城②，相距不远，方志说都在今吉林市西四百八九十里，相当于今天吉林省伊通县一带。更概括地说，叶赫部在松花江以西。松花江以东，还有广大地区存在着通往黑龙江省的许多道路，怎样能说"令人无法想象满洲军队究竟走的是哪条路线"呢？在这次战役以前，努尔哈赤部队早于 1607 年到过瓦尔喀部蜚悠城、渥集部赫席黑路，1608 年到过渥集部呼尔哈路（牡丹江流域）、宁古塔路（宁安），1609年到过渥集部溥野路，1610 年到过渥集部绥分路（双城子、绥芬河流域），1614年到过渥集部雅揽路，1615 年到过渥集部顾纳喀库伦，又是怎样去的呢？1614年蒙古扎鲁特部来送亲，1615 年蒙古科尔沁部来送亲又是怎样来的呢？

叶赫部曾经强大过，但在努尔哈赤强大之后，力量已渐衰。1604 年努尔哈赤攻取了它的七个寨，1613 年又征叶赫烧毁了它十九个寨，收服一个寨，叶赫不能抵抗，求救于明朝，明派了火器步兵一千人替他守城，才免于灭亡。从此它对努尔哈赤部下的任何行动都无力干涉了。哪有力量阻拦努尔哈赤集团攻取使犬部呢？

1616 年努尔哈赤部下攻取萨哈连部行军经过的地方，虽然记载简略，也不是无法考证的。

兀儿姜河又作兀尔简河、乌勒简河，满语称乌勒简毕拉，毕拉是小河，明代曾设立乌尔简河卫，最后受职乌尔简河卫都指挥金事的人，名乌尔噶，事在万历二十七年（1599）二月③，说明确有此事，但《明一统志》和《盛京通志》都未见其名。乌尔简满语是猪，东北河名用猪字标称的，《明实录》有建州卫在婆猪江住坐的记载④，《朝鲜实录》有努尔哈赤在婆猪江上游多造船只的记载⑤，史家认为婆猪江就是流入浑江的佟家江。《嘉庆一统志》说吉林城（今吉林市）西南有苇占河"相近有乌勒间河合焉"，"俱北流佟家江"⑥，两说相近。

《清太祖武皇帝实录》既说"在乌尔简河造船二百只"水陆并进，那么乌尔

---

① 王河：《盛京通志》第 1 册，卷 13，山川、开原县，永吉州，第 486 页。

② 王河：《盛京通志》第 1 册，卷 15，永吉州城池，第 604 页。

③《满文老档》，日本译本，太祖部分，1175 页。

④《明英宗实录》卷 19，正统元年闰六月壬午条，第 378 页。

⑤《李朝实录》第 33 册《光海君日记》卷 128，十年五月己酉条，第 416 页；卷 129，十年六月壬午条，第 441 页。

⑥《嘉庆重修一统志》卷 67，吉林山川，中华书局 1986 年版，第 2733 页。

简河必然可以直航黑龙江。从今天地理看，新宾东北有几条小河通辉发河，是松花江上游。这些小河在历史上是否叫过乌尔简河，虽尚待考定，但方位和流向是毫无可疑的。从历史上看，松花江是明代东北造船工业的中心，见《明宣宗实录》[1]和《明史·巫凯传》。所以乌尔简河应该是松花江上游的一个支流。今吉林市又称船厂城[2]，是明代造船厂所，努尔哈赤集团初次贯穿一定利用原来造船设备进行制造，乌尔简河可能在今天吉林市附近。《盛京通志》有乌尔噶河[3]声音相近，但乌尔噶河在今爱辉县北一千六百多里，流入阿尔几河，阿尔几河流入精其里江（俄名结雅河），在黑龙江北，努尔哈赤集团北征，先到乌尔简河，后到黑龙江南岸，乌尔简河不能仅在黑龙江北，显然方位不合。

在吉林乌喇（今吉林市）城西南五百多里有小山名乌尔坚峰[4]，靠近哈达城，对音相近，但记载未说有无"乌尔坚河"，地望也偏南，与实录所说乌尔简河不合。

在吉林乌喇（今吉林市）南边的松花江上游，辉发河从西流入，河边有辉发城，原是辉发部的旧居，辉发建国称汗就在其地，1607 年，被努尔哈赤所灭，成了他的领土，距离兴京不过三四百华里，从辉发城到吉林乌喇也不过三百多华里，进军是便利的，所以扈尔汉、安费扬古北征萨哈连部采取这条线路是很有可能的。当然我们也注意到，在今天黑龙江省南部向北流入松花江的大河，还有一条牡丹江，当时称虎尔哈河，它经流的地方如虎尔哈路宁古塔路（今宁安）等，也早于 1608 年降附努尔哈赤，扈尔汉等从这里进军也是可能的。两种可能，在资料上尚难确定。但从后来情况看，吉林乌喇西、南、北的扈伦四部降附后颇为安定。而虎尔哈河流域直到皇太极时还有战争，仍在动乱，反映出努尔哈赤政权势力在吉林乌喇附近比在虎尔哈河流域较为强固，他们不从虎尔哈河流域进军的可能性似乎更多一些。从地理上看，一远一近，也是如此。采取较近的进军道路的可能性总要多一些。再从造船便利看，吉林乌喇也有一定可能条件。

扈尔汉等招服使犬部的同时，还招服诺落路和石拉忻尼路。据方志记载，宁古塔东有挪落河，又作诺垒河，"东流入乌苏里江"[5]，诺落路应在它流域内。

---

① 《明宣宗实录》卷 69，宣德五年八月庚午条，第 1615 页；又卷 60，宣德四年十二月壬辰条，第 1435 页。

② 王河：《盛京通志》第 1 册，卷 10，建置沿革，永吉州条，第 348 页。

③ 王河：《盛京通志》第 1 册，卷 14，山川，黑龙江条，第 575 页。

④ 王河：《盛京通志》第 1 册，卷 13，山川，永吉州条，第 198 页。

⑤ 王河：《盛京通志》第 1 册，卷 14 山川志，第 558 页；《嘉庆重修一统志》卷 67 作"诺垒河"，中华书局 1986 年版，第 2737 页。

挪落河支流有石拉忻河①，石拉忻尼路（又作石拉忻路）应在它流域内。就是黑龙江以南乌苏里江以西地区。《清太祖武皇帝实录》指出，这三个路都在扈尔汉等从黑龙江回程时招服，所以在黑龙江南岸正相符合。

安费扬古等在黑龙江南岸安营的佛多落坤寨，《满洲实录》作佛多罗兖寨，应该是今天的爱辉，或它对岸海兰泡（俄名布拉戈维申斯克）的附近。爱辉旧称托尔根②，托尔根是地名不是人名，佛，满语是老，佛多落坤寨就是老托尔根寨，音义相合。爱辉是从对岸海兰泡迁来的，所以佛多落坤应是海兰泡或其附近。《柳边纪略》叙述爱浑（爱辉）城，谈到天命元年（1616）八月命安费扬古往征的事③，必然有根据，但他未说明是征伐老城海兰泡，还是新城爱辉。《清太祖武皇帝实录》说在黑龙江南，南岸是右岸，则以爱辉为是。这一问题还要等爱辉迁城时间考定后才能确定。但佛多落坤寨在爱辉新旧两城附近是无疑的。

某些人说，清初关于使犬部的记载第一次出现后，隔了十六年才于1633—1635再次出现。我们查对，使犬部记载再度出现于1618年阴历二月，是第一次记载后的十六个月，而不是十六年。1633年以后见到的记载是对黑龙江虎尔哈部等处的用兵而不是使犬部。如果认为同在今天黑龙江地方可以互相印证，那么我们愿意提示，早在1599年已经有虎尔哈路长归附努尔哈赤集团了④，比使犬部出现的记载还早十六年。

某些人说，皇太极命霸奇兰和萨木什喀的远征，"必须指出对被征部落的记载中的极为奇怪的混乱现象。文献资料记载，此次准备远征的是虎尔哈部，汗的谕旨中却说，令霸奇兰和萨木什喀往征'黑龙江地方'，没有指明究竟征伐哪个部落；接着，文献又记载说，这些将领'出征瓦尔喀'。往下，在只隔几行的地方，又说'往征虎尔哈部落将士凯旋'。这真是混乱已极"⑤。我们查对，这本来是两回事，霸奇兰（巴奇兰）和萨木什喀1634年十二月奉命征讨的是"黑龙江未服之地"，包括虎尔哈在内⑥；征讨瓦尔喀的是吴巴海和荆古尔代（景固尔岱），也在1634年十二月。某些人所说只隔几行记载的凯旋将士是指霸奇兰和萨木什喀率领的部队（1635年四月）；至于吴巴海和荆古尔代征瓦尔喀步队

① 《盛京、吉林、黑龙江标注战迹舆图》，大连1935年版，第4排，第2上。
② P. 马克：《黑龙江旅行记》，圣彼得堡1859年版，第106页。
③ 《柳边纪略》卷1，黑龙江爱浑城条，商务印书馆1936年版，第16页。
④ 《清太祖武皇帝实录》卷2，己亥年正月条，第319页。
⑤ 麦利霍夫：《满洲人在东北》，莫斯科1974年版，第63页。
⑥ 《清史稿》卷233《巴奇兰传》："天聪八年十二月命偕萨穆什喀（萨木什喀）分将左右翼兵伐虎尔哈诸部"，第9379页。

的凯旋在 1635 年六月。这个问题，不是实录记载混乱，而是某些人们阅读的混乱。

在努尔哈赤集团军队力量进入黑龙江沿岸之后，政治经济力量也就跟着进入，派人前往收购，是其一例。不久，努尔哈赤向明管区进军，主力部队都在西线，但对虎尔哈等处也还不断进行招抚，有时也不免用兵。大致有如下记载：

1618 年十月　东海虎尔哈部长来归。

1619 年正月　派穆哈连率兵往收虎尔哈遗民。六月收丁壮二千人回。

1625 年三月　征东海瓦尔喀部，喀尔达等率降众三百三十人归。

　　　四月　征瓦尔喀部，达珠瑚、车尔格率俘获归。

　　　八月　征虎尔哈部，博尔晋等俘五百户归。征东海卦尔寨部，雅护、喀穆达尼等率俘获千人归。

　　　十月　征虎尔哈部，阿拜、塔拜、巴布泰等俘千五百人归。

以上这几次出兵都有俘获，努尔哈赤很重视，回来时都亲自出城迎接，设宴慰劳。这说明他对俘获人口极感兴趣，而且让将领们统率以归，反映出建国初期兵源和劳动力的缺乏和需要。后来皇太极曾说："向者我国深以得众为难，今人民辐辏。"[1]所谓得众为难就是说劳动力缺乏，补充为难。

四、皇太极对黑龙江的经营

皇太极于 1626 年即位后，对黑龙江仍继续经营，大致如下：

1626 年十月　　征卦尔察部，达珠瑚率俘获百余人回。

　　　十二月　黑龙江二十六人来朝贡。

1628 年正月　　东方格克里部四部长率属来。

　　　五月　　长白山迤东滨海虎尔哈部头目来。

　　　十二月　东方巴牙喇部部长来。

1629 年七月　　征瓦尔喀。1630 年四月回。库尔喀来。

1631 年七月　　黑龙江虎尔哈部四头目来。闹雷虎尔哈部四头目来。

1632 年十二月　吴巴海征兀扎喇部，俘获七百人，1683 年正月回。

1633 年十一月　季思哈、吴巴海征朝鲜接壤虎尔哈部。

---

① 王先谦：《东华录》第 1 册，崇德一，元年十月丙子召谕群臣，第 135 页。

1634 年正月　黑龙江羌图里嘛尔干率六姓来。

五月　黑龙江巴尔达齐来。

九月　阿鲁部毛明安举国来。

十二月　巴奇兰、萨木什喀征黑龙江未服之地。收编户壮丁二千四百八十三、口七千三百零二。1635 年四月回。吴巴海、荆古尔代征东海瓦尔喀。收服壮丁五百六十，妇幼五百九十，1635 年六月回。

1635 年十月　复征瓦尔喀，命吴巴海等分四路进军。1636 年先后回。

这一时期，皇太极军队主力先后在对朝鲜、蒙古和明王朝进行激烈战争，上面记载的都是些人数不多的小规模军事行动，正说明这些都是内部的战争。最多出现的是虎尔哈和瓦尔喀两部，这是由于它们住居区域较广，而且有时叛变反抗。我们还注意到，在努尔哈赤时代称为"东海虎尔哈部"的，在皇太极时代已称为"黑龙江虎尔哈部"。有些部落名称冠上黑龙江字样，也是前所没有的。

皇太极 1636 年称清帝以后，还有几次重要记载：

1637 年五月　前此七个月，席特库、噶尔纠率二十二人追踪盗马逃人叶雷一伙从多博科地方出发，走到兀喇遇到驻防边城守将吴巴海率四十五人来会，一同追到博木博果尔地方，又追到温多地方，杀九十四人，生擒八十三人，得马五十七匹，叶雷逃走被杀。1637 年五月席特库吴巴海噶尔纠等回沈阳，论功升职。①

这一次不是清军远征。这里说的是使鹿部指达斡尔族和鄂伦春族清代统作索伦部，居住在黑龙江中上游两岸。蒙古科尔沁旗在齐齐哈尔西南。黑龙江省北部的背叛逃人一伙盗窃科尔沁的马群，而由清朝官员追踪逮捕，驻防边将也一同追捕，最后并以立功受赏。对于宣称"十七世纪满洲文献资料中根本没有提到过在这一时期阿穆尔河上曾住有任何满洲人"②是没有根据的。他们还说，清初在东北没有设置行政官吏，我们在这里明显看到在乌喇设有驻防边城守将。皇太极时期还有下列的远征和朝贡：

1637 年七月　喀凯等分道征瓦尔喀。

---

① 王先谦：《东华录》第 1 册，崇德二，二年五月癸未条，第 143 页。

② 麦利霍夫：《满洲人在东北》，第 52 页。

十月　　　　黑龙江巴尔达齐、精格里河（精奇里江）扈育布禄来。

十二月　　　叶克书、星纳分两道征黑龙江卦尔察。1638 年四月回。

1638 年四月　卦尔察来。

尼噶里征虎尔哈回。

席北部来。

兀札喇部来。

1639 年八月　萨尔纠征库尔喀部。

1640 年二月　多济里、喀珠以宁古塔三百人征兀札喇部。

1640 年三月记载说，在前萨木什喀、曹海、叶克书、吴巴海等人征索伦部博穆博果尔。在忽麻里河分头进兵，攻破铎陈、阿撒津、雅克萨、多金四木城。博穆博果尔率索伦俄尔吞奇勒里、精奇里兀赖布丁屯以东，兀木内克巴哈纳以西，黑龙江额尔图屯以东，阿里阐以西，两乌喇兵共六千来袭，又把他们攻破，陆续俘获人丁六千九百五十多人。四月凯旋回。五月有三百三十九户来降，分编为八个牛录，博穆博果尔逃走。七月派席特库、济尔哈率蒙古兵三百五十人从蒙古北边往征，十二月把博穆博果尔擒获。博穆博果尔是索伦大头目。这是一次大叛变。清代索伦部包括达斡尔族的鄂伦春族，居住地方分布在黑龙江省北部和黑龙江外。忽麻里河今称呼玛尔河，或称忽玛河，当北纬 52 度，东经 124 度，就是黑龙江省最北部的呼玛县附近。呼玛距今苏联阿尔巴津（北纬 53 度，东经 124 度半）不远，约三百华里。精奇里兀喇（原误赖）就是精奇里江，兀喇满语是江，今俄名结雅河。

博穆博古尔事件也是清初一次重大事件，但同叶雷事件不同，是一次反抗斗争。博穆博果尔是索伦部的头目，较叶雷为大，早经归附清政权。1637 年吴巴海、席特库等人追捕叶雷曾经过他的住地，他不但没参加叶雷的反清，相反他还参加了对叶雷的追捕。[1]这年十二月，他到沈阳朝见皇太极，1638 年（崇德三年）十月他又到沈阳，十二月又朝见一次[2]，并赐衣、马、弓箭，1639 年（崇德四年）他打出反清的旗帜，说明他对清政权统治不满。[3]以他的反清和叶雷的盗马潜逃性质是不同的。清政权得到博穆博果尔反清报告后，于 1639 年

---

① 《清太宗文皇帝实录》卷 36，崇德二年六月辛丑条，第 460 页。

② 《清太宗文皇帝实录》卷 44，崇德三年十月丙午条，第 580 页；又十月癸巳条，第 581 页。

③ 《清太宗文皇帝实录》卷 49，崇德四年十一月辛酉，第 653 页。

11 月命索海①、萨穆什喀、穆成格、伊逊、叶克舒等八将领统兵往征，看出清政权对此的重视。

（陈生玺整理，原载《及时学人谈丛》）

---

① 索海又译曹海。

关于柳条边*

一、柳条边的名称和形状

柳条边又名条子边①，又名边栅②，又名盛京边墙③，简称边④，或柳边，满语称为毕埒根⑤（biregen）。

柳条边是清代划定的，在今天辽宁、吉林两省境内。柳条边，从山海关长城起，东北行到今天辽宁省威远堡，又从威远堡东行转南到辽宁省凤城县，共长一千九百五十余清里。因修建在前，称为老边⑥；复从威远堡北行转东到吉林省舒兰县西的法特，长六百九十余清里，修建在后，称为新边⑦；统称盛京边墙。⑧为了下文叙述方便，我们把山海关到威远堡一段称为西线，把威远堡到凤城县一段称为东线，把威远堡到法特一段称为北线。这只是为了方便而不是历史上有此名称。明代以来原称长城为边墙⑨，自柳条边称为边墙后，改称长城为边城。⑩《清一统志》卷三十九说"盛京边墙西至山海关接边城"是其

---

* 此文属稿于 1976 年 8 月至 11 月，次年春天略作增饰。

① 杨宾：《柳边纪略》卷 1，商务印书馆 1936 年版，第 1 页。

② 《吉林通志（上）》卷 15《地理志》，吉林文史出版社 1986 年版，第 275 页。

③ 《嘉庆重修一统志》卷 60《奉天府二·关隘》，中华书局 1986 年版，第 2352 页。盛京这一概念，在清初包括今辽宁、吉林、黑龙江三省。

④ 《盛京通志》第 1 册，卷 12《疆域志》所记各城四至的"边"都是柳条边，第 407 页。《盛京通志》初修于康熙二十三年，续修于雍正十二年，成书于乾隆元年，重修于乾隆四十三年，这里指续修本。下文不注明版本的都是续修本。

⑤ 《清文鉴》卷 19，第 33 页上；《嘉庆重修一统志》卷 67《附翻译语解》，第 2751 页；《柳边纪略》卷 2，亦作毕勒亨，第 29 页。

⑥ 《嘉庆重修一统志》卷 60《奉天府二·关隘》，盛京边墙条，第 2352 页。

⑦ 《清一统志》（乾隆本）卷 46《吉林·关隘》，布尔德库苏巴尔罕边门条，《嘉庆重修一统志》卷 68 同，第 2807 页。《吉林通志》卷 15 说"长六百二十二里"，第 275 页。

⑧ 《清一统志》（乾隆本）卷 39《奉天府·关隘》，盛京边墙条；《嘉庆重修一统志》卷 60 亦同，第 2352 页。

⑨ 顾祖禹：《读史方舆纪要》卷 37，商务印书馆 1937 年版，第 1597 页。广宁前屯卫北至边墙二十五里，边墙指长城。

⑩ 《清一统志》卷 44，明水堂边门西至山海关边城界四十里，边城都指长城。

明证。

柳条边沿线设方土堆，高、宽各约三尺，上面插柳，因此称"柳条边"。在指定的地方作为人马往来的道口，因此称"边门"。土堆上的柳树称为"边柳"。土堆以外挖壕沟一道，宽、深各约八尺，称为"边壕"。今天柳条边已经没有完整的遗迹了。日本为了侵略中国，对柳条边进行了调查。1907年，发现了清代修理彰武台边门时，写给奉天将军的《西三台边栅例式程途甲数清单》。有如下的记载："边壕：深八尺，底宽五尺，口宽八尺。边柳：一步三棵，粗应四寸，高应六尺，塗（除）土埋二尺，降（余）剩四尺。边外大路：二丈六尺宽。区内马道：一丈一尺宽。"[1]至于威远堡到法特一段的情况，"边栅，高四尺五寸。边壕，宽、深各一丈"[2]。可以说，新边的情况与老边的大体一致。

关于柳条边的柳，是成活的柳树，还是砍伐下来的柳木，过去的记载颇有出入。

（一）康熙二十年辛酉（1681）八月，吴兆骞、吴振臣父子入关通过威远堡时的记载说："四十里至乌远堡（威远堡），即柳条边。柳条边垂柳数百里，系前朝所种，以隔中外。"[3]清楚指出是生长着的柳树林。

（二）康熙二十一年壬戌（1682）三月初四日，高士奇随康熙帝两次通过柳条边，一次在咸厂[4]，一次也是威远堡，他记载说："道经柳条边。插柳结绳，以界蒙古。南至朝鲜，西至山海关，故曰柳条边……出此为宁古塔将军所辖。""驻跸威远堡，即柳条边汛守之地，奉天将军所辖也。疆分内外，地势渐高。"[5]这里的插柳可以理解为是活着的柳树，也可以理解为柳木椿，但同"结绳"联在一起，就不可能是柳树了。

（三）康熙二十八年己巳（1689）十月和康熙二十九年（1690）二月，杨宾两次通过柳条边，他记载说："今辽东皆插柳条为边，高者三四尺，低者一二尺，若中土之竹篱，而掘壕于其外，人呼为柳条边。"[6]这样"插柳条"显然不是生

① 稻叶岩吉：《增订满洲发达史》，第323-324页引。可惜它未举年代。

② 《吉林通志》卷十五《舆地志三·疆域上·边隙》，第275页·

③ 吴振臣：《宁古塔纪略》，《小方壶斋舆地丛钞》第1帙，第349页。

④ 据高士奇：《扈从东巡日录》卷下，三月十二日庚申，康熙帝自兴京（新宾）东行入山，驻跸嘉祐禅，嘉祐禅就是加木禅，也就是咸厂门，吉林文史出版社1996年版，第105页。稻叶岩吉：《增订满洲发达史》说康熙经过英额门，第339页。英额门在兴京北，成厂门在南。

⑤ 高士奇：《扈从东巡日录》卷下，第107、119页。

⑥ 杨宾：《柳边纪略》，金毓黻主编：《辽海丛书》第1集，第6页。王锡祺辑：《小方壶斋舆地丛钞》一帙，杭州古籍书店1985年版，第351页，作"插柳为边"，无"条"字。也缺"若中土之竹篱"六字。案康熙时，林结校订的《柳边纪略》改名《金辽备考》，所载与辽海丛书本同，知杨氏原本为此。

长中的柳树，也不是柳木椿，而是柳条。康熙十七年（1678）修的《开原县志》说"今（黄龙）冈上插篱为边，以限内外，为新边。"①这里不说插柳而说插篱，显然不是柳树。

他们三人是相识的。高士奇和杨宾都在书中记载了与吴兆骞的谈话和著作，并引用其书。杨宾还引用了高士奇的《扈从东巡日录》，但是何以他们自己作书时全无辩释，这应该是他们的所见不同。

到了乾隆初年，一般把柳条边解释为木栅，所谓"向来各边，俱编木为栅，以限内外，栅外浚壕，以禁越渡"②，既不是柳树，也不是柳条。"木栅"之称正与《例式》中的"边栅"相合。《例式》中的边柳"粗应四寸"，可以解释为柳树，但是四寸粗的柳树，至少已成活三年，加上柳叶枝条，树冠会更大。它们的间距"一步三棵"是不可能的。清制一步等于五尺，五尺之间植柳三棵，间距不过二尺五寸③，再包括树冠，这一间距是容纳不下的。而且这样宽阔的间隔，也无法"以隔中外"，防止"私越"。如果理解为柳木椿，间隔太大，更与事理不合。

柳条边是客观实物，诸家的分析解释如此迥然不同，显然不关实物本身，而是观察者的观察角度不同，他们只看到某一方面。合理的解释应该是：柳条边有时是插种柳树建成的；有时利用原有的柳林，如《宁古塔纪略》所说；有时则是插种柳杆，为《例式》所载，由于两树间距太大，用绳系柳木条为栅，所以称为"插柳结绳"④。柳条有高有低，可以三四尺，可以一二尺。⑤工程不是很大，因此便于扩展移徙。

从其他文献上，我们还可以得到某些旁证。由于柳条边是种柳树而形成的，所以金德瑛《和乾隆柳条边无韵诗》"古来辛苦筑长城，何如植此柔柳条"⑥。由于柳条边有时利用原有的柳树，所以康熙帝《柳条边望月》诗"春风寂寂吹杨柳，摇曳寒光度远空"⑦，这里显然是种柳树了。杨宾《出威远堡边门》"柳

---

① 《开原县志》卷上，金毓黻主编：《辽海丛书》第7集，第5页下。此书于康熙十七年（1678年）开始纂修，康熙二十三年（1684年）成书。

② 《和其衷上根本四计疏》，见《清名臣奏议》，贺长龄、魏源等编：《清经世文编》卷35，中华书局1992年版，第861-862页。

③ 有人解释为间距一尺七寸，与习惯不合。那是一步四棵的间距。

④ 高士奇：《扈从东巡日录》卷下，第107页。

⑤ 杨宾：《柳边纪略》卷1，第1页。

⑥ 《吉林通志》卷15《舆地志三·疆域上·边隘》，第276页。

⑦ 王河：《盛京通志》第1册，卷4，第278页。

条三尺认边门"①，由于在两树之间捆系木条编列成栅，所以刘纶《柳条边》诗"径为设柜围设蕢"②，乾隆帝《入伊屯边门》诗"边墙尽柳条"。③由于柳条边不高而且间距空隙较大，所以乾隆帝《柳条边》诗"我来策马循边东，高高逾越疏可通"④，汪由敦和诗"边门萦绕柳条多，疏为列栅眉才过"⑤，金德瑛和诗"行依柳色束复束，麂眼疏篱面面通。外边策逐里边见，欢笑和答将毋同？"⑥柳条边的修造是简易的，所以刘纶诗说"一线缘边析柳条，版锸不烦人力惫"⑦。

1977 年 2 月，在抚顺讨论清代柳条边的小组会上，知道柳条边的柳条不是杨柳条的枝条，而是另一种叫做柳条的植物。汉语又叫条子。这种柳条是长条，丛生，长不很高，现在东北仍把它作为房地界址，以防止牲畜的闯入。满语叫做"卜儿干"，又叫"毕勒特"，同柳树的"佛多火"（佛多和）分别得很严格。⑧这一说法，从前没有接触过，我想是正确的。至少柳条边有一部分是这种柳条建成的。汉语柳条边又叫条子边，大约都由于此。所谓"插柳结绳"（《扈从东巡日录》），所谓"高者三四尺，低者一二尺，若中土之竹篱，而掘壕于其外"（《柳边纪略》卷一），所谓"柳条三尺认边门"（杨宾《出威远堡边门》诗，见《柳边纪略》卷五），等等记载，也是符合的。

为什么叫柳条边呢？

边在清初的概念是指边疆边境的广大土地，而不是国家的疆界线，更不是指自然的疆界。康熙帝在 1682 年视察，到了今天辽宁省的沈阳、新宾和吉林省的吉林市，距离国家的疆界还很远，但是康熙帝回京后的诏书却说"朕巡行沿边地方"，已称沿边地方。⑨1661 年奉天府尹张尚贤汇报奉天形势时，把"边"与"海"相对，他说"自山海关以东，至中前所"，"北面皆边，南面皆海，所谓一条边耳"。⑩这所谓北方的边竟在清代旧都沈阳之南。1690 年编写的《柳边纪略》，不只一次地说"边外""边内外"，明白指出"东北柳条边内外设将军三：

---

① 杨宾：《柳边纪略》卷 5《出威远堡边门》，第 130 页。
② 《吉林通志》卷 15，柜是楎柜，就是用木条交叉而做成的障碍物，蕢是草制的小围屏，第 275 页。
③ 萨英额撰，史吉祥、张羽点校：《吉林外记》卷 1《入伊屯边门》，吉林文史出版社 1986 年版，第 12 页。
④ 《盛京通志》卷 13。
⑤ 《吉林通志》卷 15。
⑥ 《吉林通志》卷 15。意思是说像篱笆一样，空隙太大，在外面的行动里面都看得见，里外可以对话。
⑦ 《吉林通志》卷 15。
⑧ 吉林师范大学夏景才同志谈。
⑨ 《王氏康熙东华录》三十，康熙二十一年八月乙酉条。
⑩ 王先谦：《东华录》第 1 册，康熙一，顺治十八年五月丁巳条，第 489 页。

曰盛京将军，曰宁古塔将军，曰爱珲将军，即黑龙江将军"①。显然清政府不可能把行政机构设在疆界以外，所以柳条边是在国境以内用柳树作标识设立的界限，是国内的限制线，不是疆界线。

今天，清代柳条边已无完整的遗迹可寻，只有部分地方尚能看到。据调查，尚能大体看到当年概况的，只有威远堡公社东南八里地的毛家屯一带，还保存约三百多米长的一段遗迹，顺山脚南北走向，边壕最深处约有一米半，壕的上口宽约一米，壕楞上面还长着几个直径约二尺粗的柳树墩子和几株碗口粗的柳树。②苏联文人妄说"高柳桩"，既与文献记载不符，又与实存遗迹不合，显然是荒谬的捏造，有意的歪曲。

二、柳条边建立的年代

柳条边从康熙时期的《盛京通志》③和其他公私著作到清末宣统年间的杨守敬《历代地志图》底本都有记录，但都没有提到它的建立年代。

1681 年，吴振臣经过开原威远堡柳条边，在他的《宁古塔纪略》中说："柳条边垂杨数百里，系前朝所种"④。所谓前朝，当时的习惯指明朝。⑤开原在 1619 年（明万历四十七年，清天命四年）归属努尔哈赤，在那以前二百多年都属明朝辖土。吴振臣所说的"前朝所种"，不过因为作者看柳条边枝干高大推想而言，不是真的有明朝种的确据，自然不能因此认为柳条边是明朝设立的。

自凤凰城到威远堡，再由威远堡到山海关的柳条边，俗称老边⑥，有人以为既称老边应该就是明代辽东镇边墙。这是没有根据的。1583 年，努尔哈赤追击尼堪外兰，尼堪外兰逃向抚顺，欲进边，明军出边把他赶走。⑦说明明代沈阳附近的边墙是以抚顺所（今辽宁抚顺市北抚顺城）为界。努尔哈赤祖居的赫

① 杨宾：《柳边纪略》卷 1，第 8 页。

② 抚顺钢厂、吉林师范大学《清代柳条边》讨论稿，第 120 页。

③《盛京通志》初印于康熙二十三年（1684 年），凡三十二卷，重印于康熙五十年（1711 年），在艺文部分加了一些康熙帝的诗文，通称康熙本；续修于雍正，凡四十八卷，书成于乾隆元年（1736 年），通称乾隆元年本，或称王河本，因为王河是总裁；重修于乾隆四十三年（1778 年），通称乾隆本。

④ 吴振臣：《宁古塔纪略》，《小方壶斋舆地丛钞本》第 1 帙。第 349 页。

⑤ 高士奇：《扈从东巡日录》说："前代自万历以来"，又说："宁远寺庙多是前朝镇帅所建"，毕奥南整理：《清代蒙古游记选辑三十四种（上）》，东方出版社 2015 年版，第 224 页；又高士奇：《松亭纪略》说：三河县马房"乃前朝拳牧之所"，毕奥南整理：《清代蒙古游记选辑三十四种（上）》，东方出版社 2015 年版，第 182 页。所谓前朝、前代都指明朝。这是当时惯例。

⑥《嘉庆一统志》卷 60《奉天府·关隘》，第 2352 页。

⑦ 王先谦：《东华录》第 1 册，天命一，万历十一年八月，第 8 页。

图阿拉（今辽宁新宾），明清大战的萨尔浒，都在明边墙之外，但是到清代却在柳条边之内。可知柳条边与明边墙并不一致。

清代沈阳西六十里（华里，下同）有土墙基，号称老边，是由沈阳到北京驿道的第一站，清初就有人认为是明代辽东镇边墙。辽东镇边墙既在沈阳以东八十里的抚顺，就不可能在沈阳以西六十里有墙基，两处不是一条线。有人解释说是"即明朝失辽阳后边墙"①。我们知道努尔哈赤在 1621 年 3 月攻下沈阳，之后才进攻辽阳，辽沈失后，明起用熊廷弼固守广宁，没有时间在沈阳以西重建边墙。

辽东镇边墙，不是明代边疆的国防线，只是境内区域性的警备线。因为明代的东北边疆在黑龙江和外兴安岭，已有奴尔干都司的设置。而且辽东地区地旷人稀，少数民族聚居，不相统属，时常发生攘夺，于是在必要时于适当的地方设立边墙。因为它是辽东都司所辖，所以名为辽东边墙，或辽镇边墙。辽东镇边墙在宣德年间（1426—1435）还未建立②，其后王翱、毕恭建辽河边墙于正统末，是为了防止朵颜三卫③，李秉建抚顺边墙于成化初，是为了防制建州女真。④边墙路线也有伸改，万历元年（1573）东线伸展到宽甸等六堡，到万历三十三年（1605）又复退回来。辽东镇边墙的建立已在明代全盛以后，工程质量很差，许多地方不久便已残破，而且建造方式不同，所以清代柳条边尽管有在明边墙上重建的地方，也不是原来的旧墙了。因此，认为老边就是明边的意见是不能成立的。

明代著作《寰宇通志》《明一统志》《辽东志》《全辽志》都无柳条边的记载，《满文老档》《清太祖实录》《清太宗实录》也未见，可知柳条边的出现一定在清入关之后。同时我们还注意到在 1659 年到宁古塔的方拱乾⑤写的《绝域纪略》也未提到柳条边。

1661 年 5 月（顺治十八年，时康熙已即位，由四辅臣执政），奉天府尹张尚贤论奉天形势说"广宁城南至闾阳驿、拾山站、右屯卫海口，相去百余里；北至我朝新插之边，相去数十里"⑥。这里所说"我朝新插之边"就是柳条边，

---

① 杨宾：《柳边纪略》卷 1，第 8 页。
② 《明孝宗实录》卷 72，弘治六年二月条，第 1351 页。
③ 杨宾：《柳边纪略》卷 1，第 23 页。
④ 《明宪宗实录》，成化三年十二月李秉奏疏，第 993 页。
⑤ 方拱乾的儿子方章铖同吴兆骞都是丁酉江南科场案中人。
⑥ 王锡祺辑：《小方壶斋舆地丛钞》一帙，第 339 页；又王先谦：《东华录》第 1 册，康熙一，第 489 页。这里的"相去数十里"，王氏《东华录》作"相去数千里"，"十"误为"千"。

不说柳条边而称新插之边，可知柳条边必建立于顺治时，但当时尚无"柳条边"之名。惜史籍未载确实年月。

据康熙《盛京通志》，顺治十一年（1654）在柳条边西段各边门设置笔帖式各一人①，可知这时西段已全部完成，至于开始修治时间则不详。②东段完成时间，史无明文。凤凰城（今辽宁凤城）是明代以来的重镇，是通朝鲜的孔道。1621年（天命六年，明天启元年）3月，清攻下沈阳、辽阳后，凤凰城一带地方才为清所得，但是明军毛文龙屯住鸭绿江边，是一个威胁。所以1634年（天聪八年，明崇祯七年）清只在通远堡设官驻兵，到1638年（崇德三年，明崇祯十一年）才向南在凤凰城建立行政机构，设官。③柳条边东线以凤凰城为起点（或终点），必定要在行政体制完成后才能修建，所以在1638年以前是不会有柳条边东线的。是不是东线就在本年开始？也不然。

1636年（崇德元年，明崇祯九年）12月，清军南侵朝鲜，从盛京（今辽宁沈阳）出发，到沙河堡（沈阳南）分两路进军，中路向南从镇江（今辽宁丹东）渡江攻朝鲜义州，进军郭山、定州。④左翼向东南从宽甸入长山口，攻朝鲜。次年（1637年）二月，仍由义州渡江旋师。从后来的地图看，中路除镇江部分外都在柳条边内，左翼一路在柳条边外。《实录》记载并无通过柳条边明文，可知当时还未修建。⑤

当时从朝鲜到辽东，由义州渡鸭绿江到凤凰城是往来大道，从昌城渡江到宽甸一带是荒僻小道，除了走私的以外很少有人走。⑥皇太极第二次侵朝后，强迫朝鲜王储昭显世子作人质，从1637年起留沈阳前后八年。他的随从人员记载了八年的情况，存留下《沈馆录》一书。八年中从朝鲜义州到沈阳往来人多，过鸭绿江后，第一个集中地点，有不同的记载。在1637年是通远堡⑦；在1638

---

① 康熙二十三年《盛京通志》卷14。

② 王河：《盛京通志》第1册，卷16关隘，白石嘴条有"顺治八年初此口"一句，但下文又有十四年、二十五年展边的话，显的错简，不取，第656页。

③ 王河：《盛京通志》第1册，卷10建置沿革，凤凰城条，第357页。

④ 王先谦：《东华录》第1册，崇德一，崇德元年十二月，第137页。

⑤ 有一说1638年（崇德三年）起，皇太极利用自凤凰城成厂边门一段明边加以修缮，并向东北扩展。案本年五月修治沈阳到辽河大道，高三尺，广三丈，路旁浚濠；八月分二路伐明，深入河北、山东，至次年（1639）三月回师，均见实录，何时修治柳条边，待考。此说来自稻叶岩吉，不采。

⑥ 1630年朝鲜宣若海使金，从昌城渡江，"第五日始见人迹"，见宣若海：《沈阳日记》，辽海丛书本，第2846页。

⑦ 《沈馆录》卷1，金毓黻主编：《辽海丛书》第1集，第2页上、第5页上。

年 8 月以后是凤凰城①，偶尔也在通远堡②，在 1642 年 10 月以后，出现"栅门"的名称，是前所未见的。凡到凤凰城城内的，先在栅门等待，离去也在栅门休止。③据记载"栅门"在汤站（今辽宁汤山城）以北，并不是凤凰城的栅门，曾经有人旁晚来到栅门，次日才被送进城④，说明栅门距凤凰城还有一段路。在这本书里，别处提到栅门，指的是明代边墙门⑤，或是庄屯堡寨的门。⑥凤凰城外的这里，不是庄堡，也不是明边，而且是新有的，很可能就是柳条边的边门。在昭显世子留沈阳后，往来朝鲜的人加多，最初以通远堡为集合点，通远堡不方便，又迁到凤凰城，凤凰城不方便，又设立栅门，就是后来的边门，凤凰城边门在城东南三十里，方位也正相当。⑦圈立边栅，后来称为柳条边，这是合乎规律的。所以柳条边东段的修建年代不会早于 1642 年，由于边门是往来孔道形成的，修治边栅必预留边门，不可能先修边墙后定边门。

日本稻叶岩吉认为，1638 年清太宗皇太极经过凤凰城和咸厂边门，将旧界展出五十里⑧，可惜没有指出资料的来源，我们不能进一步加以分析论证。但从当时形势看，这时清军除了进攻明朝以外，还在进一步进行内部统一，1638 年对虎尔哈⑨、库尔喀⑩正在用兵，它是否有把自己东面地区加以封锁的必要，是值得怀疑的。

1681 年（康熙二十年）在柳条边北线四边门添设防御和笔帖式等官员，见《会典事例》。⑪所以一些书籍都同意柳条边北线是 1681 年完成的。苏联齐赫文斯基说是 1676 年（康熙十五年）盛京将军安珠瑚奉命修建的。⑫安珠瑚于 1678 年（康熙十七年）任奉天将军⑬，当时柳条边北线四边门统属于宁古塔将军⑭，

---

① 《沈馆录》卷 1，第 13 页下、第 14 页上、第 17 页下。

② 《沈馆录》卷 4，第 12 页下。

③ 《沈馆》录 4，第 7 页下、第 10 页下、第 11 页下、第 12 页下。

④ 《沈馆录》卷 5，第 5 页上。

⑤ 《沈馆录》卷 3，第 24 页下；卷七，第 10 页下。

⑥ 《沈馆录》卷 7，第 18 页下。

⑦ 博明：《凤城琐录》，金毓黼主编：《辽海丛书》第 1 集，第 1 页。

⑧ 稻叶岩吉：《增订满洲发达史》，东京 1939 年版，第 319 页。

⑨ 王先谦：《东华录》第 1 册，崇德三，第 149 页。虎尔哈在黑龙江、松花江都有，见王先谦：《东华录》第 1 册，崇德八，第 188 页。

⑩ 王先谦：《东华录》第 1 册，崇德四，第 163 页。

⑪ 《清会典事例》卷 429，第 842 页；《吉林外记》卷 3，《吉林通志》卷 60 同。

⑫ 齐赫文斯基：《中国历史学中的大汉族主义》，苏联《历史问题》1975 年第 2 期。

⑬ 王河：《盛京通志》第 1 册，卷 20《职官志》，奉天将军条，第 797 页。

⑭ 王河：《盛京通志》第 1 册，卷 19《职官志》，边门条，第 787 页。

与奉天将军无隶属关系；1676 年安珠瑚任吉林乌喇副都统[①]，也与奉天将军无关。他的错误是从另一苏联人麦利霍夫来的。[②]

柳条边设立的年代反映了当时形势和设立的原因。

三、柳条边建立的原因

1. 柳条边不是中国的疆界线

认为柳条边是清代疆界线的，前有日本矢野仁一，后有苏联的齐赫文斯基、麦利霍夫，现在不作繁琐考证去辩驳，只举几件简单事实。

1630 年（天聪四年，明崇祯三年）朝鲜使臣到沈阳，从昌城渡江，因为他们不从义州过江，受到农民盘诘，被怀疑是来窥探。[③]说明过鸭绿江就是清朝（当时称金）的疆域；1631 年（天聪五年，明崇祯四年）有朝鲜人到卜儿哈兔（东间岛）地方狩猎，又到灰扒（辉发）和宽典（宽甸）地方挖参，清人均提出抗议[④]，说明这些地方都属清朝所有；1642 年英俄尔岱（朝鲜称"龙将"，又称"英将"）驻凤凰城，不时到九连城、中江城狩猎[⑤]，说明这些地方都属清朝所有。1642 年皇太极在叶赫狩猎十几天后在开原城南门止宿。[⑥]以上记载都不是清朝自己的，而是外国的，关于领土问题应该比较客观。它们都承认记载的地方是清朝领土，而在后来地图上却都在柳条边之外，明确地指出柳条边不是清朝的疆界线。特别还应指出的：这些记载的时间都在帝俄人到达黑龙江（1643年）之前，有的还在帝俄人听说黑龙江（1636 年）之前。[⑦]其中没有一个资料记载到这时帝俄人到过黑龙江，更不用说为它所有了。

2. 柳条边不是清代的边防设置

柳条边既然不是我国边界，不是疆界线，当然不是边防防御工事，上面关于柳条边的建造形式已经充分说明。但是苏联的某些文人却有意颠倒黑白地说

---

① 王河：《盛京通志》第 1 册，卷 20《职官志》，吉林乌喇副都统条，第 798 页。

② 麦利霍夫：《满洲人在东北》，莫斯科 1974 年版，第 107 页。

③ 宣若海：《沈阳日记》，第 2 页。

④ 稻叶岩吉：《增订满洲发达史》，第 320 页，引文书。

⑤《沈馆录》卷 4，第 14 页上。

⑥《沈馆录》卷 3，第 24 页下。

⑦ 拉文斯坦：《俄罗斯人在黑龙江上》，英文 1861 年版，第 9 页。

什么"决不是什么象征性的，而是在当时来说非常牢固的防御线"①；"一条无法穿越的林带"。②妄图伪造柳条边是防御工事的形象，以达到使人产生是中国疆界线的错觉。柳条边的形式前面已加说明，现在再举两件柳条边绝对不是防御工事的证明以作比较。

清初的广宁县城是明代修建的卫城，砖墙高三丈五尺，厚一丈五尺，濠宽二丈，深一丈五尺。1666 年（康熙五年）修造的宁古塔城（今黑龙江宁安），在牡丹江边，竖立松木作墙，中实以土，墙高二丈余。1686 年修造的墨尔根城（今黑龙江嫩江县），墙用松木夹栅，中间筑土，高一丈八尺。③这些城并不是边防重镇，但是它们修建的规格，无论高度、深度以及土木工事，较之柳条边都要超出一倍。

柳条边的边门，是往来孔道，但它不像近代国家的要塞，没有作为阵地核心的多面堡，没有任何相应的人工防御手段的筑城工事，也不像中国古代的一大五小前后分列的墩台。④它只是平房三间而已⑤，中间一间通车马、行人，稽查人员就在其旁两间屋里。

从柳条边边门的武装看，更显然不是边防设置。清代柳条边边门各设兵十人或二十人。⑥北线全长六百二十二清里，凡四个边门共八十人，平均八清里一个兵；东线和西线全长一千九百五十清里，凡十六个门，共一百六十人，平均约十二清里一个兵。从古到今哪有这样的边防！清初在东北并不是没有驻防部队，但不在边门。有的在柳条边内，如熊岳城（辽宁盖平县南）、岫岩；有的在柳条边外，如宁古塔（1653 年），三姓（黑龙江依兰）；有的虽在柳条边沿线镇，却不是在边门，如兴京（辽宁新宾），距汪清门三十里，如开原，距威远堡边门三里都是。⑦至于随时调遣的部队还不在驻防部队之内。显然柳条边边门的满洲兵和汉军兵只是守门的稽查而已。清代边境上的巡逻站是喀路或译卡

---

① 麦利霍夫：《满洲人在东北》，第 106 页。

② 别斯克·罗夫内、齐赫文斯基、赫沃斯托夫等三人《论俄中边界形成史》，见苏联《国际生活杂志》1972 年第 6 期。

③ 均见王河：《盛京通志》第 1 册卷 15《城池志》，第 635 页。

④ 古代墩台有大墩一，前列小墩五，甘肃酒泉至嘉峪关路上还有遗迹，见邵元冲主编：《西北揽胜》，正中书局 1936 年版，第 84 页。

⑤ 博明：《凤城琐录》："边门……植木栅为缭垣（就是柳条边），屋三椽（间），中为门，施管钥焉（加锁），边门章京司之"，辽海丛书本，第 1 页。书作于 1777 年（乾隆四十二年）。

⑥ 杨宾：《柳边纪略》卷 2"山海关至威远堡等八门，每门设兵十人；北线兵八十人"，第 29 页；康熙《广宁县志》卷 5《武备志》清河门披甲兵丁十名；康熙《锦县志》卷 5《武备志》，松岭门、九官台门披甲兵十名。康熙《宁远州志》卷 5，新台门、黑山口门、高台堡门同。

⑦ 均见于王河：《盛京通志》第 1 册卷 19《职官志》，第 754 页。

伦，与柳条边无关。

3. 柳条边不是关内汉族的限制线

日本稻叶岩吉认为柳条边是清代封禁政策的产物，它的建立原因有三：一是禁止汉人进入东北；二是防止满族汉化；三是防护围场。[①]都说的是柳条边建立后的情况，不能说明所以要建立的原因。

辽河迤东，从来就是汉族与少数民族住居地区，《汉书·地理志》有明确记载。1618 年努尔哈赤的军队进入明边，满族随之移入，当时对汉族没有排斥[②]，然而汉族上层逃入关内的很多。[③]1644 年清军入关，满族和汉军随同入关，"挈家驻防"的汉人多至几万家[④]，因之关外人口稀少。1649 年（顺治六年）正月劝谕各省居住的关外辽人还乡，愿入满洲旗内即入旗内，愿还乡的可以还乡，愿入行伍的满洲一例给予粮饷，这是专为辽东汉人而发的。通晓文理的送礼部考选，亲善骑射的由兵部试用。[⑤]1649 年 4 月又下令招民，认为"自兵兴以来，地多荒芜，民多逃亡"，令各省府厅州县"不论原籍、别籍，必广加招徕"，察本地方无主荒田，给以开垦耕种，永准为业，六年后再议征收。[⑥]并制定了招民劝耕官吏的奖励。这是对全国而言的。

1653 年（顺治十年）辽东定了招民受官例[⑦]：招民开垦到一百人的，文官任用为知县（县长），武官任用为守备（相当于营长），不是一百人按人数递减。奖励是高的。这种办法实行了有十五年，到 1668 年才停止。招民授官停止了，但移民并未停止。这种招徕的农户，法令上称为"招民"，招民令停止后迁来的农户称为"徙民"。在 1661 年奉天府尹张尚贤奏报盛京形势，还说辽河东西"沃野千里，有土无人，全无可恃，此内忧之甚者。"[⑧]可知招民、徙民的结果，还远不能满足当时的政治需要。

---

① 稻叶岩吉：《增订满洲发达史》，第 326-334 页。

② 1625 年努尔哈赤杀了些明朝的官僚地主，认为"种种可恶皆在此辈"，见王先谦：《东华录》第 1 册，天聪三年九月壬午，与一般汉人无关，第 68 页。《实录》卷 9 说，1640 年广宁之役辽民逃入关内的有二百八十万。案 1578 年调查户口，全国人口共有六千零六十多万，《明史》卷 77 "食货一"，第 1880 页；山东布政司凡五百六十六万人，《明史》卷 41 "地理二"，第 937 页，广宁只十个卫，人口不会有这样多人口，显系臆测。

③ "辽东汉人时时逃走"，见王先谦：《东华录》第 1 册，天聪九年正月戊寅，第 117 页。

④ 1649 年随孔有德、耿仲明、尚可喜等部挈家驻防的凡四万人，见《清世祖章皇帝实录》，顺治六年五月丁丑，第 351 页。

⑤ 王先谦：《东华录》第 1 册，顺治十二，第 287 页。

⑥ 王先谦：《东华录》第 1 册，顺治十二，四月壬子条，第 291 页。

⑦ 王河：《盛京通志》第 2 册卷 23《户口志》，第 1160 页。

⑧ 王先谦：《东华录》第 1 册，康熙一，五月丁巳条，第 489 页。

清代制度，旗籍户口由八旗都统所属佐领管理，在辽东则由盛京将军所属佐领或各城城守管辖，汉族户口才归地方州县上报各省布政使。[1]清初辽东户口，有的入旗，有的随清军入关，或驻防两广，更多的则是逃亡。所以《盛京通志》说，康熙初年（1662—1666）"于时州县新设，户无旧籍，丁鲜原额，俱系拓民，三年起科"[2]。在这种情况下，招民还感不足，那能禁止汉人进入辽东？

据当时的人口记录，也是逐年增加的。略举几年，以资证明。

时　间	辽东全部男丁（人）	辽东全部起科地亩（亩）
1661 年（顺治十八年）	五千五百五十七	六万零九百三十三
1668 年（康熙七年）	一万六千六百四十一	
1681 年（康熙二十年）	二万八千七百二十四	
1683 年（康熙二十二年）		三十一万二千八百五十九
1724 年（雍正二年）	四万一千二百一十	五百八十万一千六百三十八

以上资料摘自《盛京通志·田赋志》卷二十四。

从上面记录看出，在柳条边修建前后年代里，东北三省的人口和农田都有显著的增加，增加的户口是招民、徙民，都是汉人，开垦的田亩不是官庄，不是旗地，而是新起科的民田，也是汉人耕种的。这充分说明：认为柳条边是为了禁止汉人进入东北而修建的说法，没有事实根据。尤其难于解释的是，柳条边从山海关向东修造的部分，隔断了南北，当时汉人都住在山海关内，那么北面的柳条边也是为了隔断汉人进来的吗？美国人费正清看出这个漏洞，于是解释说这是为了阻止汉人从南满向北移殖，并且保留北满为狩猎区。[3]这一解释，就承认了东北原有汉人，只是为了阻止汉人从南满向北移殖，而不是限制关内汉人向东北移殖。这样，也就否定了他自己根据稻叶意见所说"满洲人想保持他们种族社会的本来面目，封闭了自己家乡本土，禁止汉人移殖"的主张。努尔哈赤自己的"家乡本土"是兴京（辽宁新宾）周围，与汉人同样圈在柳条边之内，又怎样"保持他们种族社会本来面目"呢。

清代帝室的陵墓、围场等都是所谓封禁区域，不让往来、樵采、狩猎，它们有自己的围墙，规格上和柳条边不一样。《嘉庆一统志》英峨边门条说："边

---

① 《钦定大清会典》卷九，户部户口，《景印文渊阁四库全书》第 619 册，第 113 页。王河：《盛京通志》第 1 册卷 12《疆域志》奉天府所辖疆域条，第 452 页。

② 王河：《盛京通志》第 2 册卷 23《户口志》，第 1161 页。

③ 费正清：《美国与中国》哈佛出版社 1958 年版，第 8 页。费正清采用柳条边是为了禁止汉人移殖说法，但未提稻叶的姓名。

外为围场"①，这是说英峨边门外并无居民，只是围猎地区，也未举明某一围场，更没有说柳条边就是保护围场的围墙，我们在盛京边墙条下清楚看到"兴京、凤凰城边外为围场"，而在凤凰城边墙条下并无记载，可以知道这只是泛泛说明而不是指实。同样，盛京边墙条说，"吉林开原以西的边外为蒙古科尔沁等诸部驻牧地"，发库边门条说"边外为科尔沁界"，这些记载，也是一般地指出由此属于驻牧民族，而不是标明某一民族的确实驻地，因为科尔沁还分为六旗，接连边墙的只是左翼旗、左翼前旗和左翼后旗②，郭尔罗斯分二旗，而前旗近边，就是《嘉庆一统志》所谓的"等诸部"。

还应该指出，柳条边也不是行政区划的分界线。高士奇《扈从东巡日录》在记耿家庄柳条边时说，"出此（耿家庄口）为宁古塔将军所辖"③，在记威远堡时说，"即柳条边汛守之地，奉天将军所辖"④。据康熙《开原县志》，耿家庄在开原县东七十里，威远堡门在开原县东北三十里，自耿家庄绕北到西一带都是柳条边。⑤这里说的是：这段柳条边的边内、边外分属两个镇守将军辖区管辖，而不是说在行政区划分属两个区域。直到1727年（雍正五年）在宁古塔境内设置永吉州（今吉林省吉林市）泰宁县（已废），还是隶属于奉天府⑥，这是清代制度。后来将军辖区发展到行省，今辽宁省开原县和西丰县清初隶属奉天府，后隶奉天省，但西丰县在柳条边外，开原县在柳条边内；今吉林省长春市和吉林市清初隶属吉林将军，后隶属吉林省，但长春市在柳条边外，吉林市在柳条边内。显著地证明柳条边不是行政区划分界线。

附带说一下清初东北领域里的边。1608年（明万历三十六年），努尔哈赤势力强大之后与明朝官吏宣誓立碑，约定"两国各守边境"，凡看到对方有越边的都杀掉。⑦这里所说各守边境，实际以明朝的边墙为线，满洲并没有自己的边墙，所以其后1627年（天聪元年，明天启七年）皇太极给袁崇焕的信里，责备明朝"移置界石于沿边三十里外"⑧，就是证明。

1626年（明天启六年，天命十一年），皇太极即位第七天下令说，"工筑之兴，有妨农务。前因城郭边墙事关守御，有劳民力，良非得已"，"今修茸已竣"，

---

① 《嘉庆重修一统志》卷60《奉天府·关隘》，第2352页。
② 《嘉庆重修一统志》卷537，第26585-26588页；卷538，第266623页。
③ 高士奇：《扈从东巡日录》卷下，三月癸亥（十五日）条，第107页。
④ 高士奇：《扈从东巡日录》卷下，四月辛卯（十四日）条，第119页。
⑤ 康熙十七年（1678年）修《开原县志》卷上，辽海丛书本，第5页、第9页、第12页。
⑥ 王河：《盛京通志》第1册卷10《建制沿革志》，第348页。
⑦ 王先谦：《东华录》第1册，天命一，戊申年正月条，第18页；同书天命二，天命元年六月条，第26页。
⑧ 王先谦：《东华录》第1册，天聪二，天聪元年正月丙子条，第53页。

后"不复兴筑"。①这里边墙指的是什么？当时柳条边尚未修建，明代边墙东线抚顺一带已成清朝疆域中心，西线义州一带还在明朝管辖之下。此外别无所谓边墙。但是我们知道，在文献中城圈也叫边墙，在《盛京通志·城池志》有明白记载。②这里城郭边墙是指城郭周围的城圈。在此次下令的前一年，1625年（天命十年，明天启五年）8月努尔哈赤命兵士屯驻耀州（今辽宁海城县西南），修葺其城尚未完工时，发生明军来袭。③皇太极所说"今修葺已竣"就指这类工程。如果认为1626年停止修葺的城郭边墙就是柳条边，从而认为柳条边为努尔哈赤修建，那是不符合事实的。

1628年（天聪二年，明崇祯元年）满洲将领刘兴祚伪装自杀逃往明地，留遗书给库尔缠说，把他的尸体埋葬于边外扎木谷中。④这里说的边外是指刘兴祚居住沈阳城外的边远地方，而不是国境以外。1626年皇太极初即位时对旗民禁令说"田猎、采捕须先告知本旗贝勒，凡边内狼、狐、貉、獾、雉、鱼等物，各听其采捕"，"并禁止边外行猎"。⑤这里的边内、边外是指八旗贝勒的屯庄份地的境内、境外而言，不是在国境内任何地方都可以任意采捕。所以下文还有"若往外国亦当告知诸贝勒，私往者罪之"一句。

满洲自1621年（天命六年，明天启元年）夺取明朝辽沈之后，隔辽河与明对峙，当时明清边界在辽河，但满洲对辽河边界为何设、有无边墙之类，没有记载。从当时明代防守沈阳的设备来看，大约也是几道深濠、木栅，并加筑拦马土墙。⑥

从上面可以看出：柳条边不是清代的国境线，不是国防线，不是要塞线，也不是行政区划分界线。那么它是什么？

首先从原始资料看。关于柳条边的记载以1682年高士奇《扈从东巡日录》，1684年《开原县志》⑦，1693年杨宾《柳边纪略》⑧和吴振臣《宁古塔纪略》

---

① 王先谦：《东华录》第1册，天聪一，天命十一年九月丙子条，第51页。

② 王河：《盛京通志》第1册，卷15《城池志》，宁古塔城池条，永吉州城池条，第601.629页。

③ 王先谦：《东华录》第1册，天命四，天命十年八月条，第45页。

④ 王先谦：《东华录》第1册，天聪三，天聪二年九月庚申条，第64页。

⑤ 王先谦：《东华录》第1册，天聪一，天命十一年九月丙子条，第51页。

⑥ 王先谦：《东华录》第1册，天聪三，第39页。

⑦《开原县志》由刘起凡考订，周志焕校辑，前有刘起凡1678年序，称"今天初冬告成"，但志内记载有1684年事，当是周志焕所补。刘起凡1678年任开原知县，周志焕1681年任知县。

⑧ 杨宾之父杨越以沟通张煌言嫌疑，1662年被清廷遣戍。杨宾1689年到宁古塔省父，1690年回，1691年杨越死，又二年归葬浙东。杨宾：《柳边纪略·自序》说"先子即世，归葬中原，回念耳目所闻见有宜书者"，又说"先子至其地在三十年前"，书中称杨越为"余父"，自序称"先子"，所以这本书应该写在1691年—1693年之间。

较早。《宁古塔纪略》写于 1721 年，但经过柳条边的时间为 1681 年，比较在前；高士奇是康熙帝的随从人员，记载是半官方的，比较有根据。①

高士奇《扈从东巡日录》说，"道经柳条边，插柳结绳以界蒙古"，"有私越者必置重典"。②《宁古塔纪略》说，"以隔中外，今仍有章京守此，盘诘往来"③。《开原县志》说，"以限内外"④。都明确指出：柳条边是禁止自由通过的封锁线，是盘诘往来的稽查线。这些记载和当时情况是一致的，说明它的确实。1681 年（康熙二十年）吴兆骞从宁古塔进关，他是特赦的人，将军派人护送，"两次换发勘合"。"更换勘合"⑤，说明限制稽查的严格。

朝鲜记载，1638 年自朝鲜义州过江到清国的人，在凤凰城要被进行"搜检"，"为守堡将所侵，不胜其苦"⑥，可知清人关堡搜查之严由来已久。那时明尚未亡，朝鲜和它友好已久，所以清人惟恐他们联合起来对清不利。

其次，探究清政权为什么在东北设置国内稽查线，要从当时形势看。柳条边老边东西线修建于 1654 年，是顺治帝亲政的第四年。这时满洲贵族统兵入关已经十年，关内的广大区域已经统一，反清势力局促于湖广、两广、云贵和福建、台湾等边远省份，都离东北很远，威胁不到东北。可以构成威胁的只有郑成功和张煌言的海军从海上进扰，但辽东湾和辽东半岛各海口都在柳条边的边内，显然反清势力不是柳条边的稽查对象。

1654 年正值清王朝申严隐匿逃人禁令的时候⑦，柳条边是否同逮捕逃人有关？逃人都是汉人受不了满族奴隶主的压迫而逃亡的，逃匿处所大都在黄河流域，和东北地区不相干，柳条边决不是为了防逃人而建的。

就在 1654 年 12 月，清廷命明安达理统兵征罗刹（即俄罗斯）于黑龙江，这正是沙俄军队侵入我国尼布楚的同一年。⑧是沙俄无理侵略引起的。无论苏联某些文人怎样抵赖，也掩盖不住。

方拱乾在 1666 年写的《绝域纪略》中说"（宁古塔）本朝控制诸夷，受人参貂狐皮贡，爰留卒以戍之。有逻车国者鹜诸夷使不得贡，敌之不胜，又动大

---

① 吴兆骞《天东小记》未见。
② 高士奇：《扈从东巡日录》卷下，三月癸亥条，第 107 页。
③ 吴振臣：《宁古塔纪略》，《小方壶斋舆地丛钞本》第 1 帙。第 349 页。
④ 《开原县志》卷上《疆域志附景物》龙北枕条，第 5 页下。
⑤ 《宁古塔纪略》勘合当时称"官票"，见《柳边纪略》卷 4，就是路条，第 75 页。
⑥ 《沈馆录》卷 1，第 17 页。
⑦ 王先谦：《东华录》第 1 册，顺治二三，顺治十一年八、九月，第 383-385 页。
⑧ 拉文斯坦：《俄罗斯人在黑龙江上》，1861 年英文版，第 35 页。

众勒舟师，遂择八旗八十人长戍焉。复立牛鹿章京、梅勒昂邦以重其任。逻车亦不知其国在于何所。云舟行万二千里，不知其疆所遇。皆擅鸟枪，又讹鸟为老，讹枪为羌云"[①]。这是我国与沙俄关系的较早记载。宁古塔设昂邦章京、梅勒昂邦（副都统）始于 1653 年。这里至少有三点可以驳斥苏联某些文人的谰言。（1）黑龙江各少数民族在沙俄东来以前归附中国。（2）沙俄挑拨中国少数民族不向中国入贡，并用武力干扰使不得入贡，说明当时是沙俄侵略中国。（3）在 1660 年宁古塔对于沙俄还一无所知，只知道他们善于打枪，是一批掠夺者，那么苏联某些文人所谓早已统治了黑龙江流域是不足信的。

从"鹏（音鸟，侵夺，干扰）诸夷使不得贡"的记载，可知当时为什么会同沙俄发生战争，也可以知道为什么建立柳条边了。

1681 年清朝在吉林境内又修了一道柳条边，成了东西复线，目的也在于限制沙俄蛊惑蒙古族进行分裂活动。

沙俄进犯我国东北少数民族地区，大约始于 1647 年。康熙帝在 1687 年对鄂尔图等人说，"俄罗斯渐次入犯，占据我达呼里（达斡尔）、索伦等处，扰害边疆四十一年"[②]，说得非常具体，从 1687 年上溯四十一年，正好是 1647 年。我们注意到 1647 年正是沙俄进入奥廖克马河（olekma），南下靠近中国边境的时候。[③]清代学者何秋涛认为沙俄吞并尼布楚当在崇德年间（1636—1643），因为康熙帝在康熙三十九年（1700）说俄罗斯并吞尼布楚已五六十年，而崇德六年（1641）距康熙三十九年恰六十年。[④]这个推算机械而不精确。康熙帝说的是"五六十年"[⑤]，是约计的，不是具体的数字，更不是明确的六十年。

帝俄东进，由于哥萨克军士少，他们是点、线前进的，没有顾面。1604 年占托木斯克（Tomsk），1619 年占叶尼塞斯克（Yeniseisk），1632 年占雅库次克（Yakntsk），然后沿勒拿河西行，1635 年占奥廖克敏斯克（Olekminsk），1638 年占鄂塞次克（Okhotsk），1636 年从托木斯克（Tomsk）到阿尔丹河（Aldan River）的航行中才第一次听到黑龙江的名称，1639 年从叶尼塞斯克到维梯姆河（Vitim River）途中才知道了石勒喀河（Shilka River）[⑥]，也就是黑龙江上游额尔古纳河的支流，但是都没有去访查。直到 1643 年 7 月沙俄才从雅库次克出发，沿阿

---

① 方拱乾：《绝域纪略》，王锡祺辑：《小方壶斋奥地丛钞》第 1 帙，第 342 页。

② 王河：《盛京通志》第 1 册卷 2《典谟志》，康熙二十六年十月二十四日谕，第 128 页。

③ 拉文斯坦：《俄罗斯人在黑龙江上》，第 14 页。

④ 何秋涛：《朔方备乘》第 1 册，卷 15 "尼布楚考"，文海出版社 1972 年版，第 324 页。

⑤ 王先谦：《东华录》第 2 册，康熙六十六，康熙三十九年七月乙卯条，第 395 页。

⑥ 以上均见拉文斯坦：《俄罗斯人在黑龙江上》，第 9 页。

尔丹河南进，经乌楚尔河（Uchur River）越斯塔诺夫山脉（即外兴安岭），到达结雅，结雅河就是《盛京通志》的精奇里江，等到他们逐步回雅库次克已经是1646年了。1647年又从奥廖克马河南下，占据石勒喀河流域。所以何秋涛认为沙俄在1641年占据尼布楚时间太早了，是推断不精确的。沙俄占尼布楚在1657年（顺治十四年）。[①]

1654年到1681年只二十七年，为什么又建立第六道限制线。这是因为沙俄的侵略加重。1658年沙俄寇边，沙尔虎达击走之[②]；1660年复寇边，巴海击走之[③]；1665年入索伦部抢貂皮[④]；1668年沙俄到黑龙江各处抢貂皮[⑤]，诸如此类的军事扰乱侵略一直未停过。特别是沙俄不择手段地挑拨我国少数民族与清朝统治者的关系。除了上面说的《绝域纪略》以外，厄鲁特罗卜藏与喀尔喀扎萨克图汗的斗争，是与沙俄合谋的，这在当时已经被彻底揭穿。[⑥]

1681年，时叛变八年、盘踞十省的以吴三桂为首的三藩之乱才告平定，生产还未恢复，福建沿海的反清势力依然存在，但已衰落；蒙古族内部还未统一，又没有完全归附清朝统治者，而沙俄"虎视眈眈，其欲逐逐"，不断地挑拨离间少数民族和全国统一政权的关系。就全国而言，由满族领导的多民族中央封建政权为了巩固国家统一，必须严加防止。就东北而言，除了维护统一之外，就地方民族主义利益来说，也要严格防止这种挑拨离间、恶毒谗言的传播，以免影响到满洲对全国的领导。因此，从全国利益来说，进行战争或是构筑"为军队服务"的以人工防御手段的要塞，弥补自然防御手段的不足的实体屏障[⑦]，时机还不到，国力还不足，所以先做一道简易的柳条篱笆，以限制各族人民任意往来，只准在专设的边门通过，以便稽查。它不像历史上的万里长城，也不像明代东北的边墙，也不像近代史上的法国马奇诺防线，更不像现代的柏林墙。

就在1654年7月，我们知道清朝在河北密云县东北的墙子岭"复设了关口"，派了章京、笔帖式各二员稽查[⑧]，这是与柳条边相合的。

高士奇说柳条边"以界蒙古"，一定有法律依据。事实上北线、西线边外都

---

① 拉文斯坦：《俄罗斯人在黑龙江上》，第36页。

② 《清史稿》卷243《沙尔虎达传》，第9583页。

③ 《清史稿》卷243《沙尔虎达传附巴海传》，第9585页。

④ 杨宾：《柳边纪略》卷1，第17页。

⑤ 吴振臣：《宁古塔纪略》，《小方壶斋舆地丛钞》第1帙，第344页。

⑥ 王先谦：《东华录》第2册，康熙三十，康熙二十一年八月，第106-107页。

⑦ 《马克思恩格斯全集》卷13，人民出版社1962年版，第277页。

⑧ 王先谦：《东华录》第1册，顺治二三，顺治十一年七月甲午条，第382页。

属蒙古族的活动区域，但东线边外全属围场，与蒙古无关。所以稻叶岩吉为了保护围场的说法，是没有根据的。因为（1）围场在边外，怎样保护。（2）热河也有围场，但没有柳条边的设置。（3）在文献上没有记载。

续　记

稻叶岩吉《满洲发达史》认为柳条边是清代封禁政策的产物，余向不同意。稻叶谓柳条边之设，是不许汉人进入，防止汉化。从历史的角度看，其说大误：（1）东三省原有汉人。（2）雍正以前，东三省的田地、人口年年增加，必无禁止汉人进入之事。（3）顺、康时，尚有招民之令。（4）柳条边尚有北线一段，防止为谁？

美人费正清《美国与中国》沿用了稻叶之说，加了防止汉人从南满向北移殖一条，还是不好解释北线。

我认为柳条边是为了防止沙俄进扰和煽动蒙古私入骚扰而设的：（1）顺治、康熙初，蒙古未统一。（2）"有逻车国者嬲诸夷使不得贡"[①]。（3）沙俄煽动根帖木尔叛国。（4）沙俄与罗卜藏合谋攻扎萨克图汗。[②]

1976 年 10 月 22 日

1976 年 11 月 3 日续作

---

① 方拱乾：《绝域纪略》，《长白山丛书》第 5 集，吉林文史出版社 1993 年版，第 101 页。

② 王先谦：《东华录》第 1 册，康熙三十，第 106 页。

马礼逊父子

19 世纪初，英国鉴于 1793 年（乾隆五十八年）派遣使节马戛尔尼（Earl George Macartney，1737—1806）到中国的失败，又看到法国利用天主教神甫在东方活动的成功，因此也想利用宗教的面貌作掩护，派基督教新教教士深入中国作先遣部队。1805 年（嘉庆十年）就由伦敦布道会（London Missionary Society）出面，派了一个 23 岁的青年教士到中国来，这个人的名姓是 Robert Morrison，后来他自己译成中国汉字叫马礼逊。马礼逊于 1782 年（乾隆四十七年）生在英国诺森伯兰（Northumberland），1798 年加入长老会（Presbyterian Church），1804 年入传教士传习所（Missionary Academy）训练，1805 年决定来中国传教后，在伦敦学习医学和天文学，并向中国旅英侨胞杨三达（译音，原作 Yong Samtak）学习中国汉文。1807 年（嘉庆十二年）他渡大西洋到纽约，又坐帆船渡太平洋来中国[1]，于 9 月 7 日到达广州[2]，后来移住澳门。马礼逊到中国后，就努力进修中国语文，从事翻译基督教圣经。他的中国文程度相当好，1815—1823 年曾编《华英字典》（*Dictionary of the Chinese Language*）三大本，据说是依照《康熙字典》注释的[3]，因此，1824 年他被选为英国皇家学会会员（F. R. S.）。他还写了一部中国文法，和几部有关"汉语"的小册子。他译圣经，1813 年以后是由米怜（Dr. William Milne）协助的，1819 年 11 月新旧约全部译竣，1823 年在马六甲出版，共二十一卷。在中国只是零星雕版印行，最早的一本是在 1810 年 9 月印行的[4]，因此认识了刻字工人梁发，又叫梁阿发（1789—1855）。梁发在 1816 年（嘉庆二十一年）入基督教，1832 年（道光十二年）编印了一部《劝世良言》，其中全是梁发自己阐发基督教教义的文字[5]，后来洪秀全在广州考试

---

① 容闳：《西学东渐记》，上海书店出版社 1915 年版，第 8 页。

② 麦湛恩：《中华最早的布道者梁发》，简称《梁发》，广学会 1931 年版，第 8 页。

③ 夏燮著，高鸿志点校：《中西纪事》卷 8、16，岳麓书社 1988 年版，第 120、206 页。今案：郑先生原注为，夏燮：《中西纪事》卷 8，光绪七年活字版，第 10 页；又卷 16，第 5 页。

④ 麦湛恩：《中华最早的布道者梁发》，第 9 页。

⑤ 简又文：《太平军广西首义史》，商务印书馆 1946 年版，第 69 页。

得到这本书，受到启发，于 1843 年（道光二十三年）创立拜上帝会，1851 年发动了轰轰烈烈的太平天国革命。

马礼逊是基督教新教在中国传教的开山祖，又是在中国的伦敦会教会创始人，也是基督教圣经的最早翻译者。他在澳门翻译圣经时，同时兼任英国东印度公司的中文通译员（Translator）。1816 年（嘉庆二十一年）7 月英国第二次派使臣阿美士德①来中国，马礼逊随之作译生（lnter preter 公文中称为译生，实在就是当时所谓"通事"），一同到北京。马礼逊当时是以"在澳贸易夷商"的资格②充任"译生"③，《清史稿·邦交志》二称马礼逊为"副贡使"④，是沿袭《中西纪事》⑤的错误。这一次的副贡使有两个，一是斯当东（George Thomas Staunton，1781—1859），一是依礼士（Henry Ellis，1777—1855），而中国私人记载全认为副使是马礼逊，可见他在当时非常活跃。这次通使，因为京津没有通译人，"广东省派来通事（口语翻译人）尚未到来"⑥，中国官厅认为"该国译生（指马礼逊）言语尚为明白，而天津别无通晓夷语之人，只可暂令该国译生传语"⑦，于是马礼逊成了两国的共同译员，中国的文书也交他翻译。⑧他在 1824 年回英国一次，携带大批汉文书籍，这些书籍后来全由其家人捐赠伦敦大学之大学学院（University College）。他回国时曾协助成立伦敦"语言学校"（Language Institution）。1826 年再来广州。1834 年（道光十四年）马礼逊死在中国。⑨他在中国时期，中国还没有新式学校，所以没有办学的事迹可考，但他和米怜在马六甲（Malacca）曾办了一个英华书院（Anglo-Chinese College），以训练远东传教士，这个书院在 1842 年以后，迁到香港。⑩我们从马礼逊到中国以后的简历里面，可以明白看出当外国资本主义进行侵略的时候，所有的外交官、商人、传教士以及所谓教育家，他们的目的和任务是一致的，马礼逊正

---

① 他原来的姓名是 William Pitt Amherst 1773—1857，封爵是 Earl Amherst of Arrocan，简称 Lord Amherst，当时中国公文也称之为"罗耳阿美士德"（六个字全加口字旁），就是简称的译音，罗耳就是 Lord，见《嘉庆朝外交史料》第 5 册，故宫博物院 1932 年版，第 35 页；《清史稿》卷 154"邦交志二"译作罗尔美都，第 4516 页；夏燮著，高鸿志点校《中西纪事》卷 3，译作罗尔美，可能是截用了几个字，第 45 页。

② 《嘉庆朝外交史料》第 5 册，第 8 页。

③ 《嘉庆朝外交史料》第 5 册，第 12 页。

④ 《清史稿》卷 154"邦交志二"，第 4517 页。

⑤ 夏燮著，高鸿志点校：《中西纪事》卷 3，第 45 页。

⑥ 广惠奏折，《嘉庆朝外交史料》，第 5 册，第 13 页。

⑦ 《嘉庆朝外交史料》，第 5 册，第 13 页。

⑧ 夏燮著，高鸿志点校：《中西纪事》卷 16，第 206 页。

⑨ 麦湛恩：《中华最早的布道者梁发》，第 76 页。

⑩ 麦湛恩：《中华最早的布道者梁发》，第 23 页。

是这种四位一体的代表者。

这是最先到中国的马礼逊，他的名姓，在中国官书中，或写马礼逊，或三字全加写口字偏旁，或写玛礼逊，我们现在为了容易区别姑且称他为老马礼逊。

老马礼逊的长子叫做 John Robert Morrison，我们姑且称他为小马礼逊，他在 1814 年（嘉庆十九年）生于中国澳门，因此他精通中国语言文字，16 岁（1830年）就在广州作英国商人的通译，1833 年出版了一本《中国商务指南》（*Chinese Commercial Guide*）。小马礼逊对中国社会情形非常熟悉，清朝官僚集团的腐败和贿赂方法他全明白，1834 年梁发为了散发传教的《圣经日课》，被广州官吏通缉，梁发的伙伴也被逮捕，小马礼逊曾经用了八百元的贿赂，赎出被捕的人[①]，这不是一个普通外国人所能做到的，加以后来他的所作所为，因此当时中国有人传说他不是英国人，而是"汉奸之仕于英者"[②]。老马礼逊死了之后，小马礼逊继任东印度公司的中文秘书及通译员。1839 年以后，中英交涉日繁，英方文件全由他经手翻译。第一次鸦片战争，小马礼逊直接参加了对中国的军事侵略。1840 年（道光二十年）他随英国将领懿律（Admiral Ceorge Elliot，1784—1863，又译义律，当时有两个义律，这是后到中国的一个）和义律（Captain Charles Elliot，1801—1875，这是先到中国的一个，林则徐在广州销毁鸦片烟，代表英国交涉的是这个人）同乘兵船到天津，与琦善会晤。[③]1842 年（道光二十二年）他又和英国使臣（Envoy and plenipotentiary in China）璞鼎查（Henry Pottinger，1789—1856）同船进犯南京，在吴淞遭到陈化成的痛击，由于他知道牛鉴的庸懦和沿江一带中国没有设防，所以鼓轮直入；到了京口，他又勾结扬州汉奸江寿民挟兵索贿银六十万两[④]；到了南京，他又声言要入城就食，索办饷糈三百万两[⑤]；在南京，一切谈判全由他"来往传说"[⑥]，时常谩语恫吓，中国将士全"愤愤请决战"，而牛鉴"无意战守"，"惴惴恐误抚局"[⑦]，于是终成城下之盟。《江宁条约》缔定以后，他又和璞鼎查同船到浙江定海[⑧]，到福建厦门[⑨]，总是

---

① 麦湛恩：《中华最早的布道者梁发》，第 82 页。

② 夏燮著，高鸿志点校：《中西纪事》卷 8，第 117 页。

③ 道光朝《筹办夷务始末》卷 15，托浑布奏折，第 14 页，又 16 卷，伊里布奏折，第 2 页。夏燮著，高鸿志点校：《中西纪事》卷 5，第 76 页。

④ 夏燮著，高鸿志点校：《中西纪事》卷 8，第 115 页。

⑤ 夏燮著，高鸿志点校：《中西纪事》卷 8，第 116 页。

⑥ 夏燮著，高鸿志点校：《中西纪事》卷 8，第 118 页。

⑦ 夏燮著，高鸿志点校：《中西纪事》卷 8，第 116 页。

⑧ 道光朝《筹办夷务始末》卷 62，伊里布奏折，第 37 页。

⑨ 道光朝《筹办夷务始末》卷 63，怡良奏折，第 38 页。

横生枝节，"逞刁挟制"①。当时小马礼逊的狠毒是与璞鼎查一样的，所以中国记载中璞、马并称。②怡良在报告璞鼎查到厦门情况的奏折中说，"查夷酋璞鼎查之狡狯万端，大率（小）马礼逊、罗伯聃二人为之导引"③；梁宝常在道光二十六年（1846）报告罗伯聃病死的奏折中说，"英夷领事之人，惟（小）马礼逊、罗伯聃二名盘踞最久，情形俱极狡谲，今俱天夺其魄，接踵而亡"④；全可以反映出当时人对他的憎恶。因为小马礼逊帮同英国侵略有功，在香港割让后，英国任命他作香港的立法行政委员会委员（Legislative and Executive Council）兼代香港殖民地政府秘书。1843 年，小马礼逊患疟疾死在香港⑤，璞鼎查说，这是他们"国家的一大灾难"（a positive national calamity），也就说明在他活着的时候对于中国是多么大的灾害！

小马礼逊的名姓，在中国公文中，和他父亲一样，全加写口字旁，这是当时译音字的通例；其他书中，如《中西纪事》《清史稿》等，写作马利逊，以与他父亲马礼逊有所区别，或者写作马履逊⑥，也是译音。在梁发的书信中将小马礼逊中文名字写作马儒翰⑦，儒翰是他名字 Johri 的译音，这种译音比通常用的约翰要更合当时中国知识分子的口味，可能是他自己定的。1842 年（道光二十二年）达洪阿，姚莹根据台湾俘获的英国人的供词，说英人"在广东香港者，文官为马厘士列，华言马礼逊，其人名赞臣"⑧，也是指的小马礼逊，赞臣的名字不知其来源，可能也是 John 的译音。

马礼逊父子在英国资本主义侵入中国的初期，地位是十分重要的，洪秀全得《劝世良言》于梁发（一般记载在 1836 年，也有人说在 1833 年），梁发受基督教义于马礼逊，是众所周知的，而《江宁条约》由小马礼逊作通译，也是众所周知的，两者中间只隔六年，因之，读史者往往以为前后两马礼逊是一个人。老马礼逊死于 1834 年，中西记载相同，无可怀疑。洪秀全得《劝世良言》，已在老马礼逊死后。南京定约，老马礼逊死已八年，往返交涉都是小马礼逊，当时人都很清楚，所以译名有意差异一个字以示区别（马礼逊与马利逊）。1842

---

① 道光朝《筹办夷务始末》卷 64，伊里布奏折，第 36 页。

② 夏燮著，高鸿志点校：《中西纪事》卷 3，第 50 页。

③ 道光朝《筹办夷务始末》卷 64，第 33 页。

④ 道光朝《筹办夷务始末》卷 76，第 31 页。

⑤ 道光朝《筹办夷务始末》卷 86，耆英等奏"今马礼逊于闰七月初五日因热病暴毙"，第 19 页。

⑥ 见祁埙奏折，道光朝《筹办夷务始末》卷 58，第 40 页。

⑦ 麦湛恩：《中华最早的布道者梁发》，第 82 页。

⑧ 道光朝《筹办夷务始末》卷 62，第 24 页。

年（道光二十二年）奕山、祁𡎴、梁宝常报告香港情形的奏折中说的最明白：
"马礼逊（三字加口旁）即马履逊，非伦（二字加口旁）即匪伦，俱系该逆夷头
目，能通晓汉字汉语，并非幕客。马礼逊父子同名（其实是姓），其父死之后，
现在之马礼逊名字之上，添一秩字，缘夷人谓小为秩，故名秩马礼逊。"[①]可知
当时就有小马礼逊之称。夏燮《中西纪事》也说，嘉庆二十一年（1816）随阿
美士德到北京的马礼逊和道光二十二年（1842）随璞鼎查到南京的马礼逊，"非
前后一人也"[②]，但他以为"马礼逊"是"英人专司文案之官名，如汉人参军
长史之类"，不是人名，那是错误的。《中西纪事》又说，"马利逊之见于档案者
凡三，嘉庆二十一年副罗尔美行，道光二十年副义律行，是年副濮（璞）鼎查
行，皆书其官名"[③]；也是错误的。随义律北上和随璞鼎查北上的实在同是小
马礼逊。"马礼逊"是英美常见的姓，夏氏《中西纪事》说，"近日英人刊行之
书，有马利逊所著外国史略，纪五口通商以后事甚详"[④]，这是另一马利逊，并
不是马礼逊父子所著。北京"王府井大街"，过去英美人称之为"马礼逊大街"
（Morrison Street），也与马礼逊父子无关，这个马礼逊或译莫利逊，名叫 George
Ernest，1862—1920 年（《庚子使馆被围记》译为莫理逊，《八国联军志》译为
毛黎森），是澳大利亚人，英国的新闻记者，1897 年来到北京，作伦敦泰晤士
报的通讯记者，义和团及日俄战争时尝作通讯报道，1907 及 1910 年曾在中国
作窥探旅行，1912 年作袁世凯的政治顾问，是一个最熟悉中国情况的人（Concise
Universal Biography）。

老马礼逊的夫人给她丈夫写了一本传记（*Memoirs of Life and Labours of
Robert Morrison*，*D.D. By Mrs. R. Morrison*），1839 年在伦敦出版。夏燮说："西
人有撰马礼逊传者，是为嘉庆二十年来中国之副使（误，见前），其名曰罗伯
得……道光十四年卒。"[⑤]不知是否马礼逊夫人的书已译成中文，或是另外一
种？1844 年英国《绅士杂志》（*Gentlemen's Magazine*）第一卷有小马礼逊的传
记，我都没见过，上面所写除了中文书和注明出处的以外，是根据《英国名人
辞典》（*Dictionary of National Biography*）转引的材料。

现在把几个有关的年代简单写在下面：

---

① 道光朝《筹办夷务始末》卷 56，第 40 页。
② 夏燮著，高鸿志点校：《中西纪事》卷 8，第 120 页。
③ 夏燮著，高鸿志点校：《中西纪事》卷 8，第 120 页。
④ 夏燮著，高鸿志点校：《中西纪事》卷 8，第 120 页。
⑤ 夏燮著，高鸿志点校：《中西纪事》卷 8，第 120 页。

马礼逊父子

1782	乾隆四七年	老马礼逊生于英国。
1807	嘉庆十二年	老马礼逊来中国。
1814	嘉庆十九年	小马礼逊生于澳门。
1817	嘉庆二二年	老马礼逊随阿美士德到北京，作通事。
1834	道光十四年	老马礼逊死在广州。
1836	道光十六年	洪秀全得《劝世良言》。
1840	道光二〇年	小马礼逊随懿律和义律到天津。
1842	道光二二年	小马礼逊随璞鼎查到南京，中英订《江宁条约》。
1843	道光二三年	小马礼逊死在香港。

（原载《历史教学》1954 年第 2 期）

宋景诗起义文献初探*

一

宋景诗①是山东省东昌府堂邑县刘官庄人②，刘官庄就是现在堂邑县西北的小刘贯庄（《武训历史调查记》）。他出身农民，很穷，卖过豆腐（《武训历史调查记》）。身材高大③，会武术。《清平县志》说他"以武技名"，《曲周县志》说他"幼习角抵戏，以膂力雄一乡"，胜保说他"略知阵法"④，他的武艺应该是精练的。

宋景诗生于 1824 年，即清道光四年⑤。他在 1854 年（咸丰四年）曾经参加军队，隶山东巡抚张亮基部下⑥，不久离去。在镖局住过几年。他在乡村威望很高，又精通武艺，许多人家请他作教师。在堂邑武家庄武赞化家内教练很久⑦，又在清平白家住过⑧，1861 年（咸丰十一年）又到冠县韩姓家内作教师⑨。

清代记载中，有的认为宋景诗是"捻党"，如《清史稿·胜保传》称"捻首

---

* 本文曾载天津《进步日报·史学周刊》第 40 期，上海《大公报·史学周刊》第 41 期，原名《宋景诗起义史实初探》，作于《宋景诗史料》及《宋景诗历史调查报告提要》发表以前，尚未及参考改作。

① "宋景诗"在《剿平捻匪方略》里写作"宋憬诗"，这是清朝统治者故意改写的。《清平县志》写作"宋景师"，有的书上写作"宋景时"，全是笔误，因为宋景诗的弟弟名叫"宋景书""宋景礼"，是按五经名称排的，应该写作景诗才对。《清实录》《山东军兴纪略》《清史稿》等多数史书全作"宋景诗"。

② 张曜：《山东军兴纪略》卷 13，《近代中国史料丛刊》本第 55 辑，文海出版社 1966 年版，第 766 页。《临清县志》作"小李官庄人"，《曲周县志》作"冈家屯人"，《清平县志》作"宋家小屯人"。

③ 北大文科研究所收藏《钟秀函稿》，附山东坐探明桂手折说，"宋景诗……高身量，额盖上有高粱粒大一个黑猴子"。"黑猴子"是突起的黑癦。

④ 张曜：《山东军兴纪略》卷 13，引胜保奏折，第 766 页。

⑤ 我在初稿中说，"宋景诗的生年，没有记载。据 1863 年（同治二年）十月二十六日山东坐探明桂给钟秀的牒报（原称《禀内手折》，北京大学文科研究所藏）说：'宋景诗年约四十上下'，那么，他应该生在 1823 年（道光三年）前后"，是不对的。现据清军机处档案《宋景诗自叙》，1861 年（咸丰十一年）年三十八岁的记载改正。1956 年 12 月补注。

⑥ 张曜：《山东军兴纪略》卷 13，第 766 页。

⑦ 张曜：《山东军兴纪略》卷 16，第 906 页。武家庄不知是否即武训所住之武庄，武赞化的侄子武敏合也是起义农民领袖之一。

⑧ 《清平县志》说他"佣于邑白姓"，不知是佣工还是教习武术。

⑨ 张曜：《山东军兴纪略》卷一三页四注，第 766 页。

宋景诗"①,《恒龄传》称"时降捻张锡珠、宋景诗复叛"②,《剿平捻匪方略》里面更多。有的认为宋景诗是白莲教徒,也有的认为他是八卦教徒。但胜保说他"虽曾助教,其始并非习教之人"③。

本来这种反对统治阶级的所谓"教",只不过是团结群众的一种方式,参加者未必全是习教的人。当时"教军"和"捻军"虽经联合作战,但在系统上和领导上宋景诗和"捻党"没有直接关系。

二

1861 年(咸丰十一年)在山东省新黄河(大清河)以北,运河以西的堂邑、馆陶、丘县、冠县、莘县一带广大地区,爆发了与捻军有联系以宗教名义出现的农民起义,宋景诗就是这次农民起义军的领袖之一。这次起义虽是以宗教名义出现,但其本质是由于社会阶级矛盾日益深刻而爆发起来向反动统治阶级宣战的农民革命。

因为这次起义是以宗教名义出现,所以清朝统治者的书籍里称之为"丘莘教匪"④,或称"教匪"。胜保认为他们全是"白莲教"⑤,而据当时成志(参将)在馆陶张官寨俘获的李大箫的谈话(三月初五日),他们所习的是"天龙八卦教",其组织和旗别如下:

乾卦兑卦	白 旗	从世钦、程顺书、安兴儿、安喜儿、石天雨等。
坤卦艮卦	黄 旗	张善继、张玉怀、张殿甲、孙全仁等。
震卦巽卦	大绿旗	杨泰、杨福龄等。
	小绿旗	雷风鸣、王振南等。
离 卦	红 旗	郜老文、苏落坤、穆显荣、穆显贵、张桐、张宗孔等。
坎 卦	蓝 旗	左临明。后与黑旗合。
	黑 旗	姚泰来、宋景诗、朱登峰、杜慎修等。
未 详	花 旗	杨朋岭、杨朋山、杨朋海等(杨泰之子,《清史

---

① 赵尔巽等撰:《清史稿》列传卷 190,中华书局 1977 年版,第 11876 页。
② 赵尔巽等撰:《清史稿》列传卷 191,第 11901 页,《僧格林沁传》附传。
③ 张曜:《山东军兴纪略》卷 13,第 765 页。
④ 张曜:《山东军兴纪略》卷 12、13,第,第 707-798 页。
⑤ 张曜:《山东军兴纪略》卷 12,第 736 页。

稿·本纪》二十一作杨朋岭）。①

　　"八卦教"本来是"白莲教"的分支②，两者没有差别。这里可以注意的，是在四十年以后，1899 年在山东平原、恩县起义的朱红灯，也称"天龙"，也称"离卦教"，也是以红色为标志③，正与上面所说相同。可见这个反封建统治的八卦教一直深潜民间，传布没有停歇。

　　1861 年在山东东昌府属起义的农民军，发动是很快的：

二月十一日　　黄旗军攻入丘县城，后转冠县。
（阴历，下同）
　　十九日　　蓝旗军大绿旗军攻入冠县城，随出屯城外。
　　十九日　　黄旗军围攻莘县。
　　二十二日　黑旗军攻聊城。
　　二十五日　黄旗军攻入莘县城，随出屯北门外诸村。
　　二十九日　花旗军攻入馆陶城。三月三日离去。
三月初一日　黄、蓝、红、黑旗军分屯冠县馆陶交界诸村。
　　初三日　　蓝旗军、黄旗军再入丘县县城，随出屯城外。
　　初四日　　农民军入观城县城，随转入清丰县境。红旗军攻入
　　　　　　　阳谷县城，随即离城入朝城寿张境。
　　初八日　　小绿旗军围攻馆陶县城。初十日引去。
　　初十日　　红旗军攻入堂邑县城，随渡河东进。
　　十一日　　农民军再入阳谷城。
　　十七日　　农民军攻入濮州城。
　　十七日　　农民军攻入朝城县城。
　　十九日　　农民军围寿张县城。
　　二十二日　农民军攻入范县城。
　　二十二日　黑旗军由侯堀集至梁家浅渡运河，进攻博平城。随又
　　　　　　　退回河西。
　　二十五日　花旗军进攻堂邑，白旗军红旗军继进。这时在莘县和

　　① 张曜：《山东军兴纪略》卷 12，第 707-709 页。
　　② 陶成章：《教会源流考》，选自《中国近代人物文集丛书》本汤志军编《陶成章集》，中华书局 1986 年版，第 416-418 页。
　　③ 蒋楷：《平原拳匪纪事》，《中国野史集成》本第 48 册，巴蜀书社 1993 年版，第 487 页。

聊城之间的沙镇地方左右数十里有农民军万人以上。

四月初八日　农民军进攻东昌府城（聊城）。

二十五日　黄旗军围攻威县。

这时黄旗军张玉怀驻莘县，黑旗军宋景诗驻朝城，小绿旗军雷凤鸣驻堂邑。①

这些农民起义军里，黄旗张善继是"教首"，但不是总的指挥。杨泰、雷凤鸣、张殿甲、石天雨、左临明、宋景诗分领各旗军队②，不相统属，其中黄旗张玉怀、张殿甲，黑旗宋景诗，小绿旗雷凤鸣最有名③，而尤以黑旗军声威最壮，《清平县志》说他"部伍整齐，骑卒精健"，胜保说"群匪引以为重"④。起义军多数是冠县、莘县、堂邑三县的农民，参加秘密结社——当时称为"习教"的有十分之六。⑤他们分头进兵，而以临清县与丘县之间的邵家庄、侯家寨、王家庄、下堡寺、张三寨五处地方为后方根据地，"壁高堑深"，保卫的非常坚固，随时与前方相呼应。⑥

革命的爆发，符合了广大人民的愿望，因此参加的人数异常之多，而军容也异常之盛。统治者的记载中也不能不承认说，"从乱者如归"⑦；"遍地皆贼，四五百里间，钲鼓烽烟，声色不绝"⑧；"贼帜连遭，五色闪动，戈矛如林"⑨。当时农民军的军械，不但有刀矛，而且有大炮、小炮、铜炮、铁炮、云梯，最使清朝统治阶级畏惧的还有一种用牛马曳运的"三层炮楼"⑩，可以架炮十二尊。这全是人民自己的储藏、创造，或从敌人处夺来的。当时农民军的费用，全是人民捐输的，胜保的奏折中说，"朝、莘、冠、馆一带，富户良民竟有不惜重资捐为白莲教名目者"⑪，这是掩饰的话，实在就是农民支援农民军的一切。

农民起义军所到，一定要攻城。城池攻下以后，一定"发狱，火库，毁武

---

① 张曜：《山东军兴纪略》卷 12，第 708-709 页。

② 胜保奏疏，见《山东军兴纪略》卷 12，第 707-710 页。

③ 张曜：《山东军兴纪略》卷 12，第 707-710 页。

④ 张曜：《山东军兴纪略》卷 13，第 766 页。

⑤ 张曜：《山东军兴纪略》卷 12，第 713 页。

⑥ 张曜：《山东军兴纪略》卷 12，第 729 页。

⑦ 张曜：《山东军兴纪略》卷 12，第 710 页。

⑧ 张曜：《山东军兴纪略》卷 11，第 651 页。

⑨ 张曜：《山东军兴纪略》卷 12，第 717 页。

⑩ 张曜：《山东军兴纪略》卷 12，第 716 页。

⑪《清穆宗实录》卷 11，中华书局影印本《清实录》第 45 册，中华书局 1987 年版，第 28 页。

营官廨"①，一面救出自己的伙伴，一面彻底消灭敌人可能利用的一切物资房舍。因此，农民军在入城任务完成以后，就分屯城外，或移军旁处，绝不坚守。

三

宋景诗这部分农民起义军，是二月二十二日在聊城县的沙镇迤南刘家河张八庄附近发动的②，起义后首先进攻聊城，聊城是当时东昌府的府城，清军防守最严。这一支农民军在初起义时只有几百人，后来发展的人数异常之多，最后竟过万人。③他们用纯黑色为旗帜，号黑旗军，公推宋景诗为大元帅，杜慎修、曹三墩子鼓、许船五作先锋④。参加的人，知名的有张二麻、桑振河、赵六虎子、周义⑤、朱登峰、吴松峰、薛法起、刘厚德、郭景辉、杨殿甲、杨殿乙（杨二马鞭）、张洛钧、刘希武、霍进山、岳金声诸人，还有宋景诗的兄弟宋景书、宋景礼、宋景春，侄子宋忠昭、义子宋喜。后来旁旗的农民军有许多也参加了黑旗军。⑥

宋景诗的黑旗军里面，骑兵比步兵多，约为五与一之比。⑦这是他作战实践的结论，他认为"步勇不耐驰逐"⑧，所以他喜用骑兵。因此，他行军异常迅捷，敌人总追他不到。

黑旗军的纪律好，当时统治集团也承认他们经过的地方是"沿途尚不滋扰"⑨，到今天广大人民还在赞颂着（《武训历史调查记》），不是没有理由的。

黑旗军同其他各旗军一样，全是当地农民，有聊城、莘县、堂邑、冠县、馆陶各县人。他们受尽了地主阶级的剥削和压迫，加以起义后他们的革命事业时常为地主阶级武装的"民团"所破坏或阻挠，所以他们对地主"民团"的阶级仇恨是明确而深刻的，一直作着坚强不懈的斗争。《山东军兴纪略》说他们"庐（房屋）赇（财产）荡尽，势必寻仇报复"⑩，这只是当时统治阶级的看法。而

---

① 张曜：《山东军兴纪略》卷 12，第 711 页。

② 张曜：《山东军兴纪略》卷 12，第 709 页。

③ 张曜：《山东军兴纪略》卷 13，第 5 页；又卷 15，第 5 页《钟秀函稿》。

④ 张曜：《山东军兴纪略》卷 13，第 766 页。

⑤ 张曜：《山东军兴纪略》卷 12，第 737 页，胜保奏折。

⑥ 张曜：《山东军兴纪略》卷 14，第 24 页。

⑦ 张曜：《山东军兴纪略》卷 15，第 873 页。"宋众马勇一千五百，步勇三百数十"。

⑧ 张曜：《山东军兴纪略》卷 15，第 876 页。

⑨ 张曜：《山东军兴纪略》卷 15，第 870 页，多隆阿奏。

⑩ 张曜：《山东军兴纪略》卷 15，第 874 页。

"庐贿荡尽"一句话，正说明了当时"民团"的与人民对立。

四

由于农民军发展的迅速，在四十天之间，攻下了丘县、冠县、莘县、馆陶、观城、阳谷、堂邑、濮州、朝城、范县等许多州县，当时的公文中，有"六州县官吏，不知存亡"、"七州县无官无兵"①、"八州县均被贼扰，官多迁避"②这样的记载。清廷之狼狈情况，可以想见。这一带地方和直隶省的大名府、冀州毗连，清兵更怕"窜至直境"③，直攻北京。这时，清朝的大将僧格林沁，在山东菏泽被捻军打得"全队溃散，军械遗失"④，河南也正吃紧，清政府觉得威胁最大的还是山东西北这一块地区。因此，命僧格林沁的军队向北开，由长沟移到邹县（运河之东），又从邹县移到曹州（运河之西，黄河之南），以防教军和捻军联成一片。又命胜保率军队向南开到景州、德州⑤，同时谭廷襄（西）、文煜（北）、清盛（东）、西凌阿（南）等派兵四面进攻。清反动统治者想用绝对压倒的兵力并勾结反动地主武装的"民团"，把起义军镇压下去，但是没有成功。他们所得到的只是"公私廨舍无半椽，城堞全圮，居民无一户"的农民军所不守的几个空城⑥，而且"周遭数十里无人烟，亦无刍豆薪米（人民拒绝支应）"⑦。

当时战争情况，约略如下：

1861 年（咸丰十一年）

五月初七日（阴历，下同）清军分三路攻馆陶，农民军退。

　　十四日　清军陷冠县城。

　　十八日　绿旗、黄旗、黑旗军渡运河而东，与清平县博平团战。
　　　　　　随回河西。

　　二十日　黑旗宋景诗与清军骑兵大战。

　　廿六日　清军陷堂邑县城。

---

① 张曜：《山东军兴纪略》卷 12，第 717 页。

② 《清文宗实录》卷 348，中华书局影印本《清实录》第 44 册，第 1133 页。

③ 《清文宗实录》卷 348，第 1139 页。

④ 《清文宗实录》卷 341，第 1061 页。事在咸丰十一年正月。

⑤ 《清文宗实录》卷 348，第 1139。

⑥ 张曜：《山东军兴纪略》卷 12，第 752 页。

⑦ 张曜：《山东军兴纪略》卷 12，第 747 页。

这时堂邑附近数十村全有农民军，而以莘县东北三十里的沙镇地方为中心。

廿八日　清军攻陷桑阿，桑阿也是农民军主要根据地。

六月初一日　清军攻沙镇，农民军引退。

初二日　清军攻莘县大败。

初五日　清军攻陷大李王庄。

清军攻陷莘县。

初九日　胜保与宋景诗进行暂时妥协。

十一日　清军攻陷张秋。

廿二日　宋景诗部反对清军点验。

红、白、黑三旗军在莘、冠、陶馆一带活动。

七月初一日　黄旗张善继、黑旗左临明在威县遇害。

初九日　农民军红、蓝、黑、白四旗攻莘县。

十八日　清军命宋景诗打莘县农民军，宋军到，农民军退，没有战争。

本月农民军重整旗色，活动于莘、堂、冠、朝四县。清军谭廷襄在聊城，乌尔贡札布、保德在堂邑，成志在莘县，郝上庠在阳谷。胜保驻兵在朝城西北五十里外。

八月　农民军张玉怀、程学书受伤，张殿甲、程五姑（女）阵亡。

九月　农民军大绿旗、大红旗等部仍在活动。

十月初四日　农民军击败清军郝上庠，杀之。

十一月　时农民军只原来的黄旗张玉怀、郜老文，小绿旗雷三（即雷焕）、穆显贵、张宗孔，小黄旗王玉符，大绿旗杨福龄（即杨奇峰）、杨朋岭、丁泰和几部尚有活动，人数不如前此之多。

十一月廿五日　张玉怀、雷凤鸣、程顺书等部与清军议和，郜老文部没有参加①。

五

在1861年阴历正月，清朝统治者想用分化手段破坏农民阵营，于是下令"招

---

① 据《山东军兴纪略》卷12—13整理，第707—798页。

抚"①。胜保统兵南下之后,更利用"招抚"来扩充自己部队。到了阴历六月初九日,胜保和宋景诗成立了暂时妥协②,改宋军为靖东营③。阴历十一月二十五日,张玉怀、杨朋岭、雷凤鸣、程顺书、从世钦等,也通过清军周士锴④、王观澄与胜保议和,改编为诚顺、禧顺、庆凯等营,和胜保的亲军大小红旗队,与靖东营合计有七营。

宋景诗与胜保的议和,清政府是不放心的,但是还想笼络他。八月初七日给他"五品顶戴蓝翎"⑤,九月初二日给他"都司衔,花翎"⑥,十一月二十二日给他"参将"⑦。一月一升迁,正是统治者的收买毒计,宋景诗并没有落在他们的圈套里。

由于1861年末山东东昌府属的军事渐趋和缓,而太平军与捻军进攻安徽颍州(阜阳),清朝就命胜保统兵到颍州,并命宋景诗等部七营随行。这是统治集团的调虎离山计,宋军等是不愿意的,几次想离开,没有成功。1862年阴历五月,太平军攻下陕西山阳县(靠近湖北),六月陕西西安、同州(大荔)回族起义,七月清政府又调胜保到陕西,宋景诗部队也到了陕西,驻扎同州和潼关,后来调往三原。终于在十一月初三日,宋景诗自动引所部从陕西韩城县和山西荣河县之间的茶峪、白马渡口过了黄河,到了山西省境。渡河后,经稷山、绛州(新绛)、平阳(临汾)、赵城、灵石、介休、平遥、寿阳、平定,出固关入直隶(河北省)境,又经南宫、清河、枣强入山东境,于二十六日到达临清。沿途自称是"遣撤回籍之勇",走的很快。到赵城,副都统常海劝他不要回山东;到南宫,直隶总督文煜又派人劝他;当然许了他们很多条件,但他们坚决地回到原籍。

宋景诗部回山东的前后情况,是这样的:

1861 年(咸丰十一年)

---

① 《清文宗实录》卷 341,第 1063 页。

② 宋氏"妥协"日期,《清文宗实录》卷 355,咸丰十一年六月甲申条,据胜保奏折说在六月初九日,第 1241 页;《山东军兴纪略》卷 13 说在六月十三日(第 765 页);《临清县志·大事记》第一册说在十一月(张自清 张树梅 王贵笙 纂修:《临清县志》,姜小青主编《中国地方志集成》本,凤凰出版社 2004 年版,第 60 页);以《实录》为确。

③ 张曜:《山东军兴纪略》卷 13,第 766 页。

④ 周士锴是胜保的幕府,见《清穆宗实录》卷 4,第 126 页。

⑤ 《清穆宗实录》卷 2,第 99 页。。

⑥ 《清穆宗实录》卷 7,第 179 页。

⑦ 《清穆宗实录》卷 10,第 262 页。

十二月（阴历）　清政府命胜保率军往颍州。

1862 年（同治元年）

正月（阴历，下同）胜保南行，命靖东等七营由馆陶、大名开往河南。

张玉怀、杨朋岭不愿同去，引部队向东北走，二十日至元城境（今并入大名），二十四日回山东莘县、朝城，张玉怀要求回家耕种，不许。

胜保令宋景诗靖东营驻颍州府西北太和县前线。

二月十七日　宋景诗自动引军队到河南陈州（淮阳），联合雷凤鸣、
　　　　　　诚顺营至开封索饷，景诗并要求回家耕种。

　廿八日　宋景诗部队自动到兰仪（兰封），又到中牟，想渡黄河
　　　　　未成，胜保派人把他们劝回去。

五月　太平军攻破陕西山阳县。

六月　西安回族起义。

七月十九日　清派胜保统兵到陕西，宋景诗部一同入关。

十一月　清胜保褫职，以多隆阿代之。宋景诗率所部经山西、直隶回山东，十一月二十六日到临清。计有马队一千五百余人，步队三百数十人。

1863 年（同治二年）

三月廿四日（阴历，下同）宋军战胜柳林团，杀其团首杨鸣谦。

三月　清直隶总督刘长佑命参将王永胜引宋军入直隶（河北省），景诗不从。这时在东昌府的农民军以绿旗杨朋山（原来是花旗），红旗戴韭（即戴兴隆），白旗李单铜（即李文光），黑旗李络力量较强，又有张锡珠更著名。

五月　清军僧格林沁、刘长佑准备联合进攻宋军（北大藏《钟秀函稿》）。

五月　这时候农民起义军张锡珠阵亡，杨朋山、张玉怀、张金堂、程顺书、戴韭、李文光先后遇害（程、戴、李死于六月初七日），杨朋岭、张广德与清军妥协，李莊、张洛钧、常三老虎、武敏合、张奉春势微不成队，多数农民军全加入宋景诗部。宋景诗驻堂邑西北辛集之东（《钟秀函稿》说驻冈屯），部队分布附近各村。

六月初八日　清军刘长佑、僧格林沁进攻宋军（《钟秀函稿》）。

七月　刘长佑移军临清。

八月　清军僧格林沁移军东昌（聊城）。

八月十六日　宋军退往直隶开州（濮阳），入河南浚县，临漳转直隶成安、邯郸、永年、曲周、平乡、巨鹿、隆平、新河、武邑、阜城、东光，

山东陵县、平原、高唐至清平，渡河而西，九月初一日回到堂邑，莘县（《剿平捻匪方略》）。在长期的游击迁徙中，宋景诗始终跟着他的部队。

九月初三日　宋军复到开州（濮阳）。

初六日　宋景诗因军事不利乘船入大清河，顺流而北，至东阿，登陆，翻山而去，清军尾追，不知所往。实在他是回到捻军的根据地去了。农民军先后失败。清丁宝桢滥杀起义军士及其家属。①

六

宋景诗和胜保的妥协，是甘心背叛投降呢？还是受了诱惑（后来悔悟）呢？还是因为环境不利，实行退却，以求蓄积力量，再向敌人进攻呢？现在还没有足够的史料帮助我们具体分析。

我们初步——只是初步——看到：

当时清兵四面围攻，兵力很厚，而且封锁亦严。

宋景诗是通过"从政"（人名）向"成禄"（人名）接洽，得到胜保同意而成立妥协的。成禄是直隶副将，随大名道王榕吉初到山东。②从政是老白莲教徒，道光时因为"习教"被清朝充军到新疆。③"从政"和"成禄""胜保"两个人之间，过去并没有特殊关系。宋景诗通过"从政"而妥协，一定同"从政"有过商洽，得其同意。

宋景诗和胜保妥协以后，清军命他会攻冠县，但他没有去，官书说，"景诗部众携贰，不能出队"④。教军攻莘县，清军命他去打，未交锋而教军撤退⑤，所以清朝统治者说他"不惟不肯剿贼，而且潜与贼通"⑥。可知宋景诗在当时没有倒戈反攻自己的战友，而教军也知道宋氏的真意所在，所以一遇到，就"彼此吹唇唱吼而退"⑦。

---

① 据《山东军兴纪略》卷 14-16 整理，第 799-944 页。

② 张曜：《山东军兴纪略》卷 13，第 765-766 页。

③ 张曜：《山东军兴纪略》卷 13，第 765 页。

④ 张曜：《山东军兴纪略》卷 13，第 784 页。

⑤ 张曜：《山东军兴纪略》卷 13，第 772 页。

⑥《剿平捻匪方略》第 17 册卷 183 "同治二年三月十八日王兰谷奏折"，《中国方略丛书》影印本第一辑，第 10803-10804 页。

⑦ 张曜：《山东军兴纪略》卷 15，第 880 页。

　　宋景诗与胜保妥协后，他们的旗帜曾经一次自己调整。《山东军兴纪略》说，"景诗部曲未降者二三千，阳与景诗为难，各旗群匪亦扬言恨景诗，以示景诗之无贰也。于是（张）玉怀、（杨）朋岭、（程）顺书、（张）殿甲、（张）殿乙、高思继等均张黑旗，留边月自别。"①调整后的旗色如下：

黑旗白月　　宋景诗部

黑旗黄边　　张玉怀部

黑旗白边　　程顺书部

黑旗绿边　　杨朋岭部

黑旗红月　　高思继部

黑旗红边　　靳三部②

　　值得注意的是所列的人本来不属于黑旗，而现在将各部旗色完全划一，定为黑色，以自己原来的旗色改为镶边。黄旗的张玉怀部改为黑旗黄边，白旗的程顺书部改为黑旗白边。显然是有计划地重新组织起来，布置起来，表示以宋景诗为首脑，而这次暂时妥协是大家一致的。

　　清朝统治者始终不以宋景诗的"招抚"为然，后来在宣布胜保罪状时还曾特别提出来，认为是"养痈贻患"③，而宋景诗也始终在警惕着，防范敌人的阴谋。这个矛盾，从妥协开始就存在着。

1951 年 10 月 7 日写于北京，10 月 27 日修正。

附　记

　　1954 年，德意志民主共和国贝喜发教授（Prof. Siegfried Behrsing）来中国访问，对宋景诗领导的农民起义十分注意。他看见我这篇短文，曾两次来信讨论，提出了不少意见，并将 50 年代出版社的印行本作了详细的校对，非常可感。我在本书已照他的意见一一改正了。贝喜发教授回国之后，写了一篇"中国方面关于宋景诗农民起义的著述"，登载在柏林德意志科学院东方研究所通报

---

　　① "边"指旗帜上镶的边子。"月"，有人说是旗帜穿在竿上的那一部分，有人说是旗帜上面的圆光标志，也有人说是在旗帜上面画个月牙标帜，以最后一说为可信。1954 年补注。

　　② 张曜：《山东军兴纪略》卷 13，第 776 页。

　　③ 赵尔巽等：《清史稿》卷 403 列传 190《胜保传》，第 11879 页。

1956 年四卷一期。他将中国有关宋景诗起义的史料和论文，都作了介绍，这篇短文全部译成德文，并加了一一一个脚注，画了一张地图，作了四种详细的索引。对两国文化交流起了非常良好的作用。我谨在此向贝喜发教授致以诚挚的感谢。

1956 年冬，看到第一历史档案馆（前故宫博物院档案馆）所藏清军机处档案中的胜保 1861 年（咸丰十一年）六月二十一日奏折，附有《宋景诗自叙》，对研究宋景诗早年历史很有关系，为宋景诗起义史料所未收，抄录于下：

宋景诗自叙（原称《照录宋景诗呈递投诚禀词》）

具禀罪人宋景诗，山东东昌府堂邑县人，年三十八岁。谨禀督办直隶山东军务胜大元帅麾下。窃身自幼学习枪棒，业在前任山东巡抚张大入帐下教练乡勇，平贼得功，授赏六品顶戴。兹因家贫难度，在冠县韩千总家教传枪棒。适值教匪作乱，冠县衙蠹张梦兰、张东泗、沙思德、郭太和、沙德与身素有仇衅，串通冠县县主朱瑞果借端栽害，指身与教匪相通。冠县县主误信其言，差票锁拿，被身殴打不堪。自知殴差犯罪，王法难容，因聚众谋反。意在扫除贪官衙蠹，非敢窥伺神器。且身素日曾在标局住过数年，南北二京学习枪棒者不止数千人皆与身为生死交，一闻身被株连，持械相助者数日中即得一万余人。遂自冠、莘、馆陶而丘县，而堂邑，而曲周，而东昌。自知罪该万死，梦寐之中思欲邀我朝天恩，行文招安，以开三面之网，真意投诚，自持不贰之心，乃信息难通，关说无人。今幸蒙胜大元帅推诚招安，情愿将军器枪炮呈献麾下，以表真心。为此，伏乞恩施格外，带罪平贼，凡黄河以北，大名以东，济南以西，如有贼匪即效力剿除，以赎罪过。惶恐谨禀。

这里最后几句，可能是宋景诗当时提出的条件。就是说要求清朝划黄河以北，大名以东，济南以西，这一地区作为他的防区，区内治安由他负责，也就意味着清军不能进入区内。

1957 年 1 月 1 日

《辛丑条约》与所谓使馆界

鸦片战争以后，中国虽然和欧美资本主义国家发生了经常的外交关系，但是还没有外国公使驻在北京。1858 年（咸丰八年）中国先后同英、法、美、俄四国订立《天津条约》，才商定各国可以在北京设置公使馆，派遣公使来华。1859年 6 月英国以远东舰队护送英国公使卜鲁斯，法国公使布尔布隆到任，他们想沿白河驶入北京，要求中国撤除白河的防守军备。中国反对他们的武装护送，请他们由北塘陆路进京。由于他们不听制止，武力进驶，中国击沉了英国战舰三艘，射击伤亡四百六十四人。于是发生了第二次鸦片战争——英法联军之役战后，法国公使布尔布隆（3 月 25 日）、英国公使卜鲁斯（3 月 26 日）、帝俄公使把留捷克（7 月 8 日）于 1861 年，美国公使蒲安臣（7 月 20 日）于 1862 年，先后来京。①这是外国派驻北京的第一批使节。

这一批外国公使到达北京后，就在东交民巷附近设立了公使馆。东交民巷原名东江米巷，附近一带是当时北京城内的行政区。在那里有十五六个主要行政机构，许多的庙宇、会馆以及市民住宅，满洲举行祭祀的"堂子"也在那里。这些新成立的公使馆之所以集中在东交民巷，一来由于俄国陆路通商时代的招待所"俄罗斯馆"原在那里，二来也由于当时有关招待外宾的许多机构，如礼部、理藩院、会同四译馆、鸿胪寺、四译馆公馆（招待所）等全在附近。②

1900 年，中国人民为了反抗列国的侵略，展开民族自卫自救的义和团运动，6 月 20 日围攻东交民巷的各国使馆。中国人民和机关先期迁离，使馆人员和教徒都集中在英国使馆③同肃王府④。这是后来列强在"使馆界"占用中国人民房产的张本，也就是他们在"使馆界"要"自行防守"的借口。

---

① 赵尔巽等撰：《清史稿》卷 213《交聘表》，中华书局 1977 年版，第 8835-8836 页。

② 参阅周家楣等修：光绪《顺天府志》卷 7，《续修四库全书》史部第 683 册，上海古籍出版社 2002 年版，第 401-404 页；陈宗蕃：《燕都丛考》二编，北京古籍出版社 1991 年版，第 166-176 页。

③ 康格夫人：《中国来信》（*Mrs. E. H. Conger: Letters from China*），第 109 页。

④《庚子北京事变纪略》，载《义和团》资料第二册，四〇二页。《近代中国史料丛刊》本第 83 辑 823-825 册，第 59-60 页。

1900 年 8 月 14 日，帝国主义干涉中国民族自卫的"八国联军"进入北京。焚杀淫掠好几个月之后，于 12 月 22 日①由十一国向中国提出议和大纲十二款——就是和约的草约，在"赔款""惩凶""道歉""驻兵""削毁大沽炮台"种种强横无耻的要求以外，第七款又提出："诸国分应自主常留兵队分保使馆境界，自行防守，界内不宜扎华人。"②这个大纲是英国使馆译成中文送交奕劻和李鸿章阅看，由奕劻等于 12 月 25 日寄到西安军机处，12 月 26 日军机大臣荣禄先回一电，说"第七款各国使馆屯扎卫队当议定兵数，不得过多，亦须有约束章程，免致越界滋事"。当时清朝反动政府统治者很怕"有碍回銮"（西太后等回北京），所以注意"越界滋事"，还教奕劻等"竭力磋磨"（磋商），但是第二天 12 月 27 日清朝政府就全部正式核准，在给奕劻等的电报里说："览所奏各条，曷胜感慨，敬念宗庙社稷关系至重，不得不委曲求全。所有十二条大纲应即照允。"③清朝政府所以这样迅速地核准草约，固然由于帝国主义者的军队环伺于外，实在也由于统治阶级根本对于条文未加考虑，像张之洞之流在当时还算比较明白的人，也认为"其势不能不允"④。这一班人不但没有为人民着想，甚至于也没有为自己办事便利着想，只是恭顺地听自己背后的帝国主义国家驱使。奕劻和李鸿章在 1901 年 1 月 13 日"遵旨画押"，这个草约因为不必另请批准，也不互换，所以也就没有人再去研究。⑤1901 年 9 月 7 日中国和十一国签订的和约（所谓《辛丑和约》），是完全根据草约议定的，其中第七款："大清国国家允定各使馆境界，以为专与住用之处，并独由使馆管理，中国民人概不准在界内居住，亦可自行防守，使馆界线于附件之图上标明如后……按照西历一千九百〇一年正月十六日，即中历上年十一月二十六日文内后附之条款，中国国家应允诸国分应自主，常留兵队分保使馆。"⑥就是草约第七款的加强加密。从此在帝国主义国家侵略史上添了一个新花样、新名词——"使馆界"。

① 这个日期系根据"辛丑条约"弁言。康格夫人《中国来信》一九二页，《瓦德西拳乱笔记》（《义和团》资料第三册，六九页《外人眼中的近代中国》丛书，上海书店出版社 2000 年版，第 86 页），全说在 12 月 24 日提出。

② 王彦威撰：《西巡大事记》卷 4，《续修四库全书》史部第 446 册，第 691-692 页，奕劻、李鸿章致西安军机处电，此条款在《西巡大事记》卷四十一月初四条，合西历 12 月 24 日，条款后有"望一千九百年十二月二十日，庚子年十月二十九日各国驻京大臣署名"。

③ 王彦威撰：《西巡大事记》卷 4，第 693 页，四十一月初六条，合西历 12 月 26 日。

④ 王彦威撰：《西巡大事记》卷 4，第 694 页，张之洞筹议回銮电奏。

⑤ 王彦威撰：《西巡大事记》卷 4，第 699 页，盛宣怀致枢垣电奏。

⑥《义和团》资料第四册，四九七页至四九八页。（此条可见《西巡大事记》卷 9，第 839 页，奕劻、李鸿章致枢垣电奏。）

在"使馆界"交涉过程中，有几件事值得我们回忆。一件是：1901 年 3 月，领衔公使葛络干（西班牙）提出使馆扩充界图，东至崇文门大街以东，南至大城根，西至前门迤东，北至长安街迤北。照他的说法，不但使馆界尽量扩充，而且把周围的马路包括在界内。马路包括在"使馆界"内，中国人就不能通行，那末，北京东城的交通大道就全被隔阻了。后来再三交涉，才改为东至崇文门大街西十丈，西至距前门六十丈，北至长安街，但街南应拆去房屋十五丈，这才让出了通行的街道。他们的理由是"第七款奉旨批准，有自主防守之权，其扩界拆房皆为防守地步"[①]。一件是：使馆界的西界原定距前门六十丈，因此东交民巷"敷文"牌坊以西地区不在使馆界内。刚巧敷文坊以西有一块较大空场，靠近美国兵房，1901 年和约签订后，美国要求中国把它辟为花园，准许中外人民游览，那时候中外人民共同游览是做不到的，因此中国没有答复。不久美国人用木栅把它圈起，又不久平为操场，又不久改筑砖墙，其后又在墙内盖楼，最后成了美国兵营的一部分。[②]一件是：东交民巷之北，原有"兵部街""工部街"，两处道路（在今东长安街之南，早废），也不在使馆界内，1902 年英国公使要求中国修筑马路，中国没有答复，于是英国越界代修，修好之后不准中国车马行走，而使馆界也就随之展宽。[③]一件是："使馆界"划定以后，界内的中国公私房地无条件地拨归各国使馆使用或拆毁，中国人民迁出界外。长安街路北拆去的民房有一千四百多所，共一万六千多间，议定房地价三十五万两，这一笔款按理应由使馆付给，但是他们始终不肯，甚至于无赖地说，如果中国不为代付，他们要在"赔款"内自行从丰定价扣拨。结果还是由中国筹付了。[④]这些故事，清楚地说明帝国主义的蛮横、欺诈的真面目。

在"使馆界"划定以后，帝国主义者在四周筑起高厚的围墙，墙上满布炮位、枪眼，墙内有美、法、德、英、意、日、俄七国设立兵营驻兵，墙外各留空地，作为操场，标着"保卫界内，禁止穿行"的木牌。"使馆界"内自设警察和管理人员。中国的部队和警察不能穿过"使馆界"，中国不能管理界内的行政，不能在界内征收捐税，不能在界内执行任何职权，中国人民不能住居界内，不能在界内有土地所有权。俨然在中国国都之内成立了一个独立国家。这是对中

---

① 王彦威撰：《西巡大事记》卷 7，第 773 页，奕劻、李鸿章致枢垣电奏。

② 黄濬：《花随人圣庵摭忆》附补编，上海古籍出版社 1983 年版，第 13 页。

③ 黄濬：《花随人圣庵摭忆》附补编，上海古籍出版社 1983 年版，第 13 页。

④ 王彦威撰：《西巡大事记》卷 9，第 834-935 页，奕劻、李鸿章各国使馆所占民房议定给价请饬拨的款折。

国领土主权严重的侵犯，也是对中国人民巨大的侮辱。

自从解放以后，情况就大不同了。1949 年 1 月 31 日北京解放。1950 年 1 月 6 日北京市军事管制委员会颁发布告，过去某些国家利用不平等条约中所谓驻兵权，在北京市内占据地面建筑的兵营，要一律收回，所有兵营及其他建筑全要征用。1 月 7 日把这个办法通知在东交民巷有兵营的美、法、荷（借用德国兵营）三国，限他们定期腾交。1 月 14 日、16 日先后收回东交民巷内法国兵营地产三十三亩六分四厘，荷兰使用的前德国兵营二十六亩，美国兵营三十三亩八分，并征用地面上所有建筑。从此东交民巷才算完全属于我们自己祖国的领土，丧权辱国的《辛丑条约》第七款"使馆界"成了历史上的名词！在东交民巷内有了中国的机关，住了中国的人民，挂了中国的五星红旗，站了中国的人民警察与公安部队。所有过去不平等条约所规定的特权和帝国主义侵略的锁链完全粉碎了！几千年来的强大民族强大国家，经过一百一十年的暂时衰弱，又重新站起来了！我们今天回想过去五十年的历史，所以要提出《辛丑条约》和"使馆界"，其重要意义就在于此。

（原载 1951 年 9 月 7 日《进步日报》）

"黄马褂"是什么？

　　"黄马褂"是清朝官吏的一种制服，是统治阶级为了巩固自己政权，拿来收买、愚弄、麻醉他的仆从们的一种工具，本来值不得再谈。近来各地方讨论电影《武训传》，许多人提出这个问题，因此我们简单加以说明。

　　清朝官吏的制服有礼服（当时称为朝服、补服）、常服、行服、雨服四种（《清会典图》有详细的说明和图样）。行服是行军和旅行的服装，主要的是骑马时候所穿。有"行袍"和"行褂"。行袍同长袍一样，但是大襟右下角比左面和后面剪短一尺，所以又叫"缺襟袍"。行褂穿在袍的外面，长只到股，袖只到肘，[①]衣短是为了骑马方便，短袖是为了射箭方便，所以又叫"马褂"，满洲话叫"额伦代"（额伦代是短袖马褂，另有长袖马褂叫做"倭拉波"）。有一个时期汉话又称为得胜褂。

　　在清代，皇帝出门有许多"内大臣"和"侍卫"随从着他，保卫着他，这些人全要穿行褂，帽后戴孔雀翎，还要佩刀（最挨近皇帝的不佩刀）。他们所穿的行褂是用明黄色的绸缎或纱作成，没有花纹和彩绣，所以叫"黄马褂"。[②]明黄就是淡黄，是当时帝王专用的颜色（一般贵族只能用金黄色，就是深黄色，平民只能用杏黄色，就是发红的黄色）。所以在专制帝王时代是名贵的，黄马褂是天子近侍的服装，一般甘心为统治阶级服务的人也是羡慕的。封建统治者就利用了这种心情，拿黄马褂作为赏赐仆从们的奖品，表示承认他们做了亲近侍卫，拿它作工具，收买他们，麻醉他们，愚弄他们，利用他们，使他们长期为统治阶级服务，以便封建统治更加巩固。于是产生所谓"赏穿黄马褂"。

　　上面所说侍卫等人穿的黄马褂，是由于职任关系而穿的，如果职任解除，

---

　　① 昆冈、李鸿章等：《钦定大清会典图》卷 75，光绪二十五年进本，第 11 页。"长与坐齐，袖长及肘。"

　　② 昆冈等续修：《清会典》卷 82 注，万有文库本，商务印书馆 1936 年版，第 940 页；昆冈、李鸿章：《钦定大清会典事例》卷 1107，光绪二十五年重修本，第 1 页；《钦定大清会典图》卷 75，光绪二十五年进本，第 18 页；及同治三年五月庚戌《东华录》。又康熙时，高士奇《扈从东巡日录》壬戌条，称"黄马褂"为"黄褶"。

不做侍卫或内大臣等，就不能再穿[①]，所以这种的黄马褂叫做"职任褂子"，满洲话称为"秃山"褂子。至于"赏穿黄马褂"就不同了。

"赏穿黄马褂"又有两种。一种是打猎校射时候所给。清代在咸丰以前（1861年以前），每年秋天要到木兰（河北省承德市北四百里，今名围场县）大猎二十天（《清通考》一三九），称为"行围"[②]。在打猎时候射得鹿的（西清：《黑龙江外纪》），打猎完毕蒙古人在路上献禽的，"全赏给黄马褂"[③]，或其他奖品。这种行围时所得的黄马褂，只有在行围时能穿，平时不能穿。[④]打猎期间往往要比赛射箭（校射），汉满文武官吏全参加，射中五箭的分别奖赏（汉官只要中三箭），在官阶较高，得赏次数已多的人，可能得到黄马褂[⑤]（道光九年，1829年），这都属于行围褂子。

还有一种是真正的"赏穿黄马褂"，用以奖赏有功的高级武将，或统兵的文官。凡是得到的，任何时间全可以穿。这是清代统治者进一步的麻醉办法。这种武功褂子，道光以前较少看到（《东华录》，嘉庆十年二月丙辰，引乾隆四十一年四月谕，所列赏功的办法全没有提到黄马褂），应该是咸丰以后才盛行的。清朝统治者收买武人的封建工具，有：加"巴图鲁"勇号，"赏戴花翎"，"赏穿黄马褂"，以及封爵、世职等等，而黄马褂则是比较高的一种。我们看《清史稿》的列传，所有镇压太平军起义的反革命刽子手，几乎很少没得过黄马褂。其中也很少是由较低官阶而得到的[⑥]，因为"黄马褂"要与"侍卫"的其他条件（品级花翎等）结合，不是孤立的奖品，不可能没有具备其他条件而先得到。这正是封建统治者的恶毒手段，一步进一步，一样换一样地延长对臣仆们的愚弄和统治。文官赏穿自乾隆十一年始。[⑦]

这三种黄马褂后来的功用不同，所以统治者就在形式上稍稍加以区别，职任和行围的褂子是用黑色纽绊，武功的褂子用黄色纽绊（和马褂同样颜色），这一点点区别也是统治者的深意所在。

黄马褂就是这样一件东西。

至于武训有没有得到"黄马褂"呢？我可以确定地说没有。第一，"黄马褂"

---

① 昆冈等续修：《清会典》卷82，万有文库本，商务印书馆1936年版，第940-947页。

② 清高宗敕撰：《清文献通考》，万有文库本十通第9种第一册，商务印书馆1929年版，第6060-6061页。

③ 吴振棫撰：《养吉斋丛录》卷16，清代史料笔记丛刊本，中华书局2005年版，第210页。

④ 吴振棫撰：《养吉斋丛录》卷16，2005年版，第211页。

⑤ 赵尔巽等撰：《清史稿》卷382《瑚松额传》，中华书局1977年版，第11637页。

⑥ 赵尔巽等撰：《清史稿》卷401列传188至卷419列传206，第11839-12138页。

⑦ 吴振棫撰：《养吉斋丛录》卷22，第282-291页。

是给和军事有关人员的；第二，"黄马褂"是给高级吏的；第三，"黄马褂"是与"花翎""品级"配合的；第四，"黄马褂"是最高的奖赏，要记载在史书上的。这几个条件，武训全没具备。就是说，在统治者看来，那时候武训还不够"赏穿黄马褂"的资格。如果当时武训果真得到黄马褂，袁树勋的公文里一定要大书特书，也不会认为是"仅予寻常旌表"了。

那么，为什么有的说武训得过"黄马褂"呢？我想这是后来捧武训的人拿近代勋章的眼光看"黄马褂"，以为像武训这样人总应该戴一个勋章，于是找出了"黄马褂"，而忘了在清代统治者对于"黄马褂"还另有它一套办法。

清代记载武训的文字，从来没说他得过"黄马褂"，在抗日战争以前关于武训的记载，只说有得过"黄马褂"的传说，还在疑似之间；抗战后许多记载才坐实了武训得过"黄马褂"；到了电影《武训传》，竟加重的描写，说武训得了，穿了，而又扔开了。这是这一个小故事的发展经过。

（原载《进步日报·史学周刊》第二五期，署名及时）

发羌之地望与对音

《新唐书》二百十六《吐蕃传》谓:

> 吐蕃本西羌属,盖百有五十种,散处河湟江岷间,有发羌唐旄等,然未始与中国通,居析支水西,祖曰鹘提勃悉野,健武多智,稍并诸羌据其地。蕃发声近,故其子孙曰吐蕃,而姓勃窣野。

此说《通典》一百九十"西戎吐蕃"条,《旧唐书》一百九十六"吐蕃传",《唐会要》九十七"吐蕃"条,《通考》三百三十四"四裔吐蕃"条,《太平寰宇记》卷一百八十五《四夷》,《宋史》四百九十二《外国吐蕃传》均未见,不审《新书》何所据?

案发羌之称始见于《后汉书》一百十七《西羌滇良传》,传曰:

> 自烧当至滇良世居河北大允谷,种小人贫。……滇良父子……会附落及诸杂种乃从大榆入掩击先零卑湳大破之,……夺居其地大榆中,由是始强。滇良子滇吾……。滇吾子东吾……,乃入居塞内,谨愿自守,而诸弟迷吾等数为寇盗。……迷吾子迷唐……。和帝永元四年(公元92)……蜀郡太守聂尚代为校尉,……欲以文德服之,乃遣驿使招呼迷唐,使还居大小榆谷。……十二年(公元100)遂复背叛,……明年……秋,迷唐复将兵向塞,周鲔与金城太守侯霸及诸郡兵,属国湟中月氏诸胡,陇西牢姐羌,合三万人出塞至允川与迷唐战,周鲔还营自守,唯侯霸兵陷阵,斩首四百余级,羌众折伤,种人瓦解,降者六千余口,分徙汉阳安定陇西。迷唐遂弱。其种众不满千人,远逾赐支河首依发羌居。……西海及大小榆谷左右无复羌寇。

大小榆谷不见于《汉书·地理志》及《续汉书·郡国志》。杜佑《通典》一百八十九《边防·西戎羌无弋》条作大小榆中①，注曰："榆中在今金城西平等郡之间。"案榆中后汉县名，属凉州金城郡②，此云，"大小榆中"，又云"在今金城西平等郡之间"③，金城西平两郡相去四百九十里④，明其非在一地亦非指榆中县治也。《通典》一百七十四《州郡·金城郡五泉县》条注曰："汉金城县地。汉榆中县故城在今县东。后汉时羌乱，隃麋相曹凤上言，西羌为寇，自建武以来，以居大小榆谷，土地肥美，又近塞内，北阻大河，因以为固，缘山滨水以广田畜，故能强大，常雄诸种。⑤《通典》于《边防》称大小榆中，于《州郡》称大小榆谷，明其同地而异名；其系于榆中县故城下者，以地距县较近。《太平寰宇记》以为县即大小榆谷，斯未尽然。清嘉庆《重修一统志》谓谷在河州西⑥，今甘肃省临夏县西。⑦

允谷允川亦不见于两《汉志》。案《水经注·河水篇》，"河水自河曲又东径西海郡南。汉平帝时王莽秉政，欲耀威德以服远方，讽羌献西海之地，置西海郡而筑五县焉，周海亭燧相望，莽篡政纷乱，郡亦弃废。河水又东径允川而历大榆小榆谷北，羌迷唐、钟存所居也"⑧；据此可知允川盖在榆谷之西。《水经·河水篇》⑨"又东过金城允吾县北"注曰："金城郡治也，汉昭帝始元六年置，王莽之西海也。莽又更允吾为修远县，河水径其南，不在其北，南有湟水出塞外。"《汉书》九十九《王莽传》："莽既致太平，……唯西方未有加，乃遣中郎将平宪等多持金币诱塞外羌，使献地愿内属，宪等奏言羌豪良愿等种人口可万二千人愿为内臣，献鲜水海允谷盐池，平地美草皆予汉民，自居险阻处为藩蔽……，莽……请受良愿等所献地，为西海郡。"据此则允谷盖在允吾县也。《后汉书》称："河北大允谷"，《水经注》亦辨"河水径其南，不在其北"，尤可证也。《续

---

① 杜佑：《通典》卷189"羌无弋"条，中华书局1992年版，第5132页，"自烧当至滇良世居河北大允谷，后徙大小榆中"。

② 司马彪：《续汉书·郡国志》第二十三，中华书局1973年版，第3519页；案：司马彪《续汉书》因范晔《后汉书》编撰而逐渐淘汰，惟志书留存，后编入范晔《后汉书》。

③ 唐金城郡治五泉，故城在今甘肃皋兰县。西平郡治湟水，故城在今青海乐都县。

④ 杜佑：《通典》卷174"西至西平郡四百九十里"，第4546页。

⑤ 范晔：《后汉书》卷87《西羌·滇良传》见曹凤言，第2885页。

⑥《重修一统志》卷252兰州府山川，《续修四库全书》史部第618册，第268页。又案《通鉴》卷二百十胡三省注："九曲者去积石军三百里，水甘草良宜牧畜，盖即汉大小榆谷之地"。九曲军今青海化隆县，在甘肃临夏之西北。

⑦ 临夏县在甘肃中部之西，清曰河州，民国初改导河县，十七年又改今名，西与青海省接壤。

⑧ 郦道元著、陈桥驿校证：《水经注校证》卷2，中华书局2007年版，第41-42页。（郑先生注：武英殿聚珍本卷二第十四页。）

⑨ 郦道元著、陈桥驿校证：《水经注校证》卷2，第47页。（原注：武英殿聚珍本卷二第二十五页）

汉志》允吾属金城郡，其故城在今甘肃皋兰县西北。[①]

"赐支者，《禹贡》所谓析支者也"[②]。司马彪曰："西羌者，自析支以西，滨于河首左右居也。"[③]《后汉书》以为"南接蜀、汉徼外蛮夷，西北鄯善、车师诸国"[④]。《水经注》曰："河水屈而东北流，径析支之地，是为河曲矣。应劭曰：《禹贡》析支属雍州，在河关[⑤]之西，东去河关千余里。"[⑥]嘉庆《重修一统志》谓："河州边外河曲之地。"[⑦]其地盖当今青海省东南境。

迷唐世居河北大允谷，后徙大小榆谷，于允川战败远逾赐支河首以依发羌；以今地准之，盖自甘肃中部黄河之北徙居河南，更由其西越青海东南部而始得达。其迁徙之迹，皆自北而南。就后汉时地理观之，析支河首在金城郡之南，其西北为西域鄯善车师诸国，其东为河关，其东南为蜀汉，皆非发羌也；可知迷唐所逾而远依者，必在其南或西南，而析支河首之南及西南皆今日西康西藏之地也。《通典》一百九十《边防·西戎党项》条曰："党项羌在古析支之地。……大唐贞观三年……后，诸部相次内附，列其地为崛奉岩远四州"；又一百七十六《州郡》云山郡奉州条曰："奉州蛮夷之地，南接吐蕃"；是古析支以南为吐蕃所居，尤无疑义。据此可证发羌之地望实与吐蕃旧居[⑧]相当，而《新书》所述亦信而有征矣。

今日西藏自称曰 Bod-Yul[⑨]，Bod 谓其民族，而 Yul 则指国家。欧西学者以西藏入中国版图久，其往还早始于李唐，不应无称其民族土名之对音，于是自 Abel Rémusat 以迄 Bretschneider, Bushell, Rockhill, Chavannes, Kynner, Laufer 诸家均以为吐蕃之"蕃"应读为"波"，以期与 Bod 之音相对。[⑩]Pelliot 氏虽议其非，亦未能有所论定。[⑪]窃疑中国史传之所谓发羌，实即西藏土名 Bod 之对

---

① 嘉庆《重修一统志》卷 253《兰州府》古迹，第 272 页。
②《后汉书·西羌传》，第 2869 页。
③ 郦道元著 陈桥驿校证：《水经注校证》卷 2，第 41 页。
④《后汉书》卷 87《西羌传》，第 2869 也。
⑤ 河关县故城在今甘肃临夏县西。
⑥ 郦道元著 陈桥驿校证：《水经注校证》，第 41 页。（原注：聚珍本卷二第十三页。）
⑦ 嘉庆《重修一统志》卷 547 "青海厄鲁特" 条，《续修四库全书》史部第 624 册，第 657 页。
⑧ 唐以后吐蕃始大盛，其地乃东与松茂隽接，南极婆罗门，西取四镇，北抵突厥；旧时所无也。
⑨ René Grousset, Histoire de L'Extrême-Orient 第 360 页；藏人自称其国为 Bod-Yul，自称其人为 Bod-Pa。
⑩ 见《通报》1915 年刊，一八至二〇页，伯希和《汉译吐蕃名称》。冯承钧译本见《西域南海史地考证译丛二编》，商务印书馆 1962 年版，第 54-563 页。
⑪ 伯氏曰或者秃发，吐蕃，Tüpüt, Tibet 几个名称皆是同一名称之几个写法，然若将其牵到西藏土名之 Bod，似乎为时过早，见《汉译吐蕃名称》。

音。《广韵·月韵》发，方伐切，为合口三等非母字，Karlgren 氏拟读为 $P_{\dot{a}}^{w}pt$[1]。案《说文》"發从弓癹声"；"癹从癶从殳"，段玉裁注："癶亦声，普活切"滂母；"癶读若拨，北末切"帮母：均属重唇。而从發得声之字，接北末切帮母，鏺普活切滂母，亦并属重唇。钱大昕云："古读發如撥。《诗》'鳣鲔發發'，《释文》补末反，此古音也。'一之日觱發'，《说文》作潎泼，此双声，亦当为补末切，《释文》云如字，误矣！《说文》泼分勿切。"[2]（原注，古读分如邠，本重唇。）此古音上发可读接之证。

伊兰语之 Bāmiyān 据 Marquart 氏《伊兰考》以为即中国《北史》九十七《吐呼罗传》之范阳国。[3]范阳国见《隋书》六十七《裴矩传》，八十三《西域漕国传》作"帆延"；《新唐书》二百二十一《西域谢䫻传》作"帆延"，"梵衍那"，"望衍"；《大唐西域记》作"梵衍那"；慧超《五天竺传》作"犯引"。范防鏺切，帆符咸切，梵扶泛切，犯防鏺切，均属奉母字；望武方切，又巫放切，均属微母字；而俱用之以对 b 声。鱼豢《魏略·西戎传》有"氾复国"，Pelliot 氏以为即 Bambykê[4]，氾孚梵切，亦属奉母字。此在译文对音上轻唇音可用以对重唇音之证。《大集经·月藏菩萨分》以"弗利赊"对 Puricd，"弗色迦罗"对 Puskara，"富楼沙富罗"对 Purusapura；弗分勿切，富方副切，均属非母。此轻唇清音可用以对重唇清音之证。Chavannes 氏谓《宋云行纪》之钵芦勒，《志猛传》之波伦，《玄奘传》之钵露罗，均为 Bolor 之对音[5]；钵北末切，波博禾切，均属帮母。《元史》称北庭为别失八里，盖 Bešbalig 之对音，耶律楚材《西游录》作别史把，清改为巴什伯里[6]；八博拔切，巴伯加切，伯博陌切，亦均属帮母。俱用之以对 b 声，此重唇轻音可用以对重唇浊音之证。《大集经·月藏菩萨分》以"多罗比尼"对 Talapini，以"毕姜阇"对 Vikamja，以"鞞提诃"对 Videha；毕卑吉切，鞞并弭切，均属帮母，而以之对 V；比房脂切，属奉母，而以之对

①《分析字典》二二八页，又《中国音韵学研究》八七一页作 Pjɪ̯wdt。

② 钱大昕撰：《十驾斋养新录》卷 5，上海书店 1983 年版，第 111 页。

③ 见 Godard, Hackin Pelliot 附考之《中国载籍中之"梵衍那"》，冯承钧译本见《西域南海史地考证译丛一编》，商务印书馆 1962 年版，第 8 页。

④ 见《亚洲报》1921 年刊上册，第 139-145 页之《魏略西戎传中之贤督同氾复》，冯承钧译本见《西域南海史地考证译丛一编》，第 13-19 页。

⑤《通报》1905 年刊，《魏略西戎传笺注》。冯承钧译本见《西域南海史地考证译丛七编》，中华书局 1957 年版，第 41-57 页。

⑥ 见宋濂等：《元史》卷 63《地理志·西北地附录》，中华书局 1976 年版，第 1569 页；洪钧《元史译文补正》"别失八里"条（见田虎校注：《元史译文证补校注》，河北人民出版社 1990 年版，第 330 页。）；邵远平著：《元史类编》卷 42，《续修四库全书本》史部第 313 册，第 644 页。

p。此重唇清音可与轻唇浊音互对之证。

轻唇音与重唇音，清音与浊音，重唇轻音与轻唇浊音，既可互对，则用轻唇清音之发以对重唇浊音之 b，亦非不可能之事。《北史》九十七谓"大月氏国都剠监氏城在弗敌沙西"，弗敌沙 Chavannes 氏以为即 Badakhshân 之对音[①]；弗分勿切，属非母，此其证也。

伦敦博物院印度部所藏敦煌写本藏文注音《阿弥陀经》尝以发对 Pad[②]，与 Bod 尤近。p、b 仅清浊之别。入声收 t 之字译写中往往以对 d；如"佛陀"为 buddha 之对音，以佛[b'jiʷət]对 bud；白达为 Bagdad 之对音，以达[d'at]对 dad，皆其证。合口三等之 ḁ ʷɒ 亦或变为 a，或变为 o。若从补末切[puət]之音，则 uə 中和为 o，于势尤顺。[③]综上列诸证观之，以发字对 Bod 音在古音及译写上，或尚无异议。

发羌之地望既与康藏相应，而读音又与 Bod 相合，则发羌之称盖源于西藏土名 Bod 之对音，似亦可无疑。

Pelliot 氏于敦煌得 10 世纪末汉语吐蕃语合璧字书[④]，其中西藏语 Bod 对称为"特番"，读若 Dakpw'ad。窃疑此乃释 Bod 之义，或当时吐蕃亦作特番，或吐蕃某一部族之人别有特番之名，绝非 Bod 之对音。我国翻译国外文字，为习诵之便虽于对音时有省略，如"阿修罗"之作"修罗"[⑤]，"迦毗罗婆"之作"迦毗"[⑥]，"腊伐尼"之作"临猊"[⑦]诸类，似尚无增益对音之事。若"失范延"[⑧]之与"帆延"乃外国地名繁简之殊，非对音时有所增饰。故在未得藏语其他读音以前，固不能以特番为 Bod 之对音也。

1938 年 6 月 13 日蒙自
（原载《史语所集刊》八本一分）

---

① 《通报》1907 年刊，《大月氏都城考》。冯承钧译本见《西域南海史地考证译丛七编》，第 36-40 页。

② 见罗常培《唐五代西北方音》，"国立"中央研究院历史语言研究所单刊本，1933 年，第 60 页。其注音出于唐人。

③ 罗常培说。

④ 见《亚洲报》1912 年刊下册五二二页及《通报》1915 年刊一八至二〇页《汉译吐蕃名称》。冯承钧译本见《西域南海史地考证译丛二编》，商务印书馆 1962 年版，第 54-56 页。

⑤ 道世编：《法苑珠林》有多处"阿修罗"简称"修罗"者，如卷 3 "奏请部"第 12、卷 5 "业因部"第 4、"衣食部"第 6、"战斗部"第 7、卷 6 "住处部"第 3 等，上海古籍出版社 1991 年。郑先生注为"《法苑珠林》九"不知何意，据查，卷 9 并无"阿修罗"简称"修罗"之语。

⑥ 《大集经·月藏菩萨分》第十七品。

⑦ 佛诞生之腊伐尼园 Lumbini，《法琳辩正论》引《魏略西域传》作临猊。

⑧ 《隋书·炀帝纪》有失范延，即《裴矩传》之帆延为 sir-i—Bamiyan 之对音，译言范延城，此其具足称也。

《隋书·西域传》附国之地望与对音

　　《隋书》八十三《西域传》，《北史》九十六《附国传》[①]，《通典》一百八十七《南蛮》均有附国，其名前史所未见，《通典》以为"隋代通焉"，理或然也，惟《通典》又注曰："案其地接汶山故为附焉。"斯不能无惑。徼外异族，我国大都因其自号对音以为之称，其以特异风土得名者，若赤土，女国[②]，山国[③]之属，屈指可数。附之为义初非显豁，且与风土无关，天下名山大川莫不可附，汶山何得专之？案汶山即岷山[④]。《隋书》二十九《地理志》汶山郡左封县注曰："有汶山。"临洮郡临洮县注曰："有岷山崆峒山。"《新唐书》四十《地理志》陇右道岷州和政郡溢乐县注曰："有岷山。"《旧唐书》四十同，谓在县南一里；《通典》一百七十六《州郡》濛阳导江县注曰："有汶山有玉垒山。"《新唐书》四十二《地理志》剑南道彭州导江县注曰："西有岷山玉垒山。"《新唐书》四十二《地理志》剑南道茂州汶山县注曰："有龙泉山岷山。"考隋左封县后周所置，本汉蜀郡蚕陵县地[⑤]；隋临洮县西魏所置，本汉西南部都尉临洮

　　①《北史·附国传》全袭《隋书》之文，略无增减，疑《北史》阙此传，后人以《隋书》补之。

　　② 魏征等：《隋书》卷82《赤土传》："所都土色多赤，因以为号。"中华书局1982年版，第1833页；又卷83《女国传》："其国代以女为王"，第1850页。

　　③ 杜佑《通典》卷191楼兰注："此国山居，故名山国"，中华书局1992年版，第5199页。

　　④《禹贡》："岷嶓既艺"，见孙星衍撰《尚书今古文注疏》卷3，中华书局1986年版，第172页。《史记·夏本纪》作汶嶓，《索隐》曰："汶一作岷；"《水经·江水注》"岷山又谓之汶"，《元和郡县图志》卷32："汶山即岷山也。"汶岷两字互用，《清一统志》亦然。

　　⑤ 李吉甫：《元和郡县图志》卷32剑南道中"悉州左封县：周天和元年于此置广平县，隋开皇十八年改为左封。"又曰："悉州显庆元年分当州置。"又曰："当州本汉蚕陵县地。"中华书局1983年版，第816页。蚕陵属蜀郡见班固《汉书》卷28《地理志》上，中华书局1964年版，第1598页。唐广德初陷于吐蕃，元隶土蕃等处宣慰司，见宋濂等撰《元史》卷60，中华书局1976年版，第1433页；明为松潘卫，见张廷玉等撰《明史》卷43，中华书局1974年版，第1025页；清为松潘厅，见《清史稿》卷69《地理志》16，中华书局1977年版，第2208页；《嘉庆重修一统志》卷419，《续修四库全书》史部第621册，上海古籍出版社2002年版，第706-725页；即今四川松潘县。

县地^①；唐导江县本汉蜀郡郫县地^②，唐汶山县本冉駹地，汉为蜀郡汶江县^③；其地虽连杂氐羌^④，早入疆理，附国地果近接，何以旧籍无闻？《汉志》谓岷山在西徼外^⑤，《后汉书》谓西南夷在蜀郡徼外^⑥，是汶山之间皆西南夷所居。汶山连绵千里^⑦，西南夷君长数十^⑧，其间大种若莋都冉駹白狼之属，诸史屡书，附国果与邻比，何以史不复见？^⑨

---

① 魏征等：《隋书》卷29《地理志》："临洮西魏置曰溢乐，并置岷州，……大业初州废，更名县曰临洮"，第820页；欧阳修、宋祁撰：《新唐书》卷40《地理志》溢乐县注："本临洮"，中华书局1975年版，第1040页；《旧唐书》卷40曰："秦临洮县，……后魏……改一为……溢乐"，中华书局1975年版，第1637页；李吉甫：《元和郡县图志》卷39陇右道："岷州……在秦为陇西郡临洮县地，自秦至晋不改，……上元二年因羌叛陷于西蕃"，第995页；清·嘉庆《重修一统志》255谓："宋熙宁六年收复，仍曰岷州和政郡秦凤路；绍兴元年入金改为祐州；十二年收复，徙废。元复置岷州。……明洪武十一年置岷州卫。……雍正八年改为岷州属巩昌府。"《续修四库全书》史部第618册，第303-304页；即今甘肃岷县。

② 李吉甫撰：《元和郡县图志》卷31剑南道上："导江县本汉郫县地，武德元年于灌口置盘龙县，……二年又改为导江县。"第773页。汉郫县属蜀郡见班固《汉书》卷28上，第1596页；其地入宋隶成都府路，永康军，见脱脱等撰《宋史》卷89，中华书局1977年版，第2215页；元改灌州属四川行中书省成都路，见宋濂等撰《元史》卷60，第1435页；明曰灌县，属四川成都府，见《明史》卷43，第1023页；清仍之，见嘉庆《重修一统志》卷384，《续修四库全书》史部第621册，第92页。故城在今四川灌县东。

③ 李吉甫撰：《元和郡县图志》卷32剑南道中："茂州……本冉駹国，……元鼎元年以冉駹为汶山郡，今州即汉蜀郡汶江县也。"又："汶山县本汉汶江县地，晋改为广阳县，……隋开皇十八年改为汶山县。"第811页。其地五代属蜀，宋曰茂州通化郡属成都府路，元属土蕃宣慰司，明曰茂州属四川成都府，清直隶四川省，今曰茂县。

④ 魏征等撰：《隋书》卷29"地理志"语，第829页。

⑤ 见《汉书》卷25《郊祀志》之"蜀郡湔氐道"注，岷本作崏，古字通，第1206页。

⑥ 见《后汉书》卷86《西南夷传序》，第2844页。

⑦ 清·嘉庆《重修一统志》卷419《松潘厅·山川》"岷山"下引《括地志》曰："岷山在溢乐县南，连绵至蜀几二千里。"《续修四库全书》史部第621册，第719页；又卷383"四川统部"形势下引杜光庭曰："岷山连峰接岫千里不绝。"《续修四库全书》史部第621册，第58页。

⑧ 见《汉书》卷95《西南夷传》，第3842页，《后汉书》卷86《西南夷传》。

⑨ 附国尚见于阎立本《西域图》，《新唐书》卷222下《南蛮·南平獠传》，第6322页；《太平御览》卷788，中华书局1995年版，第3491页；《通志·都邑略西南夷》，《文献通考》卷329卷，但文字相若，事无所增，盖皆用《隋书》为本者也。《西域图》唐阎立本绘，褚遂良书，见元鲜于枢（伯机）《困学斋杂录》，录称，"杭士王子庆收《西域图》，阎中令画，褚河南书。丹青翰墨，信为精绝。意当时所图甚多，今止存四图，前史逸而不书今录于此。附国者……"云云，其文略同《隋书》。鲜于枢精鉴别，审定当不差，惟谓"前史逸而不书"则非也。《困学斋杂录》收入《畿辅丛书》，其所称《西域图》，张政烺先生以为当是《职贡图》之残本，其说甚。两图均不见于《新书·艺文志》，惟《宣和画谱》卷一载御府所藏阎立德画四十有二，其中有《西域图》二《职贡图》二。案唐张彦远《历代名画记》卷九《阎立本》条称："时天下初定，异国来朝，诏立本画《外国图》。"《宣和画谱》卷一《阎立德》条称："唐贞观中，东蛮谢元深入朝，颜师古奏言，昔周武时远国归款，乃集其事为《王会图》，今卉服鸟章，俱集蛮邸，实可图写，因命立德等图之。……故李嗣真云：'大安博陵，难兄难弟，'谓立德立本也。"谢元深即东谢蛮，《旧唐书》197，《新唐书》222下有传。《旧书》传称："贞观三年元深入朝，……中书侍郎颜师古奏言昔周武时，天下太平，远国归款，周史乃书其事为《王会篇》，今万国来朝，至于此辈章服实可图写，今请撰为《王会图》，从之。"是则图写之始，初无定称，职贡，西域，外国，王会，其实一也。伯机所见之四图，当即宣和时内府所藏阎之两《西域》两《职贡》也。图作于贞观三年，其时吐蕃未始，故仍沿附国旧称。宋李廌（方叔）《德隅斋画品》谓《番客入朝图》梁元帝为荆州刺史日作，粉本，鲁国而上三十有五国，阎立本所作《职贡图》亦相若，得非立本摹元帝旧本乎"（《顾氏文房小说》本第1页）。其说与诸家不同。窃疑李氏所称摹元帝旧本，盖举其大体，或指其章法气韵而言，非必卉服鸟章之异一一从旧本而来。惜其目不传，无从断定。

窃疑所谓附国之附，即后汉发羌发字一音之转，亦即西藏人自称 Bod 之对音。[①]案《说文》附从阜付声，《广韵》去声遇韵附，符遇切，为奉母合口三等字，今读为 fu[②]。附字今音与 Bod 虽不尽合，然古音其发声为 b 属唇音浊声字，《后汉》译 Kabud 为高附，《左传·襄公二十四年》陆德明《音义》附蒲口反[③]，可证也，关于外族语言之对音，本难纤毫毕肖，而于声韵之术未娴以前尤甚。Karlgren 氏尝谓中国于域外借字多曲改读音，以自适其习惯，甚者至使外人不能得其相近音值[④]，Pelliot 氏亦谓，自汉以来龟兹，丘兹，丘慈，屈茨诸名，仅可以作 Kuci 之土名写法，而不能作 Kuci 之对音。[⑤]《四库总目》亦云"译语对音本无定字"[⑥]。是则以"附"译 Bod 非不可能。梵文称西藏为 Bhota，为 Bhot；近英人或称藏为 Pö[⑦]，均以对藏文之 Bod 此不严格对音之成例。

《隋书·西域传》曰：

> 附国者，蜀郡西北二千余里，即汉之西南夷也。[⑧]

又曰：

> 其国南北八百里，东西千五百里。[⑨]

案《元和郡县图志》三十二，悉州，东南至成都府六百五十里，左封县东南至州二十里，左封今四川松潘，此云蜀郡西北二千余里，则远在松潘徼外，以地望度之，实当今西康西藏之境。《嘉庆一统志》雅州府在四川省治西南三百四十

---

① 参看中央研究院历史语言研究所《集刊》第八本第一分，拙著《发羌之地望与对音》。

② Karlgren 氏拟古音读为 b'ĭu。见《分析字典》47 页；据罗常培氏《唐五代西北方音》推得条例第八世纪音应读为 b'vy，见罗常培撰《唐五代西北方音》，"国立"中央研究院历史语言研究所单刊本，1933 年版，第 164-165 页。中外学者又或拟古音为*b'ĭug。

③ 蒲口反应读为*b'ug。《玉篇》作布口切。徐铉《说文》"附……符又切"，段玉裁注曰："案此音非也，当云蒲口切。"

④ Karlgren, *Etudes Sur La Phonologie Chinoise* P. 23。

⑤ Pelliot, *Note Sur Les anciens noms de Kuca, d'Aqsu et d'Ue-Turfdan. T'oung Pao*,1923, p. 127.

⑥ 永瑢等撰《四库全书总目》卷 71《史部》27《地理类》四《诸蕃志》，"所列诸国，宾瞳龙史作宾同陇，登流眉史作丹流眉，阿婆罗拔史作阿蒲罗拔，麻逸史作摩逸，盖译语对音本无定字，龙陇三声之通；登丹蒲婆麻摩双声之转，呼有轻重，故文有异同。"中华书局 2008 年版，第 631 页。

⑦ C. Bell, The people of Tibet, P. 1.

⑧ 魏征等撰：《隋书》卷 83《西域传·附国传》，第 1858 页；《通典》作西夷，无南字；阎立本《西域图》蜀郡作蜀都。

⑨ 魏征等撰：《隋书》卷 83《西域传·附国传》，第 1858 页；《西域图》同《通典》作"东西四千五百里"，《新唐书》作"横四千五百里"。

里，打箭炉厅在府西五百九十里，喇萨在四川打箭炉西北三千四百八十里①，唐尺略小于明清营造尺②，则以里程计之，去今拉萨东二千里许即入附国境。《明史》三百三十一《乌斯藏传》，"在云南西徼外，去……马湖府千五百余里"，又四十三《地理志》，"马湖府……东北距布政司千一百里"③，与此合。丁谦《隋书四夷传地理考证》曰："附国部境盖在四川打箭炉边外，明正宣慰司所属各土司地。"案《清史稿》五百十三《四川土司传》，"明正宣慰使司其先系木坪分支……住牧打箭炉城……原管有咱里土千户，木噶……四十八土百户"④。其地明为长河西鱼通宁远宣慰司，《明史》谓其在四川徼外，地通乌斯藏，唐为吐蕃，元时隶吐蕃宣慰司。⑤以方位言丁氏之说似可信，然打箭炉全境东西距仅六百四十里，南北距八百三十里⑥，似不足以容附国，且地距成都不足二千余里，窃谓附国部境更逾而西，《明史》所谓乌斯藏在长河西之西，是其地也。即今康藏境。⑦

传又谓：

> 西有女国，其东北连山绵亘数千里，接于党项。⑧

《隋书》八十三《西域女国传》，"女国在葱岭之南。"⑨案隋唐史籍所称女国有二，西女国在海与拂菻接⑩，距中国辽远，此盖东女国也。《旧唐书》一百九十七《西南蛮东女国传》，"西羌之别种，以西海中复有女国故称东女焉。……东与茂州党项接"。《新唐书》二百二十一上《西域东女国传》，"东女亦曰：苏伐剌拏瞿呾罗（Suvarnago-tra），东与吐蕃党项茂州接，西属三波诃，北距于阗，

---

① "雅州府"和"打箭炉厅"见嘉庆《重修一统志》卷402，《续修四库全书》史部第621册，第425页；"喇萨"见嘉庆《重修一统志》卷547，《续修四库全书》史部第624册，第667页。

② 唐尺据王国维氏所测约当清营造尺九寸七分，明尺较清营造尺微弱，清营造尺合公尺0.32。

③ 《明史》卷331《乌斯藏传》，第8572页；《明史》卷43《地理志》，第1037页；案马湖府今四川屏山县，见《嘉庆一统志》卷395，《续修四库全书》史部第621册，第305页。

④ 《清史稿》卷513，第14242页；《嘉庆一统志》卷402雅州府建置沿革："明正长河西鱼通安远宣慰司在打箭炉，明置，……辖咱哩土千户及木噶等四十八土百户。"

⑤ 《明史》卷331《西域列传三》，第8592页。

⑥ 佚名撰，《西藏研究》编辑部整理：《卫藏通志》卷15，西藏人民出版社1982年版，第521页。

⑦ 张廷玉等撰：《明史》卷331"成化十七年礼官言乌斯藏在长河西之西，长河西在松潘越巂之南，壤地相接"，第8593页。按长河西今西康康定县。

⑧ 魏征等撰：《隋书》卷83《附国传》，第1859页。

⑨ 杜佑撰：《通典》卷193《边防九·女国》："隋时通焉，在葱岭之南"，第5276页。

⑩ 欧阳修、宋祁撰：《新唐书》卷221《西域传下·康传》附载诸国名。"波剌斯……西北距拂菻，西南际海岛，有西女种，皆女子……附拂蒜"，第6246页。案拂菻大秦也，或以为即罗马。《旧唐书》卷198《西戎传·大食传》"又有女国在其西北，相去三月行"，第5315页。

东南属雅州"。《通典》一百九十三西戎朱俱波"在于阗西千余里，其西至渴槃国，南至女国三千里"①。古于阗国在新疆塔里木河南和阗河流域，即今和阗一带，是东女盖位于今新疆西南境外，《隋书》谓附国西有女国，《新书》谓东女东与吐蕃接，则附国在今康藏境似无疑议。党项羌《隋书》谓其东接临洮、西平，西拒叶护②，《旧唐书》谓其"东至松州，西接叶护，南杂春桑迷桑等羌③，北接土谷浑"，又谓其"在古析支之地"，"贞观三年……举部内属，……列其地为轨州"④。《嘉庆一统志》五百四十六"析支在河州边外河曲之地"，河州今甘肃临夏县，所谓河曲即玛楚阿，青海东南境也。轨州旧治在四川松潘西北⑤，西北与河曲接。地当西倾，岷山，印嵊积石，巴颜喀喇群山之间，故曰："连山绵亘数千里。"其西南即今西康西藏境。是故以地望度之，所谓"西有女国，其东北连山绵亘数千里接于党项"者，非康藏不足以当之。

传又谓：

> 有嘉良夷即其东部所居种姓⑥，自相率领，土俗与附国同，言语少殊，不相统一。⑦

又谓：

> 嘉良，有水阔六七十丈，附国有水阔百余丈，并南流。⑧

嘉良夷未详。案《旧唐书》四十一《地理志》雅州都督府武德元年领十六县，中有嘉良，六年省。《新书》四十二《地理志》雅州严道县注曰："唐初以州境析置濛阳，长松，灵关，阳启，嘉良，火利六县，武德六年皆省。"是则省入严道县也。严道即今雅安，地接康定，方位差进。然传谓嘉良有水阔六七十丈，今雅安周近惟青衣大渡两水为大，两水早见于《汉书·地理志》《水经注》，果属其地不应无说，疑其名偶同耳。《新唐书》四十三下《地理志》诸羌羁縻州天

---

① 杜佑撰：《通典》卷 193《边防九·朱俱波》，第 5272 页。
② 魏征等撰：《隋书》卷 83《西域传》，第 1845 页。
③ 杜佑撰：《通典》卷 190 作"南杂春桑迷弃等羌"，第 5169 页。迷弃当即《隋书》《北史》之迷渠。
④ 刘昫等撰：《旧唐书》卷 198《西戎传》，第 5290—5291 页。其后诸姓酋长皆来内属，太宗列其地为崛，奉，岩，远四州。
⑤ 嘉庆《重修一统志》卷 419 松潘厅"废轨州在厅西北，汉党项羌地"，《续修四库全书》史部第 621 册，第 721 页。
⑥《通典》同《北史》无东字。
⑦ 魏征等撰：《隋书》卷 83《西域传·附国》，第 1858 页。《北史》无相字，《通典》作不能统一。
⑧ 魏征等撰：《隋书》卷 83《西域传·附国》，第 1859 页。

宝前隶雅州都督府者二十一，中有东、西嘉梁州。[①]《宋史》八十九《地理志》成都府路雅州领羁縻州四十四，亦有东、西嘉梁州，《元丰九域志》卷十羁縻州同。《新唐书》谓其距雅州西五百余里之外，为通吐蕃所经。[②]案唐宋雅州入元隶四川行省西蜀四川道成都路；至元二十年割属陕西行省吐蕃宣慰司[③]，其边外诸地统于碉门鱼通黎雅长河西宁远等处宣抚司，明为长河西鱼通宁远宣慰司[④]，即今西康东境，其地望相当，字音亦近，岂其地欤？

丁谦《隋书四夷传地理考证》谓"嘉良水当即鸦砻江，附国水当即布垒楚河"，虽无的证，然今成都西北大水惟雅砻，金沙，澜沧，怒江，雅鲁藏布最大且南流，与《传》合，说亦近似。雅砻江，《嘉庆一统志》作雅龙江[⑤]，在打箭炉西南二百八十里，与里塘分界，南入冕宁县西界折东流，经西昌县西南转南，至会理西合金沙江亦名泸水，俗称打冲河，源出巴颜喀喇山，番名齐齐尔哈纳河。[⑥]布垒楚《嘉庆志》作布赖楚即金沙江上游。源出拉萨西北，入喀木[⑦]境名布拉楚河，南流少西八百余里至巴塘西名巴楚河，又东南流入云南境为金沙江[⑧]，一曰犛牛河[⑨]。

更以附国风土证之，亦与康藏为近。《传》谓其"无城栅，……垒石为碉而居，……其碉高至十余丈，下至五六丈，每级以木隔之，……状似浮图"[⑩]，

---

① 欧阳修、宋祁撰：《新唐书》卷 43 下《地理志七》，第 1139 页。《旧唐书》未见，案《旧唐书·地理志》雅州生羌生獠羁縻十九州有寿梁州，疑为嘉梁之讹。

② 欧阳修、宋祁撰：《新唐书》卷 222 下《南蛮下·两爨蛮传》，"雅州西有通吐蕃道三：日夏阳、日夔松、日始阳，皆诸蛮错居，凡部落四十六，距州……五百余里之外有……东嘉梁西嘉梁十三部，……皆羁縻州也"，第 6323 页。

③ 宋濂等撰：《元史》卷 60 又作吐蕃招讨司，第 1434 页。

④《明史》卷 331《西域三·长河西鱼通宁远宣慰司传》，第 8590 页。

⑤ 见嘉庆《重修一统志》卷 400《宁远府图·山川》"若水"条，《续修四库全书》史部第 621 册，第 403 页；卷 402《雅州府图·山川》，《续修四库全书》史部第 621 册，第 432 页；卷 547《西藏图·山川》"金沙江条"，《续修四库全书》史部第 624 册，第 673 页。

⑥ 嘉庆《重修一统志》卷 305 谓即古之若水。今案："雅龙江即古若水"在嘉庆《重修一统志》卷 402，详述雅龙江与泸水、打冲河等关系者，卷 383"泸水"条、卷 547"金沙江"条、"雅龙江"条均有，卷 305 为"处州府表"，在今浙江省境内，雅龙江并未流经此处，因此，此卷未见记载。见《水经注》卷 36，第 824 页。

⑦ 喀木即康（Kham），治今昌都县。旧称东自鸦龙江西岸西至努卜公拉岭为康，见《清一统志》卷 413。黄沛翘，《西藏研究》编辑部整理：《西藏图考》二"喀木亦日康即今打箭炉，里塘，巴塘，察木多之地"，《西藏研究丛刊》本，西藏人民出版社 1982 年版，第 71 页。

⑧ 嘉庆《重修一统志》卷 547《西藏图·山川》"金沙江"条，第 673 页。此小金沙江也，大金沙江谓雅鲁藏布江。

⑨ 见《卫藏通志》卷 3，第 218 页。案藏语犛犛为 dri，故西籍今译为 Di Chu 或 Dre Chu，Chu 藏语河也。《清统志》卷 485 谓即古之绳水。绳水见《水经注》卷 36《若水注》，第 824 页。

⑩ 魏征等撰：《隋书》卷 83《西域·附国传》，第 1858 页。《通典》注碟与巢同。阎立本《西域图》作巢。

此今日所谓"碉楼""碉房",而唐人所谓"雕"与"彫"也。《后汉书·西南夷冉駹夷传》,"众皆依山居止,累石为室,高者至十余丈为邛笼",唐李贤注曰:"按今彼土夷人呼为雕也。"《通典》一百八十七《南蛮》冉駹条同,注曰:"今彼土夷人呼为彫。"《旧唐书》一百九十六上《吐蕃传》亦谓,"屋皆平头,高者至数十尺";形制皆与碉似,盖同一物。丁谦谓碉即碉之转音[①],其说近之。《西藏记》谓"自炉至前后入藏各处,房皆平顶砌石为之,上覆以土石,名曰碉房,有二三层至六七层者";黄沛翘《西藏图考》六谓"西藏多碉楼",又谓"藏王所居曰诏,……四围无城郭,就居人所住碉楼环绕相联以为藩篱",其遗制也。《传》又谓其"土高,气候凉,多风少雨,宜小麦青稞",[②]青稞《通典》作青斜[③],《北史》作青稞。其说举《旧唐书·吐蕃传》"其地气候大寒不生秔稻,有青稞麦,蔓豆,小麦,乔麦",合。青稞即青稞,今曰青稞麦,又曰稞麦,似麦而瘠长,《明一统志》谓为卫产[④],松筠《西招图略》曰"藏地无米,惟产稞麦,番兵糌粑是食",即其物。《传》又谓其"用皮为舟而济",此亦藏俗。《元和郡县图志》三十二嶲州西泸县,"泸水在县西一百十二里,……水峻急[⑤]而多石,土人以牛皮作船而渡,一船胜七八人"。《太平御览》六十五泸水条引《十道志》曰"泸水出蕃中",又曰:"水浚急而多嶲石,土人以牛皮为船,方涉津浃。"唐西泸旧县在今西昌县西南[⑥],泸水上游即雅龙江,故曰"出蕃中"。犛皮为船,迄今沿用,藏人航行江河悉赖之。《西藏图考》卷三谓"察木多人往西海者",由此(达颜崇古尔渡)用皮船渡",又卷六谓"由隆竹松过彭阿有铁索桥,设有皮船,济渡"。《卫藏通志》卷三谓雅龙江"用牛皮船为渡",均其证。《传》又谓"水有嘉鱼,长四尺而鳞细"。案任豫《益州记》,"嘉鱼细鳞似鳟鱼,……大者五六尺"[⑦]。《太平御览》九百三十七引《唐书》曰,"吐番国有藏河,去逻

---

① 丁氏又谓"碉"即《新唐书·骠国传》之"绸舍","綢"即"碉"之本字,并见《隋书四夷传地理考证》。"綢舍"见《骠国传》,附《三王蛮传》。

② 魏征等撰:《隋书》卷83《西域·附国传》,第1858页。

③《通典考证》曰:"刊本糇讹斜,据《隋书》改。"案今本均未改。

④ 嘉庆《重修一统志》卷419松潘厅土产"清稞春种秋收,似麦而瘠长,日用所食。《明统志》卫产",《续修四库全书》史部第621册,第725页。卫产者卫藏所产也。

⑤《清统志》引作浚急。

⑥ 见嘉庆《重修一统志》卷400卷"宁远府"志,《续修四库全书》史部第621册,第398页。西昌县清属四川宁远府,今划入西康省。今案:郑先生原注为"见《清统志》卷305,西昌县清属四川宁远府,今划入西康省",卷305为"处州府"志,在今天浙江省境内,与内容不符。

⑦ 李昉著:《太平御览》卷937,中华书局1995年版,第4165页。

些三百里，东南流，众水凑焉，南入昆仑国，其中有鱼，似鳟而无鳞"[1]。鱼莫不有鳞，必其鳞细不易辨耳。一谓似鳟而无鳞，一谓细鳞似鳟鱼，二者必为一物。是附国之嘉鱼即吐蕃藏河之鱼，此亦可为附国即西藏之一证。《西藏记》，盛绳祖《卫藏图识》所谓细鳞鱼，王我师《藏炉游异记》所谓"土人呼为龙种，小口细鳞，金色赤尾，皮厚如牛革"者，当亦即此。

《传》又谓：

> 附国南有薄缘夷。[2]

薄缘之名他处未见，疑即今之不丹。不丹在西藏之南，薄缘在附国之南，地望相当，且对音亦近，余别有说[3]。

综上数事可证附国之确属藏地，其名盖取于 Bod 之对音。然有不能自解者，《隋书》谓"大业四年（608）其王遣使素福等八人入朝，明年又遣其弟子宜林率嘉良夷六十人朝贡"，其时下距贞观八年（634）吐蕃之始贡仅二十六年，果属旧藩重至，何以更立新名？[4]《通典》纂于大历元年（766）[5]，其时与吐蕃交往频仍，果属一地，何以并为之立传？谓非一地，则附国吐蕃同属西羌大种，何以群书之记附国于大业后事别无增益？其记吐蕃始于贞观，前亦无闻？两族之通中国有若相续，抑何巧合？窃疑大业离乱，册籍遗阙，易代而后，老吏不存，新朝饰来远之名，遂肇新称以夸胜前代，后世史官[6]莫稽旧典，传疑互见，相循不改，非必确知其为两地也。

今为此说于古籍虽无可征据，而近人所修《清史稿》实先吾言之，录之以证吾说：

> 西藏《禹贡》雍州之域，汉为益州沈黎郡徼外白狼乐土诸羌地，魏隋为附国，女国及左封[7]，昔卫，葛延，春桑，迷桑，北利，模徒，那鄂诸

---

① 此数语今本《旧唐书》未见，盖逸文也，疑《吐蕃传》刘元鼎自吐蕃使回奏中语，即《新书》所谓"直逻些川之南百里藏河所流也"云云之本文；《御览》成于太平兴国八年，其时《新书》未修，卷首之《经史图书纲目》《唐书》与《旧唐书》并列者，盖后人所增。

② 魏征等撰：《隋书》卷83《西域·附国传》，第1859页。《北史》无南字。

③ 见《隋书西域传薄缘夷之地望与对音》。

④ 《隋书》于贞观十年成，正当吐蕃始贡之会。

⑤ 李翰《通典》序"大历之始，实纂斯典。"

⑥ 《通典》之成去贞观初百三十余年。

⑦ 左封各书均同，惟丁谦《考证》谓即今瞻对，盖以封为对。

羌地，唐为吐蕃。[1]

其左封以下诸羌名同见于《隋书·附国传》，所谓"并在深山穷谷，无大君长，其风俗略同于党项，或役属吐谷浑"，或附附国者也。

1938 年 6 月初稿草于蒙自，1940 年 2 月 14 日改成于昆明北郊冈头村，时阴历庚辰人日。

（原载《国学季刊》第六卷第四号）

---

① 赵尔巽等撰：《清史稿》卷 525，列传 312《藩部》八《西藏传》，中华书局 1977 年版，第 14529 页。

《隋书·西域传》薄缘夷之地望与对音

《隋书》八十三《西域附国传》谓"附国南有薄缘夷"，薄缘之名旧籍未见，窃疑即今西藏南界山国之不丹。不丹或译布坦[①]，盖 Bhutan，Bhotan 之对音。其名源于梵文之 Bhotânta，华言西藏底，梵文又有称之曰 Bhotânga，意谓西藏之一部[②]，其人自称其地则曰 Duk，华言雷龙原[③]，藏人称之为 Brug-Pa，我国旧籍或译布鲁克巴，或译布噜克巴[④]，与西藏同属 Bhutias Tephu 族，为红教喇嘛地。[⑤]地在西藏之南，《卫藏图识略》上番界，谓"西南接布鲁克巴"，《西藏记》谓"离藏西南约行月余"，《卫藏通志》谓"正北至西藏所属之帕克城"。余尝疑附国为 Bod 之对音，传中所述与不丹之方位适相合[⑥]。

案《广韵》入声铎韵，薄傍各切，并母开口一等[⑦]；平声仙韵，缘与专切，喻母合口三等。《说文》缘从系彖声；彖，《广韵》通贯切，去声换韵，透母合口一等。缘既从彖得声，古音应读为 ḍiwan。就韵母言之，合口呼之 ṭiwan 与开口呼之 tan 固不相蒙，然吾国旧借于域外人名地名对音则不乏以合口对开口之例，若《佛国记》以拘萨罗对 kosala，《洛阳伽蓝记》以朱驹波对 Karghalik，《大唐西域记》以笯赤建对 Nejkend，《继业行记》以布路对 Bolor，《诸蕃志》以宾瞳龙对 Panduranga，《西游录》以五端对 Khotan，《元史》以妥欢对 Togan，均

---

① 见袁昶：《卫藏通志后序》，西藏人民出版社 1982 年版，第 158 页。

② Bhota 者梵文言西藏，见 M. Monier-Williams，*Sanskrit-English Dictionary*，p. 768。anta 者梵文言底，同上书 42 页，L. Austine Waddell 于所著 *Lhasa and its Mysteries* 第六十三页谓 Bhotan 义为"The end of (Bhot) or Tibet"，其说是也，梵文 anga 华言部分，见 Monier-Williams 字典 7 页。

③ L. Austine Waddell, *Lhasa and its Mysteries*, p. 63 "In the land of Thunder-Dragon"。

④ 《西藏考》《西藏记》《卫藏图识》《清史稿》作布鲁克巴，《卫藏通志》作布噜克巴，《西招图略》两字并用。

⑤ 佚名撰：《西藏考》，《丛书集成初编》影音本，商务印书馆 1936 年版，第 3 页；和琳纂修《卫藏通志》卷 15 "部落"，西藏人民出版社 1982 年版，第 510 页；马少云、盛梅溪撰《卫藏图识·图考》下卷，《近代中国史料丛刊》第 57 辑 561 册，文海出版社 1966 年版，第 126 页。

⑥ 案《西藏记》《卫藏通志》均谓布鲁克巴在西藏西南，惟《西藏考》作西北，北字误，应作西南。

⑦ Karlgren 拟古音读为 bʻak，见《分析字典》231 页；罗常培《唐五代西北方音》拟读为 bʻag，"国立"中央研究院历史语言研究所单刊本 1933 年版，第 28—29 页。

其例证。①至若对音之遗尾音不译，若 Parthuva 之译番兜②，Kapica 之译罽宾③，Ambulima 之译庵跛离④，Bokhara 之译捕渴⑤，更属数见不鲜，是则以薄缘对 Bhotônta 或 Bhotânta，固非旧例之所不许也。其人既有本称，藏人名之亦有专呼，而独以梵文播之中土以为名者，盖天竺声教远被，借之以自重，且冀其或已传入也。

不丹史迹荒邈莫详，西人述其事者或著始于 1670 年（康熙九年）之藏兵入境⑥，或著始于 1772 年（乾隆三十七年）东印度公司之经营⑦，立意不同。《清史稿》于《藩部西藏传》《属国廓尔喀传》皆著布鲁克巴之名，而未尝为之立传。不丹古史 Lho-i Chöjung⑧既不可得，我国载籍所谓布鲁克巴于唐时归附，尝赐印册曰唐师国宝之印⑨，亦待考证。惟其国于雍正十年（公元 1732）内附，十二年入都贡献⑩，十三年正月我国派千总李仁自藏经十七站，千四十里而至布鲁克巴之札什曲宗⑪，则事非伪托，学者固可遵而求之也。

1942 年，8 月 26 日，在昆明写

（原载《国学季刊》第六卷第四号）

---

① 此举所见之书，非谓始于其时，可参考冯承钧《西域地名》及所译诸书。蒙古通用之畏吾儿文字无代表 g-h 之字母，故欢（h-）可对 g。

② 班固：《汉书》卷 96《安息国传》，中华书局 1964 年版，第 3889 页。

③ 班固：《汉书·西域传》，第 3884 页。

④《孔雀王经二译》。

⑤ 玄奘、辩机撰，季羡林等校注：《大唐西域记校注》，中华书局 1985 年版，第 94 页。

⑥ 十三版《大英百科全书》。

⑦ Ronaldshhy. *Land of the Thunderbolt*, p. 197.

⑧ C. Bell. *The people of Tibet*, p. 55, 其字亦作 Lhohi Chö. jung。

⑨ 佚名撰：《西藏考》，第 2 页；佚名撰：《西藏记》下卷《丛书集成初编》本，商务印书馆 1936 年版，第 42 页；和琳纂修：《卫藏通志》卷 15，第 510 页。均著其事，三书以《西藏考》成书最先，《通志》最后。

⑩ 佚名撰：《西藏考》，第 3 页；佚名撰：《西藏记》下卷《外番》，第 41 页；和琳纂修：《卫藏通志》卷 15，第 510 页；马少云、盛梅溪撰：《卫藏图识·图考》下卷谓其"本西梵国属，雍正十年始归诚"，第 217 页。

⑪ 见佚名撰：《西藏考·附录》，第 46 页。

历史上的入滇通道

古代入滇的东、南、西三道：

历史上关于入滇道路的记载，最早的是《史记·西南夷列传》所记："楚威王（《后汉书》《华阳国志》说在楚顷襄王时）命将军庄蹻将兵循江上，略巴、蜀、黔中以西，……蹻至滇池，地方三百里，旁平地肥饶千里，以兵威定属楚。"[①]庄蹻所循而上的江，据《通典》卷一八七夜郎国注说就是沅水；《华阳国志》又说他"军至且兰椓船于岸而步战"，且兰即今贵州平越，可知庄蹻是由湘西经贵州而入滇的。这可以说是古代入滇的东道。汉武帝建元六年（公元前 135）唐蒙在南越吃到蜀枸酱，问知是从西北牂牁江而来，牂牁江自夜郎出番禺城下，江广可以行船，于是蒙上书请"浮船牂牁出其不意"以攻南越。所谓自西北出番禺城下的江，就是现在西江。西江上通浔江，浔江通郁江，郁江通盘江，盘江东西二源全在云南境；又从郁江上通右江，右江上源名西洋江。西洋江由广西边境百色上达云南剥隘。这可以说是古代入滇的南道。元封二年（公元前109）汉武帝发巴蜀兵以临滇，其后命王然于喻滇王，以及蜀汉诸葛武侯之渡泸，他们的详细路程虽不得知，但全是由四川南行至云南。这可以说是古代入滇的西道。大概古代入滇大道不出这三线。《史记·西南夷列传》还有"秦时常頞略通五尺道"一个记载，前人解释五尺道多半说是形容地之险狭，如淳说："道广五尺。"司马贞说："谓栈道广五尺。"颜师古说："其处险厄故才广五尺。"全没有举其所在。李泰《括地志》说："五尺道在郎州。"唐初郎州后改播州[②]，就是现在贵州遵义。但《通典》卷一七六又说：五尺道在戎州棘道县，就是现在四川宜宾县。两说不同，相距甚远，又无其他证据，不知是否直达云南。

唐代的南北两路：

唐代通云南多经过四川，大道有南北二路。当时南诏蒙氏先都蒙舍川（今蒙化西北）后都羊咀咩（今大理）。交通的中心在现今迤西。《蛮书》上说："从

---

① 司马迁撰：《史记》卷 116《西南夷列传》，中华书局 1963 年版，第 2993 页。

② 欧阳修、宋祁撰：《新唐书》卷 41《地理志五》，中华书局 1975 年版，第 1075 页。

石门外出鲁望、昆川至云南谓之北路；黎州清溪关出邛部过会通至云南谓之南路。"①石门在今四川庆符县南，隋史万岁南征所开。《新唐书》卷一五八《韦皋传》所说"遣幕府崔佐时由石门趋云南"即此道。鲁望就是现今曲靖。《蛮书》说过石门外第九程是鲁望即蛮汉两界，曲州、靖州废城皆在；旧《云南通志》说靖州故城在南宁县南十五里（阮氏《云南通志》三十五），南宁民国改称曲靖。昆川就是现今昆明，《蛮书》说拓东城凤伽异所置，其地汉旧昆川。可知唐代入滇的北路是从今四川南部庆符县之石门南下，经过曲靖、昆明。《新唐书》四十二《地理志》戎州开边县注所引贞元十年（公元 794）袁滋，刘贞谅使南诏的路，也是这条线。（余别有《唐使南诏路考》）

《新唐书》四十二《地理志》巂州越巂郡注说："有清溪关"②。《蛮书》说："黎州南一百三十里有清溪峡，乾元二年（公元 759）置关，关外三十里即为巂州界。"③因为关在黎巂两州交界处，所以《新唐书》与《蛮书》所记不同。就现在来说，就是西康汉源县南。唐邛部属巂州故城在今西康越巂县北。会通河今名老口河，源出西康会理，东南入金沙江（阮氏《云南通志》二十五，《清一统志》三百五四四川宁远府）。但会通河之名不见于《通典》、两《唐志》《蛮书》《南诏野史》等书，怀疑是会同之讹，会同城在今西康会理县北，总之经过会理是无疑的。可知唐代入滇的南路，是从四川西部今划入西康省之汉源县以南的清溪关南下，经越巂，会理渡金沙江而入云南，《新唐书》四十二《地理志》巂州越巂郡注所引贞元十四年（公元 798）刘希昂使南诏的路，同《蛮书》内自四川成都府至云南蛮王府州县馆驿江岭开塞里数所列路程，《一切经音义》八十一《求法高僧传》内从蜀川南出，经越巂，永昌西行入天竺的道，全是这条路。关于《蛮书》记载可参阅向达先生《蛮书校注》，见国立北京大学《文史》专刊。

五代及元的通道：

五代通云南的大道，据《五代会要》所载，后唐天成二年（公元 927），云南使赵和是从大渡河黎州入中国，这还是唐代的南路。至于宋代，因为书阙有间就不大清楚了。元宪宗二年（壬子，宋淳祐十二年，公元 1252），忽必烈以皇弟奉命帅师入云南，次年自临洮次塔拉，分三道进兵大理。忽必烈由中道，经满陀城过大渡河，渡金沙江至大理北四百余里之摩娑部界。详细的路程现在学者还在研究，但他所走的路全是崎岖的小道。《元史》说，"经行山谷二千余

---

① 樊绰撰 向达校注：《蛮书校注》卷一，中华书局 1962 年版，第 19 页。
② 欧阳修、宋祁撰：《新唐书》卷 42《地理志》，中华书局 1975 年版，第 1080 页。
③ 樊绰撰 向达校注：《蛮书校注》卷一，第 33 页。

里"，又说"山径盘屈，舍骑徒步，（郑鼎）尝背负世祖以行"，可以想见其困难。[1]忽必烈即位以后，所开的云南站赤道路，就《元史·本纪》所载，还是从叙州、乌蒙走水路，或是从庆符经盐井到中庆走陆路，（见卷十六至元二十八年本纪，同《永乐大典》一九四一六至一九四二六站字。）叙州就是宜宾，乌蒙就是昭通，盐井就是盐津，中庆就是昆明。这条路就是唐代北路。

明清驿路：

明太祖洪武十四年（公元 1381）命傅友德、蓝玉、沐英分两路入滇，一路由永宁（四川叙永）趋乌撒（贵州威宁）；一路由辰，沅（湘西）趋贵州经普定（安顺），普安攻曲靖。[2]前者虽然由川入滇，可是与唐代的南北路又并不尽同，后者大体相当于古代入滇的东道。在当时，由辰、沅经贵州入滇并不是通衢大道，而且群山盘郁，所以明太祖谕傅友德说：关索岭本非正道，正道乃在西北（章潢《图书编》，康熙《云南通志》引杨士云《议开金沙江书》）。关索岭在今贵州镇宁县西，关岭县东（滇黔以关索岭称者五，黔之镇宁，滇之寻甸、新兴、澂江、江川是也，见阮修《云南通志》二十引程封《关索岭辨》）。是崖岭重叠之处。太祖所谓正道在西北，是指唐代由四川入云南的南路。洪武十五年（1382）云南既定，太祖命置邮传通云南，开筑道路，各广十丈，准古法以六十里为一驿[3]，驿站既通，于是自湘西至贵州，由贵州入云南，成了明清两代的大道。虽然迂回于万山之中，可是入滇正道惟此一线。

到了明朝嘉靖以后，许多官吏以及本省士绅全主张多开通道，大概有三种主张。万历时在京滇籍官员王元翰同云南会试举人杨提等主张另辟新道，由广西府（今云南泸西县），入广南府（今云南广南县）再入粤西田州（今广西百色）可以水道下留都，陆道达湖广常德，以为"不惟宽夷足容九轨，且较之走贵州者捷近数千里"（王元翰《凝翠集》）。嘉靖时滇宦杨士云以及云南巡抚黄衷、汪文盛、巡按毛凤韶等则先后主张利用金沙江，以通四川马湖府（阮氏《云南通志》四十二引康熙《通志》）。天启时云南巡抚闵洪学又主张滇路粤蜀并开（阮志四十一），一路从金沙江趋会川（今西康会理）建昌（今西康雅安）入川；一路从田州归顺（今广西靖西）、泗城（今广西陵云）、安隆（今广西西隆）分道

① 宋濂等：《元史》卷 4《世祖本纪》，中华书局 1976 年版，第 59 页。卷 154《郑鼎传》，第 3635 页。原注：见卷四《世祖本纪》，又卷一二一《兀良合台传》，卷 1 五四《郑鼎传》，鼎传误世祖为宪宗，宪宗未尝至云南。按：《兀良合台传》未发现现有文中论述语句。

② 张廷玉等：《明史》卷 129《傅友德传》，中华书局 1974 年版，第 3799-3803 页。

③ 张廷玉等：《明史》卷 311《四川土司传》，第 8001-8038 页。其事不限于乌蒙诸部也。

入粤。一路是唐代的南道，一路相当于古代的南道。事实上，这几种新道，因种种障碍全没实行。当时闵洪学赴云南巡抚任，因为安氏事起，黔道梗阻，是从湖南湘潭走衡（今衡阳）、永（今零陵）到广西又经桂平（今县下不复注）苍梧溯浔江而至南宁，再从养利经龙英土界（今广西龙茗）入云南，从广南至临安（今建水）再入昆明。这条路是他所说的归顺一线。他从南宁到临安走了五十多天，而且艰苦备尝，其交通不便可知，无怪新道难成了（阮《志》四十一）。

据《清会典事例》从湖南常德到云南昆明的驿道所经如下：湖南武陵（今常德）—桃源—沅陵—辰溪—芷江—晃州（晃县）—贵州玉屏—青溪—镇远—施秉—黄平—青平（炉山）—贵定—贵筑—清镇—安平（平坝）—普定（今安顺，今之普定为旧定南所）—镇宁—永宁（关岭）—安南—普安—普安厅亦资孔驿（今属盘县）—云南平彝—南宁白水驿（今属曲靖）—沾益—马龙一寻甸易隆驿—嵩明杨林驿—昆明。

这同现在的公路所经实在一样。清代除了入黔驿道而外，又有入川一道，就是：沾益—宣威—贵州威宁—毕节—四川永宁（叙永）——也同现在的公路所经一样。

此外清代还有运铜的四道，同运粤盐的一道。清制云南省广南，开化两府办销粤盐，粤盐全是从百色方面进来，这就是所谓运盐一道。清代各省鼓铸制钱的白铜，全仰给予云南的汤丹厂，汤丹山在会泽西南一百六十里，今属巧家县境内（王昶《云南铜政全书》）。当日所产的铜全要设法运至四川泸州，沿江而下，集中于汉口，因为出产的多，同各省需要的切，所以从出厂到泸州分了四条运道，以求敏捷：一道由汤丹厂用车运至寻甸，再经贵州威宁而到永宁（叙永）转泸州；一道由汤丹厂用马驮至东川（会驿），经鲁甸、奎乡、昭通、镇雄而到永宁转泸州；一道由厂车运至寻甸，然后由罗星渡水运到泸州；一道由厂马驮至东川，然后由盐井渡水运到泸州（阮《志》七十六）。当日白铜是云南出境物品大宗，因为输运的多，所以随之而往来者也多，虽是运铜的道，也成了交通要道了。

1942 年 10 月 20 日昆明。

（原载 1943 年 3 月，《旅行杂志》第十七卷第三期）

中国古代史籍的分类

今天我们在考古发现的古器物中，特别是殷商的甲骨卜辞、两周的青铜器铭文和汉代的木简记录，随时可以遇见极珍贵的片段的历史记载。虽然字数不多，而故事具体，这就是最原始的历史资料。中国现存的最早历史书，像《竹书纪年》《尚书》《春秋》，正是这些记载的汇集。

春秋鲁文公七年，夏四月，"狄侵我西鄙"①的记载，和卜辞中"……五月丁酉，……土方征我于东鄙，戋二邑，……"②的记载，是相差不太多的。春秋鲁襄公十一年的"春王正月作三军"③，和卜辞的"丁酉贞，王作三师，右、中、左"④，也是相差不太多的。史称孔子"因史记作《春秋》"⑤，这种体裁一定是鲁旧史的本来面目。金文中的长篇记载，和《尚书》的文字也相差不太多。像记载关于西周分封时候受民受疆土的大盂鼎，像记载周夷王征伐玁狁的虢季子白盘，汇集起来实在就是一部《尚书》。值得注意的，在那末古的时期，我们的历史记载，在文字形义上、语法上、词汇上、体裁结构上，已趋于定型，而且这种定型不断地发展。所以说，中国已有了将近四千年的有文字可考的历史。

汉成帝河平三年（公元前 26 年），命刘向校中秘书⑥，刘向死，他的儿子刘歆写成了中国第一部图书目录——《七略》。班固根据它写成《汉书·艺文志》。它把中国图书分成七类：辑略（总类），六艺略（六经），诸子略，诗赋略，兵

---

① 杨伯峻编著：《春秋左传注》，中华书局 2012 年版，第 561 页。郑先生原注：《十三经》，商务印书馆 1914 年版，第 113 页。

② 《殷墟书契菁华》二。

③ 杨伯峻编著：《春秋左传注》，第 985 页。原注：《十三经》，商务印书馆 1914 年版，第 227 页。

④ 《殷契粹编》597 片。

⑤ 司马迁著：《史记》，卷 47《孔子世家》，中华书局 1963 年版，第 1943 页。原注：《史记》四七《孔子世家》，百衲本，第 27 页。

⑥ 班固著：《汉书》卷 10《成帝纪》，中华书局 1964 年版，第 310 页。原注：《汉书》十《成帝纪》，百衲本第 5 页。

书略，术数略，方技略。①那时，历史书籍还没有独立成为一类，像《国语》《世本》《战国策》、陆贾《楚汉春秋》、太史公《百三十篇》（即司马迁《史记》）等，都列在《六艺略·春秋家》内。②这一方面反映史籍还不如诗赋（《汉书·艺文志》所列凡百六家）、兵书（凡五十三家）之多，也反映当时史籍的地位和六经可以相比。

西晋太康元年（280），荀勖根据魏郑默的《中经》作《新簿》，改图书的七分法为四分法，分为甲、乙、丙、丁四部。甲部为六艺（《六经》，包括《尚书》《春秋》）及小学（文字）等书；乙部为诸子、兵书、术数；丁部为诗赋、图赞及家书；而以史记、旧事、皇览簿、杂事等书入丙部③，于是历史书籍独立成为一大类。其后，宋元嘉八年（431），谢灵运造《四部目录》，齐永明（483—493年）中谢朓造《四部书目》，梁初（502年）任昉造《四部目录》，全用四分法。宋元徽元年（473），王俭撰《七志》，第一为《经典志》，包括六艺（经）、小学、史记、杂传，而以道佛经书附见七志之末，成为九类。梁初（502年），又有《五部目录》，四部外别立"术数"一部。梁普通（520—526年）中，阮孝绪造《七录》用七分法，一经典录，二记传（史书）录，三子兵录，四文集录，五技术录，六佛录，七道录。④分类方法虽各不同，而历史书籍除了《尚书》和《春秋三传》传统地列入经典以外，大都自成一类（王俭《七志》不同），次序逐渐列在诸子前面。唐初修《隋书》，贞观十年（636）奏上⑤《经籍志》按经、史、子、集次序分为四部，从此直到清朝相沿不改。所不同的，《隋志》附列道经、佛经于集部最末，而两《唐书》之后，佛经、道经书目不再详列，只在子部道家类附列神仙家和释氏⑥，或附道释诸说⑦，或附释氏神仙类⑧。

在魏晋南北朝时候，图书目录中，历史书籍能够独立成为一类，说明历史

① 班固著：《汉书》卷30《艺文志·序》，第1701页。原注：《汉书》三十《艺文志序》，百衲本，第1-2页。

② 班固著：《汉书》卷30《艺文志》，第1714页。原注：《汉书·艺文志》，百衲本，第7页。

③ 魏征等撰《隋书》卷32《经籍志·序》，中华书局1982年版，第903-909页。原注：《隋书》三二《经籍志序》，百衲本，第4页。

④ 以上均见《隋书·经籍志序》，第903-909页。

⑤ 刘昫等撰：《旧唐书》卷3《太宗纪》，中华书局1975年版，第45页。原注：《旧唐书》三《太宗纪》，百衲本，第4页。

⑥ 欧阳修、宋祁撰：《新唐书》卷59《艺文志三》，中华书局1975年版，第1514-1524页。原注：《新唐书》五九《艺文志》，百衲本，第4-8页。

⑦ 刘昫等撰：《旧唐书》卷47《经籍下》，第2026-2030页。原注：《旧唐书·经籍志》，百衲本，第3页。

⑧ 脱脱等撰：《宋史》卷205《艺文志四》，中华书局1977年版，第5181-5202页。原注：《宋史》二百五《艺文志》，百衲本，第7-20页。

研究的发达和历史研究地位的提高。在《隋书·经籍志》史部，正史和古史两类一共列有 114 部，4996 卷，其中只有 4 部 400 卷，也就是说总卷的 8%，是汉以前作者所著。正史类有东汉史 10 种，晋史 11 种；古史类有东汉史 4 种，晋史 11 种[①]，都是魏晋南北朝的历史家著作，这是值得我们重视的。

《隋书·经籍志》（简称《隋志》）根据唐初国家藏书实数，参考旧录，分图书为四部。这是在《汉书·艺文志》以后，第一部著录图书的史书，也是现存的第一部用四部分类的目录书。它分史部为十三类，就是：正史、古史、杂史、霸史、起居注、旧事、职官、仪注、刑法、杂传、地理、谱系、簿录。这种区分和标目，后来玄宗时毋煚有简括的解释。开元九年（721）整理图书，修成《群书四部录》[②]，不久毋煚又编成《古今书录》[③]。毋煚说："乙部为史，其类十有三：一曰正史（百衲本作'曰正史'，脱'一'字），以纪纪传表志（百衲本脱一'纪'字）；二曰古史，以纪编年系事；三曰杂史，以纪异体杂纪；四曰霸史，以纪伪朝国史；五曰起居注，以纪人君言动；六曰旧事，以纪朝廷政令；七曰职官，以、纪班序品秩；八曰仪注，以纪吉凶行事；九曰刑法，以纪律令格式；十曰杂传，以纪先圣人物；十一曰地理，以纪山川郡国；十二曰谱系，以纪世族继序；十三曰略录（《隋志》作'目录'），以纪史策条目。"[④]这种分类，直到五代修《旧唐书·经籍志》（简称《旧唐志》），北宋修《新唐书·艺文志》（简称《新唐志》），都没有改变，但在应用上颇多参差。

《隋志》和《新唐志》把陈寿的《三国志》列在正史类，而《旧唐志》把《三国志》分割成三部，《魏国志》列在正史，而《蜀国志》《吴国志》列在伪史类。《隋志》把刘艾的汉灵献二帝纪列在杂史类，而新旧两《唐志》把它列在编年类。《隋志》把刘景的《敦煌实录》列在霸史类，而两《唐志》把它列在杂传类。《隋志》是据武德五年（622）到贞观十年（636）的见存书目编辑的[⑤]，《旧唐志》是据开元盛时（721 年）书目编辑的[⑥]，唐代实录列到中宗[⑦]；《新唐志》是据昭

① 魏征等撰：《隋书》卷 33《经籍志二》，第 957-958 页。原注：《隋书》三三，百衲本，第 1-2 页。

② 欧阳修、宋祁撰：《新唐书》卷 199《儒学·马怀素传》称在八年，第 5682 页。原注：《新唐书》一九九《儒学马怀素传》称在八年，百衲本，第 14 页。

③ 刘昫等撰：《旧唐书》卷 46《经籍志·序》，第 1962 页。原注：《旧唐书》四六，《经籍志序》，百衲本，第 2 页。

④ 刘昫等撰：《旧唐书》卷 46《经籍志·序》，第 1963 页。原注：《旧唐书·经籍志序》，百衲本，第 2 页。

⑤ 魏征等撰：《隋书》卷 32《经籍志·序》，第 908 页。原注：《隋志·总序》，百衲本，第 6 页。

⑥ 刘昫等撰：《旧唐书》卷 46《经籍志·序》，第 1966 页。原注：《旧唐书》四六，百衲本，第 2 页。

⑦ 《旧唐书》卷 46，第 1998 页。

宗时（889 年）的书目编辑的①，唐代实录列到武宗②。三书根据的都是唐代书目，所以分类大体相同；而图书区分不尽一致，正说明它的分类不够明确。

隋、唐志的分类，只从旧有书籍出发，对于新书体裁往往不能包括。例如，唐苏冕叙述唐高祖到德宗九朝制度的沿革损益，编成《会要》四十卷，这是一种新体裁的史书；唐杜佑的《通典》也是一部分类叙述政治经济制度的书籍而规模更大，范围更广。这都是过去没有的，史部十三类都列不进去，于是《新唐志》把它放在子部类书类。③唐景龙四年（710），刘知幾写定《史通》，这是中国第一部系统地研究和批判历史编纂的书，它和旧日徐爰的《三国志评》一类的史论书是不同的，由于没有可以分入的子目，《新唐志》于是把它列入集部文史类④，和刘勰的《文心雕龙》，钟嵘的《诗评》（《诗品》）同列在一起。

元至正五年（1345）修《宋史》，杂采宋仁宗时的《崇文总目》，徽宗时的《秘书总目》，高宗时的《中兴馆阁书目》和宁宗时的《中兴馆阁续书目》，并加以宁宗以后的藏书，编成《艺文志》（简称《宋志》）八卷。⑤史部也为十三类，但和前史有所不同。它删去起居注类，把其中的书籍散列于编年（如《大唐创业起居注》）和别史类（如《穆天子传》）；又加了史钞一类，把荀绰《晋略》（《隋志·杂史类》有荀绰《晋后略记》），范祖禹《唐鉴》（清《四库》列入史评类），杨侃《两博闻》（清《四库》列史钞）等书列进去。宋代也是中国史学最发达的时期，史籍繁多而且有新创的体裁，《宋志》和前史一样，在子目上未能给予解决。《史通》还列进集部文史类，《通典》和《唐会要》《五代会要》还列在子部类事类，新出的郑樵《通志》列入史部别史类，欧阳修《集古录》和赵明诚《金石录》都列入史部目录类（《清志》自成一类），袁枢《通鉴纪事本末》列入史部编年类（清《四库》自成一类），而史部传记类还收入了很多史料笔记。《四库总目》说它"纰漏颠倒，瑕隙百出，于诸史志中最为丛脞"⑥，是对的。

清修《明史》，《艺文志》以明人著述为限，前代著作概不列入。史部分十类，以编年并入正史，删去目录和霸史两类，其余仍沿《宋志》之旧。这固然由于明代著作实际只有这些门类而另外也由于史官的过分审慎，所以目录类虽

① 欧阳修、宋祁撰：《新唐书》卷 57《艺文志·序》，第 1423 页。

② 欧阳修、宋祁撰：《新唐书》卷 58，第 1472 页。

③ 欧阳修、宋祁撰：《新唐书》卷 59《艺文志》，第 1563 页。原注：《新唐书》五九，百衲本，第 20 页。

④《新唐书》卷 60，第 1625 页；徐爰书列入杂史类，见卷 58，第 1464 页，徐爰书《隋志》列在正史类《三国志》下，见卷 33，第 955 页。

⑤ 脱脱等撰：《宋史》卷 202-209《艺文志》，第 5031-5414 页。

⑥ 永瑢等撰：《四库全书总目》，中华书局 2008 年版，第 728 页。原注：万有文库本，第 1776 页。

有国史《经籍志》，而终于不列。永乐中黄淮等纂辑《历代名臣奏议》，隆万中张瀚辑有《明疏议辑略》，崇祯中陈子龙辑有《明代经世文编》，这是新兴的一种政论汇集，应该属于史部，而《明志》把它都列在集部总集类。[①]

乾隆四十七年（1782）《四库全书总目提要》成，这是清代的官定图书目录。史部分为十五类：正史、编年、别史、杂史、传记、史钞、地理、职官、目录九类沿用旧目，改霸史为载记，改故事为政书，增加了纪事本末、诏令奏议、时令、史评四类。史评类在南宋高似孙《史略》和元马端临《文献通考》《经籍考·史部》已立有专目；时令类的书籍，宋明志都收入子部农家类[②]，《文献通考·史部》也有专目；诏令，《宋志》列之别史，奏议《宋志》列之《集部·别集》，分合都不妥当。

《清史稿·艺文志》完成最晚（1928年），它按照《四库总目》的分类和标目，分《史部》为十六类，而将金石书籍从目录中分出，别立金石一类。这是采用张之洞《书目答问》的说法，张之洞又是采用郑樵《通志·艺文略》的说法。

历代史籍的分类，各家书目各有不同，大都随着史籍的发展和新体裁的出现而有所变更，当然都不够完备更谈不到科学（和今天的科学的图书分类不同）。为了便于按图索骥地去找旧日史籍，我们把它表列于下页。

该表根据有"艺文志"或"经籍志"的五种所谓正史加以比较，附以《清史稿·艺文志》。《汉书·艺文志》采用七分法，所以不列。尤侗有《明史艺文志稿》，朱师辙有《清史艺文志稿》，与两史不尽相同，已独立成书。明焦竑有《国史经籍志》，傅维鳞《明书》也有《经籍志》，都"冗杂无绪"，远不如黄虞稷《千顷堂书目》（《适园丛书》本）的"赅赡"。古人图书目录有专为指导读书而编的，如宋晁公武《郡斋读书志》（有衢州本、袁州本两种版本，清光绪长沙思贤精舍刻王先谦校本，以袁州本校衢州本最方便），宋陈振孙《直斋书录解题》，元马端临《文献通考·经籍考》（《十通》本），清《四库全书总目提要》（《万有文库》本），《四库简明目录》，清周中孚《郑堂读书记》（《吴兴丛书》本），清张之洞《书目答问》（范希曾补正本），都可供参考。至于专门叙列历史书籍的，有宋高似孙的《史略》（《古逸丛书》本），虽然粗糙一些——在宝庆元年（1225）用了二十七天写成，——但他的闻见是渊博的。清章学诚有《史籍考》，可惜没有完成。

---

① 张廷玉等撰：《明史》卷99《艺文志四》，中华书局1974年版，第2494页。原注：《明史》九九，百衲本，第23-24页。

② 《宋志》有蔡邕《月令章句》、唐玄宗删《礼记月令》等，《明志》有冯应京《月令广义》。

隋书经籍志 史部十三类	旧唐书艺文志 史部十三类	新唐书艺文志 史部十三类	宋史艺文志 史部十三类
1. 正史	1. 正史	1. 正史	1. 正史
2. 古史	2. 编年	2. 编年	2. 编年
3. 杂史	3. 杂史	3. 杂史	3. 别史
4. 霸史	4. 伪史	4. 伪史	13. 霸史
5. 起居注	5. 起居注	5. 起居注	×散入别史及编年
6. 旧事	6. 旧事	6. 故事	5. 故事
7. 职官	7. 职官	7. 职官	6. 职官
8. 仪注	9. 仪注	9. 仪注	8. 仪注
9. 刑法	10. 刑法	10. 刑法	9. 刑法
10. 杂传	8. 杂传	8. 杂传记	7. 传记
11. 地理	13. 地理	13. 地理	12. 地理
12. 谱系	12. 谱牒	12. 谱牒	11. 谱牒
13. 簿录	11. 目录	11. 目录	10. 目录
			4. 史钞

明史艺文志 史部十类	四库全书总目 史部十五类	书目答问 史部十四类	清史稿艺文志 类史部十六类
1. 正史	1. 正史	1. 正史	1. 正史
×并入正史	2. 编年	2. 编年	2. 编年
2. 杂史	3. 杂史	6. 杂史	5. 杂史
×	9. 载记	7. 载记	9. 载记
×	×	×	×
4. 故事	13. 政书	11. 政书	13. 政书
5. 职官	12. 职官	×	12. 职官
6. 仪注	×	×	×
7. 刑法	×	×入子部法家	×
8. 传记	7. 传记	8. 传记	7. 传记
9. 地理	11. 地理	10. 地理	11. 地理
10. 谱牒	×	12. 谱系	×
×	14. 目录	× 入谱录	14. 目录
3. 史钞	8. 史抄	×	8. 史抄
	3. 纪事本末	3. 纪事本末	3. 纪事本末
	4. 别史	5. 别史	4. 别史
	6. 诏令奏议	9. 诏令奏议	6. 诏令奏议
	10. 时令	×	10. 时令
	15. 史评	14. 史评	16. 史评
		4. 古史	×
		13. 金石	15. 金石

《史籍考》是毕沅创始的，他仿朱彝尊《经义考》体例，分史籍为一百十二子目①，起稿未成而死，"遗编败麓，断乱无绪"②，章学诚"因就其（毕沅）家，访得残余，重订凡例"，改分为十二纲五十七目③共三百二十五卷④。残稿极小部分曾刊印于民国二年的《中国学报》，后传为国会图书馆所得，实不确。《章氏遗书补遗》仅存《史考释例》和《史籍考总目》两篇。

（原载《历史教学》1961 年第七期）

---

① 章学诚撰：《史考释例》，《章氏遗书》第八册，商务印书馆 1936 年版，第 44 页。原注：《史考释例》《章氏遗书补遗》，嘉业堂本，第 50 页。

②《史考释例》，《章氏遗书》第八册，第 51 页。

③《史考释例》，《章氏遗书》第八册，第 44 页。按同书第 52-53 页《史籍考总目》，实十一部五十五目，另《制书》二卷。

④《史考释例》，《章氏遗书》第八册，第 53 页。

关于史料注解的初步意见

一、注解的简例

《中国通史参考资料》和《中国史学名著选》的注解，根据下列原则：

（一）凡属关键性的和必要的人名、地名、书名、字义、字音、制度等一律加注；

（二）典故和与历史事件无关的问题不注；

（三）注解要简明扼要，用自己的话解释，不必繁征博引。

确定关键性的和必要的注解，要从便利学生出发，根据学生实际阅读能力，和史料的具体内容，由选注者自行掌握。

史料和史籍的注解，与古典文字、哲学著作的注解，有所不同。史料注解只要求知道在这一处的正确解释，而不要求知道其本字、本义、通转、假借、语法结构，或反复说明其哲学思想的观点体系。所以要求简要。

教材的注解与专门著作也有不同。教材注解只要求知道研究的结论，而不要求知道研究的经过和根据。因此只要概括大意，不必征引全文。

史籍旧注，各有体例，各有偏重，相互补正，而不仅雷同。《史记·五帝本纪·黄帝本纪》："蚩尤"，《集解》《索隐》《正义》三家都有注；"阪泉"，《集解》《正义》有注，《索隐》无注；"岱宗"，《正义》有注，《集解》《索隐》无注；"空桐"，《集解》有注，《索隐》《正义》无注；"嫘祖"，《索隐》有注，《集解》《正义》无注；而"南至于江"的"江"，三家都不注。《汉书·项籍传》与《史记·项羽本纪》，文字大致相同，颜师古注《汉书》，在项羽起义前注了十五条，其中与《史记集解》重复的只有四处（下相，项梁系栎阳狱，扛鼎，假守通），《集解》有注，颜氏不注的三处（项燕、蕲、徇）；后来《史记索隐》《史记正义》与颜注重复的有四处（项、浙江、数十百人、耆）；颜有而三家无注的有七处（皆出梁下，族、眴、谕、下县、部署、裨将）。可见各家各有其标准。不要旧注有的全注，旧注不注的也不注，而要看需要。

注释体例不同，材料的取舍、多少、繁简就不同。前四史旧注中的裴松之《三国志注》，增补事实，注文最多；李贤《后汉书注》的注文少于颜师古《汉书注》，而刘昭《续汉志注》则更少于李贤。同一书中，各卷注文多少也有不同。《史记·晋世家》正文有 12221 字，而三家注文只有 5760 字（据南宋黄善夫刻本的计算，正文中包括《索隐》的述赞，见百衲本二十四史《史记》），注文仅及正文一半；《五帝本纪》正文有 3861 字，注文加了三倍半，有 17964 字。注解的水平，不能用注文多少作尺度来衡量。固然不能句句有注，但一篇万字的长文，也不可能只有五六处需注。一般说，正文和注文相当的较多，《史记·秦始皇本纪》《项羽本纪》《魏世家》《韩世家》都是如此。看来，除了有特别的增减必要，注文字数不超过原文（《汉书选》）是适当的。

教材的注解，既要给教师留有发挥余地，也要给学生指出重点线索，所谓关键性的和必要的提法，就在于此。《史记·周本纪》叙周代先世很详，而"封弃于邰""立国于豳""止于岐下"，应该是它发展的关键。《隋书·高祖纪》叙杨坚的先世世系很详，未必可信，而家住武川镇，是他和宇文泰结合的关键。《隋书·炀帝纪》，叙大业八年出兵高丽很详，而"大军集于涿郡"，应该是关键所在，至于十二军的出兵路线，就不一定有注解的必要了。

注解以传统的解释为主，但不排除新的意见。传统解释有分歧的要择从一说，必要时也可以几说并存。并存的几说，先列比较公认的，再列其余的。

避免事实考证和文义考订。

注解要代表目前科学研究水平，凡是研究的新成果，尽可能地吸收。

注解要直接用现代汉语解释，不必先引旧注加说明。如"醢"，直接注为"剁成肉酱"[1]，不必写成"醢，菹割也，剁肉成酱"。

注解要放在第一次出现的地方，也可以重出。《汉书》颜注和《通鉴》胡注前后重复的很多。旧注有别见例，不太方便。如《汉书·霍光传》颜注，"九宾解在《叔孙通传》"[2]。注文不多的，不如重出；必须别见的，注明在本书的页数和注码。

史传附载的文艺作品，与历史事件关系不大，可以不注。如《史记·屈原贾生列传》的"渔父""服鸟"，《司马相如传》的"子虚""上林"，《汉书·杨雄传》的"长杨""羽猎"。

记载中，时间、地点不明确的，要具体注明，或说明所指的年代和区域。

---

① 周予同主编：《中国历史文选》上册，中华书局 1961 年版，第 77 页。

② 班固著：《汉书》卷 64《霍光传》，中华书局 1964 年版，第 2945 页。原注：卷三八，百衲本，第 9 页。

如《史记·陈涉世家》的"至今（汉武帝时）血食"①，《宛署杂记》的"今（明神宗时）尚无恙"②，《阅世编》的"吾郡"③（江苏松江府），《补农书》的"吾乡"（浙江桐乡县。见卷下，总论，佃户），以及"去岁""近年"之类。

高等学校教材的注解，最好附带给学生一些基本常识。如地理沿革、水道变迁、制度因袭、文字演变、经学的今古文、宋学汉学的不同、经济的发展、货币的改变、书籍的内容等等，只要在相应的地方顺便提到的几个字，积累起来，学生就可以获得很大益处。如《中国历史文选》的解题和注释："周历建子，夏历建寅，周历比夏历早两月"④；"迳昌平，指流经昌平县境，非经昌平县城"⑤；"汉武帝划全国为十三部（或称州），部置刺史"⑥；"汉盛五行说，谓金、木、水、火、土相生相尅"⑦；"我国古代男子普通服装，上曰衣，下曰裳（裳是裙，不是裤），但戎服不分衣裳"⑧；"古代军事迷信的说法，认为人间大事都会在天象上反映出来"⑨；"现在通行的《十三经注疏》中的《尚书》，是今文尚书与伪古文尚书的合编本，引用时必须慎重对待"⑩等都是其例。

在注解中要给学生以学习方法的训练。引文要注明书名、著者、版本、卷数、页数，特别是页数不可省。引文不容许任意改动，有删节应加省略号。

注解要根据较早的资料，不要用转手的。

不能确知的可以不注，有怀疑的可以存疑。

为了减轻学生的学习负担，注文条数不宜太多，文字不宜太繁，内容不宜太杂。

二、人名的注解

人名的注解，不要限于籍贯和官阶，要注意他的时代和作用，生卒年代可

---

① 司马迁著：《史记》卷 48《陈涉世家》，第 1961 页。原注：卷四八，百衲本，第 9 页。

② 沈榜著：《宛署杂记》卷 16《烈女》，北京古籍出版社 1983 年版，第 184 页。原注：北京出版社，第 162 页。

③ 叶梦珠著：《阅世编》卷 5，《明清笔记丛书》本，上海古籍出版社 1981 年版，第 115 页。原注：见卷五，门祚。《上海掌故丛书》本，第 2 页。

④ 周予同主编：《中国历史文选》上册，第 12 页。

⑤ 周予同主编：《中国历史文选》上册，第 314 页。

⑥ 周予同主编：《中国历史文选》上册，第 177 页。

⑦ 周予同主编：《中国历史文选》上册，第 151 页。

⑧ 周予同主编：《中国历史文选》上册，第 17 页。

⑨ 周予同主编：《中国历史文选》上册，第 215 页。

⑩ 周予同主编：《中国历史文选》上册，第 2 页。

考的要注明。如"裴頠，西晋著名思想家"①；"王丞相即王导"（二七六—三三九），东晋政治家②。

封建割据时期的人物，要注明他当时所在之地。如子文，"曾任楚令尹，时已去职，亦称令尹子文"③；"向宠，蜀汉名将"④；"毋丘俭字仲恭，三国魏闻喜人"⑤。

人名不书姓的，或书姓不书名的，要注明。如《史记·秦始皇本纪》中的"丞相绾"（王绾）、"御史大夫劫"（冯劫）；《史记·汉高祖本纪》中的"郦生"（郦食其）、"郦将军"（郦商）。不可考者不注。

称封爵、官职和别名的要注。如《史记·汉高祖本纪》中的"淮阴"（韩信。韩信于汉六年封淮阴侯，在这之前，《史记》已称他为淮阴，见《高祖本纪》，汉三年及五年，百衲本，第25及第28页）、"亚父"（范增，第23页）"滕公"（夏侯婴，第24页）、"子房"（张良，第30页）。

古人有著作的，注明其著作。如李悝，"《汉书·艺文志》著录有《李子》三十二篇，入法家。按书已佚"⑥。又如"陈寿除《三国志》外，还有《益都耆旧传》《古国志》等"⑦。

古人有"传志"的，择注一二。如山涛，"传见《晋书》卷四十三"⑧；范晔，"传见《宋书》卷六十九及《南史》卷三十三"⑨。

通史中常见的人名，可以不注。如萧何、韩信（《汉书选》）。通史中不常见但在当时是重要的人，要加注。如范增、樊哙。无关紧要的，不注。如曹无伤、王翳。

历史上农民起义的领导人物和先进人物，伟大的思想家、科学家、发明家、政治家、军事家、文学家和艺术家要注。

三、地名的注释

史籍地名、官名最多，要注其重要有关的，不必一一全注。如《三国志·魏

---

① 周予同主编：《中国历史文选》上册，中华书局1961年版，第301页。
② 周予同主编：《中国历史文选》上册，第302页。
③ 周予同主编：《中国历史文选》上册，第32页。
④ 周予同主编：《中国历史文选》上册，257页。
⑤ 周予同主编：《中国历史文选》上册，276页。
⑥ 周予同主编：《中国历史文选》上册，第188页。
⑦ 周予同主编：《中国历史文选》上册，第255页。
⑧ 周予同主编：《中国历史文选》上册，第324页。
⑨ 周予同主编：《中国历史文选》上册，第323页。

武帝本纪》中，"太祖武皇帝，沛国谯人也"。"谯"应加注（"安徽亳县"），因为它是曹操的籍贯，至于"惟梁国桥玄，南阳何颙异焉"的"梁国""南阳"等地名则不加注（《三国志选》）。

古地名确知其今天所在的，注明今地，不能确知的只注明方位。如"午道，（战国）道路名，当在赵东齐西，即今山东聊城县一带"[①]。

割据时期的地名，注明其所属。如"邯郸，地名，战国时赵国国都，在今河北邯郸市西南"[②]。

古今地名相同而方位大致未变的，可以不注。如长安、咸阳。

同时同名而异地的要区别。如春秋陈有留，宋也有留，前者在汉为陈留，后者在汉属彭城，都是张良的封地。

今地名以地图出版社最新出版的中华人民共和国地图集为标准。目前新的版本是 1958 年 2 月北京第一版第五次印刷本。

四、字义的注解

不常见的和难解的字义要加注。

字义的注解不要穿凿附会。

容易查的字可以不注。

常见而字义曲折的要注。如《汉书·高祖纪》中，"肖曹恐，踰城保高祖"，"保"是"依靠"（《汉书选》）。

字同而含义不同的要加注。如"任为太子舍人"，"任"是"任子"的"任"，不是任命（《后汉书选》）。

有固定解释的词汇要加注。如"捐馆舍"（死），"采薪之忧"（病）。词义与字义不同的词汇要注。如"非据"是"非分之意"[③]，"毋害"是无比之意[④]。

和一般用法不同的字要注。如"一更其手"，"一"是每一件事，"更"是经过，"一更其手"是每件事都要经过他的手（《后汉书选》）。字解以外，必要时，隐曲难解的句子，可以作句解或几句的串解。如"三年将拜君赐"，"三年以后，

---

① 周予同主编：《中国历史文选》上册，中华书局 1961 年版，第 71 页。

② 周予同主编：《中国历史文选》上册，第 71 页。

③ 周予同主编：《中国历史文选》上册，第 288 页。

④ 班固著，颜师古注：《汉书》卷 36《萧何传》，第 2005 页。原注：《汉书》卷三九，《萧何传》，颜注引苏林注，百衲本，第 1 页。

将再来拜谢晋君所赐的礼物，意谓三年后再来复仇"[1]；"吾君孰为介"，解作"(吾君)灵公是为谁兴甲兵，不是为你赵盾吗"[2]。句解或串解，是传统注解方式之一，《史记索隐》中较多。

古籍保存的古字和通用字，可以加注，不必改动。如《汉书》中的"娄"是古"屡"字（《食货志》），"犇"是古"奔"字（《张汤传》），"菑"是古"灾"字（《匈奴传》下）；"说"读"悦"，"趍"读"促"，"乡"读"响"（均见《高祖纪》上）；"繇"同"由"，"欧"同"驱"，"函"同"含"（均见《礼乐志》）。这样不但可以保存古籍面目，还能使学生接触一些古字和通用字。

古代上层建筑的专门名词，可以适当加注。

普通官名如丞相、守令等可以不注，特殊官职如《三国志·任峻传》的"典农中郎将"应加注（《三国志选》）。

《明史》卷二七四《史可法传》，说他是"大兴籍，祥符人"[3]，要注明籍和人的区别和关系。

典故一律不注。《后汉书·儒林尹敏传》，说他和班彪亲善，"自以为锺期、伯平，庄周、惠施之相得也"；《明史·扩廓帖木儿传》说，元顺帝太子到太原，"欲用唐肃宗灵武故事自立"；这种前代故事作比，和典故一样，可以不注。

旧史传统的所谓史法、谥法，不必引用。如"多所诛杀曰屠"[4]。"慈惠爱人曰文"[5]之类。

五、字音的注解

难读和不常见的字，最好适当注音。如觋（习）、芟（删）、呰（紫）、霡（雨）、斞（斗）、蹾（料）之类。

形体相近音读不同的字，要注音。如徐市（福）、疆埸（易）之类。

传统有特定读音的名词，要注音。如郦食其（历异基）、曾参（深）、曹参（餐）、张说（悦）、允吾（铅牙）、仆射（夜）之类。

传统的读音与旧注不同的可以保存。如"金日䃅"，颜师古《汉书注》只"䃅"

---

① 周予同主编：《中国历史文选》上册，第 44 页。

② 周予同主编：《中国历史文选》上册，第 48 页。

③ 张廷玉等撰：《明史》卷 274《史可法传》，中华书局 1974 年版，第 7015 页。

④ 范晔撰，李贤等注：《后汉书》卷 1《光武帝纪》，中华书局 1973 年版，第 4 页。原注：《后汉书一·光武纪注》，百衲本，第 3 页。

⑤ 班固著，颜师古注：《汉书》卷 4《文帝纪》，第 105 页。原注：《汉书四·文帝纪注》，百衲本，第 1 页。

字注音，"日"字不注，（不注，说明还读原来的音），而传统读作"金密的"；又如"吐谷浑"，胡三省《通鉴注》只"吐"字注音，"谷"字或注或不注[1]，而传统读作"突浴魂"之类。

传统有两读的可以并存。如"叶"旧音"摄"，见《通志·氏族略》，今通读"页"，但"叶公好龙"还有读"摄公"的；又如"月氏"，史汉只注"氏音支"，"月"字不注，传统有读作"肉支"的（见《金壶字考》），今"月支""肉支"两音都有，可以并存。

地名读音有争论的，可以照现在地名注音。如"浩亹"，或读"合门"，或读"诰门"[2]；又如"长子"，或读"常子"，或读"掌子"[3]；又如"氾水"，或读"凡水"，或读"祀水"[4]；早有争论。今天可以根据现在地名作出决定，"浩亹"今读"浩门"，"长子"读"场子"，"氾水"读"范水"。

注音以汉语拼音字母为主（根据新版《辞海》，或《新华字典》），可以加汉字直音。

六、书名的注解

史料和史籍中，遇到书名，要加解题。说明书的卷数、著者、著作年代和它的性质类别。

书籍解题，尽可能介绍一些本书的主要内容，以引导学生进一步钻研。古书内容丰富，理解可能不同，解题要准确。

书籍解题，最好能说明本书的材料来源，重点所在，与其他同类书籍不同之处。

封建时期作者的立场观点，都有其时代烙印，指出是必要的，但千篇一律，汇集在一起，反而失去作用。

古籍的重要注本和整理校订本，最好适当介绍。

古书版本多的举公认的善本，版本少的举常见的，收入丛书的注明丛书名称，新校订本注明出版地点。

---

[1] 司马光编著，胡三省 音注：《资治通鉴》卷 176，中华书局 2016 年版，第 5576 页。原注：（《通鉴》一七六，至德二年四月条注"谷音浴"，标点本第 5473 页）

[2] 班固著，颜师古注：《汉书》卷 28《地理志》下，第 1610 页。

[3] 班固著，颜师古注：《汉书》卷 28《地理志》上，第 1553 页。

[4] 班固著，颜师古注：《汉书》卷 1《高帝纪》上，第 43 页。

七、年代的注解

中国的年代，要注明相当的公元纪年。

同时有两个以上纪元的，可以择要注明。如"鲁僖公三十二年，当公元前六二八年，周襄王二十四年，晋文公九年，秦穆公三十二年"①；"章武三年，章武，蜀汉先主年号，三年，当魏文帝黄初四年，公元二二三年"②。

古代史的具体月日，不必处处换算为阳历。没有必要，而且难得准确，徒增加学生负担。

用干支纪年的，或用"明年""越明年"字样的，也要加上公元纪年。

古人的年龄和王朝的建国年数，都是虚岁，不是足年，计算时要注意。诸葛亮卒于建兴十二年（234），年五十四，应生于光和四年（181），不是光和三年（180）。晋武帝于咸熙二年（265）十二月建国，至元熙二年（420）六月国亡，历史上两晋算作一百五十六年，不是一百五十五年。晋武帝建国在咸熙二年阴历十二月，仍作公元265年，不必换算为公元266年。

换注公元纪年，可以参考《二十史朔闰表》和《中国历史纪年表》。

八、史讳的注解

古籍对帝王名字避缺末笔的字，要改正，不必注。如玄、弘、匡、桓，改"玄""弘""匡""桓"）。

避讳缺字的，补上，不注。如百衲本影印南宋绍兴本《后汉书》，"桓构"二字有时空格刻作"渊圣御名"和"今上御名"，要改正。

汉改"恒山"为"常山"，"彻侯"为"通侯"，隋初改"襄中"为"襄内"③，这种避讳文字，沿用已久，不能复原，也可不注。

唐讳"丙"（李昞）为"景"，唐修诸史纪干支都如此，可用方括号保存，下注"丙"字。

---

① 周予同主编：《中国历史文选》上册，第41页。
② 周予同主编：《中国历史文选》上册，第257页。
③ 班固著，颜师古注：《汉书》卷1《高帝纪》上，第28-29页。原注：避杨忠名，见《汉书·高祖纪》上颜师古注，百衲本，第19页。

《隋书》二，《高帝纪》，开皇十九年二月己亥，"晋王讳来朝"①，这是沿用隋史官旧文，晋王就是隋炀帝，讳是"广"字，要注明，并加括号。

唐讳"虎"（李虎），《隋书》卷一，《高祖纪》，开皇元年"新义县公韩擒为庐州总管"，韩擒就是韩擒虎，《隋书》卷五十二《韩擒传》也就是《韩擒虎传》，要注明，不必改。也有不讳的，卷二《高祖纪》下，"新义公韩擒虎出庐江"②，"韩擒虎拔南豫州"（同上），这是不同的版本。

清雍正帝名胤禛，因此讳"胤"为"允"，明末堵胤锡，《明史》作堵允锡③，要注明。但不是《明史》所有的"允"字都是"胤"字。《明史》卷二八〇，《何腾蛟传》的十三镇，其中"刘承允"是"刘承胤"，而"王允成"并不是"王胤成"④，要取证清初的史籍，加以区别。至于清雍正时的允祥、允禩，他们生存的时候，已自改名，没有替他们复原的必要。

古帝王的名字、年号、谥法，今天看来都是一种符号。对于一个人，选用一种常见符号就够了，不必全举。全举增加学生负担。如秦始皇、汉武帝，不必在注上嬴政、刘彻；刘邦、朱元璋，不必处处注明汉高祖、明太祖；万历、乾隆，不必加上明神宗、清高宗，也不必加上朱翊钧、爱新觉罗·弘历。严格说来，清代满族人名都不必冠姓；秦代先世为嬴姓，分封以后就以国为氏，秦始皇初名赵政，也不名嬴政。

九、校勘

古籍版本不同，文字常有歧异，必要时，可以适当地附带校勘。不改字，只用方括号标出。

校勘可以参用本书以外的书籍。如用《文选》的《出师表》校《三国志·诸葛亮传》⑤。

排印的书籍，人地名确是错误的可以改正，不必用方括号标出。如《清史稿·吴三桂传》，"卞三元"误作"卡三元"。

引用书籍，二十四史以百衲本为主，必要时适当用殿本、监本、局本和诸

① 魏征等撰：《隋书》卷2《高帝纪》下，中华书局1982年版，第44页。此点校本为"晋王广来朝"，《四部丛刊》百衲本《隋书》为"晋王讳来朝"。原注：百衲本，第13页。

② 魏征等撰：《隋书》卷2《高帝纪》下，第31页。原注：百衲本第3页。

③ 张廷玉等撰：《明史》卷279《堵允锡传》，中华书局1974年版，第7151页。

④ 张廷玉等撰：《明史》卷280《何腾蛟传》，第7174页。原注：武英殿版，第4页。

⑤ 周予同主编：《中国历史文选》上册，第251页。

家本校，《左传》以相台本为主，必要时用日本《左传》会笺本校（《左传选》）。其他书尽可能选用较好版本，或最近整理的新版本，必要时附加校勘记。

校勘工作，不能信古，也不能佞宋，更不能逞臆。既要保存旧籍面目，也要有根据地订正。校勘不是注解的主要方面。

（原刊于高等学校文科教材编选工作办公室的内部刊物《文科教材编选工作通讯》1962 年 1 月 30 日第 9 期，《南开学报》（哲学社会科学版）2009 年第 4 期重刊）

史料学教学的初步体会

综合大学历史专业教学计划的选修课中有"史料学"一课，这是学习苏联的一个新设课程。在苏联大学历史专业 1949 年的教学计划中，十二个专门化有九个专门化开设了"史料学"；1955 年取消专门化后，"史料学"列为全专业十门选修课程之一。在苏联大学历史专业许多课程的教学大纲中，以及历史科学专门著作中，都要阐述一下关于这门学科的史料和史料批判。莫斯科大学历史专业还设有史料学教研室。这些都可以看出苏联对史料学的重视，也可以看出这是历史科学研究的一个新方向。

"史料学"这门课程，我们过去很少开设，是比较生疏的，没有什么经验。关于苏联的史料学著作，苏联大学史料学教学大纲和讲义，也没有见过，只看到《苏联大百科全书》选译的史料学和谢列兹聂夫专家一篇论文（《教学与研究》，1955 年 5 期）。究竟这一课程应该如何讲授，如何与中国史料相结合，现在就个人初步摸索所及，写出来请同志们指正。

一、史料学的译名

史料学在俄语称为 источниковедение，是一个复合字，由 источник（根源，史料，典据）与 ведение（"学"，知识，研究，引导）两字组合而成。这个字，我国在 1952 年译为"史料整理"，1953 年改译"史料学"。据苏联百科辞典的解释，источниковедение 是一种学科，探求研究各种史料的方法，以补助历史学的训练（黎国彬译文）。因此，"史料学"的译名，要较"史料整理"的译名更概括一些。

由于"史料学"过去曾译为"史料整理"，于是很自然地使我们理解为这个学科应该是阐述史料整理的成果，或是史料整理后的汇集，因之往往与历史编纂学的概念和领域相混淆。

历史编纂学在俄语称为 историография，源于希腊语 IΣτο pIогрAфIA，是由 IΣτopIa（历史）和 гpaфIa（写，志）组成的复合字。据苏联百科辞典的解释，它是："（甲）是一种学科，研究关于人类社会发展及改进历史研究方法的各种知识的历史，研究在解释社会现象和反映阶级斗争的领域内斗争的历史，研究揭露历史发展规律的历史，研究马克思列宁主义的历史科学战胜资产阶级的伪科学的历史。（乙）在一般的广泛的意义上，историография 是历史著作的总和，这些著作或者是属于不同的时代的，或者论述某一历史时代或某一历史问题的（黎国彬译文）。"所以这一学科，是历史研究的发展史，是历史科学本身的发展史，是历史观思想的斗争史，是历史著作的总和。因此，在 1953 年后，改译为"史学史"。它的概念和领域是与探求研究史料方法的史料学不相同的。

谈到史料，很容易使我们联想到史料的搜集，想到史料搜集又很容易联想到史籍目录，那末"史料学"是否就是"目录学"？过去大学历史系曾开过"史料目录学"这类课程的。

目录学在俄语称为 Ъиблиография，是由希腊语 вiвпιo（书）和 гpAфιA（写、志）两个字组合而成。据苏联百科辞典的解释，是："（关于）书刊之论评、索引、目录等之编辑法及研究（之专门知识），并有对这些书刊予以阐明、论述之任务。ьиблиография 垂职一词尤指书籍目录、索引、评论等（黎国彬译文）。"这个字在中国有时译为书录，一般在书籍末尾附列的参考书籍，文献、图录，或是专门开列的关于某一中心问题的有关书刊文献，都是这个字。

历史书刊的评介，当然会涉及书刊中所根据的史料，它所用的批判史料的方法也就是史料学的方法，但是不等于说目录学就是史料学。在史料学的阐述中，一定会涉及某一主题或某一时期的书刊，但也不等于说史料学就是目录学。

从俄语原文看，史料学和史学史（历史编纂学），目录学三个字，各有其独立的名称，独立的涵义，各有其自己的领域，是各不相同的。

二、史料学的概念

《苏联大百科全书》上说"史料学阐明史料的研究和利用方法，是历史辅助科目之一"（人民出版社选译本，《史料学》，30 页），这是史料学的明确定义。

又说："史料学研究文字记载（包括题铭在内）的史料。"（同上，31 页）这是史料学的明确对象。

又说："史料学的任务，是把史料分类，予以批判的分析，确定其来源，阶级性质和用途以及可靠程度与实际价值，最后就史料的多样性，它们的相互关系和相互依存性综合研究整个的史料。)"（同上，30 页）这是史料学的明确任务。

我们今天讲授"史料学"，根据这个概念并结合中国史料的实际情况加以阐述。

马克思列宁主义的史料学，把历史资料看成是一定社会环境的产物，无论史料的内容与形式都是由每一时代的社会经济关系，政治制度和思想意识的观点决定的（同上，30、31 页）。因此，它和资产阶级史料学是在本质上不同的。

资产阶级的历史研究法这一科目内，也谈史料，德语称为 Quellen Kunde，直译是根源的研究，引伸为史料来源的研究，（Quellen 是 Quelle（根源）的复数，引伸为史料；Kunde 是知识，引伸为"学"——冯文潜）又称为 Heuristik，也是从希腊字来的，（英语称为 Heuristics，俄语在固有的 источниковеление 以外，间或也用 звристика，就是这个字——雷海宗）原有寻找和"发见术"的意思，中国译为"史源学"（如旧北大历史研究法讲义），或译"史料学"（如万有文库本《史学方法论》）。

资产阶级的史料学是形式主义地看待史料。他们对于史料的来源，只从形式上区别为"记载""传说""绘画""古物"四类，而不问它是从人民群众方面来的，还是从统治阶级方面来的。它们对于史料的价值，只从时代的先后来衡量，史料越早，就认为越正确，越有价值，而不问构成这些史料当时的社会环境和它们的相互关系。这样就必致脱离开社会经济关系和阶级斗争。因之资产阶级史料学也就不能不局限于"专论史料之搜罗采集"（《史学方法论》，万有文库本，185 页）范围之内。

资产阶级史料学的解释史料是唯心主义的，他们不是客观地忠实地对待史料，而是凭个人主观想像或是为了达到某些企图而故意歪曲的。

由于资产阶级史料学的形式主义分析和唯心主义解释，必致颠倒是非，任意取舍，终于直接捏造史料。

我们根据史料来研究历史，但史料不就是历史。史料能够给我们提供研究个别具体历史问题所需要的材料，使我们可以根据它再现或恢复这个历史事件的特征；但不是将史料堆积起来，就能完成这个任务，多数史料不经过深刻、仔细和全面地分析研究，并与其它史料联系比证，是不能满足这个要求的。所谓"近代历史学只是史料学"。（《历史语言研究所工作旨趣》，《历史语言研究所集刊》，一本一分）自然是一种错误的说法。

因此，研究史料不仅在搜集，而更重要的是批判分析；史料学不是史料的记录，而是史料的研究方法和利用方法。

三、史料学的讲授内容

苏联 1949 年的历史专业教学计划中各专门化史料学课程的开设，如下：

课程名称	学习时数	其中讲授时数	课堂讨论　练习时数	开设的专门化
史料学	70	70		苏联史
史料学	50	50		南部西部斯拉夫史
				拜占庭史
史料学	40	40		世界古代史
史料学	30	30		近代现代史
				中世纪史
				民族志
史料学及历史编纂学	70	70	30	马列主义
史料学及古文字学	70	40	30	博物馆学

从上面的课程名称和学习时数的不同，我们可以看出各专门化对这门课程的目的要求一定也有所不同，也就是说讲授内容是不相同的。否则就无须这样细密的分班讲授了。这种不同，究竟是内容繁简的不同，还是重点的不同，还是方向的不同？专门化课程的内容，都要和它们的中心课程相联系，因中心课程的不同而有差异。史料学既是探讨研究方法的学科，它的内容就应阐述方法的全部，而不应有方向和重点的差别，假使真有重点方向的不同，可能就不应该探讨研究的方法。因之很容易使我们理解为它们的不同还是方向的不同，也就是说各专门化史料学的内容方向取决于专门化的方向，苏联史专门化的史料学专讲苏联史史料，中世纪史专门化的史料学专讲中世史史料。这样又很容易使我们理解为史料学的内容仍然是探讨史料的研究成果——书籍和论文，而不是探讨史料的研究方法。因而又和史学史或目录学混而为一。

这种理解是不正确的。我们对于一个学科的范围，应该从它的科学定义去考虑。根据史料学的定义，主要的还应该是阐明史料的研究方法和利用方法，但在讲述中的举例根据中心课程而有不同。这应该是各专门化史料学所以不同的原因。如果只介绍有关中心课程的史料，避开方法而不谈，或谈的很少，这就忽略了这一学科的完整性。

在专门化改为选修课之后，这个问题更为清楚，共同的选修必然是统一的要求和统一的举例。

我们在 1954 年开设这一课程时，由于配合明清史，所以曾经这样考虑它的内容：

一、史料的分类与辨别

二、中国历史上大批史料的发现与其利用（1. 孔子旧宅的古文经，2. 汲冢的竹书，3. 殷墟的甲骨铜器，4. 敦煌的卷子，5. 居延的木简，6、内阁大库的档案，7. 寿县楚墓的铜器，8. 基本建设中出土的文物，9. 其他重要史料的利用，10. 如何对待新发现的史料。）

三、《明史》的纂修与明史的史料

四、《明史》史料的研究

五、《清史稿》的纂修与清史的史料

六、《清史稿》史料的研究

七、史料辑录工作

无庸讳言，这里面许多地方是受了资产阶级形式主义影响的，对史料阶级性的阐发是很不够强调的。今年史料学已改为选修课，不再配合某一断代史，它的内容我们考虑如下：

一、史料学的概念与任务

二、历史辅助学科

三、历史资料的来源

四、史料的搜集

五、史料的批判

六、史料的利用

在第一章内，着重于资产阶级史料学的批判，并揭露所谓现代历史学只是史料学的阴谋。

在第二章内，除了根据《苏联大百科全书》和谢列兹聂夫专家论文所举的历史辅助学科外，着重的介绍中国过去在历史研究上有关的特殊贡献，例如古文字学，古器物学，目录学，校勘学，年代学，史讳学的研究等，同时介绍有关历史的工具书和它们的用法。

在其余各章内，根据苏联文件指出的方法用中国事例加以说明，着重于批判地研究史料，分析史料的阶级性，推求史料的最初思想意图。同时对过去历史研究中的烦琐考证，以及主观主义求证方法，加以批判。

马克思列宁主义的史料学是党性最强的新学科，是唯物主义与唯心主义的尖锐斗争，这一科学的讲授只有根据苏联的教学经验，遵循苏联的研究方法，才是正确的途径，才能完成教学任务。

1956.4.6

（原载《南开大学学报（人文科学）》一九五六年第一期）

中国的传记文

这里所谓传记是取现今通用的意义，传记两字连词，就是旧日叙述个人生平行事颠末的人物传，英文所谓 Biography。与古代"经传说记"①固不相干，也与"叙一人之始末者为传之属，叙一事之始末者为记之属"②，"录人物者区为之传，叙事迹者区为之记"不同。章实斋先生所谓"学者生于后世，苟无伤于义理从众可也"③。《四库总目·史部》有传记类，不过他兼收记事之杂录，与现今的范围又不尽同。

中国旧日的传记文，就形式来看可以分作两类：一类是按年编列的年谱，一类是综合叙述的碑传。就性质来说，凡是传、墓志铭、神道碑、哀启、征文启、事略、行述、行状、逸事状、遗事、诔赞、寿文等，虽然体裁不同，可是全属传记。若是就作者的立场和关系来分，又有史书里面的传，志乘里面的传，家谱里面的传，以及外传、别传、小传和自己作的自传种种的不同。可以很详，可以很略，可以记述许多事，可以记述一两件事，是没有一定的。可是对于这所要描写的主人翁的姓名、别号、籍贯、生卒，一生的事实，是要记述的，除非不知道或者是世人周知无须更说的。好的传记更要把这个人的个性、丰采、言谈、思想举止、神态，用文字或事迹衬托出来。

中国最早的传记，除了经、子里面有几段以外，要推史书里面的史传。这一班历史家或者说传记作者，他们写起传记异常审慎，异常小心，他们尽量征求异说，尽量采撷史料，但是他们绝不马虎、绝不苟且，对一切一切的事件都要辨别他的真伪，都要追寻他的真实性。因为这样才能成"一家之言"，这样才能"取信一时，擅名千载"，这是他们最高的理想，也是他们自负的责任。所以他们在写传记的时候，第一个条件是求真。他们反对不正确的"苟求异端，虚益新事"，他们反对漫无选择的"务多为美，聚博为功"，他们尤其反对"故

① 班固著：《汉书》卷 53《河间献王传》，中华书局 1964 年版，第 2410 页。
② 永瑢等撰：《四库全书总目》卷 58，中华书局 2008 年版，第 531 页。
③ 章学诚著，叶瑛校注：《文史通义校注》卷 3《传记篇》，中华书局 2015 年版，第 290 页。

造奇说，妄构史实"。所以他们对史料的来源要追求，对传说的真伪要辩证，对事实的先后要注意。一本书靠不住他们绝不引；一件事有可疑他们绝不引；一种传说有矛盾他们绝不引；一种传闻出之于敌国远道他们绝不引；一种奇说为事理所必无他们绝不引；他们绝不使"异辞疑事，远诬千载"。

因为传记作者同历史家写传记叙事的求真，所以他们不乱写，同时也不多写。他们提倡简要，反对文字的烦富，希望"文约而事丰"，所以他们主要尚简。有时候已经叙述了一个人的才行，就不再罗列事迹；有时候已经用事迹衬托出一个人的才行，就不必再用抽象话笼统的赞美；有时候对于才行事迹全不说，而把当时的言语记出来，因为言语有关涉所以事实也就显露了。他们绝不同时并写，以免虚费文字。假如说一个人尽夜读书，又何必再说他笃志学学？已经说了下笔千言，又何必再说文章敏速？既然已把一件事情发生时有关系的对话记下来了，又何必再把这件事情的经过重说一遍？这是历史家他们尚简的理由。因为尚简，所以他们更主张省字省句，不妄加，不烦复，但是却要简要合理。他们要做到"骈枝尽去，尘垢都捐，华逝实存，滓去渖在"。

传记作者叙事还有所谓用晦。因为他们尚简，所以有许多事迹他们不明显的直说，而用旁的方法委婉地点出来，烘托出来。或者是只说大的方面、重要的方面，而将小的、轻的不说，使读者自己去体会。他们主张"略小存大，举重明轻"，希望"省字约文，事溢于句外"，反对"弥漫重沓"。《史记·项羽本纪》，记楚军追汉军于睢水上，说"汉卒十余万皆入睢水，睢水为之不流"，这是形容汉军败北的情形，可是并没有直说汉军之败。《淮阴侯列传》，记萧何追韩信的事说，"何闻信亡，不以闻，自追之。人有言上曰，丞相何亡。上大怒，如失左右手"。在这一段叙事里衬托出来萧何对于韩信之倾佩，汉高祖对于萧何之倚任，而韩信的才略以及他的重要，也自然地烘托出来，可是全没有明说，这就是所谓用晦。

传记作者和历史家，他们叙事还有几件禁忌的事。第一是忌诡异。凡是神怪不经之谈，离奇诡异之说，纵然确有这种传说，也不必把他写入传记。例如说一位帝王或一位名臣，生时有什么祥异，死时有什么朕兆，这全是很可笑的。所以沈约《晋书》为刘知幾所讥。但是这种毛病直到清朝人的传记里还有。第二忌虚美。对于一个人的过分称赞或者一件事的过分夸张，全是不妥当的，写在传记里面是不应该的。《北齐书·王琳传》，说他"故及于难，当时田夫野老，知与不知，莫不为之歔欷流涕"；《东观汉记》说，"赤眉降后，积兵甲宜阳城西与熊耳山齐",①虚美太过，至今传为口实。第三忌曲隐。一个人有长处也有短处，做事有对的也有不对的，在传记里面全应该叙述，不能只述其善而曲隐其恶。但这更是历代作者不能免的通病了！

上面所说的全是传记批评家或史学家他们所悬的标准。当然在作者方面未必全能做到。在中国旧日传记作家里面，或者说历史家里面，当然要推司马迁为第一。《史记》里面许多传记，他能够把一个一个不同的个性描写出来；他能够把一件一件不同的事情叙述出来；能够把一句一句的言语记录出来；使读者仿佛见到当时的神情，这是别人所不及的。他在《项羽本纪》里写樊哙在鸿门之会的情态，当时神气，跃然纸上。所谓"哙遂入，披帷西向立，瞋目视项王，头发上指，目眦尽裂"；"项王按剑而跽曰，客何为者？"双方的紧张情绪，有如目睹。下面所谓"项王曰，壮士，赐之卮酒，则与斗卮酒。哙拜谢，起，立而饮之"。"赐之卮酒"是项羽的话，"则与斗卮酒"是项羽左右的动作，"哙拜谢，起，立而饮之"是樊哙的动作。假使一一点明了叙说，当时神情就失去了，所以太史公一气写下来，以保存当时的神情。又如《留侯世家》里面，记载项羽在荥阳围汉高祖，汉高祖很忧惧，同郦食其商议立六国后，以桡楚权，张良反对这个主张，说了八不可。太史公写这次对话情形很长，他用了"今陛下能制项籍之死命乎？曰未能也。其不可一也"的同样笔调写了八次，除了每段中一个曰字以外，没有别的表示说话的字样。他这是极力描写当时对话的急遽状态。"今陛下能制项籍之死命乎"，以上几句是张良说的；"曰未能也"，是高祖说的；"其不可一也"，又是张良说的；后面七段全是一样。这是就当时口语据实而书，你不仔细去看，觉得毫无头绪，你仔细一看，语气神情就如同画在纸上一样了。后来像《三国志》算是史书中好的了，可是《秦宓传》记宓与张温问答，一句一个曰字，远不如《史记》之紧凑了。但是《史记》也有时候喜于文字见奇诡，（钱大昕《经史答问》）如《东方朔传》之类，所以扬雄说他"爱奇多杂"②，然而那在全书中是很少的。

《史记》以后的史传，要推《汉书》最好，当然他有许多是用《史记》旧文。有人说，"《史记》之文，其袭左氏者必不如左氏；《汉书》之文，其袭《史记》者必不如《史记》"③。这句话固然稍刻，也是实话。《汉书》里面，像《李陵传》叙霍光、上官桀使任立政至匈奴招陵事；《苏武传》叙单于使李陵至海上为

---

① 刘珍等撰 吴树平校注：《东观汉记校注》卷 21，中华书局 2008 年，898 页。

② 扬雄著：《扬子法言》卷 12，《四部丛刊》本子部第 333 册，商务印书馆 1919 年版，第 2 页。

③ 钱大昕著：《潜研堂文集》卷 28《跋汉书》，上海古籍出版社 1989 年版，第 484 页。

武置酒设乐事;《朱买臣传》叙买臣拜会稽太守,衣故衣,怀印绶,步归郡邸事,都极有情趣,而行文亦委婉有致。然而传神方面较之《史记》则稍差了。《汉书》而外,只有《三国志》严整、简洁,比较能叙事。他往往在写个人行事以外,加上点与朋友的书札,当时的言谈,以及旁人的评论。这样可使读者在事迹以外得到些关于这个人的其他方面的概念。例如《简雍传》《伊籍传》,记二人的滑稽机辨。《许靖传》载袁徽与荀彧书,宋仲子与王商书。《黄权传》载司马懿与诸葛亮书,《董和传》载诸葛亮与群下教,这许多书札,受者与授者并非传中人,可是书札的内容涉及传中人,我们就书中所涉可以知道其为人。《姜维传》载郤正论维之言,当时人的意见自然得真,且可作客观的批评与本传参证。这些方法,后来就少用了。再后的史传,《后汉书》《宋书》只是文章好,其余的越后越坏。史书以外,作传记学太史公的更多,但是好传记也少。后来传记所以不好的原因,大概有下列几点:

第一,由于文字本身。古人言文一致,所以写下来的文字就同语言一样。后来文字与语言越离越远,拿古代的文字文法写后世的语言,所以语气神情不能充分表现。传记作者既不肯用当时的语法和习惯的词句来写当时的事情,记当时的对话,还要去学那更古的文法,用那早不通行的字句,以自衒古奥,于是越学越坏,越不近真实情况。隋炀帝看见李密状貌神气有些不凡,有些可怕,不教他作亲侍,《旧唐书·李密传》写作,"帝曰,个小儿视瞻异常,勿令宿卫",已经不像当时口语,《新唐书·李密传》改为,"帝曰,此儿顾盼不常,无入卫",相差更远了。杨素看见李密骑在牛上读书,觉得奇怪,蹑其后问之,《旧唐书·李密传》作,"问曰,何处书生耽学若此"?《新唐书》改作,"何书生勤如此?"更不像了。宋祁《新唐书》列传最喜用古字古义,使人读了不知所谓,且时时发生奇异可笑词句。如"规相屠戮"(《王世充传》,谋相屠害也)、"磔之火渐割以啖士"(《薛仁杲传》,磔于猛火之上,渐割以啖军士也)、"味之珍宁有加入者,弟使他国有人,我恤无储哉"(《朱粲传》,食之美宁过于人肉乎,但令他国有人我何所虑也)、"君脍人多矣,若为味"(《朱粲传》,闻卿啖人作何滋味也)、"诚能投天会机,奋檖大呼"(《刘文静传》,诚能应天顺人举旗大呼也)、"是子固在,宜斥丑处"(《李百药传》,以上均依旧书传文译释,此丑处犹恶地)、"祸隙已牙"(《长孙无忌传》,已牙已萌也)之类,这是作者的好奇,不能全怪文字了。

第二,由于作者技巧。古人写传记,还是平铺直叙的多,非不得已不用追叙的章法,就是《左传》"初,郑武公娶于申曰武姜",也是在一篇的开头。可是后来写传记的人都嫌平铺直叙太呆板,太没有波澜,于是把一段叙事里面加了好几个追叙的"初，如何如何"，"始，如何，如何"，以为这才有势，这才是技巧，不知使读者更觉得头绪纷烦，无从了解，所谓古文家又讲些篇法章法，以及于义法，方法越多，技巧越劣。有的模仿《左》《国》，有的模仿《史》《汉》；有的模仿韩、欧，模仿越多，离开真实越远，使读者越不明了。这种过于重视法度的毛病，虽几个大家有时亦不无可议，我们亦不必为之曲讳。例如归有光《先妣事略》，文章极简练，可是中间一段，"……顾诸婢曰，吾为多子苦，老妪以杯水盛二螺进，曰，饮此妊不数矣，孺人举之尽，暗不能言。正德八年五月二十三日，孺人卒"。骤读之，仿佛孺人之死在声暗以后甚久，与饮螺水无关。可是用前面的文章一对照，孺人生于弘治元年，十六岁归归氏，前后生子女八人，弘治凡十八年，加上正德八年，正相符合，可见是饮螺水而死；假使他写明白一点岂不更好？姚鼐《周梅圃君家传》，是他自己很自负的一篇传记，他说，"传取事简，以为后有良史，取吾文登之列传当无愧"，可是他在全传里没有载明周梅圃的生卒年龄，通篇没有说到周的时代，只有"当是时，王亶望为浙江巡抚"一句可以考见年代。但是要从王亶望作浙江巡抚的时候来推求周梅圃的年代，那末免太周折了（王亶望作浙江巡抚在乾隆四十二年五月至四十五年三月）。又如汪琬的《江天一传》，在七百五十字的短文里，用了一个当是时，一个先是，一个当，这是他极力的盘行跌宕以取势，在我们看起来大可不必。所以在某一种论点下，文章尽管是好文章，然而未必是好传记。

第三，由于传统观念。写传记的人往往囿于传统的观念，不知不觉地跟着走。譬如写忠臣烈士，因为他的忠烈，于是把他一切全写得很好，纵然有不好的事也就隐讳不说了。一个奸臣，纵有好事，也只轻描淡写地写几句，或者竟不说。像明朝严嵩，文章作得很好，可是大家从不提起他的文章，也没有一个人读他的文章，甚至有人看见他的《钤山堂集》，主张把它烧掉。就是《明史》本传，也只说他"读书钤山十年，为诗古文辞，颇著清誉"而已。又如宋朝欧阳修，词作得很好，在词里可以看出他的性情是多么风流蕴藉，可是在中国道学家认为他同韩愈是直接孔孟道统的人，就认定他是一个道学家，从不提起他的风流蕴藉的真实性情，只在说他的攻异端扶正道。《宋史》本传说他"终身为文，……折之于至理"，又说他"挽百川之颓波，息千古之邪说，使斯文之正气可以羽翼大道，扶持人心"，我们看了这个传，那里会晓得这个人就是"笑问鸳鸯两字怎生书"的作者呢？又如韩愈、柳宗元的文名著于后世。在《史》《汉》里面凡是著名文豪全要把他的文章载入传内，所以两《唐书》全把韩的《进学解》《谏佛骨表》《祭鳄鱼文》《潮州谢上表》，收入本传，文章虽然很好，但祭鳄鱼事终归怪诞，而传内更说，自是潮人无鳄患，未免不经。《新唐书》又把《平淮西碑》收入《藩镇·吴少阳传》，这篇文章"点窜尧典、舜典字"，诚然是唐朝的著名文字，可是他的内容同事实颇有出入，在史法上不无可议，如李光颜、乌重胤除授在元和九年，韩公武、李文通在十年，李愬在十一年，前后不同时，而碑文连续而写作曰某曰某，各以其兵进战，变成同时了；又称裴度为丞相，与唐朝官兵不合；光颜、重胤、公武全是双名，可是碑文有时候写成"颜胤武"，或者写"颜胤"；文虽简可是事未核。①其实这篇文章大可不录进去。柳宗元文名在宋朝更胜于前，所以《旧唐书》本传很短，而《新唐书》加得很长，所加进去的文章，如《与许孟容书》《贞符》等，既与本人事迹不相涉，又与时事毫无关系，更可不必。又如相传柳敬亭说《水浒》武松景阳岗打虎，说他闯进店去大吼一声，屋中空酒瓮嗡嗡作响，描写得多么微细、多么入神。可是吴伟业作《柳敬亭传》并没谈到这些，而说，"或问生（指柳）何师？曰，吾无师也，吾之师乃儒者云间莫君后光。莫君之言曰，夫演义虽小技，其以辨性情，考方俗，形容万类，不与儒者异道"；又说他，"与人谈，……澹辞雅对，一坐倾靡，诸公以此重之，亦不尽以其技强也"。②大有替他掩饰的意思。这因为在当时士大夫眼光里，说书是贱艺，吴伟业肯给他写传已经很大胆，很脱俗，若不写得同世俗意见相近一点，更要受指摘了。又如沈近思是清朝有名的理学家，可是少年时曾在灵隐为僧，在理学家看来佛是异端，所以励廷仪所作《沈端恪公神道碑》，于此一字不提。

第四，由于作者主观。写传记的人最容易用自己主观来写旁人的言行。假如作者自己是崇拜英雄的，就把一个英雄描写得如他心目中所想像的英雄一样，而不管那个人的本来面目如何。一个生活浪漫自命风流的作者，他描写下的文人才子也同他自己一样，而不管那个人的真正生活如何。这样用主观来写传记，常常把许多个性不同的人写成一样。写孝子总是哀毁骨立；写节妇总是贤孝贞淑，凡是学者总是励志笃学；凡是武将总是武勇善射，千篇一律。《三国志》说，钟会少敏慧，《旧唐书》说，张蕴古性聪敏，杨炯幼聪敏，《新唐书》说，苏颋弱敏悟，韦渠年少警悟，褚亮少警敏，房玄龄幼警敏，长孙无忌性通悟；《旧唐书》说，白居易聪慧绝人，《新唐书》说，柳宗元精敏绝伦，韦陟秀敏异常，《宋史》说，张方平少颖悟绝人，欧阳修幼敏悟过人，《明史》说，胡翰幼聪颖异常，张居正少颖敏绝伦，史传词句历千年而如一。又如我们在现在发现的石刻古物

---

① 钱大昕著：《潜研堂文集》卷 10《答问》，第 201 页。

② 吴伟业著：《梅村家藏稿》卷 52，《四部丛刊》影印本集部第 1674 册，商务印书馆 1919 年版，第 4 页。

里面，知道尉迟敬德是一个好佛的，可是两《唐书》本传全没提到，而说他"末年笃信仙方，飞炼金石，服食云母粉"，像一个好道的。这是传记作者在写传记时有所去取。又如清乾隆时，在毕沅幕府中人都不愿接近严长明，因为他议论多而不同，且喜欢骂人。可是钱大昕所作《严道甫传》说，他以"周览古今载籍，遍交海内贤俊"自命，并且说，"听其议论经纬古今，混混不竭，可谓阅览博物文字之宗"。这固然是钱氏忠厚之言，但一方面也有他的选择。[①]所以传记里面最坏的，他们往往忘了所写的人的个性，忘了所写的人的学识才情同环境，只凭自己的主观。

第五，由于史料不够。后世作传记，无论官书私志，所根据的材料多半是本人子孙所作的行述哀启，或是门生故吏所作行状家传，或是达官贵人所作的墓志铭神道碑，通篇全是称颂的话，既不考订，又不核对，以致错误矛盾随时可见；至于"直""实"相差更远。这种情形由来已久，朱子在南宋时已感觉到。他看见《宋徽宗实录》里面的传，详的只是写行状，略的又恰如《春秋》一样，首尾又不成伦理，更无本末可考，所以他主张改革，可是没有成。直到清朝还是如此，凡是国史省县志要立传的，全把他一生事迹一条一条的写成节略，送进去以备采择。这里面只有些生卒年月，仕进先后，既没有批评也没有比较，本人的议论主张逸闻遗事，更不敢多写了；尤其缺略的是家庭环境，童年教育，同生活情形。根据这样的史源，只有像《春秋》一样的了。我们看清代的国史列传就可以知道了，那如何会有好传记？史料的不够，其关系较上面四种更大，更是没有好传记的最大原因。

谈到这里，我们不能不想到一部史料正确、没有虚妄、没有隐讳，不受文字束缚，不受传统观念束缚，不受文章法度束缚的罗思举自述的年谱，后来叫作《罗壮勇公年谱》。

1942 年 10 月稿

---

① 钱大昕撰：《潜研堂文集》卷 37，万有文库本，商务印书馆 1936 年版，第 581 页。

清史研究和档案

清代的历史档案及解放以前的整理状况

一、历史档案在历史研究中的地位

　　研究明代、清代的历史比研究历代的历史有其优越的条件，这是由于明代、清代的《实录》都保存下来了。明清以前的《实录》已大都亡佚，只有唐《顺宗实录》保存了下来，宋《太宗实录》只残存八卷，惟独明清的《实录》全部都有。研究清史比研究明史条件更好，不仅有《实录》，而且还有很多历史档案资料。

　　对历史档案的应用方面，过去研究历史的人虽也承认历史档案的价值，但是利用《实录》的比较多，而直接利用档案原件的较少。原因在于过去对档案的保存很不注意，档案不能很好地保存下来，尤其是地方性档案很少保存下来。据了解，地方档案多为私人所有，谁做官离职时就由谁带走，要不带走，以后稽考查询起来就回答不出来了。在西方国家利用历史档案也只是近几百年的事。真正开始利用历史档案研究历史的是马克思和恩格斯，他们的几部有关历史的著作，都充分地利用了历史档案。马克思的《1848 年至 1850 年的法兰西阶级斗争》谈到了许多文告，《法兰西内战》引述了许多发言。恩格斯的《德国的革命和反革命》在写作时，利用《新莱茵报》合订本作为主要资料。在写《德国农民战争》时，用了戚美尔曼关于闵采尔的全部资料。我们中国，利用历史档案就早得多了。司马迁在《史记》中就引用了档案，有时还引用了全文，如在《秦本纪》内就引用了官文书：秦孝公元年，下令国中曰云云。古代修《实录》也是靠的档案资料。清《宣统政纪》，在每条记载下都注明出处，有的注明"折包"，这就是当时的档案。从这一例可见修《实录》是要根据档案的，当然此外还根据"宫门钞"等等。又如《光绪东华录》是在《德宗实录》未修之前编出来的，《德宗实录》是宣统元年开始修，到民国时才修好，而《光绪东华录》是在宣统元年出版的，所根据的也是档案资料。

现在看起来，历史档案在史料中不容忽视，应该把它放在研究历史的最高地位，就是说，离开了历史档案无法研究历史。靠传说、靠记录流传下来，如无旁证都不尽可信。历史档案是原始资料的原始资料，应该占最高地位。这就是为什么学历史的人总愿意上档案馆参观、查找、抄录历史档案的原因。所以，历史档案保存下来，不仅可供当代的历史学者研究，也可以供后代的历史学者研究利用。

二、整理清代历史档案的成果

自从内阁大库档案散出以后，大约有五十多年了。所谓"散出"，是指这批档案 1922 年给罗振玉买去以后算起的。这段时间内，经过许多整理工作，出版了专书，写出了专门的文章，如徐中舒、方甦生等。根据档案资料进行科学研究的也不少。成果很多，贡献很大。

一般说，解放以前出版的历史档案资料大略有三种体例：

第一是摘要选辑，抄录全文。就是把重要文件选出，全文辑录。最早是罗振玉及前中央研究院历史语言研究所。从这些档案中选出一些他们认为是难得的价值大的文件印出，只看内容重要，不作分类，也不按年代排。罗振玉把编《史料丛刊》本身就作为研究，为研究而出版，其实对历史档案内容并没有进行什么研究，只是初步认为有价值就拿出来编印。历史语言研究所编的《明清史料》又不同，也是全文选辑，但是他们的作风是凡重要的史料都先写了文章以后才公布，故此有许多重要文件，都是先发表了文章，引用了档案，过些时才公布档案本文。《明清史料》也不分类不分年代，只有标题摘由，各个文件自为起讫，另占一页。一百页一本，十本一编，互不联系。他们这样做，是为了读者可以自己分类改装。

第二是按年编列，抄录全文，甚至保存原来格式。如沈阳出版的《明清内阁大库史料》，全按年代排列，不分类。

第三是专题编辑，抄录全文。同一专题的档案按年代先后编在一起。故宫文献馆及北大文科研究所编印的属此类。如：故宫文献馆出的《苏州织造李煦奏折》《康熙与罗马使节关系文书》及北大出的《洪承畴章奏文册汇辑》和李自成史料等皆是。

以上三种体例，共同点是抄录全文，不删不改，不同者是有的分类，有的编年，有的不论。这三种体例，在今天看来，就很不够了。近年来中国第一历史档案馆出的就与过去不同了。过去出版的在方法上是不够科学不够正确的，形式、编列上也是不够科学的，例如保留原来抬写行款，分类不细等等。

三、整理历史档案中遇到的困难

第一个困难是档案数量多，非常之多。在历史研究中，材料越多越困难。过去研究古代史，年代越古，文章越多，特别是研究甲骨文的最多，因为甲骨文反正就那么多片，可以翻来覆去地在其中深入研究，后代史料多，就需要时间了。研究清史的文章更少，材料太多，看不完全，就不敢轻下结论。历史档案就是多，一麻袋装了许许多多，在故宫端门楼上就堆了一千几百麻袋，不经过清理，就无法使用。问题在于太多，太多就要求整理，越多就越要求赶快整理。

第二个困难是乱。档案原来是整齐的，一装麻袋自然就乱了。既然装在麻袋里，就没有了系统，要找出系统，很难很难。从今天去看我们当时的整理，一定感到很可笑，用的方法是极笨的。最早是在北河沿原来北大三院那个地方，第一步先分朝代，一张桌子摆一朝，重复的多，一件事有好几个文件，尤其是三法司的档案更复杂，因此要求非分类不可，非摘由不可，不然无法利用。

第三个困难是档案不全。历史档案没有全的，一件事没有从头到尾完整齐全无缺的。比如关于文化的不多，经济的也不多，政治的较多，军事的有一些。每一历史事件也不全，有散失残缺的，有雨淋虫咬、霉烂掉的。内阁大库过去没有开北窗，容易发霉，下雨开窗就淋湿，坏的很多。按清朝的规定，凡霉烂的就可以毁掉。大规模烧毁是在庚子以后，那是有意识地烧毁。正因不全，才要求非深入研究不可，有头无尾，有尾无头，到底联系如何，不深入研究，无法弄清。

了解了过去整理历史档案的困难，就要求今天应进一步改进，不整理不分类就不能利用，要利用不能不进行研究。

过去整理时有一个很大的错误，至今想起还很痛心，就是把档案的满汉文两部分硬给拆开了。清入关后定制，满文和汉文都是国家法定文字（在前，蒙文也是一种，共三种），一切宫殿、城门、坛庙、陵墓的牌匾，太庙的神牌，以及印玺、关防等，都是满汉文并列。满文是右行的（由左向右写），汉文是左行的，两种文字并列，分不出那个尊，那个卑，那个是主，那个是从，称为满汉合璧，也称清汉合璧。题本也是满汉合璧的。左一半满文，右一半汉文，合成一件公文。满汉文的内容是一样的。当时衙署都设有笔帖式，就是"翻译清汉章奏文籍"的（《清会典》卷三）。只有内务府、满洲八旗少数几个衙署，由于主官不识汉文，或事极机密，可以单独用满文题奏，但为数甚少。现存的满文档案中并非全部都是单独文件，很多是我们当时整理有意把它拆分为二的。到清代后期不用满文了。咸丰以后很少用，同治帝、光绪帝、慈禧太后都不懂满文，也就不用了。我们过去整理时，为什么将满汉合璧的题本拆分为二，使满文汉文成为两个独立文件？主要动机是为了减少庋藏占用的空间。因为满汉文的内容既是一样，研究时用一种就够了，我们都不懂满文，而且怀疑翻译得不尽精确（康熙时有此指摘，见王氏《东华录》），所以重视汉文档案。现在看来这是很错的。不但破坏了文物的完整，违背了清代制度，而且造成误解，以为满汉文文件都是独立单行的。

过去我们在北大整理的历史档案，也有分类，但是不十分科学，有些是主观的。为什么那样分？因为当时心目中有几个对清史大概了解的问题和自己所关心的历史事件，如文字狱等，因此就照这样来分类，不是客观地根据历史档案内容去分，而是凭一点历史知识和主观的爱好去分。也编了号，分了类。分类有的太宽，有的太细，许多分类很难划清，分错的也有，可能一个问题分入两类了。这都不是从历史档案本身来分的，主要是没有按档案科学办事。过去已整理的，今天重新再搞，是太费事了，将来有必要和可能时再重新搞一下。沿用旧的分类法，到处皆如此，是个通病。有许多中国历史档案流落到英法博物馆去，仍用旧时汉学家的分类法。许多图书馆也是这样。只好暂用旧的方法分类，作些补救办法，利用旧的编号，重做目录，细分专题，多加索引等查找工具。

从来整理、研究工作，都是从兴趣出发，有人搞《红楼梦》研究，就特别注意曹寅、李煦，有人对洪承畴有兴趣，就专搞洪承畴的档案，所以过去虽也有成绩，但成绩不大。

另外还有一个缺点，从事整理是从文物观点出发多，从历史观点出发少。所谓"从文物观点出发"，就是说只要一件档案文件很完整，很少见，不管内容如何，便把它专门装裱保存起来，如《明末农民起义史料》所附照片，就是从文物观点出发，认为价值很高。一件入关前"七大恨"的布告，觉得很珍贵，装裱起来了，给参观者的印象也以为是价值高了，因此当作珍品，结果许多损失了，抗战以后找不到了。如孟森引用过的"七大恨"布告，我引用过的"皇叔父摄政王"宝玺图样，都不见了。

过去遇到的许多困难，因为没有正确方法作指导，所以整理起来问题很多。

四、以整理历史档案带动清史研究

清史研究是历史研究中最薄弱的一环，专著最少，研究最少。过去研究时许多观点是跟着外国走的，这部份必须重新来搞，必须加强。这与整理历史档案分不开，要用整理历史档案来带动清史研究。"以任务带动科学研究"这个提法可能有问题，但还有其积极的一面。如果不以任务带动，可能研究更难，应该利用其积极一面。把历史档案与历史研究结合，一起推动，就可以用整理历史档案带动清史研究。历史档案很多，整理不易。在科学家看来，进行一件事，在理论上都研究透了，但具体做起来，工作量还是不能减少，比如需要一千个工作日，须有一千人一天才可完成。中国第一历史档案馆现有的人不多，人少所需时间就长，就赶不上利用，要想快就得人多。想在这方面找窍门，科学上尚无根据，是易出毛病的。

两者怎样结合？这要从两方面做起：一是结合历史整理档案；二是根据档案改造历史。

从结合历史整理档案方面来说：第一，研究历史要根据档案来研究，这在过去已有一定的经验。过去配合清初历史研究，整理并利用了一部分档案，许多历史问题初步得到解决了。如多尔衮称"皇父摄政王"，过去尚成问题，只有蒋良骐《东华录》提到，《实录》没有记载，成为疑点，后来从档案中看到有不少文件称"皇父"，这问题就解决了。再如中国与罗马教廷斗争问题，过去不大知道，发表了康熙帝和罗马教皇来往文书后就清楚了，当时对天主教有过争论，中国并没有屈服。又如江南织造管的什么事，从印出的曹寅、李煦奏折中看得很清楚，他们报告米价、雨量以及重要案件，等于情报机构。不过，过去是从兴趣出发来进行的，这样很不符合今天的要求。

第二，要整理好清代的档案，也必须对清代的历史有所了解。如清代的历史有哪些特点，怎样分期，有哪些值得研究的问题等等。

我个人认为，中国封建社会发展到清代这个阶段（1644 至 1911 年），或者说到鸦片战争为止（1644 至 1840 年），大约具有如下特点：

1. 清代处于封建社会的晚期。中国从未进入过资本主义社会，外力侵入后，变为半封建半殖民地社会，所以中国没有什么封建社会末期，只有晚期。

2. 是孕育中国资本主义萌芽的封建经济继续发展的时期。资本主义已萌芽，但社会本身仍是封建经济，二者均在发展，有时前者抬头，有时后者抬头。农业技术、农具、农产品品种均有发展进步，但仍停留在个体生产上。毛主席所说的封建经济四个特点，还处在自然经济阶段，手工业技术、工具、分工都有进步，但只停留在手工操作上，没有发展到机器生产。商业广泛发展到内地、海外都有，但没有从事扩大再生产，而是买地，从事农业生产。

3. 是满族社会上升时期。由于满族进入封建社会不久，仍在上升阶段，这与已经腐朽的封建社会不大相同，政治上经济上不像明代那样因循衰败。

4. 是多民族统一国家巩固与发展的一个时期。不是说历史上中国的统一是从清代开始，而是指的如下三方面：我们今天的疆域是当时确定下来的；各民族的联系加强了；中央和地方的统一巩固了。这三者的发展和巩固是从清代开始的。

5. 是抗拒殖民主义侵略的时期。过去总是说清代对外国是屈辱投降的，其实在鸦片战争前都是抗拒外国的。中国从明代起，就有抵抗外侮的传统，从来如此。

6. 是中国历史上最大一次农民战争（李自成、张献忠起义）以后的推动社会发展时期。

关于清史的分期问题，整个有清一代二百多年，现在有三种分期法，即：按断代分，1616 至 1911 年（天命元年至宣统三年），从关外建国开始，共二百九十六年；按通史分，1644 年入关前应入明史不算，从 1644 至 1911 年（顺治元年至宣统三年），共二百六十八年；按社会发展阶段分，从 1644 至 1840 年（顺治元年至道光二十年），共一百九十七年。

究竟按什么分为好？我个人看法是：1616 至 1643 年（天命元年至崇德八年），一般称为关外期，共二十八年；1644 年（顺治元年）入关后分为三期：前期、中期、后期。

前期：从入关到摊丁入亩，共八十年，即 1644 至 1723 年（顺治元年至雍正元年）。其中又分两段：前段从入关到统一，共三十八年，即 1644 至 1681 年（顺治元年至康熙二十年）；后段从统一到摊丁入亩，共四十三年，即 1681 至 1723 年（康熙二十年至雍正元年）。为了便于深入研究，前段还可用 1661 年（顺治十八年）南明抗清力量瓦解为界，再分两小段；后段可用 1712 年（康熙五十一年）"滋生人丁永不加赋"为界，再分两小段。这都是重要事件。

中期：1723 至 1840 年（雍正元年至道光二十年），共一百一十八年，包括雍正、乾隆、嘉庆和道光的前二十年。分两段：前段从摊丁入亩到白莲教起义共七十四年，即 1723 至 1796 年（雍正元年至嘉庆元年），还可以 1760 年（乾隆二十五年）回疆奠定为界，再分两小段；后段 1796 至 1840 年（嘉庆元年至道光二十年），共四十五年，还可以 1813 年（嘉庆十八年）天理教北京起义为界，再分两小段。从 1723 至 1760 年，清代国力和生产发展还是上升的，以后到 1796 年逐步下降，到 1840 年出现鸦片战争。

后期：从鸦片战争到辛亥革命，即 1840 至 1911 年（道光二十年至宣统三年），共七十二年，归入近代史，另有分段办法，这里不谈。

关于清史上值得研究的问题，我认为有以下几个：

1. 摊丁入亩。一般都说摊丁入亩促进了生产，因为封建剥削减低，人身依附减轻，劳动情绪提高，形成所谓"康乾盛世"，特别是乾隆一朝，现在谈的较多。认为这一时期在对外贸易、疆土、外交、农业、手工业、商业方面都有了发展等等。对这些究竟怎么估计，值得研究。生产是否提高，这与摊丁入亩有无关系？有关系。西欧封建国家都有人口税，资产阶级革命后才取消。中国不同，封建国家时期就取消了人口税。比我国更早是有的，但是作为封建国家时期取消人口税则是没有的。把人口税并入土地税，人身依附土地的关系减轻了，自由多了。可以考察一下，摊丁入亩以后，农民是否减轻了负担。

2. 资本主义萌芽。一般说，16 世纪中叶已有资本主义萌芽，我同意此说，现在史学界多数从此说。到清代中叶乾隆一朝，还在萌芽，时间很长。问题在于：从 16 世纪到 18 世纪二百多年，萌芽一直在缓慢发展，没成长起来，是什么原因？封建社会缓慢发展，是受到阻力，究竟什么阻力使萌芽缓慢发展？在西方，阻力是宗教，在中国，阻力是什么？这么长时间，乾隆时期生产都有发展，为什么没能进入资本主义？为什么到鸦片战争后却进入了半封建半殖民地？必须解决这个问题。究竟什么东西阻碍它的发展？

3. 西方资产阶级资本发展靠原始积累，拿东方国家殖民地做它的积累源泉，使东方国家生产力的正当发展途径受到破坏，作为帝国主义本国生产发展的手段。在中国没有这一套。中国在海外发展比西方早得多。西方所谓地理大发展比郑和下西洋都晚。郑和比他们早了八十多年，关系也深，为什么没有拿南洋做我们的积累源泉？这确是我国民族的光荣。爱好和平在我国是有悠久历史的。

4. 中国历史上封建王朝最富庶的时期常常即是进入衰弱的时期。唐玄宗、宋徽宗、明神宗（万历）时代是如此，清高宗（乾隆）也是如此。对此究竟怎样认识、怎样分析、怎样解释？究竟是怎样衰弱下来的？怎样会在 1840 年给外国资本侵入的？历史上由盛而衰是常有的事，一般是农村剥削加深，高利贷加重，矛盾激烈化，人民反抗，天灾增加。清代中叶是否也是如此？深度如何？这些都是值得研究的问题。

5. 乾隆帝自鸣得意地夸耀"十全武功"，写了《十全记》，用满汉蒙藏四种文字刻碑，自称"十全老人""五福五代堂"。这十次"武功"是征准噶尔二次，平大小金川二次，镇压台湾林爽文起义一次，进军邻近国家四次（缅甸、安南，廓尔喀二次），奠定回疆一次。他如何夸耀且不管，单说他这些战争的军费从何而来？历史记载说的每年国库收入四千多万两，支出三千多万两，尚有节余，可是这里面并未算入"武功"的用费。两次准噶尔战争用去二千三百万两，大金川战争用七百七十五万两，小金川战争用六千三百七十万两，台湾战争用八百万两，缅甸战争用九百十一万两，安南战争用一百万两，廓尔喀还不计在内，回疆战争可能用七八千万两。哪来的许多钱？每年收入才四千万两，当然不够开支。历史上没有记载，只说库存若干。于是问题来了：库收未增加，打仗要用钱，还免钱粮七次，结果尚有库存。这钱从哪来？当然是从人民身上来。这只有到历史档案中去找线索，找痕迹。

最大一次军费是嘉庆初年镇压白莲教起义，用了一亿两。此事历史上也有一点记载，1801 年（嘉庆六年）捐官收了七百万两，九年（1804）又捐官收了一千一百万两，以后十一年（1806）、十三年（1808）、十五年（1810）各有若干万两，后来又有一次三千万两，合共收捐官费七千万两，可是这笔钱还不够一次镇压起义的军费开支。

康熙帝和乾隆帝先后六次南巡江、浙，七次东巡山东泰山，五次西巡大同、五台，沿途支出都是人民所出。《南巡盛典》都不提钱从哪里来。这到哪里找材料？只有从历史档案中一星半点透露出来，别的书很少。

所以说，应该根据历史发展的重大问题、重要线索来整理历史档案。结合历史整理档案，过去曾有过许多好的经验，可以吸取。

从根据档案改造历史方面来说，应如何根据历史档案来改造历史呢？

第一，阶级矛盾逐渐激烈化的问题，在历史上反映的不够多，许多事实尚不明瞭。如欠租问题，过去认为许多问题的发生，是由于农民应交租而不交，但从资料看并非如此。乾隆时秦蕙田谈到土地情况前后不同，说从前租佃关系问题在"畏地主欺压佃户，现今则忧抗欠不交"。说明乾隆以前欠租之事不多，到晚期才有。这说明什么？首先是地主压迫厉害，农民不能欠租；其次是除非有灾害，农民也绝不会欠租。佃农欠租，根据浙江志书里记载，康熙年间即已有了，前此还很少见。当时地主剥削很重，佃户交不起租，这是一方面；另一方面，是佃户有了组织，不过这并非什么正式组织，而是一种临时联合，可见已经不是一家一户欠租，而是合伙欠租。这从历史档案中也多少看到一些反映。如黄中坚（苏州人）《叙农册》（《蓄斋集》）说，苏州一带水旱频仍，租户结盟抗田主。这说明佃户结盟团结起来集体欠租，不这样就会受压迫。乾隆时江苏巡抚陈大受提出，吴中佃户抗租久成固习。档案中又有这样的反映，江苏巡抚陈宏谋"业佃公平收租"告示中说出因农民有组织才欠租，说农民中倡不还租之说，刁恶成风，把持粮店，于是地主也联合起来，勾结地方官，拿究农民。从欠租看来，是逐步尖锐化、激烈化了，爆发了小规模的起义。从《实录》看，乾隆年间有多次抗租记载：六年九月间，江苏靖江县农民因为地主租税太重，联合赴县要求减租。同年在崇明，农民结盟不许还租。十一年浙江永嘉佃户胡廷三结众抗租不交，典史干涉令之解散，被农民所打。二十三年崇明以姚八为首的农民聚在庙里焚香结盟抗租，把官兵打退，这已具有小规模起义性质。可是这些事在《实录》只写一句话，《实录》是根据档案修的，可能在档案中能发现材料，根据这些档案材料把历史充实，以补充历史。

第二，资本主义萌芽问题。发展的阻碍是什么人、什么制度、什么事？有人已注意及此，但尚无成果。何时开始的，还不是主要的问题，而为什么延长二百年，才是值得研究的问题。从历史档案中，如文献馆印的李煦奏折中就有反映，康熙三十四年九月一折，提出预为采办青蓝布匹，说是每年户部采办青蓝布三十万匹，每次给十六万两银子，考查结果，此项布产自上海民间，说明这是家庭手工业。一面交国税，一面养家，与农业结合，到秋后才织布。建议如在头年预先付银，价钱可少些，因在春天农忙时收买，农民积极性不高，可先给钱使用，以后就在农闲时随织随收。并提出不用牙行佣钱，从容付料，每次可省二万两。这样一个简单的奏折，告诉我们：康熙三十四年间已有先付钱后取货的资本主义经营方式，这是国家包买商。到鸦片战争以后，上海茶商到杭州买茶，就是预先付钱，次年收货。可见早已有了，但为什么不发展，不扩大呢？都值得研究。要是有人怀疑有没有资本主义萌芽，举这例子即可证明。现有的材料，一个是在笔记里，一个是在历史档案里，特别是在三法司档案里，应该把它整理出来，以充实历史，解决历史问题，改造历史。类似的问题还很多，比方过去知道手工作坊工人多是计时工资的，在江苏碑志中看到，康熙时已有计件工资，已不是封建传统。按月工资外，规定交多少货，超过的给计件工资，价钱比计时高，以刺激生产。这显然是资本主义萌芽。为什么后来也没有推广？但凡新的东西出来，在旧封建体系内是不容许存在的，一出现就有矛盾，有斗争。如果新的东西力量大，就起来了，而旧的东西又不肯让路，就让新的东西自己死亡，订个办法，把它订死。这办法很厉害，过个十年八年，新的东西就不起作用。从这里可以看出新旧两方面斗争很激烈。苏州丝织业很发达，因织机常坏不灵，忽然出来了一种新行业，专门擦洗布机。新的分工出现了，本来可以促进新的工业，可是它给订了个合同，只限用你三个人，不许用别人，到死为止，于是限制住了这种行业的发展。清初出现过许多新东西，但过了不久就自生自灭。这中间，斗争一定很激烈。这些材料如果收集起来，就大有可研究之处。如上述李煦提出不经过牙行经纪封建剥削，这也是个新东西。这种牙行不是西方那种行会，而是保存一己利益的把头性的封建性的组织，如果取消了，发展下去，可能走上资本主义。

第三，封建社会的四条绳索（政权、族权、神权、夫权），在三法司档案中有非常丰富的材料。为什么封建社会这么长？正是因为有这四权。族长祠堂管的事情很多，神权起绝大的作用。剥削都通过此四权，整个社会就操在四权手上。比方表现族权的族谱家规，就在从前抗日战争时期，这些书也都不大出现，不大知道，其实日寇每到一地，总是找族内年长的人来掌政。封建社会许多事情不经过族长就没法办，除国法外，由族长掌握，族产也由他掌握。那家有人结婚，除父母之命，媒妁之言外，不通过族长不行。江苏有一个故事：有一家女儿订婚订的外村人，族人不答应，认为虽有父母之命，媒妁之言，可是并非门当户对，就不能嫁出去，最后只好取消婚约。比如同姓人诉讼，一个是地主，一个是农民，就必须先经过族里排解，否则不许打官司，这在族谱上都作了规定的。毛主席说，开祠堂大门是件了不起的事，一定出了什么大事，可以打死人，可以"沉潭"。这四条绳索真正在控制着封建社会，过去没有研究过。大量材料都在历史档案中，如果能整理出来，对历史就换了面貌。

第四，统治阶级内部斗争，在政治史上是很重要的一部分，研究历史离不开这个斗争。历史写出来以后，都是冠冕堂皇的，好像统治阶级内部没有什么斗争，其实多得很。许多斗争都与统治阶级内部斗争有关。清太祖努尔哈赤同他的弟弟斗争，他的弟弟主张恢复奴隶制，单住一处，努尔哈赤主张封建制。又同他的儿子褚英斗争，历史上没有说，连褚英怎么死的也不说，现从档案证明，褚英是被努尔哈赤杀死的。清初康熙时内部斗争事件都记在懋勤殿的密档里（现存台湾省），以前傅增湘做故宫图书馆长，曾看过这个密档的说明，内部斗争很激烈，因此没有发出，留中了。又如徐乾学与噶盖不和，劾徐的奏折全部留中,《实录》没有记载,许多问题不能解决,历史上只说他劾徐,很简略,从历史档案可以知道其矛盾何在。这方面东西较少,除《实录》外,知道的很少,只有靠历史档案来解决。

所以,根据档案改造历史,是搞档案的同志和搞历史的同志都应该注意的。我说的以整理档案带动历史研究,只是从研究历史的角度来谈的。档案学是科学,有它的科学方法。

五、对历史档案资料的认识

历史档案有一定的局限性,以题奏本章为例,一定要封进才起作用。普通小问题在各部就解决了,而各部的档案早已散失。不封进就无法知道。顺治三年民族矛盾很尖锐,强制汉人穿戴满族衣冠,剃发,圈地,投充,逃人,这五件事都定了法律,不准说,不许奏,奏来也不许封进,故此没有档案,档案中可能看不见这五类事情的报告,但是并非说没有这些事实,应加注意。密折留中没发下,历史上根本不记录,也不等于当时没有矛盾,这是溥仪出宫后才发现的。所以不能以历史档案之有无定事实之有无。故此档案研究不能离开历史研究,历史档案有其局限性。而且官文书只反映当时的政局、政策,这也是局限性。例如:顺治元年至七年多尔衮摄政,一切大政都是多尔衮定的,与顺治帝无关。多尔衮地位很高,权势很大,瞧不起满人贵族,对他们很不客气,免官的免官,处刑的处刑,就是他的胞弟也免不了受到降级处分。如果因此误会为满人贵族无势力,没有优越地位,与汉人一样,那就错了,这只是多尔衮个人对某一满人贵族个人的不满而已。多尔衮死后,顺治帝就有反复,推翻了多尔衮的作法。所以这要分别清楚,不能认为历史档案所反映的,都是当时的共同情况,不能以历史档案的特殊情况概括当时一般情况,作为通行的制度。

官文书中的诉讼文书,只反映一时一地情况,全国不平衡。这种例子很多,如禁佃为奴一事,明末清初普遍地以佃户为奴,清入关后,顺治十七年禁止了,佃户成为自由民。但档案中却有这种记载:康熙二十年安徽尚有为奴之事,据皖抚徐国相揭发,某家买了三厘地,佃户是个全劳力,他买地的目的是为了买这个佃户为奴。因为压迫重,佃户不干,遭毒打后,以银二十五两赎身,后来援禁奴例处理了。又如物价问题,李煦常奏报物价、米价,有时有意涨落,从中作弊。这都是特殊现象,如果误作一般现象就错了。反之,也有可能某一特殊现象扩大为普遍现象的。用历史档案材料还要广泛地反复地与其他资料进行对比。

诉讼文书有的是有不实不尽之处的。《能改斋漫录》甚至还说，凡诉讼文件多不可靠。许多口供官方往往加以改动，经过当堂笔录、画押，就不能翻供。我就见过改过的笔录。为了要划一格式，由官删改，有时出入很大，轻重差的很远，如"故杀"与"误杀"就大不同了。要通过广泛联系，从各方面去考查，否则就是孤证，不能作为事实根据。

如果没有理论指导，档案资料就不能发挥应起的作用。必须用马列主义去分析，不为资料所骗，否则就会引上邪道。历史档案的形成，当时必然站在反人民立场上的。如果我们不能善于运用，就会起相反的作用。例如杨光先（清初人）反对用大西洋历法推算，经过斗争，一度胜利，第二次实验失败了，免去钦天监监正职务，当时康熙帝有上谕，刑部议斩，康熙帝赦免了。罗马教廷印了这些档案文件，只说处斩，却不印免死的上谕，造成印象好像杨失败被杀了。如果从康熙帝对天主教的态度，从人民反对用大西洋历法看来，是不可能杀的。仔细研究之后，知罗马教廷发布的档案不完全。又如文字狱档案中，一般结论认为全是反满民族斗争，并不正确，仔细看看，还有阶级矛盾。清人认为你是臣子，不能犯上，犯了就要杀头，并不是民族问题。当然要找也有，还不能够说明问题。处死者中也有满人鄂昌，是诗人，写有反对统治者的话。所以应该用马列主义去重新分析文字狱性质，沿袭清末说法是不够的。党争也是如此，总说是满汉两党，不对，和珅与阿桂是对头，都是满人。不要仅从民族矛盾看问题，清初有民族矛盾，到后来还是属于阶级斗争性质的多。道光五年，御史汪世绂奏折说到粮船纤工帮会，很有价值。船户分为新安、老安、潘安三帮（教），过去不注意这个材料。安清帮是后来同治、光绪年间粮船帮会，被解释为反动性的，说是"保安清朝"，其实不对，实际是粮船组织，因河道浅窄，船户要抢水抢闸，一帮和一帮之间就有冲突。这与小说《施公案》里讲的粮船过渡、打架，赢的先走对照，是反映了实际情况的。帮会是人民自卫组织，是封建时代一种带迷信的家长制的组织形式，现在看来自然是反动的落后的，但当时却是人民组织。如果不用正确的理论观点来分析研究历史档案，就不能使历史档案发挥应起的作用。

总之要认真反复学习马克思、列宁主义，毛泽东思想，才能在整理历史档案、研究历史方面发挥更大的作用。

（原载《历史档案》1981 年第一期）

杭世骏《三国志补注》与赵一清《三国志注补》

两书之同异
两书之先后
杭赵两人之先后
治《三国志》之先后
成书之先后
两书之得失

清代治《三国志》者，以何义门焯《读书记》，陈少章景云《校误》，①杭董浦世骏《补注》，赵诚夫一清《注补》为较先。杭、赵二书尤繁博负盛名。顾两家所述，颇多雷同，今分列于后。

杭世骏《三国志补注》凡六百五十六条②，赵一清《三国志注补》与之雷同者四百二条（其中六条刻本删），《杭州府志》谓"赵氏所引皆杭氏所未采"③，盖不然也。赵书之所征引七、八倍于杭书，其雷同者仅此，本不为多；且两书均参稽旧籍，原书具在，尤无足异。惟论定之说，若"东郡""徐爰""周生烈""关羽滩""诸葛恪伐蜀"诸条，亦复相同，则不无可疑；况两氏生同时，居同里，交谊素笃乎？

---

① 《苏州府志》称陈景云有《三国志校误》，或谓即《四库》所收之《三国志辨误》。
② 通行《粤雅堂丛书》本，《道古堂外集》本实仅六百三十八条，今据文津阁《四库全书》本增补十六条，分改二条，共得此数。
③ 《杭州府志》卷145《人物》八《文苑》二《赵昱传》"子一清字东潜，精舆地学，凡海内郡邑志，山经，水记，罔不搜览。撰《水经注释》四十卷，《朱笺刊误》十二卷，附录二卷，足为郦氏功臣。又补注《三国志》，征引极博，皆杭世骏所未采"。志修于清光绪中叶，续修于民国初年，印于民国十一年。

杭世骏《三国志补注》与赵一清《三国志注补》校勘表

篇目	杭氏《补注》	赵氏《注补》	附注
《魏志·武帝纪》《三国志》卷一杭氏《补注》卷一	1.《水经注》，涡水又东迳谯县故城一条。	同。引作《水经·阴沟水注》云云，惟较略。（4页）	天挺案：汪知非杭书勘误曰，"兄腾宜作腾兄，《魏志·曹仁传》"裴注云仁祖褒颍川太守，此云腾兄，斯其人也"。
赵氏《注补》卷次与《国志》同	2.《魏氏春秋》，武王姿貌短小一条。	同。引作《御览·短人部》引《魏氏春秋》曰云云。（5页）	
	3.《世说》，魏武少时一条。	同。（5页）	
	4. 刘昭《幼童传》，太祖幼而智勇一条。	同。（5页）	
	5.《后汉·刘陶传》，司徒东海陈耽一条。	同。（6页）	
	6. "案《后汉书·琅琊王传》，顺王容嗣，初平元年遣弟邈至长安奉章贡献，盛称东郡太守曹操忠诚于帝，操以此德邈。操虽不就东郡，当时犹以此称之也"一条。	"《后汉书·光武十王传》，琅琊顺王容初平元年遣弟邈至长安，盛称东郡太守曹操忠诚于帝，操以此德于邈。一清案操虽不就东郡之命，当时犹以此称之也"。（7页）	
	7.《水经注》，谯城东有曹太祖旧宅一条。	同。引作《水经·阴沟水注》曰云云。（7页）	
	8.《操别传》，拜操典军都尉一条。		
	9. 梁祚《魏国统》，初太祖过故人吕伯奢也一条。	同。引作《御览》卷四百七十八引梁祚《魏国统》曰云云。（8页）	
	10.《太平寰宇记》，黑山去封邱县北一条。	同。文句小异。（11页）	
	11.《名胜志》，黑山一名墨山一条。	同。文句小异。（11页）	
	12.《水经注》，初平四年一条。	同。引作《水经·泗水注》。（14页）	
	13.《水经注》，湍水又迳穰县故城北一条。	同。引作《水经·湍水注》。（22页）	
	14.《水经注》，涅水又东南迳安众县一条。	同。引作《水经·湍水注》。（22页）	
	15.《水经注》，渠水又左迳阳武县故城南一条。	同。引作《水经·渠水注》。（25页）	
	16.《水经注》，睢阳城北一条。	同。引作《水经·睢水经》。（27页）	
	17.《太平寰宇记》，枋头城在淇县南一条。	引《水经·淇水注》。（29页）	
	18.《魏武帝》上事一条。	同。引作《魏武帝集》破袁尚上事曰云云。（30页）	

篇目	杭氏《补注》	赵氏《注补》	附注
	19.《英雄记》，操于南皮攻袁谭一条。	同。（31页）	
	20.《通典》，魏武初平袁绍一条。		
	21.《英雄记》，操一战斩蹋顿首击马鞍，于马忄舞一条。	同。引作《水经·大辽水注》《英雄记》曰，操一战斩蹋顿以首击马鞍，于马上作十片。（34页）	
	22.《博物志》，魏武帝伐冒顿一条。	同。（34页）	
	23. 张怀瓘《书断》，师宜官南阳人一条。	同。文句小异。（40页）	
	24.《英雄记》，曹公赤壁之役一条。	同。引作《御览》卷十五《英雄记》曰云云。（37页）	
	25.《江表传》，周瑜破魏军一条。		
	26. 郭义恭《广志》，鼍长三尺有四一条。		
	27.《岳阳风土记》曰，乌黎口即乌林也。郦善长云，吴黄盖败魏武于乌林，即其地也。《太平寰宇记》引《通典·州郡录》云，曹州即曹公为吴所败烧船处。又云，今鄂州蒲圻县赤壁山即曹公败处。案曹公留曹仁守江陵城，自迳北归，夏口令汉阳军也。而《汉阳郡图经》云，赤壁亦名乌林，在郡西北二百二十里，在汉阳县西八十里，皆误也。曹公既从江陵水军沿流已至巴邱，刘备在夏口，孙权周瑜与备并力迎曹公，自当在巴陵江夏二郡界一条。		
	28.《太平寰宇记》，曹公垒一条。		
	29. 陈少章下文皆云攸等一条。	同。引作何云、陈少章曰云云。文句小异。下有一清案"下云攸等所大惧也，明是公达为首，而非彦云矣"数语。（47页）	天挺案，杭氏此条为《四库总目》所称，以为"参校异同，颇为精核"，惟误入《文帝纪》。

篇目	杭氏《补注》	赵氏《注补》	附注
	30.《陈思王集》，叙愁赋序一条。	同。（48页）	
	31.《续汉书》，献穆曹后一条。	引《后汉书·皇后记》。（53页）	
	32.《通典》，魏武王以礼送终之制一条。	引《宋书·礼制》。（64页）	
	33. 虞荔《鼎录》，魏武帝铸一鼎一条。	同。（65页）	
	34.《幽明录》谯县城东一条。		
	35.《曹操别传》，操引兵入岘一条。		
	36.《魏略》，典农校尉太祖置一条。	引《续百官志》注。（19页）	
	37.《博物志》，汉中兴一条。	同。（65页）	
	38.《英雄记》，操与刘备密言一条。	同。（5页）	
	39.《世说》，魏武有一妓一条。	同。（66页）	
	40.《世说》，魏武行役失汲道一条。	同。（66页）	
	41.《世说》，魏武当言人欲危己一条。	同。（66页）	
	42.《世说》，魏武尝云我眠中不可妄近一条。	同。（66页）	
	43.《世说》，袁绍年少时一条。	同。（5页）	
	44.《乐府解题》，魏武帝宫人一条。		
《魏志·文帝纪》志二 杭一	45.《水经注》，文帝以延康元年幸谯一条。	同。引作《水经·阴沟水注》。（4页）	
	46.《隶续》，在长安瑶台寺一条。		
	47.《隶辨》，大飨记一条。		
	48.《总略》，文帝欲受禅一条。	同。引作《御览》卷八百十四、九百九及九百三十一引《魏略》曰云云，惟文句小异。（11页）	
	49.《殷芸小说》，魏国初建一条。		
	50.《水经注》，繁昌县一条。	同。引作《水经·颍水注》。（12页）	
	51.《元和郡国志》，许州有丹书台一条。		

篇目	杭氏《补注》	赵氏《注补》	附注
	52.《鼎录》，文帝黄初元年一条。	同。（12页）	
	53.《太平寰宇记》，尚书台一条。		
	54.《晋书·礼志》，魏文帝即位一条。		
	55.《晋书·礼志》，黄初二年一条。	同。引在案语内。（16页）	
	56.《水经注》，春秋佐助期曰一条。	同。引作《水经·洧水注》春秋佐助期曰云云。（16页）	
	57.《洛阳宫殿簿》，凌云台一条。	同。引作《世说注》引《洛阳宫殿簿》曰云云。（18页）	
	58.《世说》，凌云台楼观精巧一条。	同。（18页）	
	59.《博物志》，黄初三年武西都尉王戻一条。	同。（18页）	
	59.《博物志》，黄初三年武西都尉王戻一条。	同。（18页）	
	60.《水经注》，今南阳郡治一条。	同。引作《水经·泗水注》，惟文句小异。（23页）	
	61.《魏略》，司农度支校尉一条。		
	62.《决疑要注》，汉初制五经课试之法一条。	同。（23页）	天挺案，杭氏此条为《四库总目》所称，以为"足以资考证"。
	63.《水经注》，泗水又东南迳魏阳城北一条。	同。引作《水经·泗水注》。（23页）	
	64.《通典》，富平有荆山，沮漆水西有魏文帝陵一条。		天挺案，杭氏此条洪亮吉以为误仍前人之失，洪氏之言曰："今考文帝陵在偃师县首阳山南，其在富平者西魏孝文帝长陵也"。
	65.《城冢》，记魏文帝陵在首阳山南一条。		
	66.《太平寰宇记》，魏文帝陵一条。	同。引作卷五。（28页）	
	67.《薛收元经传》，汉故事一条。	同。（28页）	天挺案，文津阁《四库》本此条阙收字。
	68.《史记索隐》，皇览纪先代冢墓之处一条。		天挺案，杭氏此条为《四库全书》所称。

篇目	杭氏《补注》	赵氏《注补》	附注
	69.《世说》，弹棋始自魏宫内一条。		天挺案，《四库总目》论杭书曰："他如魏文帝角斤弹棋，裴《注》已引《博物志》，而又引《世说》；曹操之发邱摸金，裴《注》已载《陈琳檄》，而又引《宋书·废帝纪》。书名有异，而事迹不殊，又何取乎屋上之屋？"
	70.《水经注》，刘备以申仪为西城太守一条。		
	71.《太霄经》，魏武帝为九州一条。	同。引在《武帝纪》。（卷一，65页）	
	72.《名胜志》，西园在邺一条。		
《明帝纪》志三杭一	73. 杜氏《通典》，正月丁未一条。		
	74. 杜氏《通典》，文帝黄初二年罢五铢钱一条。	同。引作《通典》卷八。（2页）	天挺案，杭氏此条为《四库总目》所称。
	75.《水经注》，魏文帝合房陵上庸一条。	赵氏引《续郡国志》及《三国志列传》考证甚详。（2页）	
	76.《后汉书·西域传》，灵帝建宁三年一条。		
	77. 司马彪《战略》，太和元年一条。	同。引作《御览》卷三百五十九司马彪《战略》曰云云。（4页）	
	78.《荆州记》，达登白马塞而叹曰一条。	引《水经注》，事同文异。（4页）	
	79.《水经注》，许昌城内一条。	同。引作《水经·洧水注》。（10页）	
	80.《鼎录》，明帝太和六年一条。	同。（10页）	
	81.《西谿丛话》，许昌节使小厅一条。		
	82. 缪袭《神芝赞》，青龙元年一条。	同。引作《御览》九百八十六载缪袭《神芝赞》云云。（12页）	
	83.《博物志》，汉末发范明友冢一条。	同。（13页）	
	84.《御览》引《魏略》，有却非殿一条。	同。引作《御览》一百七十五引《魏略》曰云云。（15页）	
	85. 山谦之《丹阳记》，按《史记》秦王改命宫为庙一条。	同。引作《御览》一百七十五引山谦之《丹阳记》云云。（15页）	

篇目	杭氏《补注》	赵氏《注补》	附注
	86.《扅林》，志称叡封武德侯一条。	同。引作明周婴《扅林》曰云云。（26页）	天挺案，《四库总目》称举杭书，有《明帝纪》陈泰年三十六一条，案《明帝纪》无陈泰年三十六之文，《四库》所指当是此条，及之《少帝纪》陈泰当作州泰一条。
	87.《汉晋春秋》，明帝勤于政事一条。		
	88.《傅子》，魏明帝以高山制似通天一条。		
《三少帝·齐王芳纪》志四杭一	89.《洛阳纪》，平乐园一条。		
	90.《梁四公记》，有商人赍大院布三端一条。		
	91.《水经注》，《齐地记》曰一条。	同。引作《水经·潍水注》引《齐地记》云云。（1页）	
	92.《吴录》，南北景县一条。		
	93.《魏略》，正始元年一条。		
	94."愚案，此晏字衍文，孔又字元偁，见第十六卷《注》中，因下文统言晏又而误也"一条。	同。引作"何云，此晏字衍，孔又字元偁，见第十六卷《注》中，因下文统言晏又而讹也"。（8页）	天挺案，杭氏此条为《四库总目》所称，惟误入《明帝纪》。
	95.陈少章云，陈泰当作州泰一条。	同。引作何云陈少章云云，惟文句小异。（9页）	天挺案，《四库总目》称美杭书陈泰一条，当指此。
	96.《古今刀剑录》，齐王芳一条。	同。（16页）	
《三少帝·高贵乡公纪》志四杭一	97.《尚书正义》郑玄信纬一条。	同。（21页）	天挺案，杭氏此条为《四库总目》所称。
	98.王隐《晋书》，祥南面凡杖一条。	引《晋书·王祥传》。（24页）	
	99.《后汉书·郑康成传》，以其手文似已一条。	同。刻本删，见《补遗》。（12页）	
	100.《后汉书》注引《魏氏春秋》，文王曰一条。	同。（25页）	
《三少帝·陈留王纪》志四杭一	101.《世说》，魏朝封晋文王为公一条。	引《晋书·阮籍传》。（29页）	

篇目	杭氏《补注》	赵氏《注补》	附注
	102.《晋书·礼志》，十二月甲子一条。	引《宋书·礼志》。（36 页）	
	103.《晋兴中书》，元帝绍封魏后一条。		
	104.《晋书·元帝纪》，咸和元年一条。		
	105.《穆帝纪》，升平二年一条。	同。（38 页）	
《后妃传》 志六 杭二 《武宣卞皇后》 《文昭甄皇后》	106.《世说》，魏武帝崩一条。	同。（2 页）	天挺案，文津阁《四库本·三国志补注·后妃传》入卷二。
	107.《世说》，曹公之屠邺也一条。	同。（4 页）	
	108.《炙毂子》，塘上行一条。	同。（3 页）	
	109.《隶续》，甄皇后识坐板一条。		
《董卓传》 志六 杭二	110.《续汉书》，张奂少立志节一条。		
	111.《后汉书·种劭传》，董卓至渑池而进一条。		
	112.《元和郡国志》，洛阳董卓宅一条。	引《洛阳伽蓝记》，事同文异。（1 页）	天挺案，汪知非杭书刊误曰，"国字疑县字之误"。
	113.《太平御览》引《续汉书》，卓烧南北宫一条。		
	114.《古今刀剑录》，董卓少时一条。		
	115.《鼎录》，董卓为太师一条。		
	116.《献帝春秋》，初平二年地震一条。		
	117.《董卓传》，卓孙七岁一条。		
	118.《通典》，郿汉县一条。	引《后汉书·卓传》，文异。（1 页）	
	119.《董卓别传》，卓会公卿一条。		
	120.《三辅故事》，董卓坏铜人十枚一条。	同。作《御览》七百一十二引《三辅故事》云云。（1 页）	
	121.《幽明录》，董卓信巫一条。	同。引作《御览》卷七百三十五引《幽明录》云云。（2 页）	
	122. 华峤《后汉书》，有人书回字于布上一条。	同。引作《御览》卷八百二十引华峤《后汉书》云云。（2 页）	

篇目	杭氏《补注》	赵氏《注补》	附注
	123.《董卓别传》，吕布杀卓一条。		
	124. 谢承《后汉书》，董卓死一条。	引《后汉书·卓传》，事同文异。（4页）	
	125.《后汉书·鲁恭传》，谦子旭一条。	同。有案语曰："一清案旭即馗也，字异耳。"（5页）	
	126.《后汉书·赵典传》，作董卓从弟应一条。	《赵典传》作董卓从弟应，盖范史之疏。（9页）	
	127.《后汉书·杨震传》，震长子牧一条。	同。（10页）	
	128.《太平寰宇记》，李潍、郭汜等追乘舆一条。		
《袁绍传》志六杭二	129.《后汉书·袁隗传》，董卓忿绍、术背己一条。		
	130.《典论》，大驾都许一条。		
	131.《宋书》，废帝以魏武帝有发邱中郎将一条。		天挺案，杭氏此条为《四库总目》所讥。
	132.《古今刀剑录》，袁绍在黎阳一条。	同。（28页）	
	133. 袁绍遗垒一条。		
	134.《晋太康地记》，乌巢泽一条。	引《水经·济水注》，文异。（29页）	
	135.《水经注》，渠水又东迳田丰祠北一条。	同。引作《水经·渠水注》。（30页）	
	136.《冢记》，袁绍墓一记。	引《寰宇记》五十五，（30页）事同文异。	
	137.《述征记》，黎阳城西南七里一条。	同。（30页）	
	138.《元和郡县志》，袁谭故城一条。		
	139.《濬县志》，袁谭城一条。	同。（30页）	
《袁术传》志六杭二	140.《九州春秋》，袁术为虎贲中郎将一条。		
《刘表传》志六杭二	141.《后汉书·刘表传》注，宗贼一条。	同。引在何云之下。（39页）	天挺案，杭氏此条为《四库总目》所称。又案，赵氏于《贺齐传注》曰："宗宗贼也，此言合宗起贼，盖合宗起共作贼，而章怀《后书·刘表传注》以宗党共为贼解之非矣。"（见卷六十，第3页）

篇目	杭氏《补注》	赵氏《注补》	附注
	142.《水经注》，沔水南有层台一条。	同。引作《水经·沔水注》。（39页）	
	143.《襄阳耆旧传》，蔡瑁一条。	同。惟文句次第小异。（39页）	
	144.《襄阳耆旧传》，瑁少为魏武所亲，刘琮之败武帝造其家一条。	同。（39页）	天挺案，杭书此条，《道古堂外集》本、《粤雅堂》本均与上条合为一，而无瑁少为魏武所亲七字，今从文津阁《四库》本改正。
	145.《荆州图经》，襄阳县南八里一条。		
	146.《水经注》，蔡瑁刻石一条。	同。引作《水经·沔水注》，南有蔡瑁冢，冢前刻石云云。（39页）	
	147.《水经注》，宜城县有太山一条。	同。引作《水经·沔水注》。（40页）	
	148.《典略》，刘表跨有南土一条。		
	149.《晋书·天文志》，刘表为荆州牧一条。	同。文句小异。（40页）	
	150.《水经注》，襄阳郡城东门外一条。	同。引作《水经·沔水注》云云。（42页）	
	151.《述征记》，刘表冢一条。	引《方舆纪要》，事同文异。（42页）	
《吕布传》志七杭二	152.《明一统志》，饮马沟一条。		
《张邈传》志七杭二	153.《钟玩良吏传》，陈登一条。		
《臧洪传》志七杭二	154.《后汉书》本传，洪年十五一条。	同。（4页）	
	155.《献帝春秋》，绍使琳为书八条一条。	同。引作《洪传注》引《献帝春秋》曰云云。（5页）	
	156."徐众当是徐爰"一条。	"《隋书·经籍志·三国评》三卷，宋徐爰撰，众字误也。"（5页）	天挺案，杭氏此条为《四库》目所称。
《公孙瓒传》志八杭二	157.《英雄记》，瓒除辽东属国长一条。	引《后汉书·瓒传》，事同文异。（1页）	
	158.《英雄记》，瓒与破虏校尉邹靖一条。	同。引作《御览》卷八百七十引《英雄记》云云。（1页）	
	159.《太平御览》，引《英雄记》，刘虞食不重看一条。		

篇目	杭氏《补注》	赵氏《注补》	附注
《陶谦传》 志八 杭二	160.《名胜志》，曹公城一条。		
《公孙度传》 志八 杭二	161. 王隐《晋书》，李裔一条。		
	162.《水经注》，辽水又东迳辽隧县故城西一条。	引《前汉·地志》及《方舆纪要》（7页）	
	163. 司马彪《战略》，司马宣王军到襄平一条。	同。引作《御览》卷三百三十七引司马彪《战略》曰云云。（8页）	
	164. 司马彪《战略》，军到襄平一条。	同。与上连，共为一条。	
《张鲁传》 志八 杭二	165.《水经注》，初平中刘焉以鲁为督义司马一条。	同。引作《水经·沔水注》。（11页）	
	166.《后汉书·灵帝纪》，光和四年秋七月一条。	同。引作中平元年。（11页）	天挺案，事在中平元年秋七月，杭引误。
	167. 李膺《益州记》，张陵避病疟一条。	同。引作《御览》卷六百六十二引。（11页）	
	168.《隋书·地理志》，汉中之人一条。		
	169. 陈琳为曹洪与魏文帝书一条。	同。引《文选》。（12页）	
《夏侯惇传》 志九 杭二	170. 稽绍赵至叙，沛国史仲和一条。		
《夏侯渊传》 志九 杭二	171.《通典》，魏武之初一条。		
	172.《魏武·军策令》，夏侯渊令月贼郤鹿一条。	同。引作《魏武帝集·军策令》曰云云。（3页）	
《曹仁传》 志九 杭二	173.《水经注》，平鲁城西南一条。	同。引作《水经·沔水注》。（5页）	
《曹休传》 志九 杭二	174.《博物志》，大司马曹休一条。		
	175.《太平御览》引《曹肇传》，明帝宠爱肇一条。	同。（8页）	天挺案，此肇第纂事，见《御览》三百八十六引《曹肇传》，又见《御览》卷六百八十九。侯康《三国志补》注续曰，"杭《注》引之以为肇事误。"又曰，"杭《注》之误本《御览》六百八十九，彼文略不及此之详也"。

篇目	杭氏《补注》	赵氏《注补》	附注
《曹真传》 志九 杭二 凡附传者仍举本传篇目	176.《世语》，爽与明帝少同笔砚一条。	同。引作《世说》。（9页）	
	177.《曹羲集》，九品议一条。	同。引作《御览》卷二百六十五引。（10页）	
	178.《桓氏家传》，范为兖州刺史一条。	同。引作《御览》卷二百五十五引《桓氏家传》云云。（14页）	
	179.《晋阳秋》，桓范出奔一条。		
	180.《魏略》，晏南阳宛人一条。	同。引作《世说注》引《魏略》，曰云云。（16页）	
	181.《何晏别传》，晏小时一条。	同。引作《御览》卷三百八十五引《何晏别传》云云。（16页）	
	182.《语林》，何晏以主爵驸马都尉一条。	同。引作《御览》卷一百五十四引《语林》曰云云。（16页）	
	183.《晏别传》，武帝欲以为子一条。	同。引作《御览》卷三百九十三引《晏别传》云云。（16页）	天挺案，杭书此条《粤雅堂》本、《道古堂外集》本均与上条合为一，而无《晏别传》曰四字，今从文津阁《四库》本改正。
	184.《世说》，何晏七岁一条。	同。引作《世说》。（16页）	
	185.《太平御览》引《魏末传》，宣王欲诛曹爽一条。	同。引作卷六百五引《魏末传》云云。（18页）	
《夏侯尚传》 志九 杭二	186.《魏氏春秋》，玄大将军前妻兄也一条。	同。引作《世说注》引《魏氏春秋》云云。（19页）	
	187.《世说》，夏侯太初尝倚柱作书一条。	同。（19页）	
	188.《世说》，裴令公目夏侯太初一条。	同。（19页）	
	189.《世说》，魏明帝使后弟毛曾一条。	同。（19页）	
	190.《世说》，时人目夏侯太初一条。	同。（19页）	
	191.刘峻《世说注》，见顾恺之书赞一条。	同。引作《世说注》引《语林》曰云云。（19页）	
	192.《世说》，夏侯玄既被桎梏一条。	同。（21页）	
	193.刘峻《世说注》《名士传》，初玄以钟毓志趣不同一条。	同。（21页）	

篇目	杭氏《补注》	赵氏《注补》	附注
	194.《异苑》，夏侯玄为司马景王所诛一条。	同。引作《御览》八百八十四引《异苑》云云。（22页）	
	195.《世说》，夏侯太初与广陵陈本善一条。		
	196.《名士传》，玄以乡党贵齿一条。		
	197.《世说》，许允妇一条。	同。（24页）	
	198.《世说》，允为吏部郎一条。	同。（23页）	
	199.《陈留志》，阮共一条。	同。（24页）引作《世说注》引，分列二则，先后不同。	
	200.《世说》，经被收一条。	同。（25页）	
《荀彧传》志十杭二	201.《荀氏家传》，荀彧德行周备一条。		
	202.《祢衡别传》，黄射作章陵太守一条。	引《后汉书·衡传》事同文异。（2页）	
	203.《祢衡别传》，南阳冦松柏一条。		
	204.《宋景文笔记》，荀彧之与曹操一条。	同。（5页）下有案语。	
	205.《晋诸公赞》，口蹈礼立法一条。		
	206.《永嘉流人名》，徽字文季一条。		
	207.《管辂传》，裴使君有高才一条。		
	208.《世说》，傅嘏善言虚胜一条。		
	209.《世说》，荀奉倩与妇至笃一条。	同。（5页）	
《贾诩传》志十杭二	210.《太平御览》引《齐职仪》，魏文黄初二年日蚀一条。	同。引作卷二百七引《齐职仪》云云。（9页）	
《国渊传》志十一杭二	211.《后汉书·郑康成传》，乐安国渊一条。		
《田畴传》志十一杭二	212. 魏武帝令东曹椽田畴一条。		
《王脩传》志十一杭二	213. 王脩《诫子书》，我寔老矣一条。	同。引作《御览》卷四百五十九王脩《诫子书》曰云云。（5页）	

续表

篇目	杭氏《补注》	赵氏《注补》	附注
	214.《冢记》，汉孙嵩墓一条。	引《寰宇记》卷二十四，事同文异。（4页）	
	215.《名胜志》，修以慈孝表一条。	引晏氏《齐记》，事同文异。（4页）	
	216.《冢记》，三国王裒墓一条。	同。引《城冢记》。（5页）	
《邴原传》志十一杭二	217.《御览》引《原别传》，里中为之诵曰一条。	同。引作卷五百三十二引。（6页）	
	218.《世说》，注引《原别传》，中国既宁一条。	同。（7页）	
	219.《水经注》汝水之东北一条。	同。引作《水经·汶水注》云云。（6页）	
	220.《太平寰宇记》，朱虚故城一条。	卷十二，第3页，引《寰宇记》十八朱虚故城。	
《管宁传》志十一杭二	221.《名胜志》，管公都一条。	同。（7页）	
	222.《水经注》，晏谟言一条。	同。引作《水经·汶水注》。（9页）	
	223. 邱渊之《征齐道里记》，朱虚城一条。		
	224.《嵩高山记》，魏文帝时一条。	同。引作《御览》卷九百六十七引《嵩高山记》云云。（10页）	
	225. 张怀瓘《书断》，昭少而博学一条。	同。（11页）	
	226.《博物志》，近魏明帝时一条。	同。（12页）	
	227. 周日用，曰焦孝然一条。	引《神仙传》，事同文异。（12页）	天挺案，文津阁《四库》本《三国志补注》第二卷止于此，《崔琰传》以下入卷三。
《崔琰传》志十二杭二	228.《语林》，匈奴遣使来朝一条。	同。引《史通·暗惑篇》《魏志》注《语林》曰云云。（2页）	天挺案，《四库总目》杭书提要曰，"至于崔琰捉刀，刘孝标《世说注》中已辨裴启《语林》之误，乃弃置刘语而别《史通》之文；张飞豹月乌本出叶廷珪《海录碎事》，乃明标叶书，又冠以汇苑之目；大抵爱博嗜奇，故蔓引卮词，多妨体要"。
	229. 刘知幾难曰一条。	同。有案语。（2页）	
	230.《世说》，作陈韪一条。	同。作"炜《世说》作韪"。	天挺案，《四库总目》称举杭书有《崔琰传》陈炜一条，考陈炜见《崔琰传》注，引《续汉书》，《粤雅堂》本、《道古堂外集》本杭氏《补注》均无此条，今从文津阁《四库全书》补入。

篇目	杭氏《补注》	赵氏《注补》	附注
	231.《秦子》，孔文举为北海相一条。	同。（3页）	
	232.《列士传》，孔融被诛一条。	引《世说》，事同文异。（4页）	
	233.《后汉书·边让传》，初平中王室大乱一条。		
《毛玠传》志十二 杭二	234.《傅咸集》，表曰一条。	同。引作《御览》卷二百十四引《傅咸集》云云。（5页）	
《钟繇传》志十三 杭三	235.《续述征记》，钟繇城一条。	同。（1页）	
	236.《名胜志》，钟繇台一条。	引《寰宇记》卷七，事同文异。（1页）	
	237. 张怀瓘《书断》，繇少从刘胜入抱犊山一条。	同。（1页）	
	238.《书断》，钟繇善书一条。	同。（1页）	
	239.《书断》曰，"钟书有十二种意外巧妙绝伦多奇"一条。	同。（1页）	天挺案，杭书此条《粤雅堂》本、《道古堂外集》本均无之，今从文津阁《四库》补入。
	240. 袁昂《书评》，钟繇书一条。		
	241. 王僧虔《论书》，钟公之书一条。		
	242. 梁武帝观繇书法，子敬不迨逸少一条。		
	243.《尚书故实》，魏受禅碑一条。		
	244. 韦续《书法》稿及行隶者一条。		
	245. 韦续《九品书》，上魏钟繇正书一条。		
	246.《世说》钟毓为黄门郎一条。		
《华歆传》志十三 杭三	247.《吴历》，孙策送华歆还洛一条。	同。引作《御览》卷八百十九引《吴历》云云。（5页）	
	248."《齐职仪》曰，司徒品制冠服同丞相郊朝服冕同太尉。汉哀帝时从朱博议始置三司，改丞相为大司徒，以孔光为之，魏以华歆为之"一条。	同。（5页）	天挺案，杭书此条《粤雅堂》本、《道古堂外集》本均无之，今从文津阁《四库》补入。
《王朗传》志十三 杭三	249.《世说》注引《魏书》，作东海郯人也一条。	同。（7页）	天挺案，杭氏此条为《四库总目》所称，但误入《华歆传》。

续表

篇目	杭氏《补注》	赵氏《注补》	附注
	250. 谢承《后汉书》，袁忠乘船载笠一条。		
	251. 袁山松《后汉书》，王充作《论衡》一条。	同。引《世说》及《世说注》引袁山松《后汉书》，惟文句小异。（8页）	
	252.《鼎录》，王朗为司空一条。	同。（8页）	
	253. 顾野王《舆地志》，王朗为会稽太守一条。	同。引作《御览》卷六百五引顾野王《舆地志》云云。（9页）	
	254.《太平御览》，载王肃表一条。	同。引作卷二百三十三引。（10页）	天挺案，杭氏此条为《四库总目》所称。
	255.《御览》，王肃秘书不应属少府表一条。	同。（10页）	
	256.《后汉书》，有周生丰见《冯衍传》，《风俗通》云周生姓也，罗泌《路史》曰，《燉煌实录》曰魏侍中周生烈本姓唐，外养周氏因为姓，亦见《七录》及《中经簿》姓书一条。	《后汉书》有周生丰见《冯衍传》，注引《风俗通》云周生姓也，罗泌《路史后记》曰，《燉煌实录》魏侍中周生烈本姓唐，外养周氏，因为姓，亦见《七录》及《中经簿》。《隋经籍志·周生子要论》一卷，录一卷，魏侍中周生烈撰。案烈为张既辟举，见既传。（12页）	天挺案，杭氏此条为《四库总目》所称。
	257.“《太平御览》引此作家贫好学有才”一条。		天挺案，杭书此条《粤雅堂》本、《道古堂外集》本均无之，今从文津阁《四库》本补入。
	258.“《太平御览》引此作唯洪与冯翊严苞字文通，故众为之语曰，州中熠熠贾叔业，辨论汹汹严文通，材学最高”一条。	“交当作文，苞字文通也”。（13页）	天挺案，《四库总目》称举杭书有《华歆传》严苞交通一条，考严苞见《王朗传》注引《魏略》贾洪字叔业条内，今《粤雅丛书》本、《道古堂外集》本杭氏《补注》皆无此条，今从文津阁本《四库全书》补入。
《董昭传》 志十四 杭三	259.《语林》，董昭为魏武帝重臣一条。	同。引作《御览》卷四百八十八引《语林》云云。（3页）	
《蒋济传》 志十四 杭三	260. 葛洪《字苑》曰， 劮作觟九伪反一条。		天挺案，杭氏此条为《四库总目》所称。
《贾逵传》 志十五 杭三	261.《水经注》，沙水又南与广漕渠合一条。	同。引作《水经·渠水注》。（9页）	
	262.《水经注》，匏子北有都关县故城一条。	同。引作《水经·匏子水注》。（9页）	
	263.《贾逵别传》，逵庙一柏树一条。		

篇目	杭氏《补注》	赵氏《注补》	附注
《任峻传》 志十六 杭三	264.《通典》，以峻为典农中郎将一条。	引《晋书·食货志》，事同文异。（1页）	
《杜畿传》 志十六 杭三	265.《通典》，河阳古孟津一条。	同。作《通典·州郡七》云云。（3页）	
	266.《三辅决录注》，怒拜黄门侍郎一条。	同。引作《御览》卷二百二十一《三辅决录》云云。（3页）	
	267.《通典》，景初元年河南尹一条。	同。引作《通典·州郡七》云云，较详。（4页）	
	268.《御览》引魏名臣奏，黄门侍郎杜恕奏曰一条。		
	269.《通典》，河南郡福昌一条。	同。引作《通典·州郡七》，惟文句小异。（5页）	
	270. 王僧虔《能书录》，畿子恕一条。	引《书断》，事同文异。（3页）	
《张辽传》 志十七 杭三	271. 是当作自一条。（《四库》作"当是作自"，今改）		天挺案，《四库总目》称举杭书有《张辽传》大呼是名一条，今《粤雅堂丛书》本、《道古堂外集》本杭氏《补注》均无此条，从文津阁《四库全书》补入。
	272.《魏略》，张辽为孙权所围一条。	同。引作《御览》卷二百七十九引《魏略》云云。（1页）	
	273.《名胜志》，汲县东南二十五里一条。	引《太平寰宇记》，事同文异。（3页）	
《张郃传》 志十七 杭三	274.《汉末传》，丞相亮出军围祁山一条。	同。引作《御览》二百九十一引《汉末传》云云。（6页）	
《徐晃传》 志十七 杭三	275.《魏略》，徐晃性严一条。	同。引《御览》卷七百五十七引《魏略》曰云云。（6页）	
《吕虔传》 志十八 杭三	276.《晋中兴书》，吕虔有佩刀一条。	引《晋书·王祥传》，事同文异。（4页）	
《庞德传》 志十八 杭三	277."《太平御览》引《典略》曰，德为司隶督军从事，讨郭援为飞矢所中，乃以襄裹其足而战，斩援首，诏拜徐州刺史"一条。		天挺案，杭书此条《粤雅堂》本、《道古堂外集》本均无之，今从文津阁《四库》本补入。
	278. 傅玄《乘舆马赋》，马超破苏氏坞一条。	同。引作《御览》卷八百九十七傅玄《乘舆马赋》云云。（5页）	

篇目	杭氏《补注》	赵氏《注补》	附注
《魏济传》 志十八 杭三	279.《魏略》,魏济外祖父为人所杀一条。		
《任城威王彰传》 志十九 杭三	280.《名胜志》,郭颁世语一条。	引《水经·渠水注》,事同文异。(1页)	
	281.《世说》,魏文帝忌弟任城王一条。	同。(1页)	
《陈思王植传》 志十九 杭三	282.《陈思王集》,《离思赋》序一条。	同。(1页)	
	283.《文士传》,修少有才学一条。	引作《世说注》引《文士传》云云,惟文句小异。(2页)	
	284. 钟嵘《诗品》,降及建安一条。		
	285.《陈思王集》,令曰一条。	同。(5页)	
	286.《集》作《责躬诗》一条。	同。(6页)	
	287.《集》作《应诏诗》一条。	同。(6页)	
	288.《世说》,曹子建七步成章一条。	同。(5页)	
	289.《世说》,文帝尝令东阿王七步中作诗一条。	同。(5页)	
	290.《太平广记》,魏文帝尝与陈思王同辇出游一条。		
	291. 龚公《芥隐笔记》,墨子虽有贤君不爱无功之臣一条。	引《文选注》,文句小异。(7页)	
	292.《太平御览》,魏明诏曹植曰一条。		
	293.《陈思王集》,谢赐奈表一条。		
	294.《异苑》,陈思王尝登鱼山一条。	同。(8页)	
	295.《砚北杂志》,陈思王读书台一条。		
	296.《名胜志》,曹子建墓一条。	同。(8页)	
《武文世王公传》 志二十 杭三	297.《荆楚岁时记》,魏武帝刘婕好一条。		
《邓哀王冲》	298.《异苑》,山鸡爱其羽毛一条。	同。(1页)	
	299.《陈思王集》,仓舒诔一条。	同。(2页)	
《楚王彪》	300.《续述征记》,白马城一条。		

篇目	杭氏《补注》	赵氏《注补》	附注
	301.《陈思王集·赠白马王彪诗》序曰，黄初四年正月，白马王任城王与余俱朝京师，会节气，到洛阳，任城王薨。至七月与白马还国，后有司以三王归藩道路宜异宿止，意毒恨之。按《志》称七年徙封白马，而《集》称四年白马王朝京师，则当时未有此封，宜称吴王一条。	同。"按《志》称"以下引作"杭氏世骏曰，史称七年徙封白马，而《序》称四年白马王朝京师，则当时未有此封，宜称吴王"。其下有案语曰，"一清案，诗序既有白马之文，疑是史误"云云。（卷十九，7页）	天挺案，杭氏此条为《四库总目》所称。又案，洪亮吉曰，"今考《陈思王集》云，黄初四年五月白马王任城王与余朝京师；《魏氏春秋》亦载植是年还国，《赠白马王彪诗》；植传黄初四年徙封雍邱王，则彪徙白马亦当在此时；传言七年或误也。"
《鄼戴公子整》	302.《陈思王集》，《释思赋》序一条。	同。（3页）	
《王粲传》志二十一杭三	303.《汝南王志》，王粲侨居于此一条。		
	304.《金楼子》，王仲宣昔在荆州一条。	同。引作《御览》卷六百一引《金楼子》云云。（2页）	
	305.《异苑》，魏武北征蹋顿一条。	同。引作《御览》卷五百五十九引《异苑》云云。（2页）	天挺案，《四库总目》论杭书曰，"又《异苑》王粲识礨石事，佚其荆州刘表数言；诸葛亮《梁甫吟》不载出《艺文类聚》，辗转稗贩，疏漏亦多"。
	306.《世说》，王仲宣好驴鸣一条。	同。（3页）	
	307.《冢记》，徐幹坟一条。		
	308."《魏书》曰，琳谢曰，矢在弦上不得不发，太祖爱其才不咎"一条。	同。引作《御览》五百九十七引《魏书》云云。（5页）	天挺案，自此条至《文士传》厨人进瓜一条，《粤雅堂》本、《道古堂外集》本杭氏《补注》均无之，今从文津阁《四库》本补入。
	309."《太平御览》引《文士传》曰，瑀少有雋才，应机捷丽，就蔡邕学，叹童子奇眉朗朗无爽"一条。	同。引作卷三百八十五引《文士传》云云。（5页）	
	310."《典略》曰，阮瑀以才自护，曹洪闻其有才，欲自报答书，瑀不肯，榜笞瑀，瑀终不屈。洪以语曹公，公知其无病，使人呼瑀。瑀终怖诣门，公见之谓曰，卿不肯为洪且为我作之，瑀曰诺，遂为记室"一条。	同。引作《御览》卷二百四十九引《典略》云云。（5页）	
	311."《金楼子》曰，刘备既去，曹操使阮瑀为书与备，马上立成"一条。	同。引作《御览》六百引《金楼子》云云。（5页）	

篇目	杭氏《补注》	赵氏《注补》	附注
	312. "《后汉书·应劭传》曰，中兴初，有应妪者生四子而寡，见神光照社，试探之，乃得黄金，自是诸子宦学并有才名，至场七世通显"一条。	同。（5页）	
	313. "《太平御览》引《文士传》曰，桢少以才学知名，年八九岁能诵论语诗赋数万言，警悟辩捷，所问应声而答，当其辞气锋烈，莫有折者"一条。	同。引作卷三百八十五引《文士传》云云。（6页）	
	314. "又曰，厨人进瓜桢为赋立成"一条。		
	315. 卫恒《四体书势》，梁鹄宜为大字一条。		
	316.《四体书势》，魏初传古文者一条。		
	317. 王僧虔《能书录》，淳得次仲法一条。		
	318.《襄阳沔记》，繁钦宅一条。	同。引作《御览》卷百八十引《襄沔记》云云。（7页）	阳字衍。
	319.《乐府·题定情篇》一条。		
	320.《御览》引《魏氏春秋》，阮籍幼有奇才一条。		
	321.《世说》，晋文王功德盛大一条。		
	322. 王隐《晋书》，魏末阮籍有才而嗜酒一条。		
	323.《竹林七贤传》，籍奇才一条。		
	324.《太平寰宇记》引《魏氏春秋》，籍见孙登长啸一条。		
	325.《嵇康别传》，康长七尺八寸一条。	引《晋书原传》，事同文异。（11页）	
	326. 晋百官名嵇喜一条。	引《康传》，事同文异。（11页）	
	327. 干宝《晋纪》，安尝从康一条。		
	328.《史通》，嵇康《高士传》一条。		
	329.《史通》，康撰《高士传》一条。		
	330.《隋书·经籍志》"圣贤高士传赞"一条。	同。文句小异。（17页）	
	331.《文士传》，康性绝巧一条。		

篇目	杭氏《补注》	赵氏《注补》	附注
	332.《世说》，钟世季精有才理一条。		
	333.《晋阳秋》，安冀州刺史招之第二子一条。		
	34.《晋阳秋》，逊阴告安挝母一条。		
	335.《文士传》，吕安罹事一条。	同。引作《世说注》引《文士传》云云。（16 页）	
	336. 王隐《晋书》，康之下狱一条。		
	337.《世说》，嵇中散临刑东市一条。		
	338.《水经注》，华阳亭名一条。	同。引作《水经·洧水注》。（12 页）	
	339.《述征记》，山阳县城东北一条。	同。引《水经·清水注》。（13 页）	
	340.《太平寰宇记》，山阳城北一条。		
	341.《广异志》，嵇中散神情高遭一条。		
	342. 韦续《书评》，嵇康书一条。		
	343.《修武县志》，太行之北有天门山一条。		
	344.《九州要纪》，天门山有三水一条。		
	345.《世说》，嵇康身长七尺八寸一条。		
	346."《灵异志》曰，嵇中散常西南去洛数十里有亭名华阳投宿，一更中操琴，闻空中称善，中散呼与相见，乃出，见形，以手持其头共论声音，授以《广陵散》"一条。	同。引作《御览》卷五百七十九引《灵异志》云云，惟较详。（11 页）	天挺案，杭书此条与前第 341 条略同，《粤雅堂》本、《道古堂外集》本均无之，今从文津阁《四库全书》补入。
	347.《语林》，嵇中散夜灯下弹琴一条。	同。引作《御览》卷五百七十七，（11 页）及卷六百四十四引《语林》云云。	天挺案，《四库总目》曰，"至于神怪妖异如嵇康见鬼，诸葛亮祭风之类，稗官小说，累牍不休，尤诞谩不足为据"。
	348.《太平御览》引《世说》，会稽贺思令善弹琴一条。		
	349.《大周正乐》，嵇康有正俗之志一条。		
	350. 李充《吊嵇中散》一条。		

篇目	杭氏《补注》	赵氏《注补》	附注
	351. 袁宏友李氏《吊嵇中散》一条。		
	352.《元和郡县志》，苏门山一条。		
《卫□传》志二十一杭三	353.《殷芸小说》，魏国初建一条。	未标所从出，文句亦小异。（21页）	天挺案，杭氏此条亦见《文帝纪》，惟详略不同。
《刘邵传》志二十一杭三	354. 刘邵《律略》，删旧科一条。	同。引作《御览》卷六百三十八引刘邵《律略》云云。（23页）	
	355.《文章叙录》，袭累迁侍中一条。		
	356. 宋躬《孝子传》，缪斐东海兰陵人一条。	同。引作《御览》卷四百十一引宋躬《孝子传》云云。（23页）	
	357.《后汉书·仲长统传》，袭常称统一条。	同。（23页）	
	358.《世说注》引《四体书势》，诞善楷书一条。	同。（24页）	
	359.《三辅决录》，韦诞除武都太守一条。	引《书断》，事同文异。（23页）	
	360. 虞喜《志林》，钟繇问蔡邕笔法于韦诞一条。	引《书断》，事同文异，见卷十三卷，1页。（《钟繇传》）	天挺案，文津阁《四库本·三国志补注》无此条。
	361. 韦续《九品书》一条。		
	362. 袁昂《书评》，韦伯将书如龙拿虎据一条。		
	363. 张怀瓘《书断》，仲将八分隶书一条。	同。所引较多。（23页）	
	364.《书断》，姜诩一条。		
《傅嘏传》志二十一杭三	365.《世说》，见傅兰硕一条。		
《桓阶传》志二十二杭四	366.《桓阶别传》，上已平荆州一条。	同。引作《御览》卷二百六十二引《桓阶别传》云云。（1页）	
	367.《桓阶别传》，阶为尚书令一条。	同。引作《御览》卷四百八十五引《阶别传》云云，惟首句作"阶贫俭文帝尝幸其第"，而无"阶为尚书令"数字。（1页）	
《陈群传》志二十二杭四	368.《傅子》曰，司空陈群始立九品之制一条。	同。引作《御览》卷二百六十五引《傅子》曰云云。（3页）	

篇目	杭氏《补注》	赵氏《注补》	附注
	369.《孙楚集奏》曰，九品汉氏本无一条。	同。引作《御览》卷二百六十五引。（3页）	
	370.《水经注》，溴水又南迳颍阴县一条。	同。引作《水经·溴水注》。（4页）	
	371.《世说》，正始中人士比伦一条。	同。（5页）	
	372.《汉晋春秋》，曹髦之薨一条。	同。引作《世说注》引《汉晋春秋》云云。（7页）	
《陈矫传》志二十二杭四	373.《世说注》引《世语》曰，本字体元一条。	同。（8页）（体元作休元）	
	374.《汉晋春秋》，陈骞兄一条。		
《常林传》志二十三杭四	375.《魏略》，林历宰守刺一条。	同。引作《御览》卷四百三十一引《魏略》云云。（2页）	
《高柔传》志二十四杭四	376.《通典》，作以为体式一条。	"《通鉴》作以为体式"。（5页）	天挺案，文津阁《四库》本《三国志补注》无此条。
《辛毗传》志二十五杭四	377.《魏略》，明帝时大会殿中一条。	同。引作《御览》卷二百二十七引《魏略》云云。（1页）	
	378.《晋阳秋》，诸葛亮寇于郿一条。		天挺案，赵书未及诸葛遗司马巾帼事，但于《诸葛亮传》引《史通·叙事篇》王隐称诸葛亮挑战真获曹咎之利后，加案曰"一清案武侯数挑战，懿不出，因遗以巾帼妇女之饰以激怒之，知幾所指即此事也"。（卷三十五，11页）
	379.《世说》，诸葛亮之次渭滨一条。		
	380.《御览》引夏侯孝若为《辛宪英传》一条。	同。引作卷八百十五。（1页）	
《郭淮传》志二十六杭四	381.《古今刀剑录》，郭淮于太原得一刀一条。	同。（6页）	
《徐邈传》志二十七杭四	382.《魏氏春秋》，徐邈善画一条。	同。引作《御览》卷七百五十引《魏氏春秋》云云。（1页）	
	383.《魏略》，上以农殖大事一条。	同。引作《御览》二百四十一引《魏略》云云。（1页）	
《胡质传》志二十七杭四	384.刘氏《史通》难曰，古人谓方牧为二千石一条。	同。（3页）	

篇目	杭氏《补注》	赵氏《注补》	附注
	385.《晋武帝起居注》，豫州刺史胡威一条。	同。引作《御览》卷二百四十引《晋武帝起居注》云云。（3页）	
《王昶传》志二十七杭四	386.《御览》，王昶考课事一条。	同。引作《御览》卷二百十二引王昶考课事云云。（4页）	天挺案，杭氏此条为《四库总目》所称。
《王基传》志二十七杭四	387.《魏氏春秋》，司空东莱王基一条。	同。引作《御览》卷五百四十一引《魏氏春秋》云云。（8页）	
	388.《晋太康起居注》，故司故王基一条。	同。引作《御览》卷二百十五引《晋太康起居注》云云。（8页）	
《王凌传》志二十八杭四	389.《水经注》，肥水东北迳白芍亭一条。	同。引作《水经·肥水注》。（1页）	天挺案，汪知非杭书勘误曰，"张林文《水经注》作与吴将张林大战于芍陂，林当作休，见《吴志·顾谭传》。"
	390.《水经注》，沙水又东南流一条。	同。引作《水经·渠水注》。（2页）	
	391.《水经注》，渠又右合五池沟一条。		
	392.《水经注》，颍水又东迳邱头一条。	同。引作《水经·颍水注》，（2页）有案语。	
	393.《水经注》，谷水迳小城北一条。	同。引在《贾逵传》，见卷十五，10页。	
	394. 王隐《晋书》，永嘉元年一条。		
	395.《遇冤记》，宣王有疾一条。	同。引作颜之推《还冤记》云云。（2页）	天挺案，文津阁《四库本·三国志补注》作《还冤记》。
	396. 隆字孝兴，东平平陆人一条。	同。引作《晋书·马隆传》。（3页）	天挺案，文津阁《四库本·三国志补注》无此条。
	397.《世说》，王公渊娶诸葛诞女一条。	同。（3页）	
	398.《世说》刘峻注，引《魏氏春秋》一条。	同。（3页）	
《毌丘俭传》志二十八杭四	399.《旧唐书·地理志》，霍邱县北一条。		
	400.《水经注》，山桑邑一条。	同。引作《水经·阴沟水》注。（8页）	
	401.《魏略》，文钦为庐江太守一条。	同。引作《御览》卷八百七十一引《魏略》云云。（8页）	
《诸葛诞传》志二十八杭四	402. 曹嘉之《晋纪》，诸葛诞以气历称一条。	同。引作《御览》卷十三引曹嘉之《晋纪》云云。（8页）	

篇目	杭氏《补注》	赵氏《注补》	附注
	403.《御览》引《魏末传》，诞杀乐綝一条。	同。引作《御览》卷三百六十七引《魏末传》云云。（9页）	
	404.《水经注》，芍陂渎一条。	同。引作《水经·肥水注》。（9页）	
	405. 王隐《晋书》，诸葛诞反淮南一条。	同。引作《御览》卷三百三十六引王隐《晋书》云云。（10页）	
	406.《晋诸公赞》，吴亡，靓入洛一条。		
	407.《诸葛恢别传》，恢少有令闻一条。		
《邓艾传》志二十八杭四	408.《古今刀剑录》，邓艾年十二一条。	同。（12页）	
	409.《通典》，宣王善之一条。	引《御览》卷三百三十三，较详。（13页）	
	410.《太平寰宇记》，故西平城一条。	同。引作卷十一。（14页）	
	411.《任豫益州记》，江油一条。	引《寰宇记》卷八十四及《方舆纪要》卷七十三，事同文异。（17页及21页）	
《钟会传》志二十八杭四	412.《世说》，见士季一条。	同。（16页）	
	413.《书断》，会善书，一条。	同。（16页）	
	414. 韦续《九品书》一条。	同。（16页）	
	415. 王隐《晋书》卫瓘监军一条。	引《晋书·卫瓘传》，事同文异。（22页）	
	416.《古今刀剑录》，钟会克蜀一条。	同。刻本删，见《补遗》，38页。	
	417. 干宝《晋纪》，钟会、邓艾将伐蜀一条。		
	418.《世说》，何晏为吏部尚书一条。	同。（24页）	
	419.《世说》，何平叔注《老子》始成一条。		
	420.《世说》，何晏注《老子》未毕一条。	同。（24页）	
《方技·华佗传》志二十九杭四	421.《玉洞杂书》，华佗固神医也一条。	同。有案语，刻本删，见《补遗》，39页。	
	422.《冢记》，华佗墓一条。		

篇目	杭氏《补注》	赵氏《注补》	附注
	423.《博物志》，魏王所集方士一条。	同。有案语。（3页）	
	424.《博物志》，皇甫隆遇道士一条。		
	425.《博物志》，《典论》又云王仲统云一条。		
	426.《鲁女生别传》，封君达一条。		
	427.《神仙传》甘始一条。		
《方技·杜夔传》志二十九 杭四	428.《晋后略》，钟律之器一条。	同。引作《世说注》引《晋后略》云云。（4页）	
	429.《博物志》，汉末丧乱一条。		
	430.《魏台访议》曰一条。		
《方技·管辂传》志二十九 杭四	431.《名士传》，是时曹爽辅政一条。	同。引作《世说注》引《名士传》云云。（6页）	
《四夷传》志三十 杭四	432.《突厥本末纪》自突厥北行一月一条。	同。引作《寰宇记》卷一百八十五引《突厥本末纪》云云。惟文句小异。（11页）	
《蜀志·刘二牧传》志三十 杭五	433.盛弘之《荆州记》，郑卿乡一条。	同。引作《御览》卷五百五十九引盛弘之《荆州记》云云。（1页）	
	434.《后汉书·桓帝纪》，延熹二年八月一条。	同。（1页）	
	435.《后汉书·方术传》，丞相诸葛亮一条。		
《先主传》志三十二 杭五	436.傅元《乘舆马赋》，刘备之初降也一条。	同。引作《御览》卷八百九十七引傅元《乘舆马赋》。（4页）	
	437.《水经注》，刘备之奔江陵一条。		
	438.《零陵先贤传》，刘璋请刘备一条。	同。引作《御览》卷三百四十六引《零陵先贤传》云云。（7页）	
	439.洪遵《泉志》，直百钱一条。	同。同在《刘巴传》。（卷三十九，2页）	
	440.《泉志》，直百五铢一条。	同上条。	
	441.《泉志》，傅形五铢钱一条。	同上条。	
	442.《隋书·地理志》，蜀郡临邛眉山一条。		
	443.《日知录》，《谯周传》一条。	同。引作何云亭林公有案语。（10页）	天挺案，杭氏此条为《四库总目》所称。

篇目	杭氏《补注》	赵氏《注补》	附注
	444.《水经注》，沔水又东迳沔阳故城一条。	同。引作《水经·沔水注》，惟文句小异。（9页）	
	445.《梁州记》，刘备为汉王一条。		
	446.《通典》，魏武据中原一条。	同。引在《后主传》。（卷三十三，6页）	
	447.《水经注》，秭归县城一条。	同。引作《水经·江水注》。（11页）	
	448.《鼎录》，蜀先主章武二年一条。	同。（12页）	
	449.《水经注》，永安刘备终于此一条。	同。引作《水经·江水注》。（12页）	
	450.贾谊《新书》，《审微篇》一条。	同。引作何云。（13页）	
《后主传》志三十三杭五	451.《古今刀剑录》，后主禅一条。	同。（4页）	
	452.《水经注》，南广郡县一条。		
	453.《通典》，蜀刘禅炎兴元年一条。		
	454.《史通》，陈氏《国志·刘后主传》一条。	同。引作《史通·曲笔篇》，在案语内。（8页）	天挺案，杭氏此条为《四库总目》所称。
	455.《史通》，按《蜀志》称王崇一条。	同。引作《史通·史官建置篇》，在案语内。（8页）	
《二主妃子传》志三十四杭五	456.《鼎录》，章武三年一条。	同。（1页）	
《诸葛亮传》志三十五杭五	457.《水经注》，诸葛垒一条。	同。引在《后主传》作《水经·沔水注》，惟文句小异。（卷三十三，2页）	
	458.《水经注》，亮好为《梁甫吟》一条。	同。引作《沔水注》。（1页）	
	459.《梁州记》，诸葛亮宅一条。	引《寰宇记》卷一百四十五，事同文异。（1页）	
	460.《梁父吟》一条。	引在案语内。（1页）	天挺案，杭氏此条不载出《艺文类聚》，为《四库总目》所讥。
	461.《水经注》，檀溪之阳一条。	同。引作《水经·沔水注》。（2页）	
	462.梁祚《魏国统》，崔州平者汉太尉烈之孙也一条。	同。引作《御览》卷四百八十一引梁祚《魏国统》云云。（1页）	天挺案，汪知非杭书勘误曰，"州平系太尉烈之子，均之弟也，见《崔氏谱》。"天挺案，杭氏此条为《四库总目》所讥。

篇目	杭氏《补注》	赵氏《注补》	附注
	463.《说宝》,孙权据江东一条。		天挺案,杭氏此条为《四库总目》所讥。
	464.《水经注》,西乐城一条。	同。引在《后主传》,作《水经·沔水注》。(卷三十三,2页)	
	465.《水经》,五丈谿一条。	同。引在《后主传》,作《水经·沔水注》。(卷三十三,3页)	
	466.《古今刀剑录》,诸葛亮定黔中一条。	同。(5页)	
	467.《困学纪闻》《殷芸小说》云,诸葛武侯一条。		天挺案,杭氏此条为《四库总目》所称。
	468.《语林》,诸葛武侯一条。	引《世说》,事同文异。(11页)	
	469.《水经注》,诸葛亮死一条。	同。引作《水经·沔水注》。(12页)	
	470.《宋书·殷孝祖传》一条。	同。(13页)	
	471.《魏氏春秋》,诸葛亮损益连弩一条。		天挺案,陈汉章谓杭氏此条与裴《注》同。
	472.《水经注》,营东即《八阵图》也一条。	同。引作《水经·沔水注》。(12页)	
	473.《水经注》,石碛平旷一条。	同。引作《水经·江水注》。(12页)	
	474.《荆州图副》,永安宫南一里一条。		
	475.《荆州记》,垒西聚石为八行一条。		
	476.《水经注》,定军山东一条。	同。引作《水经·沔水注》。(12页)	
	477.《北齐书·陆法和传》,军次白帝一条。	同。(13页)	
	478.《博物志》,临邛火井一条。		
	479.《砚北杂志》,汉中之民一条。	同。(13页)	
	480.《困学纪闻》,昭烈谓武侯一条。	同。(13页)	
	481.《史通》,陆机《晋史》一条。	同。(15页)	
	482.《困学纪闻》,晦翁欲传末略载瞻及子尚死节事一条。	同。引作《水经·沔水注》。(16页)	
	483.《水经注》,车骑沛国刘季和之镇襄阳一条。	同。较略。(13页)	

篇目	杭氏《补注》	赵氏《注补》	附注
	484.《古今刀剑录》，蜀主刘备一条。		
《关羽传》志三十六杭五	485.《宋书·庾炳之传》，何尚之曰一条。		
	486.《江表传》，孙权使朱俊往喻一条。		
	487.《古今刀剑录》，关羽为先主所重一条。	同。（2页）	
《张飞传》志三十六杭五	488.《古今刀剑录》，张飞初拜新亭侯一条。	同。（2页）	
	489.《汇苑》，豹月乌张飞马见《海录碎事》一条。		天挺案，杭氏此条为《四库总目》所讥。
《马超传》志三十六杭五	490.《江表传》，魏太祖与马超单马会语一条。	同。引作《御览》卷七百四引《江表传》云云。（4页）	
《黄忠传》志三十六杭五	491.《水经注》，容裘谿一条。	同。引作《水经·沔水注》。（5页）	
	492.《古今刀剑录》，黄忠从先主定南郡一条。	同。（5页）	
《赵云传》志三十六杭五	493. 诸葛亮《与兄瑾书》一条。	同。（6页）	
	494.《城冢记》，南阳县南一条。	同。（7页）	
《庞统传》志三十七杭五	495.《舆地志》，荆南东南白沙一条。	引《水经·沔水注》，事同文异。（1页）	
	496.《襄阳耆旧传》，德公居岘山之南一条。	同。较略。（3页）	
《许靖传》志三十八杭五	497.《典论》，汝南许劭一条。	同。（1页）	
	498. 韦续《九品书》，一条。		
《李严传》志四十杭五	499.《江表传》，严少为郡职吏一条。	同。引作《御览》卷四百九十六引《江表传》云云。（3页）	
	500.《水经注》，巴汉世郡治江州一条。	同。引作《水经·江水注》，文作巴郡汉世治江州。（4页）	
《杨仪传》志四十杭五	501.《水经注》，蔡洲东岸一条。	同。引作《水经·沔水注》。（6页）	

篇目	杭氏《补注》	赵氏《注补》	附注
	502.《襄阳耆旧传》，作沔阳冠冕一条。	同。引作"何云以《襄阳耆旧传》校江作沔。"（6页）	天挺案，文津阁《四库本·三国志补注》作"《襄阳耆旧传》江南作沔南"。
	503.《襄阳耆旧传》许汜一条。	同。引在《张邈传》，作《世说注》引《襄阳耆旧传》云云。见卷七，3页。	
《张裔传》志四十一杭五	504. 诸葛亮《教张郡嗣》曰一条。		
《黄权传》志四十三杭五	505.《水经注》，洧水又南迳预山东一条。	同。（1页）	
《黄祔传》志四十四杭五	506.《荆州先贤传》，吴与蜀和一条。	同。引作《御览》卷七百七十八引《荆州先德传》云云。（2页）	
《姜维传》志四十四杭五	507.《旧唐书·地理志》，维州薛城县一条。	同。文句略异。（3页）	
	508.《益州记》，姜维抗钟会一条。		
《邓芝传》志四十五杭五	509.《水经注》，阳关一条。	同。引作《水经·江水注》。（1页）	
	510.《襄阳耆旧传》，作中卢人一条。	同。卢作庐。（2页）	天挺案，杭氏此条为《四库总目》所称。
《吴志·孙破虏传》志四十六杭六	511.《幽明录》，孙钟吴郡富春人一条。	同。引作《御览》卷五百五十九引《幽明录》云云。（1页）	
	512.《元和郡国志》，复州郚月城一条。	引《方舆纪要》，见卷四十七，2页。	
	513.《水经》，岘山上有桓宣所筑城一条。		
	514.《中华古今注》，孙文台获青玉马鞍一条。	同。（7页）	
《孙讨逆传》志四十六杭六	515.《语林》，孙策年十四一条。	同。（8页）	
	516.《后汉书·陆康传》，袁术屯兵寿春一条。	同。（9页）	
	517.《太平寰宇记》，石城山一条。	同。引作卷九十四，见《吕蒙传》。（卷五十四，6页）	
	518.《后汉书·襄楷传》，臣前上琅邪宫崇一条。		

篇目	杭氏《补注》	赵氏《注补》	附注
	519.《像天地经》，后汉顺帝时一条。		
	520.《神仙传》，宫崇一条。		
	521.《吴地记》，盘门一条。	同。较略。（14页）	
	522.《异苑》，余姚县仓一条。	同。引作《御览》卷百九十引《异苑》曰云云，在案语内。（14页）	
	523.《容斋续笔》，孙权即帝位一条。	同。较略。（15页）	
《吴主传》 志四十七 杭六	524.《豫章古今记》，分鄱阳一条。		
	525.《水经注》，孙权自公安徙此一条。	同。引作《水经·江水注》引《九州记》曰云云。（7页）	
	526.《鼎录》，孙权黄武元年一条。		
	527. 顾微《广州记》，黄武三年一条。	同。（9页）	
	528.《古今刀剑录》，孙权以黄武五年一条。	同。（12页）	
	529.《中华古今注》，吴大皇帝一条。	同。（12页）	
	530.《御览》引《吴志》，权与群臣一条。		
	531.《水经注》，庾仲雍江水记一条。		
	532.《江夏记》，败船湾一条。	同。较略。败船作败舶。（14页）	
	533.《中华古今注》，孙权时一条。	同。（13页）	
	534.《虞囊橘柚》，孙权命工人一条。	同。引作《奚囊橘柚》云云。（13页）	天挺案，四库本《三国志补注》作《奚囊橘柚》。
	535.《武昌记》，孙权猎于武昌一条。	同。引作《水经·江水注》又《武昌记》云云。（15页）	
	536.《水经注》，武昌城西一条。	同。引作《水经·江水注》。（15页）	
	537.《鼎录》，权为姆立庙一条。	同。（16页）	
	538.《泉志》，大钱五百一条。	同。（21页）	
	539.《晋书·食货志》，孙权铸当千钱一条。	同。（21页）	
	540.《泉志》，此泉有二品一条。	同。（21页）	

篇目	杭氏《补注》	赵氏《注补》	附注
	541.《通典》，当千大钱一条。	同。（21页）	
	542.《通典》，孙权赤乌三年一条。	同。（23页）	
	543.《建康宫阙传》，赤乌殿一条。		
	544.《建康宫阙传》，太初宫一条。	引《方舆纪要》。（27页）	
	545.《丹阳记》，蒋陵一条。	同。（28页）	
	546.《元和郡县志》，蒋陵一条。		
	547.《太平寰宇记》，吴大帝陵一条。	同。引作《寰宇记》卷九十。（28页）	
	548. 韦续《九品书》一条。	同。刻本删，见《补遗》，44页	
《吴三嗣主传·孙亮》志四十八杭六	549.《中华古今注》，孙亮作金蝴屏风一条。		
	550.《鼎录》，孙亮建兴元年一条。	同。（1页）	
	551.《古今刀剑录》，孙亮以建兴二年一条。	同。（1页）	
	552.《豫章古今记》分南城一条。		
《吴三嗣主传·孙休》志四十八杭六	553. 酋《小名录》，作蔺一条。	何云，酋《小名录》作蔺宋本作菌。（7页）	天挺案，杭氏此条为《四库总目》所称。
	554. 相同二字《小名录》作钜钜一条。	何云柜宋本作钜	
	555.《世说》，孙休好射雉一条。	同。（7页）	
	556. 刘峻《注》，条列吴事曰休在位一条。	同。（7页）	
	557.《困学纪闻》，孙休之遣李衡一条。		
	558. 朱彝尊，《吴志》不言定陵所在一条。	同。（9页）	
《吴三嗣主传·孙皓》志四十八杭六	559.《万历湖州府志》，乌程侯井一条。	引《寰宇记》卷九十四引《括地志》，事同文异。（9页）	
	560.《丹阳记》，孙皓宝鼎元年一条。	引《宋书·五行志》，事同文异。	
	561.《豫章古今记》，分宜阳一条。		

篇目	杭氏《补注》	赵氏《注补》	附注
	562.《古今刀剑录》，孙皓以建衡元年铸剑一条。	同。（13 页）	
	563.《孟宗别传》，宗事母至孝一条。	同。引作《御览》四百十三及二百六十二引。（16 页）	
	564.《孟宗别传》，宗为光禄勋一条。	同。引作《御览》卷二百二十九引。（16 页）	
	565.《语林》，贾充问孙皓一条。		
	566.《语林》，王武子与武帝围棋一孙。	引《晋书·王济传》，事同文异。（26 页）	
	567.《王濬表》，孙皓出案行石头还一条。		
	568.《世说》，晋武帝问孙皓一条。		
《刘繇传》志四十九杭六	569.《豫章古今记》，刘繇城一条。	引《寰宇记》。（2 页）	
	570.《水经注》，毗陵城北一条。	同。引作《水经·沔水注》。（2 页）	
《太史慈传》志四十九杭六	571.《献帝春秋》，策获太史慈一条。		
	572.《卮林》，慈若于神亭见囚一条。	同。（3 页）	天挺案，杭氏此条为《四库总目》所称。
	573.《豫章古今记》，太史慈城一条。		
《吴妃嫔传》志五十杭六	574.《吴地记》，华亭通元寺一条。		天挺案，汪知非杭书勘误曰，"案《三国志》孙权无吴夫人，疑是吴破虏孙坚"。
	575.《会稽典录》，谢承迁吴郡督邮一条。		
	576.《六朝事迹》，今蒋子文庙一条。	同。（2 页）	
《张昭传》志五十二杭六	577. 山谦之《丹阳记》，大长安道西一条。		
《顾雍传》志五十二杭六	578. 梁祚《魏国统》，吴丞相顾雍谏孙权一条。	同。引作《御览》卷四百五十四引梁祚《魏国统》云云。（4 页）	
	579.《世说》，邵在郡卒一条。	同。（5 页）	
	580.《鼎录》，顾雍铸一鼎一条。	同。（3 页）	

续表

篇目	杭氏《补注》	赵氏《注补》	附注
	581.《太平御览》引《苏州志》，通贤桥一条。	同。引作卷四百六。（5页）	
	582.《世说》，庞士元至吴一条。		
	583.《顾谭别传》，谭徙交州一条。	同。引作《御览》卷七百七十五引《顾谭别传》云云。（7页）	
《诸葛瑾传》志五十二杭六	584.《世说》，诸葛瑾弟亮一条。	同。（8页）	
《步骘传》志五十二杭六	585. 王隐《晋书》，叔骘为交州一条。	引《水经·浪水注》，较详。（8页）	
	586.《吴地志》，步骘坟一条。	同。（9页）	
	587.《水经注》，郭洲长二里一条。	同。引作《水经·江水注》详略小异。（9页）	
《张怿传》志五十三杭六	588.《庄子·逸篇》，小巫见大巫一条。	同。引作何云。（1页）	
《阚泽传》志五十三杭六	589.《会稽先贤传》，泽在母胞一条。	同。引作《御览》卷四及卷三百六十引。（2页）	
	590. 甄鸾《数术记遗》注，会稽太守刘洪一条。	引刘昭《补注律历志》引《袁山松书》及《宋书·历志》。（3页）	
	591.“《会稽典录》，作不宜有此刑，遂从之，一本又作不宜由此刑，权从之”一条。		天挺案，汪知非杭书勘误曰，“案《阚泽传》只有不宜复有此刑，权从之，无不宜有此举动二句，当与注易转”。
《薛综传》志五十三杭六	592.《晋书·陆喜传》，有较论品篇言薛莹一条。		
《周瑜传》志五十四杭六	593.《英雄记》，曹操进军至江上一条。	同。引作《御览》卷七百七十一引《英雄记》云云。（3页）	
	594.《荆州先德传》，周瑜领南郡一条。	同。引作《御览》卷二百六十四引《荆州先德传》，见《庞统传》。（卷三十七，3页）	
	595.《古今刀剑录》，周瑜作南郡太守一条。	同。（4页）	
	596.《古今刀剑录》，赤乌年中一条。		
	597.《吴地记》，周瑜坟一条。	同。（4页）	
	598.《吴书》，孙权每赐周瑜衣一条。		

篇目	杭氏《补注》	赵氏《注补》	附注
《鲁肃传》志五十四杭六	599.《元和郡国志》，益阳城一条。	同。（5页）	
	600.《幽明录》，王伯阳亡其子一条。	引《续搜神记》，事同文异。（6页）	
《吕蒙传》志五十四杭六	601. 陈芬《芸窗私志》，吕蒙读书一条。	同。引作《芸窗私记》。（7页）	
	602.《水经注》，陆水又入蒲圻县北一条。	同。引作《水经·江水注》。（8页）	
	603.《荆州记》，长沙蒲圻县一条。	同。（11页）	
《程普传》志五十五杭六	604.《湘中记》，君山有地道一条。		
《黄盖传》志五十五杭六	605.《黄潜笔记》，陶靖节诗一条。	同。（1页）有驳语。	天挺案，杭氏此条为《四库总目》所称。
	606.《水经注》，鹦鹉洲之下一条。	同。引作《水经·江水注》。（1页）	
《蒋钦传》志五十五杭六	607.《古今刀剑录》，蒋钦拜别部司马一条。		
《周泰传》志五十五杭六	608.《古今刀剑录》，周幼平击曹公一条。	同。（3页）	
《董袭传》志五十五杭六	609.《古今刀剑录》，董元代一条。	同。下有案语。（4页）	
《甘宁传》志五十五杭六	610.《江表传》，孙权攻合肥一条。		
	611.《晋书·甘卓传》，曾祖宁一条。	同。（6页）	
《徐盛传》志五十五杭六	612. 刘义庆《徐州先贤传赞》，盛以敦直勇闻一条。		
	613.《吴书》，徐盛与曹休战一条。	同。（7页）	
《潘璋传》志五十五杭六	614.《古今刀剑录》，潘文珪一条。	同。刻本删，见《补遗》，49页。	

篇目	杭氏《补注》	赵氏《注补》	附注
《丁奉传》志五十五 杭六	615.《宋书·王僧绰传》，初太社西空地一区一条。	同。（8页）	
《朱治传》志五十六 杭六	616.《古今刀剑录》，朱君理一条。	同。刻本删，见《补遗》，50页。	
《朱然传》志五十六 杭六	617.《水经注》，余姚县城一条。		
	618.《吴书》，朱然破魏将李兴等军一条。	同。引作《御览》卷六百八十七引《吴书》云云。（2页）	
《虞翻传》志五十七 杭六	619.《楼承先别传》，楼元到广州一条。	同。引作《御览》百八十引《楼承先别传》云云。（2页）	
	620.《会稽记》，昔虞翻尝登绪山一条。	同。引作孔晔《会稽记》曰云云。（3页）	
《陆绩传》志五十七 杭六	621.《文士传》，绩幼有俊朗才数一条。		
	622.《陆绩别传》，太守王朗一条。	同。引作《御览》卷二百六十四引《陆绩别传》云云。（5页）	
《张温传》志五十七 杭六	623.《吴录》，温英才璨伟一条。	同。引作《御览》四百七引《吴录》曰云云。（5页）	
	624.《笑林》，沈珩弟峻一条。		
《骆统传》志五十七 杭六	625.李贤《注后汉书》引谢承书，俊拜陈国相一条。	同。引作《后汉书·孝明八王传注》引谢承书曰云云。（6页）	
《陆逊传》志五十八 杭六	626.《水经注》，魏武临江分南郡一条。	同。引作《水经·江水注》，较详。（1页）	
	627.《江表传》，备舍船步走一条。	同。（2页）	
	628.《鼎录》，陆逊破刘备军一条。	同。（2页）	
	629.《吴书》，陆逊破曹休一条。	同。引作《御览》六百八十七引《吴书》云云。（2页）	
	630.《吴书》，逊破曹休一条。	同。引作《御览》七百七十引《吴书》云	
	631.《吴书》，上脱御金校带以赐逊一条。	同。引作《御览》卷六百六十引《吴书》云云。（2页）	
	632.《吴地记》，华亭一条。		

篇目	杭氏《补注》	赵氏《注补》	附注
	633. 按《太平御览》引《吴地记》，陆氏宅在长宅谷，在吴县东北，谷名华亭，谷水下通松江，昔陆逊、陆凯居此谷，谷东有昆山父祖墓焉。故陆机《思乡诗》"髣髴松水阳婉娈昆山阴"一条。	《寰字记》卷九十五引《吴地记》曰，二陆宅在长谷，谷在吴县东北二百里，谷名华亭，谷下通松江，昔陆逊、陆凯居此谷，谷东二十里有昆山，逊父祖墓在焉。故陆机《思乡诗》"髣髴谷水阳，婉娈昆山阴"，昆山有陆逊墓。（4页）	
	634.《日知录》曰，当云自益阳至白帝，余谓关于下脱一濑字一条。	《日知录》曰，当云自益阳至白帝。一清案，关侯濑与白帝城相对文义，上删濑字，下去城字，史之省文，然不可通也。（4页）	
《吴主五子传·孙虑》志五十九 杭六	635.《豫章古今记》，孙虑城一条。	引《寰字记》卷百十一，（2页）文句小异。	
《孙和》	636.《吴兴记》，西陵山一条。	引《寰字记》卷九十四，事同文异。（3页）	
《孙奋》	637.《豫章古今记》，孙奋城一条。		
《贺齐传》志六十 杭六	638.《太平御览》引《晋书》，徐盛失牙一条。	同。引作卷三百三十九，下有"权作黄龙大牙见《胡综传》"。（3页）	天挺案，杭氏此条为《四库总目》所称。
《全琮传》志六十 杭六	639.《吴书》，全琮年高一条。	同。引作《御览》卷七百引《吴书》曰云云。（4页）	
《潘濬传》志六十一 杭六	640.《长沙耆旧传》，夏隆仕郡时一条。	同。（1页）	
《陆凯传》志六十一 杭六	641.《吴录》，后主暴虐一条。		
	642.《世说》，孙皓问丞相陆凯一条。		
《胡综传》志六十二 杭六	643.《魏氏春秋》，胡综论吴朝俊士一条。		
	644.《胡综别传》，吴时掘得铜印一条。	同。引作卷八百五引《胡综别传》云云。（2页）	
	645.《吴地记》，吴主遣徐详至魏一条。	同。（1页）	

续表

篇目	杭氏《补注》	赵氏《注补》	附注
《诸葛恪传》志六十四杭六	646.《御览》引《诸葛元逊传》，昔元逊对南阳韩文晃一条。	同。引作卷八百三十。（1页）	
	647.《世说》，诸葛瑾为豫州一条。	同。（1页）	
	648."《吴书》，诸葛恪为将伐蜀，未至，上谓使曰，元逊为将军若还蜀可报丞相为致佳马。按恪未尝为将伐蜀，当从本《志》为是"一条。	"《御览》卷八百九十四引《吴书》曰，诸葛恪为将伐蜀，未至，上谓使曰，元逊为将军，若还蜀可报丞相为致佳马。一清案恪未尝为将伐蜀，当从本《志》为得。"（1页）	
	649.《异苑》，诸葛恪为丹阳太守一条。	同。引作《御览》卷八百六十六引《异苑》云云。（1页）	
	650.《困学纪闻》，孙竣荐诸葛恪可付大事一条。	同。（2页）	
	651.《困学纪闻》，楚莫敖狃于蒲骚之役一条。		
	652.《建康宫阙簿》，建业宫一条。	同。引作《御览》卷百七十九引《建康宫阙簿》云云。（3页）	
	653.《困学纪闻》，《诸葛恪传》注一条。	同。惟较略未引《志林》。（3页）	天挺案，杭氏此条为《四库总目》所称。
《贺邵传》志六十五杭六	654.《会稽典录》，贺善容止正其正冠一条。	同。引作《御览》卷三百八十九引《会稽典录》云云。（卷六十五，1页）	
	655.《世说》，元皇初见贺司空一条。	引《晋书·贺循传》，事同文异。（3页）	
	656."明刻冯梦祯本，作'然此数子处无妄之世而有名位，彊死其理，得免为幸耳'"一条。		天挺案，《粤雅堂》本及《道古堂外集》本均无此条，今从文津阁《四库》本补。

杭世骏序《东潜文稿》，称"吾友赵君诚夫"①，赵一清序《道古堂外集》，称"董浦杭太史余垂髫友也"②，二氏宜若为同辈矣。然以年岁及两家事迹考之，世骏盖先缔交于一清之父者也。世骏《赵谷林爱日堂吟稿序》③曰：

余少时锐意科举之学，先师（沈似裴）又禁不得为诗。后得交于赵氏谷林昆季，谷林有园亭甲于通邑。其时沈个庭、符药林两诗人皆主其家。尝所往来吴明经绣谷，厉孝廉樊榭及余三人，则蒋径之羊、求也。霜宵雪

---

① 《东潜文稿》卷首；《道古堂文集》卷11题曰《赵勿药文集序》。
② 《道古堂外集》卷首；《东潜文稿》无之。
③ 《道古堂文集》卷9，16页。

昼，时过二林吟屋，效刘、白之倡酬，斗孟、韩之联句，余乃稍稍自见。

又《赵母朱孺人寿序》[①]曰：

> 余与谷林伯仲申登堂之敬者逾二十年，推襟送抱，意甚得也。山条水叶之嬉，明笺酒坐之乐，余未尝不在。一言之甘苦，一字之疾徐，讨论而削夺之，较量于要眇之间，其所以益余者非一日矣。余屡与计偕而不合，留京师，时时周恤余家。与人言，数严敬之友，则余与厉兄樊榭为称首。

全祖望《赵谷林诔》[②]亦曰：

> 谷林语其长君一清，谓执友中所当严事者，莫如董浦与予。

据此，世骏实一清之父谷林先生昱之执友，于一清为前辈也。一清《符药林先生传》称"先生殁而先君子小山之友尽矣"[③]，时世骏尚健在，其所以遗之者，当因与其过从最密，视为己友也。

杭世骏生卒年岁，各家记载颇有异同。许宗彦《杭太史别传》称"太史生康熙三十五年丙子（1696），卒乾隆三十七年壬辰（1772）"[④]。《疑年录》则称生于康熙三十五年，卒于乾隆三十八年，年七十八。[⑤]应澧《杭先生墓志铭》又称"以乾隆三十七年七月庚辰考终里舍，年七十有八"[⑥]。龚自珍《杭大宗逸事状》则称"癸巳岁纯皇帝南巡，大宗迎驾，名上，上顾左右曰'杭世骏尚未死么'？大宗返舍是夕卒"[⑦]。四说各不相同。依许说，世骏应年七十七；依应说，世骏应生于康熙三十四年；依龚说，世骏应卒于乾隆三十八年。案厉樊榭鹗《杭可庵先生遗像记》[⑧]称"董浦小于鹗四岁耳"；厉氏以康熙三十一年壬申生，既长于世骏四岁，则世骏应生于三十五年。世骏《金存斋墓志铭》[⑨]亦云：

> 君同堂兄弟凡六人，余则棠棣鄂不之数适叶。亡兄年龄与君诸兄相亚；余生于子，维甸公仲子自白生于丑，君生于寅。嬉游追逐，若舒雁行，相

---

① 《道古堂文集》卷 17，4 页。

② 《鲒埼亭集》卷 19，5 页。

③ 《东潜文稿》卷上，64 页。

④ 《鉴止水斋集》卷 17。

⑤ 《疑年录》卷 4。

⑥ 《道古堂文集》卷首。

⑦ 《定盦文集补篇》卷 4。

⑧ 《樊榭山房文集》卷 5。

⑨ 《道古堂文集》卷 44，17 页。

得尤欢。

此云"余生于子"，而康熙三十五年太岁适次丙子，世骏生于康熙三十五年盖无可疑。

《疑年录》称杭氏年七十八，应澧《杭先生墓志铭》亦称年七十八，应氏为世骏之女夫，所记当无误。然杭氏既生于康熙三十五年，年七十八，则应卒于乾隆三十八年癸巳，不得卒于三十七年壬辰。是"年七十八"之说与"卒于三十七年"之说必有一误。案应氏《杭先生墓志铭》称"以乾隆三十七年七月庚辰考终里舍"，据是年七月为甲午朔推之，其月无庚辰日，而三十八年七月为戊午朔，其二十三日则适为庚辰。窃意应氏以女夫之亲，志窀葬之文，既具载其卒逝时日，不宜有误，此必传钞者误三十八为三十七耳。龚自珍《杭大宗逸事状》谓杭氏卒于癸巳，汪曾唯尝据癸巳无南巡事，以纠其谬①；其事虽无稽，然其癸巳之说固自有所本也。杭氏以康熙三十五年丙子（1696）生乾隆三十八年癸巳（1773）卒，年七十八，是钱氏《疑年录》所载为最确。

赵一清生卒年月，《文献征存录》《国朝耆献类征》《武林耆旧续集》《国朝杭郡诗辑》《两浙𬨎轩录》《清史列传》《清史稿》《杭州府志》均失载。赵氏《东潜文稿》中可考其生平者以《大母朱太君安葬记》《亡女哀诔》，及代其父谷林所作《铁岩公行状》为较详。其《大母朱太君安葬记》曰：

> 乾隆二十年冬十一月丙申，奉大母朱太君之柩合葬于先祖东白府君先陇，——上虞县朱家滩老子山之麓。……先祖安土已三十一年，……小子缅承嫡长，世守宗祧，从十五龄以往再得凭棺一恸。摩挲往复，可称厚幸②。

是一清年十五其祖葬，葬后三十一年而其祖母葬。据此以推赵氏年龄，可得两说：

一，自乾隆二十年乙亥（1775），上溯三十一年，——换言之即葬祖之年并计在内——至雍正三年乙巳（1725），为赵氏十五岁。

一，自乾隆二十年乙亥上溯三十一周年，——换言之即葬祖之年另计一年——至雍正二年甲辰（1724），为赵氏十五岁。

依前说，乾隆二十年，赵氏应年四十五岁，而生于康熙五十年辛卯（1711）；

---

① 汪刻《道古堂集》卷末轶事。原文曰"高庙南巡六次，辛未，丁丑，壬午，乙酉，庚子，甲辰；并无癸巳之年。其曰大宗返舍是夕卒，当是传述之误"。

② 《东潜文稿》卷上，52页。

依后说，应年四十六岁，而生于康熙四十九年庚寅（1710）。

赵氏《亡女哀诔》曰：

> 汝生之年，实为作噩。汝死之日，月掩蟾魄。凶随书至，声与泪落。我年二十，驾言远适，挥手出门，汝才孩赤，呱呱而啼，转睐耆騃。胜衣以往，长成巾帼，摊书对酒，曾未违隔。……我再入都，岁曰庚午，六月十三，送我廊庑。①

《尔雅·释天》大岁"在酉为作噩"。乾隆庚午（十五年，1750）以前，雍正七年（己酉，1729）乾隆六年（辛酉，1741）皆逢酉；女之生年当在此二年中。证之上述乾隆二十年一清年四十五或四十六，则雍正七年一清应年十九或二十，乾隆六年一清应年三十一或三十二。诔中有"我年二十，驾言远适，挥手出门，汝才孩赤"之语，则以雍正七年为合。又"汝生之年，实为作噩"，与"我年二十，驾言远适"，分别而言；可知赵氏生女与远游必非同在一年。赵女既生于雍正七年，赵氏远游必不在七年。且雍正六年七年方修《西湖志》，一清与分校之任②，亦不能远离。赵氏远行既不在雍正七年，则雍正七年赵氏必非二十岁，应以年十九岁为合。雍正七年赵氏十九，实生于康熙五十年辛卯（1711），小于杭氏世骏十五岁。其葬祖母之时年四十五而非四十六也。

世骏与一清之父谷林相交逾二十年，两家集中唱和之作甚多。谷林富藏书，所居小山堂插架之盛为两浙冠。③世骏有所见，每为致之。——阎氏《古文尚书疏证》④，宝庆《四明志》⑤，开庆《四明续志》⑥其尤著者也⑦。一清与世骏髫龄相识，而过从之密当始于雍正六、七年。其时两家同在杭州，世骏既与谷林日为诗酒之会，复与一清及一清叔父意林（名信）同在西湖志局。⑧世骏与一清之研经考史，砥励学行亦在其时。一清《松吹书堂记》曰：

---

① 《东潜文稿》卷下，98页。

② 见《西湖志》衔名及《东潜文稿·西湖非明圣湖辨》。

③ 《鲒埼亭集》卷19《赵谷林诔》。

④ 阎书时鲜传本，杭氏为之钞录，一存谷林许，一存马涉江。见《道古堂文集》卷26《古文尚书疏证跋》。

⑤ 《道古堂文集》卷26《四明志跋》。

⑥ 《道古堂文集》卷26《四明续志跋》。

⑦ 谷林兄弟既殁，家事日落，其藏书均归祁门马氏曰瑄曰璐兄弟，而小山堂亦易他姓。据孙锵《褚堂间史考证校勘记》"今象山试馆前赵氏小山堂故址也"，即今杭州高级中学东文龙巷。

⑧ 雍正修《西湖志》职名，分修内有"荐举博学鸿词浙江甲辰科举人拣选知县臣杭世骏"及"荐举博学鸿词浙江杭州府仁和县监生臣赵信"，分校内有"杭州府仁和县监生臣赵一清"。

　　董浦先生度屋之东偏隙地数弓，筑而居之，既成，选妙手图之，合诸同好为诗歌以落之。丹艧不施，丝竹不设，朋侪晨夕前于后喁，清籁徐响，琅然中节，默若有会，听若可乐，此松吹之所以名堂也。

　　先生家食贫，绩学不倦。三礼三传，疑义与析，而尤长于论史。于班、范两书有补注，《北齐书》有疏证。且于金源一代之制，详其人物，纪其风土，遗文佚事多所援据，窃附于裴松之、颜师古之流。又将冥搜群籍，取新旧《唐书》考竟其是非得失而折衷于尽善。亦复不余弃，引余为助，徒以抱惭弇陋，悦其意而卒莫之能助也。今先生方上承明诏，衷对大廷，使得遂窥中秘之藏，用展所学，于其生平庶几无负。①

此记年月虽无考，然《道古堂诗集·过春集》有"忆松吹堂前芭蕉有寄"诗；《补史亭剩稿》有"霜降雨中厉二鹗、汪五沆过松吹书堂"诗，均在世骏入闽之前，堂之成必在一清未远游时。记中有"今先生方上承明诏，衷对大廷"之语，盖补作于世骏荐举"博学鸿词"后也。世骏《道古堂文集》有《与赵诚夫书》②曰：

　　仆于《旧唐书》怪其颇有抵牾，欲效吴缜《纠谬》之例，掎摭其疵病；辄念刘氏一代史才，不当以纤悉之未善，为朴学自炫之口实，随事观理，遂忘攻击，此书终不敢以苟作。然有所疑者数事，吾子方卒业旧史，蓄而不以告亦失先圣所以启助之意。……仆以顽虚，吹毛囊哲，盖以决游、秦之疑，非为修欧阳之隙。诐诐之论，吾子原其意而考其辞，斯未必非刘氏之药石也。

又有《再与赵诚夫书》③曰：

　　仆阅景文之所笔记，则谓以对偶之文非宜入史传，如壮士施粉黛，笙簧佐鼗鼓。间尝以《英华》《册府》《唐大诏令》诸书，暨有唐一代硕士巨卿之著作，证之于刘氏之书，其去取亦有未为尽当者。景文之为纪传，盖有鉴于唐氏之诏册存之不可以尽存，不存则蹈于挂漏之议，遂复以断割而成其忍，乃倡为《笔记》之所云以自救其简略之失，或者可以解于后世焉。

　　欧公志表颇有裁断，然《乐志》尽削去乐章不载，匪惟赓续谐叶之道尽失，且并有唐一代之雅颂无可复寻。而其尤贻缪而不可依据者，莫如宰

---

① 《东潜文稿》卷上，48页。
② 卷20，7页。
③ 卷20，10页。

辅世系一表。仆尝欲援南北八书以抉摘其舛误，吴兴沈君东甫方合钞新旧之书，世系固辨之也详。东甫立志专，而用力勤，斟量繁简，考正同异，其为功于两史也甚巨。虽然仆犹窃有憾也。《六典》《通典》之制度，开元之《礼》，元和之《志》，《律》之《疏义》，王溥之《会要》，其可以订得失而资证据者，固不胜渔猎焉；东甫乃沾沾以两史毕功乎？每欲发愤以补其阙，家贫不足以营副墨，辄嗟喈而中止。吾子年齿鼎盛，家之藏书甲于寰海，胸之记览富于老成，不朽之业及今不为，将复谁待也？仆虽懦钝，尚能与于复审之役，维吾子鼓勇而创稿焉。

赵《记》所谓"亦复不余弃，引余为助"者盖即指此。杭氏《诸史然疑自序》谓"刘煦《唐书》赵上舍一清所赠"当亦在其时。然其后两氏于《唐书》均无成书。

赵一清以雍正八年离家远游，年二十；当系与其叔意林同入京师。一清代其父谷林所作《铁岩公行状》曰，"公念先子之故，顾余兄弟极厚。自打箭炉回（雍正八年），家弟意林游学成均，得与公周旋"，当即其时也。一清与其叔意林同为监生，同年离家，必系同行。一清《亡女哀诔》有"胜衣以往，转成巾帼，摊书对酒，曾未违隔"之语，其后眷属当亦北上，且留京甚久也。意者当时赵殿最官京师，一清从之以就北闱也。杭世骏《咸淳临安志跋》称"辛亥岁同在志局，尺凫（吴焯）携是书来，子与赵子诚夫共相参校，乃得睹悉真赝，辄叹求书之难"；钱泰吉《曝书杂记》中引一清《咸淳临安志跋语》有"雍正庚戌辛亥间修《浙江通志》，开局于南榷关署，以白金一斤从竹姹之孙稼翁购得"之语。岂一清庚戌入京试毕即归，辛亥复携眷北上欤？

乾隆元年谷林、意林及世骏同举"博学鸿词"，世骏及第授编修，而二林报罢。意林随南归，谷林仍留京师，卜居斜街；世骏诗"大科未得继装陆，小经差喜穷颜严，斜街卜宅迹转晦，寒庐僵卧神尤恬，酒人吴（廷华）、全（祖望）日过访，同队一一游鲦鲉"[1]，盖记当时事也。时一清与世骏过从尤密。杭氏集中有"赵上舍一清屡以独蹄果饵见饷赋谢""赵一清惠松门鲞赋谢""七夕雨后赵上舍过访书堂，余以张公子（芸）佳招不值率赋奉简""过赵一清用东坡《梁左藏会饮傅国博家》韵"，均在其时。七夕雨后诗中有"瓜果转从儿女乞"，过赵一清诗中有"岩岩酒阵朝飞檄，兔璨鸡缸纷不一"，可见馈遗酬酢之频。世骏送一清南归诗"耦耕旧约词空费，作伴还乡愿又虚"；"平生一段怀人意，为尔

----

[1] 《道古堂诗集》《翰苑集·题赵五微君昱秋芙蓉馆吟稿后，即次其答郑筼谷侍读韵》。

临歧雪涕书"；尤见交谊之厚。

　　一清代其父作《铁岩公行状》曰："适诏举博学鸿词之士，公谓余兄弟谬堪斯选，为言于临川李公巨来（李绂），遂以贱名送入内阁；意林亦为家银台晴川先生（赵之垣）所举。旋各报罢，意林南归侍省，余淹迹都门。……迨公解组，余亦南旋。"①赵殿最于乾隆四年以"庆成灯"事被议告归，谷林南旋当亦在四年。②一清南归则在谷林之后。杭世骏《翰苑集》有《送赵一清南归》诗③，列于"雨后招同夏检讨之蓉，金国簿焜，金编修文淳，张孝廉芸集疏雨书堂，分得江字"一诗之后；"十月二十五日武殿试传胪，门下士贾生廷诏、白生钟骧皆赐一甲及第，赋此志喜"一诗之前。清制，新进士选入翰林者，初授庶吉士，以满汉大臣各一充教习；并选侍讲侍读以下官资深学优者，分司训课，名小教习。三年试其等而进退之，曰散馆；其及格留馆者授编修检讨有差。④金文淳为乾隆四年进士，诗称金编修则当在乾隆七年散馆以后。贾廷诏武进士第一亦在乾隆七年。杭氏诗集皆按年编次。送赵南归诗列于两诗之间，亦必作于乾隆七年，可知赵氏南归必在七年也。一清既归，世骏亦于八年（癸亥）解职，二人复会于杭州。其后两氏分走南北，过往之迹，集中所见，不若在京师时矣。然于论学析疑，仍往复不辍。乾隆二十八年一清序世骏《道古堂外集》曰："未几归乡里，名益震，望下风而愿从游者日益众。董浦乃辑《道古堂诗文集》各数十万言，其词典以纯，其气宏以放，既已巍然大观矣。余方闲居小山堂，注释《水经》，偶获创解辄示董浦；董浦亦以其所心得者示余。"可以见其略矣。

　　据《东潜文稿》，一清于乾隆十五年复入都⑤，十六年游恒山，客浑源（有《恒游记》），二十一年客山西阳曲（有代作《翼然亭记》），二十四年客直隶顺德，定州（有代作《重修龙冈书院碑记》《新建定武书院碑记》），又客山东新泰（有代作《重修羊太傅祖墓祠堂记》）湖南辰州（有诗）⑥。盖家事渐落，不得不旅食于外。赵氏《亡女哀诔》"女执女红，劈缕唾绒，……昔也华腴，聊可娱目，今兹蕉萃，以供旨畜"。又有"我再入都，岁曰庚午，……弥历滞淫，转更贫窭"。

　　①《东潜文稿》卷上，88 页。

　　②厉鹗《樊榭山房全集》卷 10 有《角招》一阕，自序曰："予与赵谷林长安别三年矣。戊午初冬，谷林自北归，相见于邗城，尘衣风帽同话旧游，凄然怅触予怀也。家山渐近，又复薄遽分手，予归杭当在冬杪，谷林家西池梅花下谈谶之乐，计日可待。因用白石老仙自度曲所云黄钟清角调者制一阕寄之"。戊午为乾隆三年，与《铁岩行公状》不合，两存之。

　　③《道古堂诗集》卷 10，9 页。

　　④《皇朝文献通考·职官考》。

　　⑤《亡女哀诔》"我再入都，岁曰庚午（乾隆十五年），六月十三，送我廊庑。"

　　⑥《两浙輶轩录》卷 34。

其困厄之状溢于笔墨。

一清卒逝年月，亦无可考。乾隆三十七年正月诏求遗书，浙江省于三十七，三十八，三十九三年开局访求，曾采一清所著《水经注释》以进①，是一清卒逝必在三十九年以前，其年龄不能逾六十五也。兹略次杭、赵两家大事，各系年岁于下：

> 康熙三十五年，丙子，公元 1696。
>> 杭世骏生。赵一清之父昱（谷林）年八岁。
> 四十四年，乙酉，1705。
>> 全祖望生。杭世骏年十岁。
> 五十年，辛卯，1711。
>> 赵一清生。全祖望年七岁。杭世骏年十六。
> 雍正元年，癸卯，1723。
>> 赵昱年三十五，厉鹗年三十四，杭世骏年二十八，全祖望年十九，共为文酒之会。赵一清年十三。戴震生。
> 二年，甲辰，1724。
>> 杭世骏年二十九，举乡试。
> 三年，乙巳，1725。
>> 赵一清年十五，葬其祖母。
> 七年，己酉，1729。
>> 杭世骏年三十四，赵一清年十九，同在志局。
> 八年，庚戌，1730。
>> 全祖望年二十六，入京。赵一清年二十入京。
> 十年，壬子，1732。
>> 全祖望年二十八，北上，举顺天乡试。赵一清年二十二，居京师。
> 十三年，甲寅，1735。
>> 杭世骏年四十岁，《石经考异》成。
> 乾隆元年，丙辰，1736。

---

① 《浙江采集遗书总录》王亶望序"乾隆壬辰之岁，天子缉熙典学，发明诏下各直省征访遗书。于是浙……设法开局。……自壬辰秋迄甲午之夏，作十二次综录奏进，凡为书四千五百二十三种，为卷凡五万六千九百五十五，不分卷者二千九十二册"。赵氏《水经注释》在戊集。

全祖望年三十，举进士，改翰林院庶吉士。

杭世骏年四十一，试博学鸿词及第授翰林院编修。

赵昱年四十八试博学鸿词报罢，留京师。

赵一清年二十六居京师。

二年，丁巳，1737。

全祖望年三十三南归。杭世骏年四十二，赵一清年二十七同在京师。

七年，壬戌，1742。

赵一清年三十二南归。全祖望年三十八居里中。杭世骏年四十七官京师。

八年，癸亥，1743。

杭世骏年四十八解职南归。

十一年，丙寅，1746。

杭世骏年五十一，全祖望年四十二，赵一清年三十六，是年春同在杭州。

十二年，丁卯，1747。

赵一清年三十七，其父昱卒，年五十九。

十四年，己巳，1749。

全祖望年四十五，校《水经注》。赵一清年三十九，杭世骏年五十四，同在杭州。戴震年二十七。

十五年，庚午，1750。

赵一清年四十，再入都。

十六年，辛未，1751。

赵一清年四十一游恒山。乾隆南巡，全祖望年四十七，杭世骏年五十六，同往吴下迎驾。

全祖望为杭世骏复审《汉书疏证》。

十七年，壬申，1752。

全祖望、杭世骏同在广东。

十九年，甲戌，1754。

赵一清年四十四，自序《水经注释》。戴震年三十二。

二十年，乙亥，1755。

全祖望卒，年五十一。杭世骏年六十。赵一清年四十五，葬其祖母。

二十四年，已卯，1759。

赵一清年四十九，在直隶。

二十八年，癸未，1763。

赵一清年五十三，序《道古堂外集》。杭世骏年六十八。戴
震年四十一，入都。

三十八年，癸巳，1773。

杭世骏卒，年七十八。戴震年五十一，入四库馆。

三十九年，甲午，1774。

戴震年五十二，校《水经注》成。

四十年，乙未，1775。

杭世骏《道古堂文集》付梓。

四十二年，丁酉，1777。

戴震卒，年五十五。

五十一年，丙午，1786。

赵一清《水经注释》付梓，毕沅为之序。

五十三年，戊申，1788。

杭世骏《道古堂外集》付梓，毕沅助其成，并为之序。

五十九年，甲寅，1794。

赵一清《东潜文稿》付梓。

杭、赵两氏以何时补注《国志》，记载有阙，莫得而详。世骏《诸史然疑
自序》：

余年二十有五，始有志乎史学。贫无全史，且购且读。一日率尽一卷，
人事胶扰，道涂奔走，祁寒盛暑，未尝一日辍也。风雨闭门，深居无俚，
则又倍之。阅五年而始毕功。又一年而以《通鉴》参校史外，又益以旧闻，
三千年之行事较然矣。于诸史中，以意穿穴有得，则标举其旨趣，前人所
论不复论，前人所纠者亦不复纠也。《史》《汉》考证业有成书，断自后汉
以迄六代，唐宋以还论之不胜其论，纠之亦不胜其纠也。刘煦《唐书》赵
上舍一清所赠。穷日夜观之，重复错缪远逊欧、宋，间一论列，呫呫不胜

其繁。闻吴兴沈东甫征士有《新旧合钞》一书，余未及见，……①

又《补史亭记》曰：

> 作亭者何，补史也。史何补，补《金史》也。杭子疏证《北齐书》既
> 毕功，越明年，乃补《金史》②。

杭氏自序其治史之述作如此，而未及《国志》之有专书。《诸史然疑》中考《国
志》者凡六条；其书虽有疑为"后人钞其遗稿录之成帙"者③，然当其草创时，
杭氏治《国志》尚无专书可证也。赵一清《松吹书堂记》历叙世骏史学著述，
亦无补注《国志》之目；《书堂记》作于世骏应大科时，然一清以雍正八年入京，
其所述或为八年以前事，则在雍正八年前世骏尚未补注《国志》亦可证也。

《道古堂文集》有《与张曦亮书》曰：

> 比读陈寿三《志》窃怪裴世期之集注尚有阙焉，因更广采异闻以增益
> 其所未备。然其间疑意累累，以臆妄解，略得一二。后问太鸿，便知"溺
> 攒""落度"之说。昨者酒座未罄所谈，退谨疏明其辞，以附尘记室。舍其
> 大而重问其细，谅吾子不以是为鄙也。④

曦亮为张熷字⑤，太鸿为厉鹗字⑥。书中言"后问太鸿"，又言"昨者酒座未罄
所谈"，作此书时三人必同在一地。案全祖望《张南漪墓志铭》称"南漪不喜为
场屋之文，故科举累失利，甲子（乾隆九年）王侍郎晋川⑦见其对策奇之，置
之副车；丁卯（乾隆十二年）竟荐之；天子诏求明经之士（事在乾隆十四年），
梁尚书芎林⑧又与侍郎交登启事，故南漪久留京师。会召对之期在明年，南漪
乃有金溪之行，舟至三衢，暴病，返棹，抵家五日而卒"⑨。可知张氏与杭氏

---

① 此序见本书，《道古堂文集》未收，光绪中汪曾唯辑入《道古堂集外文》。

② 《道古堂文集》卷19，21页。记中有"余偷息化舒之世，名位不达，室无赢粮，堂有危齿"之语，则
作亭时盖在入京就试大科之前。又杭氏《道古堂诗》有《补史亭剩稿》，所收为庚戌八月以后，迄入闽以前之
作，则亭当作于雍正七年。

③ 见《四库全书提要》。天挺案《杭氏七种》有乾隆元年刻本，《诸史然疑》在其中，《提要》所云亦未
尽然。

④ 《道古堂文集》卷20，11页。案书中所问数条，皆不见补注。

⑤ 张熷字曦亮，一字南漪，浙江仁和人。著有《读史举正》4卷。

⑥ 厉鹗字太鸿，号樊榭，浙江钱塘人。著有《宋诗纪事》100卷，《樊榭山房集》20卷，《辽史拾遗》10卷。

⑦ 王会汾字苏服，号晋川，无锡人。乾隆九年、十二年两为浙江乡试正考官。

⑧ 梁诗正字养仲，号芎林。

⑨ 《鲒埼亭集》卷20，9页。

从容论学，必在乾隆十四年之前。然自乾隆元年以后，杭氏官京师，八年始南归；厉氏又久客祁门马氏①，往来祁、杭间，三人聚合殊少。三人之核史辨疑必在乾隆元年以前，而此函之作亦必在世骏应大科之前。据此可证世骏之有志广采异闻以增益《国志》裴《注》所未备，必在雍正八年以后，乾隆元年之前。其时赵一清逾冠未久也。

赵氏《注补·楚王彪传》尝引"杭氏世骏曰"云云，其文见《三国志补注》卷三②，可证杭氏著书在赵氏之前，而赵氏并曾见之。至杭氏是否曾见一清之书，亦有可资旁证者数事：

《吴志·黄盖传注》引《吴书》曰，"故南阳太守黄子廉之后也"；世骏《补注》引黄潜《笔记》曰，"后汉尚书令黄香之孙守亮字子廉为南阳太守，……子廉乃守亮之字，亦非名也"③。而一清则谓"黄香是江夏安陆人，香子琼，琼子琬，无守亮其人者，……不知黄氏何从而得此说"④。世骏如先见一清之书，必不徒引黄说，此一事也。

《魏志·王凌传》"军到丘头"，世骏据《水经注》引《魏书·郡国志》注曰"宣王军次丘头，王凌面缚水次，故号武丘矣"⑤。一清则谓"司马懿虽尝讨凌至丘头，而武丘之名至司马昭克诸葛诞始改，见《晋书·文帝纪》"⑥，世骏若先见赵书必不仍其误，此二事也。

《魏志·楚王彪传》"七年徙封白马城"，世骏据《陈思王集》以为"《志》称徙封白马，而《集》称四年白马王朝京师则当时未有此封，宜称吴王"⑦；而一清则谓"诗序既有白马之文疑是史误"⑧。世骏若先见其文，必有申说，此三事也。

《蜀志·诸葛亮传》"好为梁父吟"，世骏据《艺文类聚》"步出齐城门"之词，以实武侯《梁父吟》⑨；而一清引何义门说曰"蔡中郎《琴颂》云'梁父

①《鲒埼亭集》卷20《厉樊榭墓碣铭》"予交樊榭三十年。祁门马嶰谷兄弟延樊榭于馆，予每数年必过之。嶰谷诗社以樊榭为职志。……"
②《三国志注补》卷19，7页。原文见杭氏《补注》卷3，11页，即本文表内第301条。
③《三国志补注》卷6，17页，即本文表内第605条。
④《三国志补注》卷55，1页。
⑤《补注》卷4，6页，即本文表内第392条。
⑥《注补》卷28，2页。
⑦《补注》卷3，11页，即本文表内第301条。
⑧《注补》卷19，7页。
⑨《补注》卷5，6页，即本文表内第490条。

悲吟，周公越裳'，武乡之志其有取于此乎？今所传之词，盖非其作"①。此四事也。

魏武令崔琰在座而己握刀侍立，以见匈奴使者，其事不经；惟见《世说》第十四，及《语林》②。刘知几尝著论以难之，以为"裴引《语林》斯事编入魏史注中，持彼虚词，乱兹实录"③；然传世裴《注》实无此文。杭氏书中备引刘说，而一清则谓"世期未尝采此事入注，不审知几所云何谓也"④？此五事也。

凡此诸说均以赵书为长，而世骏无所增益于其书，足征世骏未见赵氏《注补》，尤非剿袭赵书也。

世骏既未见一清之书，是一清之书雷同于世骏。推原其故，不外三途：一，一清剿袭杭书；二，世骏以初稿付一清，而一清损益之；三，世骏、一清同治《国志》，一清有所发明以示世骏，世骏遂以入书。今案一清书内于顾炎武⑤，顾祖禹⑥，姜宸英⑦，朱彝尊⑧，阎若璩⑨，李光地⑩，何焯⑪，陈景云⑫，全祖望⑬诸家说，皆明标姓氏，自非攘美窃名之流，其非剿袭杭书更不待辨。古人同治一学，相互勘正，若全祖望为杭世骏复审《汉书疏证》之类⑭，所在多有，偶或雷同固不能目为剿窃，吾人不应以疑词厚诬贤者也。世骏始补裴注，一清方居京师，不能相与上下其议论；今两书义例相同，征据旧籍亦复相近，意者其世骏入京后以初稿付一清而一清损益之乎？

世骏"怪裴世期之集注尚有阙焉，因更广采异闻以增益其所未备"；综其条例约得十事：曰音义，曰地理，曰典制，曰人物，曰史实，曰杂事，曰异闻，曰考证，曰校雠，曰典籍。然"掇拾残剩，欲以博洽胜之，故细大不捐，瑕瑜

① 《注补》卷35，1页。
② 据《史通·暗惑篇》。
③ 《史通·暗惑篇》。天挺案，《四库全书总目》谓"至于崔琰捉刀刘孝标《世说注》中已辨裴启《语林》之误，乃弃置刘语，而别引《史通》之文"云云；其语似误。今《世说注》中仅引《魏氏春秋》及《魏志》各一条，未有辨证之词也。
④ 《注补》卷12，2页。
⑤ 卷29，1页引顾炎武说。
⑥ 卷16，4页引顾祖禹说。
⑦ 《注补》内卷1，19页；卷10，5页；卷13，6页；均引有姜说。此外尚多不备举，下同。
⑧ 卷48，9页，引朱说。
⑨ 卷1，56页，引阎说。
⑩ 卷28，14页，引李说。
⑪ 书中引何说最多，如卷1，5页。
⑫ 引陈说亦甚多，如卷9，7页。
⑬ 卷1，41页，引全说。
⑭ 《鲒埼亭集》卷22：22页《范冲一穿中柱文》。

互见"①。且所据佚书若司马彪《战略》《丹阳记》《齐地记》《洛阳宫殿簿》之类，或引自《太平御览》，或引自《水经注》《世说注》，世骏但举原书，不著所从出，其失一也。《御览》《水经注》《艺文类聚》之属，仅登正文，不称篇次，其失二也。杂引异说，不加裁定，若《魏志·文帝纪》既引《城冢记》《太平寰宇记》谓文帝陵在偃师县首阳山，复引《通典》谓富平有荆山沮漆水西有魏文帝陵，自相抵牾，有疏抉择，其失三也。前贤旧说，或略所本，如《魏志》三《少帝纪》"孔晏义"一条，出何焯《义门读书记》，世骏但称愚案，其失四也。世骏之书，稗贩为多，不下己意，其失五也。至若《四库全书提要》所讥"稗官小说，累牍不休"；"蔓引卮词，多妨体要"②者，盖不胜其论矣。

一清继作，捃摭益富，考订綦详，颇矫世骏之违枉。其尤显著者：——《御览》《水经注》《寰宇记》之属，皆详其篇次，佚书皆标所从出；一也。晦词疑义，能加诠定：若《武纪》"鉴镜不忘谓己割其鼻也"③；《诸葛亮传》"西南夷谓爷为索，关索寨即关爷寨，皆尊称也"④之类；二也。一时典制，多详其因革：若《武帝纪》"曹公以建安元年拜司空，故于三年置军师祭酒，然考之诸臣传无全称军师祭酒者"⑤；"《宋志》魏武为丞相以来置左右长史而已，此谓于《汉》旧仪之外别增二官，非谓尽省前职也"⑥之类；三也。州郡建置分省，一一详考：若荆州之吴蜀分领，南北双立⑦；临卭汉晋皆属蜀郡，不属汉嘉⑧之类；四也。诞谩杂说，若杭书之"崔琰捉刀""张飞豹月乌"之类，概从芟汰；五也。此一清之长也；然于"某人宅在某乡，某人墓在某里，其体全类图经。虞荔之《鼎录》，陶弘景之《刀剑录》，皆按年编入；而钟嵘等传《书评》《书品》动辄连篇；其例又如杂记"⑨，后人之所讥于世骏者，皆蹈袭无遗，为例仍未纯也。

洪亮吉《三国志补注序》曰"令子宾仁于先生身后能一一刊先生之遗书，俾之流布"⑩，毕沅《道古堂外集序》曰："先生《道古堂集》已刊于吴中，今令子宾仁复以先生《外集》十种就质于余，余既服先生于学之勤，又嘉令子之

---

① 《四库全书总目》卷 45。
② 《四库全书总目》卷 45。
③ 卷 1，26 页。
④ 卷 35，5 页。
⑤ 卷 1，21 页。
⑥ 卷 1，35 页。
⑦ 卷 1，38 页。
⑧ 卷 32，12 页。
⑨ 《四库全书总目》。
⑩ 《卷施阁文》乙集卷 6。本书无之。

能承先志，遂为分俸助刊。工甫竣，而余适奉恩命擢督楚中（事在乾隆五十三年），因匆匆为记其原始如左。"①是杭书为其子宾仁所刊行，竣功于乾隆五十三年；然未刊布前，浙江省已采进其书，著录于四库。今考文澜阁《四库全书》本《三国志补注》②与通行之《粤雅堂丛书》本、《道古堂外集》本，颇有差异。《四库》本每卷分标子目，如《张辽传》《于禁传》之类；而通行本但依《国志》卷次总称《张乐于张徐传》。《四库》本先标志文，次举裴注（低一格）然后低二格以列补注；通行本志注不并举，补注低一格。《四库》本分卷与编列先后与通行本有殊。窃意杭氏原稿并非完书，亦未经勘定，后人但就稿本誊钞付梓，故先后未能齐一。又其所征据如《殷芸小说》，一事重见；诸葛连弩，误阑裴注；魏文帝陵自相抵牾；益可证其非审勘之定本也。

　　赵氏《三国志注补》光绪中始刻于广雅书局。稿本旧藏钱唐丁氏八千卷楼，今归南京国学图书馆。安岳陶元珍先生尝取以校刻本，辑其有关考证而为刻本所遗者成《补遗》一卷。钱泰吉《曝书杂记》谓"赵东潜一清评注《三国志》，地理为详，《方舆纪要》，《一统志》细书简端，字数几倍本书。今在岱峰（金氏）处，岱峰欲缮写清本未能也"。未审今传稿本是赵氏手录否？赵书抉择虽精，于裴注旧文亦有阑入③。又如《鼎录》《刀剑录》《九品书》《城冢记》之类，无关史事，本属赘文。然同一《鼎录》于《武帝纪》《文帝纪》则著之，于《董卓传》则略之；同一《刀剑录》于《明帝纪》《袁绍传》《郭淮传》则著之，于《周瑜传》则略之；同一《九品书》于《钟会传》《吴主传》则著之，于《钟繇传》《刘劭传》则略之；此决非有所翦裁于其间。可知赵稿亦属抄撮之长篇未尝成书也。

　　窃谓杭、赵两书，盖由世骏创为义例，发其端绪，一清踵而广之；故体裁相同，征据相近。然两书均未完成，故两家集中未及其事。两氏既卒，后人得其遗稿，辗转传录，遂并行于世。实则，若以毕沅、王先谦两家《释名疏证》例之，赵书既行，杭书可废；惜乎一清未能全袭世骏之文而辨证之也。

1936 年 7 月 6 日

（原载《国学季刊》五卷四号）

---

① 《道古堂外集》卷首。

② 今存国立北平图书馆。

③ 卷 13，2 页官此枸邑注；卷 14，6 页役祤注；均裴注原文。

附　景印《三国志注补》序

陈寿《国志》蹑迹班书，比辔《东观》，最称嘉史；而裴松之采掇异同，刊补脱漏，撰集成注，尤号该密。裴氏表上其书，谓：

> 三国虽历年不远，而事关汉晋，首尾所涉，出入百载，注记分错，每多舛互。其寿所不载，事宜存录者，则罔不毕取，以补其阙。或同说一事，而辞有乖杂；或出事本异，疑不能判；并皆抄内，以备异闻。若乃纰缪显然，言不附理，则随违矫正，以惩其妄。其时事当否，及寿之小失，颇以愚意有所论辩。

裴氏既"务在周悉"，又自著义例如此，后世或疑其志广异闻，无涉诂训，与应、晋注史殊科。（洪亮吉，《杭董浦先生三国志补注序》：夫惟通训诂则可救塾师之失，服虔二十一家之注《汉书》是也；亦惟隶故事则可以救词人之失，裴松之之注《三国志》之类是也。）夷考其实，斯不尽然：

> 《魏志·武帝纪》，"黑山贼于毒、白绕、眭固等十余万众略魏郡"，注"眭申随反"；《文帝纪》，"其告郡国给槥椟殡敛"，注"槥音卫"；又"礼国君即位为椑，存不忘亡也"，注"椑音扶历反"：此明音切者也。

> 《武帝纪》，"司马法将军死绥"，注"《魏书》云，绥却也，有前一尺，无却一寸"；又"公还邺，作玄武池，以肄舟师"，注"《三苍》曰，肄习也"；《王粲传》，"表以粲貌寝而体弱通侻，不甚重也"，注"臣松之曰，貌寝谓貌负其实也，通侻者简易也"：此诂训者也。

> 《任城王彰传》，"乘胜逐北，至于桑乾"，注"臣松之案，桑乾县属代郡，今北虏居之，号为索于之都"；《蜀志·诸葛亮传》，"故五月渡泸，深入不毛"，注，"《汉书·地理志》曰，泸为水出牂牁郡句町县"，《吴志·孙权传》，"使鲁肃以万人屯巴丘"，注"巴丘今曰巴陵"；《蜀志·后主传》，"后主至湔"，注"臣松之案，湔县名也，属蜀郡"：此释地理者也。

> 《魏志·武帝纪》，"始置名号侯，至五大夫，与旧列侯关内侯凡六等，以赏军功"，注"《魏书》曰，置名号侯爵十八级，关中侯爵十七级，皆金印紫绶；又置关内外侯十六级，铜印龟组墨绶；五大夫十五级，铜印环组，亦墨绶，皆不食租。与旧列侯关内侯凡六等。臣松之以为今之虚封，盖自

此始"；《蜀志·二主妃子甘皇后传》，"《诗》曰榖则异室，死则同穴"，注"礼云上古无合葬，中古后因时方有"，《吴志·三嗣主传》，"使察战到交阯调孔爵大猪"，注"臣松之案，察战吴官名号，今扬都有察战巷"：此诠典制者也。

凡此均前史旧注之恒例也。又或疑裴氏有志未竟，散置偶见；（《四库总目》曰：又其初意似亦欲如应劭之注《汉书》：考究训诂，引证故实。故于《魏志·武帝纪》沮授字则注沮音菹，……《魏志·凉茂传》忽引《博物记》注一锢字之类，亦间有之，盖欲为之尚未竟，又惜所已成不欲删弃，故或详或略，或有或无，亦颇为例不纯。）然观其音切垂八十事，知亦非确论也。大抵裴氏鸠集为工，傍摭甚富，而史实与训诂繁简相殊，多寡斯异，非必故为轩轾，意有偏废也。

清代治陈书者，以陈少章景云，何义门焯，杭大宗世骏，赵东潜一清为较先。各补遗逸，并有发明；赵氏《三国志注补》最以恢博著。其书规检裴注，征据尤勤。综所补正，约得十事：

一曰音义：卷一，"河内太守缪尚留守"，补注"缪当作樛，音留"；卷四十三，"定莋台登卑水三县去郡三百余里，"补注"孟康云卑音班"；卷十七，"追至祁口"，补注"祁口即沶口，……一清案，沶音怡，……祁阳……"《晋太康地志》作沶，音祁"；卷一，"天子命公置旄头，宫殿设钟虡"，补注"《尔雅·释器》木谓之虡"；卷一，"仁风扇鬼区"，补注"鬼区即九区也，古九鬼同字"：是也。

二曰地理：卷一，"注在故市乌巢屯"，补注"一清案，故市汉县，属河南郡，后汉县废，在今郑州北"；卷一，"若寻西山来者"，补注"西山当指太行山"；卷一，"注诏书并十四州复为九州"，补注"一清案，《郡国志》首司隶，次豫，冀，兖，徐，青，荆，益，扬，凉，并，幽，而以交州终焉，合得十三州，此云十四州，以为参错。……盖十四州当数雍州，建安中分凉州置，见《晋书·地理志》"；卷十五，"文帝即王位初置凉州"，补注"《晋书·地理志》……统领八，金城，西平，武威，张掖，西郡，酒泉，敦煌，西海。一清案，西平郡分金城郡置，西郡分张掖郡置，西海郡即故居延国，并汉献帝时立为郡，其余皆故郡也"；卷四十七，"烧安成邸阁"，补注"《两汉志》，汝南郡安成侯国，一清案，安成城在河南汝宁府东南十七里，疑迂远，寿州南有安成县城，梁普通五年豫州刺史裴邃攻寿阳之安城，既而马头、安城皆降，宜此为是，盖吴境不得越淮而北至汝南也，三国时魏边境戍守处也"：是也。

三曰典制：卷一，"初置军师祭酒"，补注"一清案，祭酒之称，周末有之，……军师祭酒本汉官，见《后汉书·郡禹传》……"；卷十一，"迁伊阙都尉"，补注"伊阙都尉即灵帝八关都尉之一"；卷二，"注帝怒遣刺奸就考"，补注"一清案，《宋·百官志》，刺奸主罪法"；卷二，"注皆假节鼓吹"，补注"《宋书·乐志》鼓吹盖短萧铙哥，……魏晋世给鼓吹甚轻，牙门督将五校悉有鼓吹"；卷三，"其减鞭杖之制"，补注"《晋书·刑法志》：明帝改士庶罚金之令"：是也。

四曰人物：卷一，"山阳太守袁遗"，补注"《后汉书·袁绍传》注引《英雄记》曰，绍从弟"；卷一，"注幸城西故中常侍赵忠宅"，补注"《后汉书·宦者传》，赵忠安平人，……灵帝时迁中常侍，封列侯，后领大长秋"；卷十四，"巨鹿太守李邵"，补注"李邵亦见《司马朗传》，《蜀志·杨戏辅臣赞》，字叔南者又一李邵也"：是也。

五曰载籍：卷十三，"注《魏名臣奏》"，补注"《隋书·经籍志》《魏名臣奏事》四十卷，目一卷，陈寿撰"；卷一，"注习凿齿《汉晋春秋》"，补注"《隋书·经籍志》：《汉晋阳秋》四十七卷，晋阳太守习凿齿撰"；卷四十七，"注《孙子兵法》"，补注"《隋书·经籍志》：《孙子兵法》二卷，吴处士沈友撰"：是也。

六曰故实：卷一，"注曹参以功封平阳侯，世袭绝而复绍"，补注引《前汉功臣表》《曹参传》《后汉书·和帝纪》以实之；又"养子嵩嗣官至太尉"，补注引《后汉书·曹腾传》，《袁绍传》注引《续汉志》以明之；又"太祖少机警有权数"，补注引《后汉·李膺传》《太平御览》《世说》《英雄记》以补之：是也。

七曰异同：卷二，"注辛亥太史丞许芝条魏代汉见谶纬于魏王"，补注引《宋书·符瑞志》许芝奏，以见异文；卷二，"以孔羡为宗圣侯"，补注引《后汉书·儒林·孔僖传》注作崇圣侯；卷一，"卫将军董承与袁术将长奴拒险，洪不得进"，补注"《后汉书·董卓传》言董承患韩暹乱政，潜召操，此云承拒曹洪，二文不同"：是也。

八曰违误：卷一，"绍又尝得一玉印"，补注引《后汉书·徐谬传》注，谓举玺向肘乃是袁术；卷二，"帝疾笃，召……征东大将军曹休"，补注引《晋书·宣帝纪》，证顾命辅政非四人，曹休无受遗辅政之事；卷三，"秋七月壬寅"，补注"一清案《晋志》亦作七月己巳，疑壬寅误"：是也。

　　九曰史法：卷四，"五年春正月朔日有蚀之"，补注"一清案景元元年即甘露五年，盖史氏追改之，陈承祚独于是年分别纪之，非常之变不没其实，真良史也。此本之春秋定公元年书法"；卷九，《夏侯惇传》，补注"案承祚以夏侯与诸曹互列一卷，正隐寓操为夏侯氏子，至操以女妻懋，盖欲掩其迹，所谓奸也"：是也。

　　十曰校雠：卷一，"购求信丧不得，众乃刻木如信形状"，补注"一本无众字"；卷八"单于执杨至黎阳"，补注"何云北宋本执作与"；卷一，"注太祖一名吉利"，补注"《太平御览》卷九十三引《魏志》注，太祖上有'曹瞒传曰'四字，今本脱"：是也。

顾其所述，间有舛错。若《钟繇传》"尸主事之臣，枸音荀薖地"；《刘放传》，"役音都活反，祤音诩"；乃裴注之旧文。《魏武帝纪》，"操虽不就东郡之命，当时犹以此称之"，《陆逊传》，"关侯濑与白帝城相对文义，上删濑字下去城字，史之省文"，实杭氏《补注》之成说。又杂引《拾遗记》《刀剑录》《鼎录》诸书，无干史实，颇伤芜秽。疑此为赵氏抄撮之长编，未尝勘定，然其采摭恢宏，抉摘精审，要亦裴氏之亚也。

　　尝谓《国志》一书，考订证遗前哲肆力已多，今治斯史，允宜钩稽群籍，求其通贯。建安以降，竞尚屯田；《吕蒙传》称"权嘉其功，即拜庐江太守，所得人马皆分与之，别赐寻阳屯田六百户"，是吴尝以屯田兵户为赏赉之资，其制若何？盐铁之利，两汉行罢靡常，廷议纷呶，《吕乂传》，传称"先主定益州，置盐府校尉，较盐铁之利"，《张裔传》称"先主以裔为巴郡太守，还为司金中郎将，典作农战之器"，则蜀尝行之，其利弊若何？《许靖传》"浮涉沧海，南至交州，经历东瓯闽越之国，行经万里，不见汉地，……复共严装，欲北上荆州，会苍梧诸县夷越蜂起，州府倾覆"；《零陵先贤传》"刘巴入交阯，与交阯太守士燮计议不合，乃由牂牁道去，为益州郡所拘留"，是由交州入中国通道不一，其兴圮若何？管宁、张弥乘海以入辽东，公孙度越海以收东莱诸县，景初元年公孙渊自立为燕王，魏明帝诏青兖幽冀四州大作海船；是其时海运大昌，其经涉若何？《诸葛亮传》"九年亮复出祁山，以木牛运"；"十二年春，亮悉大众由斜谷出，以流马运"，《魏明帝纪注》"使博士马均作司南车"；其技巧若何？诸若此类，不可胜举，倘得深识，究其指要，以视考求于一文一物之间，不亦多乎！

赵氏此书，久未付梓，稿本旧藏钱唐丁氏八千卷楼，光绪中叶始刻于广州，流传殊鲜。（前在蜚英阁书肆，见光绪乙未瑞安黄氏钞本《广雅书目》，史部独无赵书）。爰付景印以广其传。道光中吾乡梁氏章巨求赵氏遗说辑入《三国志旁证》，以今本对勘，间有异同。又刻本校雠亦多疏略。参稽订正，留以俟之有志。

1936 年 2 月 8 日

（原载天津《益世报·读书周刊》第六十五期。）

张穆《月斋集》稿本

张石州先生《月斋文集》八卷，诗集四卷，清咸丰八年寿阳祁叔颖寓藻刻于京师，版今存北平琉璃厂开明书局。张氏名穆，字诵风（见程鸿诏《张先生小传》），一字石州，又字硕洲（《张先生小传》），初名瀛暹（《山西通志》），山西平定人。清道光间以文章名都下，与光泽何愿船秋涛并精西北地理。祁叔颖称其"为人豪放明锐，极深研几。于经通孔氏微言大义，精训诂篆籀；于史通天文，算术及地理之学；议论穿穴今昔，熔冶四库百氏"。又称其"学不专主一家，而皆能得其精诣。涉历世故，益讲求经世之学，于兵制，农政，水利，海运，钱法，尤所究心。然性刚负气，锋颖逼人"。祁寯藻《月斋文集序》旌德吕羲音贤基称其"掌经似贾长头；考史似刘子元；谭地理似郦善长，王伯厚；论治体似陆敬舆，白居易；行谊卓绝，文词瑰伟，则似萧颖士，徐仲车"（何秋涛《月斋文集序》）。何愿船称其"笃志儒先，淹贯四部"（《月斋文集序》）。其为时流所倾挹如此。道光二十九年（己酉）殁于京师，年四十五。所著有《魏延昌地形志》《蒙古游牧记》《顾亭林年谱》《阎潜丘年谱》及《月斋诗文集》。

《月斋集》为张氏门人青阳吴子肃履敬，子迪式训兄弟所衷辑。集中各有题序，记其原委甚详。子迪序曰：

> 师殁于己酉冬，同志诸先辈命训检点遗书，无任散佚。因取师所撰《蒙古游牧记》《延昌地形志》《说文属》及诗文手稿友人书札，锁置一箧中。仓猝之间，颠倒凌乱，不能无负于平生之意，愧恨如何可言。检既毕，谨呈何子愚先生，以俟子贞世丈典粤试旋清厘校订。已而贞丈甫归，即持服南下。先以《游牧》《地形》二书付何愿船师，其余杂稿权封置京中。事会难齐，有非意料所及者。至壬子秋，贞丈起复入都，旋又使蜀，于是举杂稿并付愿船师，月斋遗集始萃一处。不数月，愿船师亦从军吾省，行期甚迫，乃许以杂稿付训兄弟编次，又言《游牧》《地形》二书已录副本，可存都中。数日后，军事益急，忽改行期，仓皇南下，训不及追送，仅从杨绅

芸世丈处取得杂稿及书札一束，于是师之遗文遗书又判然两地矣。既承愿船师及缃丈之命，即与家兄子肃——清厘，分为十二卷，应试策论随笔杂记，留待续编，不敢杂厕也。

子肃序曰：

师既殁，所著书稿辗转归于子贞世丈，及愿船先生处，越三年诗文杂稿始归余兄弟，余悉为愿船先生携出都，又越四年丁巳（咸丰七年）季春，贞丈再入都，闻诗文稿编成已久，与缃芸世丈议，始有刊行之志，因商之寿阳相国，遂酿金鸠工。又越四月，愿船先生由闽北上，携师所撰《蒙古游牧记》《延昌地形志》及《说文属》并残稿数种，浮舟于洪波海雾中，行李尽弃，独与书俱达。

先后八年，离合数四，而卒底于成，诸人可谓笃于风义者矣。

月前，保古斋书贾送来《月斋集》稿本十二册，凡为文八，为诗四，册各一卷，编列次第与刻本同，无序及总目。或用竹纸，或用灵石杨氏连筠簃丛书稿纸，或就刻本辑入，缮校精密。用连筠簃稿纸者，疑张氏生前定稿；用竹纸者，吴氏兄弟所手录，即祁叔颖序中所谓"诗文杂稿属其门人吴子肃子迪昆季裒辑缮写"者也。稿中勾勒之处甚多，并用朱笔识行款，盖付梓时原本也。

稿本中，勘校者三家。其一，粘签钤"思复斋"白文小章，莫详其姓字，祁、何、二吴序中均未及其人。其一，字较小，或缀签，或记眉上，题秋涛按云云，则何愿船笔也。其一，字较大，识于书眉，无名款；据卷二《楚论》何愿船识语"贞翁以为无味何耶"云云，知其为道州何子贞绍基笔也；字亦绝似。思复斋勘定数则，刻本多依之改正，以意度之，审阅最先；何愿船识语有涉何子贞处，则在三家中当为最后。

集中《二十二人解》《成即古称字说》《上帝甚蹈义》诸篇，何子贞以为可删；《正月瞻乌义》《楚论》《与陈颂南先生书》诸篇，何子贞以为可商；《俄罗斯事补辑》一篇，何愿船以为偶误；而刻本均仍稿本之旧。知稿本虽经两何勘定，付刻时亦未能尽从也。

稿本初定卷次，与付梓时颇多参差，今检其目，凡缺文稿第三第四第五第九各卷，其详莫得而窥。岂即何愿船所谓"复请子贞删定"，而吴子迪所谓"应试策论随笔札记留待续编，不敢杂厕者"欤？

张氏诗文杂著存稿，强半涂乙丛残，吴子肃兄弟取残帙断纸排比逐誊，始勒成一书（见何愿船序）。然当时访求未周，颇多疏漏。如文集卷三《书蒙古源流后》以下四篇，稿本原阙，付梓时始补入。又《王会篇笺释序》一篇，亦稿本所无，刻竣后续得其稿，附入三卷之末，列为补遗，是其证也。案薛传均《说文答问疏证》道光十七年重刻本，有张氏序文（用瀛暹名），今亦不见于集，以此例之，所遗尚多。张氏负重望于当时，中年以前壮游南北，其所论述必不仅此，安得有志者再事摭辑以补二吴之阙！

近顷以来，取稿本与刻本比雠而读，乃次其同异，兼掇诸家识语，备审览焉。（以刻本为主，取稿本校之。）

《月斋文集》卷一　稿本卷一作第一。

《经说》附杂考二篇　稿本原作"《经说》二十篇"，继用朱改"经说"二字。

《爻法之谓坤解》　稿本同。

《舜典王肃注考》　稿本同。

《二十二人解》　稿本同。何子贞批曰："此有成说，不必存"。

《昆仑虚异同考》　稿本同。

《允征序义》　稿本同。

孔冲远尧典正义　一节　稿本冲远作仲远。何子贞批曰："此可删。（大字）仲远雷作冲远（小字）"。

《淇奥正义纠谬》　稿本同。何子贞批曰："此论可不发。"

《隰则有泮解》　稿本同。

《青矜城阙解》　稿本同。何子贞批曰："难免附会。"

《正月瞻乌义》　稿本同。

《淮有三洲考》　稿本同。

《上帝甚蹈义答赵伯厚》　稿本同。何子贞批曰："无味。"

《勤商解》　稿本同。何子贞批曰："易勤为践，效康成易经字之法，吾不敢也。"思复斋签曰："惠氏栋据《尔雅释诂》'勤勤也'，意谓太王自邠迁岐，始能光复祖宗，修朝贡之职，勤劳王家也。勤已具践义。余皆成说，似可不存。"

《释媒氏文争义》

亦既教之乃曰耻之　稿本"乃曰耻之"下，原有"民将遵其教而冒其耻乎，抑恤其耻而违其教乎？且三十不取，二十不嫁，其父母必非得已也。稍或过时，为子女者即悍然不顾相率淫奔，而媒氏置如罔闻，曰，吾正以耻之也。毳衣之大夫丧其棱威矣，此殆衰季所必无之典"数语。思复斋签曰："民将遵其教至必无之典，数语拟删。"

《瓦屋考》　稿本同。

《篝勒解》　稿本同。

《成即古称字说》　稿本同。何子贞批曰："此见积古斋款识，应删。"

《栈字说》　稿本同。

《沾沁疑义》　稿本同。

《阳冰说答祁叔颖尚书》　稿本"叔颖"作"淳父"，继改。何子贞批曰："可。"

《月斋文集》卷二　稿本作《月斋文集》第二。

《论》附书后一篇　稿本原作"论议六篇"，继用朱改与刻本同。

《楚论》　稿本同。何子贞批曰："无味。"何愿船批曰："秋涛曰：此非论楚也。手挥五弦，目送归鸿。所谓言之者无罪，闻之者足以戒者，深得立言之法。贞翁以为无味何耶？"

《海疆善后事宜重守令论》　稿本同。何子贞批曰："何待言之论。"

方今良法美意　稿本"方今"原作"今国家"三字，继用朱改。

是以当极盛之时　稿本极作全，时作朝，继用朱改。

《弗夷贸易章程书后》　稿本同。

听弗夷习教授徒诳惑愚民何也　稿本原作"听弗夷习教授徒，诳惑愚民，窃恐不十年间大江以南非国家有也"。何子贞改。

《俄罗斯事补辑》　稿本同。

复东南流至黑龙江入东海　何愿船签曰："秋涛案：石州此作，全用松文清公《绥服纪略》原文，而此段言水道者，松公原文有误，石翁亦沿之未改。所云复东南流至黑龙江入东海者，斯松公之误也。盖土喇河即图拉河，其水源与黑龙江上源东西相望，近在数百里间。然黑龙江水流入东海，而土拉河水西流入鄂尔浑河，鄂尔浑河北流入色楞格河，色楞格河北至俄罗斯界入白哈儿湖，即此所云拜噶勒淖尔，下流则北流入北海矣，以为入东海者误也，以为合黑龙江者尤误也。"

《颂》　稿本原无，朱笔增。

《资敬延祺之颂并序》　稿本同。

《赞》　稿本原无，朱笔增。

《潜丘像赞》　稿本同。

《铭》　稿本原无，朱笔增。

《宋紫端研铭》　稿本同。

《太平有象研铭》　稿本同。

《寿序》　稿本原无，朱笔增。

《方牧夫先生寿序》　稿本同。

《日照许肃斋先生寿序》　稿本同。

《外姑刘太宜人寿序》　稿本同。

《月斋文集》卷三　稿本愿作《月斋文集》第七，继用朱改第三。

《书》　稿本原作《书札》十五篇，继用朱改"书"字。

《复谢阮芸台相国书》　稿本同。

《与祁叔颖枢密书》　稿本叔颖原作淳父继改。下同。

《与陈颂南先生书》　稿本同。何子贞批曰："酌之。"

《复徐松龛中丞书》　稿本同。

《与徐仲升制军书》　稿本同。

嗣于午桥礼部叔颖大农处敬闻威信　稿本叔颖原作淳父，继改。

《与直隶某方伯书》　稿本同。

《序》　稿本原无，朱笔增。

《西域释地序》　稿本同。

令子叔颖侍郎　稿本叔颖原作淳甫，继改。

《说文解字句读序》　稿本同。

《程侍郎遗集初编序》　稿本同。

而春海程公之考　稿本春海上有"户部侍郎"四字，继删。

祁叔颖尚书日往省　稿本叔颖原作淳父，继改。

道光二十五年三月既望序　稿本原作"道光二十有五年端蒙大荒落三月既望平定张穆序"，继改。

《使黔草序》　稿本同。

《汉石例序》　稿本同。

《落骊楼文稿序》　稿本同。

《癸巳存稿序》　稿本同。

已而知其卷在通州王菉原礼部房　稿本礼部原作侍御，继改，下同。

仪征初竟未之见也　稿本原作"竟未之见也"，继用朱改"竟"为"初"。刻本两字并存。

后十年　稿本"后"上有"逮"字，继用朱勾去。

巨册数十　稿本原作巨册十余，继改。

不足赡妻孥　　稿本"赡"下原有"其"字，继删。

因与偕谒祁叔颖学使　　稿本叔颖原作淳甫，继改。

七月学使邀赴金陵　　稿本"七月"上有"逮"字，继用朱改。

余从得存稿副本　　稿本原作"余从假得理初手校存稿副本"，继用朱删"理初手校"四字。

又越六年丙午　　稿本原无，仅一"为"字，朱笔增。

忘年折节　　稿本原无，朱笔增。

至其学行本末则程春海侍郎两序详言之兹不复缀云　　稿本原作"序行遗书盖不胜车过腹痛之感云"。

《重刻元遗山先生集序》　　稿本同。

而京华旅食囊橐萧然乃节啬佣书余资　　稿本原作"州中有资力足任期役者，尚不乏人，乃募商积年，卒无肯赞成之者，不得已节啬佣书余资"，继改。

《重刻吴才老韵补缘起》　　稿本同。

《书蒙古源流后》

《校正元圣武亲征录序》

《蒙古游牧记自序》

《魏延昌地形志自序》　　以上四篇稿本无。夹签云："《韵补缘起》后，加入《书蒙源后》《校正元圣武亲征录序》《蒙古游牧记自序》《北魏延昌地形志自序》四篇。"刻本目录注曰："卷中续得稿补刻者共文四篇，故不复羼入他卷。"即指此。

《题词》　　朱笔增。

《镜镜詅痴题词》　　稿本即就灵石何氏连筠簃丛书原刻辑入。

海蜃鸥张　　稿本"张"原作"状"，继改。

《元朝秘史译文抄本题词》　　稿本同。

《亭林年谱题词》　　稿本同。

《潜丘年谱题词》　　稿本同。

《补遗》　　詅本无。

《王会篇笺释序》　　稿本无，刻本目录原注云："序一篇，刻竣后始得此稿，故附入三卷之末。"

《崶斋文集》卷四　　稿本原作《崶斋文集》第六，继用朱改第四。

《跋》附记一篇　　稿本原作跋十四篇，继用朱改。

《沈果堂钞尚书古文疏证五卷本跋》　　稿本同。

《书吴侍御奏稿后》　稿本同。

寿阳祁叔颖侍郎　稿本叔颖原作淳父，继改。

《少谷山人尺牍跋》　稿本同。

《广洗心诗跋》　稿本同。

《黄忠端与乔柘田尺牍跋》　稿本同。

《跋富川令秦公徇忠遗笔》　稿本同。

道光二十九年谷雨日记　稿本"记"下原有"立夏后二日书"六字，朱删。又篇末原稿尚有一条，文曰："新修《一统志》于吾州人物下，载有孝行刘锐者，其人与吾家望衡而居，不孝不友，行同无赖，兄弟兴讼十年不解。以素与学书某昵，嘉庆初元诏举天下卓行之士，锐以二十缗付学书某，遂饰举孝行，部议予旌，今《一统志》居然载入，此则国史馆据州县解到文案之确证也。又道光八九年间，山西布政使叶绍本以微时掌冠山书院教，颇为州人所礼，及是思所以褒异平定者，札饬教官广举忠义孝弟之人。学正傅美成因而大纳赇赂，自四五百缗以至一二百缗，屠酤牧竖轰然以忠义孝弟闻者，至二十余人之多，皆刊木置主，崇祀勿替。万一将来更修《统志》，则此二十余人亦平定州申报所首及也，附识于此，以谂来者"一则，思复斋签云："此条拟删"，朱笔乃勾去之。

《渔洋草稿跋》　稿本同。

《黄孝子万里寻亲图记》　稿本同。

《虢季子白盘文跋》　稿本同。

《竟宁雁足镫铭跋》　稿本同。

《郙君开通褒余道题字跋》　稿本同。

《百石卒史孔龢碑跋》　稿本同。

皆继孔龢而掌领其事者也　稿本句下原有夹注云："此碑地字他字也旁与秦篆苦字形略同，而笔势小变，系旁糸旁幺皆斜画左出，不作弯环之笔"一则，继删去。

《延熹封龙山碑跋》　稿本同。

《青主先生手评曹全碑跋》　稿本同。

《旧拓孔褒碑释文并跋》　稿本无"并跋"二字。

以备好古者审览云　稿本"备"字以下阙，注"下阙"二字。

敬案己酉秋日　稿本无敬字。

师得微波榭旧拓孔褒碑　稿本师作先生。

附书篇末以识感云　　稿本作"附识于此，以申悲感，门人吴履敬谨记"。

《魏张黑女墓志跋尾》　　稿本同。

《北齐李清报德像碑跋》　　稿本同。

功上脱一字　　稿本"功上"原作"造下"朱改。

《旧拓醴泉铭跋》　　稿本同。

《明拓李思训碑跋》　　稿本同。

《宋拓张长史尚书省郎官石记跋》　　稿本同。

直俗书伪托　　稿本原作"直屠沽俗书"，朱改同刻本。

《宋拓柳诚悬书左神策军纪圣德碑跋》　　稿本同。

《月斋文集》卷五　　稿本原作《月斋文集》第八，朱改第五。

《碑铭》　　稿本原作"碑志十二篇"，朱改"碑铭"二字。

《诰授振威将军太子太保四川提督齐勇毅公神道碑铭并序》　　稿本原作《齐勇毅公神道碑铭并序》，继改。

《墓志铭》　　朱笔增。

《诰授光禄大夫河南山东河道总督赠太子太保浑源栗恭勤公墓志铭》　　稿本原作《浑源栗恭勤公墓志铭》，继改。

《诰授光禄大夫太子少保两广总督高平祁恭恪公墓志铭》　　稿本原作《高平祁恭恪公墓志铭》，继改与刻本同。

《诰赠奉政大夫左春坊左赞善候补东河县丞外舅赵君墓志铭》　　稿本同。

《拣选知县李君墓志铭》　　稿本原作"《清故拣选知县怡山李君墓志铭》，前正白旗官学教习候选知县门人张穆撰并书"，继改同今本。

《传》　　朱笔增。

《高要苏封君家传》　　稿本同。

旁魄而论之　　稿本原作"申论之"，继改。

任力以养　　稿本原作"服贾以养"继改。

《诰授振威将军太子太保齐勇毅公家传》　　稿本同。

《行述》　　朱笔增。

《例授奉政大夫翰林院编修记名御史显考晓沂府君暨显妣王宜人李宜人行述》　　稿本同。

兄弟无尔我分　　稿本句下原有"兄弟五人析产后一如未析时"一句，继删去。

《先兄补庵府君行述》　　稿本同。

《月斋文集》卷六　稿本原作《月斋文集》第十，朱改第六。

《祭文》　稿本原作《祭文哀词》十篇，朱改祭文二字。

《亭林先生祠落成公祭文》　稿本原作《公祭亭林先生落成文》，朱改。

《亭林先生生日公祭文》　稿本原作《公祭亭林先生生日文》，继用朱改。

《公祭栗恭勤公文》　稿本同。

《公祭祁恭恪公文》　稿本同。

《公祭苏封翁文》　稿本同。

《祭任太素先生文》　稿本文前原有"道光二十年龙集庚子，秋九月，宜祀之辰，姻愚侄张穆谨以瓣香清酒，遥哭奠于故藤令姻伯任太素先生之灵曰"云云，继删去。

《祭伯兄文》　稿本同。

《祭三兄文》　稿本同。

穆曰可奈何　稿本原作"穆曰然则奈何"，墨笔改同今本。

赖叔颖先生力为之部署　稿本叔颖原作淳甫，朱改。

除叔颖幼章两先生周恤外　稿本叔颖原作淳甫，墨改。

呜呼痛哉　稿本原作"兄乎痛哉"，墨笔改为呜呼。

《哀词》　朱笔增。

《静涛张君哀词》　稿本同。

《月斋文集》卷七　稿本原作《月斋文集》第十一，朱改第七。

《事略》　稿本原作"事略一卷"，朱改"事略"二字。

《故内阁学士前仓场侍郎会稽莫公事略》　稿本即就原刻莫公事略辑入，篇中删易甚多，察其笔迹与朱笔勾勒行款者相同。疑遵石舟先生原稿校正者也。"故"上有"清"字。

嘉庆元年散馆一等三名二年充国史馆纂修　稿本原无，继增。

大考二等一名　稿本原无"一名"二字，继增。

得士郑兼才等八十人　稿本原无，继增。

充日讲起居注官实录纂修五月派教习庶吉士十月　稿本原无，继增。

三月大考二等五名　稿本原无"五名"二字，"二等"下有"以本官充日讲起居注官"十字，继改。

得士谭仲璐等二百四十人是月复升太常寺卿　稿本原无，继增。

五月派充教习副总裁　稿本原无，继增。

得士李炳春等九十四人　稿本原无，继增。

十五年巡抚阮公元聘主蕺山书院讲席　　稿本原无，继增。

又尝因常州帮武弁旗丁与办漕各州县互讦牵控多人满侍郎润祥议交刑部审讯公议咨交两江总督就近鞫之润祥持不可公不为屈因各执奏陈辨上前仁宗命军机大臣传问卒从公议　　稿本原作"又尝与满侍郎润祥议事不合，各执奏陈辨上前，仁宗为合解之"，继改。

满汉各寮　　稿本"各"原作"客"，继改。

奏上上特谕军机大臣曰尔等阅此奏必谓朕勃然矣不然朕幼承皇考明训选择名师教读颇涵养工夫事愈大而心愈细情愈急而气愈和数十年来守之不失尔等均所深悉朕断不受其欺罔亦不肯从重治罪特将原折朱批交尔等阅之以示承朕涵养之功。

稿本原作"当户部覆奏之上也，右侍郎汤公金钊独具折自行检举，称仓储不宜清查，以放代盘未见其利，不敢扶同称为良法美意，前户部三次议覆仓场随画诺咎无可辞，请交部议处。上斥其毫无定见，首鼠两端，失协恭和衷之义。然侍郎于此事实亦未得要领，但信公素学，必不妄相纠弹，故引咎之诚，无愧古人。其以向来清查库贮之说比例仓储，则非也"。继签改如今刻本，而移此数语于后文"天下诵之"之后。

于是满汉两尚书　　稿本原无"于是"二字，继改。

天下诵之　　稿本此下有"当户部覆奏之上也"云云数语，见上。

公旋亦感末疾　　稿本原作"旋感末疾"，继改。

子一钟殉　　稿本原作"子一京"，继改。

谨撰　　稿本原作"前正白旗官学教习候选知县甥平定张穆谨撰"，继删去衔名。

《月斋文集》卷八　　稿本原作《月斋文集》第十二，朱改第八。

《事辑附碑铭一篇墓志铭一篇》　　稿本原作《事辑一卷附碑志一篇》，朱改。

《先大父泗州府君事辑》　　稿本即就原刻事辑辑入，增益甚多，疑遵石舟先生自订本改正。

八岁希音堂剩稿陈先生寿序　　稿本陈先生下有珮翁二字，继删。

二十三岁而器重少梁独至。夹注案少梁名斗南　　稿本原无夹注，继增。

阶平先生空山堂集晋阳东归纪……送至南关停车话别诸生凝立怅望良久然后去　　稿本原无，继增。

二十四岁空山堂集示门人张佩芳等札闻汝等来蒲已有定期不胜忭慰……又诗集有秋日同衡儿门人姚廷瑞张佩芳张映衡五姓湖泛舟联句　　稿本无，继增。

慨然有千载之志夹注孙观察星衍岱南阁集……不徒以科名自见　　稿本原无夹注，继增。

三十五岁　选任歙县夹注案歙方盛送府君调任合肥诗……实未莅任也稿本原无夹注，继增。

三十六岁　其二建书院夹注殷煜送府君调任合肥诗……夜气清时戒牧牛稿本夹注原无此数语，继增。

其六禁淫祠夹注又吕邦宏诗注公禁夜戏妇人烧香婚夕闹房　　稿本夹注原无此数语，继增。

三十七岁　夹注又案翠岩精舍刻郎氏奏议注……标题都数与宜宾本同稿本夹注原无此二则，继增。

三十八岁　歙县志府君重修先农坛记……于乾隆三十四年九月即工十一月工成　　稿本原无，继增。

二十六年辛卯四十岁　　稿本作三十六年，刻本误。歙县志府君崇贤祠记……乃仿尚贤意颜之曰崇贤　　稿本无，继增。

二十七年壬辰四十一岁　　稿本作三十七年，刻本误。

夹注歙吴珏送张老父台调任合肥诗序……窃愿索傅家之传云尔　　稿本无，继增。

十一月二十八日先考生　　稿本无，继增。

三十八年癸巳四十二岁　　稿本无，继增。

府君仓社考题词……乾隆三十八年十月　　稿本无，继增。

四十七岁　大胜在署时夹注案是年先大母陈太宜人携先考侍曾大父母归里稿本夹注无此数语，继增。

四十九岁　与州牧江公夹注名恂字子九号蔗畦仪征人官至庐州府知府稿本原作"名恂，号蔗畦，仪征人"继改同今刻本。

又逾月余至泗州夹注又案蔗畦太守之子德量……即此碑也　　稿本夹注原无此数语，继增。

孙穆编并识夹注晋江陈庆镛填讳　　稿本原无夹注，用大字题"诰授朝仪大夫前工科给事中翰林院庶吉士户部员外郎晋江陈庆镛顿首拜填讳"，继删改用夹注。

《诰授奉政大夫翰林编修记名御史张君配王宜人李宜人合葬碑铭》

元附　稿本用木刻原本辑入。篇首原有"翰林院编修道州何绍基书并篆额"一行，篇末原有"道光二十九年月日立石"一行，继删。何子贞批云："此下二篇不应入《月斋集》。"

《补庵张君墓志铭》原附　　稿本同。

《月斋诗集》卷一　　稿本卷前有总目一叶，题"以下二卷起丁酉讫壬寅作，旧稿散乱，今分体约略编次"。数语。

诗集以下，但注其歧异之处，不复详列。

《漫河道中》　　稿本此题下有重五日次汶上题壁一首，诗曰："去年重五纵冶游，促弦合坐酒家楼。紫衫碧醁颇黎碗，香雪绕裾色不秋。今年客游直重五，菖蒲花开村店午。瓦盆春老挹盈尊，绮梦深宵墇何许？梦人璇城是耶非，霞标画舸织如飞，晴湖波沸鱼龙上，认取卢郎夺锦归。"缀签曰："此首拟酌"，继墨笔钩去，题"不写"二字。

《己亥正月三日江阴大雪登楼晓望分得雨字》　　稿本楼上有"伫月"二字，继改。缀签曰："题中数字拟改"。

《月斋诗集》卷二　　稿本同。

《送赵君心园归寿阳用春圃五兄韵》　　稿本春圃原作淳父，继改。

《徐州试院寄怀春圃校射韵二首》　　稿本春圃原作淳圃，继改。

《宿迁道中三首》

似闻蚍蟏语秋来　　稿本蚍蟏原作蚍蝮，朱识云："二字必有误，宜阙之，当作蚍蟏"。

《月斋诗集》卷三　　稿本卷前有总目一叶，题云，"以下二卷，自癸卯讫己酉作，原稿依年月编次，今不复分体"，继删。

《题叔颖尚书近作诗卷》　　稿本叔颖原作辈甫，继改。

《读元秘书志四首书簏赠何愿船比部》　　夹注时愿船为余校是书甚核稿本原无书簏以下云云及注，朱增。

1936 年 1 月 8 日

（原载《益世报·读书周刊》）

《明末农民起义史料》序

这里辑录了清内阁大库所藏有关明末农民起义的档案二百二十件。

大库是清代内阁庋藏档案、书籍的处所，在北京故宫东华门内，文华殿之南，协和门之东，是两座上下各五间向北开窗的旧式楼房，它的西邻就是内阁。两楼平列一排，分为东西，中隔走道，所以又称为东库、西库，一共二十大间。东库贮存实录、圣训、起居注、史书、书籍、表章及档册等，又称实录库，由内阁之满本房掌管；西库贮存红本，由内阁之典籍厅掌管。但这种分存的情况，时常小有变动，如乾隆十三年（1748）以后的红本因为西库已满改存东库，就是一个例子。（关于大库情况，参看方甦生《清内阁库贮旧档辑刊叙录》、徐中舒《内阁大库档案之由来及其整理》《再述大库档案之由来及其整理》。）

大库所藏，以红本为最多。清朝以内阁总理全国政务，所谓"掌宣纶綍，赞理庶政"[①]，因此全国的公文都要经过内阁。雍正七年（1729）设军机房，后改军机处（1732），内阁的职掌稍分，事权渐小，但"票拟本章"，"钞发谕旨"，还在内阁（清孔宪彝《内阁汉票签中书舍人题名序》），这一部分工作并没有变更，所以所谓"红本"仍由内阁存贮大库。

清制，各行政机关为公务给皇帝的公文称为题本，为个人事给皇帝的公文称为奏本，通称为"本"。（清朝还有所谓奏折，是另外一种给皇帝的公文，与奏本不同。）在公文手续上，中央机关——六部及各院、府、寺、监的本，直接送达，称为部本；地方机关——各省将军、督抚、提（提督）镇（总兵）、学政、盐政、顺天奉天府尹、盛京五部的本，要先经过通政司，然后送到内阁，称为通本[②]。无论部本、通本，都由内阁签票处拟具批答，这就是所谓票拟，又叫票本，又叫票签。票签经皇帝核定以后，由批本处用朱笔誊写于"本"的右上角，因为批字是红的所以称为"红本"。红本每天由六科给事中到内阁收发红本

---

① 《康熙大清会典》卷 2，第 1 页。

② 《嘉庆会典》卷 2，第 1 页。

处领出，然后传抄于各机关，年终由六科再送还内阁，贮存大库西库①，因此西库又称红本库。

每年存入大库的红本，大约总有一万四五千件（清查红本数目档，康熙十九年份共一万五千八百零二件，康熙二十年份共一万四千三百八十五件），累年堆积，数字异常之大。加以大库没有专门负责的员工，满本房与典籍厅只是管稽查和锁匙②；建筑又不完善，潮湿霉烂，雨淋虫蚀（《北厅清查光绪年红本档》光绪二十五年三月二十五日堂谕），无人过问。历年既久，残缺不全者，清末遂检出焚化。现在所存清代档案所以不很完整，年代不衔接，都由于此。

清光绪二十四五年（1898—1899），大库因年久失修，雨后墙倒③，光绪二十五年兴工修缮（故宫藏光绪二十五年《北厅清查光绪年红本档》称"将实在残缺……者一并运出焚化，以免堆积，而便开工"，又光绪二十七年李鸿章等《奏报皇史宬尊藏实录圣训遗失折》称"实录向存内阁大库，前于光绪二十五年因库内渗漏，奏请兴修，当将实录、圣训移置文华殿东庑"，可见兴工在二十五年），大库的贮藏情况才为大众所知。宣统元年（1909）库墙又坏，倾倒更多，特别是西库的墙，于是将实录、圣训暂移于西库南面的银库（《列朝实录圣训函数档》），档案原要检查焚毁，一部分暂移文华殿两庑，大部分仍堆库内，后来罗振玉告之张之洞，装袋移出，暂存学部，又移国子监。其中所藏书籍由张之洞建议筹设京师图书馆。④宣统二年六月库房修齐，实录、圣训仍送还大库，而档案与书籍因有张之洞建议之故，始终没有送还。1913 年，教育部设立历史博物馆于国子监，将大库移出尚未送还之档案交其保藏（沈兼士《文献馆整理档案报告》）。1916 年历史博物馆移设午门，此项档案也移至午门。⑤1921 年，教育部与历史博物馆因经费困难，将档案之完整者保存一部，其余约八千麻袋（这不过举成数而言，据金梁所记卖出后情形，"堆置彰义门货栈三十屋，连前后五院露积均满，高与檐齐"，当然无从计算，也无法计算）卖给了西单大街同懋增纸店，代价四千元。纸店打算将这些档案送到定兴县纸坊重造粗纸（金梁《访求记叙》）。罗振玉听到，于 1922 年 2 月，用一万二千元把它买了回来。大部分寄存北京商品陈列所；后移善果寺庙中，小部分运到天津博爱工厂，从事整理，

---

① 《嘉庆会典》卷 2，第 6、8、21 页。
② 《嘉庆会典》卷 2，第 17-18 页。
③ 《天咫偶闻》卷 1，第 17 页。
④ 《宣统政纪》卷 18，第 20 页，宣统元年七月二十五日。
⑤ 金梁《瓜圃丛刊叙录》第 20 页《内阁大库档案访求记叙》作天安门，又系于 1921 年，误。

印行了《史料丛刊初编》。1924 年，罗氏选择一部分自存，其余的卖给李盛铎。1928 年 12 月前中央研究院历史语言研究所又从李氏购得此项档案，1929 年 8 月将这批档案集中在北京午门西翼楼上开始整理，整理后，一部分重要的在 1933 年一度装箱南运，不久复运回，改在北海蚕坛整理，1936 年又迁运南京一百箱，先后印行了《明清史料》甲、乙、丙三集，丁集付印尚未出版；此外还有其他数种。其未经南运部分，大半是三法司案卷及碎烂档案，始终存在午门及端门（徐中舒《再述大库档案之由来及其整理》，即《中央研究院历史语言研究所藏档案的分析》，见《中国近代经济史研究集刊》），后来交由北京大学管理。

罗振玉自己留存的一部分档案，后来迁运旅顺，于 1934 年成立大库旧档整理处，从事整理，1936 年移送奉天图书馆储藏，后并入沈阳博物院（详见罗福颐《清内阁大库明清旧档之历史及其整理》，《岭南学报》九卷一期），今称东北图书馆。罗氏又印行了《大库史料目录》六编（1934 年）、《明季史料零拾》六种（1934 年）、《清史料零拾》二十六种（1934 年）、《史料丛编》二集（1935 年）、《清太祖实录稿》三种。1949 年 10 月东北图书馆印行了《明清内阁大库史料第一辑》。

当 1922 年罗振玉收购大库档案的时候，北京大学研究所国学门（1932 年改研究院文史部，1934 年又改文科研究所）知道历史博物馆还保留有一部分，因此于 5 月 12 日呈请当时的政府命历史博物馆将这些没有卖掉的档案拨归北京大学，交研究所国学门同史学系组织委员会代为整理。5 月 22 日得到允许，几经交涉，7 月这批档案才由历史博物馆陆续移运到校，共计六十二箱又一千五百零二麻袋。但这并不是馆存的全部，历史博物馆他们还留下极小一部分。

1924 年 11 月，溥仪离开故宫，清宫物品开始清点。1925 年 10 月北京故宫博物院成立，设文献部，后改掌故部（1927 年），又改文献馆（1929 年），最近又改档案馆（1951 年）。先后接收了清内务府档案（1925 年），军机处档案（1926 年），清史馆档案（1928 年），刑部档案（1929 年）。而内阁大库因地址在东华门内，属古物陈列所管辖，不在故宫范围之内，直到 1930 年才正式点查，中间经过很多周折。1931 年 1 月文献馆开始整理内阁大库档案，先后印行《掌故丛编》《文献丛编》《史料旬刊》及其他许多专编。

就上面所述，我们知道大库档案主要的分散在下列五部门（见下页）。此外流入私家的还有不少，近年各部门也陆续买回一些。

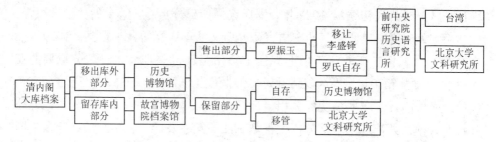

北大呈准将历史博物馆这批档案移运来校（1922 年），随即由研究所国学门、史学系、中国文学系的教职员、研究生、毕业生、在校学生和校外专家，组织了一个清代内阁大库档案整理会（后改明清史料整理会）。因为这是一件开创的工作，没有较多的经验和方法可以借鉴，而且数量太大，内容复杂凌乱，经过几次讨论，于 7 月 2 日公布了下列的整理计划：

第一步　形式分类及区别年代。形式分类则分誊黄、敕谕、诰命、实录、试卷、表、题本、报销册……等类。年代则分天启、崇祯、顺治、康熙、雍正、乾隆……等朝。

第二步　编号摘由。如题本、报销册两项，为档案之大宗，并多系重要史料，故先着手。题本则就内容摘录年月、机关或区域，及事实因果情形。再以事实性质，归纳成若干总类（如命案、盗案、钱粮、俸饷、建筑、财政、军政、学政、国际事件……等）；总类之下又分细目（如命案中分因奸谋杀、因仇谋杀、因戏误杀……等目）。然后编号上架。报销册则摘录年月、机关或区域及名目。大别之有地丁、漕米、旗营、军饷、垦牧、建筑、浚治、清丈、盐引、课税、织造、鼓铸、物价、给发勘合火牌、内府食品、支用柴炭煤斤案件汇总，及大进大出黄册各类。至于各项档案中之特别重要者，随时提出公布。

第三步　报告整理成绩，研究考证各重要事件，及分别编制统计表。凡各项已编号摘由之档案，分别编目或录全文登载本校日刊公布。其他如大政变、文字狱及一切史乘不详之事件，则加以考证，编为报告。题本、报销册分类后，即编成各地风俗状况、犯罪行为、历朝对于人民之待遇、物价之比较……等统计表。即无甚重要之贺表、会试卷……等，将来亦拟利用之以编成历朝职官人名表，地方文风统计表。其余如公文程式及文字递变之调查，历朝官印之编谱，皆拟酌量缓急，分别进行。①

---

① 稿本《北大明清史料整理会纪事》。

这个计划公布以后，就从 7 月 4 日开始在北大第三院着手整理。整理手续：先将木箱或麻袋一个一个的打开，其中档案全部出晒，去垢，铺平，抑直；再按照第一步办法分别种类、年代，然后编号、填表、摘由；手续既完，再按字号装架。如遇有事由比较特别的，另行提出。当时每开一箱或一袋，要等分类摘由完毕，才再开旁的。这样作法不免迂缓。因此在第二年（1923 年）6 月 2 日讨论工作时，就根据过去经验决定将所有的麻袋、木箱逐渐开拆，按照案件的原名，分为题本、报销册、揭帖、贺表、誊黄……等类，再区别朝代先后，插架陈列；摘由工作则俟此项手续完了后，再行着手。并决定利用暑假期间教室、人力的空暇，作一次大规模的整理。如清理题本时，将第三院大礼堂之桌椅分为二十多组，每组列成门形，桌面分贴清代九朝年号，和满文、杂件、残件等标签，随解袋随去土，随分形式随按年代搁置桌上，至于摘由留待另外去作。这样，从 7 月 18 日起，至 10 月 3 日止，整理结果，总计分完七百多麻袋，所剩只有五分之一了。过去整理时，凡各种无类可分的文件全存在一起，称为杂件，不再仔细分，这次也先分为刑事案件、考功簿记及行文档册等类。再将考功类中分为考核、履历、议叙、画到簿、名册……等；行文类中分为行文底账目、画行簿、移会、知会、杂项账目、缴奏清册、注销册、挂号簿、丝纶簿……等。全按照原件标目，登记，编号。

第一步的整理手续——分朝代，分种类，装架陈列——直到 1923 年 11 月才完成。因为从前没有过这样的集体整理工作，又因为大库档案问题曾轰动一时，所以国内学术界很注意这件事。有的来参观，有的托为搜查资料（如托查天主教案件、江宁织造案件、贵州考试及其他政务案件），但是当时的工作缺点太多，自己实在不能满意。后来沈兼士主任曾作过一次自我检讨，说：

> 我们从前在北大初整理档案的时候，大部分精力和工夫，均耗费在初步的形式整理上面。因为要将数十万件乱七八糟的东西，一一依据名目，排比时代，这是多么令人望而生畏的一桩工作。加之整理时的尘垢太多，眯目塞鼻，竟致同人中胡鸣盛君病眼，魏建功君伤肺。当时辛劳的情形也就可以想像。但那时候的经验太少，所以方法上仍有不少的缺点：
>
> 一、太重形式，只知区别名称，排比时代，而忽略档案的内容。
>
> 二、只知注意档案本身，而忽略衙署职司文书手续之研究，遂使各类档案，均失掉它们的联络性。
>
> 三、过于注重搜求珍奇之史料，以资宣传，而忽略多数平凡材料之普

遍整理。

这些错误，都由于没有把各种档案综合的研究，深刻的观察，所以结果仅知其形式而不知内容，仅知其区别而不知贯通，仅知有若干不相连属之珍异史料，而不知统计多量平凡之材料，令人得一种整个的概念。[①]

这些话全是实在的。我们在 1924 年 5 月 21 日从新拟订了今后继续整理档案办法，于是工作方向就转到：一、摘录明题行稿（最初是摘录，后改全抄），二、编报销册目录和各种档案目录，三、整理清代题本内容，分类摘由，四、校订旧编书籍。因为北大所藏的档案，以这几方面比较的多而且重要，所以先从这些着手。我们先后印行了：《整理清代内阁档案报告》（要件）三册（1924 年）、《整理清代内阁档案报告》（题本）一册（1924 年）、《整理明清史料要件报告》一册（1924 年）、《清九朝京省报销册目录》第一册（1925 年）、《嘉庆三年太上皇起居注》四卷（1930 年）、《顺治元年内外官署奏疏》（1931 年）、《明南京车驾司职掌》一册（1934 年）、《崇祯存实疏钞》八卷十六册（1934 年）、《洪承畴章奏文册汇辑》一册（1935 年），与故宫博物院合编《清内阁旧藏汉文黄册联合目录》一册（1947 年）。

关于题本的内容分类，区分了下列几类：

贪污，叛逆，屯垦，刑罚，漕粮，灾荒，河工，纠参，贼匪，敷陈，田赋，盐务，隐匿，粮饷，例行，铨叙，兵马，奏销，鼓铸，茶马，俸银，遗民，仓谷，科举，考核，差派，驿递，征伐，赈恤，明藩，贡进，通商，采买，杂课，边防，关税，户口，钱法，蓄发，库藏，抚绥，印信，推荐，织造，圈地。

关于报销册的内容，区分了下列几类：

文职汉官领过俸米俸银册，京察官员册，京察笔帖式册，大进大出黄册，户部用过缎匹颜料数目册，盛京户部考成黄册，地丁本折钱粮册，江苏省城各衙门地亩项下钱粮册，奉天退圈地亩钱粮册，漕白钱粮册，南秋米粮册，各仓库收放钱粮数目册，盐课数目册，盐课销引册，钱粮事迹册，编审过盐丁数目册，盐务笔帖式银两册，灶丁应征银两册，各省滋生增益屯丁数目册，各卫所屯粮屯丁册，屯亩起存小粮考成职名册，额征民屯地丁钱粮册，丁口数目册，各省编审过人丁数目册，各省编审过军丁数目册，额征学租并应扣空缺银两册，文武官役俸工银两数目册，各官应扣空缺银两数目册，匠役口粮收放数目册，蜡茶颜料油麻缎纱等项钱粮册，杂项钱粮册，礼部用过钱粮数目册，礼部坛庙

[①]《文献特刊》：《文献馆整理档案报告》第 4 页。

祀册，兵马钱粮册，朋桩皮脏银两册，截旷小建银米册，买马数目册，勘合火牌册，各标营官员品级及增设案由册，重囚招册，刑事案件册，工部用过钱粮数目册，太常寺用过钱粮数目册，光禄寺用过钱粮数目册，条奏事件册。

这样的整理，较之最初所定第二步计划已加推广，已从形式的分类进入内容的分类，从搜寻珍异史料进入普遍的整理。直到解放前，我们大体是向这方面努力的。

北京解放以后，文科研究所罗常培所长深深感到，我们所藏这些已整理出来的宝贵档案必须赶快公开，没有整理出来的档案必须加紧整理，以供大家利用，要使它从满足少数人的研究愿望，进入公开的随意广泛利用。因此我们工作集中到下列几项：

一、已清缮的明题行稿，分类整理印行，没有抄齐的补抄。

二、整理题本的摘由，凡不明确、不详细的加以补充，并尽可能的指出每件内容的特点。

三、过去整理题本，全按内容分类，有许多混淆不清，现在改按机关的职掌从新分类。

四、系统的整理研究本所所藏黄册——报销册及其他档案。

在 1923 年 9 月 30 日研究所（当时称为国学门）同人在城南龙树寺抱冰堂开第一次恳亲会席上，我们曾经宣布：

国学门搜集及整理所得之各种材料——当然不限于档案，完全系公开的，供献于全校、全国，以至于全世界的学者，可以随意的作各种的研究，绝对无畛域之限制，这是应该请大家特别注意的。[1]

现在我们不但还维持着这个传统，而且更加强向这方面去作。

1950 年 5 月 4 日，我们将所中收存的档案举行了一次小型的明末农民起义史料展览，承观众给我们很多的宝贵意见和鼓励，并且建议我们将展览的史料全部印行。我们接受这个提议，更搜集了一些别处所藏的大库档案，辑成这本《明末农民起义史料》。其中一百零三篇是明末兵部的题行稿。题行稿是明代公文的习用名称，但《明会典》里没有见过。题指题本，行指各机关互相通知的行文，如咨、札、手本、揭帖之类（各部给部院和督抚的公文用咨，给总兵及属下用札，给太监用手本，给司礼监用揭帖）。同一事件，一方面先要拟题稿报告皇帝，一方面在得到皇帝批示后，再拟行稿通知有关部门和个人，内容既然

---

[1] 稿本《北京大学研究所国学门一览》——1922 年至 1927 年，第五章第 11 页。

相同，为了节省时间人力，在拟稿时将行稿粘在题稿后面，只写案由和批示，其详细内容即照题稿所叙抄录。本来是题稿行稿两个文件，但两者合在一起分不开，因此称为题行稿。六部对于政务执行，全要经过这样的程序，所以题行稿数量比较多。本书所收的这些题行稿，本属明代兵部的档案，其所以在清代内阁大库中发现，是因为清初纂修《明史》时，缺少天启四年（1624）、七年（1627）《实录》，及崇祯（1628 年—1644 年）以后事迹，曾下令全国查送，这就是兵部查送来的材料（事在康熙四年，1665 年，11 月 11 日）。正由于此，这一批原始资料才保存至今。

这些文件全是明朝统治者的官方公文，立场当然有问题，可是里面也还保存着许多从未发见的资料，有些并且是明朝实际政治的最初报告和处理意见，可以由此洞见统治者的真面目。因此在史料价值上也还有它的相当地位。

明末农民起义，参加的很多，一般记载全说是"胁从"，或者说是"奸民""饥民"，《明史》卷 309《李自成传》更说，崇祯十三年（1640）以前，农民起义军"所过，民皆保坞堡不下"，《张献忠传》说，"入黄州，黄民尽逃"，但是我们在本书这些文件里却看到不同的记载。崇祯六年（1633）农民军进入山西和顺县，当时的报告说：

> 探至金上村，有和顺县逃出乡民毕希然言说，县内有句连，奸细预先妆（装扮）锄田的人，白天锄田，夜晚守城上宿，因此里应外合，偶于本（六）月十三日三更举火呐喊，将城被贼抢掠（夺取）。（164 页）

所说"里应外合""举火呐喊"，就将县城夺下，一定响应的人很多，既然装扮锄田的人，一定是和农民连结在一起，可见和顺县是在农民协助下占领的，《明史》所说"民皆保坞堡不下""民皆逃"是不确的。至于崇祯十六年（1643）十二月山西的"荣河、河津、稷山、绛州俱自己开门"（427 页），十七年（1644）三月的"阳和将士人民俱欲迎'贼'"（451 页）的记载，倒可以与史书相印证。崇祯十年（1637）山东有三个农民军先后被俘遇害，其中一个是知识分子，全是农民军起义后自动参加的。在山东报告全案的公文里说：

> 当面质之时，犹敢为贼张威，藐我（明）兵之寡弱。……如被虏之民，死生悬于贼手，有所呼而不敢不应，有所胁而不得不从，犹曰势出无奈；如陈斗魁之愿投跟随，崔文举之刺释投入，傅一春之投为步卒，夫谁呼之而谁胁之乎？此三犯者……不畏朝廷，不惜性命，喜为贼用，甘为贼死，

刀锯在前，略无恐怖……。至如傅一春者，口供为秀才之子，曾从父读书，胸中了了，矢口成章，非不识一丁者比，自以双亲皆为贼所手刃，不以为怨，反以为德，所述在贼营甘食美衣，□□角，且感且颂，……（209 页）

这样的忠烈慷慨，充分证明了起义军的自发自愿，始终不渝，使明朝的官吏也不能不感叹于"夫谁呼之而谁胁之乎？"《明史·李自成传》又说，李自成在崇祯十六年（1643）入陕后，"以士大夫必不附己，悉索诸荐绅榜掠征其金"，但是我们看见崇祯十七年（1644）正月的文件说：

迩来降贼绅士，实繁有徒，负圣朝三百年作养之恩，甘心为贼运筹，……地方二三奸徒，贼尚未薄城下，辄先倡说远迎，深可恨者不肖怯死守令及几幸苟免绅衿，往往相率出城，望风伏迎。（429 页）

可见当时的迎接农民军的也有所谓"士大夫"在内，至于农民军的"杀绅衿富民"（430 页）"焚烧宦舍富屋"，是为了"为民除害"。类似这样可以帮助我们说明当时具体情况的史料在本书是随处可见，不及多举。这也是我们所以决定印行这本书的原因。

为便于读者参考起见，在本书末我们附录了一个"年表"，由于我们的学识谫陋，其中疏漏错误一定很多，还请读者多加指示，以便改正。

在北大先后参加整理大库档案，和参加明清史料整理会的人，有沈兼士、朱希祖、孟森、单不庵、马裕藻、陈汉章、罗振玉、王国维、柯劭忞、程郁庭、滕统音、郭振唐和陈垣、马衡、沈士远、胡鸣盛、顾颉刚、魏建功、傅汝霖、袁同礼、李泰棻、张凤举、黎世衡、杜国庠、王光玮、杨栋林、刘绍陵、刘澄清、连荫元、张步武、潘傅霖、魏江枫、陈友揆、李开先、赵冠青、李振郑、李德启、单士元、吴世拱、王崇武、杨向奎、罗福颐、张怀礼、戴文魁、蓝文卿、孙钺、于石生、袁良义、张汉清、崔季五；主持展览的人有孙钺、于石生、张怀礼、蓝文卿；参加本书编纂的人有孙钺、于石生、蓝文卿、张汉清、袁良义、蔡美彪、崔季五。附录的年表出于袁良义。并识于篇末。

　　　　　　　　　　　　　1951 年 5 月 4 日郑天挺识于
　　　　　　　　　　　　北京大学文科研究所明清史料整理室。

（原载《明末农民起义史料》，中华书局 1954 年版）

《张文襄书翰墨宝》跋

前年一月，余在长沙获见许溯伊先生同莘致孟心史先生森书，略曰：

> 承询燕斋之名，……大约为广东盐运使瑞璋，后署广东臬司，总办洋务局，本总署章京，俸满外用，故有熟悉洋务之称，与沈芸阁同为文襄倚任。①

时心史先生已归道山，书既莫达，亦不详其问题所在。顷得《张文襄书翰墨宝》，而心史先生之所询问适见于此。

《张文襄书翰墨宝》上下二册，民国三年上海文明书局影印，都四十八叶，为札六十通。其中致燕斋者二十八，致芸阁者二，致芸阁、黼侯、燕斋者一，致芸阁、燕斋者一，致燕斋、湘雯者一，致黼侯、燕斋者一，致杞山、燕斋者一，致营务处者一，致牙捐局者二，无款字者十六，无款字而称蒋大人者六，皆文襄手书，为《张文襄公函稿》所未收。②前后无题识图记，编次凌乱③，未知旧藏谁氏。诸札亦无年月可考。惟其中谈冯军④，谈钦防⑤，谈刘永福⑥，谈唐薇卿⑦，谈西征洋款⑧，谈沙面巡勇⑨，谈闽姓⑩，谈广西科场经费⑪，谈粤盐加价⑫，则文襄督粤时所作也。文襄以光绪十年四月二十八日壬申奉命署两广

---

① 见《治史杂志》第 2 期拙作《孟心史先生晚年著述述略》。
② 《张文襄公函稿》6 卷，《续编》1 卷，民国九年许同莘辑，铅字排印本。
③ 第 29 页前后倒置，48 页前幅应接 27 页，41 页后幅应接 37 页，文义甚明。
④ 第 2 页致蒋札。冯子材军。
⑤ 第 2 页致蒋札。
⑥ 第 39 页致燕斋札。
⑦ 第 2 页。唐景崧时以吏部主事统军援越，故九叶致燕斋札又称唐吏部。
⑧ 第 19 页致蒋札，西征指越南出师。
⑨ 第 7 页致蒋札。
⑩ 第 5 页，无款字。
⑪ 第 44 页致燕斋札。
⑫ 第 32 页致燕斋札。

总督^①，闰五月二十三日到任^②，七月初三日乙巳实授，十五年七月十二日丙辰调湖广总督，十月二十二日离任^③，在粤五年^④。册中二叶唐将军赴滇还桂无期一札，与《张文襄公电稿·致龙州李护抚台（秉衡）电》词意相若，时在十一年十月初三日；四十一叶参钱委朱一札，与《张文襄公奏稿·潮纲废驰委府兼办片》合，事在十二年二月二十五日；十三叶撤委通判陶某一札，其人于十一年八月初一日为文襄奏劾^⑤；二十六叶移廉镇一札，事见《奏稿·筹设镇缺》折，十二年三月二十四日，粤中各路防营分别裁留，文襄于十一年九月初四日入奏，广东闱姓驰禁，于十年十一月二十九日获准。^⑥刘永福率部抵省，事在十一年十二月二十二日^⑦，而册中五叶、七叶、八叶、三十九叶均涉及之；又十九叶一札有明年之语，自注曰十二年：则册中诸札盖作于光绪十一、十二年也。

册中所称芸阁为沈镕经之字，杞山为萧韶之字^⑧，燕斋者即孟心史先生以询许溯伊先生而溯伊先生以为瑞璋者也。然瑞璋以光绪十一年十月二十四日己丑升江西按察使，留粤不应过久。文襄十一年十二月初一日《请定盗案就地正法章程》折，尚有署按察使瑞璋之名，至十二月二十七日《请严定械斗专条》折已称按察使于荫霖，瑞璋离粤当在其时，十一年年终以后诸事非所及知。册中十四、十五两叶致燕斋札，有"致吴丞书已阅悉，阁下非病乃谦耳。此有成案，去年两淮运同委广西候补道程垣生署理，可署两淮不可署两广乎？本省从前亦有西盐道署醝篆成案，何嫌何疑，况系代理耶？"之语，案瑞璋以光绪十年正月初七日由浙江宁绍台道升两广盐运使^⑨，入粤在文襄前，文襄奏疏数见其名^⑩，履任已久，不应更有代理之说，则燕斋非瑞璋之字更可知矣。

册内诸札致燕斋者独多，余亦与之有关^⑪，疑皆出自一家，所谓蒋大人者，即燕斋之姓也。十九叶查运库拨解西征洋款数目札致蒋，而二十四叶催解应还

① 《光绪东华录》59。本文所举时日系干支者悉出《东华录》，后不复注。

② 《张文襄公奏稿》7，《到两广任谢恩》折。

③ 《奏稿》18，《恭报交卸两广督篆》折。

④ 《清史稿》本传谓在粤六年，盖举首尾而言。

⑤ 《奏稿》9，第28页，《甄别贪劣不职正佐各员》折。

⑥ 《东华录》66，又《奏稿》8，第16页，《筹议闱姓利害暂请弛禁》折。

⑦ 《奏稿》11，《刘永福到粤》折。

⑧ 李慈铭《越缦堂日记》光绪十三年二月二十八日。

⑨ 见《越缦堂日记》41册，74页，《东华录》失载。

⑩ 《奏稿》7，第33页，十年十二月二十八日《分设东西转运局》片；《奏稿》8，第17页，十一年四月二十日《筹议闱姓利害暂请弛禁》折，均有瑞璋名衔。

⑪ 致芸阁两札，一称与燕斋筹商，一称燕斋都转均此。

西征洋款札则称燕斋，其证一。四十一叶参潮桥运同札致蒋，而二十叶委署潮桥运同札则称燕斋，其证二。三十九叶查刘永福营营官刘正兴委员殴辱广西守备叶有春事札致燕斋，而四十一叶询刘正兴、叶有春案已问明否札则称蒋大人，其证三。九叶唐吏部拟撤回驻下冻妥否札致燕斋，而二叶唐底营不能远悬下冻宜屯何处札则称蒋大人，其证四。十八叶一札称燕斋都转，而二十五叶一札称蒋都转，其证五。据此，燕斋之为蒋姓明甚。册中数称燕斋观察则其本职为道员，考其时广东以候补道代理盐运使，而蒋姓者姓惟蒋泽春一人。《文襄奏稿》十二年二月二十五日《潮纲废弛委府兼办》片，三月二十四日《陈明广东洋务情形》片，五月二十二日《财政艰窘分拟办法》折，所谓署两广盐运使蒋泽春即其人也。

文襄督粤之始，广东布政使为龚易图[①]，按察使为沈镕经[②]，两广盐运使为瑞璋。十一年二月二十七日丁酉以沈镕经为云南布政使，次日戊戌以于荫霖为广东按察使[③]，三月十二日辛亥龚易图与湖南布政使庞际云对调，实均未履任。《奏稿》八，十一年四月二十日《筹议闱姓利害请暂弛禁》折所列广东三司仍为龚沈瑞之名，《文襄函稿》三《上阎丹初中堂书》谓"龚蔼人（易图）才具可爱，疏放可惜，以调湘部文到太迟，而臬擢滇藩沈不能接署，不得及早交卸，致有此变，殊为惋惜"，可证其时均未履任。其所谓"致有此变"者，盖指十一年六月龚易图为邓承修所劾，九月革职事。四月三十日戊戌庞际云与沈镕经对调，六月沈镕经接任[④]，而于荫霖未到粤，遂以瑞璋署按察使，以蒋泽春署盐运使。册中九叶一札称芸阁廉访，燕斋观察，十七、十八叶一札称芸阁方伯，燕斋都转，是蒋之署任与沈之履任同时。十月二十六日辛卯瑞璋迁江西接察使，以王毓藻为两广盐运使[⑤]，及于荫霖到任而瑞璋离粤，王毓藻到任而蒋泽春卸署职。

清季地方交涉事件率由关道管理，广东无专办洋务关道，光绪七年派粮道专管寻常洋务，各国领事狃于故常，事无巨细仍径达督署，九年遂命龚易图以布政使兼管紧要洋务，易图离任由瑞璋以盐运使兼办，文襄称其"于各国情性风尚及各口通商条约均能谙习"[⑥]。瑞璋离粤，复由蒋泽春以署盐运使兼理。

① 《东华录》58，十年三月二十一日丙申任。
② 《东华录》54，九年六月二十五日癸酉任。
③ 由湖北荆宜施道迁，见《越缦堂日记》。
④ 《张文襄奏稿》10，第11页，《为沈镕经请恤》折。
⑤ 由江苏督粮道迁，见《越缦堂日记》45册61页。案《东华录》73，王事失载，瑞璋事系于二十四日己丑。
⑥ 并见《奏稿》8，第21页，十一年四月二十日《请派瑞璋兼办洋务》片。

泽春为广西候补道，同治二年破信都陈金刚有功[1]，光绪十年八月云南巡抚张凯嵩遵保人才首及之[2]，中法越南战起，文襄设东西转运局以输饷械[3]，命泽春与瑞璋、阎希范总理东局[4]，尝称其"明亮老成，凝重得体"，其行辈似前于文襄也。

　　许溯伊先生早入文襄幕府，并为编定遗集[5]，于文襄一时僚佐最称熟谙，此盖因瑞璋与蒋泽春同时同官，职务先后接替，偶尔颠倒耳。瑞璋之字未详，疑即册中之黼侯。二十一叶垫解西振续捐一札称黼侯廉访，其时升任臬司为沈芸阁镕经已履藩任，新任臬司于次棠荫霖尚未到粤，广东惟一瑞璋署臬司耳，非其人别无足以当之者。且垫解西振续捐，事属盐权，不涉臬司，而札中黼侯与燕斋并举[6]，必二人皆与运使有关，时瑞璋以盐运使代臬司，正与此合，则黼侯为瑞璋字又可证也。

1940 年 6 月 22 日昆明靛花巷

（原载《文史杂志》第一卷第六期）

---

① 《清史稿》211《张凯嵩传》。

② 《东华录》64。

③ 《奏稿》10，第 33 页，十年十二月二十八日《分设东西转运局》片。

④ 《奏稿》11，44 页，十二年三月二十四日《陈明广东洋务情形并委蒋泽春兼办》片。

⑤ 《函稿》外，《奏稿》50 卷，《电稿》66 卷，《公牍稿》28 卷，均许氏辑。

⑥ 21 页潮桥运同一札亦黼侯燕斋并举。

《恬盦语文论著甲集》序

莘田集其所作序跋文字为一编，署曰《恬盦语文论著甲集》，余首受而读之。窃惟序跋文字体式无碍，包罗万有，古人精蕴，往往而在。就有清诸老言之：王怀祖《淮南子杂志后序条》六十四例，古人校雠科律盖莫能外。谈允厚《资治通鉴补后序》举《通鉴》七病，涑水之用心与其得失灿然具见。戴东原《水经注序》谓经例云过，注例云径，又谓《水经》上不逮汉，下不及晋初，此杜君卿、王伯厚、顾景范、胡朏明所不及知，千载之秘于焉以启。钱晓徵跋《经典释文》，凡正陆氏经文用字不当六事，跋《说文解字》，凡正大徐妄以意说二十二字；卢召弓《新唐书纠谬跋》凡正吴氏不细审前后三事；皆因其书以订正乖违。全绍衣《斯庵沈公诗集序》辨明史郑延平沉鲁王之诬，假其诗而旁疏时事。钱晓徵《春星草堂诗集序》谓有四长，才学识情；张皋文《词选序》谓词之至者罔不恻隐盱愉，不徒雕琢曼饰，虽一家论文指明，足以昭示千古。钱晓徵《黄昆甫先生集序》，卢召弓《周礼订义书后》，登一时师友过从；朱锡鬯《北窗炙輠跋》，全绍衣《姜贞文先生集序》备作者颠末行事，卢召弓《古文孝经孔氏传序》，论次古文升降显晦之迹，黄太冲《明文案序》偻陈有明文章胜衰振废之由。凡此之属，其所涉不徒一书一事已也。而论者或侪之空率酬应之列，不将失之！（谈允厚、黄太冲两先生入清始卒）

莘田此集凡收文十二篇，各有精虑，并皆赅洽：其序《续方言稿》，则比勘杭、戴两氏之书，兼纂诸家续作末本。跋《韵史》，则抉其改定字母，拘守五声，误解等呼，臆易反切四失。跋段校释文，则索王、陈诸家移录先后，考核释文版本源流。跋宋大字本尚书释音，则参撼徐、卢、段、王诸家校本是非。跋法校释文，则举其创通音例，辨章音类，精研等韵，据音正字四长。跋唐写本释文残卷，则证明唐宋两代改窜释文系于文字者众；牵涉音韵者寡。跋韵学源流，论莫氏所疑于广韵者类多精辟。跋声韵同然集，则究求作者生平，更寻诸家改择反切无功之故。跋韵学残卷，则考守温生卒里居，考守温字母为三十，考守温三十字母无正齿音二等及轻唇音，考等韵创自唐时，门法繁于宋代，并辨增删字母得失。序七音略，则推阐宋元等韵流派，韵图肇始，七音略与韵镜异同，至治本与殿本浙本疏密。序十韵汇编，则遍叙新出韵书大凡，及遮罗补缀以研覃求新之要。跋蒙古字韵，则订提要之误，辟近人之疑。学者于此，分之可以明学问之流变，窥音韵之精微，穷旧籍之渊奥，衡作者之纯驳，合之可以为文字音韵训诂之通说，悟治学之轨则，其所涉亦不徒一书一竹而已也。

余与莘田生同日，长同师，壮岁各以所学游四方又多与共，知其穷年兀兀殚竭之所极；每深夜纵论上下古今，亦颇得其甘苦。用敢逞其愚陋，弁言卷首，为读者告。

此集清钞既竟，莘田以十二月十七日付之剞劂，以申敬于国立北京大学，会余病失期。病中三逢警报，余固莫能走避，而莘田亦留以相伴，古人交情复见今日，序成归之，有余愧焉。1943 年 1 月 16 日愚弟及时学人郑天挺谨序于昆明。

（原载《图书月刊》第三卷第一期。国立中央图书馆。1943 年 11 月）

四川乐山《重修凌云寺记》拓本跋

去年秋，吴兴徐森玉先生道经乐山，见永历十年石刻于凌云寺侧，及来昆明，以语如皋魏建功先生，建功贻书乐山杜道生先生，求为拓寄。今年春，余读于学无不暇篹。碑题重修凌云寺记，为文十五行，行五十字，楷书，字径寸余，下截多漫漶。记后题大明永历十年岁在丙申孟夏月谷□，其后列衔名十行如次：

□王驾前亲军卫指挥□知陈起龙序一行□□□□（据行款当残缺此数下同）命总理全川军务提调汉土官兵兼督粮饷总兵官挂征虏左将军印□□□□□□都□祁三升二行

□□□命提督抚剿军务总兵官挂援剿后将军印右军□□□□□督狄三品三行

平虏营总兵官都督□事杨威四行

怀远营总兵官都督□事贺天云五行

监理重庆屯田总兵官都□□事郑守豹六行

授剿前营副□张体旺七行

威虏后营管总□□潮钦八行

原任中书□逢圣九行

南藩管理事务参□□麟十行

碑末下角有□官胡永清慕时达数字，当为立石职官也。

丙申为清世祖顺治十三年（公元 1656 年），时永历帝已入云南[1]，孙可望驻贵州[2]，清军吴三桂、李国翰镇汉中[3]。乐山明为嘉定直隶州，清因之，康熙

---

[1]《明季稗史初编》卷 12《行在阳秋》。
[2]《明季稗史初编》卷 12《行在阳秋》。
[3]《清史稿》列传 261《吴三桂》，中华书局标点本，第 12837 页。

十二年升为府，以其地置乐山县，北距成都三百九十里①，岷江径城东南会大渡河入犍为，大渡河径城西南复会青衣江②，水陆辐辏，常为军事所资。顺治初明清迭为攻守，往复数四。案《清史稿·世祖本纪》及吴三桂、李国翰诸传自顺治九年（壬辰，永历六年）三桂、国翰克成都嘉定后，不言其地复入于明③，惟李国英传有"十一年加兵部尚书，时可望等破成都，重庆、夔州、嘉定皆为明守"之语④，与此碑合。碑记云："……因是与同事诸将军□□囊中，鸠工采木，不移时而正殿金像经楼廊庑次第成焉。因报命孔急，未暇勒石。会至仁浩荡，泽及枯骨，复敕蓉城建斋以苏幽滞，继上峨山转诵贝叶，事峻与众共议因（阙九字）固陋集而为□□朽云。"是其营造尝因清军进据而中辍，两军争拒之频从可知矣。

杨威见《清史稿》吴三桂传及孔有德传，其人于顺治十年（永历七年）尝屯阳朔、永福间，数为全节所败州⑤，顺治十六年（己亥，永历十三年）二月与马宝、李如碧等降于吴三桂，次年七月三桂部勒降兵分置十营，威以副将管义勇后营总兵官事。⑥结衔所称都督□事盖为都督金事，明制都督金事正二品，无定员，盖恩功寄禄也。⑦凡总兵官例以三等真署都督（都督、都督同知、都督金事）及公侯伯充之，故都督金事恒为总兵加衔。平虏及其下之灭虏怀远诸营，他处未见，晚明新立者也。

狄三品见《明史》二七九《樊一蘅传》《清史稿·吴三桂传》及《明季南略》《南明野史》《客滇述》《行在阳秋》诸书。其人初从孙可望为总兵讨叛夷，顺治八年（辛卯，永历五年）十二月永历帝由土司入黔境过逻江，三品扈跸以行。⑧

① 《清史稿》卷 69《地理志·四川》，中华书局标点本，第 2224 页。
② 《清史稿》卷 69《地理志·四川》，中华书局标点本，第 2224 页。
③ 《清史稿》卷 5《世祖纪》二，中华书局标点本，第 126 页；八年九月壬午，命平西王吴三桂征四川，十月辛酉李国翰会吴三桂征四川。九年七月丁亥吴三桂与李国翰定漳腊、松潘、重庆……围成都，故明帅刘文秀举城降。十月甲寅，孙可望寇保宁，吴三桂、李国翰大败之。
《清史稿》卷 474《吴三桂传》，中华书局标点本，第 12837 页：九年七月，三桂与国翰遣兵两抚漳腊松潘，东拔重庆，进攻成都，明将刘文秀弃城走，复进克嘉定，驻军绵州，文秀及王复臣……围巡按御史郝浴于保宁，浴趣三桂等赴援，击斩复臣，文秀引兵走。
《清史稿》236《李国翰传》，中华书局标点本，第 9453 页：九年与三桂督兵复成都、嘉定，遣将徇重庆、叙州，皆下，……十年以四川平，命与三桂还镇汉中。
④ 《清史稿》卷 240，中华书局标点本，第 9530 页。
⑤ 《清史稿》卷 234《孔有德传》附《全节传》，中华书局标点本，第 9403 页。
⑥ 王先谦：《东华录》顺治三十五，《续修四库全书》第 369 册第 469 页。
⑦ 《明史》卷 76《职官志》五，中华书局标点本，第 1857 页。
⑧ 《南明野史》卷下 48 页。

其后任建昌总兵，封德安侯①。顺治十四年（丁酉，永历十一年）十月可望降清②，次年清军三路窥取滇黔，十二月沐天波奉永历走迤西，艾能奇子承业纠三品劫驾，事泄。③十六年二月三桂入云南，三品与庆阳王冯双礼自金沙江奔建昌，三桂发檄招之，密授方略使谕川南诸将，三品降，执双礼以献④，七月封抒诚侯⑤。三品爵历大略如此。碑中结衔右军下当为"都督府□都"五字，明五军都督府每府左右都督各一人，正一品，为武职之最崇者。⑥其曰"挂援剿副将军印"，明制有大征讨则挂诸号将军，或大将军、前将军、副将军印总兵出，归则纳之。至"后将军"则后起者也。⑦

祁三升见《明季南略》《南明野史》《行在阳秋》及《求野录》诸书。其人初从李定国统龙骧营，定国出粤，留之于蜀，孙可望令镇遵义。及顺治十三年定国奉永历入滇，调三升，而可望亦使人调之，三升谓其所部曰"国主"（谓可望）安西（谓定国）旧主义均，今安西尊帝，当遵西府之调为正，众皆诺，于是整旅还滇，可望遣兵追袭，三升辎重尽失。十月达行在，封咸阳伯⑧。明年以迤西平定进侯爵⑨。顺治十五年（戊戌，永历十二年）七月定国秉黄钺三路出师，命三升出中路壁鸡公背，粮少运艰，士不宿饱，十二月定国兵溃炎遮河，三升之师亦大溃，永历遂走迤西。⑩明年正月帝次永昌，进腾越，复闻定国磨盘之败，从臣多叛去，乃决意入缅，遂出铁壁关，关外即缅境也。四月，三升帅师上表迎帝，缅人请救止之，诡言航闽，三升捧敕痛哭遂撤师。⑪既而与定国不合，独走户腊，吴三桂遣官招之，十八年（辛丑，永历十五年）二月率兵七十余人降。⑫七月清授左都督加少保兼太子太保。⑬碑中结衔挂印下当为"□军都督府□都督"。征虏左将军亦后起。明仁宗洪熙元年（乙巳，1425年），制

---

① 《行在阳秋》作安德侯，《东华录》作德安侯。
② 《清史稿》卷248《孙可望传》，中华书局标点本，第9668页。
③ 《南明野史》卷下64页。
④ 王先谦：《东华录》顺治三十二，《续修四库全书》第369册，第445页。
⑤ 王先谦：《东华录》顺治三十二，《续修四库全书》第369册，第450页。
⑥ 《明史》卷76《职官志》五，中华书局标点本，第1856页。
⑦ 明太祖征闽，命汤和为征南将军，廖永忠为副将军。北取中原，命徐达为征北大将军，常遇春为征北副将军。征王保保命李文忠为左副将军，冯胜为右副将军。征夏命傅友德为前将军。
⑧ 《南明野史》卷下57页作咸宁伯。《行在阳秋》《东华录》均作咸阳侯。
⑨ 《南明野史》卷下61页。
⑩ 《明季稗史初编》卷17《求野录》。
⑪ 《明季稗史初编》卷17《求野录》。
⑫ 《明季稗史初编》12卷《行在阳秋》。
⑬ 王先谦：《东华录》康熙一，《续修四库全书》第369册，第445页。

颁诸号将军印十，辽东曰征虏，但有前将军无左将军也。①祁、狄两衔并有□□命字，当为钦命二字，然就阙泐处度之，似又不仅此，疑莫能明。

陈起龙其人未详。明制王府置护卫，设护卫指挥司指挥使一人，正三品，指挥同知二人，从三品②，此云亲军卫疑为晚明护卫之改称，起龙之结衔盖指挥同知也。

所谓"□王驾前"王字上画微低，疑当为主字，盖"国主驾前"也。张献忠既死西充，部将孙可望、李定国、刘文秀、艾能奇、白文选、冯双礼等率残众入贵州，可望用任僎议自号为国主③，所部亦以国主称之④。此所谓国主驾前即可望麾下也。驾前二字本施诸君上之辞，非诸王所可僭，其时永历称帝已十年，不应更有"□主"之称，且当时除"国主"外，亦从无"□主"之名，则非可望实无足以当"□主驾前"之尊。案永历九年云南宜良县东岳庙常住碑记有"驾前总镇阎臣"衔名，阎臣为可望部属，是可望之称国主与"驾前"二字之专属可望，不仅一时一地为然，其所称由来久矣。或疑南明诸将骄僭，驾前之称不必限于君上，而"国主"未必非"国王"。果尔则所谓□王亦即秦王孙可望。案明代宗藩封四川者，有成都之蜀王，叙州之雍王、申王，保宁之寿王。雍王、申王未之藩，寿王随徙德安，惟蜀王传世最久，张献忠陷成都，合宗均被害。⑤国变后，宗王惟瑞王常浩奔重庆，亦死献忠之难。⑥此外无入蜀者，则□王非明藩可知。永历时异姓封亲王者三：孙可望以五年（辛卯，顺治八年）封秦王（永历三年陈邦傅胡执恭矫诏封之，五年二月始补赏金册真封），李定国以十年（丙申，顺治十三年）封晋王，刘文秀亦以十年封蜀王。献忠死，定国、文秀、艾能奇等均兄事可望。⑦四川再入于明，布置遣将皆可望主之，守将白文选亦可望部，可望虽自驻贵州，未尝不可留亲军一部于川以为耳目（起龙为指挥同知仅领亲军之半），此其一也。狄三品为可望部将，祁三升留蜀亦受可望命⑧，二人位望远在陈起龙上，而推起龙为序者必以其为主帅亲军指挥，敬示尊崇，此其二也。定国以顺治十三年（永历十年）二月扈永历帝入滇都，三月进藩王（前封西宁王），其时虽与可望携贰，尚非决裂，如以定国记室金惟新为

①《明史》卷76《职官志》五，中华书局标点本，第1866页。
②《明史》卷76《职官志》五，中华书局标点本，第1860页。
③《清史稿》卷224《李定国传》，中华书局标点本，第9169页。
④《南明野史》卷下。
⑤《明史》卷117《诸王二》，中华书局标点本，第3581页。
⑥《明史》卷120《诸王五》，中华书局标点本，第3652页。
⑦《南明野史》卷下49页。
⑧《南明野史》卷下57页。

吏部侍郎，封可望嬖卫张虎为淳化伯（均在三月）①，遣白文选、张虎赍永历玺书谕解可望（六月），送可望宫眷入黔，定国亲饯之郊外（八月），使可望留滇大营及旧标还黔（明年正月）诸事，其所以慰结之者盖无微不至。且定国新败之余（顺治十三年二月败于南宁），唯恐可望蹑其后；（定国率残卒数千迎扈，复遣兵守盘江以备可望）②。刘文秀以顺治九年（壬辰，永历六年）保宁之败，废弃守滇，十三年以迓永历与定国同晋藩王，久闲复出，力尤单弱，必不敢更遣亲军入川，抑亦无此余力。此其三也。据此，起龙结衔"□王"其非晋王蜀王而为秦王，可推而知。总之盖谓孙可望也。

"南藩管理事务参□"一职，他处未见。明代职官以参称者有南京兵部尚书之参赞机务。③侍郎之参赞军务，惟正统元年甘凉用兵命之，后改赞理军务。④通政使司之左右参议正五品，承宣布政使司之左右参政从三品，左右参议从四品，及武职之参将，明初五军都督府有参议正四品，后改掌判官。均与此不合。卫指挥使司理杂务者曰管事⑤，亦无管理事务之称，窃疑亦南明所创始。

案明代之称诸王，或曰王，或曰府，或曰邸，或曰藩。李定国初封西宁王，当时称之曰西府⑥，曰西藩⑦，刘文秀尝封南康王，南藩之称必指文秀无疑也。洪武三年王府置参军一人正五品，九年改参军为长史，掌王府之政令，辅相规讽以匡王失，率府僚各供乃事而总其庶务焉。此云管理事务参□，疑即参军，当为晚明改变者也。文秀以十年三月封蜀王，碑记仍用南藩者，疑其人南府旧僚未授新职，故沿旧称耳。昔徐文贞志杨忠愍墓，称王弇山为藩参⑧，以其方官浙江布政使司在参政也，与此无涉。

永历建号十五年，政令尝及两粤川湖黔滇诸省，以视圣安思文，不可同日而语，徒以托命边徼，播迁靡定，遂致记注有间，典章莫稽，良可慨矣。此碑虽微，顾有可补史籍之阙者。披读既尽，因掇拾所可知者著之于篇，以为考史之助云尔。

1939 年 3 月 13 日草于昆明柿花巷述德寄庐

① 《南明野史》卷下 58 页。
② 《南明野史》卷下 55 页。
③ 《明史》卷 75《职官》四，中华书局标点本，第 1833 页。
④ 《明史》卷 73《职官》二，中华书局标点本，第 1777 页。
⑤ 《明史》卷 76《职官》五，中华书局标点本，第 1873 页。
⑥ 《清史稿》卷 224《李定国传》，中华书局标点本，第 9169 页；《南明野史》卷下 55 页。
⑦ 《明季南略》卷 16。
⑧ 《明文在》卷 80。

《莲华盦书画集》序

　　贵竺姚先生以文章名海内三十余年，向学之士莫不知有弗堂先生。晚年潜翳古寺，出其余绪以为书画，见者惊为瑰宝，而文名反为所掩。

　　先生作书兼综晋唐篆隶，而一出之于己。二十以前规模黄、米，二十后肆力于颜，写麻姑仙坛记小字本逾百过。既精说文，好金石，尝杂其锋势于行楷。民国元、二而后，益以峻朴出之，雄遒茂密，体韵丕变。或以为酷似北碑。先生闻之曰：吾以隶法运颜平原耳！喜作汉分，于史晨、礼器、曹全诸碑得其神趣，而诏学者学隶则以三颂。三颂者：郙阁、西狭、石门也。尝谓方圆并用，疏茂相成，浑灏流转，自然庄重雍容，莫三颂若。于篆最喜琅邪台、峄山刻石，早岁作篆多法秦刻，其后乃参以鼎量印钵及汉碑碑头笔意，仍以小篆为规。虽嗜吉金文字而不事临抚，以古籀多凿文，晚近笔墨未偶，又字少不足于用也。

　　先生论画，必欲胸无古人，目无今人，以为胸无古人则无藩篱，目无今人则无瞻循。四十以前不常作画，友好投赠，偶一为之。中岁登泰山泛西湖，归而壹志作山水，峰峦巘崿，烟云郁勃，盖往往皆自写其胸臆者也。间作花卉杂物，辄题以诗或小词，时号三绝。丙寅得风疾，以残臂挥毫，韵势宕逸，稍异于前，然腰肢不胜，故作画尝多于书。自号姚风，盖比子杨凝式之杨风也。庚午后，书益清而画益妍，体又不变，未几卒。

　　盖先生书画凡三变焉：四十前规抚古人，四十后自立家数，一变也；丙寅得疾后之宕逸，一变也；庚午后之清妍，又一变也。天挺尝问书画之要，先生曰：意在笔先，无囿一格。呜呼！此先生之所以不朽欤！

　　先生生于光绪二年丙子。今岁干支再值，令子苍均昆仲出先生遗墨景印行世，以天挺从先生久，嘱一言为之序，谨撮先生书画先后之次著于篇，以俟世之征书画史者。

1936 年 4 月 21 日长乐弟子郑天挺谨序

《慈禧光绪医方选议》序

两千年前，汉河平中（公元前 28 至前 25），刘向、刘歆领校皇室图书，修成《七略》，著录医经七家，二百一十六卷，经方十一家，二百七十四卷，全是名医李柱国校定的。过了六百年，《隋书·经籍志》著录医方二百五十六部，合四千五百十一卷，而胎产下乳等书列入五行类还不在内。这些数字，当然不够精密，民间流行的医药书籍也未必著录。但是从这些数字中，已经清楚反映出我国关于医学医术的研究由来已久，并且越来越发达。

同样，我国中医公开为人们诊治医疗也由来已久。西汉有世医（《汉书·游侠传·楼护》）、侍医（《汉书·艺文志》）、太医监（《隋书·经籍志》），东汉有医曹吏（《三国志·魏志·华佗传》）。到了隋唐，太常寺所属有太医署，设有医师二百人，还有药园师、医博士、按摩博士以及助教等等（《隋书·百官志下》），太仆寺还有兽医博士。说明社会需要多，因而从业人员多，反映出医学医术发达的另一侧面。

到了清代，更为发达。《四库全书总目·子部·医家类》著录九十六部，一千七百四十三卷，存目九十四部，六百八十一卷，附录六部，二十五卷。未收的医书，不计其数。

清代设有太医院，是礼部领导下"掌医之政令，率其属以供医事"的独立机构。除了选拔人员要通过礼部以外，都是独立行使职权的。太医院有院使（主官）、院判（副职）和御医十五人，吏目三十人，医士四十人，医员三十人，统称官士。另有制药人员。

太医院内设教习厅，从御医和吏目中选拔"学品兼优"的二人任教习。凡进院业医人员和医官子弟，都要到厅进行业务学习和培养，并随时由院使、院判加以考试。学习科目，雍正初定为《类经注释》《本草纲目》和《伤寒论》，号称"三书"。其后成为具文。《类经》是明张介宾（景岳）编。

自院使到医士全要按自己的专业即"给事（服务）内廷（宫中）"轮流值班。分内直和外直。内直在各宫外班房值班，又称宫直。外直在东药房值班，又称六直。

清初，太医院分十一个专业。就是大方脉、小方脉、伤寒科、妇人科、疮疡科、针灸科、眼科、口齿科、咽喉科、正骨科和痘疹科。后来将痘疹科并入小方脉，咽喉并入口齿科，所以乾隆《会典》说，"掌九科之法"。清中叶以后，又将伤寒、妇人两科并入大方脉，疮疡改为外科，针灸、正骨两科停，所以光绪《会典事例》说，"现设五科，曰大方脉、小方脉、外科、眼科、口齿科"。这种专业并合，只是宫廷病例多少的反映，和研究成果无关。

清制，凡是皇帝服用的药剂，应将拟方先行报告，然后将同样的两剂合煎，由宦官监视，煎熟，分装两碗，一碗由院官和宦官先尝，一碗送皇帝服用。手续严肃，用药谨慎。皇帝外出时也如此。此外，文武会试的试场医药，以及刑部监狱的医药，也要由太医院派员管理（参见乾隆《清会典》八六，光绪《清会典事例》卷一一〇五）。

清代太医院的工作任务，如此繁重，又如此严肃，医生们医术高明、经验宏富，因此社会上对宫中太医的诊断处方，极为珍视。但宫苑森严，难以外传，长久以来，这些宝贵经验很少为人知晓，更未整理研究。

最近，中医研究院西苑医院陈可冀、周文泉、江幼李及中国第一历史档案馆单士魁、徐艺圃诸先生，在清代历史档案中，发现大批太医院医药档案，加以研究整理，编成《慈禧光绪医方选议》《清宫医案研究》《清宫配方研究》三书，使我异常高兴。我不懂中医，但我关心档案，重视档案，认为历史档案是完全可以为社会主义现代化建设服务的。

我常常想，医药知识为人人所必需，我国关于医药的研究如此悠久，如此广泛，何以至今尚未达到家喻户晓。是否由于医理深邃，专门术语多而有独特解释，学习较难。医学进步，常赖临床实际经验的积累，我国脉案留存下来的多有疑难大症，而像清宫脉案这样绵亘连贯、记录详细者少。现在这三本书的研究出版，对中国医学方面的贡献是很大的。

这次清宫医方医案的研究整理，不但中国医学医术得到推进，同时还可以解决某些历史问题。例如光绪的健康情况究竟如何，是病死还是遇害，是慈禧死在前还是光绪在前，传说纷纭。就脉案的整理，可能得到解释，推动历史的研究。清制，皇帝得病，有时征调地方知医者来京诊疗。据我所知，福建人周景涛（松孙）就是清末从江苏调京为光绪诊病的一人。他是光绪十八年壬辰进士，翰林散馆任如皋知县，调京后改学部主事。不知他家是否还存有光绪脉案记录。如能将公私脉案合起来研究，一定会有更多的体会。

郑天挺谨序

1981 年 6 月 10 日

（原载《慈禧光绪医方选议》，中华书局 1981 年版）

孟心史先生晚年著述述略

——纪念孟心史先生

孟心史先生以 1931 年重来北平，讲学北京大学。时北平图书馆新成立，广事访求；故宫博物院亦在点查，珍籍秘录一时纷出。先生既熟于史事，嗜学尤力，终日汲汲，7 年之间成书数百万言，盖远迈于旧日之所作，有功于学术亦最宏。

心史先生治学态度极严谨，认为历史必须真实，因此，所写文章以考实为主。繁征博引，一丝不苟，但不是堆砌史料。晚年专门研究清史，最后一次到北京，年已六十五岁，仍然是密行细字、夜以继日地写作。六七年间，所写竟达数百万言。直到最后病倒，还有《十月十八日病中作》一诗：

> 生死如观掌上纹，已登七十复何云。
> 病深始欲偷余息，才尽难胜理旧闻。
> 长谢朋侪来简约，只亲药裹似丝棼。
> 卅年纂积前朝史，天假成书意尚殷。

依然以完成清史的写作自任。这时北平已沦陷，先生忧心如焚，因而致疾，不幸竟赉志以殁。

心史先生是一个爱国者，他壮年的游学，中年的从政，以及热心于介绍国外政法经济学说，都是想把中国富强起来。"七七事变"以后，先生关心国事，天天守着无线电收音机听新闻报告到深夜一点多钟，并且天天翻着字典看英文报纸。他对当时国民党政府的怯懦腐败和日本军人的狂妄恣纵，非常痛恨，时时见之诗歌。先生诗《九月二十七日夜闻电播书事》一首：

> 丰镐中朝旧宅京，几年神物落荒伧！
> 天吴紫凤纷颠倒，白日黄鸡有旦明。
> 多谢谲狂来发难，竟教残剩促销声。
> 膺惩出自戎荆口，一笑儿曹项领成。

并自注说："杜诗投简咸华两县诸子：'乡里小儿项领成，朝廷故旧礼数绝'；是谓小儿忘分，偃蹇自恣也。故用以写其事状，可以一笑置之矣。"先生的憎愤心情于此可见。但是先生对抗战胜利是有信心的。"白日黄鸡有旦明"，正说明这一点。另外在《九月二十一日家忌祀先祭告》第一诗中后四句：

> 体茶更无生可乐，时艰翻觉死非宜。
> 征东将士如龙虎，家祭留身谨告知。

也可以看出。末句用的是南宋陆游临终诗"王师北定中原日，家祭无忘告乃翁"故事。

先生和郑孝胥是旧识，郑孝胥叛国后，先生就和他"七载参商迹两歧"了。1937 年后先生病，郑孝胥到先生家探病，先生已入协和医院。先生诗《枕上作有赠》一首，其中"君不见贵由赵孟何如贱，况有《春秋》夷夏辨"，就是为斥郑而作。

心史先生晚年撰述以《明元清系通纪》最为巨制，用力亦最勤，自谓留意者 20 余年。[1]其书初名《清朝前纪》[2]，继改《满洲开国史》[3]，迭经增补于1934 年易今称。明元谓明代纪元，清系谓清代世系，盖谓以明代之纪元叙清代之世系也。心史先生以清代肇基与明代开国相先后，清代以孟特木为始祖，追尊曰肇祖原皇帝，其行事在明太祖洪武间已可考见，其后历代皆与明诸帝相循而下。肇祖尝事朝鲜又臣属于明，子孙世奉朝贡，受明之恩遇甚厚，太祖努尔哈齐身自朝明者三次，而清世尽讳之。开创之迹，《清实录》既蒙昧不能自明，臣明而后复讳而不著，其在明世国史亦多削而不存，于是搜辑群籍旁及国外史料作为长编，欲以补明清两史之阙，兼发清世隐讳之秘。自孟特木、充善、妥罗以下，兴景显三祖迄于太祖、太宗，皆抉其事迹先后依年编次，太祖、太宗自有《实录》则但详其所不载或始已载而终削者。清代祖先事迹在明以前及无年可记载或不能系于一年者，若满洲名义，布库里英雄，女真源流，建州地址变迁之类，列作前编，以便省览。其编年纪事则谓之正编。

通纪取材大抵以明历朝《实录》及《朝鲜实录书》为主，辅以刊版行世之书，钞本秘籍难为征信者皆不随意取证，委巷传说更无论矣。心史先生自言，慎之又慎，不敢徇一时改革之潮流有所诬蔑于清世，非虚语也。正编纪事始自

---

① 见《明元清系通纪自序》。
② 1930 年列入《中央大学讲义丛书》，商务印书馆出版，凡 14 万言。
③ 1932 年在北京大学开设课程，称《满洲开国史》。

洪武四年（1371），永乐元年（1403）而后排年叙次。先生自计全书约250余万言，大体均已成篇，惟明末数年尚待勘定。1934年9月，前编4卷及正编5卷刊行，其后陆续付印，迄1937年夏行世者凡前编四卷正编十五卷，约九十九万余言，叙至嘉靖三年（1524）章成事止，章成者，保能之侄，时为建州左卫都督。

心史先生既以阐明清先世史实为志，故《通纪》中记事居十之八，考订居十一强，论评说明居十一弱。莫不原原本本不厌其详，观于宣德八年（1433）一年之事至五万六百言，弘治四年（1491）一年之事至四万八千言，可以觇之矣。尤留意于考证，其辨正前说者不一而足。

《清太祖武皇帝实录》托始于布库里英雄，以肇祖孟特木为其裔[①]，日本学者则谓清始祖即为肇祖，别无布库里英雄其人。心史先生据《元史·地理志》《明实录》，朝鲜《龙飞御天歌》，知猛哥帖木儿本为斡朵里豆漫，豆漫者，女真语万户也，斡朵里即元史之斡朵怜，元诸路万户皆世职，猛哥帖木儿既为豆漫必承袭有自，《朝鲜实录书》称猛哥帖木儿父挥厚为豆万，豆万即豆漫，则万户世职不自猛哥帖木儿始更可知，清代始祖不托之挥厚而托之布库里英雄，必当实有其人也。[②]马文升《抚安东夷记》谓建州女真先处开元，自来谈地理沿革者若陈芳绩、李兆洛、杨守敬，皆以元之开元路为即开原，清末屠寄知开元开原之非一地，而以开元治黄龙府即今吉林农安县，日本学者又谓开元在鸭绿江西，其说不一。先生据金、元、明诸史地理志，《明实录》《朝鲜实录书》，谓开元在极东濒海地今珲春以东朝鲜会宁境，其地即清自承之祖居斡朵里也。[③]彭孙贻《山中闻见录》、钱谦益《初学集》均称清太祖为王杲余孽，王杲为建州右卫都指挥使，近时中外学者遂疑清帝系出建州右卫，心史先生考之，知清实左卫之后非右卫也。[④]《清史稿》以阿哈出与猛哥帖木儿为建州别派，与清代宗系无涉，心史先生据群籍证猛哥帖木儿即肇祖孟特木。并定清先世宗系：布库里英雄为一世，范察为三世，肇祖为五世，董山兄弟为六世，石豹奇与妥罗为七世，兴祖为八世，景祖为九世，显祖为十世。[⑤]他若辨《朝鲜实录书》之木

①　孟特木《清史稿》作孟特穆，布库里英雄《清史稿》作布库里雍顺。
②　《通纪》前编，第7-12页。
③　《通纪》前编，第43-53页。
④　《通纪》前编，第42页；正编第1卷，第35页；第5卷，第26页。
⑤　前编，第9页；正编第1卷，第70页。案先生此说其后颇有修订，以布库里英雄为1世，范察为2世，董挥厚3世，肇祖4世，充善楮宴5世，石豹奇6世，兴祖7世，景祖8世，显祖9世，太祖10世，见所编清史讲义。

答兀即《明实录》之杨木答兀①，《明实录》之高早化即《朝鲜实录书》之枣火②，《朝鲜实录书》中之土老即《明实录》之脱罗，《清实录》之妥罗③，《明实录》中李吾哈与李斡黑二名互用，即《朝鲜实录书》之李兀哈④；《朝鲜实录书》中管秃与权豆二名互用，即《明实录》之阿古⑤，童仓与董山之非一人⑥，冬果、东果、栋鄂之为一地⑦，清堂子所祀邓将军之为邓佐⑧，建州左卫女真属兀良哈⑨之类：均能不惑浮说，独抒精蕴，其有功清史远非前哲所可拟也。

有清一代以八旗为与前朝分别之制，治史者或以其与兵事相关，目之为清世兵制，如《清史稿》以八旗入兵志是也。或以其与户籍相关，如《清史稿·食货志》附八旗丁口是也。并属膜外之谈，于八旗本质未尝深解。心史先生考之清初史料知八旗为太祖所定之国体，一国尽隶八旗，以八和硕贝勒领之为旗主，八旗各有土田、各有人口，各有武力，各置官属，各任工役，旗下之人谓之属人，属人于旗主有君臣之分。八贝勒共议国政商国事，无一定之君主，八家公推一人为首长，如八家议有不合或其人不纳谏、不遵道，则更择有德者立之。凡战争有所获八家均分之，毋得私。此清太祖所定之制，假借名之可曰"联邦制"，实则联旗制也。太宗以来苦心变革，寖抑旗主之权，逐次更易各旗旗主，使不能据一旗以有主之名，而各旗属人亦不能于皇帝外复认本人之有主。至世宗朝而法禁大备，八旗旧制乃为新法隐蔽迨尽。先生钩剔官书中旁见侧出不经意而流露者，著为《八旗制度考实》⑩，以穷其本源。执其说以证清初史事，莫不豁然贯通。先生更考得清初八旗正黄、镶黄属之太宗皇太极，正白属之多尔衮，正红属之代善，正蓝属之莽古尔泰，镶白属之多铎，镶红属之阿济格，镶蓝属之阿敏。太宗一人领两旗者，其镶黄一旗太祖留以自待，未及命而身殁，遂由太宗兼之，太宗殁，世祖继领之，及多尔衮殁，其众亦入于世祖，此后世"上三旗"所以由天子自将之故（亦即君权逐渐扩张之证也）。凡此皆《八旗通志》所不载，前哲所不详，而心史先生钩稽独得者也。

---

① 正编第 3 卷，第 29、37 页。
② 正编第 4 卷，第 2 页。
③ 正编第 13 卷，第 15、28 页。
④ 正编第 7 卷，第 18、30 页。
⑤ 正编第 1 卷，第 75 页；第 4 卷，第 1 页。
⑥ 正编第 4 卷，第 52 页；第 5 卷，第 58 页；第 6 卷，第 9 页；第 7 卷，第 23 页。
⑦ 正编第 4 卷，第 101 页。
⑧ 正编第 9 卷，第 3 页。
⑨ 正编第 3 卷，第 16、22 页。
⑩《中央研究院历史语言研究所集刊》，第六本第三分。

清世宣付国史立传之人，《清史稿》未尝毕收，而清国史馆列传诸家传钞本与印行本增缺亦不尽同，心史先生乃汇集《清史稿》《清史列传》《宗室王公功绩表传》《蒙古王公功绩表传》《满汉名臣传》《贰臣传》《叛臣传》《国朝儒林文苑传》，并传钞诸本辑为一编，名曰《清史列传汇编》。以人为纲，凡诸书传文备录之，一书而诸本文字不同者分注之，事涉两歧者考订之。凡录稿百数十厚册，欲送商务印书馆印行，已有成议而卢沟桥变起。今原稿半存北平松公府，半存先生故居。

心史先生于1934年著《清初三大疑案考实》，三案者：太后下嫁，顺治出家，与雍正入统也。世人每以多尔衮称皇父与孝庄后不祔太宗陵寝为太后下嫁之证，且有传钱谦益以礼部尚书进大婚仪注者。先生谓多尔衮皇父之称犹之尚父仲父，纯为报功不关渎伦，皇后不祔葬者，清历朝有之，不独孝庄一人，皆不足为下嫁之证，谦益入清未尝为礼部尚书，进仪注事尤不足信。顺治出家之说，世喜以吴伟业赞佛诗为证，心史先生据《玉林国师年谱》《王文靖公自撰年谱》《张宸杂记》，证顺治之确死于痘。雍正之夺嫡入统，传言本多，心史先生钩稽史料，谓传位遗诏由隆科多所口传，隆科多之能口衔天宪处分嗣统，则由身为步军统领、警跸武力实在掌握，而年羹尧方为陕西四川总督，统重兵以扼允禵，故世宗得安然即位，隆、年之宠异以此，其后隆之禁锢，年之赐死，亦未尝不由挟功泄漏之故。

心史先生晚年考证清代史事文字甚多，散见于《国学季刊》《历史语言研究所集刊》《文献论丛》《读书周刊》《文史周刊》，惟1937年所作《香妃考实》一文未出版而事变起，国人尚未尽见。先生证香妃入宫在乾隆二十三年前，其时回疆未平定，乾隆五十三年四月香妃卒，侍高宗者逾三十年，卒时太后已前卒十一年，世俗所传乾隆为求妃而兴师及太后赐妃死之说，盖皆委巷之谈，即世人艳称之香妃画像，亦与东陵所悬遗影不尽符。心史先生尝欲自辑所作清史考证文字为心史丛刊续编，由开明书局印行，为北京大学文史学会丛书之一，亦以事变中辍。

《永乐大典》本《水经注》行世，心史先生据以校赵、戴两家之书，知戴氏之书不尽与《大典》本合，益信戴书之出于赵。尝欲纂《大典》戴、赵《水经注》合校，为抉疑之一助，未及成而忧国致疾竟不起，仅撰论文数篇见《文献论丛》及《读书周刊》。盖其时先生清史巨著将观成，移其兴会专治《水经》，假以年岁必有非常之观，而大变猝作，赍志以殉，惜哉！惜哉！

天挺以1929年获交先生哲嗣心如于杭州，1931年秋始拜见先生于北平，古城人海，会晤颇稀。1934 年余得见钞本《国史列传》200 册，知心史先生方辑《清史列传汇编》，亟以送之先生，是为余与先生以学问相往还之始。余旧治国志，继探求古地理、心仪赵诚夫之学，偶得赵氏《三国志注补》，付之景印，既成以序文实《读书周刊》，先生方校《大典·水经注》，读之大喜，为跋尾一篇论赵氏生卒年岁，余于赵氏年岁，亦别有论列，遂书陈其所见。旧作《多尔衮称皇父之臆测》一文久置箧衍，亦以就正于先生，是为余与先生论学之始。1937 年卢沟变作，余从诸先生后守平校，先生时督其所不逮，以是过从渐密。11 月余从南来，别先生于协和医院，执手殷殷潸然泪下，不意遂成永诀！先生负经世志。光绪末佐龙州戎幕练新军，民国初列国会议席，1928—1929 年钮永建主苏政挽先生参大计，皆多所建白，惜为史学之名所掩，至民国以来通行之商法出自先生手定，世人更莫之知矣。

先生既归道山，两公子均在南，常州同乡诸公为经纪其丧，并嘱先生弟子 4 人点查遗稿封识之，扃贮北平先生故居。余在长沙，有许溯伊先生同莘自汴致书先生，同人嘱余存之，此书先生既不得见，因录于此，以见先生好学不倦老而弥笃。书曰：

> 承询燕斋之名，弟一再考据，大约为广东盐运使瑞璋，后署广东臬司，总办洋务局，本总署章京，俸满外用，故有熟悉洋务之称，与沈芸阁同为文襄倚任。至刘永福部将只有黄守忠并无方姓其人，彼时粤中将弁有水师提督方耀、潮州营游击方恭，又有率勇援闽之副将方友升，皆与永福不相联属，此见于文襄电牍者也。

心史先生讳森，字莼孙，晚号阳湖子遗，江苏武进人。心史为先生写作之别署，今人习称心史之号鲜用莼孙者矣。闲尝与先生谈及郑所南，先生笑曰，吾之心史与铁函无干也，因并识于篇末。

余初意为心史先生作传，继欲改作遗事状。后与钱宾四（穆）先生商，专述晚年著述，遂成此篇。原有短序录存于此："孟心史教授卒经年，北京大学史学系师生将集文纪念，索传于余。余求先生行述，久而未获，因用龚定盦、杭大宗逸事状例条，举所知于此。载笔之士，或有取焉。"

1939 年 5 月 19 日昆明才盛巷

（原载北京大学史学系《治史杂志》第二期）

蔡先生在北大的二三事

老北大的人，不论师生员工，都称前北京大学校长蔡元培先生为"蔡先生"，几十年来一直如此，从不称他的名号和职称。这反映了老北大的人对蔡先生的景仰和热爱。

关于蔡先生的言行，记载很多，蔡先生的年谱和全集不久即将出版，我只谈我所知道的蔡先生在北大的二三小事，说明我的认识。

蔡先生1917年到北大作校长，提出"兼容并包"。大家常举辜汤生（辜鸿铭，文科英文门教授，复辟派）、刘师培（刘申叔，文科国文门教授，帝制派）为例，这当然是事实，但容易被人们误解兼容并包只是包容反动落后的人物。其实，这只是蔡先生兼容并包的一个小角，而且是极小的小角。

过去中国学术上流派很多。经学有今、古文学派的不同，蔡先生同时聘请了今文学派的崔适（他的《论语足征记》《史记探原（源）》均在北大出版），也聘请了古文学派的刘师培。在文字训诂方面，既有章炳麟的弟子朱希祖、黄侃、马裕藻，还有其他学派的陈黻宸、陈汉章、马叙伦。在旧诗方面，同时有主唐诗的沈尹默，尚宋诗的黄节，还有宗汉魏的黄侃。在政法方面，同时有英美法系的王宠惠，也有大陆法系的张耀曾。其他学科，同样都是不同学派兼容并包。这是蔡先生在北大兼容并包的较多的一面。

更重要的是，蔡先生一到北大，就请全国侧目的提倡新文化运动的陈独秀作文科学长（相等于文学院院长）；这时爱因斯坦的相对论学说新兴起，蔡先生就请中国第一个介绍相对论的夏元瑮作理科学长。这种安排，震撼了当时学术界和教育界，得到学生的欢呼拥护。李大钊到北大，是蔡先生请来的；李四光到北大，是蔡先生请来的；胡适到北大，也是蔡先生请来的。章士钊创立逻辑的学名，北大就请他用《逻辑》开课；胡适和梁漱溟对孔子的看法不同，蔡先生就请他们同时各开一课，唱对台戏。当时，很少学校开设世界语课程，北大开了，并附设了世界语讲习班。1917年以后的几年里，北大30岁左右的青年教授相当多，其中不少和蔡先生并不相识，而是从科学论文中发现请来的。这是蔡先生兼容并包在北大的主要表现，也是最了不起的一面。我想，北京大学所以能够始终走在新思想新科学队伍的最前面，未始不发轫于此。

蔡先生在北大最关心学生的课外生活。1917 年 11 月，蔡先生请著名画家陈衡恪（师曾）在北大讲《清朝的画法》（后用《中国之文人画》发表），并携带石涛、吴、恽和四王画幅 10 多件展览，由蔡先生自己主持，全校轰动。过了 3 天，有许多同学发起组织画法研究会，由学校聘请著名画家陈衡恪、贺履之、汤定之、徐悲鸿为导师。蔡先生还亲自写了一篇《北京大学画法研究会旨趣书》，指出"科学、美术同为新教育要纲"，要求参加的同学"不可不以研究科学之精神贯注之"。接着成立的课外活动社团，除各系学会外，还有文学会、演说会、音乐会、书法研究会、考古学会、歌谣征集会、摄影学会、技击会（拳术）、体育会（球类）、静坐会、进德会等等。就中音乐会发展最快，影响较大。一次蔡先生请古琴家王心蔡（山东人）在二院大礼堂演奏古琴，同学们除了欣赏乐曲以外，还兴起了发掘古乐器和古乐谱的强烈要求。后由音乐会发展为音乐传习所，请来不少民间音乐家如刘天华等来所担任讲习和演奏。还培养出一些音乐人才，有志研究中国古代乐律的杨没累就是音乐传习所的学生（早死）。静坐会由于蔡先生的朋友蒋维乔来校讲演，谈到静坐是休息头脑的好办法，因而成立的。参加的人不是全天静坐，只以每日下午四至五时为实习时间，并规定早晚可以自习，不得妨及功课，这是和宗教的禅定绝对不同的。

应该特别指出，当时基督教育年会和孔教会一类的宗教组织，在大中学校不是不存在的，但是在北大完全没有，而且始终没有过，所以老北大的课外社团林立，正是蔡先生以美育代宗教的一种体现。

蔡先生待人接物，彬彬有礼。很多人称他为"好人"，是有原因的，但绝不是世俗的"滥好人"。蔡先生对大是大非是严肃不苟的。他提倡新文化，领导"五四"运动，发起民权大同盟，以及在北大的开放女禁，论洪水猛兽是旧思想而不是新思潮，以及和社会上旧势力作斗争，都是昭昭在人耳目的。我再举几件蔡先生坚持原则的小事：

五四后，北大开放女禁，有人主张多加收容，蔡先生坚持女生该和男生同时同等考试入学的原则，认为这时考期已过，只能先收旁听生。所以北大最初只有 3 位女同学。

1922 年前后，许多同学在《北大日刊》展开考试问题的讨论，主张废止考试，并向学校提出要求。随后蔡先生也在《日刊》上作了答复。蔡先生认为，大学是培养人才的地方，学校有责任考核学生的学习情况，没有考试就无从考核，也就难以发给证书，所以原则上不参加考试只好不发证书。于是这一讨论终止了。记得只有朱谦之声明毕业不要证书。也不参加考试。他确实这样做了。1930 年秋，国民党某省政府改组，一个北大同学请蔡先生向蒋介石推荐他，并托老同学联名致电蔡先生促成。蔡先生很快给了回电，只坚定的一句话："我不长朕即国家者之焰。"可以看出蔡先生在大问题上的不妥协。

朱经农对老朋友说过，抗战时蒋介石在重庆自兼中央大学校长，请他做教育长，两人同去就职，车上蒋介石痛诋蔡先生在北大的办学（这时蔡先生已逝世），可见蒋介石对蔡先生是始终不满的。

1980 年

（原载《文史资料选辑》第 83 辑，文史资料出版社 1982 年版）

梅贻琦先生和西南联大

　　我和梅贻琦先生在昆明西南联大才熟识起来。

　　1937年"七七"事变起，平、津各大学不能开学。当时北京大学、清华大学和南开大学，三校校长均在南京，决定在长沙设临时大学（文法学院设在南岳），由三校校长和教育部派代表组成委员会领导校务，使三校师生先行上课。1938年2月迁到昆明，改称西南联合大学（文法学院在蒙自一学期）。由三校校长任常务委员，部中不再派代表，校务由常委共同负责。联大设有理、文、法、工、师范五个学院。下分各系，大致仍用三校旧制，稍加合并，如地质、地理、气象合为一系；历史、社会合为一系。三校和联大师生联合上课。联大行政上设教务、总务、训导三处。三位处长和五位院长均列席常务委员会，每周开常委会一次。除训导长外均由三校教授担任。联大成立后，三校不再招生。三校师生均为联大学生，联大学生均为三校校友。三校学生学号仍旧，但按校名分别加 P·T·N 字于前，以避重复。联大学生用 A 字。四种符号对内对外全无差别。三校在昆明各设办事处，各有其校务会议，各有其院长、系主任和教务长、秘书长。三校教授由三校自聘，通知联大加聘、排课、发薪。三校旧生的注册、选课和毕业，由三校决定。三校各设研究所，招收研究生，不属联大范围。联大因教学需要，除了三校参加的人员外，还聘有联大教授和其他教学人员。联大和三校的教职员工同样待遇。联大有教授会，联大和三校教授全体参加。除重大事件外，大学毕业要经教授会通过。联大这种体制一直维持到抗战胜利的第二年——1946年三校复员，前后八年。

　　联大初成立，南开大学张伯苓校长对北大蒋梦麟校长说，"我的表你带着"，这是天津俗语"你作我代表"的意思。蒋梦麟对梅贻琦校长说，"联大校务还请月涵先生多负责"。三位校长以梅贻琦先生年纪较轻，他毅然担负起这一重任，公正负责，有时教务长或总务长缺员，他就自己暂兼，认真负责，受到尊敬。蒋梦麟校长常说，在联大我不管就是管，这是实话；从而奠定了三校在联大八年合作的基础。

三校都是著名专家学者荟萃的地方。各校有各校的光荣历史，各校有各校的校风，也各有其不同的经济条件。经过长沙临大五个月共赴国难的考验和3500 里步行入滇的艰苦卓绝锻炼，树立了联大的新气象，人人怀有牺牲个人，维持合作的思想。联大每一个人，都是互相尊重，互相关怀，谁也不干涉谁，谁也不打谁的主意。学术上、思想上、政治上、经济上、校风上，莫不如此。后期，外间虽有压力，谣言不时流布，校内始终是团结的。抗战胜利，还在昆明上课一年，除了个别有任务的几个人复员外，全部留在昆明，这也是了不起的。在联大八年患难的岁月里，梅校长始终艰苦与共，是大家经常提到的。

1941 年 4 月，清华大学在昆明拓东路联大工学院举行三十周年校庆，张伯苓校长自重庆告诉南开办事处的黄子坚说，清华和南开是"通家之好"，得从丰的庆祝。于是黄子坚在会上大作"通家"的解释，指出清华的梅校长是南开第一班的高材生。接着，冯友兰上台说，要是叙起"通家之好"来，北大和清华的通家关系也不落后，北大文学院长（指胡适）是清华人，我是清华文学院长出身北大，此外还有其他很多人。两人发言之后，会场异常活跃，纷纷举出三校出身人物相互支援的情形。但是，几乎所有的人都感到联大的三校团结，远远超过了三校通家关系之上。

在联大成立前，三校就有过协作。除了互相兼课和学术上协作之外，行政上也有协作。那时，大学都是单独招生。考生一般要投考几个大学，异常疲劳。就在 1937 年暑假，清华和北大共同宣布联合招考新生，共同出题，共同考试，分别录取。试场设在故宫。得到故宫博物院领导的同意，考试桌椅都已运进去，社会上传为"殿试"，后因卢沟桥炮响给冲垮了。这是校际协作的先声。

抗战期间，物价飞腾，供应缺困，联大同人生活极为清苦。梅校长在常委会建议一定要保证全校师生不致断粮，按月每户需有一石六斗米的实物。于是租车派人到邻近各县购运。这工作是艰苦的，危险的。幸而不久得到的在行政部门工作的三校校友的支援，维持到胜利。这又是一桩大协作。

在昆明生活极端困难的时候，清华大学利用工学院暂时不需用的设备设立清华服务社，从事生产，用它的盈余补助清华同人生活。这事本与外校无关。梅校长顾念联大和北大、南开同人同在贫困，年终送给大家相当于 1 个月工资的馈赠，从而看出梅校长的公正无私。

梅贻琦校长生活朴素，他的那件深灰色的长袍在四季皆春的昆明，是大家天天看得见的。1941 年 7 月，我和梅贻琦、罗常培两先生在成都准备转重庆回昆明，梅校长联系成飞机票，恰好又得到搭乘邮政汽车的机会。邮车是当时成渝公路上最可靠的交通工具。梅校长觉得邮车只比飞机晚到一天，既可以三个人不分散，还可以为公家节约二百多元，于是坚决退了飞机票。这种宁可自己劳顿一些而为公家节约的精神，是可贵的。俭朴正是他的廉洁的支柱。

梅校长在工作中，对事有主张，对人有礼貌。遇到问题，总是先问旁人："你看怎样办好？"当得到回答，如果是同意，就会说，"我看就这样办吧！"如不同意，就会说，我看还是怎样怎样办的好，或我看如果那样办，就会如何如何，或者说，"我看我们再考虑考虑。"他从无疾言愠色，所以大家愿意和他讨论。

1939 年 10 月，吴文藻、谢冰心两位先生为了躲避空袭，移住呈贡小山上，他们伉俪都是"朋友第一"的人，一次约梅校长、杨振声和我，还有其他几位到呈贡作了三天短期休假。1941 年 5 月，我又和梅贻琦、罗常培两先生到叙永联大分校和李庄北大文科研究分所看望，并参观武大、川大。归程中饱尝抗战后方轰炸、水灾和旅途中意想不到的困扰，耽搁了三个月。途中罗有一次大发雷霆，虽然不是大事，但若处理不好，彼此发生隔阂，不但影响友谊，也会波及一些方面的关系。梅先生等罗火性发过，慢条斯理地说："我倒想过跟你一起（发火），但那也无济于事啊。"语词神情与诚恳的态度，使得罗气全消了。这两次旅行，使我加深了对梅先生的认识。

梅贻琦先生不喜多说话，但偶一发言，总是简单扼要，条理分明，而且有风趣。他谈过 1900 年八国联军侵入天津时市民的情况，也谈过京剧演员的表演艺术，也谈过满族服装和健康的关系。这些都是在他专业以外不常接触的事物，反映出他对社会观察的精细和敏锐。

在昆明梅贻琦先生住在西仓坡清华办事处楼上左厢（大约是北房），和梅祖彦同屋。一晚有同事接他出去开会，正好没有电。临出，梅先生把煤油灯移在外屋桌上，将灯芯捻到极小，并把火柴盒放在灯旁，怕灯灭了，祖彦回来找不到。从这一小事看出他对下一代多么关心。做事多么细致有条理。

梅校长喜欢饮绍兴酒，但很有节制。偶尔过量，就用右肘支着头，倚在桌边，闭目养一下神，然后再饮，从来不醉。朋友们都称赞他的酒德。这正是他的修养的表现。

最后，我想再谈一段联大的故事。当时，昆明是与国外交通的唯一通道，许多朋友经过总要到联大和三校看看。梅校长有时也要用家庭便饭招待。记得每当聚餐快要终了的时候，梅夫人——韩咏华女士总是笑吟吟地亲捧一大盘甜食进来，上面有鲜艳的花纹环绕四个红字——"一定胜利"，殷勤地说："请再尝尝得胜糕，我们一定胜利。"这时大家一齐站起来致谢，齐称"一定胜利，一定胜利!"这正是我们当时一致的信念，也是联大事业的象征。

（原载《文化史料丛刊》第四辑，文史资料出版社 1983 年版）

追记 1928 年梁漱溟先生作 "乡治十讲"

1928 年 5 月至 8 月，我应梁漱溟先生之邀，任中央政治会议广州分会建设委员会秘书。建委会主任由当时省主席李济深兼任，而以梁先生为代主任。此时梁先生开始抱有推行 "乡村自治" 的理想，因而曾在是年 5 月作过 "乡治十讲" 的连续讲演，此时我方到广州，因而得聆听这一演讲。在介绍此连续演讲大意之前，将述略我应邀赴广州，及与梁先生在建委会共事之经过。

一、我与梁先生的关系

梁漱溟先生是我的表兄，长我六岁。他的长兄梁凯铭先生长我十二岁，因此我叫梁漱溟先生为 "梁二哥"。我是福建长乐县人，祖辈住福州多年。父亲郑叔忱（1863—1905），字宸丹，光绪十六年（1890）进士，后在翰林院任职多年。母亲陆嘉坤（1869—1906），字荇洲，广西桂林人，出身于官宦之家，书香门第。她的母亲即梁先生父亲梁济（字巨川）老先生之姑母。当时同住在京城，来往密切。我自幼父母早丧。父亲于 1905 年病故，次年母亲在天津北洋高等女子学堂任总教习时，突患白喉，全家均被传染，母亲及一个弟弟不幸死去。母亲病重时，梁济老先生闻讯急赶到天津，除受托孤外，并不顾个人及全家安危，毅然将我及一弟弟郑少丹（1904—1945）携回北京。当时我们兄弟年纪幼小，梁老先生除将我们寄养在姨表兄张耀曾（1885—1938）家外，又将我家为数不多的遗产 "经营挹注"，作我们的监护人长达十余年，直至我上大学为止。故梁、郑两家关系非同一般，往来甚密切。1950 年 4 月，梁先生由四川回北京不久，曾将家中所藏我母亲给梁夫人所书之团扇和我父亲为梁先生所书折扇检出，归还给我，并为我写了热情洋溢的跋语，从中亦可见彼此形同手足之情。其文如下：

> 右陆荇洲表姑为先母所书团扇面，又表姑丈郑宸丹先生为先父所书折扇面。先父母既故，并经先兄凯铭装裱，藏于家。愚一向奔走在外，颇少

宁家。比以全国解放，自蜀中北返。春暇检理旧物，乃得见此两帧，以表姑乙未年（1895）6 月作书计之，盖五十有五年矣。此五十五年间，不独大局变化不知若隔几世，即就我两家言之，从亲长以至同辈，其得健在者亦唯愚与毅生表弟二人而已，可胜感慨。毅弟早失怙恃，其先人手泽存者不多，特举此以归之，愿更垂纪念于后昆。

一九五〇年四月　梁漱溟记

二、去广州之前

1924 年我任北大预科讲师，讲授人文地理及国文，并在女师大兼课，同时在法权讨论会（会长为张耀曾）任秘书。当时北洋政府公务人员欠薪异常严重，有时仅发给工薪的十分之一二，家中生活异常困难，难以糊口。至 1927 年 6 月，我往杭州任省民政厅秘书，当时厅长为马叙伦。但不久马辞职，我在杭州呆了 2 个月即又回京。这时北洋政府将几个大学合并，北大旧人多不离校，我也未再回北大教书。同时又逢法权讨论会机构撤销，因此我失业了。当时生活异常拮据，全赖友好借贷资助度日。

1928 年春节后，得梁先生自广州来信，谓"粤事大定，有意从政"，希望我去帮忙，"或足有所展布"。并谓若有其他之"才士贤者，可与俱来"。3 月初，梁先生来信，谓李沧萍先生来京敦聘黄晦闻（节）、林载平（志钧）两位去广州，嘱我与李一谈。晤李后，知梁先生已将我推荐给李济深，任广州政治分会秘书，并促我速往，态度甚恳切。这时杭州诸师友亦多来信相邀，而老同学罗庸（字膺中，1900—1951）此时将南下，也劝我与他同行，于是先去沪杭，再做决定。

由于路费无着及家用短缺，起程前不得不告贷。几经周折始借得四百元，月息二分，即每一百元实付九十八元，并须以有价证券作抵押。债主不仅提出苛刻条件，且态度傲慢，语多不逊。中人则吹毛求疵，百般刁难，且意存协迫。遭此凌侮，令人难堪，我乃决计退借款，令求助于亲友。是时我年不足 30 岁，已深感出世之艰难。

我与罗庸于 3 月 17 日离京，经济南、青岛，于 21 日至上海，得与凯铭、漱溟兄弟聚会。梁先生仍力劝我去广州，而杭州师友又邀我去浙江大学。校长蒋梦麟及刘大白、邹裴子诸先生，约我出任浙大秘书。蒋与我虽有师生之谊，却并无深知。但他如此热情，使我难以将赴粤之事告知。而此时杭州诸友又再三挽留，于是暂留杭州，为此曾特去上海向梁先生说明一切。4 月初，李济深来杭，我去拜访，也曾向他说明在杭州稍作逗留后定赴广州。

三、赴广州任建委会秘书

4 月中旬，陈仲瑜（政）带来梁先生一信嘱我月内务必至广州。于是我 4 月 25 日离杭州，经香港，于 30 日到达广州。因水土不服，到广州后即胃疾发作，休息至 5 月中旬才上班。此时正逢梁先生作有关"乡治"内题的连续演讲，我即往听讲，并逐次将所讲大意记入日记。有关这一演讲的内容将于本文之末专作介绍。

上班后就出现了麻烦。梁先生告诉我省府初定我及高某等共四人为秘书，各掌一科，后又增至五人。但秘书长彭某说，旧有粤人必用其二，后我而来之钟某因某种关系亦必须留任，唯有我须请梁先生另作安排。

梁先生只好耐心向彭某解释，说明我乃是他本人向李济深推荐，并应李之面邀而来。且省府初立，须有一二达练之年青人辅佐之。不料来几天建委会开会，对秘书处张宝成又作修订，改为秘书一人。于是彭某向梁二哥重申前议，或留钟或留我。梁先生再次向彭某据理力争说：建委会事繁，且自己不愿放弃著述，因此须留郑君以自佐。同时向我表示，希望我无论如何要留下来，协助他工作，并对我作一评价："性缓才敏。"我则说，自知不适合从政，此次之所以来广州，一在践前约，一在相助，并未考虑个人名位。如仅为我个人设想，则可不必。事后老友罗常培、丁山（均为中山大学教授）闻知我受排斥，均为我抱不平。未几天，梁先生通知我，李济深已经委任我为建委会秘书，这已是5 月下旬的事了。

四、建委会的工作

我就任秘书工作之后，曾代拟广东省政府办事细则、建设委员会办事细则及教育厅、建设厅、民政厅、财政厅组织法，并审查相应机构之组织大纲及章程等。

列席有关会议，或参加建委会会议，并作记录也是我的一项工作。建委会开会讨论往往不着边际，多流于空谈，即使有时颇有争论，亦是出于个人或本位主义，各有目的。因此开会每由午后拖到夜晚。如 7 月中旬一次委员会议，讨论县财政管理委员会章程。大抵发言者多希望加重其权限，民政厅长则唯恐因此其权限被缩小，而执意反对。争论自下午 3 时开至晚 8 时，仍无结果。其他内容的会议亦多议而不决，梁先生让亦感束手无策。

当时建委会还搞过一些参观及调查活动。如 7 月 20 日，一些人曾去南浦参观慎修小学。南浦在省城西北六十余里，规模及内容均甚可观。7 月 29 日，我们又与黄艮庸等往细墟乡调查。该乡道路房舍均较南浦为整齐，农民亦较为富庶。此地有化龙学校，设备及校舍均佳，乡村有此条件，亦甚不易。细墟为黄艮庸的家乡，故梁先生每下乡即住于此。

7 月底某日，梁先生忽函告我他去番禺细墟乡间，将暂不回广州。我甚感怪讶。后来才知道他所提"乡治"方案遭政治分会反对，但碍于情面，难于否决，遂将建议案上推中央决定。梁二哥甚感不悦，遂请假，离广州往细墟乡间。8 月初他曾返广州一次，次日又回乡。前后在乡间小住约二十天。

五、离开广州

早在 7 月初，在杭州曾多次来信，希望速往浙大，蒋校长也屡次电催。表兄张耀曾此时亦寄我一长函，认为在广州工作不如在杭州。但当时我认为，既然为协助梁先生应邀到粤，即不应再做其他之想。但入 8 月，形势突变。李济深因与中央矛盾，拒绝出席中央全会。不久，政治分会决定于年内撤销，建委会也将改组，紧缩规模。于是我终于决定离开广州往浙大工作。同时又征得梁先生同意，遂于 9 月中旬离广州经香港，乘船至上海转杭州。梁先生等适因事赴沪，因而同船北上。

我自幼虽与梁二哥形同手足，但因他多奔走四方，彼此相聚机会并不多。唯有这一年（1928）在建委会与他共事，达四个多月之久，得日日相见。这一段经历每引起我对他的回忆。他做事认真，一丝不苟。这对我来说，也是一最好的教育。尔后，我亦多以他这种精神时刻自励。

在这经历数月从政生活之后，我又回到我所热爱的教育工作岗位，投身于教学与学术研究去了。

六、关于"乡治十讲"

现在补述有关梁先生所作"乡治十讲"事。

1928 年 5 月 14 日，即我到广州半个月后，王平叔函告我是日晚梁先生要在建委会以"乡治十讲"为题，开始讲述个人近日之政治主张。当晚我与罗常培、丁山等人前往听讲。此后历次演讲我亦往听，并将所讲大意内容逐次写入日记中作简略纪录。现将当年日记所记，摘录于下：

14 日晚，讲导言部分。

略谓：国民党为孙中山先生指导下之中华民族自救团体，自兴中会以迄最近业经数变，其政策手段亦因时而异，惟其变化多有进步。

又云：个人政治主张与诸前人异。数十年来谈政者皆喜法西人，而迄无殊效。盖中国人有中国人之天性，中国之文化未可强效不同文化、不同天性之西人。

14 日晚，又作演讲。

略谓：西洋政治可贵者有两点：一曰合理；二曰有妙性处。使私权尊重公权，此其合理处；使人向上不能作恶，政不待人而治，此其妙处。凡此皆中国旧日政治所不能及。昔人之欲效西法，亦如此。然而数十年终无成就者，则以不合于中国之实况。此不合可分两方面言之，一曰物质上之不合，一曰精神上之不合。物质上之不合有：曰中国人之生活低；曰中国交通不发达；曰中国工商业不发达。至于精神上之不合拟下次再讲。

又云：惟人类知识最发达，惟人类易为知识所误，每以假为真。

22 日晚，又做演讲。

略谓：西洋文明系有对的，中国文明系无对的。因有对，故凡事皆向对方求解决，政治亦然。而中国正相反，此根本不合也。西洋政治精神在彼此监督，互相牵制，所谓三权鼎立是也。而其动机，实在彼此不信任。中国不然。彼此尊崇，彼此信任，皆相待以诚。倘一存猜疑，必至于糟。今欲仿效西人政治，势必降低固有精神，绝难有所创获，此其一也。选举制度为西洋政治之中心，西人皆用自炫手段以求当选，而中国以自炫为可鄙，必欲效仿，则必弃自尊之美德，先自轻贱。然此最高之精神一落，则不可复振矣，此其二也。西洋政治以欲望为本，中国则于欲望外更有较高之精神，如舍欲望外不计其他，必不能行于中国。

又云：欲激发人之精神，必须打动其心，而后其真力量、真本事、真智慧始能出，然后始能有创造。

25 日晚，梁先生再作演讲。谈日本之所以能接受西洋式政治及对俄国政治之批评。

29 日晚 6 时，梁先生演讲。

略谓：今日中国之所谓政治家，对于政治上之主张约有二途：一曰全民政治，一曰一党治国。然二者皆不可通。近者国民之自由褫夺殆尽，而公权更无份，谈何全民政治。近日军权高于党权，个人高于一党，何云乎以党治国。况近日俄国、义国独裁之制方兴未艾，恐怕最近之未来，中国仍属割据式之军事长官主政政体，然此绝不可恃。可以挽救中国近日之局面者惟有乡治。

又谓：在近日欲真行工商业实不可能。社会不安定，易于破坏，一也；受不平等条约之束缚，难与西人竞争，二也，或谓由国家经营之国家资本主义其法较善。不知政局不定，国家亦无力经营。且若由国家经营，则政权、财权皆聚于政府，恐谋之者益多，而政局亦益不能安定矣。故可以挽救中国近日之局面者，惟有振兴农业。

31 日晚，在此演讲。

略谓：人类对于一切事物，皆具一种较高之理智，如吃饭，则不仅想如何而已，必思如何吃合理之饭。此种思合理之态度，是谓人类最高之精神。法律仅能使人做事合理，而不能使人做合理事。做事合理是谓法治；做合理事是谓人治。在法治派之政治理想以为，政权人人有份，政治自下而上，是为原则。而在人治派观之，因人类理智之有高下，则政权必交之理智最高者。人类理智不同，则政治不妨自上而下。中国自来为人治之政治，而非法治的政治。又谓：中国近日政治上经济上皆陷绝境，非从农村入手，无从整顿，一方面使农业发达，一方面使农民知识提高。

6 月 2 日，晚 6 时至 8 时半。梁先生再作演讲。

略云：中国今后之政治必为人治，而于其下容纳西洋法治精神。治者与被治者不分而分，政治自下而上，同时自上而下。

又云：法律是假的，风俗习惯是真的，吾辈应创习惯，惟乡治能创习惯。欲人民之问公众事，必须使之先有此意志、兴趣、能力、习惯。今之所以欲先行乡治者，以乡之范围小，利害切身，引其注意易而力强，一也；活动之所及以范围小为宜，二也；中国固有之精神，城市已丧失殆尽，所谓礼失而求诸野，三也；城市之心理习惯已近外国，惟乡村不然，四也；工商业为个人主义的，而农业为合作的、互助的，五也；乡里间尊师敬长，尚德尚齿，六也。有所信赖，有所信托，此吾人建筑新政治之基础。选举代表制度，选举人地位似较被选举人为高，与中国习惯上因某人之道高德重而公请其主持之意大相悬殊，盖无丝毫信任意也，而彼此之精神，人格亦因此增高。与西洋人彼此不信任之精神，人格因之降低者亦不同。至筹备乡治之办法，拟选二三十岁聪敏之青年，训练之使之了解农村经济之新办法，遣至乡里辅助中年高有德者办理乡治。对此辈青年有最要者三事：一、使之作二三等角色；二、培养其真心热肠；三、戒其自傲气盛及其他少年积习。必如此，然后可以得乡人之同情。近日自治之所以使人不满者，在不得其人，一也；收捐过巨，二也；所做之事非皆乡人所切要，三也。今欲免此人、钱、事三者之困难，必先慎选人与解决吃饭问题始可。

又云：吾之改造经济注意点在以私有制经济制度为一切罪恶之源泉，私有经济制度为生存竞争之起源，因之人人敌对，人人时在危险情况之下。今若逆社会罪恶产生道路而思改革，终必无成，故改造私有经济制度必自改竞存为共存，始乡治之意即在此。先从消费享受求合作，渐至生产之共营。

6月3日下午，梁先生先介绍日本人河西太一郎《农民问题研究》一书之大意。以我所见，与梁先生意见颇相合。继又略云：近代工业上有显然大规模经营之趋势，而农业就统计上观之，小规模经营者并不因大规模经营而减少。所以然者，在受资本主义之影响，欲发展农业之能大规模经营，农村之能改良城市与农村之能平均发达，必先经济改造。农业之所以不进步、不改良之原因甚多。农业生产受天然制约，收获甚迟，经济周转不如工业之速，因之田主不愿多投资，一也；生活艰难，佃农日增，二也；小农资本少，不能采用新法，三也；小农之经营存在（工业上绝难存在过小经营，农业不然），四也。又经济上之原因，农人能率低，一也；农人候雇者少、工资廉，二也。由收货后之原因，农民受商人之剥削太烈，资本不向农业流通，因之都市盛而乡村衰，一也；田主多在城市，佃户收获必送之田主，是以乡村资本送之城市，因之城市益盛而乡村益衰，工商益盛而农业益衰，二也；农民本无余资，一遇事故必致负债，三也；国家赋税加于农者，多于工商业数倍，四也；国家取责于农，而以之发展城市，五也；城市能引诱乡农不愿乡居，六也。又不能大经营之原因：土地不易扩张，一也；工人少，二也；因承继而土地分割，三也；资本周转不易，四也。在工业上，阶级观念甚盛，故工人团结以对资本家，而在农业上适相反，又有中农之介于劳资之间。在工业上，工人皆思生产机关公有，而农民仅望分得少许土地，两者目的不同，故求改造经济之心理亦不同。今就经济目标为改造办法，必先使小农之私人经营渐改至合作，使私有为公有，分作为合作。然欲行此法，乃勿强制，必告以实例，予以援助，丹麦曾有先例。其法使一村合并其土地，用新法经营，收获时按其土地、劳力、财力多少分配之，如此小农之所得较之自营为优。如此易发生劳力过剩，则使之营以自己消费为目的之副业，如铁工等，此改良农业最上之法也。（恩格斯说；以上见河西代书。）

总之，我国之精神文化皆与工商业无缘，除此文化已无前途外，今后局面必为农业复兴，而政治亦除乡治外无他路。必先发展乡村而至城市，先兴农业而至工商，农业之兴，必自合作社始。（如消费、贩卖器械方法等，由公家辅助之，奖励之，利导之。）虽然此尚非真正之理想政治也，欲由此成欧美式国家，则万不可能。

（郑克晟整理）

悼念罗常培先生

罗常培先生逝世了！语言学界失去了一位热情的学者！

四十年来，罗先生一直在教育和科学研究岗位上辛勤劳动着。他一生不倦地启迪和引导着青年，热情地帮助和鼓舞着青年。他自己在语言学工作上的成绩很多，而在培养青年这方面贡献更大。

罗先生在学习上一贯刻苦认真，这是朋友们以及和他同住过一个宿舍的人们所津津乐道的。他从在大学读书起，学习中一遇到引文和疑问，总是取对古今文献，不厌求详，因此他的笔记详细而精确，常为我们所借抄。1927 年夏，他在杭州见到一部黄季刚先生手校的《广韵》，里面标注许多符号而没有说明。他业余在盛暑蒸郁的斗室中，挥汗过录，并深入地排比探求。朋友们都说何必如此认真，而罗先生不顾，终于得出它的条贯。1954 年，我到太平胡同语言研究所去看他，这时他已患高血压病。我见他还在读书写卡片并为同志们校看卡片，劝他节劳，他说，工作惯了，一刻不工作反倒觉得难过。四十年来，他除了病倒以外，确实是没有一刻不在认真工作，真是穷年矻矻，孜孜不息。

罗先生在学习中，总是先掌握丰富的文献和实际材料，然后从材料中去找它的规律。1928 年他为了研究反切就注意对音，为了对音就注意拉丁字拼音，为了拉丁字在中国的传播就注意到刘献廷，为了刘献廷就注意到明末清初的时代背景、人物和学术思想。1943 年，他在云南鸡足山悉檀寺看到丽江木家的"木氏宦谱图像世系考"，就注意到父子联名制，因而进一步自己去调查收集朋友们得到的现实的活材料以及文献资料，综合起来加以研究。1933 年他在青岛遇见游国恩先生，一听到游先生说的"临川"两个字就觉得有三点值得注意，于是就进一步对临川音加以调查研究，终于写成《临川音系》。由于他善于抓住语音规律，所以学习语言方面十分迅速。1927 年秋天他到广州，不久就掌握了广州话的特点和词汇。他不肯放过一切的实践机会，常说广州话。当他第一次会见古直先生时，古先生不相信他是外省人，更不相信他到广州不过半年。

罗先生教授汉语音韵学和音韵沿革多年，有很深的研究和独到的见解，但是他始终谦光自抑，不事夸扬。他的讲义——《汉语音韵学导论》经过了二十五年，修改了八次，才在 1949 年印行。这本书虽然只有七万多字，而都是从他个人研究的结果提炼成的，偶有采取前人意见的地方也是经过批判才接受的。出版以后，他自己仍不满意，还想用语体彻底改写，以便使较多的读者看得懂。可惜他已为高血压病所苦，没有来得及改写。他每写一篇文章或一书，总是谦逊地请旁人提意见，而对正确的意见又总是虚怀接受，就是在出版以后，如有新的发现，来得及的，再版时一定改，来不及的也一定加以说明。我们在他的许多著作的自序和再版序言中都可以清楚地看出来。

1938 年，他随着学校从长沙迁到昆明。云南是多民族地区，语言复杂，而汉语又和北方普通话相近。研究语言的人狃于积习，对少数民族语言的研究感到条件困难，对于云南汉语又感到平凡，都鼓不起系统地调查研究的兴趣。他却认为全国语言有一个地方没有经过精确的科学调查，语言地图上这一角终究是个缺陷，应该利用当前的机会，因利乘便地做一次云南全省语言调查。于是建议大家通力合作。几年之间，几个中年人领导几个青年人，分别在当时交通梗阻、经费拮据、印刷困难的情况下，咬紧牙关到各地去作实地调查，终于给少数民族语言研究工作开辟了一条道路。

罗先生在政治上也和科学研究上一样，是要求不断前进、不断日新的。北京一解放，他就积极学习马克思列宁主义理论，参加政治课教学工作。他常说，现在的心情和解放以前大不相同了。他抱着加紧工作雄心，可是几年来都为病所困，否则他在科学研究的成就上一定还要大得多。

罗先生为人坦率，嫉恶如仇，我们都称他为"罗文直公"。他律己很严，能持人所不能持。他待人真诚热情。我和他是大学的同学，四十多年来，天天见面的时间总在二十年以上，他对我的帮助、鼓励和关怀，不是笔墨所能尽。四十年生死交情的朋友，一旦永别，使我万分悲痛，而我更悲痛的是这样一位科学干将，在参加社会主义建设的文化革命进军中，忽然停止了他的思想！

（原载《中国语文》1959 年第 1 期）

罗常培先生对我的帮助

我和罗常培先生是大学同学。他高我一年，有些课程同班听讲。当时北大同学来自全国各地，语言异常复杂，说北京话的反居少数。一次，他听到我说北京话，就来问我原在那个学校，来京几年了。从此熟识起来。所以我们两人的交谊，是从语音相近开始的。今天回想起来，从这件小事，可以看出罗先生的耳音辨别能力是多么精敏。

罗先生 1919 年在北大中文系毕业，又到哲学系学习，接受西方思想方法，这对他后来在语言科学方面的成就，有一定关系。

罗先生自幼掌握蔡氏汉语速记术，听讲时笔记快而全，我和董威先生经常向他借来核对。1940 年在昆明，罗先生一度想把他的刘师培、黄侃诸先生在北大讲课笔记，整理出版。他认为对大学中文系学生还是有用的。可惜没有时间做。

1923 年，罗先生担任北京市立第一中学校长，约我和张煦、罗庸几位先生去兼课。两年后，他到西北大学、厦门大学任教。1927 年他从厦门到杭州，我也从北京去杭州，我们同住在章廷谦先生家有三个月。章先生是罗先生在哲学系的同学。这年旧历 7 月的一天，我说要到西湖去玩，他也说要到西湖去玩，细谈之下，原来这一天是他的生日，也是我的生日。我们同岁，是早已清楚的，而生日也同在一天，这时才知道。同年同日生的人，在社会上何止千百万个，可是在同学同事少数人里却是罕见的。两人都非常兴奋激动，走到灵隐寺前石佛旁同照了一张像。不久，他去广州，第二年春我也到广州，同住在一起又将五个月。我将离开时，罗先生家属到广州。从此，他的儿女都呼我为郑干爹，后来我的儿女也都称他为罗干爹。直到今天未改，已经五十多年了。

我和罗先生都是孤儿，所以在一起的时候总是互相鼓励。我不喜写文章，更不愿写成后发表，罗先生不断加以劝勉，说服了我。我能在学术上稍稍有所表现，是由罗先生鼓励开始的。有时写了文章不愿发表，罗先生常常强迫拿去。关于《多尔衮称皇父》一篇，就是这样的。七七事变后，我校读《十六国春秋》

的译名，他劝我从汉字语音的演变入手。1938 年，我在蒙自推求康藏地名的地望与对音，罗先生帮忙最多。许多书籍是罗先生借阅的，许多疑难是罗先生代为分析解决的。文章写成后，又代我请陈寅恪先生审正，并寄出去发表。这种帮助是真挚的、少见的。解放后，我听郑奠先生说，他许多论文的写作与出版，也是罗先生鼓励的。罗先生对学生和后学的帮助，经常听到大家津津乐道，传为美谈，他对同辈的帮助，还很少有人知道。

1928 年，罗先生和我及丁山先生同住在广州东山龟岗三马路，每天要经过龟岗二马路。这里住着一位老人，图书满架，终日手不释卷。罗先生十分注意。一天，他忍不住叩门而入。原来老人就是有名的古典文学家梅县古直（层冰），著作很多，学问渊博。这时罗先生担任中山大学中文系主任，就聘古先生作教授，学生极为欢迎。这一经过，仿佛像古代小说，谁相信是 20 世纪 20 年代在广州的事实！罗先生就是这样纯洁地、无私地做了！

我和罗先生相交 40 年，在七七事变危城患难中，在昆明敌机轰炸中，在北大文科研究所的艰苦创业中，以及他远在美国讲学的岁月，他都帮了我很多的忙。他对祖国、对事业、对学术、对朋友、对家庭、对自己，都是忠诚的，都是对得住他们的。

罗先生逝世已经 20 年。他死得太早了。否则，他对语言学上贡献，对朋友们、后学们的帮助，对国际学术上的影响，一定更深远，更辉煌，更高大。20 年了，我们时刻怀念他，我们的心情是和当他刚逝世时的心情始终一样的。

（原载《罗常培纪念论文集》，商务印书馆 1984 年版）

终身以发展学术为事业的学者

——纪念顾颉刚先生

过去学者，劬勤不倦，著作等身，由于生活环境（包括职业）促成的多，由于个人爱好的少，由于把它当作一生事业去努力的更少。前两者嘉惠一时一代，后者有功后世，更值得人们尊敬。

顾颉刚先生就是终身以发展学术为事业的学者中的一个。

顾颉刚先生是我五四时期的北大同学。他本来高我一年，是哲学系（当时还称哲学门）的。我在中文系，有些课程在一起学习。他的学习成绩是当时佼佼者。

1921 年，北大筹设研究所国学门，就是后来的文科研究所（在前研究所分在各系），主持人是沈兼士，主要助手就是顾颉刚先生，还有黄文弼、胡鸣盛。他们认为学术工作主要是给人们以方便。古类书保存了很多亡佚的旧籍，今存的书籍在文字上必有不同，是校勘家经常翻阅的书。但古类书的分类，按事不按书，使用不便。于是他们从事古类书的还原工作，重新按书、按时代、按有关人物加以剪贴。这些重编古类书，限于当时条件未经印行；但来查阅的人非常多，确实为旁人提供了极大方便。

20 年代初，许多旧小说标点印行。顾颉刚先生认为古籍的标点整理工作尤为需要，不唯可以流通古籍，还可以帮助青年学习。因为懂得古汉语的人越来越少了。这是很重要的学术事业，当前不做，将来能胜任的人更少了。一次在北京中山公园他激动地告诉朋友们，要从《史记》标点入手，然后再进行《汉书》等书的标点。后来他果然独力把《史记》完成出版。标点《二十四史》这一重大的学术事业，到 70 年代，在周恩来总理亲自关怀下，经过全国专家的共同努力，终于完成。这是由顾颉刚先生主持的。

顾颉刚先生认为，发展中国传统学术，要从整理着手，于是提出疑古，并刊布《古史辨》。但他不仅是停留在对古史的怀疑上，而是为了认真发掘问题，探索问题，开辟一条研究古史的道路。一时学者景从，成为古史辨派。

"九一八"后，顾颉刚先生鉴于国土遭到蹂躏，提倡注意边疆，研究地理，组织禹贡学会，倡导抗日，影响极大，其目的还是为了维护中国文化事业的不中断。

顾颉刚先生近年专搞《尚书》，注《大诰》达几十万字，也是为了祖国学术事业的发展，而决不是炫耀自己学问的博洽。

顾颉刚先生著作很富，主编的更不胜举。他的朋友学生遍于海内外，书札尤多。如能广为搜求，编纂成书，必可以洞见他对祖国学术文化的热爱，对青年的启迪不倦，殷殷以树立新风气，追求新事业为职志的宏愿了！

顾颉刚先生的逝世，是我国学术界的巨大损失。在他逝世的前两天，我得云南大学李为衡教授来信，谈到 12 月 21 日在北京医院谈话的情况，还以我为问。我们四五年不见了，我原想春节去看他，想不到遽尔永别！60 年前同学老友，固然不胜悲痛，而对他的终身以学术为事业的精神，尤其感到是学术界的无可弥补的损失。

（原载《社会科学战线》1981 年第 3 期）

回忆陈援庵先生四事

——致刘乃和同志书

乃和同志：

前奉大札，教我写一篇陈援庵先生百龄诞辰纪念文稿，并提到我有一次在座谈会上的发言，这是我应当写的，但前次发言，已不省记。我想陈老一代学人，著作等身，影响深远，关于陈老的学，大家比我钻研的更加湛密，佳作一定不少，因此我想，写一点我亲自接触到的陈老的行。

一事：1921 年，北京大学成立研究所国学门（文科研所前身），我又回北大作研究生，陈老是导师之一。一次在龙树院（一座名刹，在南下洼，介于窑台与陶然亭之间）集会上，陈老说，现在中外学者谈汉学，不是说巴黎如何，就是说西京（日本东都）如何，没有提中国的，我们应当把汉学中心夺回中国、夺回北京。这几句话对我影响最深。直到今天，我仍喜欢说，我们要努力，要使关于中国学问的研究水平，走在世界水平前面，实在是重申陈老遗教。

二事：抗日战争胜利，1945 年 12 月我回到北平，去探望陈老，次晨陈老到我住处，然后我送他出门。陈老环顾街上，怆然说道："我八年没有出门了！"我闻之黯然。这八年中，陈老藏身敌城，闭户著书，心情是多么沉痛！他在敌城作的《通鉴胡注表微》，实在是表述胡三省故国之思的微以自况！

三事：1946 年北大、清华、南开三大学复员前，北平设立临时大学补习班，第 2 分班是文科，想礼聘几位硕学坚贞的学者到班授课，以新耳目。由余逊教授向陈老婉商，说明意在振俗，不必按时上课。陈老这时年已 66 岁，不但慨然允诺，并且从不缺席。这种精神真使人感动。

四事：1949 年春，有一次我乘有轨电车回家，路经东官房，忽见一位老者上车，竟是陈老。陈老作了十几年大学校长，俭约如此，真可钦敬。

我想到的有这几点，但考虑再三，不敢下笔，又文思素钝，迄未成篇。顷约期已届，又奉来教，真不知如何报命。

您学识宏通，知陈老最深，又文思敏捷，不知能否代我考虑一下，能否这样写，这样写是否符合陈老实际身分，拜请提供一些材料，增加一些语言，如蒙润色成篇，尤为感激。斧正后请寄下，当另行缮正。此信涂改太多，由于急于付邮，不及重抄。不恭之罪，不情之请，统祈格外见原，不胜祷企感盼之至。此致

　　敬礼！

郑天挺

1980.4.24

有学力、有能力、有魄力的历史学家

——追念吴晗同志

吴晗同志原名吴春晗，号辰伯，浙江义乌人，生于 1909 年。1931 年考入清华大学历史系以后特别留意明代历史，通过基本训练和刻苦自学，对于明史的基本知识、基本史实、基本制度、重要人物和基本资料、基本工具，都系统地进行了深入探索，写出不少有分量的论文，如《明代的军与兵》《明代的农民》等，得到史学界的重视。

他认为读书学习要从打基础做起，学历史要从学通史入手，然后深入断代史和专史。他主张勤读、勤抄、多搜求，要有目的地读书，抓住关键的和重要的多读几遍，那就记得比较深刻了，还要多抄，把自己认为重要的抄下来，做成卡片。通过勤读勤抄，把不同的记载，提纲挈领地串起来，就可以发现问题，再认真加以整理、分析、研究、综合，就可以解决问题。他晚年经常以这个方法，指导青年同志。吴晗同志在研究中很重视学习和运用马克思主义，注意古为今用，并作出了有益的贡献。

1934 年吴晗同志在清华大学毕业，留校作助教。那时，《朝鲜李朝实录》影印出版，北京只北平图书馆藏有一部，其中关于中国史资料极为珍贵，但知道它的人较少。北京大学孟森教授正在编写《明元清系通纪》，天天都去阅读，另外还有一位阅览者就是吴晗同志。两人都是风雨无阻。孟森教授年逾七十，向不坐车，吴晗同志不到三十岁，也是步行，当时路过文津街的人经常看到这一老一少天天出入北平图书馆。从这一小故事，我们看到吴晗同志刻苦钻研孜孜不倦的精神，这同他后来的成就是分不开的。

吴晗同志通读了《朝鲜李朝实录》，随读随抄，摘录了有关中国史资料三百万字，抄了八十厚本。1938 年，我到昆明遇着他，这时孟森教授已逝世，吴晗同志知道我们计划把孟森的《明元清系通纪》继续完成，他主动要把所抄朝鲜实录借给我们。他甚至说："我把它送给你。"不久，我们听说孟先生的《明元清系通纪》基本上已编竣，稿本存北平，我们计划改变，没有借用。但是吴晗同志这种慷慨豪迈的气魄，今天回想起来依然如在眼前，令人怀念不已。旧社会的学术工作者，对自己占有的资料一般不轻易告人，特别是自己辛勤劳动得来还未利用的资料，更不必说移赠了。这八十本抄录的资料，1959 年吴晗同志加以整理，定名《朝鲜李朝实录中之中国史料》，准备公开出版，作为他对国庆十周年的献礼。可惜他未看到它的出版。

1937 年，吴晗同志离清华到云南大学任教，1940 年又回到西南联合大学。西南联大是由北京大学、清华大学、南开大学在昆明联合组成的，校中抗日民主空气极为浓厚。1943 年以来昆明历次民主运动，吴晗同志总是走在前头，以响应中国共产党的号召。他和闻一多、张奚若诸先生都是全校有声望的进步教授。抗战胜利，1945 年"一二·一"运动起，他和学生站在一起同反动派作了坚决斗争。1946 年三校复员，他也回到北平，住在清华大学旧西院 12 号。这几间古老房子，在 1946—1848 年两年多期间，它却是民主青年、进步教授的聚会所，地下党员的交通站，收抄散发解放区广播消息的流动点，又是许多次运动宣言、通电的起草间。

在北平白色恐怖包围下，吴晗同志除了政治活动外，依然治学不倦。1947年把多年积累的资料写成《朱元璋传》。1948 年 8 月间，吴晗同志离开北平到上海，准备转香港同几位朋友进解放区，但在上海受阻，住了个把月走不成，于是又飞回北平。随后由地下党的安全掩护进入石家庄。在解放区，他会见毛泽东主席，并把他写的《朱元璋传》原稿请求指正。一天晚上，毛泽东特别约见他对《朱元璋传》谈了很久，商榷了许多观点，特别指出了彭和尚一条。吴晗同志在《朱元璋传》中记载元末同徐寿辉、邹普胜一道起义的彭和尚，采用传统说法，说到徐寿辉起义成功以后，他突然不见了。毛泽东当时指出，这样坚强有毅力的革命者，不应该有逃避的行为，不是他自己犯了错误，就是史料有问题，要作更深入稽查。毛泽东在军事政治万分繁忙中，还关心一个学术著作稿本，使他异常感动。1949 年春，北平解放，他回到北京。一次在参加全国哲学、社会科学临时代表大会的车上谈到这次会晤，他兴奋地说，我一定努力查清楚。果然，他重新仔细地翻阅《明太祖实录》和有关元末明初载籍，终于查出彭和尚被元朝军队在杭州所擒杀，吴晗同志补正了原稿。他这种认真求实的精神，充分说明他对科学的热爱，对真理的热爱，是难能可贵的。

1958 年以后，吴晗同志把他很大一部分精力用于历史知识的普及工作，他一再呼吁并躬身力行，把历史知识普及到广大青少年和广大群众。这是一项比提高更艰巨的任务。是许多专家不肯做的，没有绝大魄力也不能做不敢做的。

吴晗同志亲自担任主编，并组织全国爱好史地的教师学者，编写了《中国历史小丛书》《外国历史小丛书》《地理小丛书》和《中国历史常识》等等，只《中国历史小丛书》一种，到 1965 年的 7 年里，陆续出版了近一百五十种。吴晗同志还建议把过去著名史籍，广泛印行。如《明经世文编》《国榷》《北游录》《天府广记》等等，有的从来没有刻本，有的流传不广，都是学者想读而读不到的，经他建议，都出版了。这是研究明史的人所念念不忘的。又如改绘杨守敬的《历代舆地图》，发掘明定陵，改成地下宫殿，以及标点《二十四史》《资治通鉴》，也都和他的建议有关。

今天，我们历史工作者必须更好地研究历史科学，为四个现代化服务。此时，我们更怀念我们的豪迈坦白、有学力、有能力、有魄力的历史学家——吴晗同志。

（原载《吴晗纪念文集》，北京出版社 1984 年版）

滇行记

1937 年，我任北京大学秘书长、中文系教授，度过了最不寻常的一年。

这年春节，别人都在愉快地过年，而我家却出现了不幸：年三十晚上，爱妻周俶忽然病痛卧床。正月初五入北平德国医院，因难产而动手术，初七（2 月 17 日）即去世。由于我思想毫无准备，因此悲痛万分。妻子病逝不久，两小儿又患猩红热，天天打针吃药，弄得家中异常忧虑不安。

七七事变时，校长蒋梦麟、文学院长胡适等人都不在北平。不久，学校法学院长周炳琳、课业长樊际昌等其他负责人亦纷纷南下，于是北大的事情全由我负责。

七七事变之后，北平各大学负责人几乎每天都在北大或欧美同学会开会，研究如何对付新的情况。北大几位老教授也时常奔走，为保护学校及师生们的安全而日夜操劳。

北平在日军的包围之下，情况十分危急。而北大留下的学生都是经济上极困难的。后经人建议，在校中学生款内每人发给 20 元，以使之离校。所以到 7 月 28 日北平沦陷时，北大校内已无学生。但是蒋梦麟校长等离北平后久无来信，对学校如何处理，大家都不清楚，只能临时应付。8 月某日，日本宪兵搜查北大办公室，发现了抗日宣传品。他们问是谁的办公室？我说是我的。他们看看我，似乎不大信。因为当时各处的负责人，早已逃散一空。

8 月 8 日下午，表姐夫力舒东大夫忽来我家，说是日本宪兵要抓我，要我速走。之后，他把我安置在西长安街他的尚志医院三楼病房，并对护士有所交待。但我感到，此次我的突然离去，会使大家为我的安全担心，况且次日上午还要与清华诸人商议要事。于是，次日一早，我瞒过护士悄然回家。在外奔波了一整天。

9 月中旬，我收到了胡适先生的信。他在信中劝我们留在北平教书。大家一时不知如何是好。但我已感到，这么大的学校，在这战乱岁月里，实在无法维持同仁们的生活。到 10 月时，方知北大、清华、南开三校已在长沙组成长沙临时大学，假圣经学院上课。不久，学校派课业长樊际昌北上接各教授南下。后我托陈雪屏到天津与樊（两人同在心理系）会晤，催长沙迅速汇款。10月底汇款到，我即与诸同仁陆续南下。

11月17日晨，天气寒冷。我离开了5个幼儿，只身与罗常培、魏建功等教授同车赴天津。到津后，大家住六国饭店，这是北大、清华南下的交通站。当天下午钱稻荪从北平赶来，劝我不要走，说一走北大就要垮，要为北大设想。我正词拒绝，并与他辩论了很久。20日，我们搭"湖北"轮南下，同行的有罗常培、罗庸、魏建功、陈雪屏、邱椿、赵迺抟、周作仁（经济系教授）、王烈等人。船过青岛，我们本想由胶济线转陇海到平汉路。及至下船访问山东大学，方知胶济线已断，只好乘船一直到香港上岸。到香港，因粤汉路被敌机轰炸，乃乘船至梧州，取道贵县、柳州转桂林，由公路入湘。12月14日好容易经衡阳到了长沙，才知南京业已沦陷，学校又准备南迁。

当时长沙临大在南岳设有分校，罗、陈、魏等教授在南岳上课，我在长沙史学系讲隋唐五代史。长沙的天气与北方大不相同，虽已是12月中旬，但晴暄和暖，不似严冬。后阴雨10余日，然虽寒亦不似北方之劲风刺骨。

1938年1月初，学校已内定迁往昆明，但因教育部意见未能统一，故尔推迟。这时蒋梦麟校长劝我先往昆明，负责筹备，我为不能与诸人同行深觉不安。于是在1月下旬，为同仁详询入滇路线及车价，并将所探询之情况，开列注意事项凡16项，包括路程票价、钞券、护照诸事。不料未过几天，教育部又让缓行，于是计划全部更改。

1月30日为阴历三十。是日晚学校举行聚餐，到有教授24人。当时除蒋校长夫妇及江泽涵夫妇外，其他人家属均留北平。如果不是战乱纷离，除夕是不会有此盛会的。就我个人说，这也是第一次只身在外过年，更何况这一年中国事、家事遭受了多大的变故。

2月中，学校师生决定南迁昆明。一些教授此前已乘车南下转香港赴滇，我也决定由公路转滇越路去昆明。临行前，老友张怡荪劝我到云南后，注意南诏史，我欣然同意。

我们一行十几人于2月15日晨乘汽车由长沙南下。周炳琳夫妇及子女、赵迺抟、魏建功等坐包车，我与章廷谦、姚从吾、张佛泉等坐公共汽车前往。

现将当时入滇前后日程逐日分述如下：

2月16日，在衡阳，午在锦华吃饭，饺面颇佳。此处为旧城市之茶馆，人员较杂，盖苞苴请托之所。见有送水烟袋者，以大铜烟袋挨客进烟，客以口承烟袋咀，送者旁立装烟燃火，客饮食谈笑自若，而喷吸已毕。我向所未见。（魏）建功、（姚）从吾言其乡中均有之。属于业之最贱者。

饭后出衡阳东门，环城有市街，街外即湘江，市肆多背江面城，沿街南行数百步，有门为望曦门，出门见樯桅万树，眺望久之，盖渡口也。入门西行至南外正街南而东，经古铜铭祠，入观，中祀金面像，殿宇壮巍，有荫浓榆社及汉国镇湘两匾，不知何神，询之土人，云为大王菩萨。出此祠更东行，为大渡口，其江坡突现，尤使人惊奇。

2月18日到桂林。省政府为明桂王府故址。其殿阶遗制仿佛北京故宫，但较小。其后为独秀峰，今改公园。前有正阳、东华、西华三门，亦若故宫之有天安等门。清代改贡院，于三门之上置鼎甲题名石坊。正阳门为两广总督阮元所书，嘉庆二十五年状元陈继昌所立。东华门状元题名者为道光二十一年龙启瑞、光绪十八年刘福姚。西华门为同治四年榜眼于建中，广西无探花，刻石乃阙。民国以来，贡院改高级中学，前年始改省政府。下午2时，同行人及（董）彦堂同至中山公园，入园西行数十武（步），右转达独秀峰麓，明王府之北苑也，旧称紫金山峰。顶有亭三，旁有读书岩，宋颜延年读书处也，今皆不可登。峰后为月牙池，有九曲桥，池畔为仰止亭，步至池东，回望峰岚，耸然独起，无愧独秀之称。峰崖有康熙五十一年黄国材题"南天一柱"四字，行书约丈许。道光二十五年张祥河题"紫袍金带"四字，行书约七八尺。道光二十六年，耆英题"介然独立"四字，草书约七八尺。吾乡梁章钜题"峨峨郛郭间"五字，隶书约二尺。其余石刻尚多，不及备录。出园东门西行，经省政府前，折而南，出正阳门东行，经东大街以出东江门，桂林东门也。门外有浮桥名永济，联木船50余艘，横亘江中，有铁缆二，各长百余丈，贯船之首尾。两岸植铁柱以缚之，船上架木以通往来。过浮桥，为市街，街尽天柱桥，桥九孔，旧名嘉熙，俗称花桥。所谓花桥，烟雨是其地也。桥有阁行者可避雨雪，两侧多碑石，皆修建碑记。桥尽复为市街。左侧有门，题峰回路转，人之则异峰突现，山光树色，蔚然大观，至普陀山矣。入山门为挹秀轩，丛翠堂，下石阶十数级，为碧雪楼，小坐进茶。楼左为延霞台，台循岩筑，其后有洞，是为四仙岩洞，广十数丈。出四仙岩，右折为七星岩。岩外有宋淳熙元年十二月范成大题名刻石，嘉定甲戌方信儒题名刻石，方氏题名称洞为静江府栖霞洞，知宋时不名七星岩也。入岩拾级而下，洞绝大有淳祐辛丑谢逵等题名，天启甲子何士俊平黔首纪功刻石，庆历四年季永德等题名，以外石刻甚多，不及备录。同行雇导者燃火把而入，余以去年12月12日曾遍历大小洞，凡绕行55分钟，不复入。乃与彦堂（董作宾）至月牙山相候。出普陀山还至市街，左行二十余伍，街右有门题月牙山。入门前行，又有门题入胜，前行十余伍，有石阶二十级，登之有门题"南州胜境"。入门右折登石阶十一级至清晖堂，堂北向后为丛桂楼，右侧有石洞题"云栖"二字，由洞北折登襟江阁，其上为影波楼，楼对南州胜境门，由襟江阁东折入倚虹楼，其下即清晖阁也。襟江阁西有门，门外皆岩崖，凭崖西望万峰，隐约烟苍中，竞奇争长，沿崖有石级下三十八阶入小洞，穿洞更下三十二级，是为龙隐岩，岩口北向，多沙，其前有潭，清可见底，不甚深，岩洞不若七星岩之广，两侧石刻相接，有淳熙五年王祖道题名，治平元年孔延之题名，元丰二年曾布等题名，淳熙十三年詹仪之题名，又有宋颂，广南西路转运使兼劝农使尚书度支员外郎臣李师中撰。由龙隐岩南行数十步有龙隐寺，比丘尼所居，殿后有洞，元祐党籍碑存焉。同行购拓本数份即归。

19日2时半，省政府备汽车导游良丰西林公园，园为邑人唐子实所建，后归岑云阶春萱，岑氏捐之省，改公园名曰西林公园，所以纪念岑氏，今设桂林高级中学于其中。园有澄砚阁、涵通楼，旧为岑氏燕居之所。又有山洞甚巨，俗传园景取范于北平颐和园，殊不类，惟有红豆树一株。又一日之间，一园之内，桃桂梅月季诸花齐发，为他地所不及耳。4时半归。

20日11时黄旭初招待宴致欢迎词，枚荪答词，1时半散。偕（章）矛尘、（周作仁）濯生、（赵）廉澄、（魏）建功、（姚）从吾、（周）枚荪至伏波山，在城东北，孤峰耸挺，与独秀峰东西相峙，今为防空队驻所，不得上。闻其上有马伏波祠，其下为还珠洞，由山麓沿城垣北行，至一城门折而西，更折而北，至风洞山，一名桂山，三峰层列，岩石若叠锦彩，故又名叠彩山。循磴道而上，有亭题"叠彩山"三字。其旁有石刻"江山会景处万历乙巳羽卿题"数字。更上则为佛寺，今为防空司令部，亦不得上。乃山右跨崖岩而达山后，有磴道拾级而登为寺后门，交涉再三；仍不得入。立阶四望，其东漓水，三折及山，而南不知其所，自来渔排数十，往来其中（渔人用木排为舟携鸬鸟二三以捕鱼）。连岸阡陌纵横，绿色如油，瓦屋三数，散缀东西，远山含黛，疏木浮烟，大似江南春色。其北二峰，横障其西，孤岑高耸，两者之间，露远峰十数，其下寒林一遍，画图无此景界也。桂林山水甲天下，其谓此乎。

21日，8时半车开，同行惟劳干（贞一）留桂林，余皆同车。经良丰达阳朔，东行山道中，万峰环拱，若展画屏，岑峦重叠，竞怪炫奇，使人目不暇接，语云桂林山水甲天下，惟有阳朔峰最奇，不吾欺也。下午5时抵柳州，今日马平县，去桂林242里，至乐群社无余屋，乃投止于民生旅馆。过江至县城，访柳侯公园，园甚大，县人以纪念柳子厚者也。楼阁棋布，刻意经营余意在瞻柳侯祠，不及一一登临，得祠所在，日已暮，石刻蒴壁，张灯细辨，亦不得昌黎所作碑记。中殿祀柳州坐像，像后嵌石刻一方，意或是之。出祠，守者以石刻拓本求售，皆今人作选，近来摹刻柳州遗迹一张，价桂币7角。

22日，11时半，车舟开经卢圩、丁桥、思陇至九朝墟，原野平阔，大道纤回，重[山]皱赭，远树被青，酷肖北斗之西山。更经八塘、五塘、二塘而达南宁（4时20分），今名邕宁，去柳州260公里，去宾阳91公里，投止于乐群社。南宁民国以来为省会，前年省会始迁桂林。市肆殷实，街道广阔，乐群社亦整洁。洗澡后往市肆巡览，就餐于羡雅酒楼，较桂林为精适。

23日，达宁明（去邕186里），数十里间，盘山而行，倚崖冯江，一坡数曲，其上则竹木参天，葱茂苍翠，其下则细流激石，澄澈疾清，阳朔山峰，无此峻美也。更经下石（去邕205里），那堪（去邕219里）于下午4时50分抵龙州，今名龙津县。去南宁249公里，投止于镇南旅馆。5时半往公路局商赴越南车辆。

24日，4时，偕同行游中山公园，园绝大，亭阁疏落，似北平万牲园（俗称三贝子花园，今名天然博物院）。有孤峰崎立，园中岩石玲珑，类各地花园之太湖石。又有石洞石佛，洞口镌韦云淞中山公园序，谓园广千余亩，旧为营垒，后改桂越铁路基地，民国十七年始改公园，从韦氏序中，知郑孝胥于光绪三十一年，庄蕴宽于光绪三十三年，均当为龙州督办。出园遇铁桥，往钱肆购越南币，凡国币111元4角5分，兑越南币100元。晚在和心酒楼便饭。9时寝。

自龙山至凉山汽车每人票价桂币6元6角4分，自桂林来龙州汽车每人票价桂币48元8角2分。

25日，4时半起，与（赵）廉澄自打铺盖。6时汽车来，7时半车开，9时50分抵镇南关。关南向题"镇南关"三字，关北题"拱极门"三字，关外旧有子城，民国九年陆荣廷题"南疆重镇"四字于上，近因车运甚繁，子城折毁，陆题改置关下。出关200米有桥，过桥即入越南界，今属法国矣。我国于关内设对讯分处一，委员司之，出关者须有外交部护照，由委员查验后，始准出关。现委员为陈文奇，昨托对讯督办署通知，甚承照拂，并陪同出关至越属同登，由法人查验护照，本应检视行李，以陈委员同来得免。11时半汽车抵谅山，甲申中法战场，不禁感慨系之。12时移行李至华利旅馆。下午游街市，值神诞有庙会，游人如织。男子多黑衫白裤，衫长及膝，女子多盘发，衣裤与男子相类，衫较短，男女莫不紫唇黑齿，口含槟榔，多赌博，男女盛装，席地作叶子戏，观者如堵，不以为怪。

26 日，4 时起，5 时进早饭，6 时至车站，7 时乘火车往河内。四等车每人票价越币 8 角 1 分。凡 156 公里，自龙州至镇南关 56 公里，镇南关至同登 2 公里，同登至谅山 14 公里，昨日共行 72[公]里，今日倍之矣。12 时 30 分抵河内，投止于天然旅店，天气甚热。5 时进晚饭，饭后至大街散步，购安南文三字经 1 册，风景片数张，欲求地图，未得。安南人不解华语与英语，知法语者亦少。今日购物，大半以手作势，或用笔述。汉字颇有识者。河内为越南首府，有博物馆，惜不及往观。

27 日，6 时起，7 时进早饭，8 时至车站，9 时 20 分火车开行。自河内至云南昆明，四等车价 9 元 6 角 1 分。下午 7 时半抵老街，亦称牢该或劳开。下车后，至验照处点验护照，由法国司之，验毕至天然旅店。往福和安晚饭，华侨所设肆也，与主人谈久之，知今年为安南保大十二年。主人有子在河口中国学校读书，亦不忘本者也。

28 日，5 时起，携行装过铁桥，入中国界，于晓色涨濛中望山峰，别饶清趣。至河口对讯督办处验护照，税关并验行李，以滇省政府有电得免。火车须 8 时开行，乘间作书告诸儿。车开，穿行群山中，依山势以盘桓，深涧疾滩当其下，丰林茂草临其上，峰岭雄奇，峦谷峻邃，车行蜿蜒，乍左乍右，时高时低，而景色随之变异，真大观也。湾塘有瀑布尤美，至猓姑为车行最高处，山洞尤多，至芷村，凡穿行 84 洞，换双车头，更穿 9 洞，至黑龙潭。下临涧湖，半成水田，江南风景，仿佛在目。下午 7 时 45 分抵阿迷，旧为州，今称开远县。下车住大东旅店。今日凡穿行 110 洞。8 时半往合珍楼晚饭，15 人共食 92 元滇币也。滇币 1 元当国币 1 角。

3 月 1 日，4 时起床，早膳毕，至火车站方 5 时。见淡月一弯斜曳东山之曲，与山外晨曦相辉映。民国十四年七月过大同，闻之土人谓大同初二日能见月，与他地初三日始见月者不同，故米竹坨有初二月之句，十余年来，每欲验其然否，迄未一试，不意今日以月晦而得见之，且景色尤奇绝。开远车站有安南丽人售香蕉，明眸皓齿，不类日来之所见。同人多向之购求，其人遂利市 3 倍。6 时 40 分车开，经盘溪，多水田，大似江南，甘蔗甚多，车站贩者不下四五十人。车站壁间题"盘溪""獀兮"二名，不知孰为旧称。车沿南盘江而行，或左或右，江水狭浅而疾，色青，乱石横阻流湍，激作白色，状若络丝，两岸岩壁千仞，直落水中，杂树冒石罅而出，错落相倚，景色最美。12 时 45 分抵滴水。2 时至宜良，四周皆田亩不类山中。4 时半至呈贡，多杏林。宜良呈贡间有大湖名阳宗海，水色青碧无舟楫。

此行自长沙至桂林用路费 22 元，自桂林至龙州 51 元 7 角，龙州至昆明路费越币 24 元 4 角。购物等 40 元。

经过半个月的奔波，于 3 月 1 日下午 5 时 30 分抵昆明，蒋校长夫妇、罗常培、陈雪屏等到站来接，当下在拓东路全蜀会馆住。

此时，学校已改称西南联合大学。3 月初，由于学校校舍不足，蒋校长曾先往蒙自视察校舍。14 日蒋回昆明。次日下午即在四川旅行社开会，到有蒋校长、张伯苓、周炳琳、施嘉炀、吴有训、秦瓒及我。会上决定文法学院设蒙自，理工学院设昆明，由北大、清华、南开各派一人到蒙自筹设分校。清华派王明之，南开派了杨石先，北大派了我，我于是在 17 日至蒙自。筹备完竣，我就留在这里，在史学系教课。此外，还负责蒙自的北大办事处。

蒙自为滇南重镇。光绪十三年（1887）被辟为商埠，设有蒙自海关、法国银行、法国领事馆。清末时，法人修滇越铁路后，途径碧色寨而未经蒙自，其经济大受影响，商业一蹶不振。联大文法学院至蒙自时，法国领事馆、银行及各洋行均已关闭。由昆明至蒙自，快车近 5 小时先至开远，然后下车吃饭，再坐车 50 分钟始至碧色寨，然后再换碧个（旧）铁路车，凡半小时多始能抵蒙自。因此，一般说由昆明至蒙自需用一天时间。如车慢或行晚，甚至须在开远歇一夜，次日始得到。我在蒙自近半年时间，往返达 10 余次，甚感不便。

我于 3 月 17 日晚与沈肃文至蒙自，入县北门承恩门，至早街馆周宅（凡楼 3 层，后为女生宿舍）晤王明之、杨石先，知校舍筹备即就绪，当晚即住此处。

到蒙自主要的事即是尽速安排校舍，迎接师生到来，以便尽快上课。校舍工程经紧张修复后，又与当地李县长商议保安问题。因此地附近并不安宁。李答应增派保安队 40 名驻三元宫，距学校甚近，治安可无问题。4 月初，即开始迎接学生到来，先后其 5 批。与此同时，文法学院诸教授亦陆续到来。我们大队师生来到蒙自，轰动了整个县城，该地商人遂乘机提价。原来在长沙时，学生包饭每月仅 5 元 5 角，且午餐晚餐可 3 荤 2 素。及至蒙自，商人却将学生包伙提至每月 9 元，且菜为 1 硬荤、2 岔荤（肉加菜）2 素，而教师包伙每月 12 元。是时云南本地各局之三等办事员，月薪不过 12 元（滇币 120 元），而教职员 1 月之伙食费已与该地职员 1 月收入相等，这不仅增加学生负担，也觉得愧对当地父老，于是初议未谐。

当时的教授大多住在法国银行及歌庐士洋行。歌庐士为希腊人，原开有旅馆和洋行。临街系洋行，此时早已歇业。我第一次去该处时，尚记得室内的月份牌为 192×年某月日，说明以后未再营业。洋行中尚存有大量洋酒待售，一些清华的教授见到，高兴极了，当即开杯（怀）畅饮。我原住法国银行 314 号，大部分教授来到后，又重新抽签。314 号为罗常培、陈雪屏抽得，我抽至歌胪士洋行 5 号房，邱大年住 4 号房，于 5 月 3 日迁入。此外住在歌胪士楼上的尚有闻一多、陈寅恪、刘叔雅、樊际昌、陈岱孙、邵循正、李卓敏、陈序经、丁佶等十几人。

寅恪先生系中外著名学者，长我 9 岁，是我们的师长。其父陈三立先生与先父相识。此前数年三立先生尚为我书写"史宦"之横幅，我郑重挂于屋中。抗战不久，因北平沦陷，先生乃忧愤绝食而死，终年 85 岁。寅恪先生到蒙自稍晚，未带家属。经常与我们一起散步，有时至军山，有时在住地附近。当时他身体尚好，我们还一起去过蒙自中学参观图书。临离开蒙自时，即 7 月 23 日，大家曾去该地之黑龙潭游玩，往返 15 里，历时数小时。

歌胪士洋行楼下则住男同学。后来我又搬至 4 号与邱大年住一屋。当时房屋紧张，二人一室均无怨言。我和闻一多是邻居。他非常用功，除上课外从不出门。饭后大家都去散步，闻总不去。我劝他说，何妨一下楼呢？大家都笑了起来，于是成了闻的一个典故，也是一个雅号，即"何妨一下楼主人"。后来闻下了楼，也常和大家一起散步。记得一次与闻及罗常培相偕散步，途中又遇汤用彤、钱穆、贺麟、容肇祖等人，大家一起畅谈中国文化史问题，互相切磋，极快慰。战时的大学教师生活，虽然较前大不相同，但大家同住一室，同桌共饭，彼此关系更加融洽。记得当时我读《新唐书·吐蕃传》，疑发羌即西藏土名 Bod 对音，于是参阅诸书草成一文名《发羌释》。写完后随即就正于陈寅恪、罗常培、陈雪屏、魏建功、姚从吾、邵循正、邱大年诸公。罗将文章题目改为《发羌之地望与对音》，并补充一些材料；邵又据伊斯兰语正以译文；陈寅恪又为订正对音及佛经名称多处，并对文中意见表示赞许。这对战时只身飘零在外的我来说，真是一种极大的鼓舞和安慰，是平时极难得到的一种相互学习的机会。

蒙自城内集市很多，一般 6 日一大街（即集市），3 日一小街。街期，苗人悉至，以物交易。一日与魏建功赶集，适逢大集。西门内外苗人甚众。见三妇女跣足著白色百褶裙，以白麻布三匹向布商易蓝布，未谐。我们乃与之攀谈，她们亦略懂汉语，最后以 3 元 3 角购买之。回后，熟习此地风俗之人，谓这些妇女系保倮（彝族的旧称——编者）人。但鸟居《苗族调查报告》中所述衣饰，则与今见略有不同。

我在蒙自仍在历史系讲授隋唐五代史。当时北大史学教授仅姚从吾、钱穆及我三人。史学系师生集会，多选择在风景如画的菘岛举行。是年 5 月，史学系师生茶话会，纪念孟森先生，是日大雨，姚张伞在前，钱戴笠继之后，择路而行，我亦张伞沿堤缓行。四顾无人，别饶野趣，犹如画图中人。除菘岛外，尚有军山，亦是诸人饭后散步之所在。其地较菘岛尤幽静，青岭四合，花柳绕堤。不意边陲有此曼妙山川。

当教学秩序正常后，我即向蒋校长提出辞去行政职务，蒋表示谅解。当时我曾邀请魏建功代刻杖铭 2 根，其一曰"指挥若定"，另一曰"用之则行，舍则藏"。罗常培见后，以"危而不持，颠而不扶"相讥，盖即指我坚辞不任行政事务而言。言颇切直。

是年 7 月，学期即结束，昆明校舍亦陆续建造，于是蒙自之文法学院决定迁回昆明，蒙自校舍让于航空学校。史学系亦决定，暑假后我讲授明清史、清史研究、史传研究等课程，并召开史学系毕业同学欢送会。是月 22 日，农历为六月二十五，为云南之星回节，俗称火把节，居民燃火把游行，亦有以荷花、荷叶装烛杂以火把游行田间或市街者。但晚饭后候之良久，仅见有持火把者，其余未见。是月底，学生考试完毕，师生乃陆续北上，回到昆明。

西南联大的 8 年，最可贵的是友爱和团结。教师之间，师生之间，三校之间均如此。在蒙自的半年，已有良好的开端。同学初到蒙自时，我每次都亲到车站迎接，悉心照料，协助搬运行李。其他教授亦如此。北大考虑干部时，也以能团结其他两校之教授为出发点，以避免不必要之误会。我在蒙自时，孟森先生刚去世，我决心继孟老之后，钻研清史，完成其未竟之业。这时罗常培自昆明来信告诉我说，云大教授吴春晗闻我将完成孟老遗著，慨然愿以其所抄《李朝实录》中之中国史料 80 本相赠。不几天，我回昆明，与罗一起看望吴春晗，所谈甚快。联大教授之间，师生之间的友情，由此可见。无私、友爱、团结，这是西南联大的优良传统，这也是能造就众多人才、驰名于中外的主要原因。在抗战期间，一个爱国知识分子，不能亲赴前线或参加战斗，只有积极从事科学研究，坚持严谨创造的精神，自学不倦，以期有所贡献于祖国。西南联大的师生，大部分不都是这样吗！

（郑克晟整理）

1944 年西南联大师生赴大理考察记

  1944 年暑假，大理在昆明的地方人士，为了编辑大理方志，曾约请西南联大及云大部分教授及青年教师，前往大理作实地调查，往返 34 天，收获极为丰富。但因我当时行政及教学工作甚忙，实无暇将见闻整理成篇。仅于是年 9 月 18 日晚，应何炳棣、丁则良、王逊诸人主持的十一学会的约请，以《大理见闻》为题，作过一次报告。但事隔久远，仅按当时所记之原始文字，逐日披露，以为研究大理史志诸方家参考。

  我之所以愿意参加这次考察，是由于多种因素造成的：

  第一，我自幼即丧失父母，7 岁以后即寄养在姨父家中。当时姨父张士鑗及姨母陆氏均已逝世，家中由表兄张耀曾及张辉曾兄弟主持。是时张耀曾正留学日本，参加同盟会，主编《云南杂志》，倡导革命，推翻清政府。因此，我的幼年教育，均由张辉曾操心。他是搞程朱理学的，律己责人都甚严，我思想上受他的影响很大。辛亥以后，张耀曾回国，任国会议员，反对袁世凯，被通缉，复逃往日本。倒袁后在北洋政府三任司法总长。1924 年冯玉祥驱逐溥仪出宫，张在内阁曾参与修改清室优待条件，与此同时，还主持法权讨论委员会，我曾在该会担任秘书多年。在他的指导下，我撰写了《列国在华领事裁判权志要》一书，博得一些法学家的赞许。1928 年后，张耀曾去上海当律师，并在一些院校教书，他曾参加营救过"七君子"沈钧儒等人，并反对外国资本对中国的垄断，为保护民族资本的利益起过进步作用。1938 年夏，张公病逝时，我曾专程由昆明赴沪为之料理丧事，历时 2 月。因此，张、郑两家的关系异常密切，而张公正是大理喜洲人。张公在世时，颇以未能回过风景绝佳的喜洲为憾。因此，在大理旅昆人士的敦促下，我亦对大理有着特殊的感情，希望有一机会一睹为快。

  第二，这次考察团的领队是罗常培（莘田）。早在上大学时，我们就非常熟悉。他勤奋好学，对人诚恳，为人很正直，因此我们称他为"罗文直公"。但他有时又过于直爽，常厉声责人，因此一些学生和年青教师，背后送其雅号为"罗长官"。当时与他熟悉的友人刘晋年曾拟写给他一副对联，最为恰当。联曰：

> 人大，名大，肝气大；
>
> 客多，信多，烟丝多。

我们曾主张应写成横幅挂其室内，他闻后哈哈大笑，不以为意。

我与莘田交往甚深，又是同年同月同日生（1899 年 8 月 9 日），感情甚笃。毕业后，1922 年在北京一中，1927 年在杭州浙江民政厅，1928 年在广州，经常一起共事，尤其自 1934 年暑假后，他由南京中央研究院史语所回北大，更是朝夕相处，相互异常了解。"七七"事变后，我们一起苦撑危局，直至最后保护全部教授安全离开北平顺利到达长沙为止。在昆明，我们同居一楼，同食一厅，1941 年又同赴四川，饱尝了"蜀道难"的苦楚。特别是前年冬天我患伤寒症，他每天都来问候；每逢警报，亦必来我室相伴，不忍弃我，这种情谊，每令我感动。正如我在他所著《恬庵语文论著甲集》序中所说：

> 余与莘田生同日，长同师，壮岁各以所学游四方又多与共，知其穷年兀兀殚竭之所极；每深夜纵论古今上下，亦颇得其甘苦。……病中三逢警报，余固莫能走避，而莘田亦留以相伴，古人交情复见今日，序成归之，有余愧焉。

这正是当时在昆明我与莘田友情之真实写照。因此这回莘田多次恳切相邀，我当然亦乐于同往。

第三，大理地方人士之热忱相邀。几年前，云南大理人士即多次与我谈及大理修志之事，希望我能尽微薄之力。这次大理人士又为调查团同仁提供食宿及车脚，给了很多便利条件。行前，即 7 月 13 日，大理人士马晋三、阎旦初、严燮成、杨克成、李琢庵、杨用勋、董仁明、杨显成、杨锡锦、陈常诸人又设宴相送，对大理修志事甚殷切关怀。收集地方史料，汇集成志，系我之宿愿，所以我对此行，亦深感兴趣。何况，我当时任西南联大总务长、北大文科研究所副所长、历史系教授，平时除按时上课外，行政事务冗杂。我自 1940 年 2 月开始担任联大总务长，起先事并不太多，及后北大蒋梦麟校长经常不在校，他将校务委托给我，于是各种事情纷沓而至。因此，每天除躲警报外，开会、来访者一直不断。因此我也正想借此机会换换环境，休息一下头脑。去大理考察，亦恰当其时。

1944 年 7 月 20 日　星期四

5 时半起，检行李，捆扎毕，盥漱，诸人始起。少顷雯儿（长女郑雯，时在西南联大外语系上学）、坤仪（莘田长女，时在联大经济系上学）等来，携牛肉为作面一盂。食毕，与莘田、米士、铁仙（孙云铸，地质系教授）出发，诸儿相送至军政部办事处，时仅 7 时 30 分，行 20 分钟而达。后马晋三始至，为备早餐，候修车装行李。诸事均妥，于 11 时开车。送行者有张景钺（生物系）、希渊、冯文潜（字柳漪）、瞿同祖（字天况）诸公。车为卡车改造之旅行车，载重 2 吨半，用汽油开驶，此在今日极难得。同行者我等 4 人外，尚有沈嘉瑞（动物学）、郑万钧（森林学）、冯景兰（地质）、李宪之（气象）、周定一（语言）、李俊昌（历史）、王年芳（女，语言）、赵儒林（字子孝，森林）、傅懋勣（女，社会）及莘田子泽殉、阎小姐等。每人携一箱、一被套，车内不能容，乃以被套放于车顶。出发后半小时，车顶不胜其重，横梁为折。复以被套诸物移之车内，遂挤塞不堪矣。1 时 40 分抵安宁，离昆明 32 里，饭于昆安饭店，店极小而价昂，竟高出昆明。4 时抵禄丰，以无佳处可住复前进。车中气闷不可喘息，手足不能反侧，大呕 3 次。余向不晕车，今日初识此苦。5 时 15 分抵一平浪，去昆明 125 里，下榻一平浪大旅社，余得一楼旁室，小而暗。晚饭于社前小铺，觉较昆明尚廉。饭后参观滇西企业局，仅煮盐场在此，极简单，无可观。盐卤用钢管自 21 公里之盐涌井引来，在此煮晾，每日出产二三万斤，有工人 200 人，盐涌井有工人 60 人，规模之小，殊出意外。参观毕，其科长苏某招待咖啡，听旧金山广播，知日本首相东条于 18 日辞职，盖为塞班岛失败之故。9 时半回旅社，天热不能入睡。

今日日蚀未见。

7 月 21 日　星期五

5 时半起，7 时 50 分自一平浪启行。今日余建议将行李全放车尾，使与座位相间，俾可伸手足，众人以为然。然行李太多，仍不尽如理想，但较之昨日舒服多矣。11 时抵楚雄，下车自北门（勇镇门）步入城，饭于双义楼，北方食馆也。就之询（邵）光明居地。谓久住保山，惟其夫人在此。饭后偕莘田、泽询及三位小姐访之。邵毕业于德国军校，习炮兵，现任职于中国远征军。其夫人为王亚权，系余之表甥女，抗战前在北平师范大学历史系任教，素热心于教育事业。1 时半，亚权派车送余等至北门。登车，2 时启行，4 时抵沙桥，以前有高山，车乃停。投宿于胜利大旅社，房舍极新，烹调亦美而廉。8 时即就寝。臭虫仍多。楚雄去昆明 190 公里，沙桥去昆明 246 公里，楚雄一带尤平坦，每小时行 30 公里以上。通常行程自昆明一日可达楚雄，再一日可达下关。以出发迟，不能依站而行，遂易为 3 日程。

7月22日 星期六

5 时半起，早餐后 7 时半启行，7 时 45 分登天子庙坡，去昆明 253 公里有半。8 时 15 分车机损坏，修理久之。9 时行，9 时半至山顶，凡高 2600 公尺，去昆明 270 里。10 时 10 分下山麓，约去昆明 285 里半，上下凡 33 里，车行 1 时 10 分，盖自昆明至大理道中最大之山。11 时 35 分抵云南驿，去昆明 327 里。尖于鸿运楼，物价高于他处，较昆明仍廉。此处市场繁荣，往来如织。2 时自云南驿启行，天大雨，幸时大时止，登红崖坡行 30 分钟，得无大困，5 时 10 分抵下关未停，6 时 10 分抵大理县城，去下关 30 华里。以洱河木桥断，初未之知，临险而退，用人力推之，绕道缓行，遂尔迟迟，计其实不过行 20 分钟耳。下榻县立中学，校长赵继曾字绍普，招待甚殷。余与莘田父子住图书馆楼下东屋，同室尚有田汝康、吴乾就，皆第一批来者。

7月23日 星期日 在大理

6 时起，于帐褥间得臭虫 10 余枚，皆连日途中所伏者，靛花巷宿舍及此间均无之。9 时，莘田召集同来诸人开会。同人共分 8 组工作，余在文史组，召集人为徐梦麟（嘉瑞）。散后复开分组会，建议较多。午后，检隆庆修《云南通志》，为隆庆六年（1572）李元阳撰。1 时半忽炮声 2 响，据云为空袭警报，方思走避，见轰炸机三，战斗机 10 余架自西而东，2 时半炮声 1 响解除。诸佐耕、杨可丞来，偕莘田、汝康随之拜客，凡至范晋丞、周子文、张耀宇（县长）、杨可丞、张充国诸家，或值或不值。往省立大理中学，旧杨玉科所立西云书院也。传玉科既破大理城，收“逆产”营府第，崇饰逾制，为言者所纠，乃舍宅托言建书院，其事乃寝。玉科阵亡后，逐于书院后立杨武愍公祠，有小塑像，高尺许，栩栩如生，盖生前所造。旧供祠内，现置校长室，似不甚重视；尘土已满，反不如其旁所挂近人用新法所画油画象以玻璃罩之也，可谓一叹。在可丞家食烤茶，并看其所作大幅山水，6 时还县中。8 时，地方人士开座谈会，欢迎同来诸人。印李修《云南通志》目次。有民国二十三年十月龙云重印序；李元阳原序；共 17 卷。

7月24日 星期一 在大理

5时半起，8时用饭。偕米士、嘉瑞、汝康、定一、愻斐、年芳、泽殉诸人冒雨出北门往三塔寺，古崇圣寺也。距城4里许，有大塔一，方形，凡16级；其后小塔二，分列左右，八角形，凡10级。方塔下有广台，前刻"永镇山河"四字，其旁有记述建塔原委，皆近人笔墨。大都因旧志之文，谓大理多水患，故建塔以镇之，而莫详其始。其前又有石碑二，皆记重修事，俗传塔始于唐，而方塔尤与长安雁塔形近，其时代应不相远。镇水患之说相传甚久，然寺侧更有四塔，何必如此之多？疑有其迷信之故。川中每以塔树文风，但每地限一塔，与此亦不合，岂阿阇黎教之所尚欤！寺内近由军事委员会设干部训练班，随晤其副主任夏君，谈及昨日飞机乃我机，惟敌机10余架到功果桥窥探，随即逃逸，故我发警报。警报发后，我机适至，故多误为敌机。出寺，于寺墙后见元碑，为泰定二年（1325）中顺大夫大理军民总管段信苴隆所立。前刻李源道撰文，后刻猪儿年圣旨。据闻立碑处本为寺之中央，后寺毁于火，移墙于前，此碑逐摒于外。李氏碑文首数句为："大素雕而皇极立，大明升而爝火熄，圣人作而海宇一也。"明初宋景濂数用"大明升，爝火熄"之文，余尝疑太祖建国号曰明，盖以此故，今见此，则是当时习用之词也。碑后有"雨铜佛殿"，中供铜制立象，俗传铸未竟而铜尽，一日忽雨，铜聚之恰敷不足之数，故号雨铜佛。佛铸于何时不可考，象之足部铸字2行，乃清光绪丙申（1896）仲秋蔡标补铸。殿前有明成化八年（1472）铜钟，未及详考其与铸佛之先后。出殿游础石街。大理石俗称础石，此为采掘后初造之所，凡10余家。据云，石凡三种，曰杂绿花，曰水墨，曰净白。净白惟碑碣建筑用之，品最下；水墨惟三阳峰一处产之，方仅一二丈，阱已深六七丈，产日少，价日高，于三者中最贵。石工每日工资200元，尚须供食，以故业之者日少而价益昂矣。自西门入城，水溜没踝，盖山雨所洩，岂所谓多水患者耶！归县中已1时半。读"李志"。晚饭后至大街散步，知猪肉斤价120元；米1石（80斤）价2000元，较之昆明约廉一半。昆明肉1斤价250元，米1石（120斤）价7000元。

7月25日 星期二 在大理

6时起，读"李志"卷5《建设志》，检资料。12时赴县政府招待宴，2时半还。4时，偕莘田看大理石。午后自县政府回时，购15寸椭圆盘，价300元，自以为价廉，实则200元已足。晚干训班假县中招待，宴后莘田、年芳、铁仙、定一各有表演，或昆曲或二黄，10 时乃散。

7月26日 星期三 在大理

6 时起，八时偕莘田、梦麟、游泽承（国恩）、乾就、汝康、定一、子毅、俊昌、年芳、愫斐、泽殉等 15 人游中和峰。出西门，经元世祖平云南碑，碑东向，旁无村舍，惟西南稍远有财神庙。碑甚雄巍，以石环其缘，无亭盖。碑阳刻世祖皇帝平云南碑，8 篆字，分二行，额阴刻三佛像。碑阴字已淹，无一可辩；碑阳字甚清晰，分二段，程文海撰文。此碑余甚疑之。立碑时仅有年月，无年号一也；碑题与撰文分列上下二段，第一行，二也；"康熙府志"谓碑今无存（见卷 23《古迹》），三也；主碑处四无庐舍，亦非平野，不似驻骅之所，四也；碑立面城后无所凭，五也；碑额刻佛像，六也；岂后人重立者欤！又碑立处有无移动，均待详考。如余所疑可解，则就之亦可一考昆明旧城也。登山余行最缓，惟泽承相伴，视诸人不下里许，然登山立即工作，亦惟余等耳。山有中和寺，实道观，无道士，惟供道教之斋公耳。寺外有北主祠及李中溪仙道碑，寺门有光绪时石刻康熙御笔"滇云拱极"，额门左有康熙四十五年（1706）九月九日偏图总兵《御笔钦赐中和山匾额记》石刻嵌于壁。记称其地为上帝宫，知当时尚无中和寺之称也。门右有光绪二十六年（1900）杨琼重修石刻，亦嵌壁间，谓寺创于蒙氏，重修于嘉靖，咸丰时毁，其时复建。入门左角墙下，有"滇云拱极"旧石，"云拱"二字已毁，则初刻也。入门聚山阁楼上有咸丰时江某所画灵官像，甚生动，又有周仁所作楹联，盖仿孙髯公而不及者。其后为玉皇阁，即正殿也。有光绪二十五年李瑞清书"中和位育"额。阁东向，其左更有一院，有殿三楹，曰真武阁，亦光绪时修。余等憩于玉皇阁之南庑。余偶于壁间糊纸底层见光绪二十三年邑人祷雨重修通启木刻残迹，喜极。询之火夫，寺内有板，但须寻之楼角深处，允为寻得刷印相赠。寺后数 10 丈，有摩崖"中和位育"四大字，横列有跋，已渺，不辩谁氏笔，其旁有李根源"滂薄排奡"4 大字，直书。2 时下山，火夫出会乐图二幅相示，皆光绪修寺时所绘。人面均用照像剪贴，亦饶趣味。图中二十余人皆已物故，惟存一人现在寺中，急与泽承晤之，询知名刘和廷，年已 75，询以寺中历史，多半模糊，惟云旧有三清阁，在山顶而已。下山失群，与泽丞①寻捷径，道滑欲跌者两次，幸未及地耳。在大街略看础石，他处所称大理石也，无所得。还县中洗脸。6 时饭后至大街散步。归

---

① 原文作"丞"，据上文应为"承"。

读"李志"。

7月27日　星期四　在大理

今为旧历六月初八，为雯儿生日，作书寄之，并畀以派克自来水笔及牛津字典。笔系半月前在昆明购者，价 6000 元。雯儿与晏儿系双胞胎，生于 1923 年。雯儿去夏始来昆，晏儿及昌、晟、扬三子仍留北平。

昨晚"望夫云"见，余未及知，夜果大风雨且有雷。6 时起尚漾漾。9 时，偕莘田、汝康、乾就访严希陵（景光），其兄佐兴（名继光）为余旧交。希陵熟于乡邦掌故，本邓川人，住大理。其祖母为杨武愍公玉科之妹，所收杨氏故物尤多。出示杨氏同治十二年（1873）自撰之自叙抄本，前有段生玉谨录一行，或即出其手。书面题"武功纪略"，后人妄加也。书内有墨笔勾勒处，有朱墨增改处，又有粘红签处，大都润饰文字为多。盖经多手，或当时杨氏欲仿罗思举之年谱付梓行世者，甚可宝贵。余请乾就抄之，但就原文不依改勒，庶几可以存真。其中每半页 8 行，行 20 字。又有杨氏从军滇、黔始末情形，简明节略，盖光绪初年以呈江督者，但称爵中堂而无名姓，当为详考之。文中有"前督宪刘奏留两江差委"，"旋奉补授广东高州总兵之命。恩不容辞，即于（光绪）五年六月到任"，"编修何金寿尚且撼拾谣言，牵扯云丰泰事，……由部议降调解任，嗣蒙圣明洞鉴，……立予开复"，"屡欲于前督宪刘恳其奏明给假回笈，适因旄麾范止，孺慕情殷，觉当代第一伟人，深以早来瞻依为憾"（此条在禀贴中，不在节略），凡此皆可据也。《节略》出自幕僚，不如自叙之率真，亦可存也。乾就亦借抄。希陵又出其父所作其祖太夫人哀启，有"随伯舅武愍公于戎马间，转战救援，出生入死者凡数十次，卒能化险为夷，屡建奇功"，"旋攻大姚，……每行阵，先慈时出救援，一日挖土城，武愍公被火药猛炸几殆，先慈奋不顾身，负公出窖。……自是每有攻克，先慈必随，所著勋劳，不胜枚举"，"先君历保留滇补用总镇。及武愍公赴引（谓引见），旋榆先慈即辞公（指武愍），愿随先君子退归乡里"之语，则固平滇一役之女将军也，惜其事不传。希陵又出杨武愍遗像、讣闻，谅山所获法人军刀，杜文秀下"左辅左先锋篆""安东后参军篆"两铜印，称篆不称印，可资考证。据称当官各一印，故极多。左印为胜字，406 号，安印为永字，510 号。其官名爵秩皆出于黔人吕藩云。希陵又言，南诏九城均自山岭下抵于海，欲作南诏九城考以问世，尚未完。11 时半归县中午饭。下午记今日所见所闻。随作随与乾就谈。乾就别治杨氏谱，非武愍家，并录武愍讣，时以相商，殊快。6 时，傅懋绩、王玉哲自喜洲来。饭后与印堂、乾就、汝康、徐毓楞至大街散步。遇张耀宇，约往县政府饮咖啡，谈行政之难。据云，今年 1 月经费尚未拨到。呜呼！其不假于民，将何所得？

归县中与莘田、毓枬、汝康、乾就谈学问、谈做人、谈做事甚久。毓枬言：在国内读书时，觉成专家甚易，既往国外留学，始知读书之难，近日教书虽日夜孜孜；又恐智力有限，有不能登峰造极之惧，此进德之言也。又言，学者于其本行须深，于一般学问须博，而又须知做人之道。此子殊可喜。杨可丞以画相贻。

7 月 28 日 星期五 在大理

6 时起，与梦麟、泽承谈文史采访标准。艺文于旧志外兼采唐以后总集及杨升庵、李中溪三数人别集，尤注意新拓碑志；古迹多调查，略者详之，阙者补之，误者正之。名实不同者，引伸之人物，著作应有尽有，此不过前人通说耳。有三事或可无愧于古，不愧于心：

一、全拓县中碑碣，明以后者录目择拓；二、调查全县本主；三、注意阿叱力僧与朵兮薄道。为严希陵题字。读"李志"卷 11，《人物志》，其中大理府张仁果注，引《一统志》曰："白子国主能抗其众，元狩（汉武帝）间赐玉印，续为滇王，封于白崖"；元段福段日注："白人也，其先世为大理国王"；陈惠注引《南诏通纪》："段氏臣四川明玉珍，红巾攻善阐"。录该书卷 15《艺文志》邹光祚《光尊寺三教》叙，及卷 16《羁縻志》之《滇国始末》诸材料。（略）

前见"李志"谓大理阿叱力僧纲司在大我寺，晨以语梦麟，适拓碑人张某来，询知其地，梦麟偕之往。得碑二，即拓之，一已断不辩时日，其一为道光二十一年（1841）正月重修《大我寺碑记》，其名与旧志不合。且强谓："永乐初至京有逐邪功，上喜甚，深嘉之日：'天下之大，我所信任者，惟此一士也'"，以为之解。所可异者，重修时住持为尼僧广宏，同立石者有其徒孙本纯四代孙觉庆，五代孙昌喜诸人，则其为尼庵非短期事也，岂明初已然耶！抑崇祯遭回禄后，夷为尼庵耶！应详询之。此事"康熙志"所记仍未改。梦麟云：询之寺尼，其来已久，但莫详年月。今诸尼无一知秘密教者，盖与阿叱力无涉矣。

3 时，杨焕然来，谈及县中去年修建时，于地下发现墓志一方，偕往视之，乃常某所书，字体绝佳，急约梦麟、泽承及张某视之，并请其代拓。4 时，偕毓枬、汝康至大街得生和食喜洲糍粑，较之昆明火腿月饼尤过之。又往护国路（旧称县门口上正街）"明昌"购梨膏一瓶，装 1 斤 4 两，价 400 元而还。晚饭后与乾就、毓枬、汝康、年芳、懔斐、莘田谈青年意见，有为吾辈不能想象者，甚矣！不可不与青年接近也。

7月29日 星期六 在大理

8时早饭毕，与泽承、莘田及诸少壮谈。11时。读《白国因由》，别以纸记之。《白国因由》向谓即《白古通》。然《白古通》有元世祖斩高祥事，而《白国因由》不见，疑非一书或节本也，拟详考之。读"李志"《艺文志》，所载沐氏诸碑，得明代所以防嫌于沐氏者数事：一、嗣爵者不必继镇，继镇者非皆嗣爵；二、继镇者死必归葬金陵；三、家人子弟不皆在镇，继镇者必在京师。谢绶《沐琮神道碑》有"复以云南重镇，遂从所请，命（沐）就镇绍爵，继守其地"之语，可知就镇绍爵继守为特典。（略）

午饭后，偕泽承、鸾和、乾就、俊昌、年芳出东门往才村，中途有轰炸机声，仰视见八九架，绝高，自西而东，即而闻炮一声，知有预行警报，疑为敌机，但十数分钟后，又有运输机一架自东来，又疑非敌机，其后闻炮二响。抵才村又闻炮三响（紧急警报），终未见机。才村村口有石牌坊，前记杨氏文武科名，后记余氏官阶，旁有阖村新旧官生题名。余氏题名有内阁大学士余国柱，顺天府府尹余国器父翰林余有年，子翰林余国柱数条。余国柱，湖北大冶人，何得在此？坊侧又有诰授光禄大夫、武英殿大学士、两江总督余公之神道一碑，尤可异。穿村而过，至海边游丰乐亭，又称古临水亭，亭侧有嘉庆丙寅（1806）《重建古临水亭记》，知其创始于村人杨勋"于浩然阁前筑台"，盖附会唐人诗而为之，并无实据。光绪二十五年（1899）李必昌（清道人之父）重修，值岁大稔，更名丰乐亭，可谓有识，然不能移通俗之称。李氏有"澄观"一匾，并有长跋，今悬亭中，别有长联。今亭实民国十八年县知事王用中与村人奚冠南重修，无碑记，唯梁上有题名。去年今县长张耀宇复粉修立新额，称古临水亭。亭东向面玉案山，俗称东山，海平如镜，风景绝佳，亭前水中有小台，上建石坊，题"龙门鱼跃鸢飞"诸字，甚趣。亭之西数十步有洱水祠，残碑扑地，乃"存雨洗神"碑，四篆字绝佳，传有神话，然则此四字亦后人补之或别立者，洱水祠俗称龙王庙，民国十五年重修。3时半入城，凡行1小时20分抵县中，知城中果有警报。5时后顾建平来约食炸酱面。出示凤仪杜文秀时修赵州碑文，下堆杜文秀墓碑，碑文均抄本非原石。杜墓修于民国六年，其女若婿自缅归来所建。还县中，张耀宇夫妇来。

7 月 30 日　星期日　在大理

7 时起，坤仪来信谓雯儿发烧，深念之。8 时 40 分响炮 2 声，空袭警报。9 时 20 分，偕莘田、泽承、汝康、定一、年芳、懔斐、梦麟诸君出南门，乘马车至七里桥。候警报解除，步登圣应峰。循涧旁溪登阶；跨石深入幽邃；中间涉水而过，衣履溅湿；峦层一转，风景为殊；登碧漪亭小憩。登高瞰清碧溪，第二潭、第三潭水色澄碧，若流离，深浅不一，色绝美。在碧漪亭食面后，觅一樵夫导至山后看第一潭。路仄而滑，蒿草没膝，乃樵夫采木之路。盘攀久之，已临潭上，唯较远不能俯瞰。樵者缘崖而下，吾辈畏而止，从之者年芳、毓枬、张熺三人而已。细察之，所谓第一潭之上尚有三潭，而第一潭之下更越一潭，始及第二潭，合之为七潭，非三潭。及下路行尤滑，莘田由定一扶之，梦麟由汝康扶之，扶掖而下极狼狈，然叹观止矣。余无徐霞客之文笔、韩昌黎之诗句，不能状况之也。下山步至五里桥，搭马车至城南门还校。张充国来。

7 月 31 日　星期一　在大理

6 时起，莘田告雯儿患回归热，已入惠滇医院，为之焦念。10 时偕梦麟、泽承、乾就、俊昌、之的及张殿选乘马车至太和村，沿途颇烦躁。11 时 15 分抵村，村在公路东，至中心小学，即旧文昌宫。唯存孔子牌位，就联匾推之，似昔与关公并祀。西南关于关公传说较少，崇祠亦逊于中原，此可注意者。自中心小学越公路而西，更越石路（旧日大道）至南诏德化碑。碑崇伟，色黑，以石屋护之。碑阳面北存字，已不甚多；碑阴字稍多，列当时官衔，惜全文不传。粗数之凡 40 行碑文"志稿"有之，录后段今存数字，俟以证其行数字数：

者也于是

下口四海

不朽俾达

风烈其词

石室外有李根源民初题字："嘉庆二年六月兵备道铁岭李口口南诏碑亭记。"考证甚详，字小，又有张贴，不能读其全。似据桂未谷之词也。又有民国二十二年《重修南诏德化碑记》，村人赵汝炽撰，杨作梁书。碑文有"厥后朝代递更，碑亦仆地漫灭，俗呼为磨刀石。迄于乾隆五十三年布政使王昶访得之，合村人筑室贮藏，以资保护。然碑尚横仆，且年年以来石室坍塌，又当大路冲要，本年夏，滇省汽车路昆明到大理一线兴工修筑，太和古城绅管等。为未雨绸缪计，再三妥协，于农隙兴工移于大路西侧，凡十余日告成，从此'南诏德化碑'又巍然矗立矣。"读此似石碑曾经移挪。及还，与中心小学与保长耆老谈，均言碑未尝移，赵汝炽，年不过五十，亦在座，再三言碑在原位。余甚疑之，乃以碑文相质。据答，当日原议公路直穿碑室而过，村人欲移碑于西北，重不可动，其后乃将公路路线改为经行碑之东，碑文之"移[碑]于大路西侧"，实为"移[路]于碑室东侧"。此类文字传之后世，不知又生多少纠缠，枉费多少考证。昨日在清碧溪见碧漪亭额有"俯瞰三潭"之语，明明亭在潭下曰"俯瞰"，可谓无独有偶。随入村看本主庙，凡三庙，一为张状元塑像，手执书甚清秀，戴软巾。余未及见，泽承登一桌二凳始见。传为明代人，今称七堂大神庙之语。余见檐下有成化丙申二十年云云，可知由来已久。一为段某甲胄，持剑，胄上有饰作"Ψ"形，俗所谓帅盔；一为龙王，著黄袍、王冠、或云姓段，或云非是。本主殿皆三楹，本主居中，其左则祀土主，蓝面，六臂，手各执一物，俗称伽兰神，余疑即密宗之玛噶拉。本主各庙不同，而土主则一，亦地方之特俗。村有李氏宗祠，并祠赵氏，不知其为一家两姓，抑此间之所谓"上门"。"上门"者，异姓入赘之称，大理最习见。4 时等车入城，经古城桥，据云有碑，入村视之，无一字涉及古城，怅然而下。更过观音堂，今称大石庵，旧志所谓"妇负石"即其地。庙甚弘丽，新装佛像尚有未毕工者。主持系河南人，尝入大学。寺有岑毓英、杨玉科碑记，为重修者。有神话，未足信。寺后之右有杨玉科塑像，甚大，与省中存者相若，生动不如。归县中得刘伯蕃（晋年）23 日书，谓雯儿病不严重，四五日可痊，一日愁虑，为之稍解。6 时，泽新召饮，诸介父出示近年所作山水画多幅，笔墨少而意趣深，秀洁可爱，惜用皴有类西法。9 时还县中。夜大风雨。

8月1日 星期二 在大理

6 时起，得雯儿 26 日信，谓 20 日下午感不适，21 日晨徐大夫断为回归热，打"九一四"一针，下午入惠滇医院。23 日体温复常，唯此病七日一周期，恐有反复，定 30 日出院云，为之大慰。10 时半起，写演讲纲要，以明日在干训团讲《中国民族之拓展》，迄下午 3 时半毕，5 时至大街，为锡予（汤用彤字）买皮鞋，不协。晚饭后，范晋丞、杨可丞、周玉文来谈。阅李氏"通志"，更抄其 17 卷一段，随以《白国因由》校之，颇不相同，知《白国因由》不出于《白古通》，且《因由》第 27 卷引《白古通》，其非一书更可知。康熙四十五年（1706）

圣元寺住持寂裕刊《白国因由》跋谓，虽未见《僰古通》，而大概不外于斯，恐不然也。

8月2日 星期三 在大理

6 时起，整理昨日所拟纲要。8 时早饭用毕，训练班已派马来接，少憩，乘骑而往，到三塔寺与夏雨人小谈，至讲堂。余将分四段：一、中国之移民；二、中西移民之不同；三、展拓的三方面；四、中国民族拓展的精神与贡献。9 时45 分至 11 时 5 分。学院约千人，讲堂过大，喉为之哑。讲毕在雨人办公室稍坐，仍骑马回县中。下午 3 时往晤杨范修，邑中耆宿，清廪生，已六十，安贫乐道之君子人。出杨宅与赵绍普、田汝康、吴乾就食羊肉，甚美。5 时半，王旸、殷达夫妇约晚饭，谈甚久。还县中，坐庭中望月，其明似犹过昆明所见。

8月3日 星期四 在大理

读《白国因由》。为年芳、愫斐写字。读《滇载记》。下午 2 时，借泽承、梦麟、乾就随张殿选至兴福寺，距县中甚近，今为宪兵营。晤其同事，山东人，言一无碑志，佛像已封隔不可见。但云系本主庙，而殿选不之如，莫能究其实。出寺循西城墙自缺口出至一塔寺，即弘圣寺。塔 16 级，方形白色，与三塔寺之大塔相似。每级一门二窗，均四面有之，最下层甚高，向西之门上有石额，刻佛像五，径尺余，则塔似向西面山而立也。塔顶铜制，中盘八角形，盘下环球仅上半，不知应称何名。塔下向东之门已塞，嵌嘉靖二十五年（1546）李元阳《大观堂修造记》石碑，碑为大理府经历刘琳所立，杨慎篆额，自称"博南山人李元阳撰文。题曰撰并书"。然详查碑末，有"生员秦世贤集赵松雪字"数语，则是圣教序之流，非出中溪所书也。记云"大观堂枕鹫峰，衿洱水，在大理郡城西里许，郡守龟崖蔡公所作。堂前有古塔 16 级，周昭王时物也。塔前有祠，宪台中江王公即王舍寺之遗址，创庙以祠孔明者也，祠左有关将军庙。"云云。今堂祠庙均不存，塔西稍南有小阜似殿基，上置仆碑，题"大军封邱"四字，上款"云南光复后六十三日"，下题"云南陆军第二师师长节制迤西文武官吏西防国民军总统官李根源"。于此可知辛亥革命时之官职。往闻印老当革命时杀人甚多，且及官吏，而不知其由，见此节制文武官吏之衔，得其故矣。阜下稍东北有碑，题"洪武十六年（1383）春，开国辅运推诚宣力武臣，荣禄大夫柱国，总兵官征南将军颍川侯傅，总率大军征进大理，攻克邓川县城并三营佛光山寨，亡殁官军，普集诸山释众崇修佛事毕，遗骸葬此"，计 6 行。塔之北稍东阜下有泉，今称石马井，视之有水沫上浮，实泉也。方5尺，深2尺余，井栏四面已毁其二，对塔之东有石坊"名留四蜀"四字尚存，闻其外尚有"望重南阳"，今涂灰改他字矣。坊塔之间似有石道，今唯余道路痕迹而已。以石坊证之，塔应以东向面城为正，然与塔门石刻不合，不知何故？余疑塔西小阜即大观堂之遗址，塔东对坊平地为祠之遗址，惜皆废。其旁之玉皇阁与之无关。玉皇阁在塔阜之东稍南，今存大殿二进，前为门楼，甚伟丽，一进祀玉皇，二进祀不明，像已不存。周视联匾，无一与武侯相关，知"县志"稿谓以祀于玉皇阁者误也。据《滇中琐记》：一塔寺左尚有苍山书院，其所谓左盖就观者而言，即余之所谓右也，疑即玉皇阁。壁间嵌印老集刻郡人题一塔寺诗句三首，并有跋。庭中有石坊题"玉光普照"，万历丁未（1607）邑人阮尚宾所书。久经湮没，光绪三十年于土中发现复立之。门楼之外左立杨慎"岣嵝碑"，右立座右铭石刻，疑皆光绪间重建玉皇阁时移植门前者，非明代之旧。离塔自南城墙间缺口入城回县中。再偕汝康、莘田诸公诣杨可丞、周叔怀，不值。诣王某小谈。晚饭后偕汝康诣张充国，谈一时余。归读"李志"沿革。

8月4日 星期五 在大理

读杨叔玉（琼）《滇中琐记》，有邓子龙一条，言其在西南击败缅人及倭犯高丽赴援战役事。所著《枕戈集》，已佚。《琐记》中存其诗数首，又遗事数则，此即清"堂子"中所礼者也。午饭后检行李，决定晚间乘船往喜洲。2时逛街子。大理初二、十六日为大街子，自五华楼北沿大街以至北门外，各物均备，惜无我辈所需。由北门步行至马久邑村，凡10许里，或说8里。大理村乡，或名邑，或名城，而今人于其下更加村字，疑系古昔旧名也。在赵绍普家谈憩，镇长杨君并假其地作东道主，皆滇味，辛辣不胜，乃嚼白饭。饭后阴雨密布，莫不失望。9时月出，乃登舟，绍普门侧即所谓码头也。薄云乍散，月色初窥，大似一挂水墨础石；海面如镜，余等两船外更无一帆。莘田等歌昆曲；诸人或临船，或睡舱内；余亦时卧时起；其终宵未寝者张子毅、吴乾就、游钜颐、吴征镒、傅懋斐、王年芳6人。夜3时顷，忽闻远处有枪声，同人皆起。有小船，用民家话告舟子，谓有掠船者，余等乃停泊浅处，以为戒备，天明乃行。立船头西望月落，东待日出：晨寒料峭，万籁俱寂；海阔天高，壮心复起，偶思及古人水战，竟莫悟其方。六时半抵喜洲，在大理北45里，去马久邑40里。

8月5日 星期六 在喜洲

6时半船抵喜洲海口，进村抵于苍逸图书馆。喜洲民家话曰"贺赕"，即《蛮书》之大厘城，或曰即史城，然《云南通志》又谓史城在邓川德源城，此则待考也。喜洲又称"贺赕"，盖民家话谓"喜"为"贺"也。下午2时半，偕莘田、梦麟、泽承、汝康、绍普、乾就诸公诣严宝臣、杨伯伦、董澄农、杨直辅，皆不值。晤赵贯三，侃直士也。年已71，为镕西（张耀曾）大哥之表叔，谈及宽熙二哥。又晤林之棠、黄秋浦、卞彭年、肖之的、包渔庄、傅子嘉，均华中大学教授。于渔庄处见鸡足山传衣寺（今俗称袈裟殿）石刻明慈圣太后像，墨本作观世音莲花座，容甚丰，上有"慈圣宣文明肃皇太后之宝"，御制像曰："唯我圣母慈仁，天感斯嘉兆，阙产瑞莲加，大士像勒石，流传延国福，民霄壤同坚。"下题"大明万历丁亥年（1587）造，隆武丁亥年十二月初八日，弟子林云志重刊，勒石于鸡足山传衣侍奉"。此隆武纪年在滇中甚少见，向传滇中未尝奉正朔，且隆武亦不应有丁亥十二月。6时，还苍逸图书馆。

8月6日 星期日 在喜洲

5时半起，读大理史城董氏族谱，民国十一年董维邦所修，而会农、澄农印行者。谱内有"邦按"云云，即维邦，书面题会农、澄农氏续修印本者，乃印行时误加。前有民国十一年陈荣昌序，赵藩序；民国十年二十九世董维邦序及旧谱嘉靖六年（1527）十七世杨士云序（杨、董一家）；十八世董仁序；杨士云书后嘉庆二十一年（1816）纂修谱闻显序；道光十五年（1835）常恒昌序；王崧序。道光二十九年杨名飏序；道光十五年二十八世董鑑序；二十九世董正官总序。续修谱民国十年二十九世董维邦序（与前不同，前曰弁言，此曰序）；三十世家彬序；三十一世广元序；三十二世万川序、董莹序（自称裔孙，无世次）。陈荣昌序最称此谱之有附谱，以为"滇西之俗，赘婿以为常，此有妨于宗系者甚大，故修谱亦易舛辖。今观董氏之谱，有正有附，正谱为经，附谱为纬；经以纪其常，纬以穷其变，……此固董氏一家之法，而吾谓滇西之立族谱者，皆当取此为通法也"，其言甚是。唯不知此法出之何时？余疑其轫始已久，或即始作族谱之应元（仁）氏也（十八世，嘉靖时人）。抄族谱目次。（略）

自到迤西，得读诸家族谱，颇有愚妄之推测：一、纯粹之民家为汉化最早之土著民族。其姓氏如"哀牢九姓"之属，乃汉化后所加。二、同姓未必同族，故同姓多相婚嫁，乃汉化更深或汉人交往久嫌其不宜，乃微易其字以示别，如杨之为扬、阳、羊；张之为章之类。阳、扬姓甚稀，而世家族谱诰封中反常见。至于平民之墓碑，则杨扬氏之称，到处皆是，抑或土著本俗系母系制度，不禁同族之婚，则待考矣。三、上门之风甚盛，血系轇轕混淆。四、此间社会传统，初期盛夸南诏，其后则推朱明，故诸家族谱于两者均不肯放弃，亦不顾其矛盾，如董氏称始祖南诏董成，自金陵迁滇，其例甚多。此种假设乃一时想象，尚无学术根据，不足以示人，更不可语当地人士，恐三五十年后亦不能发表，唯与莘田、乾就言之。乾就更广搜材料，以求其通。

9 时半，乾就、年芳、梦麟、鸾和、俊昌，请泽承、之棠导游三灵庙，由所住苍逸图书馆向西行至村口外通公路处有石坊，已圮，据云乃镕西大哥家者，惜匾额已不见。行 3 数里，涉一溪，登小山抵三灵庙，门题"三圣灵宫"，有道光壬寅（1842）熊万年题"惠我无疆"额，门殿塑白马于左，红马于右，各以马童牵之。中殿无所祀，已成过厅，左列小塑像十，右列小塑像十一，土俗凡还愿者必塑小神像陈于庙，即此地悬画板皆三灵神迹，惜存其四，更不辩故实。殿后有乾隆己巳（1749）杨联允题"恩覆碧水"额，乾隆二十五年（1760）杨联第题"圣武昭宣"额，又有辛卯一联，不辩年号。文曰："奋神威，显大义，非期得国得民，正气常存千古；兴水利，除氛祲，允颂克仁克爱，英灵永庇四方。"此可综神之功迹，神话也。旁有"信义合同"碑，述两村分任差役，分享土田事。后殿中祀神像四，最左白面长髯，红袍文装；左白面长髯，黄袍文装；左金面执剑武装；右女像，有三龙自后仰伸，一在帽中，二在耳旁。前四像之后壁中有金色像，亦执剑，稍小。像前有神碑一面，四名并列，自左而右，为大圣元祖重光鼎祚皇帝，大圣圣德兴邦皇帝，镇子福景灵帝，妙感玄机洱河灵帝。其右又有一碑，题"苍浪峰霞移涧，得道有感龙神"，终不知孰像是孰神也。后殿左楹有像四，其一为土主，蓝面六臂，矛尖有尺余，二文一武；右楹有像二，男女各一，男无髯；中楹神像前有判官立像六，廊檐左右有四像，人身人面，而以牛马猪犬之头加于顶，所谓五谷神也。殿中有光绪三十年（1904）新建观音寺，碑已断，仆于地，非此庙所有者。殿外有"恩周七邑"额，此七邑谓七村也。后殿左庑有殿三楹，中塑玄坛骑虎像，据云去年以前尚有。空殿中的有三灵庙碑，景泰元年（1450）立，杨安道书，杨宗刻石。据碑，三灵一为吐蕃酋长，一为唐之大将，一为蒙诏神武王妃之子，盖见之《白史》云。余嘱年芳抄之别纸。将出庙，见壁间有公告，知三灵诞日为 12 月 18 日，又有红报多纸，盖村人之毕业者，捷报于神，犹之他处捷报于祠堂也。其上均题三灵皇帝新王太子佑下。出三灵庙，见庙后有观音寺，新建尚未毕工，随下山还苍逸图书馆，往返约七八里。

2 时半偕同人诣韦卓民，不值。晤王玉哲、马奉琛，更至华中大学。凡占用三庙，中为大慈寺，左为张公祠，右为文庙。大慈寺有弘治八年（1495）乙卯《重修大慈寺记》，赵弼篆，盖杨谟撰文（自称寿官），董璧书丹，记中有"成化丙申寿官杨瑄"之称，杨谟撰文亦自称寿官，其他尚多。寿官之名，他处未见，就所见证之，似指已入学生员之父也。又有康熙碑一通，不见其阳。又有洪武戊寅（1398）"宝莲殿记"一碑，赐都纲沙门感痛寺，无极撰，杨宝书，匆匆不暇抄录。略读一过，似是太监颂皇太孙之德，并道及被阉时日，可与郑和事相表里，嘱玉哲代抄之。张公祠即镕西大哥家祠，北屋三楹为祠，中祀元云南通海古桥州知州始祖张公讳建成，暨历代昭穆宗亲灵位。左右列宗系图，第一世至四世为元（朝）；第五世至第二十世为明；二十世到二十六世为清，二十六世、二十七世入民国矣。明二百七十七年凡十六代，清二百六十四年乃七代，不知何故？镕西大哥为二十六世，宽熙大哥暨亮哥等均已登入，檐下有懿行匾，迄明为止。有道光戊申（1848）仲春联曰："星象辉腾七曲，孝友开先，愿子孙继继承承，数典不忘光令德；凤阳派演三朝，丞常依旧，对昭穆邕邕肃肃，致诚如在荐馨香。"即镕西大哥曾祖其仁所立。室内又有一联曰"念奕叶相承想见劳心竭力，知贻谋最远莫如求己及人"。南屋三楹题"桂林书院"，乾隆壬戌（1742）张殿元所立，又有乾隆己未（1739）杨元亨篆额"重修桂林书院碑记"。桂林书院旧称桂香书院，嘉靖乙未（1535）进士张拱文自四川兵备金事乞养积俸 80 金以寿母，母责不顾，拱文乃以建书院。镕西大哥之远祖也。文庙称奇观堂，有碑称：民金事明斋先生读书室不知何许人，乾隆甲辰重修。楼上如文庙制，祀孔子四哲及配享，楼下祀唐御史杜光庭，位称"唐御史杜夫子之神位"。大慈寺之南数十步为中央祠，南向即本主庙，联匾甚多，有道光五年"佑于一德"额，镕西大哥令祖所立。雍正己酉（1729）"一怒参天"额，为祠中最早者，正殿塑像甚伟，金面红眉，仰头怒目向西而视，手横剑，座下有兽铠甲，戴毡帽，有缨，神牌题"大圣中央皇帝"，像前右侧有小像，全身张口作惊呼状，背有兽皮幅甚大，俗呼小本主，香火甚盛，红报尤多。询之住民，民家毛妇谓圣诞为正月初三日。其传说有二：一谓忽必烈，一谓系段宗榜。其小本主或谓狮子国使臣，或为缅甸使臣，盖与段宗榜同来者。或又谓板循蛮之山匠（猎户），见于《华阳国志》云。大抵民家所各有本主，亦各有其神话与灵异，历时益久，变化益多，甚至人人殊词，土人亦不深究，但虔敬礼拜而已。段宗榜事见"县志稿"，亦无为本主事。中央皇帝之称尤费解，岂蒙古帝国时中国皇帝之号欤？

神像之帽，往见忽必烈像似相同，容考之。出中央祠北行至有似墙基遗迹者，或曰即古大厘城，但墙基中央为水流溪道，疑其仍是范水之用。墙下有井曰"锡杖泉"，盖附会古迹为之者。昔之"锡杖泉"在今大慈寺内，非此也。还图书馆。

8月7日 星期一 在喜洲

5 时半起。赵冠三（甲南）来，于饭后杨白仑来，导瞻杨宏山先生祠。吕咸熙题七尺书，楼累经改建，已非旧观。今为楼三楹，庭甚狭，更无他室。楼前明兰叶阔，叶阔及寸，甚丛茂，惜欠修拾。楼下为厅房，空无一物，上为祠，中祀神位三，中杨士云，左杨桱，右杨德。皆明代人，别以纸书位，一为杨准，一为昌期，则入清代矣。有杨升庵联："仙郎高议留青锁，学士新诗满碧山。"后人所书。中案有诰封箧红漆花，明代故物，中为立筒二，亦红漆花，有镂刻，中贮明代诰命，红锦包手镶黄绫一段，敕命白色绫，前有本色织花，篆书"奉天敕命"四字，后为敕命本文，用"敕命之宝"二，嘉靖十八年（1539）三月十九日所颁。骑缝列号一为□二百二十号（士云），一为□二百二十二号（士云之父），上用"启运之宝"。敕命之末有"白本色织花，嘉靖三年月日造"一行，其后又镶黄绫一段。读敕命文称"敕曰"，与清代称"制曰"不同。士云之母与妻均阳氏，或亦讳杨而改。诰封箧之旁有玉带箧，皮制，已散，中有皮围似带非带，莫可分辨，排位之左有大木案一，粘红纸，题"明代古桌"，以桌脚花纹形状验之，似较晚。上置纱帽皮壳，与黑纱已分，皮壳甚完整，不知何以保存至今。黑纱有上下分离，但下载边缘有硬纸为衬，以铜丝为骨，铜丝圆细，大似机器所制，怪甚，岂其纱经后人所修抑当时已有铜丝耶！余则疑其非原件矣。帽与带随意置于案上，殊非保存之道。观毕回县中，5 时，华中大学设宴于王家祠堂，即包渔庄、黄秋浦所居，招待同来诸人。闻渔庄病疟，温度至41.6度，已不省人事，上午犹自己上街买药，大便后即感昏迷，医生为打强心针二、吗啡针一，并为灌肠，温度所减有限。日前渔庄到大理，3 日与余等同诣杨可丞，晚间尚往看戏。4 日谓疟疾作不能与吾辈乘船而先回。5 日余等到喜洲尚来苍逸图书馆相视。下午余等诣之，谈尚甚健。余唯于其殷勤招待时之一刹那间，见其微皱其眉，有痛苦状，不意隔日之别竟沉重至此。8 时天阴雨，归图书馆。卓民、莘田均大醉。

8月8日 星期二 在喜洲

6 时起，肖之的来，谓传渔庄已归道山，唯不敢确定，乃令泽珣往探，未还。少顷，林之棠来，知其果然，年仅 45，遗子女 5 人，可伤之至。10 时，偕同人乘马车出镇北行，11 时 5 分至周城，憩于云沧乡中心小学，旧银相寺也。有道光二十四年（1844）云弄峰古塔碑记："重修街面万年台功德碑序"（已仆）；光绪二十一年（1895）"复建魁阁财神殿功德碑序"（已仆）；宣统三年（1911）张宗良：《桂树复生记》；"段凌云诗石刻"等。晤杨缉熙老人，年 84，精神甚好。谈周城本主有二：一曰主国太清真常灵帝，一曰天郎文明新官锦帝。前者为元代人，名杜朝选，乃猎户，传有蟒蛇能变人形摄女子，每年三月三日食人。一日杜见蟒射之，继见霞移溪上有女子于捣衣石洗血衣，乃蟒所摄取者也，乃踪迹得蟒死之，流血遁，救女出，女遂归之，每年正月十四日为其生日云。随往本主庙参观，庙题灵帝庙，俗称北庙，其南庙则土主也。正殿中楹塑像，白面八字须，挽道髻，红袍裹甲执剑，剑上指右有女家二，或谓其夫人也。左一像首有三龙，称新王太子，更左少远有女像曰地母娘娘，殿左楹祀子孙娘娘，与其地本主庙异。殿右楹供梅、葛二大真人神牌，据称为染业之祖师。又有纸糊杨武愍之神牌及阵亡官员字样，不知何时作法事所用。出庙见有大坟，题"大明武将军苏龙溪公之墓"，乃万历辛卯（1591）所立，有"男世袭千户长，经武大理百户长孙正芳、世芳、联芳立"一行。唯墓侧有民国三年墓铭，谓其名龙溪，字云从，自川眉山迁滇，洪武初投傅友德军，立功授武略将军，云云。则其子若孙不应在万历有碑，疑系后人所立。碑又云：将军之神话甚多，以不经不录，惜不得一究之。自周城步行至蝴蝶泉，泉方二丈，深丈许，甚清冽，诸人均饮之，余与莘田、梦麟谢未敢试。泉外樟木合欢，刺桐环列甚密，春间蝴蝶来聚者，则合欢也。同行诸生物学家言，蝴蝶之来与树木无关，盖因其地阴荫且有水，故来耳。泉后有亭子，题"春如泽"三字，光绪九年（1883）所立。中张杨缉熙作记，纸写，已降残破，乃嘱乾就、俊昌、定一、年芳录制别纸。坐息久之，乘车出上关如邓川县界，止于上沙坪村高玉山家进茶，见命名红帖粘之壁间，甚趣，录于后。天忽雨，冒雨至于渔潭坡，有九孔桥，通江尾，风景绝佳。桥侧有本主庙，称"本主青龙王"，像左手执火珠，右手二三两指上指时方进米，匆匆不及一详询之。

自上沙坪步行至上关，又称龙首关，《蛮书》所谓龙口关也。有"南天一柱""北门锁钥"两额，门上有楼曰"凤朝楼"，复门题"北关屏藩"，额有"庚午"字，不知其何年。关甚长，人家甚少，内关题"襟山带海"四字。入外关即入大理县界。车候与内关之内，今行之公路已不复经。乘车而还。马眇一目，性复强，时行时止，每止余等必下车以轻其负，及其行复上，不胜其劳。行未半，马性大作，马夫痛鞭之，竟退入田内，幸余等已下车，乃舍之步行。步行半小时车乃至。又上下数次乃得抵镇。苦哉！苦哉！此行旅所未经也。与莘田、梦麟、定一往吊渔庄，虽与之新交，泫然欲泣。五台中学校长杨白仑设宴校中欢迎余辈，饭毕归。

日前渔庄言，周城有吴三桂大周纪年碑，今日遍觅不得，询之杨缉熙老人，亦不知。余意或系动吴氏之将当未败归葬者，坟墓累千，莫可细考。呜呼，渔庄往矣，又安得笃学好古如渔庄者，更从而求之耶！杨缉熙老人著有《凶年饥岁丛说》，记丙辰（1856）杜文秀事，并及历年物价，迄民国二十九年为止，奇书也，乾就借来欲录副。

8月9日 星期三 在喜洲

5时半起。8时林之棠来，导梦麟及余往晤张效曾（法臣）、慕曾（范臣）二老，均镕西大哥之堂兄，一年70余，一年60余，身体甚佳，耳目聪明（法老耳稍重听），背挺如矢，步履如飞，此来所见老人皆如此，岂乡居益寿耶！抑养生有素耶？余见诸老皆躬自操作，无嗜好，早起早睡，此或其故也。范老谈掌故甚多，谓喜洲有三本主庙：一为四上街之妙元祠；一为中央祠；一为九堂神祠。"九堂"又称祈雨坛，传祈雨"九神"皆降，忽尔鸡鸣，不能复升，遂祀为本主。所谓"中央皇帝""三灵皇帝"并在"九神"之内，石坪圩、城北、七舍、大界门诸村人均祀"九堂"本主。"中央皇帝"为段宗榜，4月15日生日，上洪坪等7村之人共祀之，神不茹荤，故祀者均以素食。祠中左龛所祀为其两弟，右龛则其子，中龛小神像或云猎户，或云渔夫。生日为12月28日，凡祀者必担食为供，一头为鱼，一头为肉。三灵皇帝像塑于大石上，非平地也。祠前旧有古柏，传为晋时物，其后树枯乡人裁之为额，题为"古柏流香"，今尚存之。复谈及严子珍所印"康熙府志"乃其世守，急请观之。书凡8册，已拆散，用纸条草装，盖排印所为。书内用红笔洋字标页数，狼藉恶劣。尤可恨者，其中有三二表格竟剪下影印，印后亦不粘复，仅余印刷时所夹剪裁声明粘之书眉，见之心伤，不知此为表彰乡献抑为破坏文物也，伤哉！伤哉！兹录其行款于次：

范承勋序　半叶5行，行10字，顶空1格。原缺上半页前4行，据方曜仙藏本以笔补。

王继文序　诺穆图序，叶行同上。

于三贤序　半叶6行 行16字，行顶空1格。

王琯序　　同上

李斯佺序　半叶 7 行，行 17 字。

黄元治序　张泰交序，同上。

李元阳序　半叶 9 行，行 20 字。

杨慎序　　赵汝濂序，同上。

宪行　　　半页 9 行，行 18 字。

姓氏　　　凡例，同上。

本文　　　半叶 10 行，行 19 字。

自张氏辞归，检严印"黄志"，其缘起竟未著张氏一字，其心尤鄙。原本每册均有张慕曾图记及"周宗濂印"。此书最好由学术机关购藏，否则必与废纸同腐矣。

午饭后严宝臣来。莘田及余均不得睡。读段氏家谱及董氏家谱，别录其要。4 时出饮牛乳，此间为特产。6 时半开会，商旅昆及交稿日期。余在 18 日第一批返昆。文史组初稿交稿顶 10 月底。

8 月 10 日 星期四 在喜洲

6 时半起。昨夜于油灯下记事，目倦神疲，忘写二事：一读董氏谱知定正谱，附谱者为道光时纂修之董正官。道光十五年（1835）常恒昌序，称"董君明府正官，……道光十三年癸巳恩科举进士，奉旨以知县用。旋丁父母忧，回籍乃详考旧谱所在及墓志碑铭，……辑为董氏族谱一编。……谱成而以序嘱于余。其言曰：'董氏自世居大理太和县之喜洲村以来九百余年矣。传世既远，族姓繁衍，有因官而流寓他省者，有迁徙而寄籍别州县者，其信而有征，并附于谱。而其他谱牒无考，未敢少为附会焉，传信也'。"又董正官总述称："董氏虽世居喜洲，而年远族繁，……有他人入嗣者，如升祖下庆之曾孙继光，抚赵氏锐以为嗣。有出为人嗣者，如宝之云孙，即给谏士云之考，出继母舅杨氏，不详载之后世何稽焉"，皆其证也。二、前闻人言，民家人有特征：说民家话，不缠足，以黑布裹髻是也，并闻喜洲均民家人。此来见有说民家话而缠足者，亦有黑布裹髻而不能说民家话者。在上家坪高家均说汉话，询之则上沙坪全村不说民家话，而下沙坪则全说民家话。两村房舍相连，其事甚怪，其装饰亦均无别。高家女人亦以身负筐而头承筐绊由上关还。喜洲有人送小儿附车，年 8 岁，名周福，甚聪明，住喜洲镇内，只知汉话不识民家话。又余在镇内尝见两妇对话，语调极似民家话，细听之则为汉话。两妇均无缠足，黑布裹髻，衣式极古，似贫俭之家。语言差别究以何者为标准，民族血统有无不同，实应详为调查。

然在今日实有不便。又前日在高家见中屋壁间粘有红帖，其事其文均极有趣，亦补录之。

9时至包宅公祭渔庄先生，致赙1000元，送殡至停柩庙。天大雨，衣履尽湿。同来诸位公自包宅送至图书馆门前，华中教职员学生送至五台中学门前，余与韦、黄、肖、卜及子嘉、维商送至庙，莘田自图书馆送至庙。泽承腹痛发烧，至图书馆门前体不支，随入喜洲医院。数日以来，泽承在包宅帮事极累且极伤心，遂病矣。余归图书馆以热水沃足并加衣两件。5时及起，鼻微塞。5时，往视泽承疾。后董美成约莘田、梦麟及余晚饭。座有赵冠三，谓"中央皇帝"为狮子国王。7时还图书馆。

8月11日 星期五 在喜洲

5时半起，读段氏家谱，有正德十五年（1520）6世孙段德贤序，谓"滇南太和我段氏者，其旧矣。我始祖莲胜公遭元末兵燹而谱遂亡焉。传至德贤已六世矣。"与谱内"洪武八年（1375）合族同遭水难，存者唯莲胜公一人"不尽相符，且洪武八年时云南尚未属明朝版图。谱又言：为"大理国段思平之裔"，未尝托于中原，胜于诸家之谱。段氏嗣赘最繁，录于别纸。又读董氏家谱。卷3世次谱一世成注云："原籍金陵，唐时入滇为南诏清平官"，是为董氏始祖。在唐亦仅一世，5代凡7世，均失其名。九世入宋始于晟之祖某，亦失其名。12世入元，则在宋仅三四世，在元为12、13两世，入明则14矣。23世入清，则在明凡9世、10世而已。32世已入民国，则清亦9世、10世。明清各9世、10世，年代甚和，五代与宋、元国祚长短不一，而历代相差甚远，疑其所述不尽可信。据谱20世名振裘者，永历辛卯（1651）府贡生，顺治任蒙化府教授。23世昌裔，27世杭，28世嘉兰（妻皆董氏，应非同族）。

10时，闻泽承腹痛甚剧，昨宵未眠，偕莘田父子、汝康、俊昌、鸾和、定一往视之，医言正验血，有盲肠炎（阑尾炎）嫌疑，嘱不必入见。候半小时余，验血未毕乃先归。未几，汝康来，告确为盲肠炎，正与莘田、梦麟商派花杆（滑杆）即送大理，未定。医院又派吴君来，告白血球一万四千，须急送大理。汝康、绍普、白仑经借车，久久未获。1时半，决用花杆夫抬单架送之，余与梦麟往医院以语泽承，见其精神甚好，已不甚痛。为之借担架铺整被褥，使之安卧抬往大理。过图书馆入晤同人，白仑为借邮政车一辆，但须略加整理，仍命单架先行，由汝康、鸾和、绍普陪之往。半小时后汽车亦往途中接之。

之棠又借来谭氏、杨氏、杜氏家谱。4时出饮牛乳，见关帝庙有管弦声，入视之，见便装耆老壮俊 10 余人，或管或丝，或金或革，方在合奏。一人长跪，三二老人用汉语轮读，经卷不详其名，其词则专为关帝作，大旨在劝善祈福。乐声甚美，或云此洞经会也。归来复往听片刻。

读谭氏家谱。光绪元年（1875）定稿，二十年甲午重修。家藏抄本有康熙九年（1670）谭樟序，光绪二十年谭家杰序（自称三十九世）。"樟序"称："上林公（始祖）以文景公世裔弃官服贾，遁籍湖南（谱称：'唐天祐河南桂溪节度谭上林，世居湖南，以上谱亡'）。……十六世端叔……贾居武昌，……端叔生榴（十七），榴生世仁（十八），……子珠（十九），三传而生，即樟之曾祖为入榆之始祖也。以明……癸未（1523）冬奉使入滇，适湖州乱，海内兵燹频仍，饥饿荐臻，得宦友拱文先生约游大理，悦其俗厚里仁，于是聘尹氏置田园，筑舍宇，遂卜居太和之喜洲，时嘉靖壬辰（1532）春也"。谭家杰序为旧谱亡丙辰（1856）之乱，序有注述丙辰事。余不及录，乾就详摘之。注中误洪秀全为胡秀传，最有趣，盖滇音近也。谱有祖脉、仪图、世考、文录、自叙、异事录。谭氏商贾多无行迹可征，世次年代难定，自唐迄清末凡 40 世，而明弘治迄清康熙乃 4 世，康熙迄清末竟 10 世，亦有所遣误也。谱有家杰祭家父文，俗语协韵，大似明太祖世德碑。

尹氏族谱抄本无修谱年月，前有道光己酉（1849）尹昭忠序，查谱内叙至忠字辈止，昭忠下书（现生二子），似即修于其时，成于其人也。谱无图系，前后世次均以"一世"标目，稍欠明醒，事迹亦不甚详。或未初稿。唯首列尹梦鳌饰终文敕较可贵，别录之。

8月12日 星期六 在喜洲

5 时半起，读尹氏族谱之钦赐谕祭葬前任在直隶颍州太守岊思尹老先生行状。此状用弘光纪年，在滇亦少见。往读李印老《云南金石目·圆通寺》，崇祯十八年碑，是昆明未闻弘光即位也。喜洲更在西鄙，竟先闻之？

太和史城杨氏族谱，光绪戊申第 13 世举人杨纯珍修，抄本，有光绪三十二年（1906）丙午杨纯珍序，凡 8 卷。另录之。

世德堂张氏家谱，民国二十五年张昌修之稿本，前有二十五年张鼎铭（21世）序，二十六章张克铭（21世）序，张昌序，道光十年（1830）张王恭（17世）旧序，凡上中下三卷，上卷：家范、取名、节祀、契约、考证、古迹、前纪；中卷：近纪；下卷：文艺，即制诰、哀诔、寿喜、自传、像赞、杂品。卷上《考证：姓氏因由考》："吾族始姓段……元时末叶反以宦故而从今姓。"《古迹》元元统元年（1333）段保公赐姓名诏石刻："奉天承运皇帝敕曰：……尔保乃忠良之裔，英俊之臣，若祖若父，佐治滇南，……尔复能始终不二，……朕深嘉焉，特赐姓曰张，名曰忠，……元统元年五月十二日。"据谱《考证门》，此碑为洪熙时修坟时所刻。据此前纪称："段宗榜……封清平景祠祀，烟火相传，为草溪邑本主，亦即蒙氏封功臣为十八神之一也。"此与前闻段宗榜为中央皇帝之说不同。俗传中央祠本主与羊溪本主为仇，故二祠之像怒目相对，羊溪邑余未往，而中央祠像则扬首西向也。赵冠三尝云，中央祠为狮子国王，则与谱及俗传为仇之说可通也。

12 时大理信来，知泽承已施手术，经过良好。（梅）月涵先生来电促归。参观关帝庙音乐经会。读"张氏谱"，据称：初毁于明末，继毁于咸丰丙辰（1856），再毁于民国癸酉。今谱参碑志而成，惜其多引《蛮书》《南诏野史》《滇载记》之文，真实性稍减。其 1 世张忠当元元统初，2 世铨当明洪武中，始迁喜洲为 10 世灿，当万历时，12 世已入滇。是在明凡 10 世，21 世入民国则在清亦 10 世，应可信。同姓婚者有之，娶于章氏者较张尤多。此谱下卷《艺文门》收有张其仁撰张公庆年传略，题姻愚至张某拜撰，则此张氏与镕西大哥非同宗也。

梦麟自关庙借来洞经会《礼请全集》及《觉世真经》，略加翻阅，盖劝善之书经。4 时 1 刻，地震半秒钟，时与傅子嘉（茂继）、王维商（玉哲）正畅谈，同奔屋外。

杨氏族谱，无修撰年月，新抄本甚整齐，叙至民国，事迹甚少，无足存考。前有嘉靖杨士云序称："杨氏旧无谱，相传居喜洲之城北里大贯溯，至八世谱乃作也。"前见杨宏山敕命称妻阳氏，据此则本姓杨也，余之假定又得一证。

大理史城杨氏族谱，民国二十一年修，与前谱非一族，此喜洲北村四甲杨氏也。为精缮本，8 卷。前有民国杨谔序，民国二十一年赵甲南（冠三）序，21 世孙杨文昭序，谱即文昭所修，谱内配杨氏、扬氏、羊氏者甚多，而羊尤夥。

晚张名臣（显曾）约梦麟、莘田及余饮馔于家，镕西大哥之本家也。座有张法臣及两位尹先生。8 时还图书馆，11 时就寝。

8 月 13 日 星期日 在喜洲

7 时起，阅四甲杨氏谱明代墓碑，如杨禄（大明居士）：仲祥杨公墓铭（正统己未），叙及杨氏始善任段氏布燮之官，不言其来自江南。杨茂东（大明居士）：《杨谏夫公墓铭》（卒于成化）同，杨贵：《勉仁杨公墓铭》（卒于天顺癸未）；李科：《西园杨公墓铭》（卒于嘉靖辛亥）；杨彦：《福轩公墓铭》（卒于正德辛未）；

李元阳：《溯洲杨翁偕配寿藏董相慎斋杨公墓表》（卒于嘉靖辛丑）诸文，亦不著始祖所自来。至康熙戊子（1708）杨谦鄂：《叔翁杨公寿诚言》有"与金陵祖父所言何物吻合焉"之语，遂称为金陵人。如杨锦城：《重修祠堂功德碑记》（光绪九年）即明言之，不知何时由改称为松江人？攀附金陵、凤阳之风，疑始自清初，在明似尚无之，或有所惧也。又杨谦谱列为"题名"内，据王人文：《开五先生九旬双寿序》为江南人，督学滇中。又据杨谦：《杨公寿域序》，盖认族也，本无关系。

9时半，偕梦麟、乾就、宪之、年芳、泽珣、俊昌乘马车游罗刹阁圣源寺。10时20分抵上洋溪，穿村而过，登石级72级抵本主庙。庙有左右二门，中为戏台，台向庙外，与一般台向正殿或庙门者迥异。右门题"古遗爱寺"，光绪戊子立，门尚开，门内已塞。左门题"敕封青平景帝"，有道光庚寅杨兆兰"霖雨苍生"额。入门为本主殿，右向与门不相对亦异，像甚威严，正面危坐，黄龙服，张髯张目而不怒，与俗传向中央皇帝怒对者而不同。右手二三两指并而上指，神牌题"大圣佑祚皇基清平皇帝三、四、五爷、新王太子神位"。左龛伽兰像，红发执剑，神牌题："敕封大圣西来护法灵镇王封建国皇帝保懿自在明法圣母之神位"。此碑甚怪，岂误植耶！抑有两本主耶！入正中一院，有殿三楹，新修未加漆，中楹长案陈神碑三，中"至圣先师孔子之位，左释迦牟尼佛之神位，右大汉汉寿亭侯关壮士缪、宋鄂王岳忠武之神位"。左楹空无一物，右楹塑文昌像，壁间张诸神生诞日期，谓本主生日八月二十二日。又谓十月十九日，似是两本主也。殿之对面有韦驮殿，已圮，庭右又有屋三英楹，无神像树二碑，道光十六年杨兆兰、李蔚起撰《文昌洞经碑记》。又有遗爱碑一，皆捐助善士之名。右院有殿已空，疑中院之文昌像或移自此也。即出，见本主殿有红联二，虽新作或有本，录之："酬舍利以报公功，北朝尚仰无双品；披肝胆而完臣节，南国咸推第一人。""清缅甸平狮夷，赫赫功勋光六诏；诛奸臣抚幼主，耿耿忠义谱千秋。"据此是本主为段宗榜无疑。出本主庙循鸟道而登，崎岖回环，竟失罗刹阁所在，竟闻水声白练散松隙，盖五台、莲花两峰间之溪流，其美胜于马龙圣瘿涧水。遵水而上，见大石当左，道若不可通，俯身而过忽见石级，级终左为龙华庵，道光壬辰（1832）题额，门内封塞，其左为罗刹阁；有康熙丁酉（1717）题额。扣门久不应，排挞而入，寂无声响。入门左行，左为侍香楼，右楼无额，均空无陈设，更右折登石级，即罗刹阁。阁踞大石之上，前有石栏，全湖在目，诚壮观也。阁内有方幢，白石所作，前塑观音像，红袍白须，有乾隆己酉杨勋题"天尺五"额，光绪重修道光时"救此一方"额。阁后有康熙碑，乾就、俊昌并录之。12 时半下山，至上洋溪村，见村人方制火把，以松木为骨，细竹围皮，上广下锐，以稻草实之，高一丈五六、顶径四尺，询之村人，不以游行，惟竖于石槽燃之而已。在村口候马夫至 2 时，乘车往圣源寺，车停于公路侧。循村路而进圣源寺，今为伤兵医院，唯于大殿檐廊略观。殿门 20 扇各刻画图，下缀故实，其 1 至 18 与《白国因由》同，唯增"示梦岑宫保绘图擒贼。"（第19），"默佑杨总戎扫六擒渠"（第 20）两段。其文字则直录观音塘碑文，故不相类。有光绪间重修圣源寺碑称："炎宗壬午年平国公高顺贞复建之，记大士一十八化，世传白国因由，绘影图形，洋洋如在。"有联曰："旷前千百年胜遗迹，作后千百年观瞻，佛法绍隆于前后，行古大夫事业，为古大夫勾当，宗风不振于古今。"寺门有康熙甲寅（1673）黄元治题"圣源寺"，门额绝佳，寺中又有"天开佛国"额，光绪丁亥（1887）张士锃书"西方有圣名曰佛，此邦之人畏其神"联，道光甲辰（1844）张其仁书，均镕西表兄家所立。圣源寺左为本主庙，名护法神宫，宫门左右塑马二，有"神之尊"额，乾隆辛丑（1781）李联甲"唯德是辅"额，咸丰壬子（1852）"古佛西来"额，正殿有联曰："护佛西来，好地高开玉宇；与人直上，寒窗剑舞云龙。"道光十年（1830）陈直所书，故实不明。本主像黄袍五，右手二指，上指与上洋溪本主同，题"北朝皇帝文武官员"；左楹一像著黄马褂，而题"清平皇帝"；右楹一像执笏，神牌无题，壁间有"大圣西来护法灵镇五峰建国皇帝保懿自在明德圣母"字样，不知其为何像，亦不知其即北朝皇帝否？循原路还，4 时半抵图书馆。晚林之棠招饮，10 时归。

8 月 14 日 星期一 在喜洲

6 时半起，今日将返大理，尚有杜氏谱未读，未洗面先读之。《太和喜洲村氏谱》抄本甚旧，不知何时所修。叙世系至光绪时，有乾隆五十二年（1787）太和县知县进士杜钧序称："尝试观察大理一郡，高、段、杨、赵四姓独多，岂非南诏大姓之裔繁盛异于他族之明征，然皆无谱牒之流传，其风俗然也。……据千户杜海碑墓；又杜护墓志及承袭宗图云，原籍河南开封府新安县人，又远溯汉敬侯延年、晋当阳侯预唐、唐蔡国公如晦为鼻祖。……考汉有杜轸，成都人，举孝廉，为建宁令，即今赵州弥渡。唐贞元十五年（799）节度使韦皋拜遣部将杜毗罗击败吐蕃高骈回云牒云，有杜骧没落诏国，是或有子孙流寓南中，未可知也，而大理志载，唐蜀青城入杜光庭寓滇，以文章教蒙氏，尝书《蒙诏德化碑》，卒葬于点苍玉局峰下，今祠墓尚存，其子墓亦在永昌。又载于永昌志郑回德化碑，阴勒兵将兵副官小铜告身赏紫袍金带杜滇伽名，则南诏之有杜氏，由来已久，考本族乃当日封邑留南中久为僰人从可想矣。时人谓杜氏世居喜洲，是为僰人，有杜氏古来之闻也。……寒家世籍江西，颇以科名仕宦著，然家谱世系亦只载其有征者，上溯至唐而止。其余世系事迹甚简，配氏亦不详。"9 时共摄一影。9 时半进饭。携梦麟、之棠辞张法臣、范臣、启臣，并向范臣借《大理府志》原本，慨然惠允，可感之至。即托之棠校之。还图书馆，行李已装车，诸公候于门，急登之而西行，时 10 时 50 分。行 15 里经湾桥未停；再 10 里抵头铺停车饮茶。闻村中有本主庙，与梦麟、俊昌往观之。庙较他村为小且简，有"西国干城"额及"本意在诚忠，问谁殖边得民，功垂郭北；主权归掌握，唯我统兵为帅，威镇滇西"联，其故实不详。神牌题"北方都督元帅晋封殖民皇帝"。中龛塑像二夫妇并列，男像帅盔裹甲，左手执笏，右手大二两指相合，余指伸，左右有太子像二。左龛塑财神像，右龛塑圣母娘娘像，两壁立判官像，檐下四坐像，头上冠鸡、马、豕、牛之形，以为冠上之饰。12 时入城，与梦麟先至福音医院视泽承疾，精神尚佳，体温 98 度，稍坐还县立中学。在北门遇张清常，在医院遇董式珪，在路遇罗坤仪，均昨日始到大理，10 日离昆明。知雯儿已痊，正在靛花巷养息。与清常长谈。4 时偕三人上街购石盘一。晚饭后，偕梦麟诣马伯猷，不值还。

8月15日 星期二 在大理

6 时半起，补记事。9 时 30 分偕梦麟乘花杆至感通寺，式珪、坤仪、汝康、希陵、定一出南门乘马车至山麓。10 时 40 分余等先至，20 分后诸人继至。始见董老先生，与之偕来。董老先生年 59 矣，步行上山，而余乃乘舆，惭愧之至。感通寺为担当和尚驻锡之所，旧有杨升庵写韵楼，久毁，今寺重修未久，工程尚有未尽，写韵楼亦未复。正殿有光绪癸卯（1903）僧法泉"佛有妙法"额；光绪丙午（1906）僧法藏"重开宝藏"额，较旧，余皆民国以来者也。有联题："无所感，无所感，亦无所感，万感都归戒定慧；何以通，何以通，一通了澈去来今。"本旧联，民国十五年重书者，联不见佳。正殿五龛，正中如来像，甚慈祥，左手二三两指上指，右手二三两指下指。莲座下有方空，中置牙制牛像，询之寺僧亦不详。左龛观音红袈裟，长须白髯，与罗刹阁相同，坐木椅上。更左龛塑伽兰菩萨，右龛塑吕纯阳像，卦衣羽扇，亦木椅为座。前置云南提督蒋军门长生禄位。更右一龛塑达摩像，左壁外侧塑韦陀，面向右殿，内置大正大藏，下关人苏克勤捐赠。殿檐有李棠诗石刻，已断。据云湖北人，康熙太和县知县。首句："探幽步班山。"班山即此山之名，又称荡山。正殿之右有庭院小楼三楹为方丈室，名松韵楼，有木刻草书联："寺古松森，西南览胜无双地；马嘶花放，苍洱驰名第一山"。字甚佳，传为担当和尚所书，无款式，不敢定。然"马嘶花放"四字极奇诡之致，必出名手，惜下段太泛。正殿檐悬大钟，不甚精，民国二十四年造，不意近尚有此巨制。有鍱绝美，题"云南布政司蒙化府土官知府左林捐赀，命工铸造，唯匡（匡字缺笔）扶者，成化元年（1455）正月初二日记"。客堂在左庑楼上，寺僧甚殷勤，出寿藏李砚香摹明太祖、杨升庵画像相示。明太祖像传为太祖赐无极者。咸丰丙辰（1856）毁于乱，光绪间邑名士李砚香重摹半身坐案，案后陈钵一，黄围绿幕，俗甚像，颧高颚微长，耳大垂珠，有痣20余。目细秀少威凌，须作八形下有髯，戴帽，黄服龙铺玉带高均出腹上，与世传诸家不类，未详所本，且不似开国之君也。款题"光绪壬午（1882）仲夏，砚香李文蔚重摹。升庵像亦李氏摹，立柳下扶长竹杖，一童棒书随之，长髯便服，尚飘逸，上有赵埒（兰亭）录升庵"垂柳"篇，右下有朱仲翔跋。寺有嘉靖丙寅（1566）董用威《班山常住田记》；顺治十八年（1661）《王公置买班山碑记》，下题"鸡山老衲普荷徒广夏立"，普荷即担当也。自感通寺后登山至大云堂，有石坊，前录洪武十七年（1384）正月二十一日洪武诏，左录御制诗，赐大理僧无极；右录无极诗："僧过巫山僧归云南；舟过巴山白帝城怀古。"坊后中刻万历丙子（1576）李元阳书"环霞兰若"四字。右有记二通，一云"感通寺建自隋唐，传至无极山门大兴"云云；一云"感通寺古有三十六庵院，今存二十七"云云；题康熙丙申（1716）询之董、严两君，今日仅存其五：一曰古药师寿，有洪武二十四年（1391）碑，在山麓号下院，余未往；二曰感通寺中院；三曰大云堂号上院；四曰清凉山；五曰寂照寺是也。大云堂新修未久，无一僧，工程简陋。董老云，自丙辰（1856）后寺屋无存，有豪者欲占其地为墓，乃草筑此正殿三楹，左庑三楼正殿，中楹西方三大士，左伽兰菩萨又称大赫天神，右达摩。出大雪堂至清凉山有殿三楹，塑加舍菩萨授衣像，无他佛，以修寺者妙源和尚来自鸡足也。妙源已圆寂，今余一僧有老女使，大似俗人。在客堂饮茶，水冽茶香，饮毕出寺，环樵道而登观寺僧塔，一曰隆福山普同塔，则感通寺塔也，两塔相距远，所隔小阜数路不易行。隆福塔有石刻，字绝佳。下山未毕，至寂照寺，塑殿如来达摩伽兰像，傍殿有客室三，皆今年寺僧轮转独立募化新修。其人年已72，短小木讷，而不料其能远迈东南苦行成此善果也。闻近有地方豪者连谋谋其产，幸公正之士为之剖辨，尚未完全收回，僧善植茶，获利甚厚。出寂照寺仍循小道而下至感通寺，后有担当塔，民国十年重修，题"曹洞正宗大戒沙门比丘"（上），"普荷担当老和尚宝塔"（下）。有李枝发"碑志"谓："担当姓唐名泰字大来，晋宁人，万历间选贡，英雄豪杰，文字有奇气"云。下山至感通寺小坐而出。余步行，梦麟、坤仪乘花杆，董老守寺。余以花杆让之，谓尚有一二日留也。与汝康缓行，距寺不远有赵氏明坟头（正德四年，1509），旁立大碑，上截剥无一字，不辨题识年月；下截存三四行，有灌顶国师及密宗显性之文，甚惜之。下山至公路侧，适有马车来，乘之至南门，步还县立中学。莘田、乾就、年芳今日亦自喜洲回。晚尹泽新、诸介夫、张充国来。偕莘田往福音医院视泽承疾，遇张耀宇，约至县政府小坐。还与同仁杂谈，食梨。

8 月 16 日 星期六 在大理

6 时半起，补记事。下午请同人食喜洲粑粑。5 时，杨克丞招饮，座有马伯猷，故用清真厨子。饭后食核桃茶。8 时诣泽新、介父辞行。9 时诣马伯猷，看杜文秀府大堂十八大司谒见侍立处，有弘治铜炮。观伯猷吸鸦片烟，烟具之精美富丽，据云在昆明称第一。谈至 11 时半还县立中学。离昆以来今日睡最迟。

8 月 17 日 星期四 在大理

7 时起，检资料，准备讲稿。11 时，县立中学欢送宴。1 时往文庙，为小学教员暑期讲习班讲历史教学。分历史教育之目的；教材分配至注意；补充教材之限制；乡土教材之甄选；辅助学科之意义。2 时 40 分讲毕。5 时，张充国招饮，8 时还。听诸公歌。

8 月 18 日 星期五 在大理

本定今日返昆明，莘田、梦麟均以为仓促，复改 20 日。6 时半起，莘田、年芳、坤仪、式珏等往通感寺，余与乾就整记事。读段氏家谱。客来甚多。2 时，偕梦麟、晋丞、汝康视泽承疾，更有进步。至国立师范学院参观博物馆。归遇汝康友人王君，约往其家小坐。黄埔毕业，官上校大队长，谈及军队情形，多愤激之言，主张多杀，盖有所见。5 时还县立中学，道旁冷摊有《蒋氏东华录》，缺一本，购之，与前所购者或可成一全帙，价 200 元。

8 月 19 日 星期六 在大理

6 时起，写字。素不善书，尤不敢为人写字。此来索者纷纷，大胆应之，可谓不自量之至。前为王年芳写："王孙年芳芳草绿"，王极高兴。11 时，杨范修（模）老先生约同人午餐。与莘田合购大理石观音像一尊赠（罗）膺中夫人，价千五百元。5 时视泽承疾，告以明日行，劝其静养，出院后俟刀口长成皮老后再走，亦不必与第 2 批偕行。周叔怀（份）约莘田、达三、梦麟及余晚饭。石君先生之子，严希陵之妻兄。设馔甚丰，有柳茵，无鸡规坄之丰腴而清香脆远过之，大理所独有者也。又谈大理韭菜根可炸而食，炸后可大数倍，亦美。饭应十二中心小学校长之约。备四桌，甚盛，不能再食，陪坐而已。8 时半散席，参加暑期教员训练班游艺会，表演甚趣。莘田、年芳、铁仙、米士、清常、坤仪、徽镏、定一亦各有表演。10 时还县立中学，收拾行李，决明晨还昆，就寝已 12 时。

8 月 20 日 星期日 大理、祥云道中

5 时半起，理被褥，捆扎之，装车完已 8 时 45 分，乃开行。来送者杨范修、周玉文二老及张耀宇夫妇，周叔怀、严希陵、李校长（省中）、杨成之（教育科长）、张殿选、赵绍普、张佩芝（县中教导主任），并县立中学全体学生。9 时 35 分抵下关，下车在街中闲步，在杨白仓之大有庆商号小坐。知蒋梦麟师偕龚仲钧、裴存藩今日可到。昨晤王旸，知道三公到楚雄参加夏令营。不知今日竟来此，惜余辈不克留矣。下关有光绪二年（1876）"玉龙关"额，又有："中流砥柱"额，修整在上关之右而雄峻不逮。汽车加酒精后于 11 时 30 分开车，距昆明 412 里，全车之人均望能于 2 日到达。平时用汽油开驶，到大理即留以候。前日汝康到下关借油不得，乃向杨白仓借酒精 75 加仑，备全程之用。1 时 10 分经定西岭，距昆明 380 里，1 时 45 分抵红崖，距昆明 369 里，停车饮茶，进点心。2 时半开行，3 时 10 分抵岔箐，距昆明 357 里，汽车机件发生故障，停车修理，久久不完。4 时 5 时分遇蒋（梦麟）师汽车过，截之，下车立谈 20 分钟。师言或往保山一行，师车别去而余车仍不复，候多时，日已西沉，余等商用人工注油法，勉强至大站更修。司机初不愿，但别无他法，迟至 7 时，乃以司机一人立车前，用小桶灌酒精，缓缓前进，岔箐本已甚高，其前更有 50 米高坡，行未久天暗不易辨路，车电复少，不敢浪用车灯，随张随熄，以求节省电力，其险万状。车中之人莫不屏息敛目，缄默无言。7 时 50 分勉强下至平地，不可再行，由同人下车推行 100 余步至祥云站，距昆明 345 里，投宿于八仙居。8 时 45 分晚饭，罄无所有，以炒青豆下饭，10 时就寝。今日同行者莘田、梦麟、印堂、达三、淮西、万钧、俊昌、鸢和、定一、年芳、坤仪姐弟，共13 人。

8 月 21 日 星期一 祥云、普淜道中

5 时半起，候修车至 9 时余，司机技穷，同人焦急无计，忽八仙居住人天津李某言，附近清华洞有滇缅路局修车厂，主任为清华大学学生。于是由张印堂、冯淮西往商。少顷回，谓其处长乃清华学生，不在厂，有孙有义主任，非清华学生，愿为代修。10 时推车往。余见路侧有高楼三层，询莘田，知为清华洞，乃偕万钧、俊昌、达三、莘田往游。守门者言，现为滇缅局材料处，乃觅其主者徐建国，谈甚欢。据言，昔寺甚大，今存后进二层像，金塑工不佳，无唯洞尚可，惜由美军储炸药，门不得入耳。徐欲导游，辞之，由其子徐泰偕往。洞为石灰岩构成，石质不坚，洞口尚大，上层直峭尚美，有石刻甚多，剥蚀不可读，完整者唯廖瑛题："坐卧烟云"四字。又有"别有洞天"四字，又明代太监题记；道光某年题记，仅能得十数字。道光题记中有寄名字，似是生子恐不能生长而以寄名于山川者，苦不得详。出洞数十步有塘号"浑海"，俗传猪八戒洗澡处，故终年出浑浊，而此洞即《西游记》说部中之"盘丝洞"。洞今称"清华"，而岩上旧刻"青华古洞"四大字，则"青"字不从水。洞口东北向，洞深里许，洞底无通道，唯巨石若几，案洞半又有洞，亦长里许，洞底通天云。

出清华洞至修车厂，晤孙有义，青年热心。据言，车中激油处有一钢柱微析二三分，长短不足，故不能激动汽油上升，但此钢柱厂中无之，唯能觅一相似者代替，又恐其大小长短不合，益于折损。为安全计，不若同时向材料处借一油箱装于车上，用直流法注油，以备万一。周定一与徐泰儿时交情，两人之父久同官，莘田乃与定一、徐泰同往见徐建国，以格于部章未成。孙有义乃命匠觅二钢柱，并将油桶（2 加仑半）改装螺旋口，以备一折、再折之用，其情可谓厚且殷矣。3 时半改装毕，乃谢诸人启行。工匠高某，福州人，工作最力，不受酬报，唯以服务为快，尤可嘉。3 时 50 分经抵高官堡，4 时抵云南驿，在鸣运楼晚饭，5 时 30 分开行，6 时 45 分抵普淜，距昆明 296 里。镇小无大旅社，余与印堂、梦麟、鸾和、年芳、坤仪住华兴饭店，莘田父子、定一住一处，淮西等 4 人又住一处。即寝。

8 月 22 日 阴历七月初四 星期二

5 时半起，食鸡饮酒，同人以车已修好，今日可望到昆明，且为余与莘田 46 岁生日故也。9 时动身出普淜镇，路渐高，8 时 22 分登天子庙坡，9 时 7 分至顶，凡行 45 分种。9 时 50 分下坡，行 43 分钟，上下共 88 分钟。10 时 30

分经抵镇南；11 时 35 分经抵楚雄，加油。本意加油甚快，遂不入城，于北门小茶馆小坐。不意至 1 时 25 分始开车，竟未一晤（王）亚权。2 时登吉山坡，2 时 26 分至坡顶，2 时 53 分下坡，上坡行 26 分，下坡行 27 分，共 53 分钟。3 时 11 分抵大旧庄，属广通县，距昆明 141 里，下车在好公道饭馆食面一碗。4 时 5 分开车，5 时 35 分至禄丰，距昆明 102 里，以今日行车速率度之，8 时半以后可达昆明。但司机太累，两臂作痛，乃息于新生活服务社，与莘田父子、定一同屋，稍息至街购剪刀，知地名董户村，在禄丰城外云。今天一日凡行 194 里，越过两大坡。

8 月 23 日 星期三 禄丰昆明道中

5 时半起，装车后，7 时半在金龙酒家进餐，8 时 50 分动身，中经羊老少，亦一巨坡，约行 40 分钟始越。过碧鸡关入柏油路，行尤速，12 时停于云南大学门首，同人各散，余还靛花巷 3 号宿舍。至此，历时 1 月有余之大理考查结束。

此次往大理，往返 34 日，食宿车脚均由地方人士供给，余个人所用共 13095 元，其中送礼 4425 云，雯儿购物 3300 元，余购石盘一个价 800 元，书一部价 200 元，包氏赙金 1000 元，余 3370 元均零用，可惊之至。而 8 月共收入 21704 元。

（前言部分由郑克晟整理）

漫谈治史

中国的历史很长，地域广袤，社会发展的状况也不尽相同，经常有新的东西出现。因此，研究和学习历史，一定要有重点，靠一个人的力量要兼顾各方面是不可能的，必致挂一漏万。

历史研究和自然科学、技术科学的研究一样，也有一个科学方法问题，要从自然科学的研究中找出可以用之于社会科学的规律。过去，爱因斯坦曾告诉他的学生三句话：一、因果律不能颠倒；二、时间不能倒过去；三、将来不能影响到现在。凡是搞科学研究的人都要牢牢掌握这三点。我想学历史也是这样：

一、因果关系不能颠倒；

二、时间先后不能错乱；

三、历史是向前发展的，不能用后来的发展附会当时。

在技术科学中，某些方法，在历史研究中也适用。如在技术改革和研究中，每讨论一个问题，都要从对你的整个事业有无作用着眼，然后把问题分成若干小的单元，再从三方面加以研究；一、这个选题是否必要，能否取消它？二、能否和别的题目合并？三、能否以别的东西取代它？研究历史，这个方法也适用。如研究明末农起义时的"荥阳大会"，这就要先看如果不搞它行不行？如果行就不必搞了；如果不行，那就要再看能不能和别的题目合并起来搞？如果认为也不行，那么再看能否用其他更宽的题目或更细的题目取代它，从而就可以证明"荥阳大会"对明末农民起义的发展是个关键。应当广泛联系，从各个方面都来比较一下，然后决定是否研究这个问题和怎样研究。研究历史，要多问几个为什么。问得越多，解决问题越彻底。应当一个问题扣一个问题地追下去，找到问题的根本性原因和规律。

我建议同志们研究问题应做到深、广、新、严、通五个字。

深：包括事实，多问几个为什么，深入追下去。

广：要求详细占有材料，还要广泛联系。

新：要求不断提出新资料、新问题、新见解，核实新资料，解决新问题，证明新见解。

严：要严格，不虚构，不附会，要事事有来历，处处有交代，要说清楚，不回避问题。

通：找出规律，前后一贯。

要详细占有材料，扩大眼界，广泛联系。研究问题不能光靠别人已整理过的间接材料，主要是掌握直接材料，特别是新材料。考古发现、档案材料等就是直接材料。民间传说也是材料来源之一，但要考证是否确实。只有详细地占有材料，才能有所突破，弄清问题。扩大眼界，就是不仅收集材料时要注意各方面的来源，也要注意别人的研究成果，包括外国人的研究成果。过去我们知道日本人很注意中国历史，近几年通过同美国的交往，才知道美国人对研究中国历史也很重视。我们也要注意他们的研究成果，并注意他们的研究方法。广泛联系，就是在研究问题时，要对有关的材料，有关的方法，其它学科与此问题有关的研究成果等，多方面地联系起来加以考察。比如清代的人口问题，乾隆时的人口比康熙时多了 10 倍，时间才过了 80 年。有的人认为在 80 年间人口增加这么多是不可能的。有的经济学家从当时的生产水平考察，认为当时的粮食产量养活不了增长这么多的人口。但也有人不同意这种看法，认为他们只看到了当时水稻和小麦的产量，而没有看到自明朝以来，中国从国外引进了许多杂粮品种，不是光靠吃米和面。咸丰、道光时有许多记载，说明当时吃杂粮的占人口的多数，吃米面的是少数。虽然当时粮食还不太充足，还有挨饿的，但还是渡过了人口膨胀的大关。

既然要详细占有资料，这就需要读书。陶渊明有几句诗："得知千载外，正赖古人书。圣贤留余迹，事事在中都（长安）。"前两句说明书的重要；下两句是说实际考察的重要，这和我们今天的要求相差不远。孟子说，"尽信书，则不如无书"，也不是不主张读书，而是说要对书中说的进行分析，要比证，要思考，不要盲从，孤证要存疑。

读书时要勤查、勤翻，首先是字书，所谓读书必先识字。过去读书时离不开《说文》和《广韵》，整天自己翻，往覆查阅，查后不懂再找别的书。今天方便多了。有字典，有辞典，有年表，要勤查勤问，问题就逐步解决了。现行字典查不到，可查《康熙字典》和《经籍纂诂》。

历史书早出者接近真实，价值高；晚出者详细。读书，我们建议做到"博、精、新"三个字。"博"是博览勤闻"，这样可以"多闻阙疑"，要反对"孤陋寡闻"。过去说"闭门自精"是不确切的，无选择、无目的泛览，是不易于精的。

"囿于一隅"固然不对，但也不应当乱找书，这样不能集中。过去说："百星之明，不如一月之光；十牖之开，不如一方之明"（《淮南子·说林》），就是这个意思。

学习历史的目的即在于：一求真，二求用，三真用结合。求真就要详细占有材料，研究事件是怎样发生的，经过及结果如何。不是想象，不是道听途说。历史总有前因后果，有来龙去脉。要弄清一个历史事实的来龙去脉，就要根据当时真实情况的材料一点一点地核实了，把事实真相反映出来。求用，是指研究历史要有用，不是为研究而研究，而是为了找出历史发展的规律性，作为解决现实问题的向导和借鉴。要研究历史事件对社会发展、生产发展的影响和作用，从历史事件的教训中吸取经验。求真和求用两者是统一的。要求事件经过真实，时间、地点、环境真实，因果先后真实。在方法上则要求多看、多想、多联系、多比较，找出规律，以便实用。顾亭林讲的"经世致用"，就是"真"和"用"都求。乾嘉时史学家的求真，往往钻牛角尖了，钱大昕还是强调求真和求用结合。

我们提倡求真和求用相结合，就是说，要根据真实的客观历史事实，找出历史发展的规律性，孤立地为求真而求真，不找出它们的规律，就不能为现实服务，求真就失去了意义，那就会走上旧中国考据学派的老路。但如果片面地求用，看到一点材料，不问它的真伪，就忙于用来说明问题，那就可能做出错误的结论，造成有害的结果。事实是最有力量，也是掩盖不住的。不符合客观历史事实的结论总是站不住的。所以我们研究历史一定要把求真和求用结合起来。否则，历史学也就不成其为科学了。

在真用结合的问题上，还应当注意到精。精是精密，精深通贯，详明严密，反对"浅尝辄止"，也反对华而不实，脆而不坚。读书目的在求用，这就要求新方法、新研究、新努力、新结论、新见解的"五新"，反对固步自封。人云亦云。

读书要选择读好书，读有用的书。中国过去的史书有其传统的体裁，大致有三种类型，各有其优缺点：

一是编年体。以年为主，先后次序清楚。但重点不易突出。

二是纪传体。以人为主。详尽，但难免重复，时代先后亦不鲜明。

三是纪事本末体。以事为主。时间明确，重点突出，但有时不免烦琐，系统不分明。因此，我们应当以时为经，以事为纬，以人物、制度贯穿其间。仿佛看图画和地图那样，先找出上下，定出方向，然后山川原隰错列其间，才更为清楚。

看二十四史,不妨先看一下"本纪"的赞语,再看"志",最后看"传"。因为"传"中材料比较多,但较杂乱,不用时代穿起来不行,所以后看较为便利。

一个人的时间是有限的,中国史籍浩如烟海,当然不可能都读,因此一定要缩短战线。战线太长容易流于泛泛,读书如此,写书亦如此。过去一写就是通史,这要付出很大劳动,时间也太长,又不容易深入。要深入就要缩小范围,各个击破。美国一位教授说中国的历史太长了,他想只研究明清史;但明清一段的史事仍很多,所以就专门研究这一段的农民起义;明清时期农民起义的次数仍不少,人物也多,最后决定研究明清之际李自成起义军中的重要人物李岩。这样战线就缩短了,就容易有所突破。我们研究学问必须有渊博的知识;但要取得新的成果,却必须由博返约,也就是对一个一个问题进行深入研究。为了深入系统钻研古汉语并和中国历史结合起来,最好选择一部史书精读。

要精读一部书,就要了解这部书的资料来源,观点如何,与其它同类书的不同之处,以及后人对这部书有哪些研究成果。中国古代史书中,当然以《史记》和《资治通鉴》最负盛名。《通鉴》包括的时代更长,事迹更多,文字也是经过锤炼的。虽然多数取材于原来诸史,可是并不尽同诸史,而是有剪裁,有组织,兼采笔记杂说而又不囿于笔记杂说(可参见《通鉴·考异》)。《通鉴》的文字简洁,层次井然,容易抓着重点,没有芜杂、造作或生硬的地方,也没有文学家的调子和套头,比其它史书——如《明史》——更有文学味(指刻画或描写、渲染方面);比《史记》《新五代史》等书更多史书味(指记实、朴素方面),阅读《通鉴》不仅学习了历史,同时还可以从《通鉴》的文字中学习如何修辞、选字,如何安排写作,如何句读等等,所以比较深入地阅读较好。

在阅读史籍择取史料时,必须防止粗暴武断,而不求其解。如在谈到王安石时,有人说:"苏洵《辨奸论》是假的,这是常识";而不去分析何以假,更不去分析假使是真的,哪些地方和王安石的品质不相符。因此必须说理,粗暴是不能服人的。同时,对于史料还要善于比较、分析和综合。下面我们可以举几个例子:

一、关于明太祖朱元璋起兵年代。

明人陆深《平胡录》中说:"乙未,(至正)十五年(1355)二月,刘福通以韩林儿称帝,国号宋,改元龙凤,都亳。七月,我太祖高皇帝起兵,自和阳渡江。"这条材料出于《元史·顺帝纪》。其实朱元璋起兵于至正十二年(1352),不在十五年,其自序《皇陵碑》《纪梦》记之甚详。此盖明初人讳言太祖曾从红巾之郭子兴,有意以渡江为起兵年月。其后已不复讳。陆深虽生较后,仍袭其说。

二、关于历史上的传统故事。

历史上的传统故事很多，应用时，需要鉴别。《明史·外国传·吕宋》条："时佛郎机强，与吕宋互市，久之见其国弱可取，乃奉厚贿遗王，乞地如牛皮大，建屋以居。王不虞其诈而许之，其人乃裂牛皮，联属至数千丈，围吕宋地，乞如约。王大骇，然业已许诺，无可奈何，遂听之，而稍征其税如国法。"此牛皮故事，《大唐西域记》中首见之，后人对澳门、台湾亦有此传说。此类资料盖传闻，不足信。果有之，何能再三？又如《三国志·魏书·邓哀王冲传》记曹冲称象事："生五六岁，智意所及，有若成人之智。时孙权曾致巨象，太祖（曹操）欲知其斤重，访之群下，咸莫能出其理。冲曰：'置象大船之上，而刻其水痕所至，称物以载之，则校可知矣'"。这个记载在印度故事中亦有，究竟谁在先？何以三国时已传入中国？如传说甚广，何以无人知，均可疑。此事可以两存，不必一定说谁抄谁。

此外，朱元璋起事前占卜事，所记与宋太祖同；红巾起义"石人一只眼"事，与黄巢起义时所记同。前者记朱元璋欲以赵匡胤事自神，不足据；后者是农民起义鼓动群众的传统手法，见于元末各种记载，确。

三、关于凤阳花鼓的传说。

俞正燮的《癸巳类稿》，谓凤阳花鼓为明太祖时移富户往凤阳，因思乡乃冒为逃荒者，乞食以归。此记载不尽可信。太祖时路引甚严，无引决不能远行；若在后世弛禁之后，则亦不必冒为逃荒者。

四、关于刘基之死。

《明史·李仕鲁传》：给事中陈汶辉疏言："如刘基、徐达之见猜，李善长、周德兴之被谤，视萧何、韩信，其危疑相去几何哉？"从这段史料看，似刘基已为朱元璋所忌。但祝允明的《野记》却说："御史中丞涂节信：'（刘）基以遇毒死，（汪）广洋宜知状'。上召问广洋，对：'无之。'上怒，以为欺罔，贬之。则诚意之殁，未得其实也。"然后再看《明史·刘基传》，中曰："其后中丞涂节首惟庸逆谋，并谓其毒基致死云。"从而肯定了刘基系被毒死。同时，再参照《诚意伯文集》卷1，所记朱元璋接见刘基子刘璩的谈话，其中说道："刘伯温，……他吃他每（们）蛊子"，肚子"胀起来紧紧的，后来泻得鳖鳖的却死了，这正是着了蛊。"更证明刘基被毒死，是确实的。

总之，我们在应用史料时，凡是同样的材料，我们则选用时间较早的；时间早，一定是第一手的材料；要用第一手的材料，不用转手材料。如果是同时的材料，则选用最典型的；典型的，是指比较完整、全面、鲜明、突出的；要用典型材料，不用泛常的材料。至于孤零的材料，则应有旁证，即间接证明；无证不信，孤证难立。此外，对于记载矛盾的材料，则应有交代。交代材料对不对和自己取舍的理由。要多闻阙疑，择善而从。

史料必须经过甄别才好用，这就不免流于考证。小考证是不可避免的，也是必要的。但是连篇累牍的烦琐考证，时间精力费得很多，往往得不偿失，并不可取。

最后，谈一谈关于学习理论的问题。我们研究历史，不是仅仅记录以往的历史事实，而是研究历史发展的规律性，这就离不开马克思主义理论的指导。不全面掌握理论，就会使问题简单化。但是我们学习马克思主义理论，是学习它的基本原理，学习观察问题和解决问题的立场、观点和方法，而不是去记诵个别结论或只言片语。对于经典作家的某些论断，我们也要全面地去理解它的本意，反对教条。比如马克思在《资本论·所谓原始积累》一章中说过这样一句话："暴力是每一个孕育着新社会的旧社会的助产婆。"这句话过去常被引用，但往往不是在它本来的意义上被引用，而是片面地用来强调暴力的作用。助产婆就是助产士，她只能在孕妇分娩时起助产的作用；如果一个妇女根本没有怀孕，助产士再努力也没有用。可见暴力并不是在任何情况下都会起革命的作用。仔细想一想，就可知片面强调暴力的作用并不符合马克思这句话的本意。所以我们在学习经典作家的某些论断时，一定要全面地去理解，并且要了解这个论断是在什么历史条件下针对什么问题提出的，这样才能理解得完整和准确。马克思主义理论是我们的指导思想，我们研究历史就一定要努力地去学习。但理论还需要材料证明。要详细占有材料，做到理论联系实际。此外，我们还应当懂一点其他社会科学乃至自然科学的理论，这对我们研究历史上某些专门的问题也是有帮助的。

（原载《文史知识》1981 年第 3 期）

郑天挺自传

　　我原名郑庆甡，字毅生，福建长乐人，1899 年 8 月 9 日（农历七月初四）生于北京。

　　父亲郑叔忱是清末科举时代的一个知识分子。他字宸丹，是光绪十六年（1890）的进士，后在翰林院任职。光绪二十年（1894）做过顺天乡试的同考官，庚子（1900）以后又到奉天（沈阳）做过一年多的学政。后以丁忧回到北京，在京师大学堂（即北京大学前身）做过很短时期的教务提调（教务长），于 1905 年病逝，那时他才 42 岁，我只有 6 岁。父亲没有给我留下什么直接印象，我只在亲戚谈话中和他遗留下来的藏书中，知道他是一个留心新政和爱好文史的封建教育官吏。[①]

　　母亲叫陆嘉坤，字荇洲，是广西临桂人，1896 年和我父亲结婚。她亦通经史，热心于教书。父亲死后未留下什么产业，由于家庭生活，她应傅增湘之聘，到天津担任北洋高等女学堂总教习。那时女子还没有到社会上工作的风气，许多亲友不赞成她去。她没有接受这种保守意见，孤儿寡母毅然相携来津。不到 1 年，她也因患白喉病死了，那时她 37 岁，我只有 7 岁。接着，比我大 2 岁的姐姐和 1 个弟弟又先后病死，家中只剩下我和一个比我小 5 岁的弟弟——郑庆珏（字少丹）。由于我们兄弟年龄太小，于是在亲友的帮助下，寄养在姨母家中。

　　我的姨父母也早死，家中有两位表兄张耀曾和张辉曾。是时耀曾正在日本留学，所以我寄居张家时，由张辉曾教我读书。他是搞程朱理学的，律己责人都很严，我思想上受他的影响很大。

　　1907 年，我年 8 岁，在北京入闽学堂上学。这是福建同乡在北京设立的。那时候各省旅京同乡大都设有学堂，学堂不是仅培养本省子弟，外省人也可入学。我入的是初小，仅一年，因班上只有 5 个人，于是将这一班停办，介绍我到江苏学堂去读书。那时的学堂是春季始业。1908 年，我在这个学校也读了一年。

　　[①] 他临死前，因见福建省派往留日学生仅 50 人，全省学堂亦仅 20 区，较他省相差悬殊，曾建议由省铜元局筹银 20 万两，以为扩充学校及添派出洋学生之用。

1909 年，闽学堂成立高小，我又回到该校读书，读了 2 年，到 1910 年冬，同乡会因经费不足停办了这个学堂。于是又离开。

清朝末年设立的学堂，还是以读经为主，不过读的方式与私塾不同了。我在小学的几年，主要读物还是《书经》《诗经》等，另加上修身、作文、算术、史地，都很浅。在这时期的同学中，与我较熟的有杨健（壮飞）、庄绍祖、周一鹤等人。杨是广东香山人。[①]当则由于葡萄牙侵占澳门，许多香山人都印了不少图片，反对这一侵略行径。杨也把这些图片拿来给我们看。庄是福建惠安人，他的亲友有许多华侨，传来了不少反满的言论。这两件事在我的幼小心灵中，印象很深，虽然那时还不了解什么是革命。

1911 年，我 12 岁，考入顺天高等学堂的中学 1 年级。同班人很多，都比我年长，同年的只有几位。当时梁漱溟、张申府、汤用彤、李继侗等人均在该校上学，除李与我同班外，其它人均较我班次高。所学课程很深。记得修身一课读的是节本《明儒学案》，完全不懂。英文、数学程度亦高。当时自己又不用功，喜踢球，所以跟不上班。到了秋天，武昌起义，学校停办，就不读了。这一年中，使我印象深的就是练兵操。因为当时列强瓜分中国的话很盛，所以高班同学发动课外军事练习，称为兵操。我参加了操练，但背不动枪（不是教育枪），只是随队走走。

武昌起义和推翻清朝这一巨大变化，对我家没有什么影响而是令人欢欣鼓舞的。因为家中这时没有在清朝做官的人，我寄居的张家也是如此。张耀曾这时在日本参加了同盟会，编辑《云南杂志》接受了反满思想。他经常往家中寄回一些刊物，多是号召推翻清朝的革命书籍。所以我当时年纪虽小，但却非常兴奋。今天还能记得当时剪掉发辫的快活。当清帝退位，南北统一，我也曾高兴得手舞足蹈。

1912 年夏，我和弟弟单独赁屋过活。那年夏天，我考入北京高等师范学校附属中学（即师大附中前身），直至 1916 年离开。这四年中，学校督促不严，家中也没人管教，自己又喜玩球不读书，学习成绩不好，1915 年曾留级一年。经过这一教训，我才折节读书，但所读又不全依学校规定，而是喜欢读父亲遗留在家中的文史书籍。

1916 年暑假前，杨健从南开中学回京，劝我一同到北京大学补习，准备投考北大预科。考后，他录取，我仍须在补习班，很不乐意。当时第一次世界大

---

① 杨壮飞后入天津南开，与周总理同学。总理到日本前曾去北京，我曾陪杨一起到打磨厂天达店看望过总理。

战正在进行，金价低落，我同周一鹤曾幻想到德国留学（当时中国尚未对德宣战）。但是我们哪有这个力量，因此念了2个月的德文就算了。

在这四年中学生活中，以1915年日本向袁世凯提出二十一条款事件对我刺激最大，印象最深。这时全国掀起反日高潮，抵制日货，到处将岳飞写的"还我河山"以及从岳飞所写《出师表》中集出来的"勿忘四年五月七日之事。"（日本提出最后通牒那一天）的传单印刷分送。我家的墙上也贴了好几张，同时也不再购买日货。那年我有一次和张耀曾到玉泉山去玩，他在塔上题诗，也是骂袁的。

在中学的同学，熟悉的有王鸿翿（翼如）、姚鋆、何秉坤（后名墨，字秋江）。这几个人都非常喜欢中国书画、刻印和古董，我受他们的影响，也喜爱起来。

1916年夏，我17岁。既没考上大学，也没有念中学，只在家自学了一年。这一年可以说是闭门专读中国史籍，不论经史杂书，每天开始一卷卷地读。开始读时没有什么系统，也没有师承，仅是把家中父亲所藏的书胡乱瞎看。后来自己逐步摸索出一条捷径，给我后来学习文史创造了条件，养成了读书的习惯，也奠定了后来学习的趋向。

这一年我受同学的影响，有了新的转变，开始喜欢谈论时事了。因为杨健有一个朋友叫陈复光，是清华的学生，这年和我熟起来。他喜欢谈论欧战的情况和一些当时风云一时的人物，当然也孕藏着崇拜英雄的思想。我受他的影响，引起看报的兴趣。和杨、陈每次见面，都要就国内外的大事胡乱谈起来，有时直至夜深。

1917年夏，我因为理科太差，投考北大预科没有录取。这年我考上了中国公学大学部（即中国大学），也实在不想上。恰值这时北大第二次招生，我就用郑天挺的名字报考大学本科国文门。当时招考还不限年龄、资格，也不要证书。尤其这次考试不考理科功课，所以被录取了。事后追想，这是一个错误，因为自己许多基础知识学得不够，在后来学习上造成一些困难，而且也局限了自己的成就。

北大录取后，很快就入学。同班32人，年龄参差不齐，有的30多岁。和我同样年龄的约占一半，最小的只有17岁（罗庸）。这些同学各有所长，大多有"不可一世"之概。我自知根底差，只有加倍努力，迎头赶上去。所以这时除学习本系课程外，还要旁听其它方面知识，并须每天熟读史书。每天除上课外，天天跑图书馆，真是"两耳不闻窗外事"，连报纸都很少看了。既或偶尔一看，也是把它当成历史故事看。

1918 年，我 19 岁。这时北大的同学很活跃，有三种不同方面的刊物出版：《新潮》《国民》《国故》，但我们班的同学却仍然各自埋头读书，很少参加活动。记得有一人给《国故》送了一篇稿子，受到同学的揶揄，大家都自命清高，认为投稿是自己炫耀才识，颇以为然。我很受这种思想影响，后来不敢、也不愿以自己文章就正于人，因而亦就很少写文章。班上的其它同学，也多如此。

在北大同学中，这时较熟的有郑奠、罗庸、张煦、罗常培（长我一班）等人，他们都是异常用功的，给我鼓励很大。此外还有邓康（中夏）、许宝驹、杨亮功、萧禀原、王友鹓、许本裕（惇士）、彭仲铎等。

这年开始，我又在贵州老学者姚华先生家听他讲文章，讲金石文字。同听讲的有俞士镇、王翼如、罗承侨（惠伯）、汪谦（受益）、周一鹤等十几人，每周末晚间一次。后来我曾为老先生的《莲华盦书画集》写过序。

这年冬天，我的监护人梁济（巨川）先生死。我外祖母姓梁，梁济是我的表舅。我母亲临终前曾委托他照顾我们。他有两个儿子即梁凯铭及梁漱溟，是我的表兄。

1919 年，我 20 岁，仍在北大学习。这年 5 月爆发了轰轰烈烈的"五四"运动。在这次运动中，我也走出了书斋，参加了学生会的工作。我曾代表北大到天津南开中学联系了一次，并走向街头，作了一些宣传活动。到了 12 月，日本帝国主义在福州残杀中国人民，并派海军陆战队登陆威胁。当时福州的学生曾愤怒地举行示威游行，北京的福建学生也起而响应，组织旅京福建学生联合会，抗议日本的暴行。我当时也积极参加了这一运动，到街头讲演，宣传不买日货，并为学生联合会募捐筹款，举办游艺会等。当时会中还出版《闽潮周刊》，我曾用"攫日"笔名写文章，宣传打倒日本帝国主义。当时限于认识水平不够，会中还曾向北洋政府外交部多次请愿。

"五四"运动及福建学生运动（即"闽案"）时，和我常在一起的有郭梦良（弼蕃）、徐其湘（六几）、朱谦之、郑振铎、黄英（庐隐）、许地山、龚启鐥（礼贤）、张忠稼（哲农）、刘庆平、高兴伟等人。大家都是福建人，其中郑振铎还是我的本家侄子，以后过从亦多。

1920 年春天，福建学生运动仍在进行。这时有十几个福建学生在北京组织了一个 S.R 学会（Social Reformation，意即社会改革），除了朱谦之、许地山外，前面说的那些人都参加了，另外还有女高师几个人。记得北大有郭梦良、徐其湘和我；高师（师大）有张哲农、龚礼贤、刘庆平；女高师有黄庐隐、王世瑛、高奇如、何彤；清华有王世坼；师大附中有高仕坼；铁路学校有郑振铎；汇文中学有林昶，共 14 人。这个会并没有公开。大家原想共同学习些社会改革的新思潮和新东西，但因为很快即到暑假，大多数人都毕业四散了，无形中就瓦解了。这个会没有组织形式，没有负责人，仅是各人案姓名笔画用英文字母排列个次序。朱谦之也是北大的福建同学，颇有才气，看书也多，他当时是无政府主义者，连毕业考试都不参加，不谈社会改革问题，所以没有加入。郭梦良后来与黄庐隐结婚，在上海政治大学任过教务长，1925 年即病故。①

这年暑假大学临毕业前，同班邓康（中夏）曾来信，鼓励我研究社会主义，我曾复信表示同意。但当时研究社会主义的人五花八门，我认识也很模糊。在复信中我批评一些假社会主义者，如罗家伦等人。我说："罗还动手打拉洋车夫耳光，这算什么社会主义！"我当时只看到了贫富的悬殊，同情贫者，但并没有研究社会主义走上革命的路。

1920 年夏，我在北大毕业。我父亲一个老朋友张元奇在北洋政府经济调查局任职，叫我去当编辑科科员。不到一个月，这个局就解散了。后来我的表姐夫柴春霖在北京办了一个《中国民报》，拉我去帮忙，我去了几个星期。这时陈嘉庚托邓萃英筹备厦门大学，龚启鋆将我介绍给邓去教书。因为学校年后才能开学，我在京准备功课。这年秋，我在北京右安门外买了坟地葬了父母。我父母死了已十几年，始终未下葬。按照当时传统，人死要归葬原籍。我这时才自己决定葬在北京，当然还是有人很不赞成。

1921 年阴历正月，我离北京南下到厦门。这是我第一次到南方，第一次看到长江，又第一次航海，一切给我以新印象，思想上也有些变化。我在集美的住地面临大海，到处是来往的帆船，汽船都很少。记得当时只陈嘉庚是坐汽船。

这时厦大还在集美，尚未招生。我到校后就帮助招生和其它筹备工作，并设置图书室，整理图书。四月初，学校开学。记得是在演武亭举行的厦大奠基典礼。演武亭是当年郑成功操练水军阅兵的地方，颇具盛名。当时在这里还指了一个牌楼，是我写的横书和对联。横书是"南国启运"四字，对联已记不起来了。上课后，我教国文课，还在图书馆兼管一下。这时在厦大的同事有何公敢、郑贞文、朱章宝、周予同、刘树杞等人，常在一起的是周和刘。刘 30 年代任北大理学院院长，旋即病故。这时厦大的同学，我仅记得有刘思职等。刘后来学生物化学，后在北京医学院任教授。

---

① 郭与黄于 1924 年 1 月 13 日在上海结婚。月初他曾来信告我。我也曾撰联向他俩祝贺。联曰：积三载同心宿愿始偿，趁吉日良辰一罄衷素；结百年好合旧盟重沥，正新梅艳雪交映园庭。盖他们两人 3 年前以文字订交，久欲婚而未果，此联则全悉纪实。

是年 6 月，厦大更换校长。暑假时，一部分教师表示辞职离校，我也表示下学期不再来。但是别人事前已联系好工作，大多去商务印书馆了，而我没有。这件事对我教训很深刻，说明自己太幼稚了。

回京后，我曾到《京话日报》帮作编辑。这个报是通俗性小报，为彭翼仲所办。彭是梁凯铭的岳父，是年正死，由梁续办。他找我帮忙参加，同时参加的还有邓康。我去了 1 个月。

这年秋天，北大研究所国学门（后改文科研究所）成立，我和张煦、罗庸都入所作研究生。我的研究题目是中国文学音义起源考，由钱玄同先生指导。当时研究所很自由，不必常来，也可以在外工作，在校也只是看书而已。每隔一段时间，研究生和导师集会次，大家见见面，谈谈。当时陈垣先生也是导师之一。一次在龙树院（一座古刹，在宣外南下洼，介于窑台和陶然亭之间）集会上，陈先生说，现在中外学者谈汉学，不是说巴黎如何，就是说日本如何，没有提中国的。我们应当把汉学中心夺回中国、夺回北京。这几句话当时对我影响最深。陈老大我 19 岁，以后过从很多。我每称他先生时，他总是逊谢，表示了一位受人尊敬而又谦虚的学者风度。

我在作研究生期间，在研究所加入了"清代内阁大库档案整理会"，参加了明清档案的整理工作，这无论对国家，对我个人都是一件大事情，从而奠定了我以后从事明清史研究的基础。

明清档案原存故宫内阁大库，清末因大库失修渗漏，屡经迁移。民国初年，教育部设立历史博物馆于国子监，将大库迁出而未送还的档案交其保藏。1916年历史博物馆移至午门，此项档案也移于该处。1921 年，教育部与历史博物馆因经费困难，将这批档案之完整者保存一部，其余约 80 麻袋全部卖给西单大街同懋增纸店，代价 4000 元。纸店打算将这些档案送到定兴县纸坊重造粗纸。此事为罗振玉所知，于 1912 年 2 月，用 12000 元将它买回。与此同时，北京大学研究所国学门知道历史博物馆还保留有一部分，因此于是年 5 月呈请当时的政府，命历史博物馆将这些没有卖掉的档案拨给北京大学，交研究所国学门同史学系组织委员会代为整理。5 月下旬得到允许，几经交涉，7 月这批档案由历史博物馆陆续移运到校，共计 62 箱又 1502 麻袋。我于这年 7 月下旬参加了这一有意义的工作，感到收获特别大。但为时不太长，就为别的事情所代替。

我于 1921 年秋天和周俶（稚眉）结婚，添了家庭负担，这时的生活更加困难，因而必须找到兼职工作，以补家用之不足。正好这时张耀曾作法权讨论委员会会长，于是在 1922 年 9 月让我去当他的秘书。

法权讨论会是当时政府筹备收回帝国主义在中国的领事裁判权的机构，会中曾保存了大批中外文献及一些外交档案。当时主要工作在翻译中国法典为英法文。当时真正干事的都是年青的秘书，有张志让、戴修瓒等人，后来陈复光也来了。他们外文都好。我外文不行，只好编写汉文资料。我从阅读这些文献中，增加了许多知识，扩大了视野。我特别注意到领事裁判权的问题。于是乃以该会名义撰写了《列国在华领事裁判权志要》一书，于1923年8月正式出版。这部书是我编撰的第二部学术著作，是在张耀曾指导鼓励下完成的。书中开首，先就帝国主义在我国设立领事裁判权的侵略行径加以揭露，认为外国人对此问题的著述，大多为在中国设立领事裁判权进行辩解，没有涉及到实质问题。事实上，这个问题除表明系"强者（帝国主义）蔑视弱者（殖民地国家）一语而外殆更无重大之根据也"。此外，该书又就帝国主义在华领事裁判权之沿革、内容及中国撤废领事裁判权之经过、作了相应的论述。书中指出，领事裁判权明确确定而立于条约中，系1843年（道光二十三年）中英五口通商条约第十三款，但语意尚较为含混。随后又与英、法、意等国订约，则领事裁判制度已于此时明确确立。这时"我国已全失其治理外人之权"。书中第五章还列举种种事实。揭露领事裁判权侵害中国主权、紊乱中国之治安秩序、轻视中国人民权利，妨害经济及一切文明事业之发达，等等，主张领事裁判权必须撤废。该书出版后，曾获得当时一些法学家的好评，刘师舜并曾撰文，称道过此书。当然，事实上该书亦有不足处。我在会中，张耀曾还让我编写《中国司法小史》，初稿已成，后因我南下工作，该会亦取消，遂作罢。

当时法权讨论会的薪水很少，不足以养家，只好到各校兼课。1922年，经郑奠介绍我到北京女子高等师范学校（简称女高师）教书，同时还在北京法政大学、市立一中、春明公学、私立华北大学、励群学院兼课。当时课兼得很杂，主要是因为生活负担加重，只好如此。到1924年夏，我到北大作讲师，有了固定收入，这种到处兼课的情况才减少了。

1922年10月，福建发生政变，驱逐了北洋军阀的督军，由广东军政府的北伐军进入福建。当时张哲农任福州第一中学校长，找几位北京的福建人去帮忙。11月底，我和郭梦良、朱谦之一齐回福建。这是我第一次回到家乡，见到了伯母、姊母和堂兄等人。我们住在第一中学（旧凤池书院），但没有上课。不久北伐军退回广东讨伐陈炯明，政变失败，我也就离闽回京。一共在闽仅呆了一个月。

1926年春，那时北洋政府财政异常混乱，特别是教育经费更加困难，经常欠薪。每月经费不过发一成余。高等学校经常罢课，表示抗议。这时北洋政府有人提议把教育经费是否独立核算，另作计划。于是当时的教育部曾一度成立一专门机构，名教育特税公署，进行管理，由马叙伦先生主持。马先生是我在北大时的老师，当时任教育部次长。他找到了我班同学许宝驹，许又把我介绍给他，成了他的部下。但这个机构，仅是北洋军阀政府的一个骗局，只存在了一个月，昙花一现就完了。我和许曾拟定了几个计划书，完全成了一堆废纸。我受知于马先生，实始于此。

这年 3 月，北洋政府教育总长章士钊非法解散北京女师大，全校师生大愤，进行抵制。当时鲁迅先生和许寿裳等人曾觅定另一校址为学生上课。我这时仍在女师大上课，曾参加了他们的行动，并抗议解聘。这年 3 月 18 日，执政府卫队一手制造了对广大学生的血腥屠杀，即。"三一八"惨案。当时北大学生死三人，其中两个是我的学生，女师大所死二人，也是我的学生。女师大刘和珍同学，家极贫穷，上有母，下有弟，一衰一幼，颇值同情。3 月 25 日上午，我参加了全校师生为死难学生召开的追悼会。会上师生均异常愤慨，对执政府制造流血事件表示抗议。会后，我曾给郑介石（奠）写信，发动一些教师对死难家属募捐。当时许多人都表示支持此议。记得当时郑介石、张怡荪、李仲侃等均各助十元，我也捐了二十元。

1927 年上半年，我仍在北大教书，并在法权讨论会工作。当时北洋政府欠薪更为严重，有时仅能拿到月薪的十分之一二，家中生活也异常困难。是年 5 月，马叙伦先生任浙江民政厅长，许宝驹来电约我去杭州。6 月底，学校课程结束后，我即由海道经大连南下。7 月初到杭州，和罗常培、章廷谦（川岛）同住一起。马先生初推荐我为科长，因我晚到，且没有实际行政经验，到厅之后改任秘书。8 月，马先生辞职，令我代拆代行，负责移交。我替他到处奔走、周旋，是月底我也辞职。许多朋友劝我不辞，留在杭州，但 9 月我仍从海道回到北京。这时北洋军阀合并了北京的几个大学，北大旧人多数离校，我也再没有回去教书。法权会也于此时改组，机构撤销，我失业了。

1928 年 2 月，表兄梁漱溟在广州政治分会建设委员会任职，邀我去广州协助他工作。我也感到在北方甚烦闷，想去南方工作。这时罗庸约我再赴杭州，那边几位老同学也敦促前往。我们遂于 3 月中南下，下旬到达杭州。这时蒋梦麟任浙江大学校长，他让我暑假后到浙大任秘书。在假期前的几个月，又把我推荐到浙江禁烟局当秘书，以为过渡。蒋梦麟原是我北大时的老师，此前并无深知。主要还是通过马裕藻先生及北大几位老同学的介绍。但是，在杭州并无适当的工作好做，于是于是年 5 月到了广州。是时梁漱溟任建设委员会常务，我任秘书。

建设委员会的工作本极无聊，事情亦多，每天或草文件，或任会议记录，开起会来大多议而不决，全系空谈。加以当时官场各种关系异常复杂，而我亦不精于此道，所以决心早日离去。幸而当时罗常培、丁山等均任教于中山大学，得以每日谈论学问，由于他们的鼓励，我才开始写作。不久，朱谦之亦来广州，有时一起辩论问题几至通宵达旦！记得有一次我和他就中国史料的问题展开讨论。他认为中国史料无一可信。我则认为在未发现新史料之前，只能勉强用之。他又认为，旧史以本纪为纲，视皇帝过重。我说，这是古人无法编排年代之故。他还认为，甲骨文字可为史料。我则认为，其材料虽然丰富，但时代尚难断定。当时两人观点均相持不下，争得面红耳赤。及今思之，还是满有趣的，但也表现出某种幼稚。是时朱的夫人杨没累刚刚病逝于杭州肺病疗养院。杨是学音乐的，遗作有《没累文存》。在广州，我们还经常去看望黄节先生。他是我在北大时的老师，当时任广东教育厅长。

我在广州先后 3 个多月。梁漱溟所以从政的意思在于推行乡村自治。但因当时派系复杂，梁的计划未获通过。就在这时，蒋梦麟屡电给我，约去浙江大学，我遂于 8 月中乘船转道上海复至杭州。

我到浙大时，蒋梦麟已到南京作教育部长，浙大校务由秘书长刘大白负责。这时我作浙大秘书，同时还在该校文理学院任讲师，并在浙江省立高中及浙江自治专修学校兼课。省高校长是林晓，专修学校负责人是马夷，他们与我都很熟。那时在杭州还举办过西湖博览会，我也参加一些会务工作。1930 年 2 月，蒋梦麟和刘大白（当时任教育部次长）因为要在是年 3 月召开全国教育会议，要我去帮忙，我就到那里任秘书，主管审核公文。

这几年我在南方工作，家眷仍居北京，只春节回家探望一次，感到很不方便。是年夏，我决定回北京工作，已接受了北大的聘书，但走不脱。这时，山东大学校长杨振声也约我去到历史系教书，我也无法去。直到 11 月，蒋梦麟到北大做校长，我遂于 12 月也回到北大。

我到北大仍然不能摆脱行政事务，蒋让我在校长室当秘书。同时，我还在预科担任国文课，一直延续了几年。

北大当时除校长及三院院长（文、理、法）外还设有秘书长（总务）及课业长（教务）。1933 年暑假，秘书长王烈（地质系教授兼）辞职，由蒋梦麟暂兼。到了是年 10 月，由于不应有的过失，学校浴室倒塌，不幸压死同学一人，重伤二人，引起了学潮。蒋梦麟大惧，急忙物色专职秘书长，以便应付。开始时他属意法学院长周炳琳，周不就，反推荐由我继任。蒋又征求了刘树杞、胡适、马裕藻、刘半农等人的意见，就这样决定了。当时我明知困难很多例如一上任首先碰到的是为同学开追悼会的问题，颇感棘手。其次还有许多人事上的困难：因为论资历，自己不是留学生；论关系还有许多人与蒋的关系更密；何况还有一些校方负责人愿意担任此职。后来经过反复协商，再加上许多人的鼓励，我就同意了。从此我就担任北大的秘书长，一直到1950年5月为止。

1937年抗日战争前，我一直在中文系任教。当时行政事务冗杂，占去了每天的大部分时间，我只好利用晚上从事备课和进行科研工作，我这时为同学开设过古地理学及校勘学等课程。曾编辑古地理学的讲义，由北大出版社印刷。为了配合校勘学的课程实习，我只能利用晚上的零碎时间，每天校勘《世说新语》数页，假日亦不间断。与此同时，我还利用校勘的方法，写出了发《杭世骏〈三国志补注〉与赵一清〈三国志注补〉》《张穆"月斋集"稿本》等论文。"杭文"系通过杭、赵有关《三国志》的两书进行校勘比证，证赵书所征引的文献，多于"杭书"七八倍，而雷同者则少，从而证明赵一清是清中叶一位"捃摭益富，考订綦详"的学者，而不是"攘美窃名之流"的文抄公。"张文"则利用稿本中的三类文字，加以校勘比较，证明稿事中有何秋涛、何绍基二人的批注，后之刻本与此稿本多有不同，有依"二何"之意见改正者，亦有付刻时亦未能尽从者。

1936年，因为历史系蒙文通教授离校，我又到历史系兼课，讲授魏晋南北朝史。但我的志向和兴趣还在清史。我出生于清末，人在北京长大，从一些亲友中耳闻目睹了许多清人掌故，直到我工作后，许多北洋政府的官职称呼还受清代的影响。例如我初到法权讨论会时，我的名义不叫助理秘书，而叫"秘书上办事"。因此我对清史有浓厚的兴趣，非常想研究清朝历史。恰在这时，范文澜主持北平女子文理学院，他和李季谷约我去该校讲授中国近三百年史。于是我又开始对清史进行研究。我觉得清初摄政王多尔衮是一个值研究的人物，他是满洲入关后的实际统治者，也是清朝统一中国的奠基人。于是我先后写出了《多尔衮称皇父之臆测》等几篇论文，从此为我致力于清史研究，奠定了基础。

我在这一期间还有一事可提，就是参加了1933年春天北平市各界市民为李大钊同志的安葬仪式。李大钊同志也是我在北大的老师，蒋梦麟等人也都和他同事。送殡的那天，一齐去了不少人。我们都看到了地下党以北平市民革命各团体名义送给李大钊同志的那块碑，碑的正上方还刻有斧头镰刀。当时大家感到，如果不把这块碑妥善处理，必然会遭受国民党当局的干预，反而会给安葬仪式造成麻烦，于是决定把这块碑埋在地下了。

1937 年春节，别人都愉快地过节，而我家却出现了不幸。我的妻子周俶因难产病逝于北京德国医院。她是江苏泰州人，我 6 岁时父母已给我们订了婚，但相隔太远，从未见面。1920 年我大学毕业后，她家多次催促结婚，于是在 1921 年 9 月我们在北京结了婚。婚后她对我关怀备至，我们俩人一直感情极好，从未吵过嘴。我自幼丧失父母，缺少天伦之乐，成家后添人进口，经济虽时有拮据，但却感到了家庭的欢乐。她长我 2 岁，逝世时也不及 40 岁。家中遗下了 5 个儿女，长女不过 13 岁，幼子年仅 3 岁，因此她的去世，给我精神上极大的打击。我痛苦万分，但又无处倾诉，有一个时期，我甚至经常念经以悼死者，藉以消除心中的烦闷。在此之后，有人也曾多次劝我续娶，但我见到一些友人重建家庭后带来的矛盾和不安，我私自下定决心，一定要以学业为重，决不以家事干扰自己的事业。从此以后，我就一直未再产生结婚的念头。

1937 年夏，我任中文系教授。

是年 7 月 7 日卢沟桥事变。这时校长蒋梦麟、文学院长胡适等人全不在北平。此后不久，学校其它负责人亦纷纷南下，于是北大的事情全由我来负责。那时北京各大学负责人每天都在北大开会，研究如何应付新的情况；北大几位老教授如孟森、马裕藻等人，天天来一起商议对策。当时北平在日寇包围下，情势危急，而留校的学生都是经济极困难的。一位姓刘的同学和我商议，在校中学生款内每人发给 20 元，使之离校。所以到 7 月 28 日北平沦陷时，北大校内已无学生。但是蒋梦麟离开北大后久无来信，对学校如何处理，大家都不知道，只得临时应付。当时许多人为我的安全忧虑。是年 8 月 9 日为我的 38 岁生日，姑父董季友先生来家看我。我正在学校各处奔忙。他在我的案头写上"鸿冥"二字，促我远走。未过几天，表姐夫力舒东大夫传闻日本人要逮捕我，急忙雇辆汽车强拉我到他的尚志医院（在西长安街）三楼病房躲避。我住了一夜，第二天清晨又背着他回到家中。结果因为一夜未返，倒使另外许多人为我担惊。8 月某日，日本宪兵搜查北大办公室，发现了抗日宣传品。他们问是谁的办公室？我说是我的。他们似乎不大信，因为当时各处的负责人早已逃散一空。这月月底华北汉奸维持会派人接收北大，从此我就不再到校，而有事同人还来家找我。当时国民党政府对北大的善后如何安排，没有正式通知。在私人信中和从清华得来的消息，才知道学校决定迁往长沙，改为临时大学。于是大家想走，又无路费，同时我还需要把一些遗留的事全部妥善处理完毕。这时胡适忽然从九江来信给我和罗常培、魏建功等人（信附后），劝我们留在北京读书，大家有些犹豫。但是我感到这么大的学校，同人的生活实在无从设法维持。10月，学校派教务长樊际昌北上接各教授南下。而他又停在天津不敢到北平，又未带经费。同人十分怀疑，谣言很多，怕我也溜走，置同人经济困窘情形于不顾。我于是托心理系教授陈雪屏到天津和樊（二人同在一系）见面，催长沙迅速汇款。十月底款到，分送同人，陆续南下。11月17日，我离别了5个幼儿，只身和罗常培、魏建功、罗庸等同车赴津，次日又有几人走，就是北大的最后一批了。临走前，我两次到协和医院看望了史学系孟心史（森）先生，他当时已患胃癌，生命垂危，但他见到我，尚以病榻日记相示。日记中无时不以国事为念，并以诗讽刺郑孝胥。临别时尚执手殷殷，潸然泪下。我往日所作清史论文，颇得先生奖饰，已感不安。今见先生如此如此，我亦深受感动，为之动容。两月后，孟先生即遽归道山。我还到辅仁大学向陈垣先生辞行，他在办公室见到我，并亲自将我送出至校门口，长揖惜别。此外还向余嘉锡先生处辞行。

我到天津住六国饭店，这里是南下的交通站。当天下午钱稻荪从北京赶来，劝我不要走，说一走北大就要垮，要为北大着想。我正词拒绝，并辩论了很久。钱是北大日文系教授，与日本关系密切，后来当了伪北大校长。

过了几天，我们搭"湖北"轮南下，同行的有罗常培、罗庸、魏建功、邱椿、陈雪屏、赵迺抟、周作人、王烈等教授。经过青岛，我们本想由胶济线转陇海到平汉路，及至下船访问山东大学，方知胶济线已断，只好乘船一直到香港上岸。到香港，因粤汉路敌机轰炸，于是坐船到梧州，取道贵县、柳州转桂林，由公路入湘。12月14日，好容易经衡阳到了长沙，才知道南京沦陷，学校又准备迁移。不久我弟弟郑少丹也由南京逃难经芜湖来长沙。他的衣物行李在途中已付之一炬，狼狈不堪。次日他来辞行，两人欷歔而别，未想到竟成永诀。

长沙临时大学系北大、清华、南开三校组成，借湖南圣经学院上课，位在长沙韭菜园。圣经学院校舍宽大，每逢饭后可在庭园中散步5圈，每圈500步。

我在长沙时，已改任历史系教授，讲隋唐五代史。当时长沙已遭轰炸，学校乃决定迁往昆明。在长沙时，我行政事不多，得以安心读书授课。但蒋梦麟仍然不时促我兼管行政，我都尽力设法避开。2月中，学校师生决定迁滇，我乃与周炳琳、赵迺抟、章廷谦、张佛泉、周作人、劳干等人，于15日乘车出发，经衡阳、桂林、龙州，出镇南关到越南谅山、河内，然后乘滇越路车于3月1日到达昆明。其它两部分人以及由黄子坚、闻一多等人组成的师生步行团，亦先后陆续至。师生步行团的精神最值称赞。他们一行，经贵州凡行3500余里，时 60 多天始胜利到达昆明。这是西南联大师生团结的开端，同时也是一次很好的锻炼。

到昆明后，学校改称西南联合大学。因昆明校舍尚未建造，由北大、清华、南开三校各派一人到蒙自筹设分校，清华派了王明之，南开派了杨石先，北大派了我。筹备完备，我就留在蒙自，专在史学系教课。同时在蒙自还有北大办事处，也由我负责。当时联大文法学院已决定暂设在蒙自，理工学院设在昆明。

蒙自是滇南一个重要县城。自滇越路经碧色寨而不经蒙自后遂日渐衰落。原法国在这里设立之领事馆及歌胪士洋行亦已迁出。我们大队师生来到蒙自，轰动了整个县城，该地商人随乘机提价。原来在长沙时，学生包饭每月仅 5 元 5 角，且午餐、晚餐可 3 荤 2 素。及至蒙自，商人却将学生包伙提至每月 9 元，教师包伙每月 12 元。而是时云南本地各局之三等办事员，月薪不过 12 元（滇币 120 元），是教职员一月之伙食费已与该职员一月所入相等。这不仅增加师生负担，也觉得愧对当地父老，于是协议未洽。至于以后，则是另外一种情况了。

我在蒙自分校半年，除了讲授隋唐五代史外，还注意到对西南边疆史地的研究。我曾注意南诏史，曾拟草南诏疆域方面的论文，未能实现。后来又注意西藏的问题，先后写出《发羌之地望与对音》《〈隋书·西域传〉附国之地望与对音》《〈隋书·西域传〉薄缘夷之地望与对音》《历史上的入滇通道》等一组文章。其中《发羌》一文，系我在读《新唐书·吐蕃传》中，发现发羌很可能即是西藏土名 Bod 之对音，于是用唐代有关史籍，以地理证发羌之地望，以古音证发字与 Bod 可相对，从而得到发羌即 Bod 对音之结论。我写完此文后，曾向陈寅恪、罗常培、魏建功、邵循正诸人请教。他们除对我鼓励外，陈先生曾为之订正梵文对音及佛经名称；罗曾就音韵学方面提供了有关证明；邵又据伊兰语为之补充译文，他们的帮助，使我非常高兴。当时蒙自虽地处西南一隅，比较偏僻，但有这些师友聚集一堂，每日数见，大家一起对学术问题时有磋商，这对远离家乡的我来说，真是一种极大的安慰和鼓励。

在蒙自时，史学系师生还召开过几次会议，纪念孟森教授。我曾写《孟心史先生晚年著述述略》一文，发表在北大史学系主办的《治史杂志》第 2 期中，以对已故著名明清史学家孟老的缅怀。

在蒙自我在报中看到表兄张耀曾病逝的消息。他那些年一直在上海当律师，身体很好。这次突患伤寒，为庸医所误。临终前尚关心汉口情况，询问战情。后来我收到电报，曾到上海吊唁及处理丧事，有十二月余未能回家省视。

是年 9 月，蒙自分校的师生又迁回昆明。这时西南联大已正式成立。学校没有校长，由三校校长蒋梦麟、张伯苓、梅贻琦任常委，采取常委共同负责制。但张伯苓一直留在重庆；蒋梦麟亦不常在校，对一些事也不大管；学校一般事情多由梅贻琦处理，是没有名义的常务校长。

1939 年 5 月底，北大决定恢复文科研究所，由傅斯年主持。傅原是北大国文系 1919 年毕业生，与罗常培同班。留德回国后曾在中山大学任文学院长、中央研究院史语所所长。这时史语所亦在昆明，所以与北大形同一家。第二年史语所迁往四川李庄，傅也离昆至渝。傅事情很多，难以全面兼顾。他拉我作副所长，协助工作。我觉得自己无论从学识、年龄及资历上都差之甚远，没有同意。后来许多同事也来敦促并加以鼓励，我才勉为其难。6 月中，北大正式通过设立文科研究所。所中分设宋史工作室及明清史工作室，分别由姚从吾及我负责。是年暑假正式招生。以后又陆续招过几次。

北大文科研究所设在昆明北郊龙泉镇（俗称龙头村）外宝台山响应寺，距城 20 余里。考选全国各大学毕业生入学，由所按月发给助学金，在所寄宿用膳，可以节省日常生活自己照顾之劳。所中借用历史语言研究所和清华图书馆图书，益以各导师自藏，公开陈列架上，可以任意取读。研究科目分哲学、史学、文学、语言四部分，可以就意之所近，深入探研，无所限制。

研究生各有专师，可以互相启沃。王明、任继愈、魏明经从汤用彤教授；阎文儒从向达教授；王永兴、汪篯从陈寅恪教授（我亦在其中）；李埏、杨志玖、程溯洛从姚从吾教授；王玉哲、王达津、殷焕先从唐兰教授；王利器、王叔岷、李孝定从傅斯年教授；阴法鲁、逯钦立、董庶从罗庸教授；马学良、刘念和、周法高、高华年从罗常培教授。其后，史语所迁四川李庄，也有几位（任继愈、马学良、刘念和、李孝定）相随，就学于李方桂、丁声树、董作宾诸教授。

宝台山外各村镇，有不少联大教授寄寓，研究生还可以随时请益。清华文科研究所在司家营，北平研究院历史研究所在落索坡，都相距不远，切磋有人。附近还有金殿、黑龙潭诸名胜，可以游赏。每当敌机盘旋，轰炸频作，山中的读书作业，从未间断。这里确实是个安静治学的好地方。英国学者李约瑟、休士到昆明，都曾在所下榻。

在抗日战争期间，一个爱国分子，不能身赴前线或参加革命，只有积极从事科学研究，坚持谨严创造的精神，自学不倦，以期有所贡献于祖国。宝台山的研究生（或称宝台山士）就是这样的。

傅斯年除主持文科研究所外，还对研究明史有兴趣。我当时正为同学讲授明清史，涉及明史有关问题亦多。是年夏，在一次闲谈中，傅说要纂辑《明编年》及《明通典》，我说想别撰《明会要》，而毛子水教授劝我编辑《续资治通鉴》续集。过了几天，傅又来找我，劝我一起搞个东西，不叫《明通典》和《明会要》，而叫《明书》。遂共同拟二十四目。后来傅斯年又将二十四目增为三十目。即历法志、皇统志、祖训志、地理志、京邑志、土司边塞志、氏族志、礼乐民风志、学校选举志、职官志、刑法志、兵卫志、财赋志、河渠志、商工志、儒学志、文苑志、典籍志、书画志、器用志、宦官志、党社志、释道志、朝鲜安南志（琉球附）、鞑靼西域志、乌斯藏志（喇嘛教附）、倭寇志、南洋西洋志、远西志、建州志。他并留信给我："前所谈明书三十志，兹更拟其目，便中拟与兄商榷其进行之序。果此书成，益以编年，《明史》可不必重修矣。弟有心无力，公其勉之。"次日我们就拟定分工。其中历法志，此中有二纲：1. 明人如何承用元人历法（尤其是回回历）？2. 崇祯新历。其二是皇统志，此中应论历世之继承，而以宗室表附上。至于祖训志，此中应载太祖宝训而申述其义，实关系有明一代之开国规模。在京邑志中，以南京、旧北京、中京、京师为叙述内容，包括宫闱、衙市。氏族志中应仿宰相世表，但此志较难作，因明代不尚门第。在职官志中，则尤应注重其实质之变迁，《明史》原式不可用。商工志则难作，且无人作，只能暂阙。典籍志情况亦同。党社志重点放于晚明、南明，应加详叙述。释道志拟由汤用彤担任，南洋西洋则由陈受颐主之。其它各志则由两人分任。我当时很以书名与傅维鳞所著《明书》相同而以改为《明志》为好，但傅斯年以为并不相碍。此书原拟 5 年完成，后来因为战争紧迫，事务冗杂，傅又迁往重庆，计划因之搁浅。

是年 8 月，我整 40 周岁。深感 30 年来百无一成，徒赖师友奖掖致僭清位，遂作诗一首以为留念。诗曰：

> 读书学剑两无成，浪得浮生才士名；
> 四十已来应不惑，好从中道见中行。

1940 年初，西南联大总务长沈履去川大离校，清华梅贻琦、沈履诸人推荐由我继任，让汤用彤来探询我意。我表示行政事务绝不就，还是专心教书，致力研究明清史，汤亦以为然。罗常培也劝我不就，并说："君欲为事务专家乎？为明清史专家乎？"更坚定了我的决心。但联大常委会议已通过，聘书已送来。梅多次找我，我尽力躲避。校方领导黄子坚、查良钊、冯友兰、杨振声诸人也来劝驾，且有"斯人不出，如苍生何"之句。我虽多次上书，说明不就任的原因，"并非谦让，亦非规避，更非鸣高，诚以学殖日荒，思自补益"，希望以后专事学问。事情虽经往返周旋多次，仍然无效，北大领导又以照顾三校关系为言，于是在是年 2 月，遂应允就职。

1940 年暑假后，因中日战争紧张，联大曾在四川叙永设立分校，由杨振声前往负责。次年 5 月，梅贻琦约我和罗常培到叙永视察，并决定分校取消。我们三人曾在四川呆了 2 个多月，先后到了重庆、泸州、叙永、李庄、嘉定、峨嵋、成都等处，饱尝了战时"蜀道难"的滋味。后来罗常培专门写了《蜀道难》一书，就是叙述这次到四川参观的情形。此行参观了武汉大学、四川大学及华西、齐鲁、金陵大学，会到了许多同行。

我在 1939 年后，在联大即讲授明清史及清史研究、中国目录学史等课程。当时年青的学生激于爱国热情，都要更多地了解中国的近世史，尤其嘱目于明清时期，故每次选修该课的多达一百数十人，情况前所未见。清代的满洲发祥于我国的东北，而这时东北早已沦陷，且建立伪满洲国。为了针对日本帝国主义侵占我国东三省而制造的"满洲独立论"等谬说，我在这一时期先后写出了《清代皇室之氏族与血系》（1943）、《满洲入关前后几种礼俗的变迁》（1942）等论文，用许多历史事实，证明清代皇室包含了满、蒙、汉三族的血统，早在入关前就和关内人民在政治、经济、文化等方面有着密不可分的关系，是中华民族大家庭中的一员。我在《血系》文中一开始即写道："近世强以满洲为地名，以统关外三省，更之之国名，于史无据，最为谬妄。满洲出于建州左卫，为女真支裔，即唐之靺鞨，周之肃慎，乃中华历史上宗族之一，清朝入关后散居中原，更不可以一省一地限之也。"至于入关后满、汉两族的文化互相调融，相互影响，更使两族人民间的关系日益密切，这决非政令强制所能造成的。此后我又写出一些清史方面的论文，合为一集，名《清史探微》，于 1946 年初在重庆出版。

抗战中期后的昆明，日机时常轰炸，几乎天天要跑警报。加以物价飞涨，民不聊生，教授中大多入不敷出，更不必说职员和学生了。那时闻一多和我们这些人，曾联名出示告白以卖字、刻印取酬，以补助生活费之不足。1943 年夏，我的长女郑雯由北平远道来昆明念大学，走到洛阳被困。我于是向独立出版社卢逮曾借了一些钱，寄她以佐路费。《清史探微》一书的出版，也是为了偿还这笔欠债。我在书中的叙目中，谈到了抗日期间在昆明的情况。其中道："右近年读史所作杂文 12 篇，次为一集以求正于当世。天挺早失怙恃，未传家学，粗涉秘籍，远惭博贯。比岁僻居无书，蓄疑难证，更不敢以言述作。独念南来以还，日罕暇逸，其研思有间恒在警报迭作、晨昏野立之顷，其文无足存，而其时或足记也。通雅君子原其'率尔操觚'之妄，有以匡其违误，斯厚幸矣。"这是我在昆明8年的真实情况，别的人也和我差不多。遗憾的是，此书出版不久，即1946年7月12日，我的长女在上完西南联大外文系3年后，于北上复校中途因飞机失事死于济南，时年23岁。

1945年8月15日抗日战争胜利，这给西南联大的师生带来了希望，昆明街头的市民到处游行欢呼，鞭炮齐鸣。像我这样远离家庭8年只身来昆明的人，其内心之喜悦，更不待言。正在这时，北大人事上发生了一些变化。

原来北大校长蒋梦麟在这年四五月份曾到美国考察教育，北大教授们曾希望他能到美国有所洽商，物色新教授，以为胜利复员中的北大建设有所裨益。不料他这时却被国民党行政院长宋子文找去作行政院秘书长，并于6月就职。此事他事前并未能与同人商量，事后又不来信与教授们解释，而且自美回国经过昆明也未下机而径飞重庆，因而引起北大一些人的不满。法学院长周炳琳对此事尤为愤慨，感情异常激动，溢于言表。当时一些教授主张，既然作官就不能兼任大学校长，而应由在美国的胡适继任北大校长。但胡适一时也不可能回国，因此必须有一个代理校长。9月初，当时的教育部发表胡适为北大校长，傅斯年为代理校长。就在这时，学校派我北上去筹备复员。教育部还组织了一个平津区教育复员辅导委员会，由沈兼士领导，约我也参加。原来这个委员会都是各校的代表，每校一人，后来又加入一些我不认识的人。当时清华参加的是邓以蛰，北大是我。那时交通工具异常紧张，我9月初到重庆，等候飞机就呆了一个月，只好先到南京。10月份又在南京候机，到处托人，终于在11月3日到达北平。这距我离开昆明已整整两个月了。

回到北平，才知道我弟弟郑少丹已于是年春天病逝，我感到万分悲痛。他和我自幼一起寄居在亲戚家中。抗战中他为了照顾我的儿女，虽年已40有余，却始终未结婚。及至儿女均已长成，胜利在望，没想到他却先我而去。

我到北平后了解到，情况与我们在昆明的想象不同。这时北京各大学正在上课，不能接收。而教育部又派陈雪屏为北平临时大学补习班主任，故学校先由补习班接管，原校中人员亦大多未动。

敌伪时期亦成立个北京大学及北京师范大学。北大校长是钱稻孙，文学院长是周作人，下分文、理、法、农、工、医六院。其中医学院设备最好，教授阵容整齐。于是补习班即以这个学校的理、文、法、农、工、医为第一至第六分班，第七分班是师大，第八分班是艺专。陈自兼第一分班主任，第二分班是邱椿，由我先代理。第三分班是张佛泉，第六分班是马文昭，第八分班是邓以蛰。这时补习班的总务长赵逎抟尚未北上，也暂由我兼。

1946 年 1 月后，北大积极筹备复校，又加派曾昭抡、杨振声、郑华炽、俞大缍来平工作。不久赵逎抟、邱椿均先后来，我乃专在北大办事处，负责复校。

这年春，当时在平的一些文教界知名人士，曾上书国民党政府，为文化汉奸周作人缓颊。有人也让我签名，我未同意。我在北大上学时，周是我的老师，以后周又任北大日文系教授，与我亦时有联系。在周任敌伪北大文学院长时，也确实为该校图书馆弄来不少善本珍籍。但我觉得，一个教授应当有起码的民族气节，周曾任伪教育总署督办，这是不能原谅的。事后闻知，陈垣老亦未签名。

这年夏天，昆明的北大师生陆续北上，胡适也回到北京就校长职。未几天，我拿着一本《清史探微》求他指正，并说："我仍希望搞学问。"向他辞职。他未接书，而说："书我已看过"，意即不准我辞，于是我仍然兼学校秘书长。这年冬天，史学系主任姚从吾到开封去做河南大学校长，我又代理史学系主任。名义上的系主任陈受颐，一直在美国未回。

这些年，我行政事务冗杂。当时国民党政权濒于垮台，经济崩溃，物价一日数变，每天找我签名向金城、大陆银行借款的人络绎不绝，我的研究工作几乎完全停顿。但课还是要教的，我仍授明清史、清史研究、清代史料、历史研究法等课。

1948 年 12 月中旬，我人民解放军已包围平津，国民党军队囿于城内一隅。12 月 14 日中午，胡适给我电话，有事让我去。到了东厂胡同，知他要走。他的汽车去接陈寅恪。我们看到他异常匆忙在收拾行装。大家一齐送他到中南海（当时傅作义司令部设此）。不料因飞机未洽好，天色已晚，未能成行。胡适异常焦躁地说："今天走不成，我就不走了。"第二天，他还是走了。

他临行前在案头放着两个条子，一是学校校务由汤用彤代理，汤未同意。另一条子，是托汤用彤、周炳琳和我维持北大校务。汤当时也说："还是人多一些好。"接着国民党派飞机接北平教育界文化界的人南下，名单是傅斯年开的，理工医的较多，文科极少。均由傅斯年出面写信和电报催促，并托清华校长梅贻琦、北师大校长袁敦礼和我代为接洽。梅、袁两人天天来北大，并在我的办公室放一个本，愿走者自由签名。前后来过两次飞机，走的人极少，只有梅贻琦、袁同礼、毛准、钱思亮、刘崇铉等人和一些眷属。

这时，傅作义经常派人在御河桥召集各高校代表开会，北大多由周炳琳和我参加。

12 月 17 日是北大 50 周年校庆，学校仍举行了纪念会。过了几天，学生自治会以全体学生名义送给我一面锦旗，题了"北大舵手"四个字，我非常高兴，受到鼓舞。这时华北城工部发给各机关人员文告，让大家好好保护人民财产，北大在全校师生保护下，也未受到损失。同时，石家庄的北大同学也给我写信，鼓励我看好北大的家。

1949 年 1 月，邓宝珊托大公报徐盈约北大教授座谈北平局势，汤用彤、周炳琳、杨振声和我 4 人均参加。大家都说必须保全北平，以民意为依归（意即和平解放），邓亦表示了相同的意见。过了几天，傅作义又约了更多的人在中南海座谈，大家表示都差不多。这年 1 月底，北平和平解放。当天下午，傅作义召集各大学及其它机关负责人宣布此事，并说第 2 天早晨有飞机飞往南京，愿走的仍可以走。我当然不走。

2 月，解放军入城，军管会召集各校代表开会，北大由汤用彤和我参加。5 月，文管会接管北大，成立校委会，任命我为委员兼秘书长，并指定为常务委员会书记。仍兼史学系主任。

1949 年，我整整 50 周岁。这年 10 月 1 日新中国成立，我参加了国庆大典，内心非常喜悦。回顾我这 50 年，东奔西跑，忙于生活，没有认真读书。现在对我来说，要学的、应当学的太多了。我有了如今天这样安定潜研的读书环境，这远远不是当年所能想象比拟的。因此我要充分利用这一好时机，认真学习，为新中国发展，作出一定的贡献。

解放以后，我一直讲授元明清史及中国近代史。当时已成立教研组，我是中国史教研组负责人。中国通史由先秦到 1840 年鸦片战争共分四段：张政烺教第一段，即先秦；余逊教第二段，即秦汉、魏晋南北朝；邓广铭教第三段，即隋唐五代、宋辽金；我教第四段。我教中国近代史，听课的人很多，当时刚成立的中国近代史研究所一些中青年都来旁听。是时清华的邵循正也在北大兼课，他曾提出两人合作教这门课，我讲内政，他讲外交。这个倡议极好，可惜由于我很快即到天津，未能实现。

1950 年 5 月，我辞去秘书长工作。当时学校常委会曾表彰我作十八年行政工作的成绩，我也表示今后要为母校的教学和科研工作继续贡献力量。那时我除任史学系主任外，还在北大文科研究所明清史料整理室负责。北大存有明清档案甚多，历年都在陆续整理。当时所长罗常培对工作要求很严格，鼓励整理后公开出版。由于这时我们正好举办了一个明末农民起义史料的小型展览，由孙铖、于石生、张怀礼、蓝文卿主持。通过这次展览，外界反映很好，使我们对整理档案有了信心。我们工作集中在下列几项：

一、已清缮的明题行稿，分类整理印行，未抄齐的补抄。

二、整理题本的摘由，凡不明确、不详细的加以补充，并尽可能的指出每件内容的特点。

三、过去整理题本，全按内容分类，有许多混淆不清，现在改按机关的职掌从新分类。

四、系统地整理、研究本所所藏黄册——报销册及其他档案。

当时研究所内还设有民国史料整理室，由金毓黻负责。我们分头辑录了许多史料，有 10 种之多，但后来公开印行的仅有《明末农民起义史料》《宋景诗起义史料》《太平天国史料》等数种。

1951 年，我先后两次参加土改运动。一次是这年 2 月，教育部门组织的中南区土改参观团，由我任团长，清华政治系主任曾炳钧任副团长，团员有杨人楩、张维、柴德赓、胡庶华等人。这次我们仅到了长沙、衡山等地，历时一月余。由于大家都有教学工作，即匆匆而返。另一次是这年 10 月底，我率领史学系三、四年级同学一齐到江西泰和县参加土改，历时 3 个月，我就因三、五反运动被召回。我自幼生长城市，未接触过农村。这两次活动，尽管时间并不长，而且未深入基层，但思想上收获还是很大的。

1952 年，全国高等院校进行院系调整，我奉调来南开大学，任历史系教授，中国史教研组主任、系主任。这决定在我思想上颇有波动。第一，我 50 多年基本在北京生活，热爱北京；第二，我中年丧偶，一直和子女一起生活，而他们也都在北京，到天津后我必然又如在昆明一样，过孤单的生活。第三，我多年从事清史的研究和教学，北大及北京其它各单位的清史资料浩如烟海，绝非其它地方所及。但是经过郑重考虑后，我决定不考虑个人的生活及其它方面的变化，愉快地只身来津任教。我知道如果当时我提出任何要求，会引起许多不同反映的。

来南开后正值教学改革高潮。当时一切均无经验，一切需从头搞起。甚至教研室内教师讲课，都要先试讲，然后互提意见，往返多次；而教研组主任则凡逢教师上课，都必须亲自听课，不时指导。因此，这一时期我除了忙于行政性的开会、谈话外，精力大多用于教学方面。我在南开为同学讲过隋唐史、明清史、明史专题、清史专题、史料学等课程。我在教学过程中，尽量向同学进行爱国主义教育。1953 年，我根据古代史籍中有关石油的记载，认为说中国没有石油是无根据的，为我国发展石油工业提出一些肤浅的历史根据。其它涉及与邻国的争端，我也结合史实加以讲述。

1961 年 3 月初，我和杨生茂参加了教育部的文科教材工作。关于教材问题，1953 年 9 月的综合大学会议、1954 年 7 月的文史教学研究座谈会、1956 年 6 月的教材会议都有过不少讨论，这些会我都参加了。现在教育部下决心，决定要大搞。当时历史组组长系北大历史系翦伯赞，副组长是尹达、周一良和我，秘书是田珏。会议决定由翦和我主编《中国通史参考资料》，由我主编《史学名著选读》，并告我要在北京集中。于是我从 1961 年夏常住在京，直到 1963 年夏，工作基本完成。在这段时间，《中国通史参考资料》印行 6 册，《史学名著选读》印行 5 册，其它亦接近完成。

我在北京编选教材期间，与其它院校史学家一起，共同工作，关系极为融洽；经常促膝谈心，交换看法，其中往返探研学术的信札很多。这部分信札，大部分都在"文革"中散失了。与此同时，我还不断到北京各高校历史系讲课或作报告，其中以去北大最多。当时历史系学生看书很少，尤其对原始史料接触更少。因此我到处强调要认真读书，要做到"博、精、深"三字，即"博览勤闻""多闻阙疑"。同时我还强调要精读一本书。我觉得"精读要一字不遗，即一个字，一个名词，一个人名、地名，一件事的原委都清楚精读是细读，从头到尾地读，反复地读，要详细作札记；精读一书不是只读书，是同一时间只精读一本，精了一书再精一书；精读可以先读书的某一部分；精读的书可以一人一种。""精读与必读还有不同，精读的书不一定人人必读，如有人可以专读《山海经》，但《山海经》不一定人人必读；必读的书可以精读而不一定人人精读，如《通鉴》。"1962 年，我还到中央党校讲授过清史。因为该校学员与大学要求不同，我只能简明扼要地介绍清朝入关后到鸦片战争前这一时期的政治、经济、文化的情况。后来我根据记录稿加以整理，以《清史简述》为名，于 1980 年由中华书局出版。

1963 年 3 月，我担任南开大学副校长。这年 9 月，我又到中华书局参加《明史》标点工作。由于事实上我一直未在学校，所以我就在 1964 年夏天辞去历史系主任。校中的工作我也未过问。这种情况，一直到 1966 年 6 月我回校均如此。

1978 年，我虽已年近八十，但心情舒畅，身体健康，尚能从事教学及科研工作。这年夏天，我又开始招收明清史研究生。回忆起 40 年前在昆明，我虽主持北大文科研究所，但却未招过明清史研究生。来南开后，虽也招过几次研究生，但并不经常。这次公开招生，通过全面测验，考生质量也有所提高。而我也非常高兴，决定在我有生之年，再为国家培养出更多的有用人才。这年以后，我连续招了 3 年研究生，并为他们开设《清史概论》《清代制度》《明清史研究》

等课程。这些课，有的每周一次，每次两小时，也有时多增加一次。

1979 年 9 月，我接受教育部的委托，在南开主办明清史进修班，主编《明清史资料》作为教材。这个进修班人数不多，来自全国高校。他们除了听各种课程外，还组织到沈阳、承德、西陵等地参观。西陵过去我没去过，这次和他们一齐去，感到很高兴。

这一年，我还应中华书局之约，把我多年的一些论文，汇为一集出版，名曰《探微集》。该书是以《清史探微》为基础，加上其它有关清史著述，合计 43 篇。其中仅《清入关前满族的社会性质续探》一篇，是那一年夏天所写，这是继 1962 年所写《清入关前满洲族的社会性质》一文，在理论上及史实上的补充。当我看到书的篇目后，深感自己学识之不足。我在书的后记说："五十岁全国解放，才能安心学习，但要从新学起的东西太多。今天的成果，只这样一点，真是惭愧之至。"该书于 1980 年出版。

这一年我还担任了《中国历史大辞典》的总编工作，这项工作是极有兴趣的。本来我在解放前就有意编纂一部中国历史辞典，但当时条件不足，难以实现。1958 年，我在南开历史系又提出过建议，并得到了热烈响应。但随着情况的变化，工作搞了一部分就搁置了。去年，中国社科院历史所的领导又倡议此事，我遂积极支持。这年 11 月，召开第 1 次编辑工作会议，与会人都兴致勃勃，认为只要史学界同人团结一致，通力合作，这项巨大的工作是可以如期完成的。后来在太原（1980 年 8 月）及上海（1981 年 5 月）的编辑会议，我也都参加了。我深知自己年迈体衰，力不从心，但还愿意为这项工作出把力。

1980 年 3 月，中国史学会恢复活动，并在北京召开代表大会，选举领导机构。我被选为常务理事、主席团成员。次年 5 月，接任主席团执行主席。

这年夏天，学校委托我主办明清史国际讨论会。应邀参加会议的有美国、日本、澳大利亚、瑞士、联邦德国、民主德国等八个国家、地区及国内的代表共 100 多人，提交大会的论文 70 余篇。会议一共开了 4 天。我在会上以《清代的幕府》为题，作了扼要的发言。内容就幕府的来源、地位、政治作用及发展状况，都作了说明。这个题目是我多年感兴趣的问题之一。记得 1930 年时，我和刘大白同在浙江大学及教育部任职。刘是浙江绍兴人，是出"师爷"的地方。他经常说起清末幕府的情况，说得津津有味。不久我回北平，他也很快病逝。这次会议开后，我让年青同志将论文汇为一集，由天津人民出版社出版。

这年 10 月，我以 81 岁高龄参加了中国共产党。入党是我的夙愿，我引为光荣。

1981 年夏天，我参加了国务院学位委员会会议，我是历史组的主持人。在会上评议出全国第一批招收博士研究生的学者，希望他们尽快招生。

我在 1979 年 10 月，又被重新任命为南开大学副校长。当时我年已八十，深感力不从心，因此多次请求辞退这一职务。1981 年 10 月，教育部同意我的请求，免去副校长职务，改任顾问。这时，南开大学曾为杨石先校长和我举办了执教业迹庆祝大会，并请教育部领导及西南联大、南开校友参加。我深深为这次大会对的鼓励所感动，决心"身处第二线，心怀第一线"，把南开的教学和科研工作搞得更好。当时校中正酝酿设立明清史研究中心，我和年青人一起起草计划，力促这一工作早日实现。

回顾我 80 年来所走的道路，真是感慨备至。我一生热爱教育事业，希望为祖国的富强作出些贡献。今天我虽为祖国的教育尽了自己一点微薄的力量，而国家和人民却给我热情的赞誉，我实在受之有愧。今后我只有以我的有生之年，和大家一起，为祖国的教育事业和四化建设贡献出力量。

附：1937 年胡适给我的信原文如下：

毅生先生：

久不通问，时切遐思，此虽套语，今日用之，最切当也。

弟前夜与孟（指蒋梦麟）、枚（指周炳琳）诸公分别，携大儿子西行，明日可到汉口，想把儿子留在武汉，待第二次入学招考，否则在武汉做旁听生。

弟与端（指钱端升）、缨（指张忠绂）两弟拟自汉南行，到港搭船，往国外经商业，明知时势不利，姑尽人事而已。此行大概须在海外勾留三、四个月。

台君（指台静农）见访，知兄与知老（指周作人）、莘（指罗常培）、建（指魏建功）诸公，皆决心居留，此是最可佩服之事。鄙意以为诸兄定能在此时期埋头著述，完成年来未能完成的著作。人生最不易得的是闲暇，更不易得的是患难，——今诸兄兼有此两难，此真千载一时，不可不充分利用，用作学术上的埋头闭户著作。

弟常与诸兄说及羡慕陈仲子匍匐食残李时多暇可以著述；及其脱离苦厄，反不能安心著作，深以为不如前者苦中之乐也。

弟自愧不能有诸兄的清福；故半途出家，暂作买卖人，谋蝇头之利，定为诸兄所笑。然寒门人口众多，皆沦于困苦，亦实不忍坐视其冻馁，故不能不变节为一家谋糊口之计也。

　　弟唯一希望是望诸兄能忍痛维持松公府内的故纸堆，维持一点研究工作。将来居者之成绩必远过于行者，可断言也。

　　弟与孟兄已托兴业兄（指浙江兴业银行）为诸兄留一方之地，以后当可继续如此办理。

　　船中无事，早起草此问讯诸兄安好，并告行。不尽所欲言伏惟鉴察。

弟臧晖敬上

廿六，九，九　　长江舟中

郑天挺先生学术年谱

1899 年（光绪二十五年），一岁

8 月 9 日（阴历七月初四），生于北京。名庆牲，字毅生，大学后改名天挺。

1905 年（光绪三十一年），七岁

是年秋，父郑叔忱病逝，年四十三。叔忱先生系福建长乐县人，字宸丹。光绪十六年（1890）进士，长期任职于翰林院。1902 年任奉天府丞。后丁忧回北京，在京师大学堂（北京大学前身）任教务提调（教务长）。

1906 年（光绪三十二年），八岁

母陆嘉坤在天津病逝，年三十八。嘉坤先生为广西桂林人，1896 年与叔忱结婚，育三子一女。叔忱病逝后，为补贴家用，她应傅增湘之聘，到天津任北洋高等女子学堂总教习，不幸染白喉病逝。旋姐郑庆珠、弟郑庆喆皆染病去世。天挺与小五岁之弟郑庆珏（郑志文，字少丹），被寄养于姨父母家，由表舅梁济（字巨川）监护，表兄张耀曾、张辉曾教育。

1911 年（宣统三年），十三岁

入顺天高等学堂一年级读书。高班同学有梁漱溟、张申府、汤用彤等；同班者有李继侗。秋，武昌起义，学校停办。

1912 年（民国元年），十四岁

夏，考入北京高等师范学校附属中学（师大附中前身）读书，直至 1916 年毕业。当年与弟弟单独租房生活。

1917 年（民国六年），十九岁

考入北京大学国文系。时北大校长为蔡元培，文科学长陈独秀，老师中有马裕藻、钱玄同、马叙伦、蒋梦麟、胡适等人。

1918 年（民国七年），二十岁

北大读书。同窗好友有罗庸（膺中）、郑奠（石君）、张煦（怡荪）、罗常培（莘田，高一班）等人。

是年开始，每周末，听贵州老学者姚华讲金石文字一次。后为姚老先生写《〈莲花盦书画集〉序》（1934 年）。

1919 年（民国八年），二十一岁

北大读书。"五四"运动爆发，曾代表北大前往南开中学联络，参加游行与宣传活动。

十一月，日本侵略者派海军陆战队登录福州，枪杀中国人民。北京福建同学组织旅京福建学生联合会，游行示威，抗议日军暴行。郑先生积极参加反日活动，以"攫日"笔名，在《闽潮周刊》等报刊上发表反日文章，当时一同参加反日活动的福建同学有郭梦良（弼蕃）、黄英（卢隐）、徐其湘（六几）、朱谦之、郑振铎（西谛）、许地山、谢冰心等人。其中郑振铎系郑先生本家侄子。

1920 年（民国九年），二十二岁

七月，郑先生毕业于北大。

1921 年（民国十年），二十三岁

春，陈嘉庚筹办厦门大学，以邓翠英为首任校长。郑先生被聘为助理教授兼图书馆主任。同事中有何公敢、郑贞文、朱章宝、周予同、刘树杞等人。夏，校长换人，郑先生亦离开。

秋，与张煦、罗庸考入北大研究所国学门，为研究生，由钱玄同等人指导。

秋，和泰州周伈女士结婚。周生于 1897 年。

1922 年（民国十一年），二十四岁

在北京女子高等师范学校（女高师）、市立一中等校教书。

秋，任法权讨论委员会（会长张耀曾）秘书。该会为政府机构，主要负责翻译中国法典为英、法文，并筹备收回外国在中国的领事裁判权。

1923 年（民国十二年），二十五岁

撰成《列国在华领事裁判权志要》一书，以法权讨论委员会名义于八月正式出版。

1924 年（民国十三年），二十六岁

春，为法权讨论委员会，撰《中国司法小史》初稿。

秋，任北京大学预科讲师，授人文地理、国文课。兼女高师讲师。

1926 年（民国十五年），二十八岁

三月，北洋政府非法解散女师大，制造"三一八"惨案，引起全校师生公愤，三月二十五日，郑先生参加女师大追悼会，并为死难者募捐。

1927 年（民国十六年），二十九岁

六月，浙江民政厅厅长马叙伦邀先生任该厅秘书，与罗常培、毛彦文同事。不久，马辞职，先生旋亦回京。

1928 年（民国十七年），三十岁

四月，在杭州参加国立艺术院开学典礼。

五月，应表兄梁漱溟之邀，至广州，任广东政治分会建设委员会（兼主任李济深，代主任梁漱溟）秘书。

九月，任浙江大学秘书，文理学院讲师。

1930 年（民国十九年），三十二岁

二月，应蒋梦麟（教育部长）及刘大白（政务次长）之邀，任教育部简任秘书。

冬，蒋梦麟辞教育部长职，改任北大校长。先生亦随之回北大，任校长室秘书，并在预科讲授国文课。

是年，弟郑少丹赴日，就读于明治大学法律系。次年"九一八"事变后，愤而回国，后任上海法院书记官。

1933 年（民国二十二年），三十五岁

十二月，任北大秘书长、中文系副教授。时文学院长胡适、法学院长周炳琳、理学院长刘树杞、课业长樊际昌。

是年始，在北平大学女子文理学院（院长范文澜）讲授中国近三百年史。

1934 年（民国二十三年），三十六岁

春，北大开始修建图书馆、地质馆、灰楼学社宿舍。先生日视工程，尽职尽责。

夏，北大国文系改组，胡适兼系主任。先生为国文系同学讲授古地理学。

1935 年（民国二十四年），三十七岁

五月，参加北平文史学者欢迎法国汉学家伯希和晚宴，由傅斯年、陈寅恪主持。

十月，北大图书馆、地质馆落成，灰楼宿舍次月落成。

本年度为国文系学生讲授校勘学。

1936 年（民国二十五年），三十八岁

本年度，为历史系学生讲授魏晋南北朝史。

本年度，撰写《多尔衮称皇父之臆测》《杭世骏〈三国志补注〉与赵一清〈三国志注补〉》诸文。

1937 年（民国二十六年），三十九岁

春，妻周俶难产辞世。先生为悼念死者，从此不再续娶。

七月，"七七事变"后，平津陷落。陷落前，先生设法使北大师生离校。后先生独自主持校务，与日本宪兵队周旋。

时孟森先生因病入院，先生多次拜望。

十一月，北大、清华、南开合组长沙临时大学，正式上课。先生与罗常培、罗庸、魏建功、陈雪屏等人离平，奔赴长沙临时大学

十二月，先生转长沙临时大学历史系，任教授，讲授隋唐五代史。

1938 年（民国二十七年），四十岁

是年初，孟森先生在北平去世。

三月，临时大学迁昆明，名西南联合大学。由蒋梦麟、张伯苓、梅贻琦任常委，梅为常委会主席。师生分头由长沙至昆明，步行团四月底抵达昆明。西南联大文法学院暂设蒙自，由南开杨石先、清华王明之、北大郑先生负责筹办。

三月，计划写《入滇记》，未果。

夏，撰《发羌之地望与对音》，此文原题为《发羌释》，遵罗常培、陈雪屏意见改今名，并向陈寅恪、魏建功、邵循正等人征求意见。

七月，拟作《附国与发羌》《唐代之律令格式》及读史札记三五条，以为四十自寿。草成《唐代之律令格式》。

秋，北大史学系召开孟森教授纪念会，先生撰《孟心史先生晚年著述述略》，介绍孟森学术成就，并述彼此交谊，以兹纪念。

秋，表兄张耀曾在上海去世，先生由云南辗转赴上海，为之料理后事，作《镕西表兄象赞》《镕西表兄挽联》。凡两月，而未能回平省亲。

1939 年（民国二十八年），四十一岁

一月，草成《高中课程标准问题》一文。

三月，草成《四川乐山重修凌云寺碑记拓本跋》《〈隋书〉附国考》。

五月，草成《孟心史先生晚年著述述要》。

五月，北大恢复文科研究所，由中研院史语所所长傅斯年兼主任，郑先生为副主任。陈寅恪、傅斯年、杨振声、罗常培、罗庸、汤用彤、唐兰、姚从吾、叶公超、郑天挺、向达为导师。所址在昆明城内青云街靛花巷 3 号及北郊龙头村宝台山响应寺两处。与史语所一起，形同一家。

六—七月，拟与傅斯年纂辑新《明书》，拟定三十目，期以五年完成，因战事未果。

九月，草《〈隋书〉西域附国考》，遵罗常培意见，改题为《〈隋书·西域传〉之附国与薄缘夷》。

十一月，拟作《明初之正统》一文。"一述中国传统之正统论，二述杨维桢之正统辨，三述明太祖对元之态度，四述明初诸人对元帝之意见，五方孝孺之正统论，六述方氏意见之影响。"

十二月，草《公祭蒋履斋先生公启》。

是年，开始讲授明清史、目录学等课程。

1940 年（民国二十九年），四十二岁

年初，任西南联大总务长。

二月，《〈隋书〉西域附国考》成。此文后以《〈隋书·西域传〉附国之地望与对音》为题，刊于北京大学《国学季刊》第六卷第四号。

六月，拟作《明末流贼十三家考》《明初之正统议》《张文襄书牍跋》。

夏，撰成《〈张文襄书翰墨宝〉跋》一文，1941 年，刊于《文史杂志》第一卷第六期。

冬，日军侵占越南，云南局势聚变，史语所迁川。西南联大于四川叙永设分校，容纳一年级学生。

十二月，应《文史杂志》卢吉忱约稿之邀，拟作《汲冢周书谥法解》（即《古谥法说》）《南明之师日本辨》。

1941 年（民国三十年），四十三岁

三月，拟作《谥法为〈礼记〉之一篇今存于〈周书〉》一文。

五月至八月，与梅贻琦、罗常培至四川公干。

是年，在联大授隋唐五代史、明清史，在云大授隋唐五代史。

1942 年（民国三十一年），四十四岁

一月，拟汇旧作为一集，更益以《明初之正统议》《南明乞兵日本辨》《多尔衮之入关》《多尔衮与顺治》《杨光先之死》诸文，"此均材料已齐而未作者"。

夏，在华山小学，为云南省地方干部训练班演讲，题为《明清两代滇黔之发达》。讲稿已佚，《郑天挺西南联大日记》中存大纲。

七月，拟作《明末之士风与党争》一文。

九月，成《〈隋书·西域传〉薄缘夷之地望与对音》，"以纪念先君八十生日"。

十月，草成《历史上云南通道》文。拟作《关于夷民译名问题》。

十二月，在联大文史演讲会，做题为《满洲入关前后几种礼俗之变迁》的演讲。

是年，在云南广播电台做题为《中国之传记文》的演讲。

1943 年（民国三十二年），四十五岁

一月，成《〈恬庵语文论著甲集〉序》，五月，刊于《图书月刊》第二卷第一期。

春，与西南联大姚从吾、雷海宗、邵循正等教授至重庆，参加全国历史大会。

五月，《中国的传记文》，刊于《国文月刊》第二十三期。草《清代诸帝之血系》《西藏名称之由来长篇》。

六月，为昆明市警察讲《历代警政》。"分三段：一、警务机关沿革；二、警务行政要略；三、警务人员训练。"

七月，为胜利出版社草《郑成功》纲要。为吴志青写《题〈太极正宗〉》。

八月，草《清代之世职》。

秋，成《清史满语简释》十数条，陆续在《读书通讯》、重庆《真理杂志》等发表。

1944 年（民国三十三年），四十六岁

一月，在西南联大历史系晚会上，做题为《清代包衣制与宦官》之演讲。

四月，拟将十二篇论文编辑成册，定名《清史稽疑》，约六万字。

四月，在西南联大文史演讲会上，做题为《清代皇室之氏族与血系》之演讲，驳斥"满洲独立论"之谬论。成《清国姓爱新觉罗得姓臆测》，六月刊于《中央日报·文林副刊》。

暑假，应大理县志编纂会邀请，先生随西南联大、云大师生赴大理进行学术考察。共分八组，由罗常培领队。文史组尚有徐嘉瑞（组长）、游国恩、周定一、田汝康、吴乾就、王年芳、李俊昌等人。历时 35 天。期间，在大理三塔寺，为干训班做了题为《中国民族之拓展》的演讲。讲稿佚。

九月，作《张冷僧先生书画展览会小启》。应何炳棣、丁则良、王逊主持之十一学会，做了《大理见闻》的演讲。

秋，拟作《目录学述要》，写部分章节，疑未完工。

十月，在《中央日记》（昆明版）发表论文《近百年来的中国建军》。

1945 年（民国三十四年），四十七岁

一月，为云南文化界，做了题为《明代之云南》的演讲。分绪论、范围、

行政、形势、人口、土田、财富、交通、文化、结论是部分。讲稿佚。

三月，作《阿玛王考》。

五月，作《包衣制》。

五月，《清史稽疑》最终改名《清史探微》。序成，其中道："天挺早失怙恃，未传家学，粗涉载籍，远惭博贯。比岁僻居无书，蓄疑难证，更不敢以言述作。独念南来以还，日罕暇逸，其研思有间，恒在警报迭作晨昏野立之顷，其文无足存，而其时或足记也。"

六月三日，系禁烟日。为《中央日报》（昆明版）撰写《六三献辞》专论。

七月，为昆明某纱厂，做题为《清末洋务》演讲。讲稿佚，《郑天挺西南联大日记》存大纲。

八月，抗日战争胜利，北大、清华、南开三校筹划迁返，成立三校联合迁移委员会，以先生为主席。

八月底，奉教育部令，之北平接受北京大学。因候飞机，九月三日飞渝，十一月三日始抵达北平，与家人团聚。

九月，胡适任北大校长，傅斯年为代理校长。

十一月，北京大学校产保管委员会于北平成立，杨振声、郑华炽、曾昭抡、俞大绂为委员，由先生主持。

任北平临时大学补习班（主任陈雪屏）第二分班（文学院）主任。

任《经世日报·读书周刊》主编。该报尚有《禹贡周刊》（主编顾颉刚）、《文艺周刊》（主编杨振声）。

是年，《爱新觉罗得姓稽疑》发表于《东方杂志》上。

1946 年（民国三十五年），四十八岁

三月，所著《清史探微》，由重庆独立出版社出版，内含先生近年所著清史论文十二篇。

七月，胡适就北大校长职务。文学院长汤用彤、理学院长饶毓泰、法学院长周炳琳、医学院长马文昭、农学院长俞大绂、教务长郑华炽、训导长陈雪屏、图书馆长毛子水。先生仍任秘书长。

夏，任故宫博物院专门委员。

是年，在北平广播电台做"如何读书"讲演。

1947 年（民国三十六年），四十九岁

是年，在《益世报》上发表《琉球必须归还中国》一文。

是年，讲授明清史、清史研究等课程，并在一些报刊上撰写社论。

1948 年（民国三十七年），五十岁

二月，在《周论》上发表《明清两代的陪都》一文。

十二月，解放军包围北平。十五日，校长胡适飞南京。北大校务由汤用彤（文学院长）、周炳琳（法学院长）及先生负责。先生致电胡适，建议上、中、下三策：上策回北大；中策去澳讲学；下策去美。

十二月十七日，北大五十周年校庆，学生自治会以全体同学名义，向先生献"北大舵手"锦旗，并致函先生："全北大同学不会忘记您！全中国人民不会忘记您！全中国后代的子孙也不会忘记您！"

是年，讲授明清史、历史研究法等课程。

1949 年（民国三十八年），五十一岁

一月，北平和平解放。

五月，北平文管会接收北大。任命先生为北大校委会委员（主席为汤用彤）、秘书长、史学系主任。

1950 年，五十二岁

四月，辞北大秘书长职，仍任史学系主任及文科研究所（所长罗常培）明清史料整理室主任。

是年，讲授中国史（四）元明清史、中国近代史（上）。

1951 年，五十三岁

二月至五月，参加教育部门组织的中南区土改参观团。先生任团长，曾炳钧（清华政治系主任）任副团长。

1952 年，五十四岁

上半年，参加北大"三反""五反""思想改造""忠诚老实"等运动，先生被指定做重点检查的对象。

先生主编《明末农民起义史料》，并作序，由开明书局出版。

九月上旬，大学院系调整，先生及原清华大学历史系主任雷海宗奉调南开大学历史系，先生任系主任兼中国史教研室主任，雷先生任世界史教研室主任。故时人云南开历史系为"小西南联大"。

任《历史教学》杂志社编委。

十二月，在南开历史系讲授隋唐史。

1953 年，五十五岁

九月，赴北京参加全国综合性大学会议，任历史组负责人。后将教育改革体会撰文发表于《人民日报》上。

冬，为生活·读书·新知三联书店评审唐长孺《魏晋南北朝史论丛》书稿。

先生主编之《宋景诗史料》，由开明书店出版。

当选为天津市历史学会会长。

1954 年，五十六岁

七月，赴北京参加全国高校文科教学研究座谈会，任历史组负责人。

《宋景诗史料》改名为《宋景诗起义史料》，由中华书局再版。

撰写《马礼逊父子》等文。

是年，讲授元明清史、史料学等课程。

1956 年，五十八岁

二月，参加中科院历史研究所学术委员会会议，为该所学术委员。

夏，至京出席全国高校教材会议，任历史组负责人。

被评为一级教授。

十月，南开校庆，先生作了题为《关于资本主义萌芽问题》的学术报告，着重探讨《织工对》的年代问题。

是年，南开大学明清史研究室成立，先生任主任。

1957 年，五十九岁

《关于徐一夔〈织工对〉》发表于《历史研究》。

1959 年，六十一岁

注意中印边界文献，写《麦克马洪线不是合法的中印国界线》一文（内参）。

1961 年，六十三岁

三月，参加全国文科教材会议，任历史组副组长（组长翦伯赞）。此后长期住北京，从事文科教材编选工作。不时回津，为研究生上课。

秋，在北大历史系讲授明清史专题。

1962 年，六十四岁

二月，赴厦门参加郑成功收复台湾三百周年讨论会，并在厦大和福建师大作学术报告。

八月，应北京历史学会邀请，在北京历史博物馆作《论康熙》的学术报告。

秋，在北大历史系讲授清史专题，侧重清代晚期诸问题。

在南开大学学术讨论会上，作题为《关于满洲入关前社会性质》的学术报告。

1963 年，六十五岁

次子郑克晟及儿媳傅同钦一同调至南开大学历史系。郑克晟北大毕业后，分配到中国科学院历史研究所，研读明史，调入南开后，在明清史研究室工作。

三月，任南开大学副校长。

七月，文科教材告一段落，回校。两年间与翦伯赞共同主编《中国通史参考资料》十册（其中第八册清史资料，系先生及几位明清史研究室同仁所编）、《史学名著选读》五册。

九月，中华书局将标点二十四史专家集中于北京，先生负责清官修《明史》的标点，作《明史拾零》笔记。

是年，为南开大学历史系学生讲授中国近代史专题，为北大历史系学生讲授清史专题。

1964 年，六十六岁

春，在南开历史系，与诸教授讲授中国文化史专题。

夏，辞南开历史系主任，由吴廷璆继任。

赴沈阳参加满族史讨论会，与会者有白寿彝、翁独健、傅乐焕、谢国桢、王锺翰等人。

1965 年，六十七岁

在中华书局标点《明史》，受政治气候影响，进展较慢。

1966 年，六十八岁

六月，"文化大革命"开始，被南开领导人责令回校。后入牛棚，失去自由，遭到严重迫害，备受折磨。所存书籍、稿件、教学资料、文物、信件、日记、照片全部被抄，损失严重。

1972 年，七十四岁

得以恢复一定限度的自由，关注钓鱼岛史料，为中国近代史年轻教师讲课。春至秋，开始审阅《明史》标点稿件。

1973 年，七十五岁

春，中华书局赵守俨等人要求先生审阅《明史》标点三校稿。先生审阅过程中，做"复校异议"笔记，凡数百条。历时一年完成。

夏，至天津市参加中国历史地图之审阅工作。

1974 年，七十六岁

夏，参加天津市"儒法斗争"座谈会，凡两天。此系先生自"文革"以来，第一次在天津市文教界路面。

始恢复正常工资，"文革"以来所扣工资亦发还。

冬，至北京师院审阅《中国近代史知识手册》。

1977 年，七十九岁

春，至抚顺参加《清代简史》讨论会。

1978 年，八十岁

春，《光明日报》载南开郑天挺等人平反之报道。

六月，赴武汉参加教育部召开的全国文史教育会议。

1979 年，八十一岁

春，赴成都参加中国社科院召开的历史科学规划会议。

秋，受教育部委托，主办明清史进修班，为学员讲课。主编《明清史资料》上、下册，并至清西陵参观。

冬，重任南开大学副校长。

在津召开《中国历史大辞典》首次会议，先生任该书总编。

任中国社科院历史研究所兼任研究员。

1980 年，八十二岁

三月，至京参加中国史学会代表大会，当选为中国史学会主席团成员。

夏，《探微集》及《清史简述》两书，由中华书局出版。《探微集》收录先生 43 篇论文。

当选为天津市政协副主席。

八月，由先生主持，南开大学主办国际明清史国际学术研讨会，到会中外学者 120 余名，盛况空前。先生宣读论文《清代的幕府》一文，博得与会者称赞。会后由天津人民出版社出版论文集，全书八十余万字，影响深远。

赴太原参加中国历史大辞典会议，决定分册主编制。

1981 年，八十三岁

四月，赴厦门大学参加六十周年校庆，并演讲。

五月，至上海参加历史大辞典会议。任中国史学会执行主席。

夏，《明清史国际学术讨论会论文集》由天津人民出版社出版。

暑假，参加教育部学位评定委员会议，为历史组组长；国务院学位评定委员会，与夏鼐同任组长。

十月，赴武汉参加纪念辛亥革命七十周年学术讨论会，代表中国史学会致辞。

十月，南开大学举办先生执教六十周年纪念会，先生辞副校长职务，改任学校顾问。

十二月二十日，先生在天津病逝。

1989 年

先生主编的《清史》，由天津人民出版社出版。

十二月，南开大学举行先生九十冥寿纪念会，校长母国光等人发言。

1990 年

由吴廷璆等主编《郑天挺纪念论文集》由中华书局出版，由全国史学界著名学人撰写论文。范曾作画，缪钺题词。

1991 年

由冯尔康、郑克晟编《郑天挺学记》由生活·读书·新知三联书店出版。书中包括史学界同仁及先生门生弟子所写纪念文章。

1992 年

《清史探微》，被收入《民国丛书》中，由上海书店再版。

1994 年

先生主编的《清史》，被香港中国图书刊行社刊行。

1999 年

南开大学历史所建所二十周年及纪念郑天挺先生诞辰百年大会，在天津召开。

为纪念先生百年诞辰，南开大学举行"明清以来中国社会"国际学术研讨会，会中举行先生塑像揭幕仪式，到会中外学者百余人。

北京大学出版社《北大名家名著文丛》，重印先生《清史探微》一书。

2000 年

南开大学历史系、北京大学历史系编《郑天挺先生百年诞辰纪念文集，1899—1999》由中华书局出版。内含回忆先生文章 20 余篇、学术论文 30 余篇。

2002 年

先生著作《及时学人谈丛》作为《南开史学家论丛》之一，由中华书局出版。

2005 年

《清史简述》由中华书局再版。

2009 年

七月，封越健、孙卫国编《郑天挺先生学行录》由中华书局出版。

九月，南开大学历史学院在津举办"郑天挺先生 110 周年诞辰中国古代社会高层论坛"学术研讨会，到会学者百余人。

九月，《探微集》（修订本）收入《现代史学家文丛》，由中华书局出版。

九月，王晓欣、马晓林整理《郑天挺元史讲义》，由中华书局出版。

2011 年

南开大学历史学院、北京大学历史系、中国社科院历史所编《中国古代社会高层论坛文集：纪念郑天挺先生诞辰一百一十周年》由中华书局出版。

十二月，王力平等整理《郑天挺隋唐五代史讲义》由中华书局出版。

2014 年

《清史探微》收入《中华现代学术名著丛书》中，由商务印书馆出版。

2015 年

《清史简述》收入《大家小书》丛书中，由北京出版社出版。

2017 年

十一月，孙卫国等整理《郑天挺明史讲义》，全三册，由中华书局出版。

2018 年

一月，俞国林点校《郑天挺西南联大日记》，全二册，由中华书局出版。

后 记

郑天挺先生论文集，已有数种。1946 年在重庆由独立出版社出版《清史探微》，收录 12 篇论文。1980 年中华书局出版《探微集》，收录 43 篇论文。1999 年，北京大学出版社在《北大名家名著文丛》中，再版《清史探微》，收录 40 篇论文。2002 年中华书局出版《及时学人谈丛》，收录近 50 篇论文。2009 年，中华书局再版《探微集》（修订本），收录 43 篇论文。2014 年商务印书馆在《中华现代学术名著》中出版《清史探微》，收录 47 篇论文。本次编《郑天挺文集》，即是在以上论文集基础上，重新编辑而成。此次重编有几个特点：

第一，收录的论文最多，共有 60 篇，将郑天挺先生最为重要的论文全都涵盖。附上了《滇行记》《1944 年西南联大师生赴大理考察记》《郑天挺自传》，并由编者重编《郑天挺先生学术年谱》。

第二，1949 年以前郑天挺先生所发表的论文，大多是随文注释，在以前所出版的诸种论文集中，也大多沿袭原来的风格。现在遵循出版的需要，全部改成页下注。并遵循当代学术专著的风格，对参考资料，补全出版资料。因为郑天挺先生所用资料，现在很难找到原来的版本，故今大多采用现在的通行本校对。

第三，此书按照论文所论及的时代与内容排列，先明后清，接着是有关史籍和著作的序跋、对学人的回忆，最后附旅行记、自传与学术年谱。

感谢历史学院领导将这个光荣的任务交由本人来完成。在编辑过程中，承蒙郑师克晟先生的信任、支持与指教，不胜感激。南开大学历史学院博士生解祥伟、薛艳伟、秦丽、顾少华、袁昆仑、宁腾飞参与录入、校对工作，谨致谢意。

当然由于编者水平有限，对郑天挺先生原文理解可能不到位，编辑过程中肯定存在这样那样的问题，则概由本人负责。

孙卫国

2018 年 2 月 7 日